참된 목회

참된 목회

찰스 브리지스 지음
황영철 옮김

익투스

한국 독자를 위한 추천의 글

조엘 비키(Dr. Joel. R. Beeke)
(청교도 개혁신학교 총장)

"너희 중 장로들에게 권하노니 나는 함께 장로 된 자요 그리스도의 고난의 증인이요 나타날 영광에 참여할 자니라 너희 중에 있는 하나님의 양 무리를 치되 억지로 하지 말고 하나님의 뜻을 따라 자원함으로 하며 더러운 이득을 위하여 하지 말고 기꺼이 하며, 맡은 자들에게 주장하는 자세를 하지 말고 양 무리의 본이 되라 그리하면 목자장이 나타나실 때에 시들지 아니하는 영광의 관을 얻으리라"(벧전 5:1~4).

목사만큼이나 큰 책임감과 동시에 영원한 상급에 대한 희망을 가지게 하는 소명도 드뭅니다. 말씀을 전하는 목사는 사람들의 영혼을 돌보는 일을 했기에 엄격한 판단을 받을 것입니다(약 3:1; 히 13:17). 그러나 신실한 목자라면 자신의 교인들이 그리스도의 임재 가운데 거하는 것을 볼 것이고 영광의 면류관을 받을 것입니다(빌 4:1; 살전 2:19~20).

그러한 점에서 저는 이 위대한 고전이 한국어로 번역, 출간됨을 매우 기쁘게 생각합니다. 찰스 브리지스(1794~1869)는 영국에서 복음적인 목회자로 시무하였습니다. 브리지스의 「시편 119편과 잠언 주해」는 일찍이 찰스 스펄전에 의해 황금과 같은 보석으로 여겨져 왔으며 오늘날까지도 계속해서 읽히고 있습니다.

제가 보는 바로는 찰스 브리지스의 책 「참된 목회」는 기독교 사역의 주제에 관한 모든 책 중에서 단연 최고로 꼽을 만합니다. 독자는 이 책을 통해 성경의 지혜를 발견할 수 있을 것입니다. 브리지스는 이 책에서 지혜와 이해심으로 양 떼를 먹이시는 하나님의 마음을 가진 목자의 특징과 사역을 인상 깊게 보여주고 있습니다(렘 3:15). 브리지스의 책은 사람을 기쁘게 하는 사역에서 해방되어, 주님에 대한 경외심을 가지고 온전히 하나님께 대하여 거룩하고 살아 있는 제사로 사역을 할 수 있는 힘을 공급해줍니다.

이 위대한 책이 하나님께 쓰임받는 몇 가지 특징이 있습니다.
첫째, 성령께서 이 책을 통해 당신을 감찰하실 것입니다. 단지 사역의 능력만이 아니라 사역자의 내면의 마음과 삶을 살피실 것입니다.
둘째, 성령께서 이 책을 통해 거룩한 열망을 가지고 당신을 고무시키실 것입니다. 이 책을 읽는 목회자로 하여금 그분의 모든 능력을 힘입어 그리스도를 섬기기를 열망하도록 이끄실 것입니다.
셋째, 성령께서 이 책을 통해 당신을 지혜롭게 하실 것입니다. 영적으로 미숙한 자부터 확신에 찬 자에 이르기까지 각양각색의 다양한 사람들에게 도움을 줄 수 있는 목자가 되도록 하실 것입니다.
넷째, 성령께서 이 책을 통하여 새로운 차원의 설교를 할 수 있도록 이끄실 것입니다. 하나님의 말씀을 사람들의 실제적인 삶, 그리고 가슴과 마음에 적용할 수 있도록 인도하실 것입니다.

이 책이 한국뿐 아니라 전 세계에 퍼져 있는 모든 한국 그리스도인들에게 널리 읽히기를 소망합니다. 더불어 모든 사역자들과 모든 장로들, 목회 사역을 감당하는 모든 성도들이 이 책을 읽기를 소망합니다.

특히 목회자들은 부디 격년에 한 번씩은 이 책을 반복해서 읽기를 바랍니다. 후회하지 않을 것입니다. 하나님께서 여러분의 사역을 변화시키고 여러분의 경건을 증진시키며 구원받은 자뿐 아니라 아직 구원받지 못한 자들에 이르기까지 여러분의 능력을 높이는 데에 이 책을 사용하시길 소망합니다. 그분은 우리가 모든 것을 바칠 만한 가치가 있는 분입니다.

>>> **추천의 글**

김남준 목사
(열린교회)

"목회자는 불꽃처럼 타올라야 한다"

이 책의 저자인 찰스 브리지스(Charles Bridges)는 19세기 영국 교회에 주신 하나님의 소중한 선물이었습니다. 그는 이미 세속화되어가고 있던 당시에 참된 복음적 목회가 무엇인지를 보여준 불꽃과 같은 사람이었습니다. 그는 한 시대의 교회의 영적인 번영과 쇠락은 목회 사역의 질에 달렸다고 믿었습니다. 그리고 목회 사역의 질은 목회자의 자질과 바른 섬김, 그리고 성경적인 설교사역에 있다고 믿었습니다.

이 책은 오늘날과 같이 진리의 선포보다 인간의 필요를 더 생각하고, 성령의 역사보다 목회의 기술을 더 신뢰하며, 거룩한 삶보다는 세상에서의 번영을 더 많이 설교하는 시대에 처방된 쓰디쓴 약입니다. 따라서 이 시대의 교회는 목회가 무엇인지에 대해, 때묻지 않은 브리지스의 복음적 증언에 귀 기울여야 합니다. 배교에 가까운 예배와 그리스도 없는 신앙에 익숙해진 교인들의 삶은 길 잃은 목회 사역이 뿌린 불신앙의 열매들입니다.

브리지스 목사, 그는 단지 무늬만 경건한 목회자가 아니었습니다. 그는 경건과 함께 뛰어난 학식을 소유한 목회자였습니다. 이러한 사실은 그가 목회자의 학문적 열심을 독려하는 내용에서도 잘 나타납니다. 또한 이 책이 저자의 피어린 외침과 같이 들리는 이유는 저자 자신이 먼저 온몸으로 진실한 목회자의 삶을 살았기 때문일 것입니다. 그는 서포크(Suffolk), 올드 뉴턴(Old Newton)의 교구목사로서 지칠 줄 모르는 노고와 헌신으로 그리스도의 교회의 영적 번영에 이바지함으로써 거룩한 목회 사역에 대한 자신의 경건한 신념과 하나님의 기쁨을 입증한 사역자였습니다.

이 책을 읽으면서 저도 모르게 중얼거렸습니다. "그래. 목회자는 불꽃처럼 타올라야 한다." 이 책을 읽는 내내 저는 조국 교회 모든 목회자들과 그 아내들이 이 책을 읽고 더 많이 기도하게 되기를 간절히 빌었습니다.

>>> **추천의 글**

서문 강 목사
(중심교회)

먼저 이 귀한 책을 장로교 교단 본부 내의 익투스에서 출간하게 됨을 하나님께 감사드립니다. 익투스의 편집진으로부터 이 책의 추천을 부탁받고 두 가지 면에서 크게 기뻤습니다. 교회사 속에서 고전으로 인정받았던 책들에 대하여 총회 출판국이 관심을 기울이기 시작한 것 같아서 기뻤고, 다른 한편으로는 제가 가지고 있었던 '부담'을 덜 수 있었기 때문입니다. 사실 이 책을 몇 년 전에 제가 번역하려고 진행하던 중 사정이 여의치 않아 중도에 그만두었습니다. 이런 책을 누가 내느냐가 중요한 것이 아니라 누구를 통해서든지 이런 책의 중요성을 감지하고 그 일에 수고와 '허비'를 아끼지 않는다는 것은 분명 하나님의 은혜가 아닐 수 없습니다.

시대의 영성을 가늠하는 여러 가지 척도들이 있을 수 있겠으나, 그 시대의 성도들이 어떤 책을 읽고 있느냐도 그 중에 들어간다 해서 누가 나무라겠습니까? "사람이 책을 만들고 책이 사람을 만든다"는 것은 우리 귀에 익숙한 글귀가 되었습니다. 저자의 속에 있던 것이 책을 통해서 표현되고, 그 책을 읽는 독자들이 그 책 속에서 접촉하는 '정신(영)'을 책을 쓴 사람과 공유하게 됩니다. 그러니 어느 책을 읽느냐는 중요하기 그지없습니다.

오늘날에도 새로운 책은 계속 출간되고 있습니다. 그중에서 시대의 트렌드를 타며 독자들의 공감을 얻어 일약 베스트셀러의 영예를 금방 얻게 되는 책과 저자도 있습니다. 고전과 베스트셀러는 분명 차원이 다릅니다. 시대의 흐름이 베스트셀러를 만들 수 있습니다. 그러나 고전은 정말 책을 읽을 줄 아는 여러 시대 독자들의 공감으로 시대를 뛰어넘는 영향력을 행사합니다.

기독교 고전은 교회사 속에서 성령님의 도구가 되어 시대마다 교회를 세우는 데 쓰임 받았던 책입니다. 성경은 완성이 되었지만 그 성경이 말하는 것이 무엇인지 가르치시는 성령님의 역사는 계속되어 왔기 때문입니다. 그것이 교회사의 가치입니다. 이 찰스 브리지스의 「참된 목회」가 고전의 반열에 선 것도 그런 줄기에서 이해해야 할 것입니다.

저자 찰스 브리지스는 교회사 속에서 가장 위대한 설교자 중 한 사람인 스펄전 목사보다 약간 앞선 거의 동시대의 사람으로서 청교도적인 신앙과 신학의 노선을 견지하던 사람이었습니다. 스펄전 목사가 저자를 통해 많은 영감을 받았고, 아울러 저자의 영성과 영적 통찰력을 극찬하였습니다. 저자는 성경과 교회사에 비추어 교회의 본질을 영적 혜안으로 통찰하면서 당대의 목회사역이 열매가 없는 이유를 본서에서 분석하고 있습니다. 아울러 적극적으로 성경이 말하고 있는 열매 있는 목회사역의 정로(正路)가 무엇인지를 제시하고 있습니다. 물론 오늘날 '교회성장'이라는 목표의 관점에서 보이는 열매가 아니라 성령님의 역사를 통해서 나타나는 거룩한 열매입니다.

오늘 우리는 '교회성장'이라는 '목표'를 이루기 위해서 모든 목사들이 경쟁하며 다투고 있는 듯 보이는 경향에 익숙해 있습니다. 그러나 우리는 하나님께서 구상하고 성경을 통해서 계시하신 교회상이 무엇이고, 그 교회를 진실로 섬기는 정로가 무엇인지 항상 물어야 할 것입니다. '교회성장'이라는 목표에 남보다 더 빠르게 선착한 것 같은 인상을 끼치는 사역자라도 그 질문을 피해 갈 수는 없습니다. 분명 성경은 하나님의 교회의 영광과 영적인 성숙과 성결을 통해서 이루실 하나님 나라의 소망을 바라보며 섬기라고 강조하고 있습니다.

이 책을 통해서 한국 교회 목회자들과 성도들이 우리의 목회 현실을 정밀하게 점검해보고, 하나님께서 복음 사역의 소명을 주신 목적을 재인식하는 은혜를 받기를 간절히 바랍니다.

특히 이 책의 저자에 대해서 미국의 청교도 개혁신학교(Puritan Reformed Seminary)의 총장 조엘 비키(Joel R. Beeke) 박사가 소개한 글은 이 책의 가치를 더욱 잘 이해하게 만들었습니다. 조엘 비키 박사는 현존하는 신학자 중에서 칼빈주의의 본질과 능력과 영광에 대해 가장 해박한 학자 중 한 분입니다. 또 그것을 신학교와 목회 현장에서 그대로 적용하려 애쓰는 실천적이고 체험적인 증인입니다.

아무쪼록 총회출판국이 가지고 있는 역량이 이런 책들을 위한 '거룩한 허비'에 쏟게 하시기를 주님께 간구하는 바입니다. 이 책을 위해서 애쓰신 여러 분들에게 이 지면을 빌려 감사의 말씀을 전합니다.

역자 서문

번역을 업으로 가진 지 수십 년이 되어 수십 권의 책을 번역했습니다. 가장 기억에 남는 책 중의 하나가 존 스토트의 「그리스도의 십자가」입니다. 그 책은 해당 주제에 대한 거의 모든 것을 다루고 있는 수작이었습니다. 그런데 이번에 번역한 찰스 브리지스의 책은 목회에 관한 한 거의 모든 것을 다루고 있다는 생각을 하게 됩니다. 아니, 그 경건과 학식의 깊이를 볼 때 기독교 고전 중에서도 최고의 자리에 놓여 있음이 분명합니다. 저자는 19세기말 영국 복음주의의 가장 훌륭한 지도자 중 한 사람이었고 당시 스코틀랜드 장로교 자유교회의 지도자였던 토머스 찰머스를 비롯한 많은 사람들로부터 높이 존경을 받던 인물이었습니다.

사실 이 책을 번역하게 된 계기는 역자의 안수식을 축하하면서 스코틀랜드 장로교의 한 목사님이 이 책을 선물하면서부터였습니다. 바쁜 일정에 책을 펴보지 못하다가 비로소 읽게 되었는데 정독을 하는 가운데 진작 이 책을 공부하지 않은 것이 후회스러운 일의 하나로 느끼게 되었습니다.

이 책은 고전적인 영어로 되어 있어 번역을 하는 데 만 5년이 걸렸습니다. 번역을 하는 가운데 이 책을 향한 찬사와 서평들이 사실임을 깨달았습니다. 본서는 목회에 관한 한 칼빈의 「기독교강요」에 필적하는 책임이 분명합니다. 매 페이지마다 목회자로 하여금 자신을 돌아보게 하고 채찍질하게 하는 내용으로 가득한데, 목회의 고통과 영광을 이렇게 훌륭하게 다룬 책은 앞으로 오랫동안 나오기 힘들 것이라고 생각합니다.

목사에게 언제나 충분한 연구의 시간을 내어주는 선실교회의 회중에게, 이 책의 가치를 알고 출판을 재촉하신 무명의 목사님께, 책이 나올 때까지 뒤에서 산고를 겪는 익투스 직원 여러분들에게 감사를 드립니다. 특히 이 책에 엄청나게 인용된 라틴어 원문을 번역해 주신 김영희 교수님께 깊은 감사를 드립니다.

주께서 자신의 영광을 위해 이 책을 사용하시기를 기도합니다.

황영철 목사
2011년 9월

저자 서문

이 책은 '목회의 무능력'이라는 흥미 있는 주제에 대해서 사랑하는 한 친구에게 보낸 편지에서 시작되었다. 그 편지는 친구의 요청과 「크리스천 옵서버(Christian Observer)」 편집인의 사심 없는 친절에 의해서 뒤에 약간 확대되어 「미셀러니(Miscellany)」에 실렸다.[1] 그후에 이 글의 별쇄본이 사적으로 회람되었고 별도의 책으로 출판하자는 제안이 여러 번 있었다. 그래서 이 주제를 더욱 확대해서 다시 생각하고 친구들의 제안을 참고하여 작은 팸플릿이던 글이 현재와 같은 분량으로 확대된 것이다.

이 책 자체에 대해서 말하자면 나는 '약하고 두려워하고 심히 떠는' (고전 2:3) 성도의 심정으로 있기를 원한다. 나는 그 권위나 경험에서 많은 사람의 발치에 앉아야 하며 그들의 말을 들어야 할 처지이다. 또한 만약 열정이나 성실성이나 목회적 성취 면에서 성도들보다 우월한 위치에 있다고 생각하는 사람이 있다면 이는 매우 유감스러운 일이 될 것이다. 나는 이 책에서 나 자신의 어떠함을 묘사한 것이 아니라 자신이 어

---

[1] Christian Observer, March, April, 1828.

떠해야 하는가와 나 자신이 되기를 원한다고 믿는 것을 기술하였다. 그것은 내가 '높이 올라갈 수 있는 최고의 목표를' 설정한 것으로 이는 내가 '나무를 겨냥한 목적보다는 더 높이 달을 겨냥하기를 원했기 때문이다.[2] 나는 무엇보다 먼저 나 자신을 위해서 이 책을 썼다. 그리고 모든 정죄의 화살을 내 마음을 향해서 쐈다. "다른 사람을 가르치는 네가 네 자신은 가르치지 아니하느냐"(롬 2:21).

이 책에는 예화가 많이 사용되었다. 이 방법이 교훈적 가르침보다 형제들과 그가 맺고 있는 상대적 상황에 더욱 어울리기 때문이며, 서로를 돌보는 마음의 공감을 드러내기 때문이다. 이 공감은 서로의 기억 속에서, 기도의 관심 속에서, 마음속 증거 속에서 독특한 위치를 부여한다. "세상에 있는 너희 형제들도 동일한 고난을 당하는 줄을 앎이라"(벧전 5:9).

이 책에 필요한 자료들은 여러 교파에서도 가져왔다. 물론 나는 영국교회 목회에 대해 특별한 존경심을 가지고 있지만(나는 아주 강력하고 애정 어린 끈으로 이 교회에 묶여 있으며, 내 견해에 의하면 영국 교회는 그리스도의 교회에서 가장 훌륭한 위치에 있다), 다른 교단이라고 해서 존경할 만한 사람들의 우수한 성과들을 거부하거나 무시한다면 매우 슬픈 일이 될 것이다.[3] 만약 외부 인용이 지나치게 많다고 생각되거든, 이는 그 자체로는 별로 무게가 없는 나 자신의 말을 인정된 권위의

---

2) G. Herbert's Preface to 'The Country Parson.'
3) 영국 교회(성공회)를 높이 평가하는 한 사람이 보여준 기독교적 정신은 참으로 존경스럽다. 그는 필립 헨리(Philip Henry, 이 책에서 자주 언급됨. 주석가로 유명한 매튜 헨리의 아버지이며 청교도였다 – 편집자 주)를 「교회인물 전기(Ecclesiastical Biography)」에 포함시키면서 어떤 비국교도라도 경건한 사람은 자신의 책에서 자리를 차지하게 될 것이라고 했다. Wordsworth's Ecclesiastical Biography-Preface p. xviii.

힘을 빌려 표현하고자 하는 마음으로 이해해주기 바란다.

결국 무거운 책임이 수반되는 이 일이 다루는 사람의 솜씨가 서툴러서 지장을 받는다(그 정도가 크다는 것이 또 문제가 된다)는 것이 나의 깊은 인식이다. 하지만 나는 동일한 부르심을 위하여 구별된 형제들과 함께 이 위대한 목적에 봉사하고자 하는 진실한 시도 속에서 '형제들에게 받아들여지기를' 염원한다. 또한 두 번째 판(만약 그런 요구가 있다면)의 개선을 위해서 연락이 오기를 간절히 바란다. 이 목적을 위해서 나의 거처를 상세하게 밝혀둔다.

이 일에 대한 내 소원은 「지역 교구 목사(Country Parson)」의 서문에 나오는 소원과 동일하다. "주께서 나 자신과 나의 빈약한 수고를 멸시하지 않을 다른 사람들에게 은혜를 더하셔서, 이 책이 충분한 목회론이 될 때까지 내가 관찰한 내용들을 더욱 풍부하게 하시기를 원한다."[4]

나는 한 뛰어난 목사가 그의 학생들과 목회자들에게 한 마지막 권면의 말에서 힘을 받는다.

"큰 사랑을 받은 이들이여, 이제 자신의 길을 가시오. 마지막 날까지 힘있게 기도하면서 즐겁게 자신의 몫을 담당하시오. 마지막 날에 영광의 주님께서 당신을 위해서 하실 일을 기다리고 바라보시오. 그 영원한 기쁨 속에서 당신은 궁창의 빛처럼, 별처럼 영원히 빛날 것입니다."

찰스 브리지스
올드뉴턴, 스토마켓에서
1829년 6월 22일

---

[4] Preface to 'The Country Parson'.

>>> 헌사

캔터베리 대주교님께 바칩니다.

「참된 목회」의 새로운 판을 주교님께 헌정할 수 있도록 허락해주시기를 간절히 원합니다. 이 헌정이 받아들여진다면 지난 약 20년 동안 이 책이 교회에 제시하였던 원리들에 보편적 가치를 인치는 것으로 판단하겠습니다. 이 책의 최초 출판이 저의 큰 책임감에서 나온 결과였다면 오늘날에 이르기까지 그 짐은 점점 더 크고 무거워졌습니다. 우리의 거룩한 직책을 위한 추진력이 이렇게도 필요한 적이 없었습니다. 아울러 그 직책의 수행자가 성경적 표준의 강력한 힘에 의해서 활기를 얻는 것이 이렇게도 중요한 적이 없었습니다.

우리 주위의 나라들이 흔들리는 이때에 사랑하는 교회와 국가를 위해 유일하게 보장된 소망은 그들 안에서 발견될 수 있는 참된 기독교 신앙입니다. 이 안정이 신실한 복음 전파와 얼마나 깊이 연결되어 있는지를 각하께 상기시킬 필요가 있을까요?

"땅과 그 모든 주민이 소멸되리라." 그러나 그리스도의 충실한 종들 (또 그들의 수가 크게 증가하기를!)에 대해서 '그들이 땅의 기둥을 받치

도다'라고 말할 수 있기를 바랍니다.[5)]

각하께서 신성한 지혜와 사랑을 충만히 받아 그들의 수고를 진작하고 그들의 미숙한 경험에 조언을 주며 그들의 소망을 격려하시는 것이 저의 간절한 기도입니다.

가장 충실하고 애정 어린 종
찰스 브리지스
올드뉴턴 목사관
1849년 3월

---

5) 시 75:3. "만약 우리의 사랑하는 교회가 그 위대함과 위안을 유지한다면 그들은 오직 신앙에 의해서만 보존될 것이다, 이 신앙을 위한 주된 도구는 언제나 교구 교역자가 되어야 한다." 캔터베리 대주교의 권고(체스터 주교였을 때), 1829.

차례

한국 독자를 위한 추천의 글 ······ 5
  조엘 비키(Dr. Joel. R. Beeke)

추천의 글 ······ 8
  김남준 목사
  서문 강 목사

역자 서문 ······ 13
  황영철 목사

저자 서문 ······ 15
  찰스 브리지스

헌사 ······ 18
  찰스 브리지스

1장 목회 사역의 일반적 고찰

하나님이 제정하신 목회 사역 제도 …… 27

목회 사역의 존엄성 …… 32

목회 사역의 용도와 필요성 …… 36

목회 사역의 시련과 어려움 …… 40

목회 사역의 위로와 격려 …… 50

목회자의 자질 …… 58

목회 사역을 위한 준비 …… 68

2장 목회 사역이 성공하지 못하는 일반적인 원인

목회 성공의 성경적 보장과 그 성격 …… 120

하나님의 능력이 제지됨 …… 128

중생하지 못한 마음의 적대감 …… 133

목회 성공의 주된 방해물인 사탄의 세력 …… 136

목회 성공을 막는 지역적 방해물 …… 139

하나님의 부르심이 없음 …… 143

3장 개인의 성격적 특성과 관련된 사역의 비효율성

온 마음으로 목회에 전념하지 않음 …… 166

세상을 따라감 …… 174

사람을 두려워함 …… 187

자기부인이 없음 …… 194

탐욕을 품은 마음 …… 210

은거를 실행하지 않음 …… 219

영적 교만의 힘 …… 228

개인적 신앙의 부재 또는 결핍 …… 233

목사 가족의 신앙 결핍 …… 247

믿음의 부족 …… 258

4장 목회의 공적 활동

설교 제도의 제정과 중요성 …… 277

강단을 위한 준비 …… 283

성경적으로 율법 설교하기 …… 328

성경적인 설교 …… 353

성경적 설교의 양식 …… 413

성경적 설교의 정신 …… 430

5장 목사의 목양 활동

목양의 성격과 중요성 …… 494

목양 사역에서 다루어야 하는 사례들 …… 517

병자를 위한 심방 …… 547

참된 목회

1장

목회 사역의
일반적 고찰

이 세상을 지으신 분만이
참된 목자를 만드실 수 있다.

하나님이 제정하신 목회 사역 제도

교회는 찬연히 빛나는 하나님의 성품을 온전히 반사하는 거울이다. 교회가 만들어내는 장엄한 광경 속에서 여호와의 완전하심(참조, 엡 3:10)이 우주에 펼쳐진다. 교회에 내리신 계시, 그 이후로 교회사 속에서 펼쳐진 장엄한 사건들, 무엇보다도 '예수 그리스도 속에 나타난 하나님의 영광'은 천사들까지 흠모하며 묵상할 만한 신선한 주제들이다(벧전 1:12).

교회를 세우기 위하여 사용된 방법에서도 위대하신 교회 건축자의 지혜는 똑같이 드러난다. 전능자의 '능력을 약한 데서 온전하게 하심'으로써 '아무 육체도 그 앞에서 자랑하지 못하게 하려는' 중요한 목적을 효과적으로 달성하신다. 또한 일단의 사람들을 구별하여 성직에 임명하여 교회의 초석을 놓고 교회를 세워가는 위대한 사역을 담당하게 하신다. 처음에는 오직 열두 명만이 목회 사역에 참여하는 사명을 받았다. 사역의 범위도 당시에는 좁디좁은 '임마누엘의 땅'으로 한정되었다. 그러나 나중에는 그 사역의 범위가 '천하 만민'에게 약속된 복을 제공할 만큼 확대되었다(마 10:1~6, 28:18~20; 막 16:15; 눅 24:47).

사역이 확대됨에 따라 필요에 부응할 수 있는 더 많은 일꾼들이 요청되었다. 이를 위해서 크신 중보자는 그의 신실한 일꾼들이 다른 일꾼들을 임명하게 하셨다(요 20:21). 전권을 부여 받은 그들은 각 교회에서 ('성령이 온 양 떼들 가운데 감독자로 삼은' 자로 인정을 받은) 장로들을 택하였고(행 6:1~6, 14:23, 20:28), 그 성직 임명권을 계속해서 다른 사람들에게 위임하였다(딤후 2:2; 딛 1:5). 이는 특별한 약속에 따라 '세상 끝 날까지'(마 28:28) 그 기능이 존속되어야 하기 때문이다.

이는 주님께서 일꾼을 세우시는 최고 권위를 실제로 사람들에게 완전히 양도하셨다는 것이 아니다. 도리어 주님께서는 일꾼을 선택하는 데 완전한 건축자의 권리를 행사하고 계신다. 사람을 도구로 사용해야 할 필요가 전혀 없음에도 불구하고 그의 명령을 대리할 자, 곧 그 자신을 대표할 자들을 세우시는 것은 우리를 위해서이다. 우리가 자신과 똑같은 결점을 가지고 있는 사람들에게 복종하는 과정에서 겸손을 연습하고 서로에게 유익을 가져다 주는 굳건한 결합 속에서 사랑을 연습하게 하기 위함이다.[6]

"이리하여 구원의 길을 걸어가는 우리의 걸음마다에 무한한 위엄과 지혜와 선하심이 뚜렷이 새겨져 있다. 그 중에서도 특히 현저한 것은 이것들이다. 죄 많고 연약한 사람들이 그리스도를 사람에게 소개하여 만나게 하는 그 큰 사역에 봉사하도록 하신 것, '전도의 미련한 것'(또는 세상의 지혜로 볼 때 미련한 것)으로 하나님께서 택하신 자들을 부르셔서 그리스도에게 나아오게 하시고 구원에 이르는 지혜가 있게 하신 것, 부족한 사람들의 손에 맡겨진 생명의 말씀을 통해서 전달된 그 생명을 동일한 수단에 의해서 보존되고 전진하게 하신 것이다."[7]

---

6) 기독교강요 IV.iii.1. 다음과 비교해보라: Leighton's Exposition of Isaiah, vi. 8. Works, Vol. ii. 406, 407, Jerment's edition.
7) Leighton on 벧전 5:2.

교회의 머리 되시는 위대한 분께서는 자신의 진리를 담을 큰 그릇 세 가지를 제정하셨다. 먼저 그는 진리를 모든 대적의 공격으로부터 섭리적으로 보호하여 성경 속에 보존하셨다. 또한 심지어 배교의 증상이 외적으로까지 현저하게 드러난 때에도 성령의 전능한 힘으로 진리를 그리스도인의 마음속에 보존하셨다(왕상 11:18과 롬 6:4, 5을 비교하라). 마지막으로 계속되는 역사(歷史) 속에서 교회를 세우고 풍성하게 하기 위하여 그 보화를 '질그릇'인 목회 사역에 맡기셨다.

목회 사역이라는 신성한 직무를 수행하는 자들은 합법적인 권위를 통하여(갈 1:1; 행 13:2, 3) 하나님의 부르심을 받고 가장 책임 있고 풍성한 복과 함께 그 직책을 위임 받으며(딤전 1:11) 동료 인간들을 위하여 가능한 최선의 봉사를 하게 되는데 이는 그것이 구주의 영광에 가장 밀접하게 연결된 까닭이다. 이 직무에 대한 포괄적인 설명을 보면(엡 4:7~16), 이 직무가 도입될 때의 장엄함은 시내 산 위에 여호와께서 영광 가운데 내려오셨다가 올라가실 때 이미 예시되었다(시 68:7~18과 엡 4:8~10을 비교하라). 교회에 주신 이 측량할 수 없는 선물은 그것을 최초로 내리고 세우실 때 하나님 아들의 중보 사역에 속하는 것이었다. 이는 목회직이 그리스도의 낮아지심과 그에 따른 즉각적인 영광 입으심의 결과로 주어진 까닭이다(엡 4:8~10).

이 선물의 현저한 탁월함은 그 작용의 유효성과 함께 다양한 직분으로 나뉘어 나타난다(엡 4:12~13). 목회 사역을 통해서 교회가 받는 특권은 교회가 그 영광스러운 머리와 연합하고 여러 지체가 다양한 관계 속에서 서로 교통하고 상호 의존하게 된다는 것이다. 그리하여 몸은 '하나님의 아들을 믿는 것과 아는 일에 하나가 되어 온전한 사람을 이룬다'(엡 4:12~13). 각 지체는 전체 몸을 세우는 데 기여한다. 이 직책을 가볍게 다루는 것은 수많은 교리적·실천적 오류의 원인이 되므로 강력히 저지해야 한다. 당파심은 사랑의 분위기 속에서 녹아 없어진다(엡 4:14). '범사에 그 머리에게까지 자라는'(엡 4:15~16) 전체 몸은 전체의 유익을 위해서 자신을 잊어버리는 각 지체들에게 상호 공평하게 분배된 그 선물에 의해 풍성해진다.

이처럼 목회에 대한 전체적인 개관을 살펴보면 목회 사역이 하나님에게서 나왔다는 사실이 결정적으로 드러난다. 교회를 온전하게 하고 세상을 중생시키는 큰 목적을 위해서 목회 사역보다 더 적합한 도구를 생각한다는 것은 불가능한 일이다. 목회 사역이 충분히 효과적으로 작용하게 되는 것을 상상해보라. 교회가 세상에 대해 가장 중요한 복이 되도록 하기 위해서 이 사역이 얼마나 훌륭하게 고안되었는가! 목회 사역은 밤과 같이 캄캄한 세상에 복음의 빛과 생명을 가득 비추기 위한 참으로 광대한 수단이다. 목회 사역은 광범위한 영역에 광대하고 귀중한 도덕적 영향력을 펼칠 것이다. '사람들의 광기'를 지혜와 온유함으로 다스리는 이 사역은 세상에서 일어나는 정치적인 격동조차도 억제시킬 것이다. 국가적·사회적·개인적인 복이 하나님께서 정하신 이 수단을 통하여 우리나라와 모든 나라로 제한 없이 전해질 것이다.

우리는 이 위대한 대리인 제도에서 교회를 경영하시는 하나님의 뜻과 목적이 통일성을 이루고 있다는 사실을 알 수 있다. 이 거룩한 직무는 하나님의 거룩한 삼위 각각으로부터 나왔다. "우리에게 화목하게 하는 직분을 주셨으니"(고후 5:18). 그러나 이미 살펴보았듯이 이 직책은 하나님의 승귀하신 아들이 세상을 떠나시기 전에 교회에게 약속하신 선물이었다(마 28:19, 20). '만물을 충만하게 하시는'(시 68:18; 엡 4:10, 11) 아들의 영광스러운 권세를 처음으로 발휘하여 교회에 전달한 선물이었으며, 아들이 함께 위임함으로써(갈 1:1) 모든 경우에 확증되는 선물이었다.

그와 동시에 이 직무는 단연코 '영의 직분'(고후 3:8)으로 불린다. 이 사역을 하도록 부르시는 것은 성령의 권위이며(행 13:2), 이 사역을 지휘하시는 것은 성령의 지침이고(행 16:6~7), 필요한 선물과 은혜를 주시는 것은 성령의 권세로써 하시는 것이다(고전 12:7~11). 이렇게 하여 복음의 제도들이 더욱 깊고 더욱 신비스러운 가르침을 드러낸다. 찬양 받으실 삼위 하나님께서는 따로따로 제각각 영광을 받으신다. 목회 사역은 세 위격 모두에게 동일하게 연결되어 있고 의존되어 있으며 세 위격 모두에게 영광을 돌리고 섬겨야 한다.

그러므로 이 거룩한 제도가 영원한 보좌의 발등상까지 연결되는 것을 생각하며 큰 영혼의 겸손함을 가지고 이 엄숙한 의무를 담당해야 한다. 복음을 전한 선지자는 이렇게 말하였다. "만군의 여호와이신 왕을 뵈었음이로다." 그리고 그 거룩한 음성에 대해 그는 이렇게 대답하였다. "내가 여기 있나이다(이 말은 그 거룩한 음성에 대한 그의 대답이다) 나를 보내소서"(사 6:5, 8).

'으뜸 사도'가 "누가 이 일을 감당하리요"(고후 2:16)라고 하면서 자기가 맡은 책임의 중압감을 말로 다 표현하지 못하는 것은 놀라운 일이 아니다. 사람이든 천사든 간에 누가 '신비로운 하나님의 지혜'를 보여주고, 그 전체를 도저히 '말로 할 수 없는' 그것을 말하고, '지혜를 초월하는' 그것을 알려주며, 영혼을 돌보는 두려운 중압감을 충분히 견딜 수 있는가? 누가 거기에 상응하는 기술과 힘이 있는가? 누가 그렇게 거대한 사역을 지도하고 유지할 지성과 성품이 있는가? 만일 우리의 크신 주께서 "내 은혜가 네게 족하도다"(고후 12:9)라고 이 간담을 서늘케 하는 질문에 친히 답하지 않으셨다면, 그리고 "우리의 만족은 오직 하나님으로부터 나느니라"(고후 3:5)는 것을 믿음으로 경험하여 명백하게 알게 되지 않았다면, 누가 통달한 식견으로 그와 같이 두려운 사역을 맡을 수 있겠는가? 아니 설사 맡는다고 한들 그 사역을 계속할 수 있겠는가?

그러나 모든 인간의 권위를 무한히 뛰어넘는 권위로, 그 신성한 직무를 인치고 보증하는 하나님의 재가는 얼마나 엄숙한가! 이 위임의 사실을 거부하는 죄는 참으로 무서운 것이다.

"너희 말을 듣는 자는 곧 내 말을 듣는 것이요 너희를 저버리는 자는 곧 나를 저버리는 것이요 나를 저버리는 자는 나 보내신 이를 저버리는 것이니라"(눅 10:16).

목회 사역의 존엄성

하나님께서 목회 사역을 제정하셨다는 사실에서 목회 사역은 세상의 어떤 명예나 성공에도 비할 수 없는 존엄성을 가지며 불신자의 조소에 의해서 격하될 수 없다는 사실이 드러난다. 이 제도는 그렇게도 엄숙한 준비와 함께 세상에 도입되고 교회에서 확립되었다. 불멸하는 인간 영혼에게 무엇이 유익한지를 잘 알아서 그것을 돌보는 일이 이 제도에 맡겨졌으며 세상을 새롭게 하고 교회를 세우기 위한 주된 수단으로 제정되었다. 따라서 목회 사역의 중요성은 다른 어느 것에도 뒤지지 않는다.

'하나님의 동역자들'(고전 3:9; 고후 6:1)이라는 직무는 영원한 보좌 바로 옆에 있는 천사장에게 부여되었다고 하더라도 명예로운 일이었을 것이다.[8] 영광의 주님께서 땅에서 거하시던 마지막 몇 해 동안 그분의 소명과 일과 기쁨은 하나님의 동역자가 되는 것이었다. 그리고 주님께서 친히 이 직무를 교회의 항구적인 규례로 세상 끝 날까지 자신의 뜻을 계시하는 수단으로 정하셨다. (칼빈이 신중하게 관찰한 바대로) 주님께서 "교역자들을 가르치는 일로 부르신 것은 그들이 자기 마음대로 교회를 지배하고 다스리게 하려는 것이 아니라 그들의 충실한 봉사를 사용하여 주님 자신이 교회를 다스리기 위함이었다. 사람을 교회 위에 세워서 하나님의 아들을 대표하게 하신 것은 위대하고 탁월한 일이다."[9]

그러나 이 신성한 직무의 존엄성은 '이 세상에 속하지 아니한'(요 18:36) 나라의 것이다. 그러므로 이 존엄함은 무상한 세상의 사라지는 빛으로 알려지는 것이 아니라 영원한 열매에 의해서 알려지는데, 이 열매는 이 세상에서라도 가장 견고하고 항구적인 행복을 낳는다.[10] "다른 사람들에게 하나님의 진리의 거울 또는 진리의 통로나 전달자가 될 만큼 영혼에 빛을 받는다는 것은 속세에서 인간의 본성에게 가능한 가장 큰

---

8) 이 말은 교역자와 하나님과의 관계를 말하는 것이지(도드리지와 맥나이트가 추정한 것처럼) 교역자 상호간의 관계를 말하는 것이 아니다. 롬 16:3, 9, 21; 빌 2:25, 4:3; 몬 1, 24과 비교하라. "그러나 모든 것이 하나님으로 말미암는다." 왜냐하면 이 협동은 '우리 안에서 우리로 뜻을 두고 행하시는 하나님'과 하는 것이기 때문이다. 목회를 위한 힘은 자연적인 것이 아니라 주어지는 것이다. 어떤 '동료 사역자'도 처음에 그 힘을 주지 못하며 강화시키지도 못한다. 고전 3:9에 대한 칼빈의 설명을 보라. "하나님이 스스로 하실 수 있음에도 불구하고 우리 같은 하찮은 사람들을 동역자로 받아주시며 신체의 한 부분과 같이 사용하겠다고 인치시는 목회 사역에 대한 아주 특별한 조항."
9) 칼빈의 요 3:29 설명.
10) 버넷이 이 거룩한 직책으로 위임되는 명예를 훌륭하게 예증한다. Pastoral Care, ch. 1. 또 한 다음을 참고하라. Chrysostom, De Sacerdotio, book iii, Gregory Nazianzen's Oration(대개 Chrysostom의 글에 첨부됨), Bowle's Pastor Evangelicus, 1665, 12mo. pref. 과거의 한 저자는 이 직책의 위엄과 유용성을 보이기 위해서 성경에서 이 직책을 가리키는 데 사용하는 무려 43개의 호칭을 상세히 설명한다. Sal. Terrae. cap. ii. by T. Hall. 12mo. Francof. 1658. 또 다른 저자는 60개의 호칭을 찾았다. 이것들은 사역의 '다양한 활동'에 적용되는 호칭들이다. Hottingeri Typus Pastoris Evangelici. 12mo. Basil. 1741. 한 종교개혁자의 언급은 귀중한 교훈을 담고 있다. "호칭에 대하여 주의해야만 한다. 가르치는 직분(Magisterium)이라 하지 않고 섬기는 직분(Ministerium)이라 불리는 것." Buceri De Vi et Usu S. Min.

행복은 아니라 해도 최고로 존엄한 일"인 것은 확실하다.[11]

이 고귀한 부르심을 제대로 이해하면 허영심이 아니라 겸손한 마음과 공손한 태도가 저절로 생기게 된다. 그처럼 고귀한 직무, 그처럼 높고 거룩한 일에 손을 대려 할 때 어떻게 움찔하여 뒷걸음치지 않을 수 있겠는가? 우리 자신이 죽어 있으면서 어떻게 생명을 전한다는 말인가! 이렇게도 더러운 인간이 이렇게도 깨끗한 일, 이렇게도 깨끗하게 하는 일을 수행할 수 있는가! 이러한 영광을 자기의 비천함과 대비하면서 옛 선인은 이렇게 말하였다. "화로다 나여 망하게 되었도다 나는 입술이 부정한 사람이요"(사 6:5). 우리가 이 엄청난 임무, 곧 이 중대한 위임을 가장 과분한 은혜 이외의 무엇이라고 생각할 수 있겠는가?(참조, 엡 3:8; 딤전 2:12)

그러나 이 신성한 존엄성을 기억한다면 우리의 직무에 대하여 더욱 큰 결단을 해야 한다. 윌슨(Wilson) 주교는 "목사는 하나님의 권위로 행하는 사람처럼 위엄 있게 행동해야 한다"(Sacra Privata. 비교, 고후 5:20)고 말했다. 사람들에게 말할 때 하나님을 대신하여 말하고 있다는 것을 기억해야 한다는 것이다. 이것이 우리 사역의 참된 성경적 표준이다. 대사도는 이렇게 말했다.

"오직 하나님께 옳게 여기심을 입어 복음(사람에게 위임될 수 있는 가장 최고의 위탁)을 위탁 받았으니 '우리가 이와 같이 말함은' 사람을 기쁘게 하려 함이 아니요 오직 우리 마음을 감찰하시는 하나님을 기쁘시게 하려 함이라"(살전 2:4).

또한 사역에 대하여 가장 막중한 책임이라고 생각해야 한다. 우리를 부르신 고귀한 부르심의 존엄을 망치지 말며 그 부르심이 요구하는 조

---

11) Mather, Student and Pastor, p. 161.

건 속에서 살아야 한다. "너희는 세상의 소금이니 그 맛을 잃지 않게 하라. 너희는 세상의 빛이라. 너희 빛이 사람 앞에 비치게 하라." 이것이 크신 주께서 엄숙하게 권면하신 말씀이다.[12] 대사도는 이렇게 말하였다. "네 속에 있는 은사를 가볍게 여기지 말며"(딤전 4:14), 매일 믿음을 실천하고 자신을 부인하고 기도함으로써 "은사를 불일 듯하라"(딤후 1:6). 퀘스넬(Quesnel)은 이렇게 말한다.

"사역의 위엄이 주교 또는 목사에게 어떤 용기와 담대함과 자유를 부여하는가. 이러한 것들은 자신의 이익을 위해서가 아니라 교회의 이익을 위해서 주어지며, 교만을 통해서가 아니라 겸손을 통해서 주어지며, 세속적인 수단을 강구하는 동안이 아니라 하나님의 전신갑주를 사용하는 동안에 주어진다."[13]

"우리 자신이 목회 사역을 가볍게 여기는 바로 그 순간 우리의 오른팔이 말라버리고 무능과 쇠약 외에는 아무것도 남지 않게 된다."[14] 그러나 복음의 격려를 통해서 이 존엄의 중압감을 덜자. 즉 영과 의의 직분이 복음의 경륜에서 최고의 영광이다. 이 직분이 지극히 뛰어나다는 것을 밝힌 다음에 사도는 "그러므로 우리가 (풍성하게 은혜로 주어진) 이 직분을 받아 긍휼하심을 입은 대로 낙심하지 아니하고"(고후 4:1)라고 말하였다.

따라서 우리 직무의 존엄성을 뚜렷하게 느끼고 주의하여 보존하고 몸에 배게 함으로써 이 존엄성에 대한 의식을 가지는 것이 가장 중요하다. 이런 의식이 있으면 그리스도인이 장차 이 사역을 고려하고 선택할 때

---

12) 마 5:13~16. 생활과 교리상 목사가 감당해야 할 의무에 대해 테일러 주교가 맨 처음 했던 설교의 결론에서 각성을 외치는 호소를 참조하라. Works. Vol. vi.
13) 고후 3:8에 대한 그의 주석. Daven on Col. i.1 참조.
14) Hall on the Discouragements and Supports of the Ministry, p. 51.

일관되게 높은 표준을 유지할 것이다. 이 사역의 특성에 맞지 않는 것은 목사 후보생에게도 맞지 않을 것이기 때문이다. 또한 실제로 직무를 이행하게 되었을 때, 그 마음이 좀 더 확고하고 헌신적으로 성직에 임하게 될 것이다. 그리고 그 사람 전체가 점차 이 천상적인 틀에 맞게 형성될 것이다. 고상해지기는 하되 우쭐대지는 않을 것이다. 이리하여 존엄한 성품이 존엄한 신분과 조화를 이루게 될 것이다. 그 '직무'가 자신을 가장 낮추는 겸손과 완전한 조화를 이루어 '확대될 것이며'(참조, 롬 11:13), 참된 겸손의 실천 속에서 이 직무가 가장 현저하게 드러날 것이며, 이 고귀한 책임을 부여 받은 그 사람은 '무익한 종'으로서 티끌 가운데 앉을 것이다.[15]

목회 사역의 용도와 필요성

"목회 사역과 같은 활동의 성격을 알기 위해서는 그것이 어떤 대상에 관계되어 있는지, 그리고 그것이 지향하는 목적과 범위가 어떠한지를 알아야 하므로 우리는 이 직무가 하나님과 사람 모두를 목적으로 한다는

---

15) 필립 헨리(Philip Henry)의 견해는 이 고귀한 직책에 참으로 어울리는 것이다. 그는 자기가 안수 받은 날에 이렇게 썼다. "내가 오늘 받은 명예와 일은 그것을 가지고 어떻게 해야 할지를 내가 결코 다 알 수 없을 정도로 큰 것이다. 주 예수여! 나의 분량을 따라서 공급하소서." 그가 자기 마음속에 쓰여지기를 원한 두 성경 구절은 고후 6:4~5와 대하 29:11이었다. 깊은 겸손을 유지하는 데 이 견해들이 그에게 매우 큰 영향을 주어 미미한 정도의 일을 하면서 그는 '자기 나라에서 가장 위대하고 가장 큰 교구를 돌보는 것처럼 매우 근면하고 열심히 일했다.' P. Henry's Life (Williams's Edition) p. 38. 찰머스(Chalmers) 박사는 이것을 "우리의 언어로 된 가장 고귀한 종교적 자서전 중의 하나"라고 평했는데, 그것은 정당한 평가이다. 하나님의 교회의 모든 부분에 이런 교역자들이 풍부히 공급되기를 바란다.

것을 알아야 한다. 하나님이 자신의 교회에서 공적으로 경배를 받으시는 분이라는 점 때문에 목회 사역의 대상이 되며, 사람들은 그리스도의 교훈이 정해주는 방도에 의해 행복해질 수 있다는 사실 때문에 목회의 대상이 된다. 그러므로 우리의 모든 노력의 총합은 이렇게 하나님을 영화롭게 하고 사람들을 구원하는 것이다."[16]

말씀의 사역은 교회를 심고 물 주기(참조, 고전 3:6) 위하여 제정되었다. 서신서들은 복음을 전파하여 세운(심은) 각 교회들에게 쓴 것이었다. 직접 가서 말하는 대신 서신을 보낸 것은 교회에 질서와 통일을 이루고 믿음의 인내를 굳건히 하며 신앙의 완전함을 향하여 전진하게 하려는 것이었다. 서신서의 수신인으로 등장하는 몇몇 사람들은 이 사역의 열매였다. 디모데와 디도와 빌레몬은 바울의 사역을 통하여 '예수 그리스도 안에서 난' 자들인 것 같다. '택하심을 받은 부녀와 그의 자녀들'과 요한의 '사도직의 보증'인 사랑하는 가이오도 역시 그렇게 났을 것이다.[17]

따라서 신성한 목회 사역은 교회의 지속적인 전진을 위한 것으로서 교회 전체의 전진뿐만 아니라 다양한 상태에 있는 각 지체들의 지속적인 전진을 위한 것이다. 이 명령은 "성도를 온전하게 하여······ 그리스도의 몸을 세우기"(엡 4:12) 위하여 주신 것이었다. 기초가 놓일 뿐만 아니라 건물이 세워져야 했다. 도의 초보에서 완전한 데로 나아가야 했다(비교, 고전 2:6; 히 6:1, 2). 가장 번성하는 교회들에서조차도 지속적인 감독이 필요했다.

말씀의 사역은 데살로니가 교인들의 '믿음이 부족한 것을 보충하기'

---

16) 후커(Hooker), 제5권, 76. 교회에 관한 하나님의 목적이 이 두 가지 목표를 가장 조화롭게 결합한다. "내가 나의 영광인 이스라엘을 위하여 구원을 시온에 베풀리라"(사 46:13).
17) 여러 서신들에서 이러한 개인들에 대한 인사말과 빌레몬 19절을 참조하라.

(참조, 살전 3:10, 11) 위하여 마련된 해결책이었다. 베드로는 그의 두 번째 서신을 '믿음에 서 있는' 자들에게 썼다. 그러나 그는 그들이 믿음에 서 있다고 해서 항상 그들에게 이것을 상기시키는 일을 소홀히 하지 않았다(벧후 1:12). 같은 이유로 그 사랑하시는 제자도 교회에 편지했다. 그는 말하기를, "내가 너희에게 쓰는 것은 너희가 진리를 알지 못하기 때문이 아니라 알기 때문이요"(요일 2:21)라고 하였다.

그러므로 목회 사역의 목적은 너무나 분명하다. 머리로부터 몸의 여러 지체들에게 통하는 통로 구실을 하는 것이다. 이 사역에 의해서 영적인 생명이 먼저 심어지고 지속적인 돌봄을 통해서 위로와 열매가 더욱 풍성하게 나타난다. 이 직무의 좀더 상세한 역할들은 이 직무를 설명하는 성경의 여러 예들에서 쉽게 알 수 있다. 각 예들은 목회 사역의 성격과 사역의 대상이 되는 사람들의 필요를 보여준다.

만일 교회가 양 무리라고 불린다면, 교역자는 잃어버린 자를 찾으며, 연약한 자를 강하게 하고, 병든 자를 고치며, 떠난 자를 돌아오게 하는 '목자'이다. 한마디로 말하면, 부드러움, 배려, 보살핌 같은 사랑스러운 성품을 발휘하여 양 떼에게 목자가 되는 것이다(겔 34:4). 만일 그리스도의 가족을 하나의 집안이라고 한다면, 교역자는 필요한 물품들을 여러 지체의 필요에 따라 분배하는 '지혜 있고 진실한 청지기'(눅 12:42)이다. 만일 하나님의 교회를 도성이라고 한다면, 교역자는 잠자는 사람들에게 위험을 알리고 경고하는 '파수꾼'이다(겔 33:7). 만일 하나님의 교회를 밭이라고 한다면, 교역자는 씨를 뿌리고 물을 주고 밭을 정리하고 식물이 잘 자라도록 보살피고 수확을 낼 수 있도록 노력하는 '일꾼'이다(고전 3:9). 만일 교회를 하나님의 집이라고 한다면, 교역자는 '견고한 터'위에 산 돌, 곧 성령 안에서 하나님의 거하실 처소가 되기 위하여 주 안에서 성전이 되어가는(벧전 11:5; 엡 2:20~22) 신령한 집을 세우는 '지혜로운 건축자'(고전 3:10)이다. 하늘의 대주재와 반역한 세상 사람들 사이에 평화의 협정이 맺어지려면, 교역자는 '화목의 사역'을 위임 받아 그리스도를 대신하여 반역한 세상 사람들에게 '하나님과 화목하라'고 간청하는 사신이 되어야 한다(고후 5:20).

목회 사역의 필요성을 말한다고 해서 하나님의 활동의 무한한 범위와 능력을 제한하는 것이 아니다. 마치 하나님께서 이 제도를 사용하지 않으면 일하실 수 없는 것처럼 말해서는 안 된다. 목회 사역이 없다고 해서 하나님께서 일을 못하시는 것이 아니다. 목회 사역을 사용하시는 것은 그것이 하나님에게 필요하기 때문이 아니다. 도리어 목회 사역은 세상에 자비를 베푸시려는 하나님 자신의 목적을 이루기 위한 방도로 제정되었고 그래서 필요한 것이다(비교, 약 1:18; 엡 4:12, 13). 하나님께서는 주권적인 뜻에 따라 이 직무를 구원의 사슬에서 첫째 고리로 정하셨다. 그리하여 말씀의 사역이 없이는 말씀을 전혀 듣지 못하게 되어 있고 말씀의 사역에서 말하는 유일한 구주를 전혀 믿지도 못하고 그의 이름을 전혀 부르지도 못하고 전혀 구원을 받지도 못하게 되는 것이다.[18]

하나님께서 어떻게 일하셔야 한다는 것을 우리가 규정할 수는 없다. 단지 우리는 하나님께서 완전한 지혜로 행하신 것에 주목하고 하나님께서 일하시는 방식을 깨달을 수 없을 때 겸손히 믿을 뿐이다. 물론 하나님께서는 직접 기적적으로 바울을 회심시키실 뿐만 아니라 기적적으로 지시하실 수도 있었다. 그러나 바울과 똑같은 죄인인 사람에게 지도

---

18) 롬 10:13~16; 고전 1:21. 따라서 말씀의 사역이 없다는 것은 교회에 하나님께서 임재하시지 않고 떠나셨음을 알리는 불길한 징조이기도 하다. 비교, 대하 15:3; 호 3:5.

를 받아서 하나님의 뜻을 명백히 깨닫게 하는 것이 하나님의 기뻐하신 뜻이었다(행 9:10~17). 또한 천사가 고넬료를 가르칠 수도 있었다. 그러나 하나님의 경륜의 순서를 지키기 위하여 말씀의 사역자를 도구로 삼아 고넬료의 영혼에 복음의 빛을 전달하셨다(행 10:3~6). 따라서 이 사역은 회심시키는 일과 더불어 회심 이후 그리스도인의 삶의 모든 단계를 확고히 하기 위해 제정된 방도이다. 그리고 하나님의 가족으로 들어가야 할 죄인이 단 한 사람이라도 남아 있거나 성도를 완전에 이르게 하기 위해서 필요한 단 하나의 은혜라도 남아 있다면 이 사역은 계속되어야 한다.[19]

❦ 목회 사역의 시련과 어려움[20]

중요한 일에 착수하기 전에 비용을 계산해보아야 한다는 것을 주님께

---

19) 다음과 같은 후커의 진술은 귀담아 들을 만하다. "신령한 목회 사역의 도움 없이는 신앙이 스스로 심어질 수 없다. 이 단언에 대해서는 더 이상의 증명이 필요 없다. 만약 증명이 필요했다면 나는 다음과 같이 선언할 수 있었을 것이다. 하나님께서는 자신에게 속한 모든 것을 놀라운 기술과 지혜를 사용하여 상호 도움이라는 접착제로 하나로 묶으시며 가장 비천한 자들이 그들에게 가장 가까이 있는 자들로부터 가장 높은 자가 발휘하는 영향력을 받도록 하셨다. 그러므로 하나님의 모든 일들 중 가장 절대적인 위치에 있는 교회도 유사한 조화 속에 질서가 잡힘으로써 하나님께서 이루시는 일이 자연에서뿐만 아니라 은혜에서도 하나님 자신의 성령의 능력에 적절하게 지배 받는 손과 도구에 의해서 이루어져야 한다.'" Book v. 76. 모쉐임(Mosheim)도 같은 뜻으로 말했다. "최선의 종교 제도도 항시적인 목회 활동에 의해서 지속적으로 가르치고 설명하지 않으면 쇠퇴하여 아무 것도 아닌 것이 되거나 어처구니없이 타락하고 만다." Eccles. Hist. Cent. i. part ii chap. ii. 칼빈은 이렇게 말했다. "현세에서 우리의 생명을 유지하고 지지하기 위해서 태양의 빛과 열, 고기와 음료가 필요한 것보다도 지상에 교회를 유지하기 위한 사도의 직책과 목회의 직책의 필요성이 더욱 크다." Instit. lib. iv. c. iii. 3.
20) 이 주제에 관한 좀 더 진지하고 중요한 견해에 대해서는 스쿠걸(Scougal)의 교역자의 직무에 대한 설교를 참조하라.

서 예화를 들어 말씀하신 것처럼 목회 사역에 임할 때에도 그대로 해야 한다(눅 14:28~30).[21] 신중하게 기도하는 마음으로 목회의 어려움을 미리 점검하지 않는다면 뒤에 이처럼 중대한 사역에서 손을 떼고 싶은 강한 유혹을 받는 경우가 간혹 있다. 미리 심사숙고하더라도 이 사역의 어려움을 정확히 이해할 수는 없다. 이는 전쟁터의 광경을 구경하는 사람이 거기서 벌어지는 극심한 불안을 깨닫지 못하는 것과 마찬가지이다. 신중하고 지적인 인물이 아무리 어떤 일반적인 관념을 형성했다고 하더라도, 경험하지 않고서는 결코 얻을 수 없는 것들이 많은 것과도 같다. 즉 일찍이 그리스도의 노병이 젊은 병사에게 다음과 같이 권면하지 않을 수 없게 만든 요소가 있을 것이다.

"내 아들아 그러므로 너는 그리스도 예수 안에 있는 은혜 가운데서 강하고……그리스도 예수의 좋은 병사로 나와 함께 고난을 받으라"(딤후 2:1~3).

사려 깊게 양심적인 마음으로 이 사역의 어려움을 생각한다면 세상

---

21) 에라스무스가 이 무감각의 악한 결과에 대해서 다음과 같이 탄식한 것은 정당하다. "그러나 젊은이들, 경박한 자들, 무지한 자들도 거룩한 설교의 단에 서도록 허락되며 종종 그리로 겁 없이 달려들기까지 한다. 마치 대중 앞에서 성경을 강해하는 것보다 더 쉬운 일이 없는 것처럼 그들에게는 대중 앞에서의 부끄러움을 견디고 수줍음을 극복하면서 입술을 움직이는 것으로 더 없이 충분하다. 이러한 악은 교회의 설교자의 존엄성이 무엇이며, 어려움이 무엇이며, 유익함이 무엇인지를 전혀 심사숙고하지 않는 데서 나오는 것이다." (Eccles. Lib. i. p. 1. Ed. 1535). 고대의 한 훌륭한 저자도 생각 없는 사람에 대해서 다음과 같이 말한다. "이들은 참으로 자기들에게 적합하지 않은 책임을 별 걱정 없이 맡으려고 한다. 만일 그들이 우리의 일이 어떤 것인지를 생각할 수 있다면 그리스도의 양들의 공동체 중심에 주님 자신이 계시며 해와 달이 그것을 위해 봉사하며 수천, 수만의 무수한 일꾼들이 보좌하고 있는 그리스도의 양들의 공동체가 얼마나 아름답고 하나님께 얼마나 기쁨이 되는지를 깊이 생각할 수 있다면, 그들이 그리스도의 민족을 세우는 것, 즉 그리스도의 나라를 수립하고 사탄의 궁전을 허무는 것이 얼마나 힘든 일인가를 깨달을 수 있다면!" N. Hemmingii Pastor. 12mo. Lips. p. 124. 참고, Bowles's Pastor, Lib. i. c. xiii.

에서의 안락과 편안함을 전혀 기대해서는 안 된다. 다른 많은 인생의 행로는 큰 즐거움을 약속한다. 그러나 이 사역은 매일 십자가를 질 것을 요구한다.[22] 그리고 이 사역에는 가혹하고 때로는 견딜 수 없는 시련이 기다리고 있다. 이 시련은 믿음을 고백하는 교회와 세상과 사탄의 세력과 우리 자신으로부터 일어난다.

믿음을 고백하는 교회에 대한 우리의 관계에서 발생하는 어려움도 만만하지 않다. 목회 사역에 대한 엘리엇(Eliot)의 사도적인 깊은 통찰은 참으로 교훈적이다. 그의 전기 작가인 코튼 마터(Cotton Mather)가 말하고 있듯이, "교회를 지도하는 것은 대단히 많은 어려움과 시험과 수치를 수반하는 일이므로 하나님 아들의 부르심 이외의 어떤 것도 이 사역을 감당하도록 힘을 주지 못한다는 것을 그는 알았다. 또한 어떤 사람도 자기와 같은 다른 사람을 감독하는 일을 즐기지 않을 것이므로 주 예수 그리스도를 자원해서 섬기고자 하는 사람들 중에서 엄숙한 서약에 의해서 봉사자가 선발되어야 한다는 것을 알았다.[23] 그리고 함께 양우리로 인도되어야 하는 자녀들과 이웃의 영혼에 필요한 양식을 공급하고, 그들의 태도를 꾹 참고 견디는 것이 결코 쉬운 일이 아니라는 것을 알았다. 그들이 어떤 결함을 가지고 있더라도 그들을 가르치고 돌보고 위하여 기도하는 일을 포기하지 않고 수행하는 것은 매우 어려우며, 그들의 어떠한 악행에도 불구하고 하나님께서 자기 피로 값 주어 사신 양떼로서 귀하게 여긴다는 것이 결코 쉬운 일이 아님을 알았다. 그리고 앞

---

22) "그리스도의 복음을 신실하게 설교하는 자들에게는 결코 십자가가 **빠질 수 없다**." Erasm. 사도 바울은 고난을 참는 것을 전도자의 일과 연결시킨다. 딤후 4:5; 골 1:24, 29에 대한 Daven의 설명을 보라.
23) 회중 교회 형태의 정치와 연합을 암시하고 있는데 이것이 엘리엇 시대에 미국에서 가장 유행하고 있었다.

으로 일어날 모든 일의 근거를 성경의 규칙에서 찾고 행한 모든 것을 낱낱이 계산하지 않으면 안 되는 심판의 날을 기억하는 것이 결코 쉬운 일이 아니라는 것을 알았다. 이와 함께 그는 (위대한 오웬의 표현대로) 국가 공무원이 교회를 전적으로 지지해준다 해도 이 세상에 있는 동안에는 복음 사역을 자기 의무로 알고 충성스럽게 감당하려는 자는 고난을 각오해야 한다고 생각하였다. 바로 이러한 것들을 생각하고서 그는 목회 사역에 임하였다."[24]

얼마나 능숙하게 진리를 적용하고, 얼마나 부지런히 수고하고, 얼마나 '영들을 분별하고',[25] '그리스도의 온유하심과 관대하심', 간절한 긍휼과 끈질긴 경건이 얼마나 필요한지를 굳이 말해야 할 필요가 없다. 교회의 고귀한 가치, 구주의 사랑의 강력한 감화, 전능하신 하나님의 은혜의 강력한 지지를 실감하지 못한다면, 무엇이 우리를 붙들어서 절망하지 않게 하겠는가? 그러나 우리의 가장 큰 부담은 신성한 주님과 마찬가지로 우리도 '이스라엘 중 많은 사람의 패하고 흥함을 위하여 세움을 받았다'(눅 2:34)는 것을 상기하는 것이다.[26] 우리 사역에 의해 회심이 일어나는 것이 즐겁다면 우리 사역에 의해 죄인이 완고해지는 것은 얼마나 고통스러운 일인가!

---

24) Mather's Magnalia—History of New England, book iii, pp. 183, 184.
25) 우리가 "한 백성 안에 매우 다양한 성별과 나이와 신분과 성품과 의견과 행실과 교육과 습관을 가진 사람들이 함께 한다는 것을 계산한다면 설교가 그들 모두에게 적합하게 되기 위해서 어떠한 지혜를 겸비하고 있어야 하겠는가!" Erasmi Ecclesiastes, Lib. i. p. 9.
26) 해딩튼의 브라운은 이렇게 말한다. "안수를 받은 이래로 이 성경(사 6:9, 10)이 나의 사역 속에서 얼마나 그대로 성취되었는지를 생각하면서 마음이 많이 무거웠다. 나는 자주 내가 죽음으로써 나의 가련한 회중에게 더 이상 두통거리가 되지 않기를 원했다. 그러나 나는 자신을 채찍질하면서 그런 나의 소원을 미련함이라고 생각했고 죽음을 통하여 나를 데려가는 것이 주님께 영광이 되지 않는다면 나의 일을 성공적으로 할 수 있게 해주실 것을 간구했다." Life and Remains, p. 18.

특히 두려운 것은 회심을 위하여 더욱 정력적으로 일할수록 그에 비례해서 다른 쪽에서는 심판의 정죄를 받는 일이 더욱 늘어난다는 것이다. 그리고 비록 '망하는 자들에게' 조차도 우리가 하나님 앞에서 '그리스도의 향기'이지만 짓눌림 속에서 우리는 '누가 이 일을 감당하리요?'라는 대사도의 부르짖음을 그대로 공감하지 않을 수 없다(고후 2:15~16).[27] 참으로 우리의 직무는 전혀 부정적인 제도가 아니다. 현실 속에서 영원한 것이 결정됨을 깊이 아는 사람 외에 누가 이 직무를 위해 적절히 준비될 수 있겠는가?

세상에서 오는 어려움에서 벗어나 타협하며 사는 것은 주님께 불충하는 것뿐이다. 우리 직무가 다루는 문제는 뿌리 깊이 잠재된 편견과 즉시 부딪히게 된다. 사람들의 강한 교만은 반갑지 않은 우리의 선포에 항상 저항한다. 우리는 '진리를 말하기 때문에' 동료 죄인들에게 친구가 아니라 '원수가 된다'(갈 4:16). 잘못된 애착 때문에 품게 된 목표를 포기하도록 주님의 이름으로 요구하는 것, 훨씬 고상하고 항구적인 천상의 기쁨을 제시하는 것, 복음 사역에 따른 비난을 감내하는 것들이 우리 임무의 일부인데 이것을 아무리 매력적인 목소리로 말해도 세속적인 사람들은 우리의 메시지와 주님의 사자에 대해 적대감을 가진다(롬 8:7; 요 3:19, 20; 왕상 22:8).[28] 우리의 경험에 비추어 보아도 복음을 본질적으로 싫어하게 하는 강한 세력의 존재가 기억나지 않는가? 이것을 극복하기 위해 특별한 지혜와 인내와 성실함이 필요했다는 것이 기억

---

27) 고후 2:15, 16. 루터는 사도 바울의 감정에 깊이 공감하였다. "이미 나이 든 자로서 설교하는 일에 훈련이 되어 있음에도 불구하고 나는 강단에 오를 때마다 두려움을 느낀다."
28) 롬 8:7; 요 3:19, 20; 왕상 22:8. "설교한다는 것은 세상의 분노를 자신에게로 향하게 하는 것이다." – 루터.

나지 않는가?

그러나 세상으로부터 오는 어려움은 때로 그 성격이 다르다. 우리는 세상에게 '사랑의 노래를 하며 음악을 잘하는 자같이'(겔 33:32) 되고 만다. 그들의 적대감은 비록 갑자기 사라지지는 않지만 완화될 수 있고 상당히 정중한 외모를 취할 수도 있다. 점점 강화되는 어려움들을 온유함으로 대하면서도 그 악을 간파하고 폭로하려면 확고부동한 태도로 지혜롭게 두루 살펴서 생각해야 하는데 이런 덕성을 골고루 갖춘다는 것은 드문 일이다. 세상이 우리에게 우호적이 되었을 때 거의 확실하게 따라올 위험에 대처하기 위해서는 많은 기도와 확고한 믿음이 있어야 한다. 세상의 호의는 세상의 적대감보다 훨씬 더 무섭다. 세상의 적대감의 큰 물결을 견딜 각오가 되어 있었던 많은 사람들이 세상의 호의에 무력해져서 그만 어처구니없게 굴복하고 말았다.

또한 유혹자가 끊임없이 교묘하게 펼치는 활동으로부터도 어려움이 오게 되어 있다. 나중에 살펴보겠지만[29] 사역의 전체적인 효율을 방해하는 유혹자의 악영향 외에도, 교역자의 마음 상태를 지배하는 것이 가장 괴로운 일이다. 실제로 유혹자는 교역자의 마음을 중심 목표에서 벗어나게 하거나 교역자의 영혼을 불신앙의 어두운 구름으로 뒤덮음으로써 정신을 혼란시키고 무력하게 한다. 그래서 칼빈이 말하는 대로 교회의 직무는 "쉽고 편한 활동이 아니라 힘들고 가혹한 전투이다. 이 전투에서 사탄은 모든 힘을 쏟아서 우리를 공격하고 우리를 교란시키기 위한 모든 방법을 찾기 때문이다."[30]

그러나 결국 가장 큰 어려움은 우리 자신에게서 발단이 되어 힘을 발

---

29) 2장 참조
30) 고후 11:28에 대한 칼빈의 설교.

휘한다. 일반 직업에서도 그렇지만 우리의 임무가 영적인 성격을 가진다고 해서 우리 자신의 약점과 갈등하지 않아도 되는 것이 아니다. 편안함을 좋아하는 자연스러운 경향, 자기를 부인하고 헌신하는 일의 어려움, 사람들에게 거슬리는 진리를 선뜻 선포하지 못하는 그릇된 유약함을 극복하기란 쉽지 않다. 만일 우리가 천사의 본성과 직책을 가졌다면 이런 어려움은 없었을 것이다. 그러나 우리에게 하나님을 떠나고자 하는 경향이 배어 있는 동안 우리는 지속적인, 때로는 매우 고통스러운 노력 없이는 전진할 수 없다.[31] 이런 경향으로 인해서 많은 환경들이 어려움을 실질적으로 증가시킨다.

그러므로 마음이 냉담하고 활기 없을 때에도 우리는 노력해야 한다. 그래서 말씀의 강력한 힘이 적용될 때 능력이 약화되지 않도록, 사역에 대해 점차 흥미를 잃고 자기부인의 노력을 게을리 하며 낙담하여 열의가 식어버리지 않도록 위험성을 물리쳐야 한다. 또한 우리가 전하는 메시지에 대한 지속적인 반대로 인해서 이기적이고 겸손하지 못한 정신이 준동할지 모른다. 하지만 사람들의 인기를 얻는 것은 더욱 위험하다. 인기의 악영향에서 피해를 보지 않고 벗어난 소수의 사람들은 고통스러운 갈등을 겪어왔다. 그래서 이런 맹렬한 시련으로부터 구출 받은 것이 거의 기적처럼 보였다. 개인적인 겸손과 늘 자신을 살피는 태도가 없

---

[31] "교역자가 자기 일의 중요한 어려움을 깊이 인식하고 어려운 과업을 위하여 자기에게 어떤 자원이 있는지를 탐구하기 위하여 자기 자신의 마음을 살펴보면 자신의 무력함을 절감하게 되며 두려워하던 것이 사실임을 확증하게 된다. 이것을 기억해야 한다. 그는 자기 양 떼와 똑같은 욕망을 가진 사람이며, 부패한 육신을 받아 가지고 있으며, 어쩌면 능력에 있어서 열등하며, 타고난 재능이 별 볼일 없으며 모든 일에서 연약함을 안고 싸워야 하며, 유혹에 노출되어 있으며, 성취해야 하는 것이 다른 사람들보다도 더 많고, 극복해야 할 더 큰 문제들을 가지고 있으며, 더 많은 것을 그에게 기대해야 함에도 불구하고 그가 가진 자원은 그의 회중보다 풍부하지 않다는 것이다." Venn's Sermons, vol. i. p. 9.

으면 성공의 징후가 사람을 자만에 빠지게 한다. 반면에 성공의 징후가 없으면 자주 초조해지거나 낙심에 빠진다. 따라서 양극단으로부터 또한 정반대의 방향으로부터 공격을 받는 우리는 '진리의 무기를 양손에 들어야' 한다(고후 6:7).[32]

아마도 대부분 목회 사역의 임무를 양심적으로 수행하면 어려움만을

---

[32] 두 명의 훌륭한 교역자의 일기에서 취한 다음의 글은 많은 사람들에게 익숙한 고통스러운 경험을 생생하게 그리고 있다. "나는 다음의 시험들 중에서 이것 아니면 저것을 거의 언제나 받고 있었다. 그것은 교역자로서 나의 직책을 수행하는 동안에 나를 공격했다. 내가 성공적이지 못하다는 생각이 들 때에 나는 불신앙적인 낙심을 통해서 낙망하고 태만하게 되고 냉담해지고 나의 사역의 성공에 대해서 더욱 무관심해지는 위험에 처했다. 내가 성공적이지 못하다는 생각이 정반대의 효과를 냈어야 함에도 불구하고 마귀와 내 자신의 부패한 품성이 그것을 그렇게 이용했다. 둘째로, 내가 성공하고 있었거나 성공적이었다고 생각하는 동안 이것은 나의 경계심을 풀고 죄에 대한 감시와 온 육신을 온전히 죽이는 일을 게을리 하게 했다. 내가 성공과 환호 속에 있을 때에는 다른 사람과 비교하여 나를 더 좋게 평가함으로써 내가 마치 다른 사람들보다 나은 것같이 생각하는 영적 교만이 스며들었던 것으로 보인다. 하나님 앞에서 나의 사악함을 끊임없이 생각하지 못하는 만큼, 또한 내가 나 자신에 대해서 좋게 평가하는 만큼 항상 나는 태만했고 앞으로 힘껏 전진하려는 깨어 있는 마음이 없어졌다. 이제 나는 사도 바울이 디모데에게 했던 경고, 즉 죄의 준동과 속임에 대한 경험이 별로 없고 신앙의 길에서 별로 진보를 이루지 못한 '새로 입교한 자'에게(딤전 3:6) 교역의 직분을 맡기지 않음으로써 그가 '교만하여져서 마귀를 정죄하는 그 정죄에 빠지지' 않도록 하라는 경고의 지혜로움을 이해한다. 사도 바울 자신도 이런 위험에서 자유롭지 못했다(고후 12장). 나의 위험이 얼마나 큰지를 생각해 볼 때, 나는 어떻게 '두렵고 떨림으로 나의 구원을 이루어가야' 하는가? 주님 이외에 아무도 나를 도울 수 없다." Life of the Rev. T. Charles, of Bala, pp. 133, 134. "안식일 사역에서 나를 따라다니는 네 가지 악을 보았다. 첫째, 혼자 가지는 명상의 시간에 내가 공급한 것이 얼마나 초라한가 하는 느낌에서 발생한 좌절과 수치로 마귀는 나를 짓밟는다. 둘째, 내가 잘해왔고 영역이 확장되었으며 이전에 비해 존경을 받았다는 생각 때문에 마음의 긴장이 풀어지며 따라서 비록 내가 언제나 똑같지는 않지만 나의 일이 그렇게 대단한 것이 아니라는 생각을 가지게 된다. 셋째, 빛의 부족, 생명의 부족, 그리스도를 위해서 품은 사랑을 전달하는 정신력의 부족 같은 허약함과 연약이다. 그래서 많은 영혼에게서 성장이 보이지 않으며 나의 사역에서 하나님이 느껴지지 않는다. 넷째, 내가 최선을 다해도 성공이 없다는 것이다." 이 글은 뉴잉글랜드의 셰퍼드의 일기 일부이다. 그는 경험 신학 (experimental divinity)에 관한 훌륭한 논문을 여러 편 썼다. – Mather's New England, book iii. P. 91.

직면하게 될 것이다. 우리가 철저히 무기력하다는 것을 깨닫지 못함으로써 직무의 모든 부분의 실질적인 어려움을 제대로 파악하지 못하는 것이 이 직무에서 결실을 맺지 못하게 하는 하나의 중요한 원인이다. 전능하신 자의 팔이 아닌 다른 어떤 힘으로도 그 사역을 감당하지 못한다는 현실적인 깨달음 속에서 수고하지 않는다면 우리 중 어느 누구도 '우리 손에서 번성하는 여호와의 즐거움'을 깨닫지 못할 것이다.

우리들 중 많은 사람은 기대 속에서 이 사역의 즐거움과 격려를 미리 조금 경험했었다. 그리고 청년의 샘솟는 활기를 가지고 모든 장애를 극복하는 불요불굴의 헌신을 근거로 미래를 예상했었다. 그러나 문지방을 넘자마자 확신의 꿈이 사라져 버렸다. 세상의 냉기와 실패의 고통이 가져다 주는 낙심과 실망에 금방 익숙해지고 노력한 만큼 수확하리라는 낙관적인 기대는 산산이 깨어져버렸다. 우리의 성실과 사랑은 종종 가혹하고 모진 시련에 부딪힌다. 비록 목회 사역의 존엄성과 격려의 원칙들을 결코 잊지 못한다 해도 우리는 '사람이' 이 직분을 '얻으려 하면 선한 일뿐만 아니라 고생과 자기부인까지 원해야 한다' 는 것을 깨닫지 않을 수 없게 된다(딤전 3:1).[33]

느헤미야와 그를 따르던 사람들처럼 우리도 한 손으로는 일을 하며 한 손에는 병기를 잡아야 한다(느 4:17). 일하는 삽을 놓으면 일의 진행이 멈출 것이며, 칼을 집어넣으면 원수에게 유리한 환경이 조성될 것이다. 따라서 지혜로운 위대한 건축자이며 구원의 대장이신 분을 믿고 안식

---

33) "명예가 아니라 일, 즐거움이 아니라 수고"(제롬). '목회 사역은 게으름이나 즐거움의 상태가 아니라 항상 땀과 수고를 견뎌야 하는 거룩한 전쟁 상태이다. 예수 그리스도와 그의 나라의 확장을 위하여 지속적으로 수고하고자 하는 용감한 결단이 없는 사람은 이 전쟁에 적합하지 않다.' —Quesnel on 1 Timothy i.18.

과 면류관과 본향을 기대하며 계속 저항하는 자세를 취할 수밖에 없다. 그러나 우리는 하나님의 경륜에 대해서 불평할 아무런 이유가 없다. 이는 그 경륜이 우리 자신을 위한 중요한 복들로 가득 차 있는 것이 너무도 분명하고 사역의 복된 목표에 매우 유익한 까닭이다. 십자가의 연단은 주제넘은 자만심을 꺾기 위하여, 하나님의 약속을 늘 믿도록 하기 위하여, 믿음의 능력과 기도의 특권과 하나님의 말씀의 천상적인 지지를 입증하기 위하여, '학자의 혀'를 갖춰주기 위하여 가장 필요한 것이다. 십자가의 연단은 우리 자신이 영적 전쟁의 어려움과 도움을 직접 경험함으로써 우리 주인의 모범을 따라 '곤고한 자를 말로 어떻게 도와줄 줄을 알기' 위하여 가장 필요한 것이다(사 50:4).

그렇다고 할지라도 목회의 어려움에 직면할 때 믿음에 대한 활기찬 관점이 가장 중요하다. 무력감은 책임의 중압감에 눌려 우리를 나락으로 떨어뜨린다. 믿음은 우리의 연약함을 전능하신 이의 도움에 대한 약속으로 금방 연결시킨다(예컨대, 출 4:10~12; 렘 1:6~10; 마 28:20; 고후 12:9), 그리고 우리는 태산 같은 어려움에 대해 "큰 산아 네가 무엇이냐 네가 스룹바벨 앞에서 평지가 되리라"(슥 4:7)고 말할 수 있다. 따라서 좌절은 적절히 유지되고 조심스럽게 호전된다면 궁극적으로 우리에게 격려를 주는 가장 풍성한 자원이 된다. 그러는 동안 사역에 대한 사랑이 모든 어려움을 극복하고 우뚝 서게 해준다.[34]

---

34) "우리는 참으로 위대하고 험난한 일을 시도하고 있다. 하지만 사랑하는 자에게는 아무 것도 어렵지 않다고 생각한다." - 키케로(Cicero).

목회 사역의 위로와 격려

목회 사역의 전체 그림을 파악하는 것이 무엇보다 중요하다(어느 쪽이든). 한쪽으로 치우치면 반드시 불완전하고 부정확한 상을 형성하게 된다. 고통스러운 경험이 버릇처럼 되면 우리는 '약하고 두려워하고 심히 떨면서'(고전 2:3) 회중과 함께하게 된다. 세상의 저항, 믿음이 흔들리는 자들의 변덕스러움, 말뿐인 신자들의 변덕스러움, 구도자의 길을 가로막는 어려움들, 소망을 두었던 사람들에 대한 잦은 실망, 거기에 덧붙여서 우리의 과거에 대한 기억, 우리가 마땅히 어떤 사람이 되어 있었어야 하고 마땅히 어떤 일을 했었어야 한다는 인식, 이 모든 것들이 우리의 연약함과 부패한 본성으로 인해서 무섭게 우리를 공격한다.

우리는 '자기 비용으로 군 복무를 하고'(고전 9:7) '힘에 겹도록 심한 고난을 당하였다'(고후 1:8). 그러한 것들은 '사역 속에서 발생하는 모순'으로서 비록 슬픈 일이지만 여전히 '기쁨이 가득한 슬픔'이다.[35] 참으로 '사람이 감당할 시험밖에는 우리가 당하지 않는다'. '종일 수고하고 더위를 견디는' 일에서 갑절을 당하기 때문에 우리는 동료 그리스도인들보다 더 큰 고통을 받는다. 그러나 "그리스도의 고난이 우리에게 넘친 것같이 우리가 받는 위로도 그리스도로 말미암아 넘치는도다"(고후 1:5). 고투와 함께 지원이 있고 책임과 함께 특권이 있는 행복한 균형 때문에 순전한 믿음과 인내의 소망의 길에서 우리는 더욱 힘을 얻는 것이다.

목회 사역이 이렇게도 어려운 일이므로 그것을 감당할 수 있게 하는

---

35) 올니(Olney) 선집 제2권, 26의 사역 경험에 대한 훌륭한 예찬을 참조하라. 또 고후 6:6~10과 비교하라.

지원과 격려가 있음을 우리는 인식해야 한다. 우리 직무가 그리스도께서 제정하신 것이고 자기 교회를 사랑하심에 대한 변치 않는 증거인 것을 생각하면 참으로 격려가 된다. 그리스도께서 자기 이름의 영광과 자기 교회의 번영을 위해서 자신이 세운 제도를 높이고 그 목적을 확실히 이루시지 않겠는가? 우리를 보내신 그분께서 우리의 사역에 필요한 모든 것을 채워주시지 않겠는가? 모든 필요한 도움과 격려를 오로지 그리스도께로만 받을 수 있으므로 우리는 그리스도의 법령에 호소해야 하지 않겠는가?

또한 우리의 전체 사역을 위해서 얼마나 많은 힘이 공급되는가? 만약 우리가 허약하기 이를 데 없는 사람을 의지했거나, 단순한 도덕적 설득의 힘을 의지했다면, 우리는 완전한 절망 속에서 "누가 이 일을 감당하리요?"(고후 2:16)라고 부르짖어야 마땅하다. 그러나 우리는 즉시 '우리의 만족은 오직 하나님으로부터 나느니라'는 깨달음과 함께 '힘을 회복하고' 주님의 일에 집중하게 된다. 거기에 다음의 요소들이 덧붙여진다. 우리 직분의 성격이 '율법의 조문으로 하지 아니하고 오직 영으로 한 새 언약'의 직분이라는 사실, 이 직분이 생명과 의의 직분이라는 사실이 일으키는 기쁨, 그 복된 사실에 대한 우리의 관심 등 이 모든 것들이 어떤 어려움 속에서도 우리의 믿음과 기대를 든든하게 만들어준다.

그러므로 우리가 (이전 율법 시대보다 영광이 더욱 넘치는) 이 직분을 받아 '긍휼하심을 입은 대로 낙심하지 아니' 한다(고후 3:5~9, 4:1). 우리는 '살리는 영'께서 우리의 직분을 하늘의 능력의 통로로 사용하여 '눈먼 자의 눈을 뜨게 하고' 영적으로 죽은 자를 소생시키는 사실을 전적으로 확신한다. 하나님의 생명과 그에 수반되는 모든 특권을 전달하는 도구로 우리의 사역을 사용하시겠다는 하나님의 인치심은 말할 수 없이 큰 즐거움

을 가져다 줄 수밖에 없다.[36]

사역(직분)의 영구한 영적 결실이 최고의 위로가 되어야 한다. 한 사람의 죄인이 회개하는 것은 하늘에서 기쁨을 일으키는 큰 사건이다(눅 15:10, 하늘에서 지상 세계에 관심을 갖는 것으로 기록된 유일한 예이다). 따라서 사역자의 마음에도 당연히 큰 기쁨이 되어야 한다. 우리를 둘러싸고 있는 무지와 죄에 대한 무력감 속에서도 단 한 사람의 구원이 위안과 격려가 된다. 그들이 계속해서 복음의 믿음, 소망, 사랑 안에서 살아가는 모습은 하나님을 향한 우리의 부단한 감사의 근거, 우리의 주된 기쁨, 우리 생명의 생명이 된다.

"너의 자녀들 중에 우리가 아버지께 받은 계명대로 진리에 행하는 자를 내가 보니 심히 기쁘도다"(요이 4).

우리는 부모의 심정으로 걱정하고 기뻐하며 그들을 대한다.

"너희가 주 안에 굳게 선즉 우리가 이제는 살리라"(살전 3:8).

사랑하는 교인들의 정서적 공감에 대한 관심에서 우리는 부차적인 위로와 격려를 얻는다. "그리스도 안에 무슨 권면이나 사랑의 무슨 위로나 성령의 무슨 교제"(빌 2:1)는 참으로 넘치는 위로와 기쁨이다. 우리는

---

[36] 코튼 마터가 한 말이다. "영국의 위대한 인물 중 한 사람인 윌리엄스 대주교가 다음과 같은 기념비적인 연설을 한 적이 있다. '70년 전에 나는 영국에 있는 어떤 동료들보다도 존귀한 직분을 더 많이 담당했습니다. 그러나 내 설교를 통해서 단 한 명의 영혼이라도 하나님께 인도했다는 것을 확신할 수 있다면 나에게 주어졌던 그 많은 영예와 직책에서 얻는 위로보다 더 많은 위로를 얻을 것입니다.' 여러분은 이 비교할 수 없는 만족 속에서 계속 전진할 수 있는 사역을 시작하고 있다. 나는 한 영혼을 구원하고 깨우치고 세우는 일이 오빌의 모든 부가 넘칠 때보다 더 큰 기쁨을 여러분에게 줄 수 있기를 바란다." Mather's Student and Pastor, pp. 159, 160. 하몬드 박사의 다음 문장은 참으로 귀하다. "한 영혼을 멸망에서 건지는 일의 도구로 사용된다는 것은 얼마나 영광스러운 일이며, 한 사람의 전 생애를 소비해서 얻을 수 있는 얼마나 고귀한 상급인가!" 또한 보울스의 말처럼 목사는 아브라함이 소돔 왕과 맺은 언약처럼 "사람은 내게 보내고 물품은 네가 가지라"(창 14:21)고 기꺼이 말해야 할 것이다.

하나님께서 우리에게 맡겨서 돌보게 하신 양 무리와 교통하는 가운데 이것을 누린다. 이 세상에서 얻을 수 있는 가장 감동적인 이 사랑 속에서 우리는 타락한 세상으로부터 오는 멸시를 충분히 상쇄할 수 있는 보상을 받고, 은밀한 후원과 즐거움을 늘 얻으며, 우리의 힘든 길에서 계속 전진할 수 있게 된다.

교인들 중 신앙이 있고 현명한 사람들은 우리가 '그들과 같은 성정을 가진 사람'이라는 것과 우리의 길에는 온통 덫이 놓여 있고 우리의 마음은 종종 슬픔과 시험으로 심한 상처를 입는다는 것을 잘 알고 있다. 그들은 그리스도의 마음으로 '우리의 괴로움에 함께' 한다. 그들은 의무감과 자기들이 받은 특권에 대한 인식 속에서 힘써 일하며, 불평이나 슬픔을 토로할 만한 근거가 있다고 하더라도 되도록 그것을 제거하기 위해서 노력한다. 또한 그들을 위하고 섬기는 우리의 수고는 우리 자신의 영혼에 위로가 된다.[37] 그들의 은밀한 사랑에 대해서 우리가 지고 있는 빚은 마지막 날 은혜의 보좌 앞에서 드러날 것이며 지금은 '부분적으로' 인식되고 있는 그 사랑의 위엄과 힘이 "우리 주 예수의 날에는 너희가 우리의 자랑이 되고 우리가 너희의 자랑이 되는"(고후 1:14) 그 날 더욱 완전히 드러날 것이다.

목회 사역에서 위로와 격려가 되는 또 다른 사실이 있다. 그것은 비록 개인적인 것이지만 언급할 만한 가치가 있다. 목회 사역이 목회자 자신의 신앙 성장에 특별히 유익하다는 점이다.[38] 영원한 것에 대한 관심

---

37) 퀘스넬은 목사와 회중 사이의 상호 관계를 다음과 같이 아름답게 표현한다. "회중은 목회자에게 자녀로서의 존경과 '복종과 두려움'을 표시함으로써 목회 사역에 수반되는 어려움들을 경감해주어야 한다. 목사는 이런 위로에 대한 보답으로 회중에 대한 만족과 기쁨과 친절을 새롭게 표시함으로써 자신이 양 떼를 돌보고 항상 귀하게 여긴다는 증거를 보여주어야 한다." 고후 7:15, 16 강해. 또한 고후 2:3; 빌 2:26을 보라.

을 약화시키는 세속 직업의 힘은 대단히 커서 특별히 늘 경계하여 기도하지 않으면 그리스도인은 저 높은 곳을 향해서 계속 전진하지 못한다 (비교 시 119:25와 사 40:31). '그 마음이 하나님께 합한' 사람 다윗은 자기 왕국의 일에 얽혀 있을 때에 하나님께 가까이 나아가는 특별한 은혜를 입어 항상 하나님의 일을 하고 사는 성소의 사역자들을 종종 부러워하였다(비교, 시 65:4, 84:4).

어느 신실한 그리스도인이 자기 직업에 필연적으로 수반되는 세속성을 한탄하지 않겠는가? 그것은 그의 영적 즐거움을 빼앗고, 적극적인 자기부인의 생활을 통하여 하나님과 교통하는 일에 전념할 수 있을 때에도 마음을 어수선하게 만든다. '이생의 일들에 얽매이지' 않는 직업을 가지기란 매우 어려운 일이다(딤후 2:4). 상당한 결실의 약속이 있고 완전을 향하여 전진하고 있더라도, 너무나 무성한 세상의 성공과 번영이라는 잡초가 '말씀의 기운을 막는'(눅 8:14) 사실을 생각하면 이런 방해 요소들로부터 상대적으로 자유로운 목회 사역에 종사한다는 것은 절대로 작은 특권이 아니다.

게다가 세속의 직업들은 우리를 하나님과 멀어지게 하는 경향이 있지만 이 거룩한 일은 자연스럽게 우리를 하나님께로 이끈다. 성경의 풍

---

38) 버닛 주교의 글에 분명히 예증되어 있다. Pastoral Care, 8장. 「인간 본성의 사중 상태」의 저자로 잘 알려진 보스턴(Boston)은 그가 최초로 교역자가 되고자 했을 때 그 이유가 '모든 사람들 중에서 교역자가 가장 영적인 일에 집중하기 때문'이라고 밝힌다. "우리 사역이 천국 생활이라는 점에서 수입이 좋고 명예가 따르는 세상의 어떤 직업과도 비할 수 없지 않은가! 다른 사람의 구원을 지향한다는 점 외에도 목회 사역은 우리 자신의 영혼을 성화하고 구원하기에 합당하고 적합하지 않은가!" Leighton's Letter to the Clergy of Dumblane. 또한 그의 Works, ii. 452를 참고하라. 뒤에 (3장 8항) 우리는 바로 이 사실로 인한 역기능을 다룰 것이다. 그러나 이것들은 타락한 품성으로 인한 유혹의 결과이다. 그럴지라도 영적 활동이 추구해야 하는 목표는 마음속에서 참된 믿음이 자라는 것이다.

부한 자원을 발굴하고, 천상의 것을 묵상하고, 영적으로 헌신하는 생활로 부르심을 받은 사실은 우리 자신의 구원을 위한 유효한 수단이기도 하다. 그래서 "남을 윤택하게 하는 자는 자기도 윤택해진다"(잠 11:25). 따라서 영혼의 영원한 안식을 위한 이 일에 시간과 관심을 집중하고 재능과 기회를 활용하면, 하늘의 뜻을 더욱 풍부하게 전하며 하나님의 교회에서 더욱 유용하게 쓰일 수 있는 인격이 형성되게 된다.

또한 매일의 영적 사역에 의해 우리의 믿음은 더욱 든든해진다. 불신자의 맹목성과 적대감의 표출, 마음과 습관의 현격한 변화의 필요성, 이런 변화를 위한 효과적인 수단, 이 변화가 전 인격에 미치는 유익한 영향, '성도의 인내와 믿음'에서 드러나는 변화의 지속적인 효력 등 이 모든 것이 사람을 면밀하게 조사할수록 모든 면에서 드러나고, 성경 계시에 대한 우리 자신의 믿음을 강화하며, 우리의 선포가 '교묘히 만든 이야기를 따른 것'이 아니라는 점(벧후 1:16)을 더욱 확신하게 한다.[39]

성공의 확실성을 (비록 앞으로 고려하게 될 주제이지만)[40] 결코 망각해서는 안 된다. 이것은 목회에 힘을 공급하는 주요 자원 가운데 하나이다. 우리의 크신 중보자와 맺은 모든 언약은 주로 목회 사역에 의해 성취되었다(사 53:10~12; 고전 1:21; 고후 1:20). 그러므로 이 사역에서 우리는 '우리의 손으로 여호와께서 기뻐하시는 뜻을 성취한다'는 것을 확신하게 되고, "견실하며 흔들리지 말고 항상 주의 일에 더욱 힘쓰는 자들이 되라 이는 너희 수고가 주 안에서 헛되지 않은 줄 앎이라"(고전 15:58)는 말씀대로 용기를 얻게 된다.

---

39) 목회에 대한 체스터 주교의 흥미로운 설교들에서 다소 다양한 관점으로 훌륭하게 묘사한 이 점을 참조하라. 그의 책, 37~44쪽.
40) 2장, c. 1.

그러나 우리의 소망과 기쁨의 절정은 바로 영원에 대한 전망이다. "지혜 있는 자는 궁창의 빛과 같이 빛날 것이요 많은 사람을 옳은 데로 돌아오게 한 자는 별과 같이 영원토록 비칠"(단 12:3) 때에 "지혜로운 자는 사람을 얻느니라"(잠 11:30)는 성경의 경구가 참으로 완전하게 예증될 것이다. "목자장이 나타나실 때에 (그들은) 시들지 아니하는 영광의 관을 얻으리라"(벧전 5:4).[41] 우리의 보상은 성공에 '준하여' 평가되는 것이 아니라 '우리가 일한 대로'(고전 3:8) 평가되며 찬양 받으실 주인은 우리가 목회에 실패했을 때에도 보상해주신다(고후 2:15, 16, 비교, 사 46:4).

우리는 하나님의 목적의 도구일 뿐이고 전능한 힘이 작용하는 기관에 불과하지만 그럼에도 불구하고 사역의 영광이 마치 우리 것인 것처럼 사역은 여전히 풍부하고 충만하게 여겨진다. 신약 시대에 하나님의 상급은 '보수가 아니라 은혜'에 의한 것, 즉 전혀 인간의 공로에 관계없이 주권적인 자비로운 은혜에 의한 것이라는 이 진리를 고수한다면 우리가 마치 하나님의 호의를 입을 자격이 있는 것처럼 스스로 높이는 것이 아니라 자신이 '수욕을 받아서 영원히 부끄러움을 입을' 자로 낮추리라는 것이 너무나 분명하지 않은가?

그러므로 우리가 어렵지만 귀한 사역으로 부름 받았음을 인정하게 된다. 비록 힘들지라도 모든 긴급한 경우를 위한 지속적인 후원과 위로가 마련되어 있다는 사실에서 충분히 만족할 수 있다. 참으로 모든 것이 단 하나의 약속, 곧 "볼지어다 내가 세상 끝 날까지 너희와 항상 함께 있으리라"(마 28:20)는 말씀에 다 포함되어 있다.

다음은 훌륭한 성직자[42]가 한 형제에게 한 말이다.

---

41) 목회에 주어지는 영광스러운 면류관에 대한 훌륭한 설명에 대해서는 낙심과 지원에 대한 홀의 설교를 참조하라. pp. 51~53.

"시대마다 그가 쓰시는 사역자들은 첫 세대의 사역자들과 마찬가지로 이 소중한 약속을 받았습니다. 주님은 당신을 불러 무슨 일을 시키든지 당신이 그 일에 자격을 갖추고 성공할 수 있도록 '볼지어다 내가 너희와 항상 함께 있으리라' 할 때, 이 '항상'이라는 말을 믿는 마음으로 명심하십시오. 당신의 마음이 슬플 때 주의 임재와 성령으로 당신을 위로하기 위하여 '볼지어다 내가 너희와 함께 하리라', 비록 모든 사람이 당신을 버릴지라도 시련을 당하는 너희를 지키고 담대하게 하기 위하여 '볼지어다 내가 너희와 함께 하리라'고 약속하셨습니다. 주께서 당신과 함께하시니 두려워하거나 겁낼 이유가 전혀 없습니다. 당신에게는 다른 격려가 필요 없습니다. 당신이 계속 믿는다면 언제나 충분한 격려를 받을 것입니다. 그리고 당신은 이렇게 결론을 내릴 것입니다. '주께서 나를 모든 악한 일에서 건져내시고 그의 천국에 들어가도록 구원하실 것이다.'"

이처럼 사역을 두루 살펴봄으로써 우리는 더욱 분발하여 헌신하게 된다.[43] 그리하여 믿음과 인내를 요구하는 많은 고통 가운데서도 우리는 '하나님께 감사하고 담대한 마음을 얻는다.' 오직 한 마음으로 사역에 헌신한 사람이 아니면 스콧(Scott)의 다음과 같은 증거에 선뜻 찬동하지 못할 것이다. "나의 모든 실망과 악한 낙담에도 불구하고 마음에 안정을 가질 때에는 이 사역과 비교할 만한 다른 가치 있는 일이 전혀 없다고 생각한다. 만일 내가 천년 동안 산다 해도 나는 기꺼이 이 사역을 하

---

42) D. Williams on the Ministerial Office, 1708. pp. 43, 44.
43) "사역의 영광을 깊이 생각함으로써 계속되는 세상의 염려로부터 당신의 마음을 일으켜 세우며 맡기신 분의 영광이 태만한 마음을 내쫓게 하고 사명의 어려움이 느긋한 마음을 없애게 하라. 사람들로부터가 아니라 하나님으로부터 기대해야 하는 위대한 상급이 근면함과 경각심을 일깨우게 하라." Erasm. Eccles. p. 193.

며 살 것이다. 나에게 몇 명의 아들이 있든지 그들을 기꺼이 이 사역에 헌신하게 할 것이다."[44]

🎵 목회자의 자질

"세상을 만드신 분 외에는 목회자를 만들 수 있는 자가 없다"는 뉴턴의 말은 금언이라 할 수 있다. 그리고 그는 자기 말을 이렇게 예증했다(그 말에 증명이 필요하지는 않지만).

"능력이 있는 젊은이는 교양을 쌓고 열심히 노력하여 학자나 철학자나 웅변가가 될 수 있다. 그러나 참된 목회자는 반드시 어떤 원칙과 동기와 의식과 목표가 있어야 한다. 이러한 것들은 결코 사람의 근면함이나 노력으로 얻거나 아는 것이 아니다. 반드시 위로부터 주어져야 한다. 그렇지 않고서는 받을 수 없다."[45]

이 원리가 실제적인 감화와 적용을 통하여 실현되고 드러나는 모습을 살펴보면 목회에 필수적인 자질을 전체적으로 알게 될 것이다. 자격이 없이 사역을 시작하는 것은 감당할 수 없는 책임을 지는 것과 같다. 그런 모험을 하는 사람은 자기 자신의 영혼이나, 자기와 같은 죄인들의 영원한 운명이나, 하나님의 교회의 안녕에 대해서 진지하게 염려해본 적이 없을 것이다. 자신이 그 일에 적임자가 아니라는 사실에 대해서 생각해본 적이 없는 것이다. 지금까지 교회 역사 속에 존재했던 '가장 유능한 신약 성경의 목회자'는 자신의 사역에 대해서 "내가 부득불 할 일"

---

44) 스콧의 생애, pp. 343, 344.
45) 뉴턴의 전집, 제5권. 62쪽.

이라는 의식이 매우 투철하여 그 의식에 거의 압도되어 있었다(고전 9:16).
그보다도 훨씬 부족한 우리가 그만큼의 투철한 의식이 없다는 것은 매우 부끄러운 일이다.

이 주제를 논할 때에 목회자에게는 천부적이고 지적인 재능이 상당히 갖춰져야 한다는 것, 그것을 의식적으로 향상시키고자 하는 노력이 있어야 한다는 것을 전제한다. 영적인 자질을 다룰 때에는 성경의 표준보다 낮추거나 높이거나 그 표준에서 벗어나는 일이 없도록 조심해야 한다. 요구 조건이 모두 똑같은 정도로 중요한 것은 아니다(물론 모든 요구 조건은 사역의 효력과 관련이 있다). 그러므로 우리는 바람직한 것과 본질적인 것을 구별해야 하고, 미숙함이나 경험 부족으로 인한 결함과 그 사람의 본질적인 성격상의 결함을 구분해야 하며, 사역을 시작할 수 없는 결격 사유와 탁월한 목회자들에 대비한 상대적인 능력 부족을 구별해야 한다.

"은사는 여러 가지나 성령은 같고 직분은 여러 가지나 주는 같으며" (고전 12:4~5).

어떤 경우이든지 하나님께서 이 직무를 위한 자질을 공급해주실 때 비로소 이 신성한 직무를 위한 소명을 받았다는 사실이 입증될 것이다.

"우리가 믿는 도리의 사도이시며 대제사장이신 예수를 깊이 생각하라"(히 3:1). 그럴 때 우리는 정반대로 보이는 특성들이 가장 조화롭게 결합되는 것을 목격한다. 우리 주님의 사역에는 이런 특성이 있다. 하나님의 권위를 가지면서도 형제로서의 공감을 가지며, 성부에게서 위임 받은 권위를 가지면서도 '섬김을 받으려 함이 아니라 도리어 섬기려고'(마 20:28) 하는 종의 겸손을 가진다. 비록 "그 가르치시는 것이 권위 있는 자 같으나" 그 말씀들은 '지혜의 온유함'과 사랑의 '자비'가 잘 조화된 '은혜로운 말'이었다(마 7:29; 눅 4:22). 실제로 주의 사역의 성격에 나타난 여러 특징들에서 교역자의 자격에 관한 가장 정확한 표준을 보게 되며 공적으로나 사적으로 수행하는 목회 사역의 뚜렷한 방향을 알게 된다. 그러나 우리가 이런 완벽한 표준에 도저히 미치지 못한다는 사실로 인해 좌절하지 않으려면 이 고귀한 직무가 '우리 같은 성정을 가진 사람들'에 의해 수행되지만 늘 가까이 계셔서 동행하시는 크신 주님의 은혜가 함께한다는 점을 잊지 말아야 한다.

사도행전을 꼼꼼히 읽어보면 귀한 교훈을 풍부하게 얻을 것이다. 서신서 속에도 목회에 대한 포괄적인 교리의 체계에 못지않게 목회의 성격에 대한 완벽한 설명이 제공되고 있다. 바울의 글의 자연스러운 흐름에서 그가 이따금 산발적으로 묘사한 간단한 스케치에서 드러나는 그의 사역의 다양한 특징은 그의 귀중한 가르침이 구체적으로 실현된 모습이다.

퀘스넬(Quesnel)은 단 한 장(살전 2장)에서 거룩한 성품의 특성을 33개나 찾아냈다.[46] 바울은 에바브로디도를 언급하는 가운데 목회의 몇몇 주요 자격을 이야기하고 있다. 바울은 그를 가리켜 '형제' 곧 신실한 그리스도인이라고 한다. 자기와 '함께 군사 된 자'로서 그의 동정심과 부지런함과 인내를 말하고, 자기와 '함께 수고하는' 자로서 그의 '고난을 감내함'을 말한다. 그리고 자기 때문에 괜한 걱정을 할까 봐 노심초사하는 양 무리에 대한 그의 깊은 애정과 자기 목숨을 돌보지 않을 만큼 주님의 일을 더 소중히 여김에 대해 말한다(빌 2:25~30).[47]

---

46) 다른 한 장(고후 6:1~12)의 일부 구절에서는 21개, 또 다른 장의 두 구절(골 1:28~29)에서는 10개를 찾아냈다. 이처럼 그의 주석서는 모든 점에서 목회 사역을 깊이 연구한 것이 드러난다. 그리고 목회 사역의 임무와 책임과 격려를 상세하고 정확하게 제시한다.
47) 빌 2:19~22에서는 디모데의 성품에 대한 몇 가지를 아름다운 필치로 언급하고 있다.

1) 목회자의 자격을 개관할 때 그가 수행하는 일이 영적인 일이라면 그것을 감당하는 자에게 그에 상응하는 영적 성품이 필수적임을 주목해야 한다. 목회자에게 인간적 학문이 어떤 가치를 가지든지 그것이 목회를 위한 이 중요한 자격과 관계가 없다면 그 학문의 영향력은 사역에 해가 되지 않더라도 무익한 것으로 판명될 것이다. 성경은 목회자들이 '거룩'해야 할 것을 분명히 강조한다.

목회자는 독특한 의미에서 하나님의 사람이며, 하나님께 가르침을 받는 사람[48]이며, 시간과 재능을 하나님을 섬기는 일에 매일 드림으로써 하나님께 헌신하는 사람이며, 한 가지 목적만 가진 사람이다. 오로지 한 가지 목적을 위해 그리고 이 목적을 증진시키기 위해 사역하며 사는 사람이다. 목회자는 '그가 달려갈 길을 기쁨으로 마치고, 하나님의 은혜의 복음을 증거하고 주 예수께 받은 직분을 완수하기 위하여 그를 기다리고 있는 여러 환난에도 흔들리지 않고, 자신의 생명을 조금도 귀한 것으로 여기지 않는' 사람이다.

사도 바울이 바로 이와 같은 사람이었다. 에베소 장로들에게 과업을 맡기면서 그가 했던 말처럼(행 20:17~35), 그는 자기 자신의 가르침을 삶으로 보여준 인물이었다. 이 말씀은 감독의 직무에 **훌륭한 모범**이 될 수 있고, 백스터(Baxter)가 정확히 진술한 대로 "젊은 학생들이 시간을 투자하는 대부분의 것들보다도 더 좋은 것으로 사시사철 연구할 만한 가치가 있다."

"형제들이여, 이 말씀을 여러분이 공부하는 방문에 쓰라. 큰 글씨로

---

48) 에라스무스의 유명한 말이다. "바울 다음으로 잘 가르치는 자가 되고 싶은 자는 먼저 하나님께 가르침을 받는 자가 되도록 노력하라(Qui cupit juxta Paulum esse $διδακτικος$, det operam, ut prius sit $θεοδιδακτος$)." Eccles. Lib. i. pp. 4, 5.

베껴서 늘 눈앞에 두라. 그 두세 줄에서 아주 잘 배울 수 있다면 정말 훌륭한 설교자가 될 것이다. 이 모든 말씀을 여러분의 마음에 새겨라. 그리하면 여러분 자신과 교회는 저 저급한 것을 20년 공부한 것보다 더 나을 것이다. 비록 저 저급한 것을 공부하면 여러분이 세상에서 좀더 많은 칭찬을 듣겠지만, 여러분을 소리 나는 구리와 울리는 꽹과리를 만들 이런 저급한 것은 버려라."[49]

목회의 기준은 경건의 훈련에 깊이 젖은 인격을 전제하고 있음이 분명하다. 항상 자기를 부인하고, 구주와 죄인들의 영혼에 대한 사랑이 현저하게 드러나고, 항상 흠이 없이[50] 행동하는 것이 경건의 실행이다. 사

---

49) 참된 목자(Reformed Pastor).
50) 에라스무스의 어떤 용어들은 지나치게 과격하다. "목회 사역에서는 무엇보다도 다음의 것들을 주시하여야 한다. 모든 잘못과 인간적인 욕망으로부터 마음을 깨끗하게 지키는 것, 죄악으로부터뿐만 아니라 죄악의 혐의나 모양으로부터도 삶을 순수하고 흠없이 유지하는 것, 사탄의 모든 술책에 대항하여 영혼을 견고하고 굳건하며 흔들리지 않도록 하는 것, 모든 사람에게 유익을 끼치기 위하여 불타는 마음을 갖는 것, 백성의 어리석음을 덜어줄 수 있는 지혜로운 마음을 갖는 것, 현명하고 잘 분별하는 마음을 갖는 것, 무엇을 침묵하고 무엇을 말해야 하며, 누구 앞에서, 어떤 시간에, 어떤 방법으로 설교를 해야 할지를 쉽게 분별할 수 있는 것이다. 이런 사람은 바울과 마찬가지로 목소리를 바꿀 줄 알아야 하며, 청중의 구원에 유익하다고 생각될 때에는 모든 사람을 위하여 모든 것을 할 줄 알아야 한다. 왜냐하면 오직 이 한 가지 목표만이 있어야 하며, 목회 사역의 모든 면이 그것을 향하여 있기 때문이다. 그것으로부터 눈을 돌리면 말하는 훈련을 잘 받았을수록 주님의 양 떼에게 더 큰 손해를 끼치게 되는 일이 일어나게 된다." Eccles. Lib. I. p. 10. 이 설명을 존경받는 비트링가(Vitringa)의 펜에서 흘러나온 목회자의 초상화와 비교하라. "그러므로 사람들은 신실한 그리스도의 종, 복음을 가르치는 자, 마음이 올바른 자, 하나님의 영광과 사람들의 구원을 위한 열심으로 불타는 자를 얼마나 귀하게 여겨야 하겠는가! 인간의 것이 아니라 인간을 찾는 자, 자신의 것이 아니라 주님의 것을 찾는 자, 성령의 가르침을 받으며 경험을 통하여 하나님의 길에 정통한 자, 품행이 단정하고 순결한 자, 경건과 절제와 온화함과 열정과 지혜와 신중함의 능력을 본보기를 통하여 가르치는 자, 촛대 위에 놓인 촛불과 같이 집 안에 있는 모든 사람들에게 빛을 비추는 자, 구원을 소망하는 모든 자들에게 구원의 길을 보여주기도 하고 복음의 조건들에 비추어 은혜와 구원을 나누어 주는 그리스도의 종을 얼마나 귀하게 여겨야 하겠는가! 그가 가는 곳마다 빛이 있다. 그

도는 '새로 입교한 자'(딤전 3:6)는 이 거룩한 사역에 적합하지 못하다고 올바르게 선언한다. 겨우 신앙생활을 시작한 사람은 이 중요한 역할을 담당할 수 없다. 은혜와 지식에서 어린아이가 '어린아이의 선생'이 될 수 없음이 명백하다면 아버지들의 지도자가 될 수 없는 것은 당연한 일이다. 역경과 징계와 경험의 학교에서 학문과 하늘의 감화를 받아야만 '학자의 혀'를 얻을 수 있다. 상당히 우수하면서도 더욱 우수해지기 위해 노력하는 자세는 완전한 목회를 위해 절대 필요하다. 또한 하나님께서 내리신 수단, 곧 하나님의 말씀 연구와 기도에 전념하는 습관을 몸에 익혀야 한다.

2) 영적 재능은 반드시 영적 성품과 결합되어야 한다. 거기에는 복음의 체계에 대한 분명하고 포괄적인 이해가 있어야 한다. 물론 우리는 몇몇 주요 개념으로만 구성되어 있고 종종 단 한 구절(예컨대, 요 3:16이나 딤후 1:15)에 포함되어 있는 복음의 단순성에 감탄할 수도 있고 '구원에 이르는 지혜가 있게 하는' 초보적인 도리를 경험으로 알고 있음을 인정할 수도 있다. 그러나 성경은 포괄적인 내용 속에서 여러 가지 중요한 목적을 위해서 주어졌음을 인정해야 한다. 특히 '하나님의 사람으로' 즉 목회자로(이 본문에서는 주로 이 뜻이다) "온전하게 하며 모든 선한 일을 행할

가 향하는 곳마다 구원이 있다. 그가 입을 여는 곳에는 소금이 있다. 어디에서든지 그는 귀중하고 존경할 만한 존재이며, 자기 자신에게 위로가 될 뿐만 아니라 다른 사람들에게도 위로를 나누어주는 사람이다. 그는 생을 마감하고 모든 수고를 마친 후 마침내 심판자이신 주님 앞에 담대함으로 나아가 자유로운 입술로 자신이 수행한 일들에 대하여 다음과 같은 형식으로 보고를 하게 될 것이다. '주인이여 내게 두 달란트를 주셨는데 보소서 내가 또 두 달란트를 남겼나이다." Pref. animadv. ad method. Homil. 세 번째의 놀라운 스케치가 Chrysost. De Sacerd. Lib. iii. 16에 실려 있다.

능력을 갖추게"(딤후 3:17) 하는 것이 성경의 중요한 목적이다. 목회자가 말이 옹색하고 해석이 조잡하고 그릇된 성경 적용을 한다면 실질적으로 사람들이 견실하게 자라지 못하게 될 것이다. 그러므로 목회자가 되려면 자기 한 사람이 구원을 받기에 겨우 충족한 지식이 아니라 지식의 곳간이 구비되어 있어야 한다.

"제사장의 입술은 지식을 지켜야 하겠고 사람들은 그의 입에서 율법을 구하게 되어야 할 것이니 제사장은 만군의 여호와의 사자가 됨이거늘"(말 2:7).

목회자는 반드시 "새것과 옛것을 그 곳간에서 내오는(천국의 제자 된) 집주인"(마 13:52)이어야 한다. 이런 지식의 곳간이 없다면 그는 "사람에게 말하여 덕을 세우며 권면하며 위로하는"(고전 14:3) 사역의 큰 목적에 부적합하다. 원리들에 대한 폭넓은 이해가 없이 어떻게 그 원리들을 있는 그대로 보여주거나 계속적으로 급변하는 상황에 그 원리들을 적용할 수 있겠는가?

3) 영적 은사는 반드시 영적 성취로 연결되어야 한다. 은사는 그리스도의 승천의 열매로서 그리스도의 종들이 사역을 위해 갖추어야 하는 것이다(엡 4:8~9과 고전 12:4~11을 비교하라). 은사의 다양함은 감탄하고 찬양할 일이다. 그러나 은사로 받은 것을 전달하고 적용하는 능력이 반드시 있어야 한다. 그렇지 않으면 그 최고의 재능이 그것을 소유한 자에게 아무리 쓸모 있는 것이라 해도 결코 교회의 공적인 유익은 되지 못한다. 또한 동시에 영적 은사들을 사용하는 것을 하나님의 능력의 발휘와 혼동하여 치명적인 자기기만에 빠지지 않도록 깊은 사려와 분별이 필요하다.

사도 바울의 서신들을 부지런히 공부하는 연구자들은 형제 사도가 상기시키고 있는 것처럼 그 서신들이 '받은 지혜대로' 썼다는 것을 금방 알게 될 것이다. 참으로 놀라운 솜씨로 바울 사도는 자신의 교훈을 거의 무한히 다양한 사람과 경우와 환경에 적용한다. 즉 강할 때나 연약할 때, 진전이 있거나 퇴보할 때, 여러 가지 능력이나 유익이나 불이익에 대해 적용하고 있다. 더없이 훌륭한 연설로 그는 '목소리를' 온유하게 하거나 엄하게 하거나 부드럽게 하거나 날카롭게 하여 책망하거나 권면했다. 이처럼 자신의 행동이나 감독하는 일에서 '여러 사람에게 여러 모습이 된 것은 아무쪼록 몇 사람이라도 구원하고자 함' 이었다. 그러므로 영적 지혜는 레위기에서 성막을 짓기 위하여 브살렐과 오홀리압에게 부여된 지혜만큼이나 하나님의 교회를 세우는 데 중요한 것이다.

따라서 우리는 "진리의 말씀을 옳게 분별하며 부끄러울 것이 없는 일꾼으로 인정된 자로 자신을 하나님 앞에 드리기를 힘써야" 한다(딤후 2:15). 그런 까닭에 하나님의 '비밀을 맡은 자, 청지기' (고전 4:1; 눅 12:42)로서 성도들의 여러 필요에 주님의 지혜와 은혜로운 뜻에 따라 곳간의 양식을 적절하게 나누어주는 것이다. 이렇게 우리는 그들의 개인적인 상태, 곧 그들의 영적 능력의 힘과 발휘를 고려하고, 그리스도인으로서 성장하는 데 필요한 양식을 그들의 유아적 상태나 성장하는 상태나 성장한 상태에 따라 고려하여 나누어주어야 한다. 또한 하나님의 도를 좇는 일에 특별히 방해가 되거나 유익이 되는 것을 고려하고, 진전이나 눈에 띌 정도로 정체된 상태나 현저한 퇴보를 고려한다. 이렇게 다양한 개인들을 대상으로 사역하려면 말씀을 시의적절하고 효과적으로 전달하기 위하여 하나님의 은혜의 방도를 깊이 그리고 충분히 이해하고 있어야 한다.

사도는 '구변' (엡 6:19)의 은사를 말씀을 선포하는 영적 재능으로 표시하기도 한다. 구변의 은사는 우리의 '입이 열리고' '마음이 넓어져서' (고후 6:11) 회중에게 말할 수 있도록 하고, 문제뿐만 아니라 논증에서도, 즉 '바른 교훈'에서뿐만 아니라 '바른 말'(딛 2:1, 7, 8)에서도 '하나님의 말씀을 하는 것같이' 할 수 있도록 한다. 구변의 은사는 우리가 거룩한 확신을 가지고 강단의 품위에 어울리면서도 이해력이 제일 부족한 사람도 분명히 알 수 있는 방식으로 우리의 증거를 '사람의 말이 아니라 하나님의 말씀'으로 전할 수 있게 한다. 문제를 명쾌하게 생각하고 정리하며 꼭 맞게 표현하고 아주 적절하게 설명하는 타고난 능력은, 사람들로 하여금 복음을 받아들이게 하고 강력하게 적용하게 하는 거룩한 도구로 이용되기도 한다. 그러나 이러한 능력은 갑작스럽고 비상한 영감에 의해서 주어지지 않으며, 사람이 열심히 노력하는 것에 비례하여 주어지는 것도 아니다.[51] 건실한 믿음이 있어야 목회자의 은사가 발달하고 증가하고 향상하는 결과를 가져올 것이다. 그러나 우리는 하나님의 주권이 행사되는 것을 침해해서는 안 된다. "이 모든 일은 같은 한 성령이 행하사 그의 뜻대로 각 사람에게 나누어주시는 것"(고전 12:11)임을 늘 기억해야 한다.

그러므로 (어느 현명한 저자의 말대로) '그와 같은 직무가 쉽게 이행될 수 있

---

51) 샌더스 주교는 이렇게 말했다. "이 은사를 돈으로 살 수 있다고 생각한 것이 시몬 마구스의 오류였다. 영적 은사를 노력에 의해서 얻을 수 있다고 생각하는 것도 그와 유사한 성격의 죄악이다. 당신은 일찍 일어나고 늦게 누우며, 많이 읽고, 최고 저자들의 걸작을 탐독할 수 있다. 이런 모든 일을 한 후에라도 하나님께서 당신의 노력에 복을 주시지 않으면 바로의 가축들이 기름진 먹이를 먹고서도 바짝 마른 것처럼 참되고 진정한 지식에 관한 한 당신은 마르고 빈약할 수 있다. '씨를 농부에게 나눠주고 그 씨가 여러 배 수확을 내게 하는 이'는 하나님이시다. 원금과 불어남이 모두 하나님의 일이다." 고전 12:7 설교 중에서.

다고 생각해서는 안 된다.' 이 직무를 이행하려면 몇몇 뛰어난 것들이 적절히 결합되면 되는 것이 아니라 뛰어난 많은 것들이 적절히 결합되어야 한다. 개인적인 대화에서 유익을 끼치거나 교회 행정 면에서는 서툴지만 설교에 재능이 있는 사람이라면 대체로 목회자의 자질이 있다고 말할 것이다. 그러나 이 사람은 그 사역에 완벽하게 적합한 것은 분명히 아니다. 도리어 아주 불완전한 사람이며 아무도 만족스럽게 여기지 않을 사람이다. 목회자가 해야 할 일의 모든 면들은 똑같지는 않지만 모두 고귀하고 중요하기 때문이다. 그 한 면 한 면이 다 아주 중요해서 가벼이 다룰 수 있는 것은 없다. 각각의 면이 바르게 이행되어야 나머지 다른 면들이 제대로 이행되고 모든 면들이 좀더 아름답게 되고 효력이 있다. 오직 한 가지 부분에만 적합하면 목회 활동이 크게 방해를 받고 성공이 축소될 수밖에 없다.

목회자가 그 직무에 상응하는 유익을 끼치면서 목회를 수행하고 이 사역의 중요성을 각성한 마음의 열망으로 사역을 수행하려면 그것이 요구하는 모든 것을 갖춰야 한다. 곧 모든 선한 일을 위해서 완전히 구비된 하나님의 사람이 되는 것이다.[52] 이것이 숭고한 표준이다. 최고를 지향하는 사람은 그것에 가장 가까워지려고 할 것이다.

---

52) Hinton, Completeness of Ministerial Qualifications, pp. 11, 12. 오스터발트는 이렇게 말했다. "필요한 모든 자질을 갖춘 사람만이 거룩한 직책에 받아들여진다면 우리의 교회를 위한 충분한 수의 목회자를 확보하지 못하리라는 반론이 반드시 나올 것이다. 거기에 대한 나의 대답은 이렇다. 선택된 소수의 목회자만 있는 것이 자격 없는 많은 교사들이 있는 것보다 낫다. 모든 위험을 무릅쓰고 우리는 하나님의 명령에 순종하고 나머지는 섭리에 맡겨야 한다. 그러나 실제로는 목회자의 부족이 그렇게 일반적으로 인식되지 못하고 있다. 교회 내의 활동에서 아무 열매를 맺지 못할 목회 지망생들에게 목회 사역을 거절하는 것은 분명히 신앙적인 행동이다. 목회의 의무를 이행할 수 있는 자격이 갖추어진 사람들에게는 이런 엄밀함과 엄격함이 도리어 격려가 될 것이다. 또한 목회 사역은 날마다 세상의 존경을 받을 것이다." Ostervald on Sources of Corruption.

목회 사역을 위한 준비

목사가 감당하는 책임의 막중함을 생각하면 목회 사역은 사람보다는 천사에게 더 어울릴 것 같다.[53] 따라서 목회 사역의 직무에 합당한 자격을 갖추지 않고 이 사역을 감당할 만한 책임감도 없이 함부로 사역에 뛰어드는 사람이 있다는 것은 대단히 유감스러운 일이다. '천사가 밟기 두려워하는 땅에 바보가 달려든다.' 그러나 많은 사람들이 준비의 필요성을 거의 느끼지 못한다고 해도 '부끄러울 것이 없는 일꾼'을 만들기 위하여 수고와 근면과 순종과 지식이 필요하다.[54]

또한 이기적이고 세속적인 동기의 영향을 받아서 사람들 사이에 현재의 긴급한 필요에 대한 인식과 회계할 날이 있으리라는 사실에 대한 인식이 무서울 정도로 무뎌져 있다. 열렬한 감정과 전도 유망한 재능이 있기는 하지만 마음이 준비되지 않고 영혼의 거듭남이 없는 젊은이들이 지각 없는 친구들의 설득이나 어떤 순간적인 감동 자극에 의해 신성한 직무에 성급하게 뛰어드는 것도 문제이다. 이 끔찍하게 무분별한 행동에 의해 교회는 심각한 어려움을 겪고 있다. 동시에 자기 기만적인 충동을 따른 이 희생자들은 사역에 대한 실망, 영혼의 불안이라는(비록 파멸은 아닐지라도) 쓰라린 경험을 하게 되었다. 다른 경우들에서는 거룩한 지식의 비축에 사용되어야 할 귀중한 시간이 천박한 일이나 게으름 속에서 낭비되거나 확고하고 현명하고 경험적인 사역으로 이끌지 않는 영

---

53) "천사들의 어깨에 있는 무거운 공포의 짐(Onus Angelicis humeris formidandum)." 어거스틴.
54) 먼저 철저한 훈련으로 배우지 않는다면 어떤 가르치는 기술도 습득되지 않는다. 미숙한 목사들이 목회의 가르치는 직분을 취득하고 있는 것은 참으로 경솔한 일이다. 그 기술이야말로 영혼을 다루는 기술 중 가장 중요한 것이기 때문이다. Greg. de Cura Pastor. cap. 1.

뚱한 연구에 잘못 사용되고 있다. 그래서 최선을 다해 숙고하지만 빈약하기만 한 영적 또는 지적 준비로써 계속해서 매일 증가하는 목회적 요구를 충족시키려고 하는 것이다.[55]

지불해야 할 값이 충분히 고려되었을 때에 능력 있는 사역을 확신 있게 기대할 수 있다. 그 사역에 대해 심사숙고하여 바른 판단을 내린 것으로서 성경의 뒷받침이 있고 모든 신실한 일꾼들의 경험에 의해 확증된 것이기 때문이다. 신실한 일꾼들의 경험에 의하면 목회는 쉬운 사역이 아니라 자기를 부인하는 사역이며, 조급한 노력이 아니라 끈기 있게 인내하는 사역이며, 감정과 충동이 아니라 믿음과 기도와 결단의 사역이다.

성경의 교훈으로 마음을 가득 채우고, 경건하고 실제적인 목표에 마음을 기울이며, 자기 반성과 하나님과의 교제를 익히며, 적극적으로 경건을 연단하는 준비기간은 오랜 사역을 하는 동안 가장 유익한 자산이 될 것이다. 이제 일반적인 연구의 습관, 특별한 성경 연구, 특별한 기도의 습관, 영혼의 치료를 수행함이라는 제목으로 나누어 목회 사역의 준비에 대해서 몇 가지를 제안하고자 한다.

일반적인 연구의 습관

"읽는 것에 전념하라"(딤전 4:13)는 교훈은 목회자가 공부하는 사람이어

---

[55] 퀘스넬의 언급은 그의 스타일을 따른 것이지만 숙고할 가치가 있다. "복음의 설교자가 사역을 시작하기 전에 갖춰야 할 준비는 다음과 같다. 1. 기도의 떡을 먹음으로 믿음이 성장해야 한다. 2. 성경과 교부의 글을 읽음으로써 '열심'이 더욱 강해질 수 있는 시간을 주어야 한다. 3. 하나님께서 그를 이끌어내어 세상에게 보여주실 때까지 침묵과 은둔을 계속한다. 지체 없이 재능을 산출하고 활용해야 하며, 은둔하면 하나님의 명령을 어기는 것이라는 생각은 사람이 스스로 만들어낸 망상이다. 도리어 하나님의 합당한 시간을 기다리지 않고 동료 인간들의 요구를 유일하게 충분한 소명으로 삼음으로써 하나님의 법을 어기고 있는 것이다." 눅 1:80 설교

야 한다는 성경의 원칙을 보여준다. 이것은 일반적인 것들에 대한 공부임이 분명하다. 그것을 성경 공부에만 국한할 필요는 없다. 바울이 노년에 "책은 특별히 가죽 종이에 쓴 것을 가져오라"(딤후 4:13)고 청한 것을 보면(당연히 숙독을 위해서 책을 청했을 것이다) 공부가 그에게 얼마나 당연한 일이었는지 알 수 있다. 교회가 입술의 사역뿐만 아니라 펜의 사역에 의해서도 건설되었다는 것 즉, 두 가지 일 모두에 의해서 "각 사람에게 성령을 나타내심은 유익하게 하려 하심이라"(고전 12:7)는 것을 누가 의심하겠는가? 그 종들이 애써 행한 깊고 경건한 연구의 열매들이 낭비되는 것을 하나님께서는 용인하지 않으실 것이다.

'하나님의 사람'의 경험은 성실한 여행자의 경험과 마찬가지로 여러 사람에게 유익이 된다. 또한 여러 세대를 걸친 그 경험들은 보존되어 교회의 소중한 지식의 보고가 된다. 사도 바울 자신의 실천은 일반적인 연구를 통해서 광범위한 지식을 습득해야 한다는 그의 원칙을 보여준다.[56] 그가 거룩한 진리를 적용하면서 이방인의 경구를 인용한 것을 보면(예를 들면, 행 17:28; 고전 15:33; 딛 1:22), 기독교의 가르침이 세상 지식과 섞인다고

---

[56] 스콧은 「성경 연구, 혹은 유익한 지식의 자원을 늘릴 수 있는 다른 모든 책에 대한 연구」에서 이것을 이렇게 설명한다. 이 주제들에 그의 이전 생각은 (그가 솔직하게 고백한 것처럼) '너무 제한적이었다.' 하지만 좀더 성숙한 후에는 더 광범위한 연구가 필요하다는 원칙에 도달했고, 그는 이 원칙을 고수했다. 동시에 모든 공부가 본질적 목적에 종속되어야 함을 주목해야 한다. 그가 한 편지에서 쓴 말이다. "당신의 모든 공부는 칭찬이나 이익 또는 그 자체를 위한 지식이 되어서는 안 되고, 당신의 세대에서 하나님을 섬길 수 있도록 준비 시키는 것이 되어야 한다." Life, pp. 102, 103, 330. 최근에 한 목사가 「기번의 역사(Gibbon's History)」를 읽고 있는 친구에게 이렇게 말했다. "기번은 무엇을 읽든지 그의 사역을 구체적으로 생각하면서 읽는다. 그는 거의 모든 설명들에서 설교를 위한 자료들을 모으며 자기가 읽는 모든 것이 주일에 필요하게 한다." Christian Observer, Oct. 1828, p. 608. 어떤 책이 눈앞의 필요를 채워주지 않는다고 해서 독서를 어떤 중요한 내용으로만 제한한다면 주변 지식을 얻고 편견과 오류로부터 보호 받는 훨씬 귀중한 유익을 놓칠 위험이 있다.

해서 반드시 그 순결성이 저하되는 것은 아니라고 생각했음을 보여준다. 스데반은 모세가 '애굽 사람의 모든 지혜를 배웠다'(행 7:22)는 사실을 말했는데 이는 모세를 칭찬하는 말이었지 비난하는 말이 아니었다. 성경 원어를 모르는 사람들은 인간의 학문에서 말할 수 없는 유익을 얻는다. 성경이 번역되지 않았다면 그 말들이 그들에게 아무 의미 없는 죽은 언어였을 것이기 때문이다. 지적인 독자들이라도 역시 세상 학문의 도움을 통해서 성경의 많은 난해한 표현들에 대한 설명을 얻는다. 이것은 성경의 권위를 힘 있게 변호하는 점에서도 마찬가지이다. 이렇게 함으로써 독자는 '온유와 두려움' 가운데서도 확신을 가지고 "너희 속에 있는 소망에 관한 이유를 묻는 자에게는 대답할 것을 항상 준비"하는 것이다(벧전 3:15).

종교개혁 시대에는 학문과 신앙이 함께 회복되었다. 에라스무스가 학계에 끼친 학문적 영향은 비록 '철학과 헛된 속임수'(골 2:8)와 지나치게 연합하기는 했지만 교회 내에서 루터의 활동에 실질적인 도움이 되었다. '복음의 복'을 전하기 위해서 모든 인간적인 도움을 활용할 수 있다는 것을 사도 바울의 서신에서 배운다. 이 모든 인간적 도움들은 하나님의 귀중한 선물들이다.

그런데 그것들을 사용할 때에만 복이 되는 것은 아니다. 학식이 없는 목사들에 의해서도 복음은 매우 힘 있게 선포될 수 있다. 때때로 학문적인 성취가 없는 목사들에 의해서 가장 성공적인 목회가 이루어진 적도 있었다. 또한 복음의 특성상 대부분의 경우 (참된 가르침이 선포되는 곳에서) 재능과 지식보다는 열정과 성실성이 더 중시되어야 하는 것처럼 보이기도 한다.

하지만 하나님께서 수단의 사용을 통해서 자신을 알리고자 하시는 것도 사실이다. 은혜에 종속될 때에 하나님께서는 그 수단들을 중요하게 사용하신다. 선한 사람이 소유한 모든 종류의 지식은 유용한 목적에 적용될 수 있다. 만약 그가 천사장의 지식을 가졌다면 그는 그 모든 것을 사람의 유익과 하나님의 영광을 위해서 사용할 수 있다.[57] 우리의 정신이 확장될수록 전체적인 이해력이 증대됨으로써 하나님의 교훈 아래 '천사들도 살펴보기를 원하는'(벧전 1:12) 지식들을 더욱 잘 연구할 수 있게 되지 않겠는가?

은혜의 완전한 충족성이 일반적인 지식의 중요성을 압도하는 것은 당연하다. 이는 마치 은혜의 세력 아래 있는 어린아이가 천상의 능력을 소유한 지적인 어른과 마찬가지로 목회 사역에 적합한 것과 같다. 그러나 지식을 무시해서는 안 된다면 "그것을 얻는 수단인 공부, 특히 다른 사람들을 공적으로 교훈하기 위한 준비인 공부가 등한시되어서는 안 된다. 하나님의 능력으로 충만할 때 때로는 공부가 없이도 유익하게, 아니 매우 훌륭하게 말할 수 있다. 하지만 그렇다고 해서 주의 천사가 우리를 받쳐서 발이 땅에 부딪히지 않게 하리라는 믿음으로 성전 꼭대기에서 뛰어내려도 된다고 보장하는 것은 아니다. 비록 빠르지는 않지만 성전 꼭대기에서 내려올 수 있는 다른 길이 있는데도 불구하고 말이다."[58]

---

[57] 뷰캐넌 박사의 설교, pp. 249~251. Milner, vol. ii. pp. 385~386의 계속인 스콧의 귀중한 언급을 보라. "사우스(South) 박사의 말이다. '나는 확신한다. 위대한 빛의 아버지께서 사람들의 마음에 내려주신 자연적 은사들이 최고로 발휘되었을 때에 거룩하고 위대한 목회 사역에 도움이 될 수 없는 것은 하나도 없다. 참된 신앙은 어떤 사람도 특히 어떤 목사도 우둔하거나 빈둥거리거나 무기력하게 만들지 않는다. 도리어 영혼의 능동적인 힘을 자극하여 위대하고 고귀한 목표를 계획하고 실현하도록 힘을 불어 넣는다.' 리튼(Leighton)은 '학문이 성화되기만 한다면 지나치게 배운다는 것은 있을 수 없다'고 선언했다. 동시에 그는 자기의 책들을 가리키면서 '하나의 경건한 생각이 이 모든 것들보다 가치있다'고 말했다. 이 말은 아무리 지식을 쌓아도 내적인 거룩함에는 비할 바가 못된다는 의미이다." Life by Rev. J. N. Pearson, p. cxx.

이런 견해를 가지고 필자가 대학 공부의 중요성을 제안하려 한다. 학문적으로 우수하지 않더라도 수양과 자기부인의 습관은 정신적 또는 나아가서 신앙적 일탈로부터 마음을 지켜주는 유효한 보호막이 될 수 있다. 신학부에서 목회가 더 직접적으로 다루어지지 않는 것은 유감스러운 일이다. 이 결핍만 제외한다면 지식의 중요한 원리들 곧 근면한 습관이 형성되고, 엄밀하고 잘 소화되고 포괄적인 지식을 얻기 위한 민감한 이해력을 신학부에서 얻을 수 있다.[59]

켐벨 교수는 이렇게 말했다.

"자기에게 맡겨질 사람들을 가르치고 위로하며 모든 위험으로부터 보호하고 주님의 뜻을 방어하는 데 필요한 지식을 공급하는 공부는 목회 사역을 원하는 모든 사람에게 당연한 일이 되어야 한다."

또한 이렇게도 말했다.

"지식에서 얻은 것을 적절하게 적용하며 그것들을 사용하여 회중에게 유익을 줄 수 있는 능력도 필요하다. 활용할 수 있는 솜씨가 없다면 최선의 자료를 획득해도 아무 소용이 없을 것이다. 전자를 이론이라고 부르고 후자를 실천이라고 부른다. 앞의 것이 순수 신학이라면 뒤의 것은 그 학문을 목회자의 목적에 합당하도록 적용하는 것이다."[60]

'신학'은 하나님의 계시를 예증, 확증, 강화, 혹은 권면하는 모든 것

---

58) Edward's Works, Vol. viii. 589.
59) 이 중요한 시절을 기억하는 우리 중 어떤 사람들은 필립 헨리의 고백을 반복할 것이다. 그와 동일한 진실함과 영혼의 부드러움과 함께 고백하게 되기를! "대학에서 수행해야 했던 것들, 곧 학기 중 매일의 학문적 토론, 매주 한 편씩 써야 하는 산문과 운문, 연설문 등에서 내 차례가 되었을 때 나는 다른 학생들만큼은 해냈으며 어떤 때에는 칭찬도 들었다. 하지만 우리가 힘든 공부라고 부른 것, 곧 독서에 집중하여 일찍 일어나고 늦게 누우며, 매일 집중된 복습을 통해서 읽은 것을 익히는 일, 이 일에서 나는 너무나 이방인이었다."
60) Lectures on Pulpit Eloquence-Lecture 1(설교의 유창함에 관한 강의 - 강의 1).

으로 구성되어 있다. 다른 주제들에 대한 지식이 아무리 피상적이더라도 적어도 신학 분야에서 목회자는 지적이며 포괄적이어야 한다. 기독교 신앙의 증거들인 성경과 교회사, 특히 우리 자신의 교회의 역사를 충분히 알고 있어야 한다. 릴랜드(Leland) 박사의 책들은 이신론 논쟁에서 믿음을 변호하기 위한 완전무장을 갖춰준다. 불신자와의 근접 전투에 대한 버틀러의 유비(Butler's Analogy)와 유사하다.

더욱 직접적으로는 다음의 자료들이 있다. 페일리(Paley)의 외적 증거에 대한 대가적 분석, 도드리지(Doddridge)의 전 분야에 대한 대중적인 분석, 체스터(Chester)의 독창적이고 만족스러운 논문(한 가지 논쟁만을 다룬다고 하지만 부수적으로 핵심 문제를 다룸) 등 캘커타의 주교와 오하이오의 주교의 강의들[61] (모두가 이해와 양심의 문제를 다룸), 이런 자료들을 특히 주목할 필요가 있다. 클라크(Clarke)의 냉정하고 추상적인 형이상학, 페일리(Paley)와 기스본(Gisborne)의[62] 대중을 위해서 비유로 제시한 증명들은 곱씹어보아야 한다. 이것들은 하나님의 품성과 완전성에 대한 예증이다. 또한 페일리의 「바울의 시간」(Horae Paulinae)도 잊지 말아야 한다. 이 책은 그 이후로 만족스러운 논증과 함께 더 광범위한 분야를 다루게 되었다.[63]

성경에 익숙해야 한다는 주제는 다음 장에서 다루기로 하고, 목회를 위한 연구의 한 구성 요소로서 교회사의 중요성에 대해 생각해보겠다. (드와이트 박사가 정당하게 말했듯이) "이 공부는 과거 오랜 세월에 걸쳐서 존재했던 교회의 죄악과 미덕, 오류와 바른 교리, 순경과 역경에 대해서 그

---

61) 오하이오의 주교인 신학박사 C. P. McIlvaine이 뉴욕에서 행한 일련의 강의들.
62) Clarke on Attributes를 보라. Charnock's Works, vol. i. Paley's and Gisborne's Natural Theology.
63) 원래 계획에 없다가 우연히 다루게 된 The Veracity of the Gospels and Acts(복음서와 사도행전의 정확성).

리고 그것들이 발생한 원인에 대해서 가르쳐줄 것이다. 정치가가 정치사를 공부하며 정치적 감각을 익히듯이 목회 준비생은 교회사 연구를 통해 교회적 감각을 익힐 것이다. 교회가 어떠했는지, 왜 그렇게 되었는지, 어떻게 했으면 교회가 여러 면에서 좀더 나아지고 복될 수 있었는지를 배울 것이다.' [64] 모쉐임(Mosheim)은 보이는 교회에 관해서 필요한 정보를 제공할 것이며, 밀너(Milner)에게서는 참 교회에 대해서 배울 수 있다. 역사를 통해서 내려오는 눈에 띄는 사건들에 대한 이 두 책의 해설을 비교해보면 매우 폭넓고 흥미로운 지평이 열릴 것이지만 동시에 연구자는 너무나 자주 고통스러운 명상을 해야 할 것이다. 포괄적인 이해를 가지고 공평하면서도 명확한 기독적인 관점으로 이 두 주제를 결합시킨 연구는 아직까지 없다.[65]

후커(Hooker)의 작품과 유사한 정신과 정교함을 갖춘 주얼(Jewell)의 변론에는 주의를 기울여야 한다. 콤버(Comber)는 목사의 공적인 책무가 어떠해야 함을 유능하고도 경건한 심정으로 보여주었다. 교회론을 잘 알려면 교회의 강설과 신조를 하나님의 말씀과 세심하게 비교해야 한다. 버닛의 「종교개혁사(History of the Reformation)」는 종교개혁의 점진적 발전을 성경을 근거로 하여 흥미 있고도 자세히 설명한다. 그의 책 「신조강해(Exposition of the Articles)」는 (복음 진리에 대한 충만하고 분명한 이해를 늘 드러내는 것은 아

---

64) Dwight's Theology, chap. v. p. 227.
65) 코니베어(Conybeare)는 와이즈먼의 히스토리아 사크라(Weisman's Historia Sacra)를 깊은 학문과 경건을 겸비한 책으로 여기지만 이 책은 그다지 알려져 있지 않으며 라틴어로 되어 있기 때문에 이 공백을 충분히 메워주지 못한다. 세상의 창조에서 종교개혁에 이르는 역사를 다룬 스팬하임(Spanheim)의 「교회연사」(Ecclesiastical Annals-그의 저작 첫 권에 실렸음)는 가치 있는 정보의 보고이다. 이 책에 대한 저자의 요약판은 조지 라이트(George Wright) 목사에 의해 번역되었다.

니며, 과도한 성실성 때문에 때때로 실수를 범하지만) 신학생들에게 유용한 방대한 양의 정보를 제공한다. 사도신경에 대한 피어슨(Pearson)의 해설은 매우 중요하다. 그의 책은 그 거창한 주제를 다루면서 신학의 귀중한 부분을 풍부하게 포함하고 있다.

결국 학생이 다윗처럼 '하나님의 성전을 위하여 힘을 다하여 준비'하는(대상 29:2) 곳은 신학의 넓은 바다이다. 그는 지식을 쌓아둔 사람, 곧 '천국의 제자 된 서기관'이 되어야 한다(마 13:52). 그들의 '입술은 지식을 지킴'으로써 사람들이 '그의 입에서 율법을 구하게 되어야' 한다(말 2.7). 그러므로 그는 독서의 과정을 통해서 교리의 빛, 실천적 의무, 경험적 능력에서 성경이 제공하는 포괄적인 견해를 흡수해야 한다. 로빈슨(Robinson)의「기독교 체계(Christian System)」, 드와이트(Dwight)의「신학 체계(System of Theology)」는 학생이 소화해야 하는 귀중한 자료를 제공한다.

좀더 자세히 들어가서 사도 시대에 가장 근접한 시대의 글들과 교부들의 글, 특히 어거스틴의 소논문들은 관심을 갖고 공부해야 한다. 하지만 그 분야가 방대하고, 저작들의 성경적 순수성의 정도도 다양하며, 우리의 여유 시간에 제한이 있으므로 읽을 책을 세심하게 선정하는 것이 필요하다. 교회의 좀더 밝은 시대에 살았던 개혁자들의 글은 풍부한 창고의 문을 열어준다. 하지만 그들의 글이 방대한 만큼 선택의 어려움도 커진다.[66] 크랜머(Cranmer)와 주얼(Jewell)은 깊은 학문, 진리에 대한 광대한 견해, 기독교적인 지혜와 유창함에서 단연 앞선다. 브래드퍼드(Bradford)의 글들은 성령의 기름부음, 권면과 실천적 측면에서 중시되어야 한다.

종교개혁자들로서는 칼빈, 루터, 멜란히톤이 단연 '가장 앞선 세 명'

---

66) 파커 소사이티(the Parker Society)가 이 학파의 가장 중요한 책들을 널리 배부하겠다고 약속했다.

이다. 그들의 글에서 무엇을 뽑을지 결정하는 것은 쉬운 일이 아니다. 하지만 칼빈의 주석은 [홀시(Horsey) 주교의 판단에, 그리고 심지어 그의 어떤 교리에 부정인 다른 사람들의 판단에서도] 성경에 대한 귀중한 해설서 중의 하나이다. 그의「기독교강요」는 (그 책이 펼치고자 하는 체계를 논외로 하고라도) 복음의 근본적인 교리에 대한 존경스러운 진술들로 가득하다. 도덕법에 대한 설명(주일에 대한 느슨하고 부주의한 견해를 제외한다면), 성례에 대한 해설은 엄밀한 고증과 실천성에서 우수하다.

루터의「갈라디아서 주석」은 '칭의'의 장엄한 교리를 충만하고 생생하게 드러내 보인다. 아마도 이 주제에 관한 한 교회에게 주어진 가장 훌륭한 자료일 것이다. 에라스무스에 대한 그의 논박은 (좀 성급한 진술들을 용인한다면) 이성과 자만의 자랑에 대항하여 사람을 겸손하게 하는 복음을 강력하게 방어했다. 멜란히톤의「평범한 것들(Common Places)」은 (그의 심정을 나타내기 위한 가장 성숙한 표현을 얻으려고 노력한 결과) 종교개혁 시대에 매우 중요하고 영향력 있는 책들 중 하나였으며 확고하고 복음적인 진술들로 가득하다. 실로 이 학파는 우리의 신학 체계를 형성하는 데 가장 성경적인 모델을 제공했다고 해야 옳을 것이다. 그들의 신학의 표준은 높고 일관성을 견지한다. 이 학파가 진술한 기독교 교리는 그 이후 학파의 것들보다 우수함을 추구하는 부담이 적고 체계적 정확성이라는 족쇄에 덜 구속되며 신앙의 위대한 목표를 가리켜 보임에 있어서 더욱 즉각적이고 직접적이다.[67]

청교도 학파의 목회자들은 (스콜라주의적 치밀성을 추구하는 당시의 일반적 경향을

---

67) '신앙고백의 조화'(The Harmony of the Confessions, 4to, 1643[홀(P. Hall) 목사에 의해서 최근에 새로운 확장판이 출판되었다], Corpus et Syntagma Confessionum, 4to, 1612)는 종교개혁자들 학파 연구에서 고려되어야 하는 자료이다.

양해한다면) 신학생에게 유용하면서 덕을 세우는 교훈을 풍부히 제공한다. 교리적 진술에서는 종교개혁자들보다 덜 분명하고 단순하지만 그리스도인의 경험에 공감한다는 점에서는 더 깊이 들어갔다. 영적인 전술(인간 마음의 습관과 움직임)을 깊이 알고 있던 그들은 죄를 지적하고 위로를 제공하는 데도 동일한 능력을 가지고 있다. 그 전술을 치밀하게 적용하여 사람들로 하여금 자기 자신을 깨닫게 하여 잘못 의지하는 것을 벗겨내고 고뇌를 치료할 수 있는 복음의 빛과 능력을 그 앞에 보여준다.

이 학파의 저자들 중에서 오웬(Owen)은 단연 발군이다. 세실(Cecil)의 말처럼 "그를 연구하는 사람들은 다른 저자들을 연구하는 사람들보다 심오하고 폭이 넓으며 풍부할 것"이다. 그의 많은 저작들 중에서도 「히브리서 주석」은 성경의 한 책에 대한 가장 상세하고 교훈적인 주석이다. 성령에 대한 그의 책은 (몇몇 세부 사항에서는 우리 교회의 원리와 충돌하지만) 이 중요한 주제에 대한 가장 포괄적인 견해이다. 그의 「시편 130편 주석」은 하나님의 용서를 충만하고 있는 그대로 보여줌으로써 실천하는 그리스도인들이 당황하는 문제들을 잘 해결한다. 그의 소논문 '성경에서 하나님의 마음 이해하기(Understanding the Mind of God in Scripture)', '믿음의 이유(The Reason of Faith)'는 그가 보여주는 정확한 영적 분별력을 제공한다. '내재하는 죄(Indwelling Sin)', '죄 죽이기(Mortification of Sin)', '시험의 힘(Power of Temptation)', '배교의 위험(Danger of Apostasy)'과 같은 소논문들은 은밀한 마음의 깊은 곳을 탐구한 드문 연구이다. 영적인 마음가짐에 대한 그의 견해는 새로운 품성의 경향과 특성을 그림처럼 보여준다.

전체적으로 보았을 때 빛나는 주해와 성경 교리에 대한 힘 있는 변호, 실천적 의무를 단호하게 부과함, 마음의 거짓됨에 대한 노련한 해부, 그리스도인의 마음의 다양한 움직임에 대한 상세하고 지혜로운 처방 등에서 그와 견줄 사람은 아마 없을 것이다. 그러나 이런 탁월한 우수함에도 인간의 연약함이 섞일 수 있다는 것이 그의 정치적 편견 속에 나타난다. 곧 감독제에 대한 지속적인 혐오나[68] (그의 신학의 성격과 관련하여) 복음의 원리들을 인간 제도에 비례해서 맞추려는 상세하고 지속적인 노력이 그것이다. 그러나 모든 금이 원광석 속에 들어 있는 것을 고려한다면 드러난 땅의 불순함이 역겹다 하여 그 아래에 있는 금광을 파들어 가지 않을 사람이 어디 있는가?[69]

이 학파 중에서 꼭 언급해야 할 사람은 백스터(Baxter)이다. 비록 성경에 대한 그의 견해는 오웬의 온전함에는 미치지 못하지만, 또한 (세실이 지적했듯이) "학생의 정신을 준비하는 데 그의 이름은 오웬의 이름과 나란히 언급될 수 없다"는 주장이 있지만, 그럼에도 불구하고 그의「기독교 지침」은 결의론적 신학 위에 세운 매우 귀중한 작품이다. 그의 책「기독교의 정당성」은 신앙의 보루를 강력하게 변호한다. 그의 '성도의 안식'은 게으르고 부주의한 사람들에 대한 가장 통렬한 꾸짖음이 여기저기 숨어 있는 천국에 대한 명상의 모범이다. 마음을 녹이고 끄는 복음적 동기의 힘이 많이 미약하기는 하지만 말이다. 더 이상 상세히 들어갈 필요는 없을 것이다.

---

[68] 이 말은 국교에서 독립해야 한다는 그의 단호한 견해를 가리키는 것이 아니라 그의 영적이고 논증적인 글들 전체에 퍼져 있는 영국 국교를 혹평하는 가운데 나타나는 공격적인 정신을 가리키는 말이다. 드와이트도 강력하게 성공회로부터의 분리를 주장하였다. 그의 주장은 확신을 이끌어내지는 못했지만 서로를 존중하는 기독교적인 온유함 속에서 그렇게 했다.

[69] 그의 저작들은 목회 활동 내내 목사의 지속적인 동반자가 될 뿐만 아니라 목회 준비를 위한 가장 귀중한 부분이 된다. 성경의 가르침을 경험적인 틀로 담아내고 실천적인 능력을 보여주는 면에서 그러하다. 바로 이것이 우리의 직무 수행의 성격을 보여주는 완전한 모범이다.

볼턴(R. Bolton), 하우(Howe), 차녹(Charnock)은 천재성과 자료의 비축 면에서 특별히 뛰어나다(모호함과 과장이 때때로 섞여 나타나기는 하지만). 설교를 위한 최선의 준비는 플라벨(Flavel)이 갖춰준다고 말할 수 있다. 그의 설교는 진실하고 따뜻한 부드러움, 성령의 기름 부음, 명확한 교리, 실천적 의무를 직접 요청하는 장점이 특히 두드러진다.

하지만 목회자의 공부에서 목회신학보다 더 중요한 것은 없다. 제사직에 대한 크리소스톰의 글은 유창함이 겸비된 깊은 엄숙함으로,[70] 허버트(Herbert)의 「성직자(Parson)」는 원초적인 간결함으로, 버닛(Burnet)의 글은 목회적 의무에 대한 놀라운 상세함으로, 보울스의 글은 목회의 모든 부분에 대한 느긋한 섭렵으로, 백스터의 「참된 목자(Reformed Pastor)」는 목회를 하나님의 직접적인 임재와 영원의 빛 속에서 인식하는 목회적 의무에 대한 두려운 깨달음으로 목사 서가의 첫째 줄에 꽂혀야 한다. 바로 그 곁에 목사의 전기가 자리 잡을 수 있을 것이다. 그것은 적극적이고 헌신적인 활동에 대한 깊은 의무감이 구현된 기록이다. 레이튼(Leighton) 주교, 얼라인(Alleine), 헨리(P. Henry), 할리버튼(Halyburton), 코튼 마터(Cotton

---

[70] 하지만 우리의 연구를 위한 큰 자극이 된 신앙에 대한 생동감 넘치는 견해와 실천에 대한 크리소스톰의 연구들이 명백한 부족을 포함하고 있음을 지적하지 않을 수 없다. 그러나 위에서 언급한 특성들은 목사의 삶과 의무에 대한 실천적 설명들과 높은 표준과 결합하여 백스터의 글만이 거기에 견줄 만한 높은 수준을 이루고 있다. 그의 결점으로 인해서 그는 낙심한 목사를 위한 지속적인 위로자가 되지는 못했다. 그러나 극히 두렵고 조심스러운 심정으로 "힘 있는 자 중에 구원 받는 자가 있을지 나는 궁금하다"(히 13:17 설교)고 외칠 수 있었다. 이 말씀을 읽을 때마다 지진이 일어난 것처럼 자신이 흔들린다고 선언한(Da Sacerd. Vi. i.) 이 사람은 우리의 거룩한 직무에 대해서 더욱 심각하고 더욱 겸손하고 더욱 설레는 견해를 가지도록 많은 것을 가르칠 것이다. 또한 백스터의 글들에 대해서는 마음을 흔드는 그의 권면들이 만약 하나님의 약속에 대한 더욱 생동감 있고 절제된 원칙과 그리스도의 사랑에 대한 더 큰 깨달음으로부터 흘러나왔다면 그 통렬함을 잃지 않았으리라고 생각하게 된다.

Mather), 엘리엇(Eliot), 브레이너드(Brainerd), 도드리지(Doddridge), 윌슨(Wildon) 주교, 워커(S. Walker), 마틴(Martyn), 뷰캐넌(Buchanan), 스콧(Scott), 리치먼드(Richmond), 오벌린(Oberlin)과 네프(Neff), 로이드(T. Lloyd), 토머슨(Thomason), 벤(H. Venn)의 전기는 가장 높은 가치와 상고할 거리를 제공한다. 다른 모든 추상적인 신학보다도 실천신학 연구를 통해서 실천적인 세부 사항과 격려에 관한 교훈을 배울 수 있다.

사도 바울은 그의 사랑하는 아들이 나이가 어리다는 이유로 업신여김을 받지 않기 위해서 공부하는 습관을 들이라고 강권한다(딤전 4:12~13을 보라). 또한 실제로 (뷰캐넌 박사가 지적했듯이) "배움이 일반화되어 있는 오늘날에 무식한 목회자는 업신여김을 받을 것이다."[71] 지식의 확장에 비례해서 우리의 마음을 일반적인 관심사에 대한 주제로 채우는 것은 우리의 의무이다. 확고한 교훈을 위한 다양한 자료들을 축적하는 것과 함께 우리의 존재와 직무가 업신여김을 받지 않도록 해야 한다. 그렇지 않으면 회중 중의 똑똑한 사람들에게 조소거리가 될 것이다.

사도는 '초심자'에게 공부의 습관을 강조하고 있는 것이 아니다. 회심한 지 여러 해가 지났고, 어렸을 때부터 우수한 성경 교육을 받아왔으며(딤후 3:15), 자연적인 재능, 영적 은사, 사도 바울의 개인적 가르침이라는 종교적 이점을 많이 가지고 있으며, 교회에서 일찍 중요한 위치로 올라감으로써 자신의 이점을 잘 발전시키고 있는 사람에게 그것을 강조하고 있다. 사도 바울은 그에게 다른 사람을 가르치기 전에 자신을 가르치라고 경고하고 있는데 가장 먼저 '읽는 것' 다음으로 '권하는 것과 가르치는 것'에 '전념해야 한다'고 가르친다. 영감이 주어지던 시기

---

71) Church Missionary Proceedings, Fourteenth Anniversary, p. 353, note.

에 그런 환경에 있던 장로에게 주어진 이런 충고는 권위를 가지며 그에 비해서 상대적으로 못한 우리의 나태함에 대한 꾸짖음이 된다.

공부하는 습관은 우리가 더욱 적극적인 활동을 하는 데 방해가 될 것이라는 생각을 해서는 안 된다. 어거스틴이나 크리소스톰의 그 많은 양의 글에 대해서 우리는 어떻게 생각해야 하는가? 그 책들은 제롬처럼 수도원에 은둔하면서 쓴 것이 아니라 거의 매일 설교하고[72] 갈등과 고뇌와 무거운 의무 속에서 쓴 것들이다. 그런데도 급하게 흘러가는 얄팍한 선언이나 가볍게 읽을 수 있는 글이 아니다. 도리어 깊고 잘 소화된 사색의 결과이다. 가장 부지런한 설교자였던 칼빈의 저작,[73] 그의 시대에 가장 수고한 목사인 백스터의 저작은 사색과 무거운 내용으로 가득하며 근면한 공부와 헌신적인 목회적 노력의 완전한 일관성을 동일하게 증거한다.

이런 효율적인 노력의 비결은 모든 재능 중 가장 중요한 재능, 곧 시간의 가치에 대한 깊은 인식 때문인 것으로 보인다. 또한 시간의 가장 작은 조각까지라도 특정한 목적에 경제적으로 할당한 결과이다. "자기

---

72) "어제 들었는데, 내일 들을 것입니다"라는 말은 그들의 설교문에서 매우 자주 등장하는 표현이다.
73) "자연의 힘을 뛰어넘는 그의 지치지 않는 수고에 대해서 무엇이라고 말할 수 있을까? 우리의 빈둥거림과 비교해볼 때 단순한 칭찬을 넘어서 참된 경탄의 대상이 될 것이다. 그의 여위고 지치고 피곤하고 병든 육체가 어떻게 그것을 감당할 수 있었을까? 그는 연중 매주 세 번 신학교에서 강의했고 격주로 그 외의 강의를 했다. 그는 매일 설교했으며 나는 (에라스무스가 크리소스톰에 대해서 말했듯이) 이 사람의 지치지 않는 정력에 경탄해야 할지, 청중의 지치지 않는 정력에 경탄해야 할지 판단이 서지 않는다. 참으로 어떤 사람들은 그의 강의가 1년에 186회, 설교가 286회, 그 외에도 목요일에는 노회 등이 있었다고 말한다"(클라크의 전기). 파렐에게 보낸 편지에서 칼빈 자신이 이렇게 말했다. "그 전령이 나의 책(로마서 주석)을 요구했을 때, 나는 20장을 개정해야 했고, 회중에게 설교하고 강의해야 했으며, 42장의 편지를 써야 했고, 몇몇 논쟁에 참여해야 했으며, 나의 일 중간에 끼어들어 충고를 구하는 열 명 이상의 사람들에게 답변해야 했습니다."

시간을 금보다 귀하게 여기는 그리스도인을 보여달라"고 얼라인 박사는 말하곤 했다.[74] 코튼[75]은 방문객이 떠난 후에 "그렇게도 오랫동안 나의 공부 시간을 빼앗기느니 차라리 이 사람에게 돈을 주어 보냈어야 했다"고 후회하기도 했다. 멜란히톤은 약속이 있을 때에 시간뿐 아니라 분까지 정확하게 맞추어 빈둥거리면서 보내는 시간을 없애려 했다. 이미 오래전에 세네카는 시간은 '탐욕을 부리는 것이 미덕'인 유일한 대상이라고 가르쳤다. 우리는 수전노가 돈에 대해서 그러하듯이 시간을 세심하게 아끼고 조심스럽게 써야 한다. 모든 자투리 시간을 위한 장부를 가짐으로써 보일(Boyle)이 다음과 같이 말한 것을 개선하는 것이 좋을 것이다.

"더 중요한 일 사이에 오는 자투리 시간을 사람들은 대개 허비하는 경향이 있는데 이는 그 시간 동안에 할 귀중한 일을 찾지 못하기 때문이다. 심지어 똑똑한 사람들도 그것을 보존하는 기술이 없어서 시간을 낭비한다. 대장장이나 제련사들이 1년 내내 작업장을 철저하게 관리하는 이유는 거기에 금이나 은 같은 값비싼 보석의 작은 조각들이 떨어져 있을 수 있기 때문이다. 나는 그리스도인들이 어떤 보석과도 비교할 수 없이 귀중한 부스러기 시간을 낭비하지 않기 위해서 주의하지 않는 이유를 알 수 없다. 노력에 의해서 그것이 개선되면 우리 삶의 많은 부분

---

74) '얼라인의 삶과 서신들'(Alleine's Life and Letters), p. 94.
75) 코튼 마터(Cotton Mather)의 조부는 임마누엘 칼리지에 속해 있던 뛰어난 학자였으며 뉴잉글랜드에 최초로 정착한 사람들 중의 한 사람이었다. 뉴잉글랜드에서 그의 동시대 사람 중 한 사람(노턴)은 늘 하던 대로 공부에 전념하지 않아 그의 무의식적인 죄가 주를 노하게 하여 그를 게으르고 규모 없는 마음에 넘겨버리시는 일이 없도록 자신의 마음과 행실을 반성했다. 그는 일기에 자주 이렇게 썼다. "연구에 대한 갈망이 적을 때 죄악을 실행하게 될 것이다", Mather's History of New England, Book iii.

이 회복될 뿐 아니라 그것을 경건한 목적을 위하여 사용할 수 있으며 특히 신앙 성장을 위하여 크게 유익하게 쓸 수 있음을 보면 더욱 그러하다."[76)]

버닛 주교의 지적은 정당하다.

"적은 배움과 큰 경건이 훌륭한 길로 이끌 것이다."[77)]

공부의 중요성을 말할 때에도 여유를 가지는 것이 필요하다. 어떤 사람의 경우에는 끈을 조여야 하지만 어떤 사람들은 자연적인 경향이 이끄는 대로 따라야 한다. 그럼에도 세커(Secker) 주교의 언급은 전체적으로 받아들여져야 한다고 생각한다.

"성직자에게 있어서 크게 중요한 요소는 열심히 공부해야 한다는 것이다."[78)] 영적인 마음을 가지는 것보다 신학적 연구가 월등히 중요하다고 말하는 것은 아니다. 하지만 부지런한 습관이 없이는 건전한 영성을 기대할 수 없다. 게으른 자의 신앙은 아무리 좋게 말해도 매우 의심쩍다. 또한 천부적으로는 빈곤하더라도 연구와 훈련과 기도에 의해서 향

---

76) '보일의 명상' (Boyle's Reflection), pp. 9, 10.
77) '목회적 돌봄' (Pastoral Care), ch. vii.
78) '세커의 당부' (Secker's Charges). 마터는 공부하는 습관의 중요성을 이렇게 지적한다. "훌륭한 사람 중에 부지런히 일하지 않는 사람은 없었다. 당신이 봉사하도록 되어 있는 위대한 왕 앞에서 좋은 상태로 서려면 자기 일에서 부지런해야 한다." (Student and Pastor, pp. 195, 196. (미국 신학교에서 한 교수가 말한 바에 따르면) "내가 이 주제를 상세하게 살펴본 결과, 줄기찬 노력이 없이 잘 소화되고 가치 있는 지식의 체계를 얻은 경우는 없었다." 프린스턴 신학교에서 학생들에게 강의된 '밀러 교수의 목회자의 습관에 관한 편지들' (Professof Miller's Letters on Clerical Habits', p. 256)은 나쁜 기억력이 공부에 장해가 된다는 불평에 대한 뛰어난 대답이었다. "읽으라, 읽으라. 무엇인가 남을 것이다." 잠언 14:23의 "모든 수고에는 이익이 있느니라"는 말씀은 당신의 서재 책상에 금박으로 기록되어야 한다. 또 다른 신학생에게는 이런 조언이 주어졌다. "한 시간 동안 술 취해 있는 것을 부끄러워하듯이 한 시간의 게으름을 혐오하라." Life of Mr. Thomas Shepard, in Mather's New England, Book IV.

상되는 재능이 게을러서 활용하지 못하는 위대한 재능보다 그것을 소유한 사람에게나 교회에게 더욱 유익한 봉사를 한다는 점은 의심할 수 없다.[79]

하지만 학식을 증진하기 위해서는 여러 가지 노력이 요구된다. 어떤 사람에게는 인내가 필요하다. 어떤 것을 향한 열렬한 마음은 모든 것을 단번에 얻기를 바라거나 거의 그렇게 되리라고 기대한다. 이것은 신앙과 마찬가지로 '열심은 있으나 지식을 좇은 것이 아니다.' 결정이 성급하며 저울질하고 쌓고 지혜롭게 보물을 만들어가기 위한 시간을 가지지 못하면 가장 해로운 습관, 곧 책을 정독하지 못하고 겉핥기만 하는 습관이 든다. 마음은 껍데기만을 훑고, 덧없는 것들에 대한 혼란된 기억만을 얻고, 실제적인 활용을 위해서는 너무나 불완전한 기초 원리만을 익힐 뿐이다.[80] 지식의 원광석을 덩어리로 구입하기는 하지만 그것을

---

[79] 로크(Locke)가 지적했다. "몸에서처럼 마음에서도 마찬가지이다. 훈련이 현재의 상태를 만든다. 자연적인 재능처럼 보이는 훌륭한 것들도 자세히 조사해보면 훈련의 결과이며 반복된 연습에 의해서 그런 경지에 도달했음이 드러난다. 또한 영혼의 기능들도 몸과 같은 방식으로 개선되고 유용하게 된다. 잘 쓰거나 잘 그리는 사람, 어떤 기계적 작업을 능숙하고 쉽게 하는 사람을 원하는가? 그 사람으로 하여금 정력을 가지고 연습과 유연성, 솜씨를 기르게 하라. 만약 그가 자신의 손이나 다른 부분을 그 움직임에 익숙하게 하기 위해서 시간과 정력을 들이는 습관을 기르지 않는다면 아무도 그에게서 그런 솜씨를 기대하지 않을 것이다. 마음도 똑같다. 논증을 잘하는 사람을 원하는가? 그렇다면 적절한 시기에 논증을 하게 하며 그의 마음을 논증으로 훈련하라." Conduct of the Understanding.

[80] "인내에 집중하는 것이 말 그대로 전부이다. 그것이 없이는 절반만 형성된 몇몇 아이디어가 마음속에서 떠다니는 것으로 끝나고 말 것이다. 어떤 주제에 대해서도 깊고 서로 연결되고 크고 일관된 견해를 결코 얻을 수 없을 것이다. 인내하지 못하는 성급함은 깊은 지적 활동을 망쳐버린다. 만약 어떤 중요한 교리를 연구하고 있다면 당신이 할 수 있는 가장 심오한 데에 도달할 때까지 중도에 그만두지 말고 반복해서 그 주제로 돌아오며, 손이 닿는 모든 곳에서 빛을 구하며, 최고의 책들을 숙독하라. 이 지점에 도달하기 전에 어쩔 수 없이 그것을 손에서 놓아야 하는 상황이 발생한다면 다른 때에 더욱 잘 연구할 수 있는 기회가 올 때까지 관심을 보관해두라. 어떤 주제를 완전히 파악할 때까지 가능한 한

제련하여 중요한 주제들에 적용하지는 못한다.

어떤 사람들은 공부의 방향에서 분별력이 필요하다. (버닛 주교가 역사에 대한 결론 부분에서 지적하듯이) "그들은 책을 공부하는 것이 아니라 자기 자신을 공부한다." 그들은 많은 책 속에서 길을 잃어버린다.[81] 결국 "책들을 짓는 것은 끝이 없고 많이 공부하는 것은 몸을 피곤하게 하느니라"(전 12:12)는 말씀이 읽는 데에도 적용된다는 것을 발견할 뿐이다. 윌킨스 (Wilkins) 주교는 이렇게 지적했다.

"서로 교제하여 가장 유익을 얻을 친구나 지인을 선택하는 일처럼, 가장 친근히 해야 할 책을 선택하는 일에서도 그만한 기술과 유익이 있다."[82]

어떤 사람도 모든 것을 읽을 수는 없다. 설령 많은 것을 읽는다고 해

그것을 손에서 놓지 않는다는 것을 당신의 모토로 삼아라." Professor Miller's Letters, pp. 256~58.
81) "많은 책들은 영혼을 산란하게 한다. 그러므로 가지고 있는 만큼 읽을 수 없을 때는 읽을 수 있을 만큼 가지는 것으로 충분하다. 그러나 사람들은 '때로는 이 책을 펴고 싶기도 하고 때로는 저 책을 펴고 싶기도 하다'고 말한다. 이것저것 많은 것을 먹는 것은 위장을 질리게 한다. 많은 종류의 음식을 먹으면 그 음식들은 영양을 주는 것이 아니라 건강을 해치게 한다. 그러므로 언제나 검증된 것을 읽어라. 다른 책들에 마음을 빼앗겼더라도 더 중요한 책으로 돌아가라." Seneca, Ep. i
82) Wilkins, Eccl. p. 44. 와츠(Watts) 박사는 이렇게 말했다. "꼼꼼한 친구가 권한 가장 유익한 책을 독서거리로 마련하는 것은 청년이 지식을 증진하고 시간을 절약하는 일에 큰 도움이 된다." - '지성의 증진에 관하여'(On the Improvement of the Mind), ch. iv. 이 장과 5장에는 기독교적 공부를 위한 귀중한 지침들이 가득하다. 프랑크(Franck) 교수는 젊은 학생들에게 이와 유사한 지침을 주었다. "적게 읽어야 한다. 하지만 그 적은 것을 잘 읽어야 한다. 근거를 확실히 하고 차분하고 집중적인 방식으로 입증해 나가는 책을 선택해야 한다. 그 주제가 완전히 이해되고 소화될 때까지 다른 책에 손대지 말라. 이 경고를 주의하지 않으면 얕팍한 지식인이 될 수는 있지만 참된 학자는 못 되며, 궤변가는 되겠지만 참된 지혜에는 결코 도달하지 못한다. 마음이 '교만하게 하는' 지식을 향한 통제 불능의 갈증을 가지게 되며, '위로부터 오는 지혜'에 대한 거룩하지 못한 무관심으로 가득하게 될 것이다." Franck's Guide to the Reading of the Scriptures, ch. iii.

도 그것을 제대로 저장하지도 못한다. 활동할 수 있는 시간의 부족으로 책을 소화할 수 있는 능력에 과부하가 걸릴 것이며 내부에서 통제 불능의 혼란이 발생할 것이다.[83] 서가를 채우는 것이 머리를 채우는 것보다 훨씬 쉬운 일이다. 따라서 신학적 주제에 대해서 광범위한 독서를 하고서도 신학의 초보자로 머물 수 있다. 캠벨(Campbell) 교수는 그다운 힘 있는 방식으로 이렇게 지적한다.

"오래된 오류이면서 여전히 범해지고 있는 오류가 있는데, 많이 읽으면 학식이 풍부해진다는 생각이다. 아마 이것보다 우리의 상식에 더 어긋나는 이단은 없을 것이다. 독서는 물론 필요하다. 독서 없이 월등한 지식에 도달할 수 없음은 분명하다. 하지만 이 주제와 관련하여 두 가지 사실이 특별히 고려되어야 한다. 첫째, 독서는 양보다 질이 더욱 중요하다.[84] 둘째, 양이나 질보다 더욱 중요한 것은 읽은 것을 명상, 대화, 작문을 통해서 실제로 사용하는 것이다."[85]

---

83) 세네카로부터 인용한 글 참조.
84) '조직신학 강의'(Lectures on Systematic Theology), lect. i. 이 점에 관해서는 로크가 가장 훌륭하게 말했다. "근본적인 진리들이 있어서 다른 많은 것들이 그 위에 건설되고 그 안에서 그것들이 일관성을 가진다. 이것들은 비옥한 진리로서 풍부하게 축적되면 마음을 준비해주며 천상의 빛처럼 그 자체로 아름답고 즐거움을 줄 뿐 아니라 다른 것들에게 빛과 증거를 주고 그것이 없으면 볼 수도 알 수도 없다. 이 진리, 바로 이 진리가 우리가 발견하여 마음에 채우기를 노력해야 하는 진리들이다." Conduct of Understanding, § 43.
85) 이것은 대부분의 꼼꼼한 연구의 대가들이 언제나 동의하는 바이다. 와츠 박사의 말을 다시 인용한다. "잘 구비된 도서관과 좋은 기억력은 지성을 향상시키기 위해 특별히 유용하다. 그러나 당신의 공부가 다른 사람이 쓴 것을 단순히 축적하는 것에 불과하고, 그것의 의미를 파고들지 않거나 당신 자신의 평가를 꼼꼼하게 내리지 않는다면 자신을 넘어서는 참된 배움에 대해서 당신의 머리가 어떤 자격을 가졌는지 나는 알지 못한다." '지성의 증진에 관하여'(On the Improvement of the Mind), ch. i. 로크의 말을 다시 인용하겠다. "독서는 마음속에 지식의 자료들만을 갖춰준다. 읽은 것을 자신의 것으로 만드는 것은 생각이다. 우리는 무엇을 꼼꼼히 생각하는 피조물이다. 많은 책들을 마음에 쑤셔넣는 것으로는 충분하지 않다. 깊은 사색, 긴밀하고 예리한 논증, 잘 이해된 개념을 보여주는 저자들

피스크(Fisk)가 선교사의 자질에 대해서 말한 것이 여기에 적용된다.

"언어들에 대한 더 많은 지식을 습득해야 한다. 나는 더 많은 언어 지식이 아니라 언어들에 대한 더 많은 지식이라고 말했다."[86]

공부의 정확성은 공부의 범위보다 훨씬 중요하다.

"좋고 신중한 마음속에서 잘 소화된 적은 공부가 큰길을 취할 것이고 평생 동안 유지되는 자료를 제공할 것이다."[87]

이런 지적인 과정은 생각하던 내용을 자신의 생각으로 만들어준다. 그 결과 부자연스러운 압력에 의해서 그것들의 에너지가 약해지는 것이 아니라 그 보화를 받아들이고 보관할 수 있는 능력을 키워준다. 마실론(Massillon)은 이렇게 소화하는 습관의 중요한 조건을 잘 구분해서 보

이 있다. 그들을 읽는 독자들이 이 점을 관찰하고 모방한다면 거기서 크게 유용한 빛을 얻을 것이다. 하지만 이 일은 오직 자신의 명상을 통해서만 이루어진다." Conduct of Understanding, § 43. 이 문제에 관한 베이컨(Bacon) 경의 지침은 놀라운 지혜로 가득하다. "모순을 지적하거나 반박하기 위해서, 믿거나 당연시하기 위해서, 말할 거리를 찾기 위해서 읽지 말고 평가하고 상고하기 위해서 읽으라. 어떤 책들은 맛을 보면 되고, 어떤 책들은 삼켜야 하고, 드물게 어떤 책들은 씹고 소화해야 한다. 다시 말하면 어떤 책들은 부분만을 읽으면 되고, 어떤 책들은 읽기는 하되 호기심을 가질 필요는 없고, 드물게 어떤 책들은 부지런함과 집중력을 가지고 전부를 읽어야 한다. 어떤 책들은 다른 사람이 대신 읽고 평가해준 것을 읽거나 그들이 만들어놓은 발췌문을 읽어도 된다. 독서는 성숙한 사람을 만들고, 많이 참고하는 것은 준비된 사람을 만들며, 글쓰기는 엄밀한 사람을 만든다. 그러므로 글을 별로 쓰지 않는다면 그는 기억력이 좋아야 한다. 만약 별로 참고하지 않는다면 그는 자신이 알지 못하는 것을 아는 척하기 위해서 많은 꼼수를 익혀야 한다." 메이슨(Mason)은 이렇게 지적했다. "어떤 책은 한 번 읽으면 되지만 어떤 책은 열 번 이상 읽어야 한다. 또한 그 책에서 다루는 중요한 내용을 조사해봄으로써 그것이 근거가 확실한지 피상적인지를 시험해야 한다." 요즘 나오는 정기 간행 학술지들은 연구하는 사람들에게 유혹이 될 수 있다. 그것들 중 많은 것은 귀중한 자료로 가득하지만, 가볍고 산만한 성격 때문에 연구 시간보다는 여가 시간에 더 어울린다.

86) '팔레스틴 선교사 플리니 피스크의 생애'(Life of Pliny Fisk, Missionary to Palestine), 이것은 가장 귀중한 선교사, 나아가서 목회자의 전기이다. p. 25. 피스크는 근면한 연구가 열렬한 실제 종교와 일치하지 않을 수 있다는 사실을 뒤늦게 깨달은 경우들 중의 하나이다.
87) 버닛의 자기 시대에 대한 '역사의 결론'(Conclusion to the History).

여준다. 그것은 다음과 같다.

"공부에 대한 사랑, 교구를 위해서 유용한 사람이 되려는 욕구, 공부를 통해서 얻을 수 없는 지혜를 기도로부터 얻어야 한다는 확신, 구원을 향한 강한 욕구를 느끼며, 복음의 지혜에서 전진하기 위한 모든 수단을 적용하며, 양 떼에게 의무 이행에 대한 열망을 일으킴으로써 그들이 더욱 쉽게 그것을 실행하게 유도하는 것 등은 우리의 목회 사명을 감당하겠다는 진정한 갈망이다."[88]

공부 습관이 가능한 평생 유지되도록 해야 한다는 것은 중요한 문제이다. 이제 전체적으로 기초 작업을 마쳤다. 지금까지 이룬 것으로 만족하는 것이 아니라 더 많은 지식을 위한 목마름을 가지도록 하자. 탐구를 제한하지 말고 방향을 바꾸기로 하자. 유용한 습관을 익혔다고 하더라도 성장까지는 아직 갈 길이 멀다. 자주 언급된 사도 바울의 지침은 (앞에서 암시했듯이) 교회 내에서 이미 여러 해에 걸쳐서 상당한 위치를 확보한 사람에게 주어졌다. 스콧은 마지막까지 학생이면서 목사이고자 했다.[89] (사랑하는 어떤 형제가 지적하듯이) "만약 우리가 쌓아놓은 것만으로 산다면 우리의 지식을 결코 확장시키지 못할 것이다."

끈기 있게 배움의 길을 간다는 것이 쉽지 않은 것은 사실이다. 우리는 가족과 매일의 의무에 무관심할 수 없다. 그것을 위해서 계획을 정하고 강인하게 밀고 나가야 한다. 우리의 자연적 나태함과 사람들과 어울리기 좋아하는 습성이 깨져야 한다. 세실은 이렇게 말한다.

---

88) '마실론의 당부'(Massillon's Charges), p. 222.
89) '스콧의 생애'(Scott's Life), pp. 600, 601. 목회를 준비하는 아들을 위한 리치먼드의 충고를 인용한다. "한 청년이 기독교적인 원칙에 근거하여 목회 사역에 헌신하는 날부터 그는 신학생이 되어야 하며, 그의 모든 공부는 하나의 위대한 목표를 향해야 한다."

"자기의 능력을 최고의 목적을 위해 쏟고자 하는 모든 사람은 그들의 자연적인 성향이 어떠하든지 고독한 연구자가 되어야 한다."[90]

하지만 견고한 학식을 가지고 부지런히 공부하며 잘 준비된 사람이라고 해도 아직 다듬어지지 않은 덩어리에 불과하며 거기서 목사가 형성되어 나와야 한다. 전능하신 성령의 생명을 주는 능력이 무능력한 그 덩어리에 빛과 생명, 운동을 불어넣어 하나님의 형상을 이루며 '주님의 쓰심에 합당한 영광의 그릇'으로 만들어야 한다.

물론 공부하는 습관에 유혹이 따를 수 있음을 부인하지 않는다.[91] 생명나무는 시들어가는데 지식의 나무는 번성할 수 있다. 지적 지식을 확장해갈 때마다 자기를 높이는 자연적인 경향이 생긴다. 공부하는 습관에는 항상 주의가 따라야 한다. 공부는 거룩하지 못한 탐닉이 되지 않고 양심과 온전함을 포기하는 갈망이 되지 않으며 거룩하고 실천적인 지식이 아닌 사변적 탐구가 되지 말아야 한다. 긴급한 의무 이행에 사용되어야 할 시간을 방해하지 말아야 하며 그와 동일하거나 그보다 더 중요한 다른 문제를 저해하지 말아야 한다.

이 공부들이 목회라는 주된 목적을 지향하도록 건전한 판단력과 영적인 감수성이 활용되어야 한다. 그 어떤 것이라도 성경 연구나 설교 준비에 필요한 시간을 침범하지 않게 하라. 어떤 특정한 인간의 학문에 자

---

[90] 비커스테드(Bickersteth)의 '기독교 청중'(Christian Hearer), pp. 243, 244. 이 전체 장이 그리스도인의 공부에 대한 귀중한 생각들로 가득하다. "마음을 채우기에 충분할 정도로 읽는 사람이 얼마나 적은가! 마음은 비우자마자 즉시 지식을 채우는 과부의 항아리가 아니다. 성직자가 변호사보다 덜 수고해야 하는 이유가 무엇인가? 세상적인 일들과 마찬가지로 영적인 일에서도 '손이 부지런한 자는 부하게 된다.' 사실 어떤 신학적 주제에 대해서 양심이 이렇게 말하지 않는가? '네가 이스라엘의 선생으로서 이러한 일을 알지 못하느냐?'" Christian Observer, 1828, p. 420.

[91] 비커스테드의 Christian Student, ch. viii에서 이 주제에 대한 귀중한 언급을 참고하라.

신이 집착하는 경향을 보인다면 그것이 거룩한 공부와 최선의 발전을 방해하지 못하도록 스스로 담을 둘러쳐야 한다. 목사는 자기 자신과 그의 모든 공부가 성전 봉사에 바쳐졌음을 기억해야 한다. 그러므로 모든 일을 한 가지 위대한 목표를 위해서 해야 한다. 어떤 분야를 공부하든지 그것이 거룩한 사역을 더 잘 수행하는 데에 도움이 되도록 해야 한다.[92]

이 단원의 기초가 된 퀘스넬(Quesnel)의 글을 인용하면서 마치는 것이 최선의 마무리가 될 것이라고 생각한다.

"읽지도 않고 공부도 하지 않는 것은 하나님을 시험하는 것이다. 아무것도 하지 않고 공부만 하는 것은 목회를 망각하는 것이다. 자신의 지식을 자랑하기 위해서만 공부하는 것은 수치스러운 허영이다. 죄인에게 아양을 떨기 위해서 공부하는 것은 한탄스러운 기만이다. 공부와 기도를 통해서 성도에게 합당한 지식을 마음에 채우고 그 지식을 확고한 교훈과 실천적인 권면에 사용하는 것 - 이것이 사려 깊고 열정적이며 근면한 목사가 되는 길이다."[93]

---

[92] 와츠, '부흥을 위한 겸손한 노력'(Humble Endeavour for a Revival), pp. 17, 18. 헨리 마틴은 이 경고를 얼마나 명심하고 살았는가? "다른 모든 공부는 불멸의 영혼들을 위해 거룩한 일로 봉사하는 위대한 일에 종속될 뿐임을 배우게 하소서! 목회라는 거룩한 사역, 영혼의 가장 큰 헌신을 요구하는 그들이 나의 마음속에서 가장 귀한 것이 되게 하소서!" '마틴의 생애'(Martyn's Life), p. 269.

[93] 당대에뿐만 아니라 어느 시대를 통틀어서도 심오한 신학자 중 한 사람이 목회를 익히기 위해서 취한 공부의 방법을 여기에 소개하는 것은 중요할 것이다. (에드워드 총장이 이렇게 알려준다.) "처음 목회를 시작할 때부터 나의 공부법은 글을 쓰는 것으로 이루어졌다. 이 방법을 적용하여 모든 중요한 힌트를 더욱 발전시켜 나갔다. 독서, 명상, 대화 가운데서 중요한 문제에 빛을 비출 것으로 보이는 어떤 것이라도 떠오르면 그 실마리를 마지막까지 밀고 나갔다. 그렇게 함으로써 무수한 주제에 대한 최선의 생각을 나 자신을 위해서 기록해두었다. 이 공부법을 오랫동안 실행해 나갈수록 더욱 몸에 익었고 그것이 더욱 즐겁고 유익한 것을 알게 되었다. 이 길로 더 멀리 여행할수록 더 넓은 지평이 열렸다. 이런

특별한 성경 연구

이 장과 앞 장의 관계는 특히 중요하다. 일반적인 공부의 습관이 아무리 잘 규제되고 성실하게 유지되어도 성경 연구가 병행되지 않는다면 복음에 대해 어떤 빛이나 영적인 깨달음을 얻지 못할 것이다. 이 두 과정의 공부는 그저 수행한다고 되는 것이 아니다. 그 관계는 동등이 아니다. 일반적인 공부가 이 특별한 공부, 곧 하나님의 말씀 공부에서 더욱 빛을 얻고 열매를 얻기 위한 목적에 직접 종속되는 관계이다.[94]

문학이 가져다 주는 지적 흥분에 주의해야 하지만, 신학적 연구에 대해서도 주의할 점이 있다. 신학 연구가 영적인 성경 공부를 향한 우리 마음의 신선함을 죽이지 않아야 한다는 것이다.[95] 또한 공부가 우리를

방법으로 나는 나의 마음이 관심을 기울이던 더 많은 것들을 내 마음속에 축적할 수 있었다." Life, Works, vol. i. pp. 79, 80. 하지만 세실의 규칙도 조심스럽게 고려해야 한다. "각 사람은 한 가지 일을 잘하려는 목표를 가져야 한다. 만약 사람의 관심이 여러 주제들로 흩어지면 비록 그가 훌륭한 재능을 타고났더라도 그 재능이 좋은 목표에 선용되지 못할 것이다. 합당한 목표에 집중된다면 거대한 에너지를 가질 것이지만 여러 곳에 분산된다면 아무 힘도 발휘하지 못할 것이다. 물론 다른 목표도 추구해야 한다. 하지만 그것이 독자의 목적에 부합하는 한에서 그렇게 해야 한다. 이 규칙을 무시함으로써 위대한 힘을 가진 마음에 사소하고 쓸데없는 것들만이 기록된 경우를 보았다. 이 규칙을 존중함으로써 재능이 보잘것없는 사람이 자기 일에서 최고에 오른 것을 보았다. 나는 큰 자산과 거대한 자료가 사라지는 것도 보았고 작은 자산과 자료가 더 큰 부로 향상되는 것도 보았다."

94) 리치먼드가 그의 아들에 관해서 이렇게 말했다. "나는 그가 열심히 공부하기 원한다. 하지만 목회로 들어오는 청년에게 어울리는 도서관은 성경이다." Life, p. 602. P. 헨리가 말하곤 했다. "나는 성경을 더 잘 이해하기 위해서 다른 책들을 읽는다." 또한 "다른 모든 것을 읽고 성경을 경시하느니 다른 모든 것에 대해서는 장님이 되고 성경만을 읽는 눈을 가지는 쪽을 택하겠다." Life, p. 24, 206. 그의 훌륭한 아들이 젊은 목회자들에게 이렇게 말했다. "깊이 공부하시오, 깊이 공부하시오. 특별히 성경을 공부하시오. 성경보다 내가 더 얻기를 원하는 지식은 없습니다. 사람들은 책에서 지혜를 얻습니다. 하지만 하나님을 향한 지혜는 하나님의 책에서 얻어야 합니다. 그렇게 하려면 파야 합니다. 대부분의 사람들이 공부는 하되 표면을 걸으면서 여기저기서 꽃을 딸 뿐입니다. 파들어가는 사람은 많지 않습니다. 성경을 이해할 수 있기 위해서 다른 책들을 읽으십시오. 거기서 당신의 기도와 설교를 이끌어내십시오. 영감 받은 책은 가득 찬 샘이며 항상 흘러넘치며 항상 새로

성경으로 이끌며 우리의 공부를 성경으로 이끌도록 주의해야 한다. 단순히 성경을 우리의 공부로 이끌어서는 안 된다. 그렇게 되면 유익을 얻지 못하는 것 이상으로 더 악한 지경에 떨어진다.

"인간 저자의 모든 덜거덕거리는 의견 가운데서 신성한 진리의 공부를 시작할 때, 우리 마음이 인간의 생각에 미리 점령당하기 전에 하나님의 순수한 말씀을 먼저 공부하며 말씀 전체를 정기적으로 공부하는 것은 말할 수 없이 중요하다. 신성한 진리를 지속적으로 공부하는 동안, 하나님의 순수한 말씀의 상당한 부분을 매일 읽음으로써 성경의 진리가 (이미 지적되었듯이) 지속적으로 마음속에서 돌아가도록 하는 것이 극히 중요하다. 이것이 인간 저자의 저술을 읽음으로써 발생하는 결함과 악화를 막는 유일한 길이다."[96]

운 어떤 것을 가지고 있습니다." Life, p. 293. "성경은 결코 바닥이 드러나지 않는 심오한 깊이를 갖고 있는 것이 특징이다. 성경은 아무리 매일매일 연구할지라도 결코 통달할 수 없다. 성경의 끊임없이 계속되는 효력은 아무리 수없이 반복된다 하더라도 믿는 자들의 마음속에 언제나 새롭게 역사한다. 그 안에서 말씀하시는 성령은 제한이 없으신 분임에도 다른 무엇보다 성경과 함께하시며 성경을 통하여 자신의 특별한 역사를 보이신다는 사실에 그 누구도 놀라서는 안 될 것이다." Bowles. lib. I. c. 18.

95) 마틴이 이 점을 가장 부드럽게 수용하는 것으로 보인다. "하나님의 말씀에 대한 존경심이 너무나 깊은 나머지, 마음속에 의문이 일어날 때 그가 공부하고 있던 다른 어떤 책이 과도하게 마음을 잡아끌면 그는 즉시 그 책을 밀쳐내었다. 그런 후에는 하나님의 말씀의 지고의 우수성이 느껴지고 깨달아질 때까지 그 책을 다시 손에 잡지 않았다. 그를 눈부시게 하던 그 모든 열등한 빛이 성경의 찬란한 빛 앞에서 사라질 때까지 그는 결코 안정을 찾지 못하였다." Life, p. 59.

96) '비커스테드의 기독교 청중'(Bickersteth's Christian Hearer), p. 232. 한 귀한 청교도 저자의 다음 언급은 주목할 만하다. "학자들이 자기들의 마음을 성경이 아닌 다른 저자들의 책으로 채우면 성경의 신성은 인성이 되며 그들의 사역은 청중의 양심에 말하는 것이 아니라 머리에 말하게 된다. 자신의 보화와 신앙의 근거를 성경에서 파내며 다른 저자들을 사용하되 자신을 드러내 보이거나 자신의 믿음의 근거를 거기서 찾거나 자기 사역의 주된 장식으로 삼는 것이 아니라 성경의 더 깊은 지혜를 찾기 위해서 그렇게 해야 한다. 그런 사람은 자신이 가르치는 것이 자기가 읽은 사람의 책에서 얻은 것이 아니라 말씀으로 말미

그렇다면 성경은 참된 개신교적 의미의 '성직자의 책'(Liber Sacerdotalis)이다.

"유익한 명저인 「교구 목사(Country Parson)」를 이루는 주된 최고의 지식은 책 중의 책이요, 삶과 위로의 보고인 성경이다."[97]

성경을 필요한 만큼 알지 못하고는 아무도 자신을 그리스도인이라고 할 수 없듯이 어떤 사람도 성경의 내용에 대한 정확하고 영적인 통찰이 없이 이 거룩한 직무를 이행할 수 없다. 목회자는 '충성된 사람'일 뿐만 아니라 '다른 사람을 가르칠 수 있는' 사람이 됨으로써 에스라처럼 '율법에 익숙한 학사'가 되어야 한다.[98] 세커 주교는 그의 성직자에게 이렇게 상기해주었다.

"당신은 복음을 가지고 섬깁니다. 본질적으로 다른 어떤 지식도 당신에게 목회자의 자격을 주지 않습니다. 오직 이것(복음의 가르침과 명령들)만이 필요한 모든 것을 포괄합니다." 이 목표를 가지고 그는 성경을 상세하게 연구할 것을 권고하였다.[99] 만약 성경이 빛과 진리의 샘이라면 하나

아는 신성한 믿음에 의한 것임을 안다. 또한 그는 믿음으로 말한다. 마음속의 믿음으로 말하므로 훨씬 강력하게 말하여 청중의 마음속에 믿음을 일으키고 강화시킬 수 있다." 요한복음 4장 강해 서문으로 쓴 힐더샴(Hildersham)의 연설.

97) 허버트(Herbert)의 '교구목사'(Parson), chap. iv. (아이작 월튼[Isaac Walton]이 그의 특징적인 문체로 언급하듯이) "Country Parson은 분명하고 사려 깊고 유용한 규칙들로 가득한 책이어서 돈을 아끼지 않고 소유할 만한 책이다. 그 책이 교구목사가 해야 할 일을 지도했을 뿐만 아니라 그가 그 일을 하지 않았음을 확실히 알릴 것이기 때문이다."

98) 스 6:2; 딤후 2:2. (버닛이 기록한 자기 시대의 역사 결론 부분에서 지적하듯이) "이 거룩한 직책을 위하여 준비하는 사람들의 가장 큰 오류는 성경보다 다른 책에서 신학을 더 많이 배운다는 것이다." 성경 원어를 익힘으로써 얻는 큰 유익과 그것을 공부하려는 강력한 동기가 필요함에 대해서는 재론할 필요가 없다. 이 책의 관심사를 논외로 하더라도, 주석가들의 서로 다른 의견 가운데서 우리 자신의 자원으로부터 지적이고 만족스러운 판단에 도달하는 것이 가장 바람직하다.

99) '세커의 당부'(Secker's Charges), p. 267.

님의 말씀의 빛을 받아서 빛과 진리를 충분히 알지 않고는 인간의 저술들에서 빛과 어둠, 진리와 오류를 구분하지 못한다. 이 시금석에 의해서 우리는 '범사에 헤아려 좋은 것을 취할' 수 있다.[100]

어쨌든 우리는 성경을 상세하게 연구해야 한다. 감춰진 보화를 파들어가는 광부의 부단한 탐구 정신이 필요하다.[101] 좋은 의도와 재능이 있지만 성경에 대한 긍정적인 견해를 가진 것으로만 만족하고 성경을 실제로 공부하지 않으면 경박하고 서툰 사람이 된다. 오직 성경만이 견고하고 효과적인 목회를 낳을 수 있다. 스콧은 이렇게 지적했다.

"일반적으로 마치 모든 절을 하나씩 설교하려는 듯이 각각의 표현과 그 연결을 숙고하면서 성경을 꼼꼼하게 읽게 된다. 그리고 그 내용이 마치 나에게 직접 말하는 것처럼 연구 결과를 나 자신의 경우, 성격, 경험, 행동에 적용한다. 즉 성경의 단락을 다른 사람에게 설교하듯이 하나의 설교문으로 만들어 나에게 적용한다. 어떤 때에는 한 단락을 좀더 전체적으로 읽고 거기서 한 두 개의 중요한 깨달음을 뽑아내어 그것에 집중하여 명상한다. 동시에 그 깨달음이 나의 마음, 나의 과거 생활, 세상과 교회에서 내가 듣고 관찰하는 것들에 어떤 의미를 가지는지 상고하며, 그 깨달음을 우리에게 점점 익숙해지는 다양한 정서, 경험, 행위 또는 현저한 성격과 비교한다."[102]

---

100) 딤전 5:21. (에드워드 총장이 말하길) "성경을 철저하게 아는 것이 나에게 큰 유익이 됨을 알게 되었다. 교리서나 논쟁서들을 읽을 때에 더 확신을 가지고 나아갈 수 있었고 내가 어떤 기초 위에 서 있는지를 알 수 있게 되었다." Life, Works, vol. i. p. 24.
101) 잠 2:4; 요 5:39. 위에 소개한 매튜 헨리의 조언을 보고, 스콧의 Continuation of Milner, vol. ii. Part. ii에 실린 츠빙글리의 부지런한 성경 연구에 대한 설명을 비교하라. 이 단원의 전체 주제에 관해서 필자는 가장 귀중한 책으로, 체스터 교구의 대법관이었던 헨리 라익스(Henry Raikes)의 '신학 교육에 대한 제언(Remarks on Clerical Education)'을 참고할 것을 간곡히 권한다.

가능한 한 우리의 연구는 성경 전체를 포괄하는 것이 가장 중요하다. 성경 전체의 표면에 흩어져 있는 지혜로운 진리를 습득하는 것이 몇몇 부분에 대한 압축적 지식을 가지는 것보다 가르치는 일에 더욱 유용하다. 우리 중 누구도 지나치게 한쪽으로 치우치는 것을 피할 수 없을 것이다. 또한 자신이 선호하는 교리가 성경의 어떤 특정한 책에 집중되어 있다면 그 부분에만 또는 그 부분으로 지나치게 제한됨으로써 전체 체계에 대한 시야를 좁힐 것이다. 하지만 하나님의 마음 전체를 상고함으로써 신성한 계시의 충만한 정신을 더욱 흡수할 수 있으며 그럴 때 우리의 시야는 더 넓고 깊게 확장될 것이다.

모세오경, 선지자들, 서신서들이 특별한 연구 주제가 되어야 한다. 그레이브스(Graves) 학장의 모세오경에 관한 강의들은 귀중한 비평과 정보는 물론 모세 법전의 지혜와 문제들에 대해서 중요한 지식을 제공한다. 파버(Faber)의 「모자이크 시간(Horæ Mosaicae)」은 이 거룩한 분야에 대한 다양하고 교훈적이며 기독교적인 시야를 열어준다. 선지자들의 신비한 계시 해석에는 미드(Mede)가 제왕의 위치에 있다. 뉴턴(Newton) 주교의 논문들도 성취된 예언에 대한 중요한 실례들로 가득하다. 데이비슨(Davison)의 강의들은 근거가 확실하고 조심스럽고 독창적인 사색으로 그 분야를 열어준다.

성취되지 않은 예언들, 서로 다른 해석 원리들에 대해서 지금까지 쓰여진 글들이 있기는 하지만(항상 적절한 겸손, 인내, 관용을 가지고 쓰여진 것은 아니다) 교회의 미래 발전에 대해서는 아직 먹구름이 끼어 있다. 파버의 「예언의 거룩한 달력(Sacred Calendar of Prophecy)」은 그의 체계의 어느 특정한 부

---

102) Life, p. 328, 329.

분에는 심각한 의문이 들지만 모든 면에서 면밀히 연구할 만한 가치가 있다. 비커스테드의 「실제적인 예언서 가이드(Practical Guide to the Prophets)」 역시 몇몇 불확실한 견해가 나타나지만 열렬한 성경적 동기와 귀중한 정보로 가득하다. 성경에 등장하는 서로 다른 예언의 사슬들을 단순하고 독립적이고 조사하는 정신을 가지고 비교하면 매우 흥미 있고 유익한 연구가 될 것이다. 동시에 우리 시대의 징조를 살펴야 할 긴급한 필요가 분명해질 것이다.

서신서들은 몇 가지 점에서 서로 연관된 포괄적인 체계를 얻기 위해서 목사에게 가장 중요한 부분이다. 전체적으로 스콧의 주석은 실제적인 방대한 참고 문헌과 함께 여러 명의 영감 받은 저자들이 다루는 장엄한 주제들에 대한 최고의 견고하고 영적인 교훈의 자원이다.

사람들에게 '유익한 것은 무엇이든지 전하여 가르쳐야'(행 20.20) 하는 우리의 의무에 비춰볼 때 이 연구의 중요성은 충분히 드러난다. 어린아이들뿐 아니라 성인들에게도 양식이 공급되어야 한다. 성공적으로 믿음을 발휘한 사람들이 그렇게 하지 않음으로써 성장하지 못한 사람들과 같은 수준에 얽매여 더 높이 향상할 수 있는 기회를 방해 받아서는 안 된다. 목회의 주된 계획은 우리의 회중을 전진하게 하는 것이다.

"성도를 온전하게 하여"(엡 4:12, 참조, 골 1:28).

그러므로 '하나님의 깊은 것들'에 대한 조심스러운 해명은 우리의 사명에 속한 일이며 그것을 위해서는 깊고 정확한 성경 연구가 요구된다. 물론 어려움은 마지막까지 지속될 것이지만 성경의 권위에 복종하여 큰 유익을 얻으며 신성한 교훈에 의지하는 노력을 항상 해야 한다.[103] 말씀

---

103) 프랑크 교수의 '성경 읽기 가이드'(Guide to the Reading of the Scriptures)는 지적이고 경건하며 실천적인 성경 연구를 위한 놀라운 규칙을 제공한다. 혼(Horne)의 개론 역시 신

에 겸손하게 순종하는 이 정신이야말로 천상의 보화의 각 부분에 들어가기 위한 필요조건이다. 이 기독교적 정신을 소유했다면 가장 낮은 자라 할지라도 가장 귀중한 복을 깨닫지 못하는 일이 없을 것이다.

주석에 대해서 말하자면 성숙한 성경 지식, 건전한 해석 원리, 확실한 실천적 교훈을 제공한다는 점에서 스콧의 주석이 일반적으로 인정된다. 헨리의 주석은 (비록 교리에 대한 밝은 견해에서 스콧보다 못하지만) 문체의 단순함과 예화의 풍부함에서는 스콧을 능가한다. 하지만 성경의 어려운 문제들을 해명하기 위해서 주석적이고 비평적인 설명이 필요하다면 칼빈의 주석, 풀(Poole)의 「공관(Synopsis)」을 참고해야 하며, 패트릭(Patrick), 로스(Lowth)의 글을 참고해야 한다. 이것들보다 좀 덜 성경적인 신학에는 휘트비(Whitby)를 읽으면 된다.

주석이 유용한가 무용한가 하는 것은 그것이 공부의 시스템에서 차지하는 위치에 전적으로 달려 있다. 주석이 아무 소용이 없다고 무시하지는 말아야 한다. 주석 중 많은 책들은 그 책들을 무시하는 사람들이 대개 도달하지 못한, 하나님의 말씀에 대한 훨씬 깊은 이해에 도달한 사람들의 노력의 산물인 까닭이다. 그러나 주석을 하나님 말씀 앞에 두어서는 안 된다. 또한 하나님 자신의 말씀이 마음속에 충분히 축적되기 전에 습관적으로 주석을 참고해서도 안 된다. 이 점에 대해서 캠벨 교수가 명쾌하게 말했다.

중한 문제들을 소화한 귀중한 자료이다. Vol. ii. Part ii. 도드웰(Dodwell)은 성경을 다른 모든 공부에서 당연히 있어야 하는 책으로 삼으라고 신중하게 조언한다('조언의 서신' (Letters of Advice), p. 235). 필립 헨리는 신학생 시절에 백지가 중간에 들어간 성경을 이용해서 간단한 성경 해설을 기록했다. 그는 이 방법을 청년들에게 권한다. 그러면서 그런 해설과 관찰이 때로는 전문적인 주석가들의 해설을 읽는 것보다 더욱 즐겁고 귀중하다고 덧붙였다. "나는 성경에서 배운 것 이외의 것은 가르치지 않는다고 선언한다." Life, p. 206.

"주석을 먼저 참고해서는 안 된다. 이 말을 주석에서 얻을 유익이 전혀 없다는 것으로 오해하지 말라. 내 말은 주석 일반을 판단하는 것이 아니며 그 체계를 판단하는 것도 아니다. 그러나 어떤 한 교리학자의 체계를 흡수하는 것이 아니라 공정하게 성령의 마음을 찾아나가는 초심자에게는, 어느 것도 적합하지 않다. 거의 모든 주석자들은 그들의 생각을 사로잡는 선호하는 신학 체계가 있으며, 그것이 그의 생각을 어느 한쪽으로 기울게 하여 그의 모든 설명에 영향을 미친다. 내가 추천하는 유일한 보조자는 당신의 판단을 포위하고 압박하는 경향이 없는 사람들이다. 그리고 열렬한 기도와 함께 하나님의 말씀을 진지하게 자주 읽는 것이다. 또한 성경으로 성경을 비교하며 성경이 쓰여진 언어를 성실하게 공부하는 것이다. 성경의 이야기들이 가리키는 역사와 고대의 사건에 대한 지식을 얻는 것이다. 물론 이런 것들이 모든 단락에 대한 판단을 제공하지는 않는다. 하지만 그럴수록 더 좋다. 하나님께서 당신에게 판단력을 주셨으며 그것을 사용할 것을 요구하신다. '어찌하여 옳은 것을 스스로 판단하지 아니하느냐?' (눅 12:57)."

'신학 체계와 주석서에 의존해야 할 때가 언제인가'라는 질문에 대해서 교수는 이렇게 대답한다.

"성경의 정신과 정서에 대한 충분한 통찰을 얻어 주석서의 저자들이 무오한 표준에 부합하는가 그렇지 않은가에 대해 어느 정도 판단을 내릴 수 있게 된 후이다. 그런 인간 저술을 살피는 것은 신학 연구의 출발점에서 이루어져서는 안 되고 마지막에 이루어져야 한다.'[104]

---

104) 캠벨, '조직신학, 2강'(Systematic Theology, Lecture ii.). 이것은 도드리지 박사가 공부를 시작할 때부터 가지고 있던 계획이었다. '오튼의 생애'(Orton's Life): Chap. i. 스프랏(Spratt) 주교는 어떤 주교가 어려운 시기에 거의 20년 동안 탑에 갇혀 지내면서 모든 책을 박탈

이것이 주석을 유용하고 안전하게 이용하는 최선의 방법으로 보인다. 이렇게 해서 우리는 우리 손이 닿는 곳에 쌓여 있는 지혜를 자유롭게 사용할 수 있다. 동시에 우리의 '믿음이 사람의 지혜에 있지 않고 다만 하나님의 능력에 있게' 되는 것이다(고전 2:5).

이 중요한 원리의 중요성을 예증해보자. 마음은 열렬하지만 성경적 원리를 잘 알지 못하거나 확고하지 못한 신학생이 풀의 「공관」을 탐독하거나 그것을 자주 찾는 참고서로 삼는다고 가정해보자. Critici Sacri(풀의 「공관」이 따르고자 했던 방대한 주석서 – 역자 주)를 깊이 소화하다가 보면 그것이 곧 그에게 Sylva Critica(일종의 기준이 되는 참고서라는 의미 – 역자 주)가 될 것이다. 그는 연속적으로 그 책의 의견을 듣게 될 것이고 그에게 점점 확실하게 보일 것이다. 대립되는 두 견해가 그의 주의를 끌 때 그것을 판단할 심판관이 없는 상태에서 그의 판단은 (그런 환경 속에서 그가 어떤 판단을 형성할 수 있다면) 신중한 연구를 통해 깨달은 확신의 결과라기보다는 머뭇거리는 가운데 또는 성급하거나 편향된 채로 내려질 것이다.

또는 그가 스콧의 주석에 대해 칭찬을 많이 들었거나 그의 전체적인 신학적 견해들에 대한 칭찬을 들었다고 가정하자. 그의 견해가 당대의 신앙 색채에 강한 영향을 끼쳤음을 이 신학생은 알고 있다. 그는 스콧

당하고 오로지 성경만을 공부하면서 성경을 외로울 때 유일한 친구로, 고난 속에서 위로로 삼던 일을 이야기한다. 이 역사를 말하면서 그 주교는 이렇게 말한다. "하지만 거기서 괄목할 일, 즉 당신이 그를 본받아야 한다고 내가 과감하게 제시하는 요소가 있다. 나는 그가 가끔 엄숙하게 선언하는 것을 들었다. 이전의 모든 공부들과 다양한 독서와 탐구 속에서도 하나님의 말씀을 이해하지 못해 막막한 순간에 길을 지도하고 모호한 단락들을 이해하기 위한 정보를 제공함에 있어서 그가 어쩔 수 없이 성경만을 꾸준히 묵상하고 성경으로 성경을 비교 검토했을 때보다 더 유용하고 확실한 해석을 얻지 못하였다는 것이다." – 로체스터 교구를 향한 당부(Charges to the Diocese of Rochester) – 성직자의 지도자(Clergyman's Instructor), pp. 265, 266.

의 책들을 탐독한다. 스콧의 견해를 정통의 표준으로 받아들이며 자신이 취한 하나님의 진리에 대한 입장이 난공불락의 요새와 같다고 느낀다. 그러던 중 상당한 힘과 섬세한 논리로 그리고 성경의 권위에 대한 동일한 근거로 보이는 입장에서 스콧의 원리들을 반박하는 견해를 듣게 된다. 이런 경우, 만약 그의 생각이 성경의 교훈에 터를 두고 있지 않다면 그는 대립되는 교리들을 신앙에 비추어 무오한 표준으로 비교할 능력이 없다. 따라서(편향, 존경, 흔들리는 확신 속에서 자신의 입장을 견지하고 있다고 해도) 성경이라는 유일하고 흔들림 없는 반석 위에 수립되지 않은 그의 진리의 근거는 근본적으로 흔들릴 것이다. 그의 표준은(만약 그가 표준을 가지고 있는 사람이라면) 연약하게 흔들릴 것이다. 결국 그의 체계가 확고하지 못한 까닭에 확신에 찬 사역이 불가능해질 것이다.[105]

---

[105] 성경을 읽는 이 원리의 좋은 실례를 방금 인용한 존경하는 저자의 습관에서 찾을 수 있다. "어떤 논쟁적인 주제에 대한 상이한 견해들을 들으면 나는 매일 성경을 읽는 가운데 그 견해들을 비춰봄으로써 결국 어느 편이 진리에 서 있는가를 판단하려 한다. 이렇게 하는 가운데 나는 항상 양극단을 피하려 한다. 한편으로는 거짓된 겸손 또는 사람에 대한 존경심 때문에 내가 잘못되었음을 확신하지 못하면서도 자신의 의견을 포기하는 일이 없도록 하며, 다른 한편으로는 나의 의견이 진리라고 확신한 나머지 빛을 거부하는 일이 없도록 노력한다. 특별히 그 빛이 나의 반대파 사람이나 존경스럽지 않은 사람에게서 왔을 때 더욱 주의한다. 항상 비판에 열려 있으며, 사람들의 그럴듯한 의견을 시금석에 대어보며, 만약 그것이 과거에 이미 판결이 난 것이 아니라면 공정한 판결을 시도한다. 그러나 그 견해가 성경에 일치하는 것으로 확실히 인식되지 않는다면 받아들이지 않으려 한다. 동시에 나의 마음이 나의 이해가 도달한 결론을 따르게 되도록 노력한다. 바로 이점에서 나는 크게 실패했다." Scott's Life, pp. 329, 330. 자기 아버지의 이 특징을 자신에게 적용한 그의 아들의 귀중한 언급은 pp. 667, 668에 있다. 이와 동일한 원리를 따라서 어셔(Usher) 주교는 젊은 목회자들에게 다음과 같은 현명한 지침을 주었다. "1. 성경을 읽고 주의 깊게 연구하라. 그 안에 최고의 학식과 유일하게 무오한 진리가 있다. 그것이 당신의 설교를 위한 최고의 자료를 갖춰줄 수 있다. 신앙과 행위의 유일한 규칙, 양심을 설득하고 죄를 깨닫게 할 수 있는 가장 강력한 동인, 모든 오류들, 이단들, 그리고 악한 계교를 물리칠 수 있는 가장 강력한 논거이다. 2. 다른 사람의 견해를 충분한 시험을 거치지 않고 성급하게 받아들이지 말며 자신에 대해서 지나친 자신감을 가지지도 말

교회 안에 존재하는 차이점들 중 많은 것이 성경이 최고의 권위임을 충분하고 강력하게 인식하지 못한 결과임을 알 수 있다. '무엇이 진리인가?'라는 질문을 시작할 때부터 다른 길이 선택된다. 어떤 인간적인 체계의 경향에 의해서 마음이 지배되고 그 결과 진리의 통일성이 훼손된다. 분명하고 천상적인 성경 계시의 빛이 믿음으로 순종하지 않음으로써 서로 모순을 일으키는 인간의 편견들에 의해서 가려진다. 물론 인간 마음의 구조를 생각해볼 때 마음의 진정한 독립은 매우 어려우며 아주 희귀한 일이다. 어떤 특정한 체계에 부속되는 것은 영적 자아 도취로서 개인의 성경 연구의 방향과 성격을 부여하고 결정한다. 성경이 그것을 결정하게 되어야 함에도 불구하고 말이다.

하나님의 책은 성령의 살아 있는 음성이다. 그것을 공부하는 목적은 하나님의 마음을 분명하게 깨닫는 것이어야 한다. 그래서 "성경에 조예가 깊은 자가 좋은 신학자이다"(Bonus textuarius, bonus Theologus)라는 근본원리가 생긴 것이다. 목회자의 가장 중요한 이 자질을 비치우스(Witsius)는 "성경에 강해야 한다"는 말로 아름답게 표현했다.

"신학자는 일반적인 공부의 낮은 학과에서 성경이라는 더 높은 학과로 올라가야 하며 그곳에서 하나님을 선생님으로 모시고 주의 입으로 감춰진 구원의 신비를 배워야 한다. 그것은 '눈으로 보지 못하고, 귀로도 듣지 못한 것이며, 이 세대의 관원이 하나도 알지 못한' 것이다. 가장 예리한 이성도 찾아내지 못한 것이며 하나님의 얼굴을 항상 뵙는 천상의 성가대인 '천사들도 살펴보기를 원하는 것'이다. 다른 어느 곳도

라. 도리어 모든 견해와 교리들의 합당한 시금석인 성경에 기록된 믿음의 유비와 거룩의 규칙들에 먼저 비교해보라." 그의 귀중한 서신집(Collection of Letters)에 실린, 파(Parr) 박사의 Life of Usher, p. 87.

아닌 성경이라는 감춰진 책 속에만 더욱 거룩한 지혜가 있다. 성경에서 얻지 않은 모든 것, 그 위에 세워지지 않은 모든 것, 그것과 정확하게 일치하지 않는 모든 것은 그것이 아무리 가장 장엄한 지혜의 외형으로 자랑하든지, 아무리 오래된 전통에 근거해 있든지, 아무리 학자들의 동의를 이루고 있든지, 그럴듯한 논증의 힘을 가지고 있어도, 헛되고 공허하며, 간단히 말하면 거짓이다.

'율법과 증거에 합당해야 한다. 어떤 사람이 이 말씀에 따라 말하지 않는다면 이는 그 안에 빛이 없기 때문이다.' 신학자는 거룩한 하나님의 말씀에서 즐거움을 얻어야 한다, 주야로 말씀을 묵상해야 하며, 실행해야 하며, 그 안에서 살아야 하며, 거기서 모든 지혜를 얻어야 하며, 자신의 모든 생각을 말씀과 비교해야 하며, 말씀에서 발견되지 않는 어떤 신앙도 받아들이지 말아야 한다. 신학자는 자신의 믿음을 어떤 사람에게도 매지 말아야 한다. 선지자에게도 매지 말아야 하고 사도에게도 매지 말아야 하며 심지어 천사에게도 매지 말아야 한다. 사람이나 천사의 말이 신앙의 규칙이 되어서는 안 된다. 믿음의 모든 근거는 오로지 하나님 안에만 있어야 한다. 우리가 배우고 가르치는 믿음은 인간의 믿음이 아니라 하나님에게서 오는 믿음이기 때문이다. 그것은 너무나 순결하여 결코 거짓될 수 없고 결코 속일 수 없는 하나님의 권위 이외의 어떤 권위 위에도 세워질 수 없다.

집중적인 성경 연구는 속박하는 힘이 아니다. 성경 연구는 매우 장엄한 형태의 천상적 진리로 마음을 채운다. 성경은 순결하고 견고하며 확실하고 어떤 오류도 섞여 있지 않은 방식으로 진리를 가르친다. 성경은 말할 수 없는 달콤함으로 우리의 마음을 쓰다듬으며 젖과 꿀의 강으로 지식에 대한 거룩한 허기와 목마름을 만족시키고 저항할 수 없는 힘으로 우리 마음의 가장 깊은 곳까지 뚫고 들어온다. 성경은 자체의 증거를 우리 마음에 너무나 든든하게 기록하기 때문에 믿는 영혼은 마치 삼층천으로 이끌어 올려져 하나님의 입에서 나오는 말씀을 듣는 것과 같은 확신을 갖게 된다. 또한 성경은 읽는 글의 충만한 내용을 다 알지 못해도 읽는 이의 마음의 모든 부분에 영향을 미쳐 경건한 독자에게 거룩함의 달콤한 향기를 맡도록 해준다.

슬프게도 오늘날 우리 가운데 만연해 있는 저 교만한 공부 방법, 곧 인간의 글에서 신성한 것들에 대한 견해를 세운 후에 그 주제에 대한 더 깊은 연구나 의미를 추구함이 없이 우리 자신의 연구 결과 혹은 성급하게 내려진 다른 사람의 견해를 성경의 권위를 빌려서 지지하는 이런 방법을 참으로 개탄하지 않을 수 없다. 우리는 성경 자체에서 직접 신성한 진리에 대한 견해를 이끌어내야 하며 인간의 글들을 사용할 때에는 주님의 마음을 배울 수 있는 신학의 요점들이 어디에 있는지를 보여주는 색인의 용도로만 사용해야 한다."

이 정교한 신학의 대가는 영적이고 구원에 이르는 방식으로 믿음의 규칙을 익히기 위한 유일한 방법으로 연구자가 성령의 내적인 가르침에 자신을 완전히 맡기는 것이 중요함을 가르치기 위해서 우리의 주장과 동일한 노선에서 말하고 있다.

"성경의 제자는 성령의 제자가 되어야 한다."

그러나 「진정한 신학자의 기도(Oration De Vero Theologo)」와 「겸손한 신학자(De Modesto Theologo)」는 라틴어의 우아함, 사상의 아름다움, 무엇보다도 그 글 전체에 퍼진 천상의 기름 부음으로 인한 내적인 가치 때문에, 신학생들에게 그것을 가장 신중하게 살펴보라고 권하는 것 이외에 더 이상 말이 필요 없다.[106]

나는 이 단락을 일반적인 공부, 그리고 특별한 성경 공부를 언급하는 위임식에서 하는 심각한 권면으로 마무리하고자 한다.

"당신은 이 한 가지에 전적으로 집중하며 모든 관심과 공부를 이런 방식으로 수행해야 합니다. 우리의 유일한 구주 예수 그리스도에 대한 명상에 의해서 성령의 천상적인 도움을 성부 하나님께 항상 구해야 합니다. 매일 성경을 상고함으로써 당신은 목회 사역에서 더욱 성숙하고 강하게 될 것입니다."

특별한 기도 습관

오래전에 루터는 이렇게 갈파했다. "기도, 명상, 유혹을 통해서 목사가 된다."

목회에 따르는 책임의 무게를 느껴보고 그의 '충족함은 하나님' 임을 깨달은 사람이라면 누구나 기도의 중요성을 인정하는 데 주저함이 없을 것이며 기도가 하늘과의 대화 통로라는 것을 기꺼이 인정할 것이다. 목적의 순수성, 필요한 자격, 거룩한 직위로 부르심을 확신하기 위하여 학생에게 필요한 지혜 및 겸손과 믿음을 얻으려면 은혜의 보좌 앞에 매일 나아가 간구해야 한다. 이런 기도의 정신이 없는 일반적인 학업에서는 학생들이 메마름을 느낄 것이며 자신의 자원을 사역의 중심에 집중하여 쏟기 위한 능력의 부족을 느끼거나 중심 목표에서 벗어나 자기 만족의 길로 나갈 수 있다.[107] 심지어 성경을 다루는 특별한 일에서도(비치

---

106) Witsii Misc. Sacra, vol. ii를 보라. Vitringa Typus Doctr. Porphet. pp. 106~108에서 동일한 영적 거룩함과 함께 표현된 비슷한 생각을 참고하라. 두핀(Du Pin)의 신학연구방법론(Method of Studying Divinity), chap. xiii에서 그가 교부에게서 인용한 귀중한 말들을 참고하라.
107) 앤드루 윌렛(Andrew Willet) 박사의 생애가 중요하고 격려가 되는 힌트를 제공할 수 있

우스의 말처럼) '하늘의 것을 묵상하는 장님' 같을 수 있다. 세상의 원래 모습처럼 '땅이 혼돈하고 공허하며 어둠이 깊음 위에 있는' 것과 같을 것이며 하나님께서 그의 마음속에 "빛이 있으라"고 말씀해 주시기를 간구해야 할 것이다.

성경 해석자의 중요한 자질에 대한 위클리프의 판단은 놀랍고 정확하다. 성경 해석자는 기도의 사람이 되어야 한다. 그에게는 가장 중요한 스승의 내적인 가르침이 필요하다.[108] 오웬 박사는 늘 하던 인상적인 방식으로 이렇게 지적한다.

"성경의 어떤 부분이라도 하나님께 간구함 없이 또는 하나님의 성령의 교훈과 지시 없이 해석할 수 없다. 그렇게 하는 것은 하나님을 매우 분노하게 하는 일이다. 자신의 능력으로 도저히 할 수 없는 일을 자신만만하게 해나가는 사람이 어떤 진리를 발견하리라고 나는 기대하지 않는다. 그러나 성령의 가르침은 충실한 해석자가 어떤 어려움에 부딪히더라도 최후의 기댈 곳이 된다. 이것이 없이는 하나님의 어떤 계시에서도 그가 성령의 마음에 만족스럽게 도달했다고 볼 수 없다. 흔히 그러하듯이 다른 모든 도움이 무위로 끝났을 때에야 비로소 성령의 가르침이 그에게 최선의 위로가 될 것이다. 이전 해석자들의 노력은 매우 유용하다. 그러나 그것들도 이 진리의 깊은 광맥을 발견한 것이 절대로 아니다. 우리의 최선의 노력도 우리보다 앞선 사람들의 한계를 완전히 극

다. "지혜를 알고 찾고 발견하는 일에 마음을 기울이며, 그 목표를 위해서 사도의 지침대로 '읽는 일에 힘' 쓰는 것과 마찬가지로, 그는 키프리안과 도나투스의 경건한 조언을 따라서(Epist. Lib. ii. Epist. 2) 부지런히 읽으면서 자주 기도했다. '어떤 때는 내가 하나님께 말했고 어떤 때에는 하나님의 말씀을 듣고자 했다' 고 그가 말했다. 그리고 그는 자기 친구에게 이렇게 해서 그가 자신의 재능을 얼마나 향상시켰는지를 말했다."

108) '밀너의 교회사' (Milner's Church Hist.) iv. 134.

복하지는 못할 것이다. 호기심에 의한 일탈 외에 사람들이 일반적으로 같은 길을 가는 이유는 그들의 의무를 성실하게 수행하는 가운데 성령의 지휘에 자신을 완전히 맡기지 않기 때문이다."[109]

그러므로 신학생은 이 일을 위해서 치러야 하는 값을 심각하게 계산해야 한다. 그리스도인의 삶에 수반되는 매일의 어려움 이외에도 고통스러운 신앙의 실천과 인내가 수없이 요구된다. 그러므로 우리는 하늘의 능력의 추가 공급을 위해서 기도가 얼마나 필요한지를 목회 준비생에게 상기시켜서 정신을 차리게 해야 한다. 그렇게 해야 그의 지식이 '원만한 이해의 모든 부요에' 이르며, 그의 마음이 즐겁고 기꺼운 순종을 유지하며, 자기의 유일한 목표에 모든 힘을 쏟으며, 그 모든 준비에 하나님의 신실한 축복의 인이 쳐질 것이 아닌가? 조지 허버트는 정당하게 지적한다.

"목회 준비 과정에 있는 어떤 학생들의 목표와 수고는 지식을 얻는 것이 아니라 모든 욕망과 세속적 사랑을 죽이고 쳐서 복종시키는 것이 되어야 하며, 교부들과 학자들의 글을 읽은 후에 목사가 되었고 일이 끝났다고 생각하지 않아야 한다. 가장 크고 힘든 준비는 자기 안에서 이루어져야 한다."[110]

---

109) 그의 성령론을 읽으라. 스콧도 동일한 것을 증언한다. 그의 성경 연구 방법에 대해서 말하면서 이렇게 언급했다. "지속적인 기도의 정신 속에서 읽음으로써 이 모든 것들에서 실제적인 도움을 받았다." Life, p. 330. 목회자들에게 성경 연구의 중요성을 말하면서 퀘스넬은 이렇게 말했다. "그는 공부 이외의 방법으로 이것들을 배웠다. 이 학문에서 성령의 기름 부음이 위대한 대가이다. 우리가 그의 학자들이 되는 것은 기도에 의해서이다. 공부는 많이 하고 기도하지 않는 것보다는 많이 기도하고 적게 공부하는 것이 하나님의 일을 전진시킨다." 요 7:17 강해에서. "성경의 문을 성령이 지키신다. 자신의 보지 못함을 인식하고 성령께 도우심을 간청하지 않는다면, 그 문에 들어서는 것을 허락받지 못한다." Bowles, Lib. i. c. 18.
110) Country Parson, chap. ii.

실제로 이 수고는 필수적이다. 목회에 마음을 쏟는 일을 계속하는 것, 곧 편하고 싶은 욕망을 노력과 자기부인으로 바꾸며 세상에 대한 부러움을 그리스도와 그의 십자가의 수치로 바꾸는 것, 계속되는 실망과 좌절의 전망을 견디는 것, 낙심이라는 '악한 영' 가운데 있는 사람을 일으키는 이것에 관해서 성경은 이렇게 말씀한다. "기도 외에 다른 것으로는 이런 종류가 나갈 수 없느니라"(막 9.29).

주님께서는 최초의 복음 사역자들을 세우실 때(물론 그들은 그것을 의식하지 못했으나) 외딴 곳에서 홀로 밤새 하나님께 기도하신 후에 그 일을 하셨다(눅 6:12~16). 이방인을 향한 최초의 선교사들도 그와 동일한 거룩한 준비와 함께 파송되었다(행 13:2, 3). 그 결과 그들은 "유다의 귀인들은 빈 그릇으로 돌아오니 부끄럽고 근심하여 그 머리를 가리우며"(렘 14:3)의 구절과 같이 하지 않고, '하나님이 함께 행하신' 큰 일들의 소식으로 그들의 마음을 기쁘게 하였다(행 14:27, 15:3~4).

기도의 영이 없이 이 거대한 일에 착수하는 것은 '매우 두려운 전쟁터에 자기 자신의 명령을 받고 나가는 것'이다. 사탄의 왕국은 학문의 공격 또는 다른 어떤 형태의 조직적 움직임이나 외적 형태에 대해서 별로 두려워하지 않는다. 외부 성벽에는 큰 공격이 가해질지 모르나 성채는 끄떡없을 것이다. 전능한 자의 능력을 입은 복음 사역 외의 다른 어떤 세력으로도 '강한 자의 집에 들어가 그 세간을 늑탈하지' 못하며, '적법한 포로가 놓여나지' 못할 것이다(참조, 요 12:32; 고전 1:21~24). 그리스도의 최초의 종들은 바로 이 수단으로 최초의 공격을 감행했다. 열렬한 기도 속에서 신실한 약속을 기다렸던 것이다(행 1:8, 14, 2:1).

목회 사역은 믿음의 일이다. 목회 사역이 믿음의 일이 되려면 기도의 일이 되어야 한다. 기도가 믿음을 가져다 주며 믿음은 다시 기도의 간절함을 더욱 북돋운다. 이와 같이 목회에 대한 영적인 깨달음과 힘이 되는 생각들은 부지런히 하나님을 기다리는 가운데 형성된다. 그러므로 우리는 버나드와 함께 이렇게 결론지을 수 있다.

"유익한 독서, 유익한 교육은 필수적이다. 그러나 훨씬 더 필요한 것은 기름 부으심이다. 기름 부으심이 모든 것에 대하여 가르치기 때문이다." 거룩한 직책을 준비하는 사람이 무릎을 꿇지 않고 자기 앞에 놓인 중대한 일이 큰 기도의 제목이 되지 않아도 그는 잘할 수 있을 것이다. 그러나 만약 그가 홀로 기도하는 시간을 가지는 습관을 들이고 오로지 그 일만을 묵상하는 시간을 가지며 자신을 그 봉사를 위해서 구별한다면 그는 더 잘할 것이다. 특별한 기도의 사람은 특별한 믿음의 사람이 될 것이다. 믿음은 '지렁이로 산을 부수게 하며' 거룩한 승리로 그것들을 그 앞에 던질 것이다.

"큰 산아 네가 무엇이냐 네가 스룹바벨 앞에서 평지가 되리라"(슥 4:7).

영혼 치료를 수행함

"경건을 연습하라"(딤전 4:7). 목회 사역을 하는 중에 사랑하는 아들이 지켜야 할 지혜로운 규칙의 하나로서 사도 바울이 권고한 이것은 목회 후보생에게 가장 중요한 의미를 가지는 규칙이다. 이 규칙이 그 이후에 지속되는 공부와 어떤 관련성을 가지는지 주목하라. 활동적인 에너지가 없이 '읽기에만 전념하는 것'은 불완전하고 부족한 사역으로 이어질 것이다. 연습 부족은 신체뿐만 아니라 영혼에도 해롭다. 또한 '읽기'는 결과가 기독교적인 활동으로 발휘되지 않는다면 아무 유익도 가져다 주지 못한다. 기도가 동반되는 것이 매우 중요하다. 공부, 기도, 연습이 목사를 만든다고 말할 수 있다. 공부는 마음을 풍요하게 하고, 기도는 신성한 능력을 부어주며, 연습은 자원이 효과적으로 활용되게 해준다.

사도 바울은 목회의 가장 낮은 수준의 일을 위해서도 일정한 증명 기간이 있어야 함을 주장한다. 이 기간에 성격의 일관성뿐 아니라 자연적인 은사와 영적 자질까지 살펴야 한다는 것이다(딤전 3:10과 행 6:3). 어떤 사람도 교회가 엄숙하게 그를 부를 때까지 스스로 영예를 취하려 해서는 안 된다. 또한 부름을 받았다고 해도 영혼의 치료를 위해서는 많은 후속 조치들이 필요하다. 젊은 훈련생의 자연적 능력들이 사용되어야 하고, 지식이 쌓여야 하고, 교회에 상당한 유익을 주며, 자신도 거기서 유익을 받아야 한다.

주일학교를 담당하면 미래의 실천과 목회 전 과정에서 실제적으로 유용한 귀중한 교훈을 얻을 수 있다. 가난한 자에 대한 가르침은 (자연스러운 대화 가운데서든 체계적인 교훈 가운데서든) 겸손함, 꾸준함, 사랑으로 행해야 하며 거룩한 직무의 규칙을 어기는 방식이 되어서는 안 된다. 이 일은 여러 달에 걸친 추상적 연구가 할 수 있는 것보다도 더 유용하게 미래의 목회를 준비시킨다. 미래의 교구 사역에서 실제로 부딪힐 상황에 대한 통찰력, 가난한 자들이 자기를 표현하는 방법에 대한 이해, 그들의 특수한 어려움과 유혹들, 무지의 원인, 그들에게 접근하기 위한 지혜롭고 성공적인 통로 등을 목회의 엄숙한 서약을 하기 전에 잘 익혀야 한다. 이런 일에서 결함이 있으면 목사의 초기 사역이 전체적으로 좋은 인상을 주지 못한다. 그런 상황에서는 서재에서 작성된 훌륭한 설교가 회중의 필요와 환경에 적용되지 못할 수밖에 없다. 그들의 고통에 공감하지 못하고 그들의 무지를 고려하지 못하며 성격의 한계를 정확하게 설정하지 못한 결과로 '교훈과 책망과 바르게 함과 의로 교육하기에 유익한' 진리가 구체적인 상황에 정확하게 적용하지 못하고 만다.

병자를 심방하는 일은 기독교적 동정심을 기르는 면에서 목회 준비생에게 매우 중요한 일에 속한다. 서재에서 결코 얻을 수 없는 교훈을 그 일에서 배울 수 있다. 서재에서는 복음의 중요성이 설명되고 명상되며 병자의 심방에서는 그것이 실현된다. 서재에서는 세상의 허무함, 영혼의 임박함, 일을 미루는 것의 위험, 영원을 준비하는 삶의 복됨, 마음의 거짓됨, 사탄의 세력, 구주의 은혜와 사랑에 대해서 심각하고 정확하게 명상하고 곱씹을 수 있지만 병자의 심방에서는 그 모든 장면이 눈앞에 펼쳐진다. '초상집에 가는 것이 잔칫집에 가는 것보다' 훨씬 더 낫다(전 7:2). 병자의 방을 자세히 살피는 것은 매우 중요하다. 그곳을 자주 찾는 것은 참으로 책임 있는 일이다. 그것과 관련된 교훈은 말할 수 없이 유익하다. 그것이 공적 또는 사적 목회 활동에 미치는 영향은 굉장히 다양하고 직접적이다. 이 '교훈의 학교'에 자주 또한 많은 경우에 고통스럽게 참여함으로써 많은 사람들이 교회를 위해서 쓸모 있는 중요한 훈련을 받았다.[111]

목회는 (자연 과학의 어떤 분야처럼) 사변적인 것이 아니라 활동적이고 마음을 기울이며 헌신적으로 일하는 것이다. 그러므로 선을 행한다는 정신과 활동, 즐거움이 그 일을 위한 준비의 핵심이 되어야 한다. 목회 준비생이 "나의 시간을 잃어버렸다(perdidi diem)"라고 말하는 일이 없다면 정말로 좋은 일이다. 자신의 나태함에 대해 깊이 인식하고 지속적인 기도에

---

111) "가장 좋지만 훨씬 학생이 적은 대학의 하나가 가난 속에 홀로 사는 노인의 숙소, 병자의 오막살이 또는 다락방이다. 신학의 가장 훌륭한 강의, 가장 유용한 그리스도인의 회집은 '하나님께서 믿음이 부요하게 하신 이 세상의 가난한 자들'과 하나님의 일들에 대해서 대화하는 것이다. 많은 목사들이 거기서 최초로 자신의 영혼의 구원을 위한 지식을 배우며 자기 회중에게 줄 수 있는 최선의 교훈을 얻는다." 비커스테드의 '신학생'(Bickersteth's Christian Student), p. 37.

의해서 힘을 얻으며 지치지 않는 노력으로 유지되는 체계 위에서 행동하려고 노력하는 것은 지혜로운 일이다.

이 일은 자기 가족에서부터 시작할 수 있다. 가족 구성원의 개별적인 경우를 놓고 각각에 대해서 고심하며 기도하라. 그런 다음 이웃, 친구, 모임 등 자신과 긴밀하게 관계된 사람들로 범위를 넓혀가라. 가까운 사람들을 위해서 신실하게 봉사하다 보면 힘을 써야 할 많은 일들이 생길 것이다. 가르쳐야 할 이웃, 방문해야 할 병자, 하나님의 길로 인도해야 하는 청년들이 보일 것이다. '생각이 없는 바보의 손에 들린 보화'와 같지만 목회 준비생의 눈에는 값으로 매길 수 없는 가치와 값비싼 재능들이 있어서 그가 그것들을 계발해주어야 한다. 영향력의 범위와 기회의 장은 거기에 수반되는 고통에 비례해서 확장된다. 제한된 범위에서라도 목회 준비라는 위대한 목적에 부응하는 믿음의 실천, 기도와 노력이 충분히 발휘될 것이다. 그리고 '지극히 작은 것에 충성된 자는 큰 것에도 충성'하게 마련이다(눅 16:10).

이 주제의 성격상, 대학 공부에서 교회의 봉사로 바로 넘어가는 것은 바람직하지 못한 것으로 보인다. 적어도 이런 공부를 열심히 하는 곳에서는 공부에 전념하던 마음을 더욱 치밀하고 헌신적인 마음으로 바꾸기 위한 조용한 준비의 기간(수도원적 생활이 아니라)이 필요하다. 플라톤과 뉴턴의 학교는 중요한 목회적 습성을 길들이며 많은 지식을 비축해준다. 그러나 즉각적이고 실제적인 목적을 위한 전체적인 능력은 아직 먼 곳에 있다. 대학 공부는 목회의 초보를 위한 직접적인 자료의 공급이라는 면에서는 관찰이나 경험을 제공해주지 않는다. 영적 체계를 위한 준비 과정으로서의 검증 과정을 첨가하는 것이 교회를 위해 매우 귀중한 일이 될 것이다. 이런 제도의 유익이 없는 상태에서는 꼼꼼한 목사의 감독 아래서 제반 활동을 검사하고 시작하도록 지도하는 것이 목회의 열매를 위해서 필요하다. 가르침을 위한 준비로는 교육의 기회가 최선이다. 경험과 실천이 풍부한 그리스도인들과의 대화는 많은 유익을 제공한다.[112] 종교적 대화의 습관은 개인적 공부보다 정신을 더욱 확장시킬 것이다. 이 영역에서의 관찰과 초기 활동은 다른 어떤 활동도 적절하게 제공하지 못하는 많은 것을 제공할 것이다.[113]

경험을 통해서 저자는 자기가 말하려는 주제에 대해서 결단력 있게 말할 수 있게 된다. 초기 단계에서 (존경스러운 친지의 따뜻한 지도 아래 시골 마을에 잠깐 머무르는 동안)[114] 나는 이 거룩하고 복된 일을 위한 최초의 관심을 얻었고 그것의 다면적인 성격과 엄숙한 의무에 대한 충분한 통찰을 얻었다고 생각했으며 사역의 마지막까지 감사의 빚을 인정했다.

전체적으로 목회 준비를 위한 세 가지 분야, 곧 공부, 기도, 연습의 조합을 강조하는 것이 가장 중요하다. 이중에 어느 것 하나라도 결여되면 나머지 것들의 실제적인 능력이 약화된다. 공부는 재료를 갖춰준다. 기

---

112) 그 유익 중에 도드리지 박사가 다음을 열거한다. 1. 우리 자신의 지식 창고를 채우기, 2. 우리 자신의 영혼 각성, 3. 회중들 간에 존경의 우애, 4. 설교의 경험적 측면 형성. 그의 Lectures on Preaching을 보라.
113) 에드워드 총장은 일기에 이렇게 썼다. "종교적 대화의 유용성을 다른 어느 때보다도 확신하게 되었다. 자연 철학에 대한 대화 속에서 나는 개인적 공부에서보다 훨씬 빨리 지식을 얻었고 사물의 원리를 더 분명히 인식할 수 있었다. 나는 더불어 대화를 나눔으로써 이익과 즐거움과 자유를 얻을 수 있는 사람과의 대화를 열심히 찾기로 작정했다." Works i. 25.
114) 워릭셔, 윌러비의 목사였던 고 브리지스(Bridges)의 추천이다. "헨리에게 이것을 목회를 위한 최선의 준비로 추천해주시오." 리치먼드가 아들에게 유언으로 남긴 말이다. "그의 가난한 아버지는 목회를 위한 가장 귀중한 교훈과 신앙에서 가장 유용한 경험을 가난한 사람의 오두막에서 배웠다고 말해주시오." Life, pp. 602, 603.

도는 그것을 성화시킨다. 연습은 우리 앞에 닥치는 다양한 경우에 그것을 적절하게 배분할 수 있게 해준다. 이것은 목회 준비생에게만 필요한 것이 아니다. 목회자는 활동의 모든 분야에서 내내 이 세 가지의 가치와 열매의 풍부함을 깨달을 것이다. 그러나 목회에 대한 어떤 조망을 가지든지 그것이 힘든 일임을 깨달아야 한다. 목회는 높고 거룩한 부르심이다. 목회의 결과는 영원만이 알려준다. 따라서 목회의 거대한 계획에 건강, 시간, 에너지, 생명을 완전히 바쳐야 한다.

만약 사람이 '영혼을 죽음에서 건져내는' 프로젝트에 몰두하고 사람들을 구속주의 왕관에 고정시키는 도구가 된다면, 다른 모든 목표는 단순히 지나가는 감정으로 빛을 잃으며, 이 위대한 준비의 일이 깊은 책임감으로 수행될 것이다. 자기를 부인하는 한 가지 욕망은 우리의 달려갈 길이 길든 짧든, 기쁘든 슬프든, 명예롭든 수치스럽든, '우리는 주를 기쁘시게 하는 자가 되기를 힘쓰는' (고후 5:9) 것이다.

"그런즉 우리는 몸으로 있든지 떠나든지
주를 기쁘시게 하는 자가 되기를 힘쓰노라"
(고후 5:9)

참된 목회

2장

목회 사역이 성공하지 못하는 일반적인 원인

부르는 자를 기다리라.
당신이 필요하다면 당신을 부르실 것이다.
하나님의 부르심을 받고 외친 자들은 항상 큰일을 행했다.

"우리가 전한 것을 누가 믿었느냐"(사 53:1)라는 선지자의 불평은 교회 역사에서 지속된 모든 목회 사역에 적용된다. 이것은 심지어 '그 사람이 말하는 것처럼 말한 사람은 이때까지 없었던' 그분의 사역, '그 입으로 나오는 은혜로운 말씀을 기이히 여긴' 군중을 데리고 다닌 그분의 사역에서도 나타난다(요 12:37~38). 이것은 또한 '성령의 나타남과 능력'으로 옷 입은 사도 시대에도 반복되었다(롬 10:16). 그리고 주님의 추수꾼으로 수고한 수많은 신실한 종들의 경험의 표현이기도 했다. 온 마음으로 메시지를 전하기는 하지만 목회를 위해서 치러야 하는 값을 충분히 따져보지 않은 젊은 목사는 청중이 즉시 진심으로 찔림을 받고 진리를 받아들이리라고 기대할 수 있다. 그러나 곧 고통스러운 경험이 그런 근거 없는 기대를 수정해줄 것이다. 사탄의 세력, 죄의 급류, 이 세상의 길, 이 셋이 연합하여 목회 사역에 유별난 갈등으로 압박을 가할 것이다. 그러나 위에서의 불평으로 인해서 그 원인을 파악하는 것은 매우 중요한 것이므로 목회 사역에 부정적인 영향을 미치는 몇 가지 일반적인 원인을 지금부터 조사해보기로 하겠다.

목회 성공의 성경적 보장과 그 성격

이 예비적 논제에 대해 몇 가지를 관찰한 후 전체적 주제에 대한 토론을 시작하겠다.

1) 조사의 기초로서 확고히 할 것이 있다. 목회 성공의 보장이 확실하다는 것이다. 이 사실은 목회의 본질적 성격에 속하지만 동시에 목회를 지치지 않고 부지런히 할 수 있는 힘의 원천이 된다(눅 1:17). 실제 추수에서처럼 영적인 추수에서도 밭은 잘 익어서 추수꾼의 낫을 기다리고 있다. 몇몇 일꾼들을 지명하는 섭리의 작용에서도 역시 성공적인 결과가 보장되어 있다(행 18:9, 10). 이 성공은 인간의 지혜나 열심이나 설득에 근거한 것이 아니라 '영원히 하늘에 굳게 선 주의 말씀'에 근거한다. 땅을 비옥하게 하는 비처럼 신성한 언약의 갱신과 약속의 상징이 우리에게 있다(사 55:10, 11). 구약 사역자들의 수고에는 언제나 열매가 따랐다(말 2:6 참조, 렘 23:22). 최초에 기독교 사역자들을 세운 목적도 열매였다(요 15:16). 이것은 목사의 헌신에 동반되는 인침이다(딤전 4:16). 이 약속의 내용은 매우 분명하다(마 28:20). 오순절은 이 열매의 큰 규모를 보여 주었다(행 2:37~47). 그 이후로 사도들은 언제나(핍박하는 유대인에게 전하든, 눈먼 우상 숭배자에게 전하든) 사도직의 인침을 확인했으며[1] 복음이 전해지는 곳마다 그것이 지속되는 한 언제나 성공적 결과를 낳았다.

이제 이 동일한 사명을 받은 우리에게도 동일한 성공이 보장되었다.

---

[1] 안디옥(행 11:21, 13:48), 빌립보(행 16:14, 34), 데살로니가(행 17:4~5), 아덴(행 17:32~34), 고린도(행 18:8; 고전 11:2; 고후 3:1~3), 에베소(행 19:17~20), 로마(행 23:24) 교회에 덕을 세움(행 16:4~5).

'영원히 있는' '주의 말씀'이 근거이다. 하나님의 통치는(그 앞에서 우리는 가장 절대적인 경배의 심정으로 순종해야 한다) 신실한 하나님의 의로운 다스림이다. 그러므로 우리는 주의 통치를 주의 신실함과 대립시켜서는 안 된다. 적정한 분량의 성공이 목회에 보장되어 있다. 어떤 씨는 길가, 돌밭 또는 가시떨기에 떨어지지만 어떤 씨는 옥토에 떨어진다(마 13:3~8). '산 꼭대기의 땅에도 곡식이 풍성할' 것이다(시 72:16). 이 목적은 땅의 모든 권세보다 힘이 세며 지옥을 물리친다.

"아버지께서 내게 주시는 자는 다 내게로 올 것이요"(요 6:37). 이 약속은 믿음을 실행하는 자에게 인쳐졌다. 비록 각 사람에게 할당되는 믿음의 분량은 우리의 지식을 뛰어넘는 무한히 지혜롭고 은혜로운 결정에 달렸지만 말이다.

2) 보장된 성공의 구체적인 성격을 규명해보면 성공의 모양이 다양하다는 사실을 확인할 수 있다. 어떤 사람은 심고, 어떤 사람은 물을 준다(고전 3:6). 어떤 사람은 기초를 놓고, 어떤 사람은 그 위에 집을 짓는다(고전 3:10). 어떤 사람은 직접적인 일을 하고, 어떤 사람은 외부의 일을 맡는다. 하지만 그 모든 사람들이 주님의 때와 방식으로 받아들여지고 일이 이루어진 증거를 가진다. 영혼의 구원만이 성공인 것은 아니다.[2] 목회가 사람을 회심시키지 못할지라도 우리는 언제나 어느 정도만큼 어느 누군가를 확신시키고, 꾸짖고, 권고하고, 빛을 비추고, 위로했음을 확신할 수 있다. 믿음으로 선포된 말씀은 결코 '헛되이 하나님께 돌아가지' 않는다. 또한 가장 가능성이 없어 보이는 환경에서도 하나님의 불변하

---

2) 바울은 로마와 데살로니가의 교회들을 영적으로 세우고 위로를 주고받기를 원했다(롬 1:11~12; 살전 3:10).

는 목적을 이루지 못하는 일은 없다.

그러나 우리는 또한 현재의 성공이 항상 눈에 보이는 것은 아님을 기억해야 한다. 드러난 것이 참된 결과의 척도가 되어서는 안 된다. 표면에 드러나지 않은 채 아래에서 흐르는 경건이 있을 때가 있다. 드러나는 흥분 없이 지하에서 진행되는 확고한 일들도 있다(막 4:26; 눅 17:24을 보라). 곡식을 가장 많이 내는 씨가 땅속에 가장 오래 있는 것과 같다. 우리는 목회의 결과를 판단하는 최선의 재판관이 아니다. 스콧은 경험을 통해 한 목회자를 이렇게 격려한다:

"당신은 유용한 사람이지만 효과에 주목하지 말라는 것이 나의 주된 의견입니다. 나는 레이븐스턴의 신년 설교에서 1년 내내 설교의 열매를 보지 못했다고 불평했던 적이 있습니다. 하지만 그 다음 12개월 동안에 드러난 사실은 그렇게 실망스럽던 12개월 동안 무려 10~12명 이상의 사람이 '그들의 길에 대해서 숙고하게' 되었다는 것입니다. 그 외에도 내가 알지 못하지만 영향을 받은 사람들이 있었으리라고 확신합니다."[3]

병든 자와 임종하는 자의 침대 곁에서 우리는 자주 목회의 감춰진 열매를 보고 마음에 기쁨을 얻는다. 어떤 열매는 우리를 격려하기 위해서 은혜롭게 드러나기도 하지만, 우리를 더욱 부지런하게 하며, 우리를 공격하는 유혹에서 보호하려는 지혜롭고 자비로운 조치에 의해서 훨씬 많은 것들이 드러나지 않을 수도 있다. 자아의 세력이 우울증이나 환희 속에도 뒤섞여 나오기 때문에 더욱 유효한 도구가 되기 위해서 주님의 꾸짖음이 필요하지 않은 사람은 없다. 그러므로 우리는 지금 실패로 보

---

3) Scott's Life, p. 387

이는 일들로 인해 어떤 어려움 가운데 있더라도 신실하고 근면한 노력에 궁극적인 성공이 보장되어 있다는 확신이 약화되지 않도록 주의해야 한다.

성공의 조짐들도 자주 오해된다. 회중이 말을 듣기 위해서 모이고(마 3:5), 우리의 인품을 좋아하고(갈 4:14~16), 우리의 연설을 좋아하고(겔 33:32), 또는 자기들의 죄성을 일반적으로 고백하거나(마 3:6~7), 우리의 메시지에 잠시 관심을 보인다고 하더라도(요 5:35) 그것들은 아무리 좋게 생각해도 의심스러운 조짐일 뿐이다. 다른 한편으로 사람들이 은혜의 방도를 취하는 데 부지런하지 않은 것으로 보이거나, 교구 제도에 대해서 별로 관심이 없어 보인다고 해도 그것을 보고 쉽게 속단하는 것도 옳지 않다. 가족의 반대나 외부의 핍박이 복음을 누리는 특권의 장을 제한할 수도 있다. 감수성의 결핍, 내향적인 성품의 영향, 집안 사정 때문에 우리의 계획에 제대로 부응하지 못할 수도 있다. 그 결과 '하나님의 나라'가 진정한 '능력'으로 서기는 하지만, '드러나는 것'은 거의 없을 수도 있다. 그러므로 자신의 무능력에 대한 불만은 근거가 없는 경우가 많다. 지나치게 자신감 넘치는 사람의 실망, 우리 자신의 지혜에 근거해서 계산된 실패, 성경적 근거나 개별적·지역적 어려움에 대한 고려 없이 품은 기대가 무너지는 경우처럼 근거가 없는 일일 수 있다.

부차적인 유익에도 유의하라. "오직 진리를 나타냄으로 하나님 앞에서 각 사람의 양심에 대하여 스스로 추천하노라"(고후 4:2).

여기에 세상의 원리에 대립하는 기독교의 표준이 있다. 여기에 사람의 마음에 알려지고, 전에는 무해하다고 여겨지던 무수한 것이 정죄되고, 그 결과 더욱 복음적인 확신을 위한 기초를 놓는 신성한 통치가 있다. 그러므로 훨씬 적극적인 악을 속박하고 대응하며, 무리 전체에게 건전한 도덕적 의무를 주입하는 부차적인 유익이 있는 것이다. 그 외에도 복음에 관한 한 구주의 이름과 사역 속에 항상 거함으로써 우리의 사람들이 주님과 익숙해지고 어려움을 당했을 때 피난처와 친구로 주님을 알게 된다. 폭풍 속에서 어디에 닻을 내리는 것이 안전한지를 아는 것은 작은 유익이 아니다. 지금까지 무관심하던 복음이 회상되고, 전능한 능력이 그것을 마음에 적용해줌으로써 환난 가운데 피난처를 발견한 사람이 얼마나 많은지 누가 말할 수 있겠는가?

더욱 직접적으로 말하면, 목회의 성공은 현재 드러나 보이는 것 너머에까지 미친다. 씨는 진흙 아래에 묻혀 있다가 우리가 거기에 묻힌 후에 싹이 틀 수도 있다. 고대의 선지자들에 대해서 한 말이 옳다. 한 사람은 심고, 다른 사람은 거둔다. 고대의 선지자들은 심었고, 추수는 사도들이 했던 것이다. 주님께서 그들에게 상기시킨 것과 같다.

"다른 사람들은 노력하였고 너희는 그들이 노력한 것에 참여하였느니라."

그렇다면 우리의 일이 미래의 추수를 위한 파종이 될 수 있다는 사실이 위로가 되지 않겠는가? 아니면 우리가 추수하지 않을 것이니 파종도 게을리 해야 하겠는가? 직접 추수하지 않아도 추수의 즐거움에 참여하지 않겠는가?(요 4:36~38) '여러 날 후에 도로 찾으리라'는 것이 '우리 식물을 물 위에 던질' 충분한 자극이 되지 않는가? 이 지혜자가 우리에게 권면한다.

"너는 아침에 씨를 뿌리고 저녁에도 손을 놓지 말라 이것이 잘 되는지, 저것이 잘 되는지, 혹 둘이 다 잘 될는지 알지 못함이니라"(전 11:6).

이 주제에 대한 훌륭한 설명이 있다.

"항구적인 실망을 방지하기 위하여 시야를 확장시키는 법을 배워야 한다. 그리고 영적인 수고가 산출해내는 진정한 추수를 즉각적이고 가시적인 결과에서 찾는 것은 인간의 눈이 볼 수 있는 제한된 시야로 무한한 공간을 이해하려 하는 것이나 현 시대의 짧은 순간으로 끝없이 영원한 시간을 평가하려는 것처럼 어불성설이다. 하나님께서는 복 주시는 시기를 어느 시간까지 미루는 경우가 종종 있다. 이는 그물을 '오른편에' 던짐으로써 거기서 잡힌 '많은 고기'가 주님께서 주신 것임을 깨닫게 하기 위한 것이며 사람이 자기들의 성공을 잘못된 원인에서 찾음으로써 '그들 자신의 그물에 제사를 드리고 그들 자신의 팔의 힘에 분향하지' 않도록 하기 위함이다."[4]

여기에 첨가하여 '작은 일들의 날들'에서 광범위한 결과를 얻은 사례를 생각해보자. 곧 '마게도냐 사람'의 환상의 직접적인 결과로서 단지 두 사람이 나타난다. 그러나 그 지역의 활발한 교회들이 낸 최후의 추수는 얼마나 풍성했는가! (사도행전 16장과 빌립보서, 데살로니가서를 보라.) 그러므로 우리의 분명하고도 즐거운 의무는 나아가서 씨를 뿌리고 믿고 기다리는 것이다.

하지만 인내뿐 아니라 기대도 있어야 한다. 성공의 보장은 확실하다. 이 성공에는 보이는 부분의 개혁뿐만 아니라 점진적이고 보편적인 능

---

[4] 윈체스터 주교의 '그리스도의 사역의 성격'(Ministerial Character of Christ), pp. 544~550 (2nd Edit.) 땅에 뿌려진 씨의 비유에 대해서 칼빈은 이렇게 말했다. "그리스도께서는 그의 말씀의 종들이 당장 열매가 나타나지 않는다 하여 자기들의 직무에서 냉랭해지지 않도록 하기 위해서, 이 비유가 말씀의 종들에게 적용되기를 간절히 원하시는 것으로 보인다. 그래서 그리스도께서는 그들이 본받아야 하는 농부를 보여주신다. 이 농부는 소망을 가지고 '씨를 땅에 뿌리고' 마음속에서 언제나 들끓는 탐욕으로 초조해하지 않고, 밤낮 자고 깨고 했다. 그는 늘 하던 대로 낮에 일하고 밤에 쉬면서 마침내 때가 되어 곡식이 익을 때까지 기다렸다. 그러므로 말씀의 씨가 한동안 감춰져서 기운이 막혔는지 질식했는지 알 수 없을지라도, 그리스도께서는 경건한 교사들에게 위로를 받으라고 하심으로써 불신으로 그들이 근면함을 잃지 않도록 하셨다." 막 4:26 설명.

력이 만들어내는 영적 변화도 포함된다. 목회 사역의 열매는 항상 외적으로 드러나는 것이 아니며, 그 결과가 즉시 나타나는 것도 아니고, 문화에 비례하는 것도 아니다. 믿음과 인내가 발휘되어야 한다. 어떤 때는 힘에 부칠 정도의 노력이 요구된다. 그러나 어려움 가운데 눈물로 씨를 뿌리면 기쁨으로 단을 가지고 와서 '성령 안에서 거룩하게 되어 받으실 만하게' 된 것을 하나님의 제단에 드리게 된다(시 126:5~6; 롬 15:16). 그 가운데 "그는 자기의 일을 속속히 이루어 우리에게 보게 할 것이며 이스라엘의 거룩한 이는 자기의 계획을 속히 이루어 우리가 알게 할 것이라"(사 5:19)고 말하지 않도록 주의해야 한다. 수단과 때는 주님께 달려 있다. 우리는 오직 주님께서만 자기의 일을 하심을 알아야 한다. 우리는 섬기는 것에 마음을 쓰면 되고, 성공은 주님의 결정에 달렸다.[5] '추수의 주인'이 언제 무엇을 어디서 추수할지 결정하신다.

3) 이런 기대의 근거는 정당하지만, 성공하지 못하는 목회의 슬픈 현실은 우리 가운데 매우 광범위하게 존재한다. 우리는 가끔 우리 자신처럼 열매 없이 수고하는 사람은 없다고 믿고 불평하게 된다. 세상 사람들은 자기들의 수고에 대하여 어느 정도 결과가 있을 것을 기대한다. 그러나 슬프게도 너무나 자주 '우리의 힘은 수고와 슬픔'이며, 결과는 보잘것없으며, 불멸의 영혼이 바로 우리 눈앞에서 멸망해가는 끔찍한 모습을 인정하지 않을 수 없으며, 생명과 사랑의 소리에는 귀가 먹었고 그들을 멸망으로 이끄는 소리에만 미친 듯이 귀를 기울이는 모습을 보는 것이다.

---

5) "마음을 움직이는 분은 하늘 보좌에 계신다." — 어거스틴.

열매 없음의 결정적인 증상 몇 가지를 살펴보기로 하겠다. 우리의 공예배가 유익이 되지 못할 때(사 64:7; 마 13:14~15), '악이 넘치고' 백성들 중 다수가 회개하지 않는 불신의 상태에 머물 때(사 59:1~15; 렘 5장, 23:10 등), 하나님을 영화롭게 하고 그 뜻을 이루는 일에 사람들이 별로 관심이 없을 때(학 1:4~10), 전체적으로 '말씀의 순전한 젖'에 대한 식욕이 없을 때(민 21:5; 딤후 4:3), 주일 공예배와 주중 성경공부반에 참석률이 저조할 때, 주일학교에서 회심하는 경우가 없고, 청년들 중에 '즐거움과 평안의 길'을(잠 3:17) 발견하는 경우가 거의 없고, 타계한 성도의 자녀들이 성령의 빛을 받아 교회에 들어오는 것이 아니라 계속 세상에 속해 있고(대하 18:1, 19:2; 에 9:2), 성례에서 구주의 죽으심을 진심으로 기념하는 회중의 증가가 미미하고(행 2:47), 이런 현상 또는 이와 비슷한 현상이 있다면 우리는 큰 근심과 함께 '여호와께서 우리 중에 계신가?'(출 17:7) 하는 고통스러운 질문을 던져보아야 한다. 이렇게 암울하고 실망스러운 증상들은 절박한 기도를 요구한다.

"원하건대 주는 하늘을 가르고 강림하시고 주 앞에서 산들이 진동하기를"(사 64:1).

"여호와여 주는 주의 일을 이 수년 내에 부흥하게 하옵소서 이 수년 내에 나타내시옵소서"(합 3:2).

이런 실패의 일반적인 원인을 열거한다면 하나님의 능력이 제지됨, 자연인의 마음이 하나님의 일에 대해서 가지는 적대감, 사탄의 능력, 지역적인 방해 요소들, 목회 소명의 불분명함 등이다. 이제 이 각각의 문제들을 다루겠다.

🌿 하나님의 능력이 제지됨[6]

말씀의 약속들로 인해 우리는 목회 활동의 결과에 대한 높은 기대를 가지게 된다. 하지만 모든 수고의 영역에서 그 기대는 지나치게 장밋빛이 될 수 있다. 마치 자신감 넘치는 사람이 우리의 기대를 과도하게 높이는 것과 같다. 앞에서 살펴보았듯이 밭에 많은 노력을 들여도 그에 상응하는 열매가 없는 경우가 종종 있다. 이전에 중요한 유익을 끼쳤던 것과 동일한 방법과 도구를 사용해도 같은 결과가 나오지 않은 경우가 있다. 상당한 노력을 기울여 경작했는데도 열매가 없을 때 자신의 정당한 기대가 이루어지지 않는 원인을 조사하지 않을 사람이 어디 있는가? 그는 이렇게 질문할 것이다.

"우리가 사용하는 수단들을 유효하게 하기 위해서 과거에 자주 드러났던 그 능력 곧 세상의 변혁을 위한 하나님의 목적을 이루는 그 능력을 회복하기 위해서 무엇이 필요한가?"

세실(Cecil)은 이렇게 말한다.

"오늘날 목회에서는 영적 능력의 결핍이 현저하게 드러난다. 나는 내 자신의 경우에서뿐 아니라 다른 사람들의 경우에서도 그것을 본다."[7]

이 말은 우리 중에 만연해 있는 무기능과 열매가 없는 증상들을 충분히 보여준다. 땅을 비옥하게 하고 성장을 촉진시키기 위해서 하늘에서 오는 능력이 필요한 것과 같이 말씀을 들은 사람들에게 깨달음을 일으키기 위해서도 이 천상의 능력이 필요하다. 주께서 "구름에게 명하여

---

6) 이 주제에 대한 다소 충격적인 견해는 찰머(Charmer) 박사의 '복음 전파의 효과를 위한 성령의 필요성'에 대한 설교를 보라.
7) 세실의 유고

그 위에 비를 내리지 못하게 하리라"(사 5:6)고 명하시면 영적인 농부가 밭에서 행하는 쟁기질과 파종은 소용없는 일이 된다.

이제 성경의 증거를 살펴보자. 하나님의 최초 선포 속에서 드러났고 (이적과 기사에 의해서 확증된) 선지자의 선포와 하나님의 아들의 사역에서도 선포된 사실, 곧 이스라엘의 불신앙으로 말미암아 하나님의 능력이 거두어지는 경우가 있다(신 29:4, 5; 사 53:1; 요 12:39, 40) 예수님께서는 사람들이 주님께 와서 주님 안에 거하기 위해서는 하늘로부터 오는 능력이 필요함을 선언하신다(요 6:44~65). 이 능력이 발휘되지 않을 때에는 주님의 공적 사역도 비교적 효과적이지 못했다. 주님의 가르침은 하나님께로부터 왔고 그의 인품은 완전하며 매일의 기적들이 그의 사역을 보증해주었지만 이루어진 일은 별로 없는 것같이 보인다. 무식한 어부 베드로가 전능한 능력을 부여 받았을 때 단 한 번의 설교로 회심시킨 사람의 숫자가 주께서 사역의 전 기간에 걸쳐서 회심시킨 사람의 숫자보다 많아 보인다.[8] 다른 사도들도 집단적 또는 개인적으로 복음을 전할 때 동일한 '성령의 나타남과 능력'이 동반되었다. 안디옥에서는 '주의 손이 그들과 함께 하시매 수많은 사람들이 믿고 주께 돌아' 왔다(행 11:21). 루디아는 '바울의 말을 청종'했다. 이는 바울이 유창한 설교자였거나 루디아가 집

---

8) 행 2장을 보라. 이것은 요 7:39에 의해서 설명되며, 요 14:12에서 약속되었다. "언젠가 나는 이런 어리석은 의문을 품은 적이 있었다. '3천 명이 한 번에 회심했을 때 베드로가 전한 설교가 어떤 것이었을까?' 어떤 종류의 설교라니! 다른 설교와 똑같은 설교였다. 거기서 어떤 비상한 것을 찾을 수 없다. 그 결과는 그의 유창함 때문이 아니라 그의 말씀과 함께하시는 하나님의 강력한 능력에서 나온 것이다. 성령이 그의 말씀에 함께하시기를 기도하지 않으면서 이 목사 저 목사를 찾아다니고 이 설교 저 설교를 듣는 것은 아무 소용없는 일이다." 세실의 유고. 또 다른 오순절을 갈망한 경건한 옛 저자의 생각에 동의하지 않을 사람이 어디 있는가! "참으로 악한 이 마지막 시대에 (아침 이슬이 그랬던 것처럼) 저녁이슬과 같이 그리스도의 교회의 메마른 땅을 촉촉이 적시고 풍요롭게 하기를!" T. Hall's Sal. Terræ.

중해서 들었기 때문이 아니라(물론 이렇게 해야만 복을 기대할 수 있지만) '주께서 그 마음을 열어' 주셨기 때문이다(행 16:14).

이와 같이 성경은 일관된 원칙을 가지고 하나님의 기초 위에 최초로 산돌이 놓여질 때부터 교회에 스며들어 말씀에 인을 치고 확증하며 생명을 주는 세력으로 성령의 능력을 가르쳤다. 그러므로 이 복이 거두어지면 목회의 효과가 나타나지 않는 고통스러운 증상이 나타난다.

이 주제에 대한 이런 견해의 정당성은 일의 전후를 따져보면 확실히 알 수 있다. 인간의 자연적인 상태에 대한 성경의 진술들, 곧 '허물과 죄로 죽었음', '총명이 어두워짐', 진리가 가장 매력적인 형태로 오더라도 사람의 마음은 원리적으로 그것에 저항함, 가시떨기와 같은 마음은 진리의 복을 느끼지 못함(엡 2:1, 4:18; 행 26:18; 롬 8:7) 등 이런 진술들을 참고해보면 위로부터 오는 능력의 필요성이 얼마나 명백한가! 차녹(Charnock)은 묻는다.

"생명과 건강의 유익을 설명하는 잘 쓰여진 연설이 죽은 사람을 살리거나 병든 몸을 치료하는가? 차라리 장님에게 태양을 보라고 열심히 설득해보라. 지금까지 시체에 꽃을 뿌리면 살아날 것이라고 생각한 사람은 아무도 없었다. 이와 마찬가지로 영적으로 죽은 사람에게 유창한 말로 동기를 부여하여 그가 눈을 뜨고 스스로 걷게 할 수 없다. '능력의 역사'라는 말은 단순한 도덕적 권면에는 사용할 수 없는 훨씬 높은 표현이다. 단순한 설득은 능력을 부여하는 것이 아니라 사람 속에 능력이 있음을 전제하는 것이다. 사람은 이미 가지고 있는 능력에 의해서 설득되기 때문이다."[9]

---

[9] 차녹, '중생에 대해서', Works, vol. 11. 200.

분명한 가르침은 이해를 제공할 수 있지만 그 사람이 원래 가지고 있는 마음과 습성을 벗어나는 방식으로 의지를 움직이게 하지는 못한다. 그러므로 복음이 효과적으로 마음을 움직였다면 이는 "만군의 여호와께서 말씀하시되 이는 힘으로 되지 아니하며 능력으로 되지 아니하고 오직 나의 영으로" 된다고 말씀하신 그 일이다(슥 4:6).

관찰과 경험이 이 점을 더욱 확증하지 않는가? 자질이 훨씬 부족하다고 생각되는 형제들이 영광을 얻는 반면 훌륭하고 경건한 목사들은 그렇게 되지 못하는 것을 우리는 알고 있지 않은가? 동일한 목회, 심지어 동일한 설교가 다른 결과를 내는 것을 보고서 이것은 하나님께서 완전한 통치 아래 능력을 베푸시느냐 베풀지 않으시느냐 하는 문제라고밖에는 달리 설명할 수 없는 경우들을 알고 있지 않은가? 개인적인 경험에서 볼 때 동일한 동기와 동일한 봉사에서도 발휘되는 능력이 매우 다른 것을 경험하지 않는가? 목회 경험 곧 설교에서뿐만 아니라 목양의 일에서도 어떤 때에는 단 한 문장이 전능한 능력으로 옷 입지만 어떤 때에는 벌레의 연약한 숨소리에 불과하게 되는 것을 깨닫지 않는가? 차녹은 늘 사용하는 그의 간결한 문체로 질문한다.

"당신은 세속적이고 방만한 어떤 사람을 대화로 제압하여 그가 자기의 악한 길에 대해 변명할 수 없게 만들기는 했지만 죄를 떨치고 곧 당신의 모든 논증의 힘으로 그 사람을 제압한다는 것이 마치 만조가 된 바다를 원래대로 돌려보내고 사자의 본성을 바꾸는 것과 같은 일임을 경험한 적이 없는가? 위대한 보혜사요 변호사인 성령의 강력한 역사가 영혼의 기질을 바꾸기 전에는 사람의 연약한 호흡이나 지성의 합리적 논증으로 그 일을 할 수가 없는 법이다."[10]

그러므로 이것이야말로 성공적 목회의 자원이다. '높은 곳에서 성령이 내릴 때까지는'[11] 사람이 가장 부지런히 가꾸어도 황무지는 여전히 황무지로 남을 수밖에 없다.

그런데 이 약속된 복이 유보되는 이유가 무엇인가?

"옳소이다 이렇게 된 것이 아버지의 뜻이니이다"(마 11:26).

그럼에도 불구하고 우리는 자기를 살피지 않고 느긋하게 앉아 있을 수 없다. 우리는 이 능력을 열렬하게 구하고 사모하는가? 우리는 열심히 '우리 안에 있는 은사를 불 일 듯하게' 하는가?(딤후 1:6). 무엇보다도 우리의 강단은 이 하늘의 복을 내릴 수 있는 유일한 분인 신성한 주님을 온전히 보여주고 있는가?(요 16:45; 행 2:36~37, 10:43~44.)

기도와 믿음이 주는 위로는 언제나 동일하다. 복을 내리는 것이 하나님의 전적인 주권에 속한 것임은 분명하다. 그러나 찾으라고 명령함으로써 하나님께서는 우리가 헛되이 구하는 일이 없을 것임을 약속하셨다. 모든 수단을 부지런히 사용해야 한다. 동시에 하나님을 의지함 속에서, 자기부인 속에서, 자기 포기 속에서 그렇게 해야 한다. 목사가 회중

---

10) 차녹, '중생에 대해서', vol. ii. 201. (하우는 이렇게 탄식했다) "살아 계신 하나님의 신이 설교의 영향력을 제한하고 보류하는 동안 설교가 결코 일반적인 효과를 낼 수 없다고 믿는다면 설교가 무엇을 이룰 수 있단 말인가! 하나님의 성령이 없이 사람의 영혼에 유익을 주겠다는 것은 옹벽을 우리의 입김으로 무너뜨리려고 노력하는 것이나 마찬가지이다." 교회 내에서 성령의 역사에 대한 14번째 설교. Works v. 356. "외부에서 복용한 치료약이 몸 안에서 작용하는 것처럼 성령은 분명히 내부에서 역사하신다. 그분께서 듣는 자의 마음에 계시지 않으면 말하는 자의 설교는 아무것도 하지 못한다." 어거스틴.

11) 사 32:15. 세실은 이렇게 말했다. "설교를 할 때 나는 하나님께서 지속적으로 역사하신다는 믿음 이외의 어느 것으로부터도 격려를 받지 못한다. 사람으로 하여금 하나님을 사랑하게 하고, 하나님의 법이 그를 정죄하는 데에도 불구하고 그 법을 사랑하게 하고, 하나님 앞에서 자신을 미워하게 하고, 땅을 짓밟게 하고, 그리스도 안에서 하나님을 향한 허기와 갈증을 가지게 한다는 것은 사람으로는 불가능한 일이다. 그러나 하나님께서는 그 일이 이루어질 것이라고 말씀하시면서 나에게 가서 전하라고 하신다. 그렇게 하면 그의 도구인 나를 통해서 이 위대한 일을 이루실 것이라고 하신다. 그래서 나는 간다."

사이에서 과도하게 높아져서는 안 된다. 우리는 도구에 불과하며 '이 도구에 의해서 그들이 믿게 될' 뿐이다(고전 3:5~7). 따라서 우리의 노력을 의지하는 것은 위대한 설계자를 분노하게 만들 것이다. 그는 '자기 영광을 다른 자에게 주지 않으며', 가장 효과적인 목회라도 말라버리게 하심으로써 우상 숭배자들에게 '우리는 인간일 뿐임을 알리실' 것이다. 우리는 가장 연약한 도구를 통해서 나오는 한마디의 연약한 문장으로, 우리가 하나님이 없이 아주 강력한 설교로 이룰 수 있는 것보다 더 큰 것을 이루시는 "엘리야의 하나님 여호와는 어디 계시니이까?"(왕하 2:14) 하고 물어야 할 것이다.

중생하지 못한 마음의 적대감

목회는 반드시 성공할 수밖에 없는 일로 보일 수 있다. 목회는 '화해의 사역'이다. 곧 자신의 법을 무시한 사람들에게 하나님 편에서 먼저 굽히고 내려와 화평의 몸짓을 보이며, 사신들을 통해서 '화해를 청하며', 반역자들에게 사신들이 '하나님을 대신하여 하나님과 화목하라'고 호소하는 것이다(고후 5:18~20). 자기 이익에 개의치 않는 낮아짐, 무한한 겸손, 정이 넘치는 부드러움은 그 메시지를 거부하지 못하고 받아들이게 하리라는 기대를 가지게 할 수 있다. 영원한 사랑의 풍성한 열매가 그것에 가장 깊은 관심을 가진 사람, 그 복 주심이 가장 필요한 사람들의 문 앞에 놓여진다. 순진한 무지와 긴급한 필요 가운데 있는 사람들에게 자비가 선포되면 누구나 즉시 그것을 환영할 것이다. 그런데 그것을 거부하는 어떤 요소를 만나게 된다. 접근 통로가 입구에서부터 막히며 성공은 극히 제한적이다.

전도의 지상 명령에 의해서 화해의 메시지는 '만민에게 전파된다'(막 16:15). 그러나 만민이 그것을 받아들이지 않는 현실은 우리로 하여금 엄숙한 선언을 상기하게 한다.

"청함을 받은 자는 많되 택함을 입은 자는 적으니라"(마 22:14).

만약 우리가 '하나님의 말씀을 혼잡하게 하는 수다한 사람들'과 같다면, 즉 말씀의 요구를 세상의 수준이나 타락한 마음의 수준에 맞추어 낮춘다면, 우리는 사람들의 칭찬 속에서 '우리 상을' 이미 받은 것이다(물론 무한한 가치를 대가로 지불하고, 갈 1:7~10). 그러나 "순전함으로 하나님께 받은 것같이 하나님 앞에서와 그리스도 안에서 말"하면서(고후 2:17), "숨은 부끄러움의 일을 버리고 속임으로 행하지 아니하며 하나님의 말씀을 혼잡하게 하지 아니하고 오직 진리를 나타냄으로 하나님 앞에서 각 사람의 양심에 대하여 스스로 추천"한다면(고후 4:2), 우리는 "그는 내게 대하여 길한 일은 예언하지 아니하고 흉한 일만 예언하기로 내가 그를 미워하나이다"(왕상 22:8)라는 말을 계속해서 들을 것이다.

이 반발은 소위 말하는 세상에서만 오는 것이 아니다. 교회에서도 하나님의 진리 전반에 대한 반발이 일어나 기독교 교리를 실제적으로 적용하려는 시도에 교회가 저항하였을 때 스콧이 경험했듯이[12] 동일한 저항의 원리가 나타난다. 실제로 "회개가 일어나지 않는데도 청중의 양심을 찌르는 사람은 청중이 그의 사역에 나타나지 않거나 드러내놓고 반대하지 않더라도 그의 말을 기꺼이 들으려고 하지 않는 현실에 직면할 것이다."[13] 이와 같이 목회의 전 과정은 죄의 강력한 물결에 저항하는

---

12) Life, pp. 232~237.
13) 윈체스터 주교, '그리스도의 사역의 성격', pp. 552, 553.

싸움이다. 이 물결은 중생하지 못한 마음의 지치지 않는 편견에서 흘러나오는 것으로 최고의 권세에 의해서 '하나님과 원수 됨'이라고 선언된 현상이다(롬 8:7).

그러므로 복음의 수락을 막는 이 방해물은 목사의 책임이 아니다. 하지만 목사의 무지, 이상한 행동, 비일관성, 화해와 소통의 결핍은 이 적대감을 일깨우는 한 요건이 될 수 있다. 십자가의 정신을 보여주는 데 부족함이 있으면 복음에 대한 적대감을 크게 강화시킨다. 그러나 천사의 입에서 나온 복음 전파라 해도 타락한 사람의 속에 있는 자연적인 적대감을 흔들어 깨울 것임을 기억해야 한다. 하나님의 아들이 보여준 사역의 특성이었던 위엄, 겸손, 인내, 사랑의 결합보다 더욱 사람의 마음을 끄는 어떤 것을 상상할 수 있는가? 그런데도 주님의 사역은 항상 무시되고 거부되었다. 하나님의 아들의 교훈은 낮아지지 못한 마음이 가지고 있는 편견 속에 있는 사람에게 매우 불쾌한 것이었다. 사람들은 호기심 어린 관심과 '새로운 것을 들어보고자' 하는 욕심으로 주님의 일반적인 말씀들을 들었다. 그 말씀들은 청중의 양심에 적용되어야 하고, 십자가의 꾸짖음이 들려야 하며, 아끼던 모든 것을 주를 위해서 포기해야 하고, 이 진리를 받기 위해서 꿇어 엎드려 순종해야 하지만, 그렇게 되기는커녕 '그들 사이에 불평'만을 일으켰다. '그 말씀의 감당할 수 없는 어려움'에 대한 불평과 그들의 잠정적인 신앙을 포기하겠다는 결심을 만들어내고 말았던 것이다(요 6:24~66).

따라서 사역의 내용과 사역의 대상 사이의 내적인 대립은 우리의 성공을 막는 실제적인 장애가 된다. 관심사가 이미 정해져 있고, 마음의 요구가 이미 어떤 것으로 향해 있고, '죄의 거짓됨으로 인해서 마음이 강퍅해진' 사람들, 이 사람들에게 우리가 말하는 것이다. 진리는 진실하고 정직한 마음에만 접촉한다. 사람의 타락의 본질을 한 마디로 압축해서 말하면 하나님에 대한 적대감이다. 이 적대감이 도덕적·영적 어두움의 원인이자 결과가 되어 빛의 진입을 막고, '이해의 눈이 밝아지는' 과정을 방해한다. 이 적대감은 천상의 능력 이외의 어느 힘에 의해서도 극복될 수 없다. '적대감을 죽이는' 그 능력이 마음을 열어 진리를 받아들이고 순종하고 사랑하게 하며 우리의 직책이 가져다 주는 말할 수 없는 복을 충만히 받게 한다.

목회 성공의 주된 방해물인 사탄의 세력

사탄의 능동적인 세력과 헤아릴 수 없는 교묘함은 "어떤 견고한 진도 무너뜨리는 하나님의 능력"(고후 10:4~5)인 목회에 항상 공격을 집중하고 있다. 구세주의 나라에 대한 그의 원대한 공격의 핵심은 항상 목회이다. 실로 우리는 '삼키는 사자'(벧전 5:8)가 자기 이 사이에 낀 먹이를 순순히 놓아줄 것을 기대할 수 없으며, '강한 자'(눅 11:21~22)가 격렬한 전투 없이 자기의 전리품을 되찾으리라고 기대할 수 없다.

사탄의 중단 없는 공격의 성격과 범위를 정확하게 정의하기는 그것을 파악하는 것보다 더 어렵다. 하지만 우리는 모든 영역에서 이 공격에 직면한다. 세상에서 그의 세력은 현저하게 드러난다. 하나님의 말씀에 대한 일반적인 무관심, 이 무관심에서 세상의 소용돌이 속으로 빠져들어감(마 13:19), 구주의 영광에 대한 사람들의 무서운 어리석음(고후 4:4), 영원에 대한 무감각한 무관심(눅 11:21), 거대한 군중을 사로잡고 있는 그의 지배력(딤후 2:26), '그들의 영혼을 건지지' 못하고 '나의 오른손에 거짓 것이 있지 아니하냐'(사 44:20)라고 말하지도 못하는 무능력, 이 모든 것 속에서 사탄의 세력이 드러난다. '이 세상의 길'(다른 곳에서는 '육신의 정욕과 안목의 정욕과 이생의 자랑'이라고 되어 있음. 요일 2:16)은 '지금 불순종의 아들들 가운데 역사하는 영'(엡 2:2)의 세력과 분명하게 일치한다. 마귀는 중생하지 못한 사람들의 마음속에 있는 적대감이 그리스도의 제자들을 향하여 일어나도록 자극하며, 지치지 않는 적대감으로 혀와 펜과 영향력을 사용하여 하나님의 일에 저항하도록 한다(비교, 창 3:15과 계 12:17). 이렇게 함으로써 성경이 마귀에 대해서 규정하는 성격, 곧 '이 세상 임금과 신', '거짓의 아비', '옛 뱀 곧 온 세상을 꾀는 자'(요 12:31; 고후 4:4; 요 8:44; 계 12:9)임을 예증하고 확증한다.

교회 안에서 이 지치지 않는 원수는 '불의의 모든 속임'으로 교묘한 누룩을 심는다. 자신의 영적인 책략을 그 시대의 입맛에 맞도록 사람을 즐겁게 하는 새로운 가르침으로 꾸며낸다. 그렇게 함으로써 인간의 수단이라는 불순물을 섞어서 생명의 양식에 독을 뿌린다. 마귀의 교활함은 그의 먹잇감의 다양한 기질에 딱 들어맞는 방식을 채용하여 속인다는 데에서 특히 현저하게 드러난다. 육신의 안정은 세상과 아주 어울리며 사람들이 이것을 추구하게 함으로써 마귀는 '자신의 것을 잘 보관하려는' 최고의 욕망을 이룬다. 그러나 굳건한 믿음을 형식적으로라도 인정하는 곳에서는 그런 작전만으로는 부족하다. 그래서 교회 안에서 그는 '자기를 광명의 천사로 가장한다'(고후 11:14). 곧 자기 의라는 매혹적인 우상을 내보이든지, 적그리스도의 가장 만성적인 형태 곧 참된 교리를 고백하는 것으로 충분하다고 생각하게 만든다.

사도 바울은 무능력한 목회의 일반적인 증상의 뿌리가 이것임을 넌지시 알린다(살전 3:5). 실로 마귀의 능동적인 영향력은 모든 세부 사항에서 발견된다. 알곡 가운데 가라지가 자란 사실에 대한 설명은 '원수가 이렇게 하였구나' 였다(마 13:24~28). 간계로 하와를 속인 뱀은 여전히 연약한 자들의 마음을 '부패하게 하여' '그리스도를 향하는 진실함과 깨끗함에서 떠나게' 한다(고후 11:3). 신앙을 고백하는 자들 사이의 분열과 사랑의 결핍으로 인한 목회의 장애(고후 2:10), 목회의 유용성을 효과적으로 저항하는 일들은 마귀의 은밀한 활동의 결과이다(살전 2:18). 교회 내 거짓 신앙고백자들의 외식(행 5:1~5), 교회의 교통으로부터 떠나감(눅 22:3; 계 12:3~4), 교회 역사를 통해 나타나는 지속적인 변형들, 목회의 충만한 에너지를 방해하는 모든 것들은 계속해서 '쓴 물을 쏟아내는' 이 악의 '샘'에서 흘러나온다.

개인의 경험도 마귀의 지속적인 활동을 깨닫게 한다. 은밀하게 불신을 일으킴(창 3:1~3), 기도 도중에 마음이 분산됨(욥 1:5), 때때로 자기를 의지하는 데로 빠져들어감(대상 21:1; 눅 22:31), 영적인 교만(고후 12:7), 세속화(마 16:23), 신성 모독적 생각을 집어넣음(엡 6:16), 악한 성질의 힘(엡 4:27), 일반적인 범죄 행위, 이 모든 것들이 그 힘의 정도에 따라서 우리의 거룩하고 복된 수고의 효과를 막는 적극적인 저항 세력이다. 이처럼 흑암의 세력과 빛의 세력 사이의 무서운 싸움이 우리 앞에 펼쳐진다. '이 세상 신이 믿지 않는 자들의 마음을 혼미케' 하지만, 복음의 사역은 '주 예수 그리스도'를 중보자로 제시하며, 그를 통해서 '어둠에서 빛을 비추라 하시던 그 하나님께서' 그의 '영광'의 계시와 함께 그의 백성의 '마음'에 빛을 비추신다(고후 4:6). 이와 같이 비록 악한 영의 활동이 때로는 직접적으로 때로는 도구를 이용하여[14] 우리 활동의 진전을 저해하지만, "우리

---

14) "인간은 도구로, 세상은 물질로, 사탄은 효과적으로 일한다." 고대 저자의 명쾌한 구분이다.

의 씨름은 혈과 육을 생각하는 것이 아니요 통치자들과 권세들과 이 어둠의 세상 주관자들과 하늘에 있는 악의 영들을 상대함이라"(엡 6:12)고 말할 수 있다.

목회 성공을 막는 지역적 방해물

지금까지 우리는 목회에 대한 주요 방해물을 살펴보았다. 다른 방해물에 대한 상세한 연구가 앞으로 있을 것이다. 이 장에서는 목사의 개인적 · 공적 특성에 의한 장애보다는 지역적 환경과 관련된 외적인 장애를 다루고자 한다.

도시에는 시골 교구와는 다른 종류의 방해물이 있을 수 있다. 도시에서는 빽빽한 군중을 구분하여 그들의 도덕성에까지 침투하기가 불가능하다는 점 때문에 설교의 가장 강력한 효력인 말씀을 각 사람의 양심에 직접적으로 적용하지 못하는 문제가 발생한다. 또한 많은 사람을 대상으로 하는 공적인 가르침은 좀더 일반적인 성격을 가지게 된다. 목사 자신의 마음의 특성과 움직임도 그가 속한 제도에 맞도록 형성될 것이다. 그러나 회중의 구체적인 사정을 알지 못하면 목회를 각각의 특정한 경우에 적용시키는 일이 애초부터 불가능해진다. 또한 지역적 습성과 환경들이 우리 활동의 직접적인 능력에 실질적으로 저항한다. (공장 지대와 같이) 함께 집합해 있는 큰 무리들은 대개 가장 부패를 초래하는 독(毒)이다. 그들은 '손에 손을 맞잡고', 죄의 길에서 "각기 이웃을 도우며 그 형제에게 이르기를 너는 힘을 내라"고 부추긴다(사 41:6). 교구의 사업 상황, 실직자, 교육받지 못한 사람, 고통 중에 있는 사람의 숫자 등도 목회의 결과에 영향을 미친다.

목회의 구성과 관련된 지역적 방해물도 있다. 거룩한 사역에서 협력 목회가 고린도의 이단적 분파 정신을 회중 사이에 일으켰다. 상호 질투가 끓어올랐다(이것이 교역자의 마음에까지 미치지 않는다면 다행이다). 사람들이 '서로에 대해서 서로 자신을 높은 자리에 두었고', '사람을 자랑'하였으므로, 영적 임무 수행이라는 최고의 이점을 가지고 목사가 그들에게 말할 때에 신령한 자들을 대함과 같이 하지 못하고 '사람을 따라 행하는' 그리스도 안의 어린아이에게 하듯 하지 않을 수 없었다(고전 1, 3, 4장을 보라).

다양한 이단들의 발생과 발전도 직접적으로 제어할 수 없는 지역적 특성의 조합에 의해서 강화될 수 있다. 회중의 여러 부분을 통찰력 있게 알지 못하면 호시탐탐 노리고 있는 원수에게 누룩을 뿌릴 기회를 줌으로써 '온 덩어리를 부풀게' 하는 치명적인 결과를 초래할 수 있다. 매우 뛰어난 몇몇 하나님의 종들의 목회가[15] 이 원인에 의해서 심각한 손상을 입었다. 비록 이것이 위대한 사도 바울에게서 '육체의 가시'가 '너무 자만하게' 될 수 있는 긴급한 위험에서 그를 구해주었듯이(고후 12:7), 그 목사들의 노력의 성공 속에서 그들에게 필요한 믿음과 인내, 겸손을 형성하기 위한 시련이었겠지만 말이다.

이런 지역적 특성을 보이는 다른 방해물이 있는데, 영국 교회의 사역 자체에 포함되어 있는 이 방해물은 매우 신실한 사람들의 노고에 대해서조차 부정적으로 작용한다. 국교회를 반대하는 한 개 또는 그 이상의 조직된 체제의 지반이 이미 내부에 자리잡고 있을 수 있다. 그들은 복음의 웅대한 원리는 인정하지만 형태상 다양한 세부 사항에서 영국 교

---

[15] 세실의 '카도간의 생애'(Life of Cadogan). (Works i. 252.) 보간(Vaughan)의 '로빈슨의 생애' (Life of Robinsom), pp. 188-195.

회 제도의 골격을 반대한다. 이것은 가장 호의적인 환경에서라도 악으로 간주되어야 한다.[16] 교회의 통일을 이루지 못하면 하나가 되지 못하는 만큼 복음의 원래적 능력도 감소되게 마련이다. 각각의 목사가 인내와 형제 사랑을 갖춘 사람들이며, 그들의 사명에 대한 참된 정신 속에서 차이점보다 일치점을 훨씬 더 강조한다고 해도, 동일한 정신이 회중에게도 보편적으로 퍼져나가지는 않으며, 비교적 사소한 일들에서 요구되는 상호 인내의 부족이 "작은 불이 얼마나 많은 나무를 태우는가"(약 3:5)라고 말하는 것처럼 악한 결과를 상기시킨다.

신실한 일꾼은 땅을 개간하기 전에 흙 속에 뿌리내린 많은 방해물들을 발견한다. 직업적 성공이라는 가라지가 '완전에 이르는 열매'를 위해서 성장해 나갔을 씨앗의 성장을 막았을 수 있다. 아니면 복음에 대한 자연적인 적대감에 덧붙여서 전임자의 경험 부족, 무분별함, 비일관성으로 인해 발생하는 편견의 피해를 보고 있을 수도 있다.

평신도의 영향력도 목회에 대한 압력으로 작용할 수 있다. 교구에서 사회적 지위가 가장 낮을 수도 있고 매우 높을 수도 있는 어떤 특정한 개인은 자주 목회의 능력을 막는 장애가 된다. 안식일을 무시하는 태도, 쾌락을 좇거나 방종한 생활을 유지하는 것과 같은 현저한 특성, 교구의 중요 인사들 사이에 퍼져 있는 예배에 대한 무관심과 신앙을 반대하는 경향 등은 너무나 자주 우리의 노력과 가르침을 전면에서 방해한다. 상위 계층의 영향력이 그렇게 결정적이지 않거나 심지어 그 영향력이 교회에 우호적으로 발휘되는 곳에서도 그것이 실제적 방해가 안되는 경우는 거의 없다. 종교와 하나님의 법에 대한 존경심을 가졌다고 해서 반

---

16) 버드(Budd)의 세례에 대한 글(Baptism, pp. 282, 283)에서 이 주제에 대해서 한 귀중한 언급들을 보라. 또한 비커스테드의 Christian Student, p. 290을 참고하라.

드시 그 사람이 가정의 질서와 태도를 규모 있게 하고 가정 내 어린 사람들의 처신을 올바르게 하는 것은 아니다. 또한 자기 인생을 자기가 지배하겠다는 권력에 대한 사랑이 완전히 제거되지 않았을 수도 있다. 그 결과 복음의 더욱 완전한 지배력이 불편함을 안겨주거나 꾸짖음을 초래할 때에는 영적인 제재를 받기를 원치 않거나 생활의 편한 길을 떠나려 하지 않는다.

 이런 방해물은 근원에서 개인의 책임과는 무관하지만 결과는 가장 해롭다. 모든 형태의 저항에 적용될 수 있는 각각의 구체적인 행동 요령을 처방하는 것은 불가능하지만, 몇몇 공격에 대응할 수 있는 일반적 목회 원칙은 이 전쟁에서 매우 큰 도움이 될 것이다. '믿음의 부지런함', '지혜의 온유함', '소망의 인내'가 합쳐지면 악을 완전히 물리치지는 못해도 공격적인 방해를 실질적으로 약화시킬 것이다. 또한 광범위한 영역에 미치는 어려움들이 극복 불가능한 것도 아니다. 일반적인 제도를 더욱 세세한 부분에 적용함으로써 많은 일을 성취할 수 있으며 또 성취해 왔다. 지역의 세도가에 의해서 도움을 받는 무절제한 활동보다, 잘 계획된 습관이 매우 불리한 조건 속에서도 훨씬 유효하다. 구획을 지어 하는 심방 활동은 수고하는 목사들이 훨씬 구체적이고 열매를 맺는 결과를 내면서 더 넓은 지역을 담당할 수 있게 해준다. 무엇보다도 교회의 위대한 머리 되신 그리스도의 감독하심이 그의 택하신 그릇들을 특정한 일들에 할당하심 속에서 확연하게 드러난다. 모든 사람이 모든 상황을 다룰 수 있는 능력을 동일하게 가지지 못한다. 그러나 '오른손에 일곱 별을 붙잡은'(계 2:1) 이는 각 사람을 영적 궁창의 가장 적합한 곳에 임명하심으로써 그의 이름의 영광, 그의 뜻의 목적, 교회의 건덕(建德)을 가장 적절하게 이루신다. 하지만 지금까지 우리가 다룬 방해물은 우리의 전진을 방해한다. 그러므로 우리의 성공은 우리 영역에서 벌어지는 거창한 외적 변화보다는 악의 세력에 대한 조용하고 효과적인 저항, 우리의 노력에 협력하는 증인의 무리를 일으킴, 갈등과 좌절 속에서도 자리를 지키는 지속적인 견고함에 있다.

🎵 하나님의 부르심이 없음

때로는 목회 실패의 원인을 사역의 출발점으로까지 추적해 올라가야 한다. '거룩한 직무로의 부르심이 하나님의 뜻에 따른 교회의 질서 속에서 분명한가?' 이 질문은 목회 실패의 원인이라는 주제와 관련해서 매우 중요하다. 부르심이 분명하면 약속은 보장되어 있다(출 3:10~12; 렘 1:4~19). 그러나 보냄을 받지 않고서 뛴다면 우리의 수고는 복을 받지 못한다. 많은 사람이 이 사실에 마음을 기울여 살피지 않는 것이 우려스럽다. 그러나 그들의 열매 없는 목회 위에 교회의 이 확고한 원칙이 기록되지 않는가?

"내가 그들을 보내지 아니하였으며 명하지 아니하였나니 그들은 이 백성에게 아무 유익이 없느니라"[17](렘 23:32).

---

17) 루터의 말은 매우 강하다. "부르는 자를 기다리라. 당신이 솔로몬이나 다니엘보다 지혜롭다면 그때는 확신해도 좋다. 그럼에도 불구하고 당신에 대한 부르심이 없다면 말을 하지 않기 위해서 지옥 이상으로 피하라. 당신이 필요하다면 당신을 부르실 것이다. 그가 부르지 않는다면 당신의 지식이 당신을 해치도록 하지 말라. 하나님께서는 부르심을 받지 않은 자들의 수고를 복되게 하시지 않는다. 그들이 아무리 구원의 일을 말해도 그들은 아무것도 세우지 못한다. 반대로 하나님의 부르심을 받고 외친 자들은 항상 큰일을 행했다." Sal Terrae에 위와 같이 인용됨. Scott, Continuation of Milner, i. 156을 참고하라. "부르심을 받지 않았거나 보냄을 받지 않고 뛴다는 것, 하나님께서 섭리로 하나님의 일의 한 조각을 그의 손에 맡기실 때까지 기다리지 않고 포도원에 자신을 던지는 것이 무엇인지에 대해서 모든 성직자가 잘 숙고하기를 원한다. 만약 사람이 자기의 행동이 아니라 오직 섭리의

그들의 재앙은 교리가 불건전하다는 것이 아니라 그들이 보냄을 받지 않고 외친다는 점이다.

구약 시대에는 제사직을 침해하는 것이 가장 위험한 만용으로 이해되었다(민 18:7; 대하 26:16~20). 그리스도의 교회에서 부당하게 권위를 가지는 것도 그에 못지않은 직접적인 찬탈의 행위이다. 우리의 큰 머리이신 그리스도는 스스로 자임한 권위와 함께하시는 것이 아니라 위임해주신 권위와만 함께하신다. 선지자의 입을 통해서 그리스도께서는 자신의 위대한 일에 대한 부르심을 선언하셨다(사 48:16, 61:1). 그의 공생애 사역 동안뿐 아니라 사역의 시작부터 세상에 그것이 선언되었다(마 3:16, 17, 17:5, 요 12:28~30). 그리스도께서는 자신의 사명에 대한 신임장으로서 때때로 이 사실에 호소하셨다(요 8:16, 42). 이 위임이 없이 '우리에 들어온' 자들은 '절도요 강도'라는 도장을 받는다. 신성한 위임이라는 '문으로 들어온' 자만이 '양 떼의 목자'였다(요 10:1~2).

성직 수임을 가리키는 성경의 언어들은 그것을 받는 자들이 직접적인 통제 아래 있음을 암시한다.[18] 그 직책을 가리키는 다양한 설명들이

인도에 의해서 그 직책에 있게 되었음을 안다면 그는 생각 속에서 큰 안도를 얻고, 모든 수고에서 큰 만족을 얻을 것이다." Burnet, Pastoral Care, ch. vii. "목회는 순전히 은혜와 호의의 문제이다. 그렇다면 하나님의 부르심이 없이 누가 그 일로 뛰어들겠는가? 왕이 자기의 뜻을 가장 절대적으로 행사하는 것이 자기 신하를 고르는 일이다. 그렇다면 우리가 감히 이 뜻을 거스르고 왕으로부터 이 권리를 박탈하겠는가?" 퀘스넬, 엡 3:2, 골 1:1 주석.

18) 부르심을 받다(히 4:4), 구별되다(행 13:2; 롬 1:1), 보냄을 받다(요 20:21; 사 6:8), 삼다(행 20:28), 파견하다(마 9:38) 같은 표현들이다. 후커가 잘 지적했다. "그러므로 그들은 하나님의 신하이다. 왕과 신하의 경우처럼(그의 판단과 공의의 실행은 전능한 섭리자의 지고의 손이 유지한다) 복종한다는 의미에서만 그런 것이 아니라, 그 권위를 사람이 아닌 하나님께 받는다는 점에서 하나님의 신하이다. 바로 그 점에서 그들은 그리스도의 사신이며 그의 일꾼들이다. 그들이 그리스도의 가장 내밀한 일들을 관리한다면 그리스도 이외에 누가 그들을 임명할 수 있겠는가?" Book v. c. lxxvii. 1, 2.

또한 이 점을 예증한다. 우리는 스스로 권위를 입은 사자, 대사, 관리인, 경비원, 전령, 천사를 생각할 수 없다. 이중 첫째 것과 관련하여 사도 바울은 "보내심을 받지 아니하였으면 어찌 전파하리요"(롬 10:15)라고 묻는다. 물론 그들은 사명을 받지 않고도 전파할 수 있지만 하나님의 전령으로 외치는 것은 아니다. 국가 수장의 명백한 지시를 받지 않고는 어떤 사람도 대사가 될 수 없다(만약 그렇지 않다면 그는 국가 수장의 뜻과 명령이 아닌 자기 머리에서 나온 생각을 전달할 것이다). 마찬가지로 하나님의 명백한 임명이 없이는 어떤 사람도 합법적으로 하나님의 이름으로 와서 하나님의 뜻의 계시를 확증할 수 없다. 하나님께서 자신의 법령에는 인을 치겠지만 사람의 찬탈을 인정하시는 일은 없다.

거룩한 직무로 진입하는 것과 관련하여 특별한 사명이 없다면 우리는 즉각적이고 특별한 부르심을 기대하지 않는다. 우리의 권위는 하나님과 교회로부터 함께 위임된다. 원래는 하나님께로부터 오지만 교회라는 수단을 통해서 확증되는 것이다. 외적인 부르심은 처음부터 지켜져 온 거룩한 질서에 따라서 교회에 의해서 인정되고 교회로부터 받는 사명이다. 물론 이 부르심 자체가 목사의 자격을 부여하는 것은 아니다. 이것은 하나님께서 내적으로 합당하게 자격을 준비시킨 사실을 공식적으로 인정하는 것이므로, 오직 공식적인 권위를 갖추어 줄 뿐이다. 내적인 부르심은 성령의 음성과 능력으로 의지와 판단을 지시하며 본인의 실질적인 자격을 갖춰준다. 이 두 부르심은 비록 성격과 기원이 본질적으로 다르지만 모두 우리의 사명 수행에 필수불가결하다. 그러므로 이 두 부르심은 하나님의 정부에서 결합된다. 하나님은 "무질서의 하나님이 아니시요 오직 화평의 하나님"(고전 14:33)이시며, 합리적이고 거룩하며 질서 있는 그의 기름 부음은 목회 수임의 제도와 조화롭게 결합된다. 사도 바울이 쓴 서신들의 첫머리는 (한두 개의 예외가 있지만) 교회를 향한 그의 교훈이 신성한 사명의 산물임을 매우 선명하게 확인한다.

"사도 바울은 이 진리, 곧 사람을 부르는 것은 오로지 하나님의 뜻이며 이것에 의해서만이 사람이 목회의 길로 들어설 수 있다는 것을 지치지 않고 우리에게 각인시킨다. 이 사명은 근원과 제도는 하나님께 속했으며 그 통로와 전달 수단은 인간에게 맡겨졌다."[19]

그러므로 우리는 이 두 부르심이 결합된 권위로 '그 아들의 복음 안에서 심령으로 섬기며'(롬 1:9), 그 분이 우리 곁에서 함께하시며 우리의 활동이 그분의 것임을 확신하며, '나를 능하게 하시고 나를 충성되이 여겨 내게 직분을 맡기신 그리스도 예수 우리 주께 감사' 한다(딤전 1:12).

외적인 부르심은 비록 성격상 필요하고 권위가 있지만 단지 사람의 위임일 뿐이므로 그 자체만으로는 우리 일의 보장이 되지 못한다. 내적인 부르심이 있다고 추정될 때 그것을 근거로 교회는 권위 있는 사명을 맡긴다. 교회가 우리에게 묻는 질문보다 더 확실하게 이 점을 밝히는 것은 없다.

"당신은 성령의 내적인 감동으로 이 직책을 취한다고 믿습니까?" 버닛 주교는 심각하게 말한다.

"이 질문에 대한 대답은 깊이 숙고한 결과로 나와야 한다. 만약 어떤 사람이 '나는 그렇게 믿습니다'라고 대답하면서도 그런 감동을 알지도 못하고 그것에 대해 아무 설명도 할 수 없다면 그는 성령에게 거짓말하

---

[19] 퀘스넬, 고후 1:1, 갈 1:1 주석. 루터는 이렇게 지적한다. "젊은 목사였을 때 나는 바울이 그의 모든 서신에서 자신의 부르심에 대해서 너무 자주 자랑한다고 생각했다. 그러나 나는 그의 의도를 이해하지 못하고 있었다. 왜냐하면 나는 하나님의 말씀의 사역이 그렇게도 중대한 문제인 것을 몰랐기 때문이다." 갈 1:1 주석.

는 것이며 처음 제단으로 나아갈 때부터 사람이 아닌 하나님에 대한 거짓말을 입에 달고 나아가는 셈이다."[20]

이런 일들의 의미를 예증한다면 이것이다. 성령의 내적인 감동은 성령께서 사람의 마음에 능력을 행사하는 것으로서 어떤 열정적인 충동으로 나타나지는 않지만 그의 마음에 빛을 비춰 영혼의 가치에 대한 깊은 인식을 가지며 그리스도를 향한 사랑으로 인해서 발생한다. 따라서 '그리스도를 위해서 또한 그리스도에 의해서 사용되고자' 하는 마음으로 살며, 양심에 비추어 침착하게 자기를 살피는 생활에 힘쓰며, 매일 성경을 연구하며, 이 큰일을 위하여 열렬히 기도하며, 우리 주인의 뜻이 섭리로 나타나는 것에 주의를 기울이게 되는 것이다.

그런데도 "자신의 부르심에 대한 판단을 자기가 주권을 가지고 내림으로써 어떤 사람도 할 수 없는 일을 거의 모든 사람이 하고 있다."[21] 오도된 편견, 습관적인 제도, 세속적 고려가 신성한 지침의 길을 자주 혼란시키고 그 징표를 흐리게 한다. 목회를 향한 소망이 있거나, 목회 교육을 받았거나, 친구나 부모의 권유나 권위에 의해서 그 길에 들어섰다고 해서 그가 '성령의 내적인 감동을 받았다'고 할 수 있을까? 마음이 그리로 쏠리기만 하면 이 엄숙한 직무를 맡을 수 있다고 가정한다면 열렬히 원하는 사람들에게 문이 넓게 열릴 것이다. 사람들은 너무나 자주 자기만족이라는 수단을 통해서 동기와 감정, 개인의 성격과 능력을 판단하기 때문에 우리는 "자기의 마음을 믿는 자는 미련한 자요"(잠 28:26)라는 경구를 힘써서 상기해야 한다. 이런 열정적 편견은 준비되지 않은 마음이 만들어내는 우울한 현상, 목회의 의무에 대한 낮은 표준, 목회를

---

20) Pastoral Care, chap. iv.
21) 퀘스넬, 히 5:4 주석.

완전히 조롱거리로 만드는 결과를 낳는다.

버닛이 말한 '신성한 부르심'에만 근거해야 하는 이 직무의 결정에는 부모도 관여하지 말아야 한다. 교회는 (이 주제에 깊은 개인적 관심을 가진 한 사람이 진정으로 감동적으로 말한 바에 따르면) 부모의 관여로 "매일같이 부르심이 없는 사람들이 목회에 발을 들여놓는 일 때문에 머리의 왕관에서부터 신발 바닥까지 신음하고 피를 흘린다."[22] 교회의 유익과 매우 깊이 관계되어 있고, 하나님의 뜻이 유일하고 궁극적인 결정을 내려야 하는 이 문제에 대해서 '사람의 뜻'은 앞으로 나오는 것이 아니라 복속되어야 한다.

"사도 바울과 같이 자기 자신의 뜻도 아니요, 부모의 뜻도 아니요 '하나님의 뜻에 의해서' 거룩한 목회의 길로 들어오게 되었다고 말할 수 있는 사람은 복을 받은 사람이다."[23]

또한 개인적 또는 지속적인 경건이 (다른 것들은 논외로 하고) 우리의 결정의 근거가 되어서도 안 된다. 물론 (버닛 주교가 지적하듯이) "어떤 사람도 자기 안에 신앙에 대한 사랑, 신앙을 향한 열정, 은밀한 기도와 성경 연구로 유지되는 내적인 참된 경건이 없다면 이 직책을 감당할 생각을 하지 말아야 한다. 이것들이 부담이 된다면 이는 내적인 부르심이 없으며 성령이 그를 이 직책으로 이끌지 않았다는 확실한 표시이다."[24]

---

22) Life of Legh Richmond, p. 475. 이 전체 편지는 자녀를 목회의 길로 이끌려고 하는 그리스도인 부모들이 깊이 숙고할 만하다. 경건한 퀘스넬은 이 치명적인 악에 대항할 기도문을 작성했다. "주여, 부모의 이 육신적 사랑의 급류를 막아주소서. 주의 교회가 이것에 의해서 거의 정복될 지경에 있는 것을 친히 보시나이다." 요 7:5 설교

23) 퀘스넬, 고전 1:1 설교.

24) Conclusion to the History of his Own Times. 또한 Pastoral Care, chap. vii을 보라. 심지어 가난한 자를 돌보는 일에서도(복음 선포와 연결되어 있을 것이다) 영적 자질이 필수적이다. 행 6:3. 딤전 3:8~10을 참고하라.

하지만 그렇다고 해서 모든 그리스도인이 목사의 직분을 받는 것은 아니다. 브리스길라와 아굴라(행 18:25), 사도의 안부 인사에 이름이 거명되는 초대 교회의 여러 보조자들(빌 4:3; 롬 16장 등)은 하나님의 일에 대한 헌신이 그리스도인의 의무의 요소이며 받으실 만한 부분임을 분명히 보여준다. 이 넓은 봉사의 분야에서 평신도는 명백한 사명을 받지 않고도 거룩한 직책을 침해하는 일이 없이 그들의 일반적인 직업과 완전한 일관성을 이루면서 목회의 정신을 드러낼 수 있다. 하지만 이 직책으로 들어오는 일은 하나님의 부르심이 없다면 아무리 큰 재능, 매우 고양된 영성, 진실한 의도에 의해서도 정당화될 수 없다.

1) 일을 향한 열망은 그리스도의 사역의 성격과 자격에서 현저한 특성이었다. 아버지의 품에 있을 때, 자신의 할 일을 내다보고 있을 때에 그리스도께서는 '인자들을 기뻐'하셨다(잠 8:31). 자신의 일을 성취하기 위해서 '세상에 오셨을 때' 진지한 열망은 그의 두드러진 성격이었다(비교, 시 40:8과 히 10:5~9). 한번은 음식이 필요한 때에도 그리스도께서는 제자들에게 "내게는 너희가 알지 못하는 양식이 있느니라"고 말씀하심으로써, 아버지의 일에서 느끼는 즐거움이 '양식보다도 더 많다'는 것을 제자들이 깨닫기 원하셨다(요 4:32~34).

사도 바울은 자기를 이끌어가는 열망을 목회자의 가장 중요한 자질로 꼽았다.[25] 이것은 하나님의 영광을 드러내려는 일반적인 그리스도인의 열망을 훨씬 뛰어넘는 것이다. 내면에 불이 붙은 특별한 상태로서 그

---

[25] '미쁘다 이 말이여'(사도가 무엇을 강조할 때 즐겨 사용한 표현이다. 딤전 1:15, 4:9; 딤후 2:11; 딤전 3:1). '나는 열망한다'는 진정한 열망을 표시한다. "마치 두 손을 뻗어 잡아당기려는 것같이······ 어떤 말로 그 열망과 소망을 더 간절하게 표현할 수 있을까?"

강도(强度)에서가 아니라 성격에서 선지자의 마음속에 '감춰진 타는 불'이며 하나님을 위한 봉사에서 물러나려는 그의 결심을 되돌리고야 마는 힘이다.[26] 이 강제력은 모든 어려움을 극복하며, 일을 위한 희생을 즐거워하며, 기꺼운 봉사의 마음을 일으킴으로써 (자신이 그 일에 합당하지 않으며 무가치하다는 의식에 의해서 제어되지 않는다면) 지나치게 자신만만한 듯한 인상을 줄 수도 있다. 자신의 불결함에 대한 감각은 거의 입을 닫게 만들지만 하나님의 은혜에 대한 감각은 '가만히 있게' 하지 않는다(참조, 사 6:5~8). 세상에서 얻는 최고의 영예보다도 그 일을 더욱 하고자 한다. 그러므로 가장 실망스러운 결과를 예상할 때조차도 그 열망은 꺼지지 않는다.[27] 마음이 가장 신령한 상태에 있을 때 이 열망은 가장 생생할 것이며, 복을 전달하는 일로 연결될 것이며, 열렬한 기도에 따르는 큰 유익이 수반될 것이다.

그것은 또한 신중한 열망, 곧 지불할 대가를 성숙한 태도 속에서 계산한 결과여야 한다. 이 사실이 세속 직업 대신 성직을 선택할 때 때때로 망각되는 것은 매우 염려가 된다. '믿는 자는 서두르지 않는다'는 (사 28:16) 말만큼 중요한 선언이 없다. (자기가 생각하는) 하나님의 섭리에 의해

---

26) 렘 20:9 참조. 이렇게 모세는 하나님께서 지명하신 장막 건축자를 구별하였다. 출 35:21.
27) 이 주제에 대한 헨리 커크 화이트(Henry Kirke White)의 경험을 언급할 때마다 그가 (우리를) 성급하게 거절한 사실을 유감스럽게 생각하지 않을 수 없다. "참된 신앙에 눈을 뜬 후 나는 언제나 그리스도의 교회에서 사용되기를 열망했다. 이 열망은 나의 안에서 날마다 강화되었으며, 그것이 하나님께로부터 온 것이기를 나는 간구했다. 영적인 일들에 대한 갈망을 품기 전에 성직자가 되기를 원한 것이 사실이지만, 그것은 매우 달랐다. 나는 목사가 될 것이며 그 일을 잘 수행할 수 있으리라고 믿었다. 비록 목사의 책무에서 막중함을 느끼지만 그 거룩한 직책에 따르는 의무를 신실하게 수행할 수 있는 힘을 얻으리라는 소망 속에서 나는 모든 것을 희생할 각오가 되었다. 나에게는 이것 이외의 다른 이유가 없다고 생각한다. 하나님의 손에 붙잡혀 그의 영광의 도구가 되는 것이 나의 중심 동기였다." 그의 유고를 보라.

서 원래의 부르심, 즉 세속 직업을 포기해야겠다는 결심을 하게 된 마음의 진정한 상태를 정밀하게 조사할 때 기다리는 시간은 최고로 중요한 순간이다.

대개는 원래의 부르심에서 '그대로 지내는'(고전 7:20) 것이 하나님의 뜻이다. 세상 직업을 버리고 성직을 취하는 것은 양심에 비추어서 부끄러움이 없다는 주장으로 정당화될 수 없다. 그것이 본인이나 교회에게 궁극적인 유익이 될 수 있으려면 분명한 섭리의 빛이 비춰야 하고, 개인의 성향을 섭리에 대한 해석으로 삼으려는 경향을 매우 조심스럽게 경계해야 하며, 가장 진실하고 지속적인 기도가 있어야 하고, 개인의 편안한 생활, 탐닉, 또는 자기 이익에 대한 일체의 추구가 없다는 아주 중요한 증거가 있어야 한다.

그 부르심이 분명하게 하나님께로부터 온 것이 아닌 경우에는 앞에 놓인 어려움에 대한 충분한 명상과 자신의 연약에 대한 두려운 감정이 목회 지원자의 마음을 책임이 좀 덜 무거운 다른 일로 돌릴 것이다. 이 무분별한 열망은 점점 약해져서 마침내 사라질 것이다. 이렇게 되지 않고 오만 방자하게 자기 생각을 밀어붙인다면 (주께서 그의 눈을 열어주시지 않는 한) 고통스럽고 회개해도 소용없는 결과에 도달할 것이다.[28]

그것은 또한 이익에 초연한 욕망이어야 한다. 주님의 일에서는 보잘것없는 봉사를 위해서도 순수한 동기가 필수적이다. 그러므로 성직을 선택할 때에 학문에 대한 사랑이나 여가 시간을 갖고자 하는 욕망의 영

---

[28] 매튜 헨리(Matthew Henry)는 거룩한 직무를 침해하는 것에 대해서 훌륭하게 경고했다. "영적 은사의 발휘에서 자신을 앞세우지 말아야 한다. 유용하게 쓰임을 받으려는 열망이라는 허울 아래 종종 교만이 나타난다. 동기가 옳다면 그것은 좋다. 그러나 겸손이 부르심에 앞선다." Life, p. 294.

향을 받지 말아야 하며, 전문직에서 승진하고자 하는 욕망을 경계해야 하고, 사람들의 평가, 존경 또는 세상적 안락함을 추구하는 이기적 동기가 없어야 하는 것 등이 더욱 중요하다. '자기 자신을 위해서 큰일'을 구하지 말아야 하며, 온 세상을 얻는 것보다 한 영혼을 그리스도께 인도하겠다는 마음으로 영혼을 건지는 것 이외의 것을 추구하지 말아야 하며, 우리의 모든 재능을 하나님께 완전히 쏟는 헌신을 실행해야 한다.[29] 버나드는 이렇게 말했다.

"영혼을 가르치도록 부르심을 받은 사람은 하나님의 부르심을 받은 것이지 자기 양심의 부르심을 받은 것이 아니다. 형제의 구원을 위한 열망이 일으키는 내적인 사랑의 동기 이외의 무엇이 이 부르심이겠는가? 말씀 선포에 종사하는 사람이 내적으로 하나님의 사랑으로 감동될 때마다 그는 하나님이 거기 계시며 영혼의 유익을 위해서 자신을 부르셨음을 확신할 수 있다."[30]

퀘스넬도 같은 말을 했다.

"하나님의 부르심의 분명한 표지 중의 하나는 예수 그리스도와 교회만을 위해서 살며, 수고하며, 그것만을 소유하는 것이 그의 마음의 목표가 되는 것이다."[31]

---

29) 다음의 성경 구절들을 통하여 내밀하고 심각한 자기반성을 할 수 있을 것이다. 삼상 2:36, 미 3:11, 빌 2:20~21, 딤전 3:8; 딛 1:7~11. 하나님의 명령(렘 45:5). 그의 신실한 종의 호소 (삼상 12:3; 행 20:33; 살전 2:4~9). 버닛 주교는 이렇게 말했다. "자기 자신에게 자주 이런 질문을 던져라. 당신에게 보장된 것이 하나도 없고, 당신이 십자가 아래에서 박해의 위험 속에서 복음을 전해야 해도 당신은 이 길을 가겠는가? 그 지점에 도달할 때까지는 당신은 여전히 육신적이며, 빵을 위해서 제사직으로 들어오는 것에 불과하다." Conclusion to the History of his own times.
30) 밀너의 교회사(Milner's Church History), Vol. iii. 409,.
31) 퀘스넬, 롬 1:1; 요 10:1, 2. 칼빈도 같은 견해이다. "그러나 우리 마음의 선한 증거가 있는데, 그것은 야망이나 탐욕, 다른 어떤 욕망이 아니라 하나님에 대한 신실한 경외심과 교

마음이 이기심에서 해방되고, 하나님의 뜻에 의해서만 움직이며, 하나님을 위해서 기꺼이 수고한다면 거룩한 직무로 나아가라는 큰 격려가 된다. '하나님의 양무리를 치기' 위한 원대한 자격을 위해서 순결성과 열망의 중요성은 크게 강조된다(벧전 5:2). "내가 내 자의로 이것을 행하면 상을 얻으려니와"라고 사도는 말했다(고전 9:17). 마실론은 그의 목사에게 이렇게 말한다.

회를 세우기 위한 열정으로 주어진 사명을 받아들이는 것이다. 만일 목회 사역이 하나님께 인정을 받기 원한다면 (내가 말했던 것처럼) 우리 누구에게나 이것은 반드시 필요하다." Instit. Lib. iv. C. iii. 11. 개혁자들도 이와 동일한 정의를 가지고 안수식 예배에서 사용되는 중요한 질문을 구성했다고 콤버(Comber)는 믿는다. 이 질문은 「기독교강요」가 출판된 몇 년 후에 작성되었다. 필립 헨리(Philip Henry)는 안수식에서 질문을 받았을 때 자신의 이 욕망을 가장 아름답게 설명하였다. "지금까지 살피고 조사해서 내가 발견한 바에 따르면 내 안에 나 자신을 위해서 큰 것을 추구하는 것이 있지만(이 부르심 안에서도 실제로 그것이 발견된다면), 내 마음으로는 그것을 추구하지 않는다. 그러나 복음을 위한 봉사 가운데 내가 얻은 재능을 하나님의 영광과 영혼의 구원을 위해서 증진시키고자 하는 마음은 있다. 그 이외의 무엇이 있다면 나는 그것을 소유하지도 않고 허락하지도 않는다. 많은 사람이 '자기 일을 구하지만', '예수 그리스도의 일을 구하는 것'이 나의 욕망이며 그것을 또한 추구할 것이다." Life, p. 34. 같은 시기에 매튜 헨리가 자신을 살폈을 때에도 역시 비슷한 정신이 드러난다. "1. 나는 누구인가? 나는 나의 상태를 확실히 알고 나의 죄로 인해서 겸손해졌는가? 나는 진심으로 나를 그리스도께 드렸는가? 나는 정말로 죄를 미워하고 거룩을 사랑하는가? 2. 나는 무엇을 했는가? 시간을 소홀히 사용했다. 기회를 상실했다. 약속을 어겼다. 대화는 무익했다. 하나님과 의무를 잊었다. 3. 어떤 원칙으로 이 일을 할 것인가? 하나님께서 목회 제도를 제정하셨다는 사실을 알므로 나는 이 일을 위해서는 하나님의 부르심이 필요하다는 것을 믿는다. 이는 하나님을 위한 열심과 귀한 영혼에 대한 사랑에서 나온 것이다. 4. 이 일에서 나의 목표는 무엇인가? 이것을 돈벌이의 수단으로 생각하지 않는다. 내 이름을 드러내기 위한 수단이나 파벌을 유지하기 위한 수단으로도 생각하지 않는다. 도리어 하나님의 영광과 영혼의 유익이 나의 목표이다. 5. 나는 무엇을 원하는가? 하나님께서 나의 마음을 그 일에만 집중하도록 고정하시는 것, 지식·말·분별력의 은사를 주셔서 내가 이 일에 적합하게 되도록 하시는 것, 목회를 위한 은혜 특히 진실과 겸손을 주시는 것, 나에게 기회의 문을 열어주시는 것이다. 6. 나의 결심은 무엇인가? 죄와는 무관하게 되는 것, 복음에 순종해서 풍성하게 되는 것, 나의 재능을 사용하고, 진리를 견지하며, 나의 가족을 돌보고, 나의 양 떼를 감독하며, 반대를 견뎌나갈 때 나의 안수 서약을 기억하는 것." M. Henry's Life, pp. 34~44를 요약.

"만약 당신 안에 하나님의 사자로 고용되고자 하는 욕망이 없다면 당신이 하나님의 포도원으로 부르심을 받았는지 판단해보라. 하나님께서는 부르심을 받은 사람의 마음속에 그 봉사를 사랑하는 마음을 주신다. 목회의 의무 수행을 위한 마음의 이끌림이 없는 것보다 처음부터 자신이 목회를 원하지 않았음을 느꼈더라면 더 좋았을 것이다. 하늘에서 은밀한 음성으로 '주께서 너를 보내지 않으셨다'는 말씀이 당신에게 들릴 필요는 없다. 양심의 소리가 강제하는 당신의 판단이 그렇다는 것을 당신에게 말한다."[32]

2) 하지만 이 열망만으로는 안 된다. 여기에 목회 사역을 담당할 만한 정도의 은사가 덧붙여져야 한다. 주님에게는 부르심의 이런 증거가 갖춰졌을 뿐만 아니라 그 일을 위한 은사가 주어졌다.[33] 사도는 이 능력을 우리의 임무와 직접 연결시킨다. 그 일을 '신실한 자' 일반에게 맡기는 것이 아니라 그들 중에서 '다른 사람을 가르칠 수 있는' 자들에게 맡긴다.[34] 이 주제를 이미 앞에서 다루었으므로[35] 여기서는 거룩한 직무를 위한 능력은 자연적 재능 또는 이 세상의 지혜나 학문과는 매우 다르다는 점을 지적하고자 한다.

평범한 사람도 하나님의 교훈을 받아서 기도하고, 복음을 전파하고, 성례를 집전하고, 영혼을 구원할 수 있다. 이런 사람이 영적인 자질이

---

32) 마실론의 권고, p. 60.
33) 시 45:7; 사 11:2~4, 42:1, 61:1을 참고하라. 하나님께서 보내신 자는 그 백성에게 이런 신임장을 보인다. 요 3:34.
34) 딤후 2:2. 다른 곳에서는 이 자격을 한마디로 표시한다. '가르치기를 잘하며'가 그 말이다 (딤전 3:2; 딤후 2:24). 고후 3:6과 비교하라.
35) 제1장 4항 목회자의 자질.

결여된 해박한 학자와 훌륭한 신학자보다도 그리스도의 사신이라는 이름에 훨씬 합당하다. 무지한 자에게 천국의 길을 보여주고, 부주의하고 무감각한 자를 일깨우며, 반항적인 자를 복종시키고, 시험을 당하는 양심의 혼란을 처리할 때 철학적·역사적 예화의 힘은 얼마나 부족한가! 반면에 한마디의 단순한 복음의 선포[36]에 주님의 복 주심이 수반되면 어둠을 몰아내고, 완악한 마음을 녹이며, 하늘의 빛과 평안의 모든 위로를 가져다 준다. 인간적 지식이 잘 갖춰진 참된 목사도 (이 귀중한 은사를 버리지 않고) '지극히 높은 자의 은밀한 곳에서' 얻은 그 지식을 훨씬 더 많이 이용하고 훨씬 더 가치 있게 여길 것임을 의심하지 않는다(빌 3:7~8).

이것이 전부는 아니지만, 주로 추구해야 하는 자질이 이것이다. 초보자는 매일 기도하는 습관을 들여야 하고, 자신의 자연적인 은사를 의식적으로 증진해야 하며, 영적인 자산뿐만 아니라 지적인 자산도 부지런히 쌓아가야 한다. 그렇게 하면 "무릇 있는 자는 받아 넉넉하게 되되 없는 자는 그 있는 것도 빼앗기리라"(마 13:12)는 약속의 성취를 볼 것이다. 이 과정을 통해서 그는 거룩한 직무에 합당하게 받아들여질 것을 기대하고, 하나님의 뜻과 말씀에 따른 결과를 예상하겠지만, 이것을 목회를 위한 준비와 열망의 보장으로 간주하지는 말아야 한다.

열망과 능력의 결합은 매우 중요하여 둘 중 하나만으로는 충분하지 않다. 열망은 (강렬함, 사려 깊음, 순수함의 기준을 잘 만족시킨다고 해도) 그 자체로 하나님의 소명을 입증할 수 없다. 아무리 원한다고 해도 주께서 자격이 없는 일꾼들을 포도원에 보내시리라고 생각할 수 없다.[37] 일을 위한 능력

---

[36] 마 11:28, 요 3:16 등과 같은.
[37] 일반 생활에서도 "미련한 자 편에 기별하는 것은 자기의 발을 베어 버림과 해를 받음과 같으니라"(잠 26:6). 하물며 하나님의 지혜가 교회의 관리라는 매우 중요한 책임을 무자격

을 부여할 수 있는 분은 오직 주님이시다. 그러므로 하나님의 종은 자신이 무능하다는 의식 속에서 진리를 지적이고 효과적인 형태로 전하고자 하는 간절한 욕망을 포기하라는 부르심을 받을 수도 있다. 이런 자기 부인의 희생 속에서 그는 비록 하나님께서 자기의 봉사를 요구하시지는 않지만 자기의 열망이 받아들여진 것으로 위로를 받을 수 있다(왕상 8:18).

또한 목회적 은사가 잘 갖춰졌다 해도(이것이 그로 하여금 교회의 조력자로 중요하게 사용될 수 있는 자격을 준다고 하더라도) 목회를 위한 특별한 열망과 관심이 없다면 이 높고 중요한 봉사를 위한 성령의 역사가 거기에 있다는 증거가 되지 못한다. 그러나 주께서 그의 마음에 열망을 심어주시고 적절한 능력을 갖춰주실 때, 그 일의 수고와 고통과 어려움에 대한 분명한 인식 속에서도 그 어떤 것도 나를 움직이지 못한다고(행 20:24) 말할 수 있을 때, 그는 하나님께서 자신을 부르셨다는 증거를 자기 안에 가지고 사람들의 손을 통해서 안수를 받기 위해 자신을 구별할 수 있다. 그런 부르심이 교회의 감독들에 의해서 합당한 방식으로 인정받아야 하고 그의 사역에 하나님이 복 주심으로 더욱 분명히 입증될 것이다.[38]

앞에서 암시했듯이 하나님의 섭리가 이 부르심을 어느 정도 확증해

자에게 지우시겠는가?

38) 이 문제에 대한 이러한 관점은 버닛 주교의 관점과 거의 동일하다. 그의 적용은 너무나 충격적이어서 언급하지 않을 수 없다. (참으로 감독 교회적인 엄숙성을 가지고 주교는 이렇게 말한다.) "이렇게 감동을 받고 이렇게 자격을 인정받은 오직 이 사람만이 자신은 성령에 의해서 내적으로 감동을 받았다고 진정으로 바른 양심을 가지고 대답할 수 있다. 이런 진정성이 없이 감히 그렇다고 말하는 사람은 모두 하나님의 이름과 성령의 이름을 모독하는 신성모독자이다. 그는 그리스도의 교회를 양육하기 위함이 아니라 강도질하기 위해서 침입한 자이다. 거짓으로 시작한 사람은 거짓의 아비에게서 보냄을 받았음이 분명하다. 목회의 일로 들어가기 위해서 첫마디부터 얼버무리는 사람은 '문으로 들어 온' 것으로 간주할 수 없다." Pastoral Care, ch. vi.

줄 것이다. 섭리는 조화로운 협력 속에서 움직이는 '바퀴 안의 바퀴'이지만, 하나님의 교회에 관한 그의 목적에 직접적인 도움이 되도록 작동하기 때문이다. 하나님의 이 예비하심이 세속 직업의 선택을 지도해 나간다면, 하나님 나라의 유익과 깊이 연결되어 있는 이 문제에서 더욱 이 일을 위한 내적인 부르심을 인도해 나가리라고 기대할 수 있을 것이다. 그러므로 어떤 사람의 환경, 생각, 성향, 공부가 섭리에 의해서 이 목적을 향하게 되는 것, 인생의 미래를 위한 그의 계획에 대한 실망, 세상으로 나가는 길이 예상치 못하게 반복적으로 막힘, 기대하지 않았는데 교회에서 길이 열림(자기가 원해서가 아니라 봉사의 유용성 때문에), 개인적 영역에서 발생한 어떤 유별난 위기, 가족 상황의 변화나 영향, 이런 일들 중에서 한 가지 또는 그 이상의 일이 있을 때에 그것이 "네 뒤에서 말소리가 네 귀에 들려 이르기를 이것이 바른길이니 너희는 이리로 가라"는 (사 30:21) 음성임이 입증될 수 있다. 하지만 원래의 성품이 하고자 하는 것과 반대 방향의 지시가 주어질 수도 있다. 자신감이 무너지고 게으른 습관에 대한 각성이 일어나는 것과 같다. 지혜롭고 부드러운 훈육은 유순한 성격을 형성하여 아버지의 뜻을 분간하고 따를 준비를 시킬 것이다. 주님은 대개 종들에게 기다리는 훈련을 시키며, 직접적인 봉사의 길에 많은 난관을 두신다. 그러나 겸손하고 꾸준한 확신 속에서 그들의 '길은 환한 길과 같이 될 것이다'.[39]

---

39) 자신을 섭리의 지도와 지시에 완전히 맡기기로 결심하는 사람을 격려하고 위로하기 위해서 이 말을 덧붙여야겠다. 이 공리를 그대로 따른 소수의 사람들 중에서 이 세상에서라도 그 열매를 얻지 못한 사람을 나는 본 일이 없다. 이는 마치 이 방식을 따르도록 다른 사람들을 격려하려는 하늘의 은밀한 계획이 있는 것 같다. 그들은 하나님을 의지하고, 자신을 완전히 하나님의 보호의 손길에 맡기며, 하나님께서 길을 열어 그들을 사용하시고 정착시켜 그들에게 합당한 일의 몫을 맡기는 경험을 했다. Pastoral Care, ch. vii.

그리스도인 친구의 판단, 특히 경험 있는 목사의 판단은 목회를 향한 욕망이 감정의 충동인지 아니면 원칙에 근거한 충동인지, 또한 자기의 능력에 대한 평가가 자기를 속이는 오만함인지를 확인하는 데에 유용하다. 경건한 학자였던 릴랜드(Leland) 박사가 자신의 경우에 관하여 이런 훌륭한 입장을 취했다.

"하나님께서는 은혜롭게도 나에게 어느 정도 재능을 주시기를 기뻐하셨다. 그 재능들이 증진되면 교회를 유익하게 하는 데 사용될 수 있을 것으로 보였다. 하나님께서는 나의 마음을 움직여 기꺼이 거룩한 목회의 짐을 지고자 하게 하셨으며, 세상적·육신적 목적과 견해에서 나온 것이 아니라 하나님께서 나에게 주신 재능을 영혼의 구원을 위해서, 세상에서 진리·경건·의를 위해서 봉사하려는 진실한 의도와 열망에서 그렇게 하도록 하셨다. 또한 나는 몇몇 학식이 있고 경건한 목사의 판단과 승인에 의해서 격려를 받았다. 그들은 상당한 시간 동안 성실하게 조사한 결과 내가 목회를 위한 정당한 자격이 있다고 판단하고 그 책무를 감당하도록 힘을 불어넣어 주었다. 이 모든 일들을 신중하게 검토한 결과 나는 내가 목회를 위해서 부르심 받았음이 분명하다고 생각하지 않을 수 없었다. 나는 진정으로 이렇게 믿었다. 만약 내가 이 부르심을 거부한다면 나는 하나님에게 죄를 범하며, 많은 하나님의 백성을 슬프게 하며, 나를 향한 신성한 섭리의 계획에 역행하며, 하나님께서 나에게 주신 재능을 원래 의도와는 다른 곳에 사용하는 것이라고."[40]

---

40) 그의 설교 허두에 제공된 Leland's Life를 보라. "능력과 의지와 기회가 주어진 자들이 부르심을 받은 자들이다. 이 세 가지 모두 하나님의 선물임에도 불구하고 우리의 노력을 요구한다. 가르칠 것을 배우는 데에는 기도와 성실함이 요구된다. 의지 또한 주님께 간청해야 한다. 가르칠 수 있는 기회도 찾아야 하며, 아무도 들으려고 하지 않는 곳이 아니라면 잠잠해서는 안 된다." Bucer, De vi et usu S. Min.

여기서 다루는 내용의 중요성은 누구나 인정할 것이다. 확실한 임무 부여 없이 어둠 속에서 일하는 것은 하나님의 일에 참여할 때 믿음의 확증을 크게 약화시킨다. 하늘의 지원을 받지 못하는 목사는 자기의 일에서 '피곤한 손과 연약한 무릎'을 경험할 것이다. 반면에 하나님의 부르심에 순종하여 행동하고 있다는 확신은 (자신이 하나님의 일을 하고 하나님의 길 가운데 있다는) 모든 난관 속에서도 그에게 힘을 줄 것이며 전능하신 능력과 함께 책임감을 느끼게 해줄 것이다. 하나님께 온전히 바친 사람은 어떤 환경에서도 비탄을 느껴야 할 정당한 이유가 없다. 번민 가운데 있는 목사는 하나님의 자비 앞에 자신을 던지고 하나님께서 자신을 받아 주심을 의심하지 말아야 한다.

이 주제에 대한 연구를 마치면서 내적인 부르심을 받았다고 해서 반드시 공적인 목회의 권위가 입혀지는 것은 아님을 밝혀두려 한다. 우리 중 많은 사람들은 이 거룩한 직책을 맡을 때 기독교 교리에 대해서 깨닫는 마음도 없었고 목회적 책무를 깊이 느끼지 못했음을 고통스럽게 회상한다.[41] 하지만 이 죄의 기억으로 좌절하는 것이 아니라 겸손해져야 할 것이다. 거룩한 제단에 부정하게 접근한 우리의 죄로 인해 마음에 고통을 당해 마땅하지만 '너무 많은 근심에 잠기지는' 말아야 한다. 다른 모든 죄와 마찬가지로 이 죄에 대해서도 은혜로우신 하나님의 자비가 있으므로 주의 자비를 헛되게 하지 말아야 한다.

---

41) 스콧이 자신의 경우를 감동적으로 이야기하는 것을 보라. Force of Truth, and Practical Observation on Numbers xvi.1-10. 또한 놀라운 순결함과 주님의 일에 대한 훌륭한 헌신을 보여준 트루로의 워커(Mr Walker of Truro)의 동일한 고백을 보라. Practical Christianity라고 이름 붙여진 그의 귀중한 논문집, 190, 191쪽을 보고, 'Humbling Recollection of my Ministry'를 참고하라. 헌신적인 목사로서 뒤에 목회를 그만 둔 Seeleys의 유익한 Memorial을 참고하라.

물론 우리는 삶이 다하는 날까지 이 죄를 특별히 기억해야 한다. 그것을 통해서 한편으로는 하나님의 은혜를 더욱 크게 해야 하고(딤전 1:11~16), 다른 한편으로는 앞으로 노력을 배가하는 동기로 삼아야 한다. 마음속에 깊은 회개를 일으키기 위해서 안수를 받을 때 한 맹세를 자주 떠올리는 것이 좋다. 특별히 안수 받았던 날 즈음에 그렇게 하면 더욱 좋을 것이다. 거기에 따르는 책무를 새롭게 인식하면서 자신을 새롭게 하나님께 드리며, 은혜로 그 책무를 감당하겠다는 굳은 결심을 해야 한다. 그렇게 해서 마치 부끄러움과 자기 비난과 함께, 그러면서도 감사한 마음으로 두 번째 임무를 받는 것처럼 되어야 한다. 우리는 그 일에 자신을 쏟아 부어야 한다. 안수를 받을 때에는 '성령에 의해서 감동되지 않았으나' 지금은 그렇게 되었다는 증거를 영혼 속에 가지고 있어야 한다. 또한 이제는 우리가 높은 하늘의 부르심에 어긋나는 모든 것을 진심으로 거부한다는 것을 만약 양심이 증거한다면, 하나님께서 우리의 모든 사랑의 수고를 자비로 받아주실 것이며 (하나님 자신의 말씀의 확증으로) 우리의 수고에 따라서 우리 영혼에 복을 주실 것임을 의심할 필요가 없다.

"그러므로 주 여호와께서 이같이 이르시되
보라 내가 한 돌을 시온에 두어 기초를 삼았노니
곧 시험한 돌이요 귀하고 견고한 기촛돌이라
그것을 믿는 이는 다급하게 되지 아니하리로다"

(사 28:16)

참된 목회

3장

개인의 성격적 특성과 관련된 사역의 비효율성

나는 참된 학문에는 무용한 것이 조금도 없다고 생각한다.
그럼에도 불구하고 나의 영혼은, 자기 청중 속에서
아무것도 알지 않기로 결심했던 바울의 거룩한 결심을 인정한다.

'개인의 성격적 특성과 관련된 사역의 비효율성'[1]을 다루려면 저자에게 섬세함, 사려 깊음, 부드러운 마음이 요구된다는 것을 잘 알고 있다. 하지만 나는 진심으로 이렇게 말할 수 있다. 내가 비록 나의 유익을 위해서 형제들의 사역을 부지런히 관찰하기는 했지만, 여기서 상세하게 다루는 자료는 다른 사람들에 대한 비판적 조사에서 얻어진 것이라기보다는 나 자신의 부족과 유혹의 고통스러운 경험에서 얻어진 것이다. 또한 나는 형제의 부족을 폭로하면서 기쁨을 느끼는 오만함은, 자신의 영혼을 깊이 살피고 모두에게 유익이 되도록 하기 위해 형제의 실패를 관찰하고 그것에 대한 요약된 견해를 형성하는 것과 크게 다르다는 것을 독자들이 기억하리라 믿는다.

개인의 습성이 목회 사역에 좋은 방향으로든지 나쁜 방향으로든지 중요한 영향을 끼친다는 것은 명약관화하다. 각 사람의 개성은 사역에서 많은 부분을 담당한다. 그러므로 기독교적 삶의 퇴보를 가져오는 원인들을 이 부분에서 다루고자 한다. 이제부터 상세한 내용을 보도록 하겠다.

---

[1] 이 문제에 대한 훌륭한 글들이 1822년 「Christian Observer」에 실렸음.

온 마음으로 목회에 전념하지 않음

디모데전서 4장 13~16절은 짧은 몇 마디 말로 목사가 목회에 전념해야 할 필요성에 대해서 매우 중요한 교훈과 권면을 준다.

"읽는 것과 권하는 것과 가르치는 것에 전념하라…… 네가 네 자신과 가르침을 살펴 이 일을 계속하라 이것을 행함으로 네 자신과 네게 듣는 자를 구원하리라."

"우리는 기도하는 것과 말씀 전하는 것에 힘쓰리라"는(행 6:4~7) 사도들의 결심은 전적인 집중이 목회 성공에 미치는 영향을 보여준다.[2] 양 떼를 위하여 자신을 내어주신 우리의 크신 목자는 목회자를 양 떼에게 주셨다(참고, 엡 4:8~12). 우리 자신을 회중에게 내어줌으로써 그들이 우리를 그리스도께서 주신 선물로 기뻐 받을 수 있게 해야 한다는 것을 생각하면 우리의 사역을 위한 책임감은 더 없이 커진다. 회중을 향하여 이렇게 말할 수 있다면 얼마나 좋을까.

"우리는 그리스도의 것인데 주께서 우리를 당신들에게 주셨습니다. 우리의 존재는 오로지 당신들에게 달려 있습니다(롬 1:14). 우리는 '예수를 위하여' 당신들의 종이 되었습니다(고후 4:5). 우리는 이 일에 헌신했으며 이 일 외에는 아무것도 가치가 없는 것처럼 그 일에 전념하기를 원합니다. 우리는 우리의 모든 시간, 모든 독서, 모든 마음과 정신을 이 봉사에 쏟습니다."

"주 안에서 받은 직분을 삼가 이루라"(골 4:17)는 권면은 아킵보에게만

---

2) 이 결심이 초대 교회의 신실한 사역에서 예증된 것을 주목하라. 기도와 주의 일에 전념한다는 원칙이 계속 견지되었다. 골 1:7, 4:12; 빌 2:30.

필요한 것이 아니라 우리에게도 필요하며, 끊임없이 일하라는 사도의 권면은(딤후 4:1~2) 사랑 받는 제자 디모데에게만 적용되는 것이 아니라 우리에게도 적용된다. 영국 교회가 우리에게 제공하는 특권과 면책 특권들이 자기만족의 구실이 될 수 있을까? 회중의 눈에는 잘하는 것처럼 비칠 수 있는 일상적인 일들을 하지만 고통스러운 자기부인을 실천하는 면에서는 '값없이 여호와께 번제를 드린다'면(삼하 24:24) 만족스럽다고 할 수 있을까? 우리는 주님의 포도원에서 빈둥거리는 자가 아니라 일꾼이다. 우리는 마지못해서 그 일을 하는 것이 아니다. 주님께서 버리실 것이 두려워서 하거나 주님께서 마땅히 받으실 것 이상의 일을 하는 것처럼 해서는 안 된다.

"목회의 존엄함을 지키는 것이 진실로 종의 조건이다. 이 존엄성으로 인해서 사람은 예수 그리스도와 그의 교회를 위해서 자신을 전적으로 드린다. 목회자와 목회는 오로지 교회를 위한 것이다. 목회자의 위치에 있으면서 교회를 섬기는 일에 전념하지 않는 사람은 도적이며 신성을 모독하는 사람이다. 목회를 위한 정열을 가지지 않은 사람은 교회를 위하여 사용하라고 받은 모든 은사와 유익들을 쓸모없이 만든다. 목사는 하나님의 일과 영혼 구원 이외의 어떤 것에도 마음을 두어서는 안 된다. 이것이 그의 기쁨이요, 그의 양식이요, 그의 생명이 되어야 한다."[3]

목회자들은 동료 그리스도인들과 마찬가지로 '값으로 사신 바' 되었을 뿐만 아니라 이 사역을 위하여 구별되어 바쳐졌다. 그러므로 우리에게는 '자기 생활에 얽매임'으로써 교회를 위한 전적인 헌신을 방해할 권리가 없다. 고대의 교회에서는 이 의무가 매우 중요하게 여겨졌다. 그래

---

3) 롬 1:1; 엡 3:1; 요 4:34에 대한 퀘스넬(Quesnel)의 해석.

서 키프리안은, 감독은 유언 집행자의 직무에 얽히지 말아야 한다는 교회의 판단을 전해준다. 설사 이것이 지나치게 과도한 규칙이라고 하더라도 원칙은 훌륭했다. 목회자는 영적인 일에 온전히 집중하는 까닭에 중요한 세속적 의무에 대해서는 필요한 관심조차도 기울일 수 없다는 것이다.[4]

우리의 책임은 회중 각 사람에게 전적으로 마음을 기울이되 그들이 마치 우리가 돌보아야 할 유일한 대상인 것처럼 하는 것이다.

"그러므로 우리는 엄숙하고 즐거운 결단으로, 목회의 전체적인 목적에 명백하게 도움이 된다고 말할 수 없는 연구, 목표, 심지어 레크리에이션까지도 피하기로 결심해야 한다. 사도가 상기시키는 것은, 우리의 방문이나 여행이나 삶의 일상적인 대화조차도 우리가 기독교인이라는 사실뿐만 아니라 목회자라는 사실까지도 결코 잊지 말아야 한다는 것이다. 모든 활동은 거룩해야 한다. 모든 활동은 우리가 하나님에 대해서 배운 것을 나눠줄 수 있는 기회를 찾고 기다리는 전체 체계의 일부가 되어야 한다."[5]

---

4) 딤후 2:4. Cypr. Epist. i. 눅 9:61~62에 대한 버킷(Burkitt)의 주석을 보라. "거룩한 사역을 수행하는 데 헌신하고 전념하지 않는 사람은 어떤 교회의 사역도, 아무리 작은 교회라 할지라도 할 수 없다는 사실을 누구라도 쉽게 이해할 수 있을 것이다." Bucer de Odinat. Legit. Minist. Eccles.

5) Scott's Letters and Papers, pp. 307, 308. 또 다른 곳에서 그는 열정적이고 항시적인 헌신의 정신으로 이렇게 썼다. "목회의 일로 바쁠 때 외에는 내 양심이 평안하거나 즐겁지 못했다. 하나님의 일에 대한 지식을 얻는 것뿐만 아니라 혀와 펜으로 그것을 전달할 때, 내 자신이 감동을 받기 위한 묵상에 의해서뿐만 아니라 이런저런 방법으로 다른 사람들에게 감동을 주고 그들의 마음을 일깨워서 주님을 찾고 신뢰하고 사랑하고 섬기게 함으로써 양심의 평안을 얻었다. 나를 활기차지 못하게 만드는 교만, 야심 등에 대해서 많은 생각을 한 후에 (그것들은 은밀히 활동하게 마련이다) 나는 내가 겸양, 조심성, 겸손 등의 구실을 대면서 적극적으로 활동하지 않고 있을 때 사탄이 나를 사로잡는다는 것을 알게 되었다. 사탄은 내가 봉사를 미루거나 다른 사람에게 넘겨줄 무수한 이유를 나에게 제시한다." Life, p. 213.

사탄은 목회자가 목회에 합당한 일을 하고 있지 않는 한 그들이 무엇을 하든 신경 쓰지 않는다고 세실은 말했다. 낚시든, 운동이든, 카드 놀이든, 모임이든, 고전작품에 주를 붙이는 작업이든, 정치든 사탄에게는 다 마찬가지이다. 그 모든 것들이 사탄의 입맛을 만족시키는 것이다. 이에 비추어볼 때, 느헤미야의 교활한 대적들이 느헤미야의 관심사를 하나님에 대한 직접적인 봉사에서 다른 것으로 돌리려 했을 때, "내가 이제 큰 역사를 하니 내려가지 못하겠노라" 하고 대답한 것은 얼마나 당당한 일인가![6] 영적인 성전을 건축하는 일에도 이와 똑같은 마음의 집중과 그것이 가장 중요하다는 의무감이 요구된다. 또한 우리도 그와 똑같은 정신으로 부패한 마음의 제안, 교만의 제안, 게으름의 제안, 손쉬운 삶의 제안, 세속의 제안, 불신앙의 제안에 대해서 "나는 내려가지 않을 것이며, 내려가서는 안 되고, 감히 내려갈 수도 없으며, 내려가지 못하겠다"고 대답할 준비가 되어 있어야 한다. 우리의 일에 대한 진정한 열정을 가지고 '땅의 질그릇 조각을 찾는 일은 질그릇 조각에게' 맡겨야 할 것이다. '죽은 자들로 죽은 자들을 장사 지내게 해야' 한다. 이 세상의 일 때문에 우리에게 당면한 절대적인 명령 곧 "너는 가서 하나님의 나라를 전파하라"는 명령 수행의 길에서 벗어나서는 안 된다(사 45:9, 눅 9:59, 60).

버닛 주교는 '우리의 안수식 전체를 관통하는 목회의 위대한 관념, 곧 그것이 사람이 전적으로 하는 일이 되어야 한다는 것, 그의 생각과 시간을 완전히 쏟아야 한다는 원칙'을 상기시킨다. 주교는 이렇게 묻는다. "우리가 이보다도 더 강조하고 힘주어서 해야 할 말이 무엇인가? 전

---

[6] 느 6:3, 4. 'Minister verbi es. Hoc age'는 거룩하고 학식 있는 퍼킨스(Perkins)에게 정신을 차리게 만드는 자극이었다.

존재를 완전히 집중하고 시간과 노력을 완전히 경주하며 다른 모든 염려들로부터 자신을 분리시켜서 모든 가능한 노력과 열정으로 이 한 가지 일을 추구해야 한다는 것을 보여주어야 하는것보다 더 중후하고 더 선명한 일이 어디 있는가? 고금을 막론하고 나는 이렇게도 심각하고 이렇게도 엄숙한 힘을 가진 직책을 결코 본 적이 없다."[7]

성직자는 "두 대상에게 회계해야 한다. 사람과 회계해야 할 뿐만 아니라 하나님과도 해야 한다. 그런데 사람과의 회계에서는 아무 문제가 없더라도 교회의 크신 대제사장의 눈에는 목회자의 기능이 충분히 수행되지 않을 수 있다. 인간적인 견지에서는 목회의 일이 계약의 내용과 정확하게 일치하지 않을 수 있다고 해도 공식적 직무 외에도 수행해야 하는 의무가 있다. 그것은 규정되지는 않았지만 그렇다고 해서 구속력이 약해지지 않는 의무로서 목회를 위해서 구별된 사람들이 완수하기 위해서 노력해야 하는 것이다."[8]

---

7) Pastoral Care, chap. vi.
8) Burnet의 Pastoral Care, ch. viii을 보라. 리치먼드의 사역이 이 '규정되지 않은 직무 외의 의무'의 예가 될 것이다. 주일의 온전한 두 번의 예배 외에, 주일 저녁에 젊은이를 위한 강의, 화요일의 오두막 강의, 목요일의 강의, 금요일에 예배당에서 하는 강의, 공장에서 매주 하는 가르침, 성찬을 위한 매달의 강의. 이런 공적인 가르침 이외에 집집마다 방문하라는 사도적 권면이 수행되어야 한다. 그의 Life, pp. 114~115, 588~589를 보라. 많은 헌신적인 목회자들은 '힘이 지나도록 견딜 수 없는 압력'을 받으며 그런 지속적인 과로로 곧 '사형 선고를 받을' 것이다. 한 훌륭한 목사가 그의 형제에게 말했다. "그리스도는 너무나 크신 주인이시고 너무나 좋은 주인이어서 그의 종들은 봉사를 하다가 죽어야 하며 또한 그것을 요구하신다." 그러나 어떤 사람들은 후임자들에게 지나친 짐을 남겨줄 것이 걱정되어 이 '직무 외적인' 활동을 보류했다고 고백한다. 주께서는 육체적 힘이 없을 때에도 같은 양의 일을 요구하지는 않으실 것이다. 그러나 그들의 힘이 닿는 데까지 일을 할 것을 모든 종들에게 요구하실 것이다. 교구민들 중 많은 사람들의 더 고상하고 온당한 요구들은 우리를 자극하여 분발하게 한다. 하지만 거기에 주의할 것이 있다. 우리는 미래를 준비한다는 고려 하에 지금 힘을 발휘하지 않거나, 천사들도 흠모할 만한 봉사를 하면서 우리의 몸이 망가진다고 불평하지 말아야 한다는 것이다. 건강, 힘, 재능과 기회가 주어진 마당에 누가 사안

목회의 일은 통상적인 직업이 아니다. 목회는 사람의 통상적인 거래를 규제하는 상호성의 원칙을 근거로 수행되어서는 안 된다. 일정한 값이 지불되었을 때 그 대가로 어떤 서비스가 제공되는 상업적인 거래에 비추어 목회의 일을 생각하는 사람은 자신의 높은 부르심을 모독하는 것이다. 그는 천상의 모범을 따라서 항상 주인의 일에 종사해야 한다. 현명하고 적절한 방식으로 때와 기회와 주제를 사용하여 자기에게 맡겨진 진리를 보여주어야 한다. 그의 '말'은 항상 '적절해야' 하며, 어떤 사람도 그가 직무를 유기한다고 비난할 수 없어야 하며 어떤 사람도 에서처럼 후회와 비난이 뒤섞인 목소리로 "빌 복이 이 하나뿐이리이까"라고 질문하는 일이 없어야 한다.[9]

'천상의 모범' 이신 예수님께서는 목회 사역의 참된 정신 곧 '힘을 다한다' 는 문제에 대한 놀라운 예화를 제공한다. 주님의 모든 정신이 거기에 집중해 있었다. 본업을 위하여 덜 중요한 의무를 뒤로 하고(눅 2:49; 마 12:46~50) 개인적인 편의를 포기하고(막 6:34~50) 심지어 당면한 필요까지(요 4:6~14) 희생하셨다. 사소한 일에 낭비된 시간이 전혀 없었다. 그렇게도 줄기찬 활동이었다. 유용한 기회를 잃어버린 적이 한 번도 없었다. 심지어 삶의 일반적인 예의(눅 7:36~50, 11:37, 14:13~24), 공적인 경우(요 7:37)까지도 가장 중요한 교훈을 전하는 도구로 선용되었다. 자신의 일을 포기한다는 생각은 용인될 수 없었다(마 16:23). 매우 치명적인 비난과 어려움을 통과하면서도 주님께서는 마지막까지 견디셨다(사 1:5~6; 요 17:4). 단 하

의 중대성에 의해서, 양심의 소리에 의해서, 우리 주님의 사랑의 강제력에 의해서(요 21:15~17), 우리가 스스로 행한 안수의 서약에 의해서 그런 노역이 요구된다고 말하지 않겠는가?
9) Bishop of Winchester's Ministerial Character of Christ. pp. 232~233.

루의 활동도 목회의 역사에서 유례가 없는 활동이었다.[10] 그리고 복음서에 3년으로 기록된 내용은 실은 그보다 훨씬 많은 내용의 압축일 뿐이다.

위대한 사도 바울도 주님을 닮은 열정으로 이 복된 모범을 따랐다. 그는 자기의 모든 것을 사역에 쏟았다. 그는 교회를 위한 영적 축복의 기관이 되었으므로(롬 1:11~12; 살전 3:8~11) 고용되어 일하는 사람처럼 진급을 추구하는 어떤 정신도 가지지 않았다. 들을 귀가 있는 곳이라면 어디서라도 그는 말할 마음과 혀를 가지고 있었다. 심지어 로마에서조차도 그러하였다(롬 1:15). 그가 자신의 활동을 설명하는 내용을 보면, "아시아에 들어온 첫날부터"…… "유익한 것은 무엇이든지 공중 앞에서나 각 집에서나 거리낌이 없이 여러분에게 전하여 가르치고"…… "삼 년이나 밤낮 쉬지 않고 눈물로 각 사람을 훈계하던 것" (밖으로는 그의 대적들의 '시험'에 노출되고, 안으로는 부드러움과 열심과 긍휼에 의해서 '영혼이 눌렸으니', 이것은 '눈물'로만 분출되었다), 또한 어떤 값을 치르더라도 자기의 길을 달려가기로 불굴의 결심을 했다.[11] 그래서 그는 이렇게 증언할 수 있었다.

"내가 그의 아들의 복음 안에서 내 심령으로 섬기는 하나님이 나의 증인이 되시거니와"(롬 1:9).[12]

---

10) 막 1:32~38을 참고하라. 마태복음 13장의 비유들은 어느 날의 오후에 가르쳐진 것으로 보인다. 그날에 다른 가르치는 일도 하셨다. 도드리지(Doddridge)는 또 다른 경우에 대해서 이렇게 말했다. "우리가 구약에서 읽는 어떤 선지자들도 그의 전 생애 동안에, 우리 주님께서 이 하루 오후에 행하신 만큼의 은혜로운 기적을 행하지 않았다." Family Exposition on Matt. ix. 33. Section lxxii.
11) 행 20:18~36을 참고하라. 그의 활동이 상당히 길게 묘사된 또 다른 부분은 롬 15:18~28이다.
12) 브레이너드(Brainerd)가 이 정신에 가장 가까이 간 모습을 보여 준다. 그는 주님의 일을 향한 사랑의 불길을 어떤 말로도 충분히 표현할 수 없었다. '나는 신성한 봉사를 위해서 계속해서 타오르는 화염이 되어 나의 최후 순간까지 설교하고 그리스도의 나라를 세우기를 염원한다'고 그는 말하곤 했다.

그렇다면 우리는 '하나님이 나의 증인이신가'라고 물어야 하지 않겠는가? 하나님이 우리 안에(설교를 몇 번 하느냐를 말하는 것이 아니라) 말씀의 신실한 사역의 목적, 정신 상태, 표지 곧 '하나님 자신의 마음에 합한 목사'의 정신을 심어주셨는가?[13] 헌신적인 목회자는 사역을 자기가 전 생애를 들여서 할 일이라고 느끼고, 그 일에 대한 열정을 가지고 있으며, 그것을 최고의 기쁨이라고 느낀다. 그는 그 일에 전적으로 매진하지 않는다면 자신의 의무를 정당하게 이행할 수 없다고 느낀다. 그러므로 그는 어떤 방식으로든지 이 주된 목적과 연결되지 않은 일을 위해서는 시간을 내지 못한다.

그러므로 우리의 일에 하나님의 능력이 발휘되지 않을 때 자신을 깊이 되돌아보아야 한다. '단 하나의 목적을 가지고 전심으로 사역에 헌신하고 있는가?' 브라운의 임종 모습은 이 주제와 관련하여 가장 격려가 되는 증언이다. 40년간의 경험의 결과를 브라운은 아들에게 이렇게 말

---

13) 래티머(Latimer)의 진솔하고 신실한 권고를 들어야 한다. "그 지역에 목자들이 밤에 밖에서 자기 양 떼를 지키더니"라는 구절에 대해서 말하면서 그는 이렇게 덧붙입니다. "나는 모든 성직자들, 모든 목사들, 모든 영적인 사람들이 이 가난한 목자들에게서 교훈을 받기를 원합니다. 그것은 양 떼 곁에 머물며, 그들 가운데서 지내며, 그들을 돌보며, 자기의 쾌락을 위해서 이리저리 뛰어다니는 것이 아니라 자기들이 받는 사례로 만족하며, 하나님 말씀의 양식으로 그들의 양 떼를 먹이며, 자비를 베풀며, 그렇게 함으로써 그들의 영혼과 육체를 살지게 하라는 것입니다. 내가 말하지만, 이 가난하고 무식한 목자들이 훌륭하고 학식이 높은 많은 성직자들을 정죄할 것입니다. 이 목자들은 짐승을 돌보는 책임을 맡았으면서도 그것들을 지키고 먹이기에 신실했는데, 그 성직자들은 하나님께서 자기 아들의 죽음으로 사신 하나님의 양 떼를 지킬 책임을 졌으면서도 부주의하고 소홀하고 게을렀기 때문입니다. 그리고 대부분의 경우 그들은 양 떼를 먹이려 한 것이 아니라 양 떼가 자기를 먹여주기를 원했습니다. 그들은 자기들의 소일거리만을 추구했을 뿐입니다. 그러나 그리스도께서는 베드로에게 말씀하셨습니다. 무엇이라고 말씀하셨습니까? '베드로야, 네가 나를 사랑하는가?' 베드로가 '예' 하고 대답했습니다. '그렇다면 내 양을 먹이라.' 이렇게 하기를 세 번 반복하시면서 자기 양을 먹이라고 하셨습니다." 눅 2:8~12. Quesnel on 눅 13:22과 비교하라.

했다.

"영혼을 그리스도께 인도하기 위한 일! 나는 너를 격려하기 위해 이렇게 말하겠다. 주께서 나를 이끌어 이런 방식으로 가장 열심을 내게 했을 때, 그는 가장 큰 평안을 내 속에 부어주셨으며, 이렇게 해서 보상을 내 품에 안겨주셨다."[14]

훌륭한 주교 비버리지(Beveridge)의 진심 어린 충고도 같은 내용이다.

"그리스도의 교회에서 집사나 성직자의 직분을 맡으려 하는 모든 사람들에게, 그들이 섬기고자 하는 주 예수 그리스도의 이름으로 부탁하고자 합니다. 오늘부터 그들은 주님을 크신 주인으로 바라보고, 그가 불러 시키시는 일을 위해 자기 전부를 드려야 합니다. 그 일을 하다가 어떤 어려움을 당하더라도 사도의 모범을 따라야 합니다. 낙심하지 말고, 좌절하지 말고, 자기들이 세상에서 가장 위대한 주인을 섬긴다는 사실을 기억하고 즐거움과 민첩함으로 전진해야 합니다. 주님께서는 그들과 함께하며 그들을 도우실 뿐만 아니라 마지막에는 의의 면류관으로 그들에게 상 주실 것입니다."[15]

ℬ 세상을 따라감

사회의 구성원으로 살아가는 한 어느 정도 세상과의 관계는 불가피하다. 관계를 완전히 끊으려면 '세상 밖으로 나가야 한다'(고전 5:10). 목회

---

14) Brown's Life and Remains, p. 267.
15) 만트(Mant) 주교의 안수식 예배 설교에 인용된, 그의 Sermon on the Institution of Ministers를 보라.

사역의 임무 완수를 위해서도 어느 정도 대화는 불가피하다. 그러나 이 대화에서 성경이 정해준 한계와 원칙을 지키는 것이 가장 중요하다. 그렇지 않으면 우리는 주님이 정하신 규칙에서 벗어나거나, 요구하신 것을 어기거나, 기준을 낮추거나, 우리의 행동을 위한 다른 원칙을 도입하게 된다. 세상을 닮지 말아야 한다는 금령, '나와서 따로 있으라'는(롬 12:2; 고후 6:17) 하나님의 요구를 볼 때, 성소의 사역은 스포츠, 사냥,[16] 극장, 춤, 카드 놀이, 경마, 무익하고 어리석은 육신적 생활로부터 분리되어야 한다는 경고로 알아야 한다. 그런 일들은 신속하게 우리를 사회적 사귐에서 죄악의 쾌락의 함정으로 이끈다.

"세상을 사랑하는 생활은 덕을 권하는 존엄한 경건과 양립할 수 없다. 경건이야말로 거룩한 사역을 다른 것과 구별하는 특징이다. 경건의 정신만이 우리가 거룩한 목적에 쓸모 있는 사람임을 확증해준다."[17]

목사의 기호, 시간, 재능, 활동이 세속적이고 자기 탐닉적인 활동에 집중되어 있을 때 어떻게 그가 가르치는 일을 연습하고 기능을 습득할 수 있겠는가?

---

16) 만약 제롬이 오늘날 살았다면 '세속적인 일은 성직에 결코 어울리지 않는다'라고 쓸 수 있었을까? 교회의 권위로(ex cathedra) 선포된 다음과 같은 정서는 본질적인 우수함뿐만 아니라 권위의 무게를 지닌다. 타계한 젭 주교의 말이다. "나의 생각을 솔직하게 말하자면, 나는 성직자가 일관되게 자신의 인격과 직책의 거룩함을 유지하고 자기에게 맡겨진 양 떼를 권면하고 안수식에서 수행한 서약을 지킨다고 하면서, 어떻게 산이나 들에서 행해지는 스포츠를 추구할 수 있는지, 경마장이나 극장을 찾을 수 있는지, 카드 게임 테이블이나 댄스장에 나타날 수 있는지 알 수 없다. 이것은 교회의 초창기부터 주교들과 성직자들, 현대의 가장 뛰어나고 우수한 성직자들이 공히 견지한 정서를 천명하는 것이다." 에드워드 6세 시대에 서른두 명의 위원이 작성하여 1571년 4월에 칙령으로 발표한 우리의 교회법은, 다음과 같이 엄격하고도 높은 표준을 제시한다. "술친구, 도박하는 자, 새 사냥하는 자, 사냥하는 자, 고소하는 자, 빈둥거리며 게으른 자가 되어서는 안 되며, 거룩한 말씀의 연구와 말씀 선포와 교회를 위한 기도로써 부지런히 주님께 나아가야 한다."

17) Missillon.

영적인 감화력에 악영향을 미치는 습관, 곧 온갖 모양으로 세상을 따라가는 현상이 영국 교회 성직자들에게서 특히 현저하다. 그들의 사회적 위치, 교육 수준, 생활 방식, 외모 수준을 유지하기 위하여 필요하다고 인식되는 필수품들, 이 모든 것들은 거룩한 자기 부인에 의해서 억제되어야 한다. 그렇지 않으면 그것들은 우리의 위대한 사역의 방해물이 될 것이다.[18] 우리 주변에 우리의 의복, 가구, 식탁들, 집기를 살피는 예리한 눈들이 있으며, 우리의 목회 사역과 개인적 습관을 꼼꼼하게 비교하는 눈들이 있다는 것을 의식하는 사람이 별로 없을 것이다. 이 주제에 대한 스콧의 말은 깊이 음미할 만하다. 교역자가 자기의 신분에 지나칠 정도로 외모에 신경을 쓰는 것이 부적절한 유혹임을 지적한 후에 그는 이렇게 덧붙인다.

"성경을 근거로 해서 판단하건대, 그리스도의 사역자들은 사회의 상류 계급에 속하여 그들과 함께 외모나 즐거움을 추구할 생각을 하지 말아야 한다. 만약 교역자가, 사회적 지위가 높은 사람들이 자기를 주목하므로 자기도 그들을 따라가야 한다고 생각한다면 그는 크게 오해하고 있는 것이다. 그들을 흉내 내는 것은 교역자의 적절한 처신에 관해서 과거에 사람들이 가지고 있던 건전한 상식을 무시하는 결과가 되기 때문이다.[19] 또한 세상적인 것들은 허망하며 그리스도인은 그것들에 무심해야 한다는 공식적인 선언의 진실성이 의심을 받을 것이다. 교역자가 세

---

[18] 제롬의 편지들은, 비록 기독교 교리를 풍부하게 포함하고 있지는 않지만 성직자의 행동이라는 일반적인 주제에 대해서 많은 것을 말하고 있다. 이것은 'Benet's Directions for the Study of Divinity and the Articles of the Church'의 부록, 12mo. 1715에 있다. 그 요약판이 비닛의 Pastoral Care 4장에 수록되어 있다. 캠벨 교수는 이 주제에 대한 확고한 입장을 피력한다. On the Pastoral Character, Sect. ii. 또한 Secker's Charges, pp. 242, 243을 참고하라.
[19] 바로 위에서 말한 제롬의 논문이 유용한 가르침을 제공한다. Quesnel의 누가복음 11:37 주석.

상을 따라가거나 자기의 환경이 허용하는 것 이상으로 나아간다면 그들에 대한 존경이 역겨움으로 바뀔 것이다."

생애의 후기에 그는 이렇게 썼다.

"유감스럽지만 이렇게 말할 수밖에 없다. 세상적인 지혜를 추구하는 것, 가족을 부양하되 필수품의 수준을 넘어서 높은 지체와 풍요를 위해서 부양하는 것은 내 생각에 신령한 생활과 주님에 대한 단순한 신뢰를 좀먹는다. 이것은 심지어 성경적인 교리를 선포하는 사람들 사이에서도 볼 수 있는 일이다. 나는 이런 것들이 그들의 교역의 짐이 되며, 나아가서 전체적인 평가를 낮추며, 그들이 의식하는 것 이상으로 그들이 주님의 도구가 되는 것을 막는다고 믿는다."[20]

우리의 수입이 값비싼 소비를 즐기기에 충분하다고 해도 그것을 피하는 것이 기독교적인 절제가 아닌가? 우리의 마음이 그런 것들에 집착하지 않는다는 것, 그리스도인의 질박함과 소박함이 우리의 의도적인 선택이라는 것, '판벽한 집' (학 1:4)과 쓸데없는 치장에 들어갈 수 있는 지출을 하나님을 섬기는 데 사용하는 것이 양심적일 뿐만 아니라 심지어 특권이라는 것을 보여주는 것이 가장 중요한 일이 아닌가?

이웃과 사회적인 친분을 유지하는 것은 때로 사역에 심각한 방해물이 될 수 있다. 이것은 믿음이 있다고 해서 반드시 좋은 교육을 부정하게 된다거나, 까다로운 습관을 가지게 된다거나, 세상의 어리석음을 지나칠 정도로 경멸해야 한다는 말이 아니다. 그렇게 되는 것은 사랑의 복

---

[20] 이것은 스콧이 데마의 성격에 대해서 「천로역정」에 주를 달면서 한 말이다. Life, pp. 395, 396. 또한 Letters and Papers, pp. 476~482를 참고하라. Works, x. 224, 225. "이 세상은 영적인 성취를 막는 치명적인 원수이다. 세상의 허영, 악덕, 어리석음, 무익한 시간 낭비, 은사들, 재능들을 따라가지 않는 것이 얼마나 중요한지를 빨리 깨달을수록 좋다." Legh Richmond. Life, p. 105.

음에 일관된 정신이 아니고, 신자의 특징적인 정신도 아니며, 교역자의 정신은 더욱 아니다. 그런 불친절한 심정을 가지고 다른 사람을 대하는 일은 도리어 피해야 한다. 예의 바른 행동은 기독교적 신앙을 실천하는 의무이다(벧전 3:8). 그런 의무를 이행하는 것은 성경의 요구 사항으로 편견을 없애며 선의를 일으킨다. 그러나 채소 아래에 뱀이 숨어 있다. 오로지 하나님께만 마음을 집중하기 위한 갑절의 조심성과 기도가 요구된다. 사회적인 교제는 매혹적이다. 현명한 그리스도인은 특별한 부르심이 없는 한 이웃과의 친밀한 관계 속으로 들어가지 않는다. 허비(Hervey)는 생전에 이렇게 말했다.

"주님께 가까이 가지 못하게 막는 곳이라면 어떤 무리에도 속하지 말아야 한다."

적어도 우리는 주님을 알리기 위한 진실한 욕구와 노력 때문이 아니라면 어떤 무리에도 속하지 않겠다고 굳게 결심해야 한다. 실로 불경건한 자들 앞에서 '침묵을 지킬 때'(전 3:7), '우리의 입에 자갈을 물려야 할' 때가 있다. 이는 복음에 대한 불필요한 적대감을 일으키지 않기 위해서 '거룩한 것을 개에게 주거나 진주를 돼지에게 던지지'(마 7:6) 말아야 하는 까닭이다. 그러나 와츠 박사의 지적도 유의해야 한다.

"나는 우리 자신의 비겁함과 옛사람적인 품성으로 인해서 이 문제에 대해 지나치게 조심한 나머지, 다윗이 시편 39장에서 한 것이나, 예수 그리스도께서 마태복음 7장에서 그것을 가르치신 의도보다 더 나가는 것이 아닌가 생각한다."[21]

만약 우리가 '잠잠하여 선한 말도 발하지 아니' 하면서 다윗이 그 상

---

21) 부흥에 대한 왓츠의 겸손한 시도, pp. 88, 89.

황에서 느꼈던 것처럼 '근심이 더 심해지지' 않는다면(시 39:2, 40:9), 이것은 다음의 사실을 너무나 분명하게 보여준다. 즉 우리의 명예인 '그리스도의 종'의 독특성을 상실했다는 것, 우리의 기독교적인 신중함이 세상적인 비겁함으로 변했다는 것, 우리가 세상과 대화를 할 때에 복음이 가장 경고하는 것들 곧 사람에 대한 두려움, 육신적 탐닉, 실천적 불신앙에 의해서 그 대화가 지배 받는다는 것이다.[22]

주님께서는 우리의 봉사가 성전 봉사로만 제한되도록 의도하지 않으셨다. 하나님의 사람인 우리는 성전 봉사를 마음과 손에 품고서 사회의 일반적인 생활에서도 영적인 향기를 풍겨야 하며, 세상의 한가운데에서 그리스도의 종의 표시를 보여야 한다. 이 세상은 그리스도를 십자가에 못 박은 지 거의 2천 년이 지난 지금까지 그를 비웃고 있다. 우리가 사람들이 즉시 느낄 수 있는 어떤 분위기를 가지고 있지 못하다면 거기에는 문제가 있는 것이다. 명확하게 기독교적인 성격을 가지지 못하면 우리의 개인적인 교역의 일은 무의미하고 무능력하게 된다.[23] 심방을 할

---

22) 막 8:38과 같은 경우이다. 세커(Secker) 대주교는 이렇게 말했다. "우리는 삶의 일반적인 대화에서 우리의 일에 충분히 집중하지 않고 우리 사명의 목표를 끈기 있게 추구하지 않는 것으로 보이기 쉽다." 그는 또한 이렇게 경고한다. "세상적인 일에 대해서 열성적으로 말하고 삶의 사소한 문제들을 이야기하는 데에서 큰 기쁨을 느낀다면 이는 우리의 마음이 그런 일에 집중해 있다는 것을 나타낼 뿐이다. 우리가 그런 문제들 또는 우리의 직책과 무관한 일들에 대해서 상당한 수준의 판단력을 가진다면 (우리가 그런 일들에 대한 부르심을 받지 않은 한) 이는 우리가 그런 것들에 대해서 지나치게 마음을 두고 공부하며 그만큼 우리의 의무를 게을리 한다는 것을 암시할 수 있다. 만약 회중이 보기에 우리의 일 차적이고 주된 일이 지속적인 열성을 가지고 경건을 연습하고 자비를 베푸는 일이 아니라면, 또한 그들이 당신에 대해서 말할 때 경건의 연습과 자비에 대해서는 아무 할 말이 없고, 그것들에 대한 질문을 받으면 대답할 말을 찾지 못하다가 당신이 그들에게 해롭지는 않다고 말하는 정도라면, 거기에는 문제가 있으며 그런 성직자는 어떻게 보아도 성직에 어울리지 않는다." Charge, pp. 229, 236, 237.
23) 이미 타계한 훌륭한 교역자의 일기에서 유익한 사실들을 배울 수 있다. "오 주여, 내가 좀

때 영혼의 상태를 깊이 살피는 관심이 없다면 회중은 자기에게 아무 문제가 없다고 생각할 것이며 신앙과 관련된 심각한 이야기가 없다면 자기들은 주의할 필요가 없으며 강단에서 전파되는 말씀이 자기와는 무관하다고 생각할 것이다.

세상과 대화를 나누려면 세련된 매너를 익히는 것이 중요하므로 십자가의 거친 이야기를 직접 하지 않는 것이 좋다고 생각하는 경우가 있다. 그러나 하나님께서는 타협하는 정신을 결코 기뻐하시지 않는다. 성직이 세상에 대해서 오로지 부정적인 방식이어야만 하는 것은 아니다. 현명하고 부드럽지만 단호한 방식으로 경계선을 지켜야 한다. 매우 우호적인 상호 관계에서라도 세상과 교회의 진정한 교제를 막는 분명한 선이 지켜져야 한다.

사도 바울이 '이 세상 풍속'(엡 2:2)이라는 말을 강조해서 했을 때 경솔하고 무절제한 생활이나 악한 쾌락을 좇는 정도를 의미했을까? 세상을 좇지 말라는 이 경고가, 세상의 원리, 표준, 기호 또는 외적인 모양새를 좇지 말라는 정도의 의미일까? 세상과 접촉도 하지 말라는 그의 경고는[24] (하나님의 명백한 선언뿐만 아니라 그 금령의 적절성으로 미루어볼 때), 성경적인 기준에 비추어서 "아버지께로부터 온 것이 아니요 세상으로부터 온"(요일 2:16) 모든 관심사, 교제, 사고방식과 대화에도 직접 적용되지 않을까? 복

더 그리스도의 종으로서 내 친구들을 만나지 못한 것을 용서해주소서." Jay's Life of Winter. 경건한 리튼(Leighton)은 다음과 같이 말했다. "헛되고 천박한 대화보다도 교역자의 권위와 그의 메시지의 효과를 망치는 것은 없다." Pearson's Life, cxxvi. "나는 세상적인 친구들과의 대화에 너무나 순응하고 있다. 오 내 영혼이여, 만약 내가 거기에 진다면 나의 쓸모는 크게 감소할 것이다. 세례를 받을 때 내가 세상을 버렸다는 것을 자주 기억하도록 하자." Diary of Legh Richmond. Life, p. 71.

24) "부정한 것을 만지지 말라." 고후 6:14~17.

음적 교리와 정당한 처신에 따르면, 주님의 이미지를 따르는 것이 우리 일의 특징이 되어야 하지 않을까?

"내가 세상에 속하지 아니함같이 그들도 세상에 속하지 아니함"(요 17:14)이라고 주님은 기도하셨다.

세커 주교의 말을 기억하라.

"사람들이 기독교 신앙에 저항을 느끼지 않도록 해야 하는 것은 당연한 일이다. 그러나 이것은 우리 회중이 신앙을 잃어버리게 함으로써 우리에 대한 저항을 없애라는 말이 아니다."

우리 '각자는 사람들에게 좋게 하기 위해서 자기 이웃을 기쁘게 해야' 한다. 그러나 '그리스도의 종'의 본분을 망각하면서까지 '사람을 기쁘게' 해서는 안 된다(갈 1:10). 적절한 의미와 적절한 정도로 '여러 사람에게 여러 모양이 되어서 아무쪼록 몇몇 사람을 구원하고자' 해야 한다.

"그러나 만약 우리가 강단에 있을 때와 내려와 있을 때 서로 전혀 다른 사람이 된다면 우리는 다른 사람을 구원하기는 고사하고 우리 자신을 잃어버릴 것이다."[25]

이 존경받을 만한 정서는 '그리스도인의 예절'의 정확한 성격과 성경적인 한계를 정해준다. 그것은 기독교적인 건덕을 실행하는 한계를 지켜야 하고 자신의 유익을 구하지 않는 특징이 있어야 하며 죽어가는 영혼을 구원하겠다는 주요 목적에 전적으로 집중하는 것이어야 한다.[26] 우리가 세상의 마음에 들려고 하는 것은 경건한 열심이 동기가 되어야지 자기의 이익을 추구하는 것이 동기가 되어서는 안 된다. 우리가 높

---

25) Charges, p. 235.
26) 롬 15:2; 고전 9:22; 10:33을 비교하라.

이는 주님을 이 세상이 여전히 '무시하고 거절' 하는 데도 자신의 성공을 위해서 세상에 마음을 주는 것은, 성경의 원칙에 비추어볼 때 자만심보다 더욱 위험한 일이다(눅 6:22). 만약 하나님의 아들이 자신을 희생하는 무한한 값을 치르면서 그들을 위해서 봉사[27]하는 데도 그들이 회유의 요구를(마 11:16~17) 거절하고, (주님의 사랑스러운 모습을 그렇게도 많이 닮은) 대사도를 '세상의 더러운 것과 만물의 찌꺼기같이' 여기면서도[28] 우리의 사회에 접근하고자 한다면, 그것은 우리가 이 하늘의 모델을 담고 있다는 인식이 그들에게 있기 때문이 아니라 우리가 그들 자신의 기준에 근접해 있다는 인식이 있기 때문이다.

그런데도 교역자가 세상과 교제하는 것을 원칙적으로 정당화하기도 한다. 교역자가 있으면 천박한 농담이나 세상의 오락을 억제하는 효과가 있다고 주장한다. 나아가서 신앙을 더 잘 받아들이게 하는 긍정적인 유익이 있는 것으로 간주하기도 한다. 그러나 교역자에 관한[29] 명백한 명령을 어기는 것은 의도적인 죄악이다(요일 3:4). 비록 그 동기가 정상 참작을 요구하지만, '선을 이루기 위해서 악을 행하는' 것은 죄악이다. 동기가 아무리 좋다고 해도 하나님의 명령을 어기는 것이 용납될 수는 없다. 설사 (이 경우에는 사실과 경험에 모두 위배된다) 만족스러운 결과가 나올 것이 확실하다고 해도 마찬가지이다. 우리가 있음으로써 사람들이 두려워하고 악을 억제한다고 해도 악의 뿌리까지는 도달하지 못한다는 것을 누가 모르는가? 그러므로 한시적이고 부족한 우리의 영향력 때문에 목회

---

27) 요 15:18을 13~14절과 비교하라.
28) 고전 9:20~22을 고전 4:13과 비교하라.
29) 고후 6:17은 사 52:11을 가리킨다. 그것은 바벨론에서 귀환한 성전 봉사자들에 대한 예언적 연설로서, 뒤에 무오한 권위의 결정 아래 기독교 시대의 일반적인 행동 규범으로 확대되었다. Poli Synopsis, 사 53:11에서. 스 8:24~30과 비교하라.

자만이 내는 목소리를 낮추고, 세상의 입맛과 습관과 대화에 맞추며, 잘못된 행동 기준을 인정해주는 값비싼 대가를 지불하는 셈이다.[30]

레위 지파의 대제사장들이 사소한 세상적인 예의를 지키기 위해서 하나님과의 직접적인 교제라는 거룩한 위치에서 내려왔겠는가? 그렇다면 더욱 신령한 경륜 속에 사는 우리가 세상과 덜 분리되거나 우리의 기준이 덜 경건할 수 있는가? 세상과의 이런 관계 때문에 그들에 대해서 좀 더 온화하게 생각해야 하지만 그렇다고 해서 우리 주님께서 더욱 존중을 받으시는 것은 아니다. 대부분의 경우, 우리가 불타는 관심을 가지고 주님의 이름을 언급할 수 없을 뿐 아니라 우리의 대화의 정신 속에서 주님의 거룩한 이미지가 예증되거나 실현되지 않기 때문이다.[31]

---

30) (세실은 이렇게 말했다) "젊었을 때에 나는 실수를 범했다. 그것은 세상 사람의 위치에서 사람들과 이야기함으로써 그들을 내 편으로 끌어올 수 있다고 생각한 것이었다. 나는 그림 그리기를 좋아했기 때문에 그들과 그 주제에 대해서 이야기했다. 이것은 그들을 즐겁게 했다. 그러나 나는 그들이 추구하는 것의 결국이 무엇인지 가르쳐 주었다고 생각지 않았다. 도리어 나는 그들이 추구하는 것 이상으로 그들을 향상시킴으로써 더 높은 것을 추구하게 했어야 했다. 나는 당시에는 그것을 알지 못했다. 그러나 지금 나는 그것이 큰 잘못이었음을 안다." Cecil's Remains - 이 책은 기독교 사역에 대한 가장 중요한 생각들로 가득하다. (퀘스넬이 이렇게 말했다) "세상의 방식과 태도에 자신을 맞춤으로써 세상을 이길 수 있다고 생각하는 사람은 오해하고 있는 것이다. 도리어 세상에 대해서 열린 그 마음을 세상은 훨씬 빨리 타락시킬 것이다". 마 11:8 주석.
31) 마실론은 성직자의 방종한 환상에 대해서 예리하게 경고했다. "우리는 세상에게 받아들여지기 위해서 세상의 입맛, 언어, 방식을 채택하거나 거기에 순응해야 한다고 스스로를 설득합니다. 그러나 세상이 복음 사역자와 친해지고 순응하고 즐거워한다면, 이것은 목사가 자신의 위치에 해당하는 합당한 처신을 버리고 사람들의 존경을 상실했다는 결정적인 증거입니다. 주님께서는 제자들에게 이렇게 말씀하셨습니다. '너희가 세상에 속하였으면 세상이 자기의 것을 사랑할 것이나 너희는 세상에 속한 자가 아니요 도리어 내가 너희를 세상에서 택하였기 때문에 세상이 너희를 미워하느니라.' 형제들이여, 세상은 거룩하고 존경스러운 목사의 뒤를 따르지 않습니다. 스스로를 속이지 맙시다. 세상과 친해지거나 세상의 인정을 받으려면 우리 사역의 존엄과 엄숙함의 일부를 희생해야 합니다. 세상은 우리와 연합하기 위해서 그 치명적인 편견과 위험한 확신을 조금이라도 포기하는 일이 없

주님께서 자신의 가르침에 결정적으로 반대하는 사람들과 때때로 교제하신 사실은 인정되어야 한다. 그러나 주님은 오염된 공기를 마셔도 완전히 안전할 수 있었다. 그러므로 쉽게 오염되는 성향을 가진 사람들은 주님께서 하신 일을 함부로 따라 하지 않는 것이 지혜롭다. 주님께서 세상과 관계하실 때에는 철저히 지도자로서 하신 것이지 순응자로서 하신 것이 아니다. 또한 주님께서는 대화의 주제를 그들의 입맛에 맞추시지 않고(당시의 분위기와 주제에서 교훈을 이끌어내신 경우를 제외하고) 그들의 놀라운 관심을 '그 입으로 나오는 은혜로운 말'로 이끎으로써 중요한 목적을 이루셨다.[32]

하지만 세상과 우리의 대화가 주님의 모범을 따르는가? 우리는 '하나님을 상대방의 세계 속으로 이끌어들이는 힘들고 거친 일'을 할 준비가 되어 있는가?[33] 우리는 외부적 영향력에 너무나 쉽게 만족하면서, '우리의 소유주시요 주인이라고 고백하는' 그분을 명확하게 증거하지 못하고 있는 건 아닌가? "세속적인 마음 상태는 큰 죄만큼 참된 경건에 파괴적이다"라는[34] 지적은 정당하다. 사도 바울의 동역자였던 데마의

습니다. 절대로 그렇지 않습니다! 그들의 사회 속으로 받아들여지려면 우리의 원칙을 포기해야 하는 것입니다." Charges.
32) 2장을 보라.
33) Cecil's Remains. "세상과 섞이고자 할 때에는 그것이 당신의 의무가 요구하는 것인지, 사람들의 유익과 하나님의 영광을 위한 것인지, 당신이 하고 있는 것이 하나님의 일인지를 살피십시오. 주님께서 유대의 한 마을에 모습을 나타내실 때에는 아버지의 일을 하기 위함이었습니다. 혼인식에 모습을 드러내실 때에는 자신의 능력을 보이시고 자신의 가르침의 권위를 입증하기 위함이었습니다. 세리의 집에 들어가실 때에는 아브라함의 자녀를 구원하기 위함이었습니다. 명절에 유월절에 가실 때에는 성전을 정결케 하기 위함이었습니다." - 마실론.
34) Bishop of Winchester's Ministerial Character of Christ, p. 289. "이것을 또한 명심하십시오. 큰 진리입니다. 그것은 우리가 세상을 사랑하는 그만큼 하나님을 덜 사랑하게 된다는 것입니다." Bishop Taylor's Advice to his Clergy.

실례는 목회서신의 마지막 부분에 등대처럼 서서 우리의 주의를 상기시킨다. 영원한 천국의 영광스러운 전망으로 힘을 얻는 동안에도[35] 목회를 노리는 위험성에 대해서 항상 깨어 있어야 한다는 것이다.[36]

이 주제를 전체적으로 연구한 결과 나는 목회자가 무능력해지는 원인의 대단히 많은 부분이 세상을 따라가는 결과라는 결정적인 신념에 도달하게 되었다. 쾌락과 오락을 사랑하는 많은 경우들 속에서 이 주장은 증명이 불필요할 정도로 확실하다. 마실론의 질문은 오늘날에도 유효하다.

"세상의 일탈과 어리석은 일들에 도취된 후에, 당신은 복음의 중요성에 대한 깊은 감각과 그것의 성취를 위한 열정을 가지고 강단에 올라갈 수 있겠습니까?"

그런 교역자들에 대해서 우리는 '눈물을 흘리면서까지' 이렇게 말해야 할 것이다. 그들은 교회의 종기이며 우리의 확립된 원칙과 다스림에 대한 매우 강력한 저항보다도 더욱 분열을 촉진하며 (더욱 두렵게도) 그들

---

35) 딤후 4:10을 6~8절과 비교하라.
36) 본문의 흐름을 깨지 않기 위해서 이 문제를 각주에서 다루기로 한다. 그것은 세상 정치에 대한 지대한 관심이 신령한 목회에 파괴적인 영향을 미치느냐 하는 것이다. 버닛 주교는 자기 시대에 대해서 이렇게 말했다. "정치와 정당은 우리 사이에서 연구를 위한 시간과 정력뿐만 아니라 참된 신앙심을 앗아간다. 그것과 함께 하나님의 아들의 삶과 죽음이 이루고자 했던 것, 거룩한 직임을 맡은 사람들이 삶과 노력으로 이루겠다고 서약한 그것을 향한 진정한 열심을 앗아간다." 이 언급은 그 자체로서도 중요하지만, 주교가 죽기 겨우 3년 전에 집필한 「Pastoral Care(목회적 돌봄)」 마지막 판의 서문에서 발견된다는 점에서 그 무게가 더해진다. 그의 직책의 거룩성에 비추어볼 때 매우 정치적이었던 그의 활동이 우리의 주의를 요한다. 그 말은 성직자가 시민권을 행사할 때나 국가적 의무를 강제하는 데 소홀해야 한다는 말이 아니다. 다만 '이 세상에 속하지 않은 나라'의 일꾼은 이 세상 정치에 관한 자신의 관심에 대해서 '질그릇 조각으로 질그릇 조각과 다투게 하라'고 말할 준비가 되어야 할 것이다. 더 정치적이 되고 더 정당인이 될수록 우리는 그만큼 덜 교역자답게 될 것이다. 그리고 우리의 활동에서 기름 부음, 열매, 위안은 더욱 사라질 것이다. Scott's Life, pp. 306~307에서 목회자를 위한 다른 유용한 가르침들을 보라.

은 의무 불이행에 의해서 혹은 그들의 실례가 끼치는 적극적인 영향력에 의해서 그들은 불멸의 영혼들을 지옥으로 이끌고 들어가는 무서운 일을 하고 있는 것이다.

혹시 일반적인 습관이나 외모, 세상과의 관계에서 별 생각 없이 세상의 정신을 따라간 결과로(이런 일은 눈에 보이게 나타나지도 않는다) 실패하는 것은 아닐까? 십자가를 신실하게 전한다고 해도 교역자가 세상에 대한 정욕과 욕심을 십자가에 못 박음으로써 그 능력을 중시하지 않는다면 십자가의 능력은 실질적으로 약해질 수밖에 없다. 명백한 의무에 의하지 않은 세상과의 교제는 (이 좁은 한계를 지킨다고 해도 경건한 의도가 없이 교제한다면) 우리를 세상적인 분위기 속으로 몰아넣을 것이며, 그 결과 영적 생명의 힘찬 활동을 둔화시켜 마치 전기메기(torpedo)처럼 우리가 손대는 모든 것을 마비시키고 말 것이다.

민감한 양심을 가지고 이렇게 질문해야 한다. 세상과의 교제가 영적인 체질에 어떤 영향을 미칠까? 그런 분위기 속에서는 하나님보다 세상과 더욱 밀접한 교제가 진행되지 않을까? 기도의 정신이 거의 고사되고, 영적인 연습에서 얻는 즐거움이 거의 사라지는 두려운 지경에 떨어지지 않을까? 그렇게 해서 목회가 (자신도 모르는 사이에) 세상과의 분리라는 핵심적 문제에서 약해지고, 일반화되고, 불명확하게 되지 않을까? 비록 우리의 권면이 성경적 결단의 수준에 도달한다고 해도, 이 타협하려는 정신에 의해서 그 능력이 전적으로 소멸되지 않을까?[37]

---

37) "길은 여전히 좁으며, 문은 아직 협착하다. 세상은 우리가 이것을 공식적으로 말하고, 매일의 교훈에서 이것을 읽으며, 설교에서 이것을 엄숙한 말로 강조하도록 허용할 것이다. 그러나 만약 우리가 선포한 것을 실행하며, 한 주일과 다음 주일 사이의 기간에 우리의 진실성을 사람들이 믿도록 각성시키면, 교역자와 양 떼 사이에 논쟁이 시작된다. 교역자가 쾌락의 영역을 벗어나지 않는 한 영적으로 잠들어 있는 세상에 대해서 하나님의 무서

"성직자가 바이올린을 켜면 왜 신도들이 춤을 추지 않겠는가?"라는 쿠퍼(Cowper)의 말은 위트만큼 진리를 포함하고 있다. 목회자가 세상에 한 걸음을 들여놓으면 양 떼는 두 걸음을 들어가라는 허락을 받는다. 셋째 발걸음은 더욱 쉬울 것이며 분위기는 더욱 고양되어 마침내 "새가 빨리 그물로 들어가되 그의 생명을 잃어버릴 줄을 알지 못함과 같은"(잠 7:23) 상태로 떨어질 것이다.

"회중이 세상을 따라가지 않도록 하려는 교역자는 스스로 세상과 상당한 거리를 두어야 한다. 만약 그가 절벽 끝까지 가면 다른 사람들은 절벽 아래로 떨어질 것이다."[38]

"세상의 미소를 즐기는 설교자는 하나님으로부터 성공을 기대할 것이 별로 없다."

그러나 "세상적인 것을 전혀 사랑하지 않는 교역자는 큰 보물이며 교회의 큰 '위로' 이다."[39]

사람을 두려워함

양심적인 교역자 중에서 "사람을 두려워하면 올무에 걸리게 되거니와"라는(잠 29:25) 영감된 경구를 고통스럽게 기억하지 않는 사람이 과연

운 경고를 선언해도 별로 의심의 눈초리를 받지 않으며, 아무도 그를 괴롭히지 않을 것이다. 그러나 목회자 자신의 모범이 그의 가르침을 뒷받침하고, 주변 사람들의 양심을 불편하게 하면 그의 교리가 거짓이고 어리석은 것이라고 사람들은 생각한다." Antichrist. By the Rev. J. Ryland. pp. 49, 50.
38) Scott's Life, p. 122.
39) Quesnel, 고전 2:3; 행 4:36 주석. Baxter의 Reformed Pastor, p. liii에 실린, 캘커타의 주교의 서론적 에세이에서 이 장의 주제와 관련된 충격적인 생각을 찾아보라.

있을까? 사람을 두려워하라는 유혹만큼 허울 좋고 미묘하며 다양한 유혹은 없다. 이 유혹이 목회에 얼마나 나쁜 영향을 끼치는지를 상기해보면, 이것이 세상을 따라가는 것임을 충분히 알 수 있다. 스콧은 사역 초기에 이 유혹을 심하게 받은 것으로 보인다.

"이 싸움에서 그리스도인은 결코 승리하지 못한다. 바로 이 점에서 나는 다른 모든 면과 마찬가지로 아니 다른 어떤 면보다도 더 심각한 정도로 연약하다. 인기 없는 교리를 선포할 때 어떤 면에서는 내가 사랑하고 존경하는 어떤 교우의 현저한 결점이 드러나는 설교를 할 때 나는 속으로 두려움을 느낀다. 그때마다 나는 좋은 의견을 무시하거나 내가 존중하는 사람들의 판단에 거슬러 행하지 않으려는 유혹을 받는다. 목회 사역 때문에라도 나는 이런 유혹을 거절해야 한다. '사람을 즐겁게 하는 자가 아니라 하나님의 종으로서' 과감하게 말해야 한다. 사람을 두려워하지 말고 이 모든 두려움을 제압하며 내 양심이 명하는 대로 행해야 한다. 다른 사람의 비기독교적인 요소를 따르는 것, 사람을 두려워하는 것, 시간만 때우는 것 등은 교역자의 결점들이다. 이것은 아주 열정적인 교역자까지도 공적인 설교와 사적인 적용 등 교역의 매우 중요한 부분을 제대로 수행하지 못하게 만든다. 이런 정신은 매우 영적이고 헌신적인 생활의 습관을 들이지 않으면 사라지지 않는다. 사람을 두려워하지 않게 되는 것은 하나님의 은사이며, 특별히 교역자가 하나님을 위해서 추구해야 할 은사이다."[40]

---

40) Scott's Life, pp. 117, 118. 워커는 자기가 경험한 큰 시련들을 언급하는 가운데 이 점에 대해서 인상적으로 쓰고 있다. "개인적인 대화에서 사람의 낯을 두려워하는 것은 가장 불쾌한 일이다. 나는 이 유혹에 대해서 설서이 누생아시 싫은 수 없있다. 그페비디 η의시 없지 않았지만, 나의 의무에 충실하지 않았다는 지속적인 의식을 가지고 있었다. 지금 나는 사적으로 만났을 때 단호한 행동을 취할 수 있는 용기를 거의 가지고 있지 않다. 이것은

목회자라면 연약함에 관해서 어느 정도 동의하지 않을 사람은 없을 것이다. 스콧의 말과 같이 우리의 공적인 사역에서 의무에 대한 신념은 사람에 대한 두려움 때문에 거의 희생된다. 회중 가운데 힘 있는 사람들의 기호와 습관에 거슬리는 주제들이 간과되거나 공정하고 단호한 방식으로 분명하게 다루어지지 않거나 아주 가볍게 다루어지거나 광범위하고 모호한 일반적인 말로 다루어진다. 이러한 설교는 (주소가 없이 우체통에 넣어진 편지처럼) 아무 대상도 없게 된다. 아무도 그것을 받지 않는다. 그 내용에 대해서 아무도 개인적인 관심을 가지지 않는다. 이렇게 되면 교역자는 이 파괴적인 영향 아래 전혀 구체적으로 적용되지 않는 일반적인 진리를 주로 다루게 된다. 그것은 직접적이고 유용한 것이기보다는 듣기에 좋은 말일 뿐이다. 동일하게 필요하거나 더욱 중요한 다른 많은 주제들이 있지만 사람들의 마음에 더 드는 주제를 택하는 것이다. 이렇게 되면 양심과 세상 사이에서 지속적인 갈등이 있게 된다. 나는 양심을 따라서 말해야 하지만 세상이 두려워서 감히 그렇게 말하지 못하는 것이다.

사람들에게 거슬리는 진리가 완화되고 감춰지고 다른 것들과 뒤섞여서 마침내 맥없고 초점이 없으며 활기가 없는 주장이 되고 만다. 이렇게 타협하는 목회로 이끄는, 내용 없이 화려한 정신은 우리가 하나님께

내가 사람들의 존경을 받고자 하기 때문이며, 타고난 유약함이 또한 그 일을 부추기고 있다." Life, p. 453. 재판. pp. 342~343과 비교하라. 사도 바울이 디모데를 권면할 때 바로 이 교역의 장애를 암시하는 것으로 보인다. 그는 디모데에게 이렇게 권면한다. "그러므로 내가 나의 안수함으로 네 속에 있는 하나님의 은사를 다시 불 일듯 하게 하기 위하여 너로 생각하게 하노니 하나님이 우리에게 주신 것은 두려워하는 마음이 아니요 오직 능력과 사랑과 절제하는 마음이니 그러므로 너는 내가 우리 주를 증언함과 또는 주를 위하여 갇힌 자 된 나를 부끄러워하지 말고 오직 하나님의 능력을 따라 복음과 함께 고난을 받으라"(딤후 1:6~8).

쓰임받는 것을 막는 가장 치명적인 방해물이다. 교회 안에 있든 교회 밖에 있든 그것은 참으로 이 세상의 정신이다. 이 정신은 복음적 교리를 수정하는 것까지도 용인할 것이다. 그러면서도 복음을 타협하지 않고 가장 단순하고 영적인 방식으로 선언하는 것은 수용하지 않는다. 세실은 이렇게 말한다.

"우리 사이에는 저급하고 사람을 이용하고 악한 계획을 세우고 조작하려는 심정이 너무나 많다. 우리는 필요 이상으로 다른 사람의 기호에 맞추고 다른 사람들의 편견에 맞추려 한다. 목회는 장엄하고 거룩한 일이다. 따라서 우리의 정신은 순결한 습관을 가져야 하며, 모든 부수적인 결과에 대해서 무관심하고, 거룩하지만 겸손한 정신을 가져야 한다."[41]

우리의 전반적인 목회도 이 원리에 의해서 '고통과 방해'를 받을 수 있다. '세상의 지혜'가 단순한 믿음을 제압하기 시작하면, 비겁과 자기기만의 무수한 구실을 찾을 수 있다. 목회자의 신실한 꾸짖음이 부자와 가난한 자에게 똑같이 주어지는 일은 얼마나 드문가! '사람들이 자기네끼리 칭찬을 주고받는' 대신 오직 하나님에게서 오는 명예만을 구하기가 얼마나 힘든가![42] "지나친 열심은 좋지 않다"고 말하는 힘 있는 소수의 사람들의 경고에 우리는 얼마나 기꺼이 귀를 기울이는가! 우리 자신이 성경이 요구하는 기준에 미치지 못하는 것을 두려워하기보다 다

---
41) Cecil's Remain. 루터의 원칙은 다음과 같았다. "설교자는 강단에 올라갈 때 자기 앞에 너무나 많은 머리를 보고 당황하게 된다. 나는 강단에 설 때 아무도 보지 않는다. 그들을 모두 내 앞에 놓인 벽돌들이라고 상상한다." Table Talk, chap. 22. Bishop of Winchester's Ministerial Character of Christ, pp. 433~438에서 유용한 언급들을 발견할 수 있다.
42) 요 5:44. "사람은 때때로 세상의 기분 좋은 아첨의 자장가에 잠드는 일이 있다. 그 아첨은 목사가 자기 의무의 절반만을 수행했는데도 칭찬한다. 하나님께서는 그가 나머지 일을 빠뜨린 것을 정죄하시는데도 말이다." 딤후 4:5에 대한 퀘스넬의 주석.

른 사람들이 도를 지나치는 것을 우리는 얼마나 더 두려워하는가! 우리는 십자가의 표지를 명확하게 드러내는 교역자와 교제하기보다는 저속한 우리 형제나 심지어 세상과 교제하기를 더 좋아한다. 얼마나 많은 경우에 유죄판결이 '말 아래 감추인 빛'이 되며, 도리어 복음의 친구들을 향해서 선언되는가! 얼마나 많은 사람들이 어떤 위대한 이름 아래 피할 수 없을 때에는 '선한 증거로 증거'하기를 회피하는가! 얼마나 자주 유용한 기회들이 간과되는가! 얼마나 자주 십자가의 두려움 때문에 '우리 사역에 걸맞는 꾸짖음을 수행'함으로써 '고난을 받기'(딤후 4:5)를 피하는가! 우리는 이렇게 말한다.

"모든 것을 단번에 할 수는 없다. 우리는 조금씩 핵심을 찔러 가고자 한다. 그러므로 우리는 순간의 충동으로 함부로 과감한 발걸음을 내디딤으로써 멀리 있는 중요한 유익에 도달하는 길을 막아서는 안 된다."

그러나 우리의 양심은 그것이 '매일의 십자가를 지지 않고' 주님을 따르려는 것이 아니라고 자신하는가? 우리는 '그리스도의 연고로 미련해지기'를 두려워하는 것이 아닌가? 때때로 우리는 '사람을 기쁘게 하면 우리가 그리스도의 종일 수 없다'는(갈 1:10) 것을 기억해야 하는 때에, 도리어 '모든 사람에게 모든 것'이 되려고 하고 있지는 않는가?[43]

기독교적인 신중함은 바른 장소와 바른 관계와 바른 정도로 발휘되

---

[43] "복음 전파를 시작하실 때 예수님께서는 사람들의 성향에 아첨하신 것이 아니라 그들에게 가장 필요한 것을 선포하셨다." 마 4:17에 대한 퀘스넬의 주석. "하나님을 섬겨야 할 때 사람을 두려워하지 않았다는 양심의 증거를 가지는 것은 얼마나 즐거운 일인가." 살전 2장에 대한 퀘스넬의 주석. 존 녹스의 사위요, 스코틀랜드의 열정적 목회자였던 존 웰치는 이렇게 말했다. "내가 그 신성하고 영광스러운 장엄 앞에 서서, 그가 보시는 곳에서 그의 종들과 사람들에게 설교할 때 사람의 얼굴을 고려하거나 두려워할 수가 있는가! 내 말을 믿으시오. 이 생각이 내 속에 들어오면, 설사 내가 아무리 사람을 두려워하고자 해도 어떤 사람에 대해서도 두려워할 수가 없소."

는 한 가장 가치 있는 것이다. 그것이 없으면 큰 어려움이 따른다. 그러나 용기가 동반되고 기독교적인 사랑의 따뜻한 분위기로 감싸진 믿음의 실천이 아니라면(참조, 딤후 1:7), 그것은 천박하고 기회주의적인 세상의 정신이 되고 말 것이다. 세상적인 불신의 정신이 지배적 원리가 되면 '사람을 두려워하는 것'이 '심사숙고'라는 허울로 자주 취하게 된다.

그러나 허울뿐인 교회를 두려워하는 것도 이 시험의 심각한 부분이다. 우리는 은혜의 교리를 충분히 완전하고 뚜렷하게 드러내기를 두려워한다. 행위의 중요성에 대해서는 생각하지 못하는 사람처럼 보이지 않으려고 하기 때문이다. 그 결과 구원은 값없이 주어진다는 점과 복음의 특권을 충분히 드러내지 못하는 일이 발생한다. 이는 그렇게 했을 때에 율법 폐기론적 방종의 여지를 줄 것이 걱정되기 때문이다. 또는 율법주의를 강요하는 결과가 될지도 모른다는 두려움 때문에 상대적인 의무를 상세히 가르치지 못하는 일이 발생한다. '이 유혹의 힘'의 악한 실례로서, 두 사도가 속아서 한동안 복음의 신앙을 부인하는 지경에 떨어진 것보다 더 좋은 예가 어디 있겠는가?(갈 2:11~14). 그 자리에서 자기 형제들의 연약함에 단호하게 저항함으로써, 그 저항이 그들을 회복시키는 고귀한 수단이 된 다른 형제가 그의 회중에게 이렇게 말한다.

"너희에게나 다른 사람에게나 판단 받는 것이 내게는 매우 작은 일이라 나도 나를 판단치 아니하노니 내가 자책할 아무것도 깨닫지 못하나 그러나 이로 말미암아 의롭다 함을 얻지 못하노라 다만 나를 판단하실 이는 주시니라"(고전 4:3~4).

실제로 목표에 집중하는 마음이 없으면 은혜의 역사가 우리 마음속에서 흐려진다. 우리가 기쁘시게 할 이는 오직 한 분, 곧 '우리 주인이신 그리스도'(마 23:8)라는 것을 알지 못한다면 마음의 평안을 유지할 수도 없다. 우리의 위대한 주인을 최고로 여기는 것이 우리 활동의 성공을 보장하는 가장 중요한 요소이다. '불의 속에' 는 아닐지라도, '불신앙 속에', '진리가 매인' 곳에서는 목회 능력의 결핍이 따라올 수밖에 없다.

기독교적 고결성이 훼손되면 우리의 마음이 으뜸 되는 목표에 집중하지 못하여 힘을 발휘하지 못하게 된다. 중심 목표가 우리의 모든 시간과 에너지를 항상 지배하고 있어야 한다. 그것에 비교하면 다른 모든 목표는 전혀 중요하지 않다. 그 목표는 바로 회중의 교회와 구원이다. 세상적인 분위기 속에서는 양심과 의무의 소리가 약해질 수밖에 없다. 자기만족의 습관이 강화되고, 그에 비례해서 자기 부정의 빈도와 힘이 약화된다. 마음이 세상에 더 많이 가 있을수록 우리는 사역에 덜 집중하게 된다. 그러면 마지못해 의무를 이행하게 되고 결국 열매를 내지 못한다.

무분별한 행동을 조장하는 것은 결코 아니지만, 좋은 의도에서 성급하게 행동하는 것이 이 세상의 딱딱한 지혜보다 훨씬 낫다. 정직한 자유 속에서 공개적으로 행동하는 사람들이 (실수를 범하기도 하지만) 대체로 신뢰를 얻으며 마침내 그들의 길이 평탄하게 된다. 하나님과 사람 모두를 기쁘게 하려는 미지근한 사람은 결국 하나님도 사람도 기쁘게 하지 못한다. 또한 하나님을 높이지 않는 곳에서는 교역자도 높임을 받지 못한다. 기독교적인 과감함을 가지지 못하면 회중들도 우리의 실례를 보고 무감각한 상태에 떨어질 것이며, 우리의 무능력과 열매 없음이 현저히 드러남으로 인해서 우리에 대한 그들의 신뢰는 실질적으로 약화될 것이다.

하나님께서는 단 한 절 속에서 무려 네 번이나 선지자에게 그를 넘어뜨리려는 이 유혹에 대해서 경고하신다(겔 2:6). 또 다른 곳에서는, 완전한 혼란에 빠져 있는 소심한 선지자를 향해서 도전의 말씀을 하신다(렘 1:19).

하지만 하나님의 종은 기독교적인 전신갑주로 자신을 보호해야 한다. 그렇게 하면 사역의 완전한 성공을 위해서 엄청난 자원이 공급됨을 알게 될 것이다. 그는 자신이 맡은 영광스러운 목회의 높은 존엄성을 더욱 깊이 공부해야 한다(고후 4:1). '금 촛대 사이에 다니시는' 하늘의 주인께서 임하셔서 '그의 교회의 사자들'을(계 1:13~20) 지시하고 힘을 주고 붙드시는 것을 깨달아야 한다. 그는 사람을 끌어내리는 속박에서 건짐을 받아 '많은 증인 앞에서 선한 증거를 증거한'(딤전 6:12) 교역자들과 교제해야 한다. 그는 더욱 일관되고 능동적인 활동으로 기독교 원리들을 구현해야 한다. 하나님을 두려워하면 사람을 두려워하지 않게 될 것이다. 또한 그 '맹약'이 아무리 강할지라도 만약 그가 '만군의 여호와를 거룩하다고 하면 그가 거룩한 피할 곳이 될 것'이다(사 8:12~14). 단순하게 발휘되는 믿음은, 보이지 않지만 임재하시는 하나님을 드러낸다. 십자가를 지는 생활 속에서도 하나님께서는 '임금의 노함'으로부터(히 11:27) 보호하실 것이다. 그래서 "사람을 두려워하면 올무에 걸리게 되거니와 여호와를 의지하는 자는 안전하리라"(잠 29:25)고 말씀한다.

자기부인이 없음[44]

개괄적으로 말해서 목회가 그리스도 십자가의 자기부인의 정신 속에서 수행되지 않는다면 그것은 말만 목회이지 실제로는 목회가 아니다.

---

[44] 이 주제에 관한 훌륭한 논의를 위해서, Bishop of Winchester's Ministerial Character of Christ – 'The self-denial of the Ministry of Christ'를 보라.

그것은 하나님께서 함께하면서 축복하시는 일이 아니다. 자기부인의 원칙에 의해서 목회하려는 동기를 거역할 수는 없을 것이다. 안수식의 깊은 엄숙성은 (그 예식에서 우리는 '세상과 육체의 일을 버리기로' [45]자발적으로 서약했다) 처음부터 우리 자신을 드려 하나님을 섬기기로 할 때 자기부인을 늘 실행하려는 동기를 제공한다. 그러나 타고난 자기 탐닉과 옛 습성(중생하기 전의 이전 습성들)의 세력과 지속적인 투쟁을 하다 보면 자기부인을 위한 성경적 기준을 만족시키려는 노력이 크게 약화된다. 자기부인을 진작하고 실천하는 것은 사역 활동의 가장 유익한 근원이다. 자기부인이 결핍되거나 약화되면 우리의 고귀한 동기와 힘을 빼앗기는 결과를 가져온다. 리튼 대주교는 세례 요한을 복음 사역자의 전형으로 훌륭하게 설명하였다.

"자기의 상황과 위치에서 최선을 다하며 세상과 관계를 끊고 헛된 즐거움의 길을 따르지 않으며 이 세상의 위안과 쾌락에 몸을 담그지 않고 세상 염려에 스스로를 묶지 않고 살았다. 도리어 건전하고 검소하게 자기를 죽이는 생활 방식을 취했다. 육체를 즐겁지 않게 하는 것을 중요한 일로 여겼으며 도리어 주님을 섬기고 그 길을 따라 행하며 그의 백성의 마음속에 주님을 위한 길을 예비하였다."[46]

사도 바울 역시 자신의 목회 사역의 실례를 보여주면서, 자신은 항상

---

45) 성직자를 위한 권면: 그것은 (세커 대주교가 설명한 바에 의하면) "조잡한 쾌락, 세련된 오락, 심지어 문화적인 것이라고 해도 당신의 일과 관련된 것이 아니라면 추구하지 않겠다는 것이다. 또한 권력, 이익, 진보, 칭찬, 당신의 삶의 위대한 목표 따위를 추구하지 않겠다는 것이다. 오히려 사람들의 영혼에 유익을 줄 수 있는 자질을 갖추는 일, 또한 당신이 어떤 자질을 향상시키든지 그 원칙을 적용하는 데에만 힘을 쏟겠다는 것이다." Instructions to Candidates for Orders(그의 Charges에 부록으로 붙음). 하나님의 영광을 목적으로 삼지 않는 다른 모든 것들은, 아무리 세련되어도 이 부류에 속한다.
46) 마태복음 3장 강의. Works, vol. iii.25.

씨름한다고 말했으며, 일을 꾸준히 할 수 없게 하는 요소들을 피하기 위하여 조심한다고 말했다(고전 9:25~27). 그가 사역에서 큰 성취를 이룬 후에도 변함없이 이렇게 해야 할 필요성은 줄어들지 않았다. 엘리엇 선교사에 대해서 전해지는 바에 따르면 그는 "주 예수 그리스도의 십자가에 못 박힌 나머지 이 세상의 장엄은 그에게 죽어가는 사람의 모습과 같을 뿐이었다. 그는 지속적인 적대감을 가지고 육신의 정욕을 박해했다. 어떤 목사가 너무 자기 자신에게 몰입하는 것으로 보이면 그는 그 목사를 찾아가서 '자기를 죽이는 법을 배우십시오. 형제여, 자기를 죽이는 법을 배우십시오'라고 말하곤 했다."[47]

우리는 사도의 다음과 같은 말이 이와 유사함을 발견하게 된다. "사람이 자기 집을 다스릴 줄 알지 못하면", 즉 자기 자신을 다스리지 못하면, "어찌 하나님의 교회를 돌보리요"(딤전 3:5). 하나님께 충성하려면 '기도하고 말씀 전하는 일에 전무하는 것'에 해당되지 않는 모든 것을 피해야 한다. 목회자는 당연히 '탐욕을 통하여 들어오는 세상의 오염을 피해야' 하지만, 교묘하게 나태나 경솔함에 빠지는 것도 세상적인 허영

---

47) Mather's Life of Eliot. 마터는 엘리엇이 목회를 시작하면서 이와 같은 정신으로 다음과 같이 말한 것을 발견했다. "목회에서 자기를 죽이지 못하는 것이 목회 실패의 원인이 된다." 그는 오웬의 「Treatise on Mortification」을 숙독하고 이와 같은 주제의 가르침을 베푸는 다른 책들을 읽기로 결심했다. Life of Cotton Mather(그의 아들이 쓴 책). 이 책은 뛰어난 기독교 전기 작가들에게서 발견될 수 있는 훌륭한 요약으로서 Religious Tract Society에서 출판되고 있다. 같은 시리즈로 재출판된 「Life of Owen Stockton」에서 이와 동일한 주제의 제안들을 보라. 헨리 마틴은 목회자에게 자기부인의 습성이 말로 할 수 없을 정도로 가치 있음을 깊이 느낀 것으로 보인다. (그는 안수를 받은 직후에 이렇게 썼다.) "침대에 드러눕는 천박한 자기탐닉에 빠지면 자기의 성격에 대해서 훨씬 부드러운 견해를 형성하게 되므로 나는 무릎을 꿇고 자기부인의 생활에 더욱 정진하기로 했다. 그러자 내 정신의 분위기와 힘이 급상승했다. 내가 피하곤 하던 모든 의무들이 레크리에이션처럼 느껴졌다. 나는 복음서에서 이 주제와 관련된 모든 구절을 뽑았다. 그것은 내가 나 자신에게 선포해야 하는 말씀이며, 또한 다른 사람에게 선포해야 하는 말씀이다." Life, p. 68.

과 마찬가지로 해로운 영향을 끼친다는 것을 알아야 한다.[48]

이 중요한 습관을 더욱 상세히 예증하자면, 그것은 우리의 태도와 사람들과의 교제 속에서 드러나야 한다. 젊은 목사가 대학을 떠나 시골의 교구에 부임하면 그는 전혀 새로운 세계로 들어가게 된다. 지금까지 그와 비슷한 수준의 사람들, 곧 좋은 가문과 교육과 지성을 갖춘 사람들과 나누던 대화는 배운 것이 별로 없는 사람들과의 대화로 바뀌어야 하며, 고상한 취향이나 세련과는 전혀 관계가 없는 사람들과 교제해야 한다. 또한 그들의 접근을 마음대로 피할 수도 없다. (일반적인 생활에서) 그는 깊은 책임감을 가지고 그들을 위하여 그들과 함께 살아야 한다. 상호 예절과 존중뿐만 아니라 신뢰와 사랑이라는 조건 아래 그렇게 해야 한다. 그러므로 그는 자신을 부인하고 '지체가 낮은 사람들의 수준으로 낮아져야' 한다. 그 사람들에게 목회적 가르침을 줄 수 있기 위해서 그들의 생활 방식, 그들의 생각과 표현 방식, 그들이 서로 관계를 맺는 방식에 익숙해져야 한다.

주의 종들은 우리 주님께서 낮아지신 사역의 모습을 최선의 모범으로 삼아야 한다. 주님께서는 사람들에게 '말씀을 가르치시되', 무한한 지혜를 가지고 말할 수 있는 그대로 하지 않고 지성의 유아기에 있는 '그들이 알아들을 수 있게' 가르치셨으며(막 4:33), 그들이 주님은 '온유

---

48) 에콜람파디우스가 「Epistle to the Waldenses」에서 성직자의 독신주의를 비판하면서 쓴 가장 중요한 말이 이것이다. "성직자를 망치는 것은 혼인이 아니라 게으름, 자기탐닉, 그리고 십자가를 두려워하는 것이다." Scott's Continuation of Milner, vol. i. 147. 와츠 박사의 주의 사항이 이 언급에 대한 상세한 설명이 된다. (그의 젊은 목사에게 이렇게 말한다). '쾌락을 사랑하는 것, 관능적 감각과 입맛에 탐닉하는 것, 포도주와 맛있는 음식에 지나치게 탐닉하는 것을 주의하라. 이것이 영혼을 더럽게 하며, 세상으로부터 비난을 받게 한다." Humble Attempt, pp. 80~81.

하고 겸손하다'는 확신 속에서 '주님을 배우도록' 그들을 부르셨다(마 11:29). 이런 모범을 따르지 않는다면 신뢰를 얻지 못할 것이며, 결국 성공적인 목회의 길이 막힐 것이다. 그렇게 되면 목회자와의 교제로 사람을 이끌기는 고사하고 그들을 내쫓는 결과를 가져올 것이다. '거친 장소들'이 '부드럽게 되기는커녕' 더욱 거칠고 굳게 될 것이다.[49]

여러 가지 목회의 의무들은 끊임없이 자기부인을 실천하게 할 것이다.[50] 우리 주님에게도 그러했다. 주님께서는 영혼을 구원하는 즐거움에 집중한 나머지 심지어 음식과 휴식을 거르기까지 하셨다(참조, 요 6:31~34). 필요한 휴식이 방해 받을 때에도 주님께서는 싫은 소리를 하지 않으셨다(참조, 막 1:35~38, 6:31~34). 자기를 망각하게 하는 단호한 결심 앞에서는 허기, 갈증, 추위, 피곤함이 방해가 되지 않는다. 대사도도 이 정신을 따라서 자신의 개인적인 안락함보다 자기가 돌보는 사람들의 영적인 유익을 더 중요시했던 것이다.[51] 이것은 매일같이 우리의 편안함과

---

[49] 이 점에 대한 윌슨 주교의 생각은 주님의 정신에 깊이 물든 사람의 그것이다. "교회의 가장 위대한 성직자들은 겸손과 자비와 목양에서 그리스도의 모범을 가장 잘 따르는 사람이며, 그리스도를 위해서 하나님의 종들의 종이 되고자 하는 사람들이다." 또한 "하나님은 나에게 참되고 신중한 겸손함을 주신다. 이 세상을 다스리는 자와는 아무 공통점이 없이, 종으로 그리스도의 양 떼를 돌보며, 주님을 나의 모범으로 돌이켜 보며, 그의 행동과 정신을 공부하며, 나의 양 떼를 위해서 사용하고 사용되기 위해서 그렇게 하신다. 또한 내가 평안하고 풍족하고 사치스럽고 안락하며 독립적으로 살기를 원하지 않게 하신다." Sacra Privata.

[50] 목회자의 삶을 쉽고 안락한 삶으로 생각했기 때문에 자기는 참된 목회자가 아니었다고 슬퍼하는 한 사람에게 존슨 박사는 그는 이렇게 대답했다. "양심적인 목회자의 삶은 쉽지 않습니다. 나는 언제나 목회자는 자기가 유지할 수 있는 것보다 더 큰 가족의 아버지와 같다고 생각해왔습니다. 결단코 아닙니다. 나는 목회자의 생활이 쉬운 생활이 되기를 기대하지 않으며, 자기 생활을 쉽게 만드는 목회자를 부러워하지 않습니다."

[51] 예를 들어, 두기고를 에베소 교회에 보내고, 에바브로디도를 빌립보 교회에 보낸 것. 이것은 감옥에서 자기가 위로 받기 위해서 동료를 잡아두기 보다는 교회를 위해서 그들을 위로자로 보낸 것이다. 엡 6:21~22; 빌 2:25, 28.

안락함, 합법적인 즐거움을 희생하기 위한 모범이 되어야 한다. 병자를 방문하는 문제에 대해서는 그림셔에 대한 글에서 배울 수 있다(우리 중에도 이런 사람이 있을까?).

"그에게는 밤과 낮이 똑같았다. 그는 사람들이 감히 밖에 나올 엄두를 못 내는 폭풍우와 눈보라 치는 밤에도 수 킬로미터를 걸어서 환자를 방문했다."[52]

우리는 선택된 몇몇 사람의 목사가 아니라 온 양 떼의 목사가 되어야 한다. 장래성이 있고 재미있는 사람들에게 집중하는 것이 아니라 선한 목자처럼 우리의 가르침이 가장 절실하게 필요한 사람들을 위해서 애쓰며 잃은 양에게 일차적인 관심을 기울여야 한다(눅 15:4). 좀 더 자세하게 말하면 우리는 자주 그들의 무지와 연약을 인내해야 할 것이다. 때로는 무례와 불합리한 요구도 참아야 한다. 그러나 그들의 영혼을 건지려는 원대한 목표를 바라며 불친절이나 짜증의 모양이라도 나타내지 말아야 한다. 그런 모습은 "곧은 길을 만들어 저는 다리로 하여금 어그러지지 않고 고침을 받게"(히 12:13) 하는 것을 막는 결과를 낼 것이다.

우리에게 맡겨진 사람들 중에 매우 비천한 사람에게도 온전히 관심을 기울여야 한다. 그는 편리한 때뿐만 아니라 불편한 때에도 자유롭게 우리에게 접근할 수 있어야 한다. 우리는 그의 모든 세세한 문제와 어려움들을 세심하게 살펴야 한다. 우리에게는 아무것도 아닌 것이 그에게는 중요할 수 있다. 그의 의심과 당혹스러움이 그에게는 거룩한 일이므로, 그것이 우리에게도 거룩한 일인 것처럼 자상한 마음으로 다루어

---

[52] Newton의 Life of Grimshaw, p. 102. 이와 유사한 희생적인 목회 사역에 대해서는 Memoir of Oberlin, p. 216과 Dr. Gilly의 Memoir of Neff, pp. 133~136(3판), 그리고 Memoir of Rev. T. Thomason, p. 117을 보라.

야 한다. 이런 동정심은 목회의 성공에 큰 영향을 미칠 뿐만 아니라 경험에서 우러나온 설교 스타일을 형성하게 할 것이다. 이것은 "고전에 대한 어떤 연구보다도, 심지어 성경 자체에 대한 깊은 지식보다도 훨씬 더 효과적인 도구가 될 것이다."[53]

나이가 들면서 정력과 활동이 약화되는 경향이 있게 된다. 이런 경향은 우리의 열정을 싸늘하게 하거나 기력을 쇠퇴시키며 우리가 하나님께 유용하게 사용되는 것을 막기 위해서 호시탐탐 기회를 엿보는 원수에게 다양한 방법으로 이용될 수 있다. 마실론이 이 점에 대해서 훨씬 인상적으로 말한다.

"당신의 목회의 어느 순간에서도 명예로운 안식이라는 생각을 갖지 말라. 시간을 어떤 방식으로 사용해서든 한 영혼이라도 멸망에서 구할 수 있다면 어느 순간도 당신 자신을 위해서 사용하겠다는 생각을 하지 말라. 공적이고 일상적인 의무를 이행하는 것으로 스스로 만족하지 말라. 그렇게 생각하면 일상적인 의무를 이행한 후에 다른 모든 의무에서 면제되었다는 생각을 갖게 된다. 오랜 세월 동안 적극적으로 목회의 일을 수행했으니 자신이 누릴 만하다고 생각되어 전투를 쉬고 휴식을 취해야겠다는 생각을 하지 말라. 도리어 '당신의 젊음이 독수리처럼' 회복되게 하라. 열정이 힘을 공급할 것이다. 이것은 외적으로는 자연을 거부하는 것처럼 보이는 일이다. 노년에도 남은 이 귀한 열정은 목회의 명예이다. 늙었다는 것으로 태만의 동기를 삼지 말라. 그런 자기만족은 목회 사역에 바쳐진 삶의 마지막 순간과는 어울리지 않는다. 주의 일에 계속 집중하라."[54]

---

53) 그리스도의 능력과 은혜에 대한 도드리지의 설교, 사 40:11을 본문으로 했음.

목회를 위한 공부에서도 자기부인을 통한 통제를 할 수 있어야 한다. 공부 습관의 중요성은 이미 다루었다.[55] 그런데 그것을 제어하는 것도 그것 못지 않게 중요하다. 성직자의 인문 교육에서 "쉽게 깨달아지는 사실이 있다. 더 전문적인 연구를 하려는 열정이 유혹이 될 수 있다는 것이다. 이런 유혹은 그들의 상황이나 이전에 형성된 습관에 딱 들어맞을 수 있다. 게다가 이 유혹은 다른 번지르르한 외양을 꾸미려는 유혹보다도 더욱 강렬할 수 있다." 따라서 "많은 경우에 교역자의 학문적인 추구는 그의 신앙 성격이 어떠하다는 강력한 증거가 될 것이다. 세속적인 연구는 개인의 취향에 아무리 맞고 자신의 오락을 위해서 필요하다고 하더라도 양심적으로 목회 사역에 집중하려는 교역자의 주된 목표가 될 수 없다."[56]

이 언급들은 이 문제를 바른 빛에서 보고 있다. 목회자의 연구들이 유용하게 사용되려면 그 연구가 목회라는 주된 목적에 전적으로 종속되어야 한다. 연구 자체가 중심적인 위치를 차지하면, 그것은 우리의 정신을 세속화시키고 시간을 빼앗으며 관심을 다른 곳으로 돌려서 우리에게 맡겨진 사람들에게 집중하지 못하게 만들 것이다. 그렇게 되면 세심

---

54) Charges, pp. 122~123. "휴식이란 자기 생애의 모든 날 동안 노동을 하기로 약속한 사람에게는 죄악이다." Sacra Privita. (윌슨 대주교가 자신에 대해서 한 말이다.) "주께서 내 여행의 마지막 단계에서 게을러지지 않게 해주옵소서"라는 기도는 휫필드가 자주 드린 중요한 간구였다. 스콧도 자신에게 그런 간구가 필요함을 암시한다. (Life, p. 280.) '여행의 마지막 단계' 뿐만 아니라 초기에도 이런 간구가 필요하지 않은 사람이 어디 있겠는가? 그러나 바로 이 점에서도 자기부인의 목소리는 때때로 '자신을 아끼라'는 것이 될 수 있다. 벤이 자기 자신의 경우를 넌지시 이야기하는 감동적인 경우를 보라. Correspondence, pp. 176, 185, 487.
55) 1장 7-1.
56) Wilks's Essay on Signs of Conversion or Unconversion in Christian Ministers, p. 45.

한 돌봄을 받지 못하는 우리의 회중은 무지와 죄악 속에서 멸망당할 위험에 처하게 된다. 스콧의 말이다.

"'하나님의 서약이 우리 위에 있다.' 우리의 모든 독서는 교훈을 위한 직접적인 목적에 도움이 되는 것이어야 한다. 우리는 어떤 책이든 읽을 수 있다. 고대의 책이나 현대의 책, 거룩한 책이나 세속적인 책, 불신자의 책, 이단적인 책, 무엇이든 읽을 수 있다. 그러나 목사로서 우리는 언제나 '예수 안에 있는 진리'를 더 잘 변호하고 설득하기 위한 목적을 가지고 읽어야 한다. 즐거움이나 호기심, 학문에 대한 사랑이나 배우는 것 자체, 거기서 얻을 수 있는 칭찬이나 이익을 위하여 읽어서는 안 된다."[57]

이차적인 것을 일차적인 목표에 종속시키는 단호하고 습관적인 자기부인이 없이는 어떤 사람도 괄목할 만한 성취나 성공을 이룰 수 없다. 존슨 박사가 와츠 박사에 대해서 다음과 같이 말한 것이 아마 복음 사

---

[57] Scott's Letters and Papers, pp. 309, 310. 리치먼드는 이렇게 말했다. "나는 모든 성직자가 유용한 학문적 지식, 곧 성경 연구와 사람의 영혼을 위하여 거룩하게 바쳐지는 모든 지식을 구비하기를 원한다.' 백스터는 이렇게 말했다(Narrative of his Life). "학문이 무엇인지 모르는 까닭에 학문을 헐뜯고 무시하는 무지한 사람들을 나는 혐오한다. 또한 나는 참된 학문에는 무용한 것이 조금도 없다고 생각한다. 그럼에도 불구하고 나의 영혼은, 자기 청중 속에서 아무 것도 알지 않기로 결심했던 바울의 거룩한 결심을 인정한다 (십자가에 달리신 그리스도를 아는 지식에 비해서 다른 지혜를 그렇게 평가했다는 것이다)." "나는 연구를 하는 동안 언제나 이 큰 계획을 가지고 있었다. 즉 학문에 진보를 이루고 하나님의 이름의 영예를 위해서 지식을 획득하며, 그의 지혜와 능력과 진리를 더 많이 발견하고, 그렇게 함으로써 나의 세속적인 학식을 신성한 지식의 증진에 이용하는 것이다. 또한 나는 만약 인간적 지식을 획득할 때 이런 계획을 실행에 옮기지 않는다면 시간을 잘못 사용한다는 결론을 내리고 있었다. 나는 불멸의 영혼을 가진 사람이 그의 육신과 함께 사라짐으로써 그의 영원한 상태를 위해서는 무용하게 되는 지식, 이 세상에서의 노력과 땀을 흘림이 없이도 죽는 순간에 획득하게 될 그런 지식만을 쌓는 것은 부당하다고 생각해왔기 때문이다." (선한 청지기에 대한 Judge Hale의 설명이다). 목회자 중 많은 사람들은 이 뛰어난 평신도의 발치에 앉아서 배우는 것이 유익할 것이다.

역자에 대한 최상의 찬사일 것이다.

"그의 손에 잡히는 것은 무엇이든지, 영혼을 위한 그의 끊임없는 염려에 의해서 신학으로 바꿔었다."

한 가지 목적에만 쏟는 이 단호한 집중이 성실한 목회 의무 수행에서 필수적이다. 우리의 마음이 문학, 기호, 성취, 심지어 추상적인 신학에 몰두하고 있는 동안, 돌봄과 교훈을 받지 못한 채 한 영혼이 영원 속으로 들어간다면 얼마나 무서운 책임이 뒤따를 것인가! "종이 이리 저리 일 볼 동안에 그가 없어졌나이다 (왕상 20:40)"는 말은 그것 자체로 자기를 정죄하는 말이 아닌가! 목회에 적극적으로 임하는 것보다 연구에 전념하기를 좋아하는 것, 최소한 '읽는 일에 전념하느라' 목회적 교육 활동을 등한히 하는 것은 언제나 위험한 일이다.[58] 이런 부수적 활동들은 성격상 합법적이기는 하지만, 거기에 지나치게 몰두하는 것은 범죄 행위이다. 온 마음의 집중을 방해하는 부수적 활동들이 당장에는 덜 수치스러운 일로 보이지만 결국에는 돈과 쾌락을 사랑하는 것만큼 우리의 유효한 활동을 저해할 것이다. 그러므로 "이런 샘들에게 길어 올린 물이 호기심 많은 마음에 아무리 달콤한 맛을 내더라도 우리가 그런 사소한 것들을 기억하고 보존하고 있다면 그것들은 마치 잊혀진 영혼의 피

---

[58] "그렇게도 장엄하고 영광스러운 주제들에 대한 연구와 명상에 자기의 모든 시간을 쓰는 목사는, 하루 종일 앉아서 태양을 바라보는 사이에 자기 새끼들은 둥지에서 굶주리게 하는 독수리와 같다.' Bishop Horne's Essays, p. 71. (그의 형제들 중 달변가인 한 장로는 이렇게 질문한다) '우아한 문학에 대한 단순한 기호, 과학 연구자의 단순한 노력, 철학자나 역사학자의 단순한 열정, 이런 것들보다도 그리스도의 사신의 일관된 성품에 더 반대되는 것이 있는가? 바로 그런 것들을 위해서 당신은 영혼을 치료하는 일을 맡았는가? 이것을 위해서 당신의 골방, 병실, 개인적 경건의 의무를 방기하는가? 이것은 그리스도의 목사 속에 있는 문학적인 정신이 그의 높은 직책에 따르는 일차적인 요구를 거부하는 것이다.' Bishop of Calcutta's Prefatory Essay to Baxter, p. 55.

인 것처럼 주님 앞에서 회개의 눈물의 강과 함께 쏟아져야 한다."[59]

(우리가 이미 언급한 바 있지만) 거룩한 열심이 불타던 헨리 마틴은 그의 문학적·신학적 추구가 (왜냐하면 심지어 신학도 신령한 연구로 바뀌지 않는다면 세속적인 탐닉이 될 수 있기 때문이다) 더욱 거룩한 활동에 대해서 자신의 영혼을 무디게 하지 못하도록 위와 같이 했다.[60] 엄숙한 안수식의 서약에 비춰보면 우리는 그리스도인들이 관심을 가질 수 있는 많은 일들 중에서 비록 그것을 완전히 버리지는 않더라도 우리가 할 수 있는 일을 가능한 작은 범위로 제한해야 함을 알 수 있다. 그것들이 우리가 조용히 보내야 하는 시간의 많은 부분을 차지한다는 사실, 하나님의 영광과 우리 양 떼의 교화에 명백하게 도움이 된다기보다는 우리 자신의 마음의 은밀한 즐거움을 위해서 공부된다는 사실을 깨달아야 한다. 그리고 결론적으로 나는 그것들이 우리의 최종적 목록에서 피해야 할 항목으로 분류되어야 한다고 본다. 또한 그것들은 아무리 꾸미고 장식해도 마지막 날에 하나님 앞에서는 '나무나 풀이나 짚' 이상의 평가를 받지 못하며 결국 '불에 탈 공력'으로 판명될 것이다(고전 3:12, 15).[61] 리튼의 거룩한 견해에 따르면 목회 열매를 위한 최선의 전망은 '그리스도의 십자가 앞에서 온 세상을 거대한 하나의 무가치한 덩어리로 간주하는' 것이다. 또한 회심할 때의 프랭크 교수가 가졌던 다음과 같은 마음으로 돌아오는 것이다.

---

59) '영혼에 대한 무관심'에 대한 Doddridge의 설교. Works, vol. iii. 248. 이 설교는 또한 'Williams's Christian Preacher'에 실려 있다.
60) 1장 참조.
61) 위에서 이야기한 도드리지의 설교. 그의 Family Expositor(고전 3:5 해석)와 그의 Observations on the Childhood of Saviour—On Luke ii. Sect. Xiv에 실린 젊은 교역자들에 대한 권면에 포함된 중요한 가르침들을 참고하라. 또한 Bishop Horne's Consideration on John the Baptist, Sect. v. 와 Coleridge's Advice to the Young Parish Priest를 참고하라.

"과거에는 학문을 우상화했지만 우리 주 예수 그리스도를 아는 지식의 고상함에 비교하면 가말리엘의 문하에서 성취한 모든 것이 배설물처럼 여겨져야 함을 깨닫는다."[62]

그리스도인의 자기부인은 성직자의 여흥과 레크리에이션에도 확대 적용되어야 한다. 정원을 가꾸는 즐거움도 주의할 대상이다. 세실은 바이올린 줄을 자르고 그림붓을 치워버렸다. 그런 여흥에 빠지다가 당면한 의무에 마음을 쏟지 못하게 되었기 때문이다(막 9:47). 여가를 이용해서 농사를 짓는 것도 사업처럼 추구하면 '자기 생활에 얽매이는'(딤후 2:4) 부정당한 일이 된다. 스콧의 권고를 들어보자.

"목회가 우리의 모든 시간을 차지해야 한다. 레크리에이션이나 동물을 산책시키는 일 따위도 적당한 선으로 규제되어야 한다. 그렇지 않으면 그것들이 우리의 장엄한 일을 방해하고 우리를 무자격자로 만들 것이다. 우리는 목회에 집중하고 목회를 위하여 준비함으로써 레크리에이션들이 우리의 주된 목표에 종속되도록 해야 한다."[63]

우리의 몸이나 정신은 적당한 휴식이 없이는 견디지 못하는 것이 사실이다. 그러나 편안한 삶과 쾌락을 사랑하는 마음이 하늘의 직무에 대한 열심을 약화시켜서 우리의 높은 부르심에 온전히 드려져야 하는 귀

---

62) 프랑크 교수의 'Christ the Sun and Substance of Holy Scripture' 서문, p. xvii. "우리는 예수 그리스도의 문하에서 우리의 중심적인 학문을 추구해야 한다. 하나님의 아들은 천부에게서 받은 것을 세상에 선포했다. 따라서 그의 종들은 하나님의 아들에게서 처음에 배운 것을 믿는 자들에게 가르쳐야 한다. 사도 바울은 '예수 그리스도와 그의 십자가에 못 박히신 것 외에는 아무 것도 알지 아니하기로' 했다고 선언한다. 실제로는 이 진리를 잘 아는 사람은 다른 모든 것들도 안다. 또한 그는 자기 자신의 필요와 교회의 필요에 비례해서 이 지식에 도달하며, 십자가에 달린 정신을 가지고 공부한다." Pastoral Instructions to his Clergy, by Anthony Godeau, Bishop of Grasse and Vence, 불어에서 번역, 1703.

63) Scott's Letters and Papers, p. 309.

중한 시간이 낭비되는 일이 없도록 항상 자기를 살펴야 할 필요를 느끼지 않아도 되는 교역자가 어디 있겠는가? 세커 대주교의 다음의 말은 적절하다.

"합법적인 일이라고 해서 모두가 적절한 것은 아니다. 이 일들(세상적인 여흥) 역시 육신의 건강과 마음의 휴식을 위해서 또는 진정으로 고귀한 어떤 목적을 위해서 필요한 정도 이상으로 나아가는 것은 전부 우리 여가 시간을 잘못 사용하는 것이다. 여가를 어떻게 잘 사용하는가 하는 면에서도 우리는 우리에게 맡겨진 사람들에게 본을 보여야 한다. 자신의 의무에 마음을 기울이는 사역자는 공개된 곳에서든 가정에서든 그런 허망한 일에 시간을 쏟을 여유가 없을 것이며 그것들을 좋아하지도 않을 것이다."[64]

이러한 자기부인은 성직자가 오라토리오,[65] 음악 페스티벌, 기타 유사한 행사에 참여하는 문제에도 적용되어야 한다. 우리가 강단에서 세상의 헛된 일을 비난하는 것을 들은 세속적 교인이 그런 장소에서 우리를 만나 놀라움이나 기쁨을 표시한다면, 우리의 양심은 우리가 그런 곳

---

64) Charges, p. 238. 마실론이 자신의 성직자들에게 말했듯이 우리에게도 다음과 같이 말한다고 해서 무자비하다고 판단할 수 없을 것이다. "내가 가장 불합리한 일을 알고 있는데, 여흥의 필요성을 주장하는 사람들은 대개의 경우 여흥이 가장 불필요하며, 자기의 의무와 부르심에 수반되는 직책을 가장 게을리 하는 사람들이다. 그들의 생활은 습관적인 게으름에 빠져 있다. 우리는 그들에게서 어떤 진지한 것도 발견하지 못한다. 심지어 전문적인 의무 이행에서도 그러하여, 의무들을 이행할 때에는 아주 지친 표정으로 마지못해 하는 태도로 부적절하게 수행한다. 그들에게 위로가 되어야 할 일이 고통이 되고 있는 것이다. 그들은 급히 세상으로 돌아간다. 거기서 그들은 자기들의 일과 자기 자신을 함께 망각하려는 것이다." Charges, p. 142.
65) 나는 가장 열정적으로 음악을 사랑하는 사람들이 쓴 서신들을 참고할 것을 권한다. 그들은 자기부인의 습관의 결과 자기가 가장 좋아하는 취미를 자기 직분의 계획에 종속시켰다. Life of Rev. Legh Richmond, pp. 397~404.

에 참여하는 것의 합법성[66]이 심히 의심스럽다고 속삭일 것이다. 더욱이 방금 말한 원칙에 따라서, 만약 우리가 그런 곳에 가는 것이 연약한 신자나 (사도 바울이 암시한 경우처럼) 세심한 양심[67]을 가진 사람에게 고통을 준다면 우리는 그런 일을 피해야 한다. 추상적으로는 그런 일을 하는 것이 합법적임을 인정한다고 하더라도 그것을 참는 것이 현재의 의무이다. 이 의무를 등한히 하는 것은 '우리의 연약한 형제에게 죄를 짓는 것이며 따라서 그리스도에게 죄를 짓는 것'이다.[68]

의심스러운 일 앞에서 기독교적인 사랑과 자기부인의 원칙을 따르는 사람은 곧고 가장 안전한 길을 택해야 한다. 여기서 기준은 "형제를 사랑하라"는 원칙을 자연스럽고 직접적으로 표현하는 것이다. 이 원칙은 십자가의 길로 인도해야 할 사람들 앞에 우리가 도리어 거치는 돌이 될 수 있는 위험의 가능성에서 우리를 건져줄 것이다. 이런 의무로 부르심을 받았다고 믿는 사람이 자기 자신의 마음의 소원을 억제하는 것은 신성한 주님께서 "자기를 부인하라"고(마 16:24) 명하신 정신에 합당한 것이기도 하다. 또한 "형제들아 너희가 자유를 위하여 부르심을 입었으나 그러나 그 자유로 육체의 기회를 삼지 말고 오직 사랑으로 서로 종 노릇하라"(갈 5:13)는 실천적인 규칙의 실례이기도 하다.[69]

---

66) 고전 6:12을 참고하라. Cecil's Remains, p. 117.
67) 참고, 같은 책, viii. 10.
68) 같은 책, 12. 이 점이 다음 글에서 강력하게 논증되었다. Professor Campbell, Lecture iii. on the Pastoral Character. Archbishop Secker, Sermons, vol. iii. 한 존경스러운 그리스도인들의 모임(the Society of Friends)은 레크리에이션을 쉽게 포기했다. 그렇다면 자기부인의 원칙을 품성으로 구현해야 하는 복음의 사역자가, 연약하거나 꼼꼼한 양심을 가진 많은 사람들이 우리의 거룩한 직책의 거룩함을 위해서 필요하다고 생각하는 그런 제약들에 대해서 불평할 수 있는가? '일찍이 일어나고 늦게 누우며 수고의 떡을 먹음'으로써 자기부인을 실천하는 보통 사람들에 비교해볼 때, 헛되고 아무것도 아닌 레크리에이션을 추구하지 말아야 한다는 이 희생은 얼마나 하찮은 것인가!

이런 원칙에 따라서 성직자들은 사냥의 즐거움을 피하도록 지도받았다. 이 레크리에이션을 도덕적 악이라고 규정하지는 않지만 그것은 교역자가 취해야 할 정당한 레위기적 습성이 아니다. 사냥을 하고 돌아오는 길에 병들어 죽어가는 자를 방문하는 것은 아무래도 이상하게 보이지 않겠는가? 개와 총을 문지방에 남겨두고 들어가서 병자의 방에 임박해 있는 영원을 말할 수 없는 공포나 영원한 즐거움으로 깨달을 수 있을까? 사냥의 복장은 우리의 입에서 영적인 조언을 얻고자 하는 사람으로 하여금 우리에게 다가오게 하는 것이 아니라 떠나게 하지 않을까? 혹은 "내가 구원을 얻기 위해서 무엇을 해야 합니까?"라는 절체절명의 문제에 대한 답을 얻고자 하는 빛을 받은 영혼을 우리에게 이끄는 것이 아니라 오히려 우리를 떠나게 하지 않을까? 거룩한 일에 집중하는 태도는 위로부터의 기름 부음을 특별히 요구하며 영적인 열망을 가진 사람의 마음의 구조가 되어야 한다. 따라서 목사가 레크리에이션을 포기해야 하는 것은 적극적인 의무로 보인다.

이런 질문을 던질 수 있다.

"도덕적으로 중립적인 일들을 피하는 것이 왜 덕이 되는가? 그 일들의 순결함을 확신한다면 왜 자신의 신념이 아닌 다른 사람의 미신을 기준으로 행동해야 하는가?"

그러나 '자기를 위해서 죽는 자는 없다'(롬 14:7). 특별히 목사는 더욱 그러하다.

"믿음이 강한 우리는 마땅히 믿음이 약한 자의 약점을 담당하고 자기를 기쁘게 하지 아니할 것이라"(롬 15:1).

---

69) Coleridge's Advice to the Young Parish Priest에서 이와 관련된 훌륭한 언급들을 참고하라.

정직하게 자기를 살펴보면 쾌락을 향한 범죄적 경향이 발견되지 않는가? 다른 사람의 유익을 심각하게 침해하는 자기 쾌락의 습관을 허용하는 다른 원칙이 어디 있는가? 연약, 망설임, 편견처럼 보이는 것을 우리의 행동으로 무시하는 것은 악을 치료하는 것이 아니라 흔들림 없는 결과를 초래한다. 동시에 목회의 신성한 표준이 낮아져서 우리 자신에게 해를 끼칠 뿐 아니라 우리의 일의 위엄과 복스러움에도 해를 끼치게 된다.

여기서 고려해야 할 것을 요약하면 이것이다. 우리의 열정을 식히며 마음을 산란하게 하며 주의를 다른 곳으로 돌리며 시간과 관심의 많은 부분을 차지하는 모든 것이 우리가 '빼어 내버려야' 하는 '오른 눈'이다(마 5:29).[70] 이것은 금욕적인 근엄함을 유지하라는 말이 결코 아니다. 목사는 활을 늘 구부린 상태로 유지해서 쓸모없게 만들어서는 안 된다. 우리는 목사일 뿐만 아니라 사람이라는 것, 노예가 아니라 종이라는 것을 잊지 말아야 한다. 그러나 우리는 피조물에 대한 모든 사랑이 주님에 대한 절대적인 사랑을 방해함으로써 영원을 위한 구원의 소망을 망쳐버린다고 회중에게 경고하지 않는가? 그렇다면 거룩한 직무에 마음을 집중하지 못하게 하는 어떤 관심거리를 가지는 것이 주님에 대한 적극적인 불충성이며 목회에 복이 아니라 저주를 초래하며 우리의 궁극적인 안전을 흔들 수도 있다는 사실을 상기해야 하지 않겠는가?

물론 헌신된 하나님의 종은 고통스러운 일에서 벗어나 다소 부드러

---

[70] "거룩한 일들을 섬기도록 목사로 임명된 사람은 세상적인 일들, 천박한 예술들에 자기 일의 큰 부분을 낭비해서는 안 된다. 콘스탄티노플의 총 대주교였던 테오필락트가 서재나 강단에서 거룩한 직책을 수행하고 있어야 하는 시간에 마구간에서 말들과 함께 있었던 것은 대단히 적절치 못한 일이었다." - 테일러 주교

운 휴식을 취할 수도 있어야 한다. 일에서 완전히 벗어나는 것도 때로 필요하다. 몸과 마음이 쉬어야 할 때에도 주님께서 일을 요구하신다고 생각지 말라. 지혜롭게 일에서 벗어나 휴식을 취하는 것은 목사의 신령함과 목회의 능력을 약화시키는 것이 아니라 오히려 강화시킬 것이다.

탐욕을 품은 마음

목사에게 탐심은 너무나 흔한 일이 되었다. 유다의 경우는 목회적 은사에 탐심이 동반된 무서운 실례이다. 탐심은 어떤 교회 제도의 잘못이 아니다. 탐심은 순전히 타락하고 이기적인 마음의 자연적인 현상이다. 교회 제도의 자기 과시적 정신이 개인에게 전이되는 로마 가톨릭에서는 쉽게 탐심이 동반된다. 그러나 '죄악의 사람'이 교회 내에서 일어나기 오래전이었던 시대에도 유다와 데마는 탐심의 희생자였음을 볼 수 있다. 개신교 체제에서 높은 신분의 교직자들에게는 부의 유입으로 말미암아 낮은 신분의 교직자들에게는 현재의 필요와 미래의 요구를 채우지 못하는 결핍으로 말미암아 탐심이 일어났다. 모든 교회 제도에서와 마찬가지로 개신교의 모든 분열에서도 탐심은 습관적이고 파괴적인 영향력으로 작용했다.

성경이 자주 이 이기적인 세력을 거룩한 직분과 연결시키는 것은 가장 편만한 유혹에 대해 하나님의 종에게 경고하려는 것임이 분명하다.[71]

---

71) 사 56:11; 렘 6:13; 겔 34:1~3; 미 3:11; 마 15:5, 6, 23:14에서 유대인 교사들에 대한 묘사를 보라. 디모데와 기독교 교사들의 대비(빌 2:20, 21) 및 '더러운 이익'을 탐내지 말라는 목사들을 향한 잦은 경고를 보라. —딤전 3:3, 8, 6:9~11; 딛 1:7; 벧전 5:2; 벧후 2:3; 유 11절

우리 교회는 비록 직접적으로 언급하지는 않았지만 안수식에서 이 문제를 예리하게 암시해 왔다. 성경에서 교회는 집사들에게 하나님의 말씀을 인용하여 '더러운 이를 탐하지 말 것'을 경고하고 있다. 교회는 성직자들에게 '삯꾼'의 두려운 모습을 보여 준다.[72] 동시에 그들에게 '모든 세상적 염려와 행동을 그들이 할 수 있는 한 포기하고 피하는 방법'을 가르친다. 또한 그들이 얼마나 부지런하고 즐거운 마음으로 '세상과 육체에 관한 연습을 그만두는지'에 대해 더욱 자세하게 질문한다. 교회는 가장 직급이 높은 목사들에게 "그리스도의 양 떼에게 이리가 되지 말고 목자가 되며, 그들을 잡아 먹지 말고 먹일 것"을 엄숙하게 권고한다.[73] 존경받는 이방인 도덕론자[74]가 탐욕에 대해 그렇게 격렬하게 비

"그리스도와 그의 교회의 유익 이외의 어떤 이익에 대한 기대를 가지고 양 우리로 들어오는 자는 예수 그리스도에 의해 들어오는 것이 아니다. 야심, 탐욕, 편안한 생활에 대한 사랑, 군중 위에 뛰어나려는 욕망, 이생의 편안함을 누리려는 욕망, 가족의 생활수준을 향상시키려는 욕망, 심지어 결핍을 벗어나려는 유일한 욕망은 바로 강도와 절도가 들어오는 길이다. 이런 방식 혹은 뇌물이나 계교 등으로 들어오는 이들은 아무 이름도 얻을 수 없다." Quesnel on John 10:1.

72) "삯꾼이란 목사의 직책이나 의무를 보수나 대가를 위해서 수행하는 사람을 가리키는 말이 아니다. 왜냐하면 사도 바울, 심지어 우리 주님도 일꾼이 자기의 일한 대가를 받는 것이 합당하다고 가르치셨기 때문이다(눅 10:7; 딤전 5:18). 삯꾼은 경건을 이용하여 이익을 취하려고 노력하는 자를 가리킨다." Brewster, quoted in Bishop Mant's Prayer Book. "양 떼를 먹이고 사역의 대가로 사는 사람은 삯꾼이 아니다. '부정한 돈벌이'가 큰 목적과 동기가 되는 사람이 삯꾼이다." Scott in loco. 한 성직자가 두 개 이상의 교회로부터 성직록을 받는 것은 (이익을 위한 것이 아닌 불가피한 경우를 제외하고) 이 가증한 일과 연결되었을 가능성이 크다.

73) 안수와 위임 예배를 보라. "우리는 어떤 신실한 말씀의 사역자도 그가 동시에 돈을 경멸하는 자가 아니라면 함께 하지 않습니다." Calvin Acts 20:33. "재산을 축적하겠다는 강력하고 지배적인 욕망이 목사의 마음을 사로잡으면, 그가 정통적인 설교를 하면서 어느 정도 활기를 띨 수도 있고, 어느 정도 교구민을 심방할 수도 있겠지만, 주인의 나라의 확장과 영광을 유일한 목표로 거기에 자기의 모든 노력을 집중하면서 포도원에서 헌신적으로 일하는 일꾼은 되지 못한다. 거대한 부를 축적하는 사람이 동시에 그리스도의 신실하고 헌신된 목사가 되지 못하는 것은 빛과 어둠, 그리스도와 벨리알이 함께 하지 못하는 것과

난하면서도 자기 자신은 일생 동안 저급한 고리대금업의 노예였다는 사실은 그의 커다란 오점이다. 만약 목회자가 개인의 습성이나 가정에서 이 같은 오염된 모습을 보여준다면 탐심을 비난하는 진지한 설교의 신뢰성은 땅에 떨어지고 말 것이다. 만약 우리가 회중에게 "돈을 사랑함이 일만 악의 뿌리"(딤전 6:10)라고 경고한다면, 회중은 이 파괴적인 잡초가 우리 집 정원에는 없는지를 살필 것이다. 반면 우리가 교구의 모든 정원에서 그 잡초를 제거하려고 노력하는 동안 막상 우리 정원에는 그 잡초가 자라고 있을 수도 있다.

탐욕은 검약과 엄연히 구별된다. 검약은 참된 의무이다. 검약은 세상의 물건들을 잘 규제된 적절한 방식으로 사용하는 것으로 '어떤 사람에게 어떤 것도 빚지지 않고', '세상을 사용하되 오용하지 않으며', 현실의 필요를 위해 사용하는 선한 청지기처럼 하여 교회의 짐이 되지 않도록 하는 것이다. 기독교적인 만족과 함께 검약은 올바른 성품이다.

하지만 탐욕은 이생의 염려에 대한 무절제한 생각이요 욕망이며 집착이다. 탐욕은 과도한 절약 습관에서도 드러난다. 우리가 가진 것을 너무나 상세하게 살피고 우리의 소유와 분리되기를 원치 않는 뿌리 깊은 마음에서 드러나는 것이다. 이것은 대체로 어려움에 빠진 자의 요구에 대한 배려와 공감의 결여, 하나님 나라의 확장을 위해 소유를 바치는 데 인색한 태도로 나타나는 것이다. 종교 단체들의 보고서는 평균적인 기부 액수가 사람들의 경제력과 크게 다르다는 설명하기 힘든 사실을 보여준다. 이는 여러 곳으로 자선기금을 보내기 때문일 수도 있다. 하지만 이런 현상이 낭비, 자기탐닉, 혹은 탐욕으로부터 기인된 것이 아니라고

같다." Professor Miller's Letters, pp. 433, 434.
74) 세네카.

할 수 있을까?

세상과 깊이 연결된 사람들에게서 이같은 다양한 모습이 드러난다. 본인들은 의식하지 못하고 있을지 모르지만, 이러한 탐심은 세상으로부터 분리되지 못하는 생활, 신령하지 못한 마음의 구조와 습성과 대화, 그들의 일에 하나님의 능력이 힘을 발휘하지 못하는 결과로 나타난다. 카도간(Cadogan)의 경우 목회자로서의 위엄은 그에게 갑자기 주어진 높은 지위를 압도했으며 그의 존경스러움은 조금도 손상되지 않았다. 검소함과 거룩함은 그의 사역 내내 유지되었으며, 주님께서 그를 승인하신 현저한 증거로 그는 영예를 얻었다.[75]

목회자의 보다 일반적인 태도 속에서 '탐욕의 가면'을 분별할 수 있다. 예를 들어 작은 일들에는 주의를 기울이지 않음, 절제 생활에 영향을 미치는 동기들, 현재의 외모를 유지하려는 세심한 노력, 비용을 다른 사람에게 전가시키려는 계략, 이익에 대한 기대로 기뻐함, 이익을 얻지 못함으로 인한 과도한 실망, 우리의 생각이 세상의 흐름을 따라 자연스럽게 흘러감, 사소한 일들을 신앙의 수준으로 올려놓음 등이 그것이다. 만약 이 혐오스러운 원리에 따른 행동 중에서 어느 하나라도 우리 가운데 있다면 그리스도인의 생활과 목회적 에너지를 소멸시킬 수밖에 없다.

교회의 권리를 엄격하게 주장하려는 태도에 대해서도 주의를 기울여

---

75) 마실론(Massillon)은 그리스도께서 받으신 시험에 대해 훌륭한 설교를 하면서 그것을 목회의 유혹에 적용하였다. 이 교훈이 물론 설교의 엄숙함에는 어울리지 않는 면이 있지만 다소 기이한 논리로 주어졌다고 해서 거부되지 않기를 바란다. 1. 신사처럼 살려는 계략 – "이 돌들에게 명하여 떡 덩이가 되게 하라." 이 위험은 목회를 시작할 때 당면하는 위험이다. 2. 높은 지위를 추구하는 오만방자함 – "마귀가 예수를 성전 꼭대기에 세웠다." 이것은 열정적인 목사에게 닥치는 위험이다. 3. 높은 자리에서 누리는 부와 영예에 대한 끝없는 욕망 – 이 욕망을 가진 사람은 승진을 위해서라면 비굴한 봉사도 마다하지 않는다. "만일 내게 엎드려 경배하면 이 모든 것을 네게 주리라."

야 한다. 곧 소송이라도 불사하려 하고 화해하지 않으려는 태도 때문에 우리의 가장 중요한 영향력을 치명적으로 약화시킬 수도 있다. 이를 불의나 강탈이라고 비난할 수는 없지만 부드러움도 없고 우리 직책의 주된 목적에 대한 기억도 없고 교회가 우리 생활을 지지해 주는 주된 목표를 회상하지도 않는다.[76] 우리 가족을 위하여 어떤 고려를 하든지 목회의 고매한 정신은 이기적인 것을 뛰어넘어야 하며 우리에게 맡겨진 위대한 일에 집중되어야 한다.[77] 또한 후임자들이 취할 관례를 미리 내다보면서 한 테일러 주교의 건전한 주의를 명심해야 한다.

"개인적 탐욕의 구실로 교회의 이름을 이용하지 말라. 예를 들어 자기는 많은 것을 포기하고 싶지만 그렇게 되면 교회에 해를 끼치게 되므로 할 수 없다고 말하는 것이다. 당신의 후계자들에게 불리한 일을 해서는 안 되는 것이 사실이지만 정당한 이유가 있어 그렇게 함으로써 교

---

[76] 그림셔(Grimshaw)는 '자기 몫을 챙기는 데에 연연하지 않았고 교구민이 그에게 가져다주는 것으로 만족했다.' 그는 이렇게 말하곤 했다. "내가 여러분에게 행한 빈약한 봉사의 대가로 받은 것 때문에, 내가 죽은 후에 당신들의 저주를 받을 자격도 없습니다. 나는 하나님에게 당신들의 영혼이 드려지는 것 이상을 기대하지 않습니다. 나 자신을 위해서는 생존을 위한 최소한의 것만 있으면 됩니다." Newton's Life of Grimshaw, p. 124. 만약 그가 이 원칙을 적법한 범위 이상으로 밀고 나갔다 하더라도 그 정신은 마땅히 존경스러운 것이다. 세커 주교가 말하는 다음과 같은 진리는 일반적으로 받아들여질 수 있을 것이다. "합당한 정도로 이익에 초연한 것은 성직자의 수고의 성공을 위한 중요한 선행 조건이다." Charges, p. 248. "내가 구하는 것은 너희의 재물이 아니요 오직 너희니라"(고후 12:13, 14). Scott on 1 Cor. 9:13~18을 보라.

[77] 자기 자녀들을 위해 작성된 윌슨(Wilson) 주교의 비망록은 개인적 이익에 초연한 가장 고상한 정신을 보여 준다. "나의 주교 관할구에서 너희들을 위해서 아무 것도 저축해두지 못한 이유를 너희에게 설명하지 못하고 죽을 경우를 위해 그것을 밝혀 두겠다. 교회로부터 축적한 것이 적을수록 너희에게 더 큰 안식을 남겨줄 것이다. 교회가 제공하는 생활비는 가문을 일으키거나 몫을 챙기도록 되어 있는 것이 아니라, 우리 가족의 생계를 유지하며, 자비를 베풀며, 가난한 사람을 먹이도록 되어 있다. 언젠가는 내가 이 확고한 견해를 가진 것을 너희가 즐거워할 것이며, 하나님께서 허락하신다면 내가 그 견해에 따라 산 것을 기뻐할 것이다." Stowell's Life, pp. 58, 59.

회가 불편을 겪지 않게 된다면 당신의 생각은 용서될 것이다. 그러나 명심하라. 당신 개인 자격으로서 반드시 해야 하는 것은 극히 제한적이지만 당신은 공인(公人)이므로 그 동일한 것 나아가서 그 훨씬 이상을 수행해야 한다."[78]

심지어 이방인도 이렇게 지적했다. "부에 대한 사랑은 편협되고 조잡한 정신의 가장 분명한 표시이다."[79]

그렇다면 이 같은 교묘한 세력의 힘을 더욱 강화시키는 유혹의 경향과 상황에 대항하기 위한 지속적인 주의는 얼마나 필요하겠는가! 우리의 영적 유익, 또한 결과적으로 우리의 사역에 끼치는 부의 두려운 영향력에 대한 성경의 선언을 실천적으로 믿고 그것을 지속적으로 유지하는 것은 매우 힘든 일이다. "너 하나님의 사람아 이것들을 피하라"(딤전 6:11). 이것은 젊은 목사를 위한 아버지 같은 조언이다. 따라서 우리는 사도적인 소박함, 자기부인, 사랑에 대한 응답으로 오순절과 같은 성령의 부어주심이 우리 목회 가운데 내릴 것을 기대할 수 있다.

사람은 세상을 따라갈 때보다 훨씬 허울 좋은 이유를 들이대면서 탐욕을 부릴 수 있다. 필요, 공의, 신중함, 경제성 등의 이유로 탐욕을 감출 수도 있다. 하지만 우리는 그 모든 거짓된 구실로 실제 행해지는 탐욕을 간파할 수 있다. 값비싼 의복, 식탁, 가구를 구입하거나 돈이 많이 드는 생활 방식을 유지하면서도 수입이 넉넉하지 않다는 핑계로 베풀기를 회피하는 일은 없는가? 경제적으로 어려울 때에 사람들이 가장 먼저 줄이는 것이 선행에 쓰는 비용이 아닌가? 또한 우리는 "성전이 황폐

---

[78] 그의 성직자들을 향한 충고. 이것은 Bishop Randoph's Enchiridion Theologicon, vol. I, 또는 Clergyman's Instructor에 있다.
[79] "부를 사랑하는 것보다 더 천하고 옹색한 마음은 없다." Cic. De Officiis. Lib. i.

하였거늘 판벽한 집에 계속 거하지 않는가"(학 1:4).

가정 경제에서 자기를 부인할 때에도 역시 건전한 규제가 있어야 한다. 자녀 교육을 위한 지출(주로 자녀의 의복을 고급스럽게 하고 세상적 유익을 취하는 행동)이나 우리 가족의 교육과 생활수준이 비난의 대상이 될 수 있다. 스콧의 판단에 의하면 "오늘날 교회의 죄악의 상당한 부분을 이룬다." 또한 목회자의 자녀들이 십자가의 제자, 하늘의 시민으로 양육되는 것이 아니라 세속적 기대에 맞춰 양육되는 것도 너무나 명백하다. 스콧이 자기 가족생활의 원칙으로 세운 말할 수 없이 귀중한 지침은 아무리 강조해도 지나칠 수 없다. 그는 다음과 같이 말한다.

"우리는 제단에서 살아야 한다. 또한 우리 자신이나 가족의 생활을 향상시키겠다는 어떤 욕심이나 야심도 없이 생존을 위한 기본적인 필요가 채워지는 생활로 만족해야 한다."

그가 견지한 생활에 대해 그의 아들이 전해주는 이야기는 이렇다.

"아버지께서는 그 원칙으로 평생을 사셨다. 그는 부자 집에 태어났거나 섭리에 의해 다른 조건으로 태어난 것을 염두에 두고 말씀하시는 것이 아니다. 그런 조건에서라면 그것을 정당하게 사용하면 된다. 도리어 그가 정죄한 것은 그런 것을 추구하는 것이었다. 아버지께서 좋아하시는 원칙은 이런 것이었다. '영혼을 위해서 가장 좋은 것이 우리에게 정말로 가장 좋은 것이다.' 아버지는 자기 자신을 위해서 뿐만 아니라 자기 가족을 위해서도 세상적인 부를 질투의 눈으로 바라보지 않으셨다."

(말년에 자신의 생애를 회고하면서 말한 바에 따르면 그에게 가장 큰 만족을 준 것이 이것이었다)

'그의 성공의 위대한 비결'은 이런 것으로 보인다. "나는 항상 나를 위해서뿐만 아니라 나의 자녀들을 위해서도 '먼저 그의 나라와 그의 의를' 구했다."

그의 아들이 말한다. "이 견해는 현세적인 것들보다 영원한 것들에 가치를 두는 생활로서, 실천적으로 분명하게 확대되었다. 이는 매우 구체적으로 생활에서 자녀들에게 무엇을 제공하느냐 하는 문제, 교육을 위해 자녀를 보내는 곳, 방문해야 하는 가족들, 맺어야 하는 관계, 자녀들을 위해 취하거나 거절해야 하는 미래 등에 적용되었다."[80]

온갖 다양한 형태의 탐욕은 보통 그리스도인들보다는 목사들에게서 더욱 쉽게 간파된다. 성도들로부터 나오는 목사의 수입 원천은 일반적으로 알려져 있다. 그 결과 그 금액과 처분은 사람들의 험담거리가 될 수 있다. 그 외에도 '산 위에 있는 동네처럼' 그는 숨을 수 없다(마 5:14). 그의 집의 외관에 나타나는 모든 악한 탐닉은 '모든 사람에게 알려지고 읽힐 것이다.' 사도 바울이 이 문제에 관해 하나님께 호소하는 말은 (살전 2:5을 보라. 또한 행 20:33~35과 비교하라) 그의 성공의 위대한 원천 중 하나가 무엇임을 의심의 여지없이 우리 앞에 펼쳐 보인다. 반면에 탐심이라는 우상숭배적 생활은 목회에 가장 치명적인 해를 끼치며 세상의 눈앞에 우리 자신과 수고를 가장 큰 조소거리가 되게 한다. 그것은 사람을 땅으로부터 하늘로 끌어올려야 하는 우리 직책의 위대한 사역에 역행하는 것이다. 탐욕은 사역에 대한 순전한 집중과 우리의 형편에 따라 실행해야 하는 자선과 선행을 서서히 무너뜨린다. 탐욕은 우리 영혼의 영

---

80) Scott's Life, pp. 591, 611~614. Works, pp. 225, 226. 루터의 임종 기도는 세상을 발 아래 밟은 사람의 정신을 보여준다. "주 하나님, 나로 하여금 이 세상에서 아주 가난한 사람이 되기를 원하신 것을 감사합니다. 나에게는 남겨줄 집도, 토지도, 재산도, 돈도 없습니다. 하나님은 나에게 아내와 아들들을 주셨습니다. 그들을 하나님께 돌려드립니다. 지금까지 제게 그래왔던 것처럼 그들을 먹이시고 가르치시고 보호해 주시옵소서. 오! 고아들의 아버지, 과부들의 재판자이신 하나님." Adam in Vita Lutheri. 또한 칼빈에 대한 이와 유사한 증언과 불신자 베일(Bayle)의 마음속에 일어난 찔림을 보라. Scott's Contin. of Milner, iii. 486~488.

적인 진보를 막으며 우리 직책의 거룩함을 더럽힌다.[81]

조지 허버트에 따르면 "순수한 교구 목사는 교구에서 가장 비천한 일들을 가장 열심히 한다. 그는 모든 탐욕을 피하는 일에서 매우 주의를 기울인다. 어떤 세상적인 부를 얻고자 욕심을 부리거나, 구두쇠처럼 지키거나 잃어버릴까봐 걱정하지 않는다. 심지어 진노의 날에 한 줌의 위로도 되지 않을 부를 세상이 그렇게도 높게 간주하는 것을 이상하게 여기기까지 한다."[82] 사람을 부패시키는 탐욕의 열정을 막는 가장 효과적인 방법은 다음과 같다. 자기에게 없는 무엇을 가지고 싶어 하지 않는다. 가난한 그리스도인 일꾼들로부터 미래를 위한 믿음을 진작시키는 법을 배운다. 사람이나 현세를 위해서 살지 않고 영원을 위해서 산다. 하나님의 영광과 동료 인간의 유익을 항상 생각한다. 우리 주님의 생활과 모범을 연구한다. 항상 십자가를 주목함으로써 그 정신에 합당하고

---

81) Gregory, de Cura Past. Part i. ch. xi을 참고하라. 스콧은 루터와 멜란히톤의 비망록을 샅샅이 연구한 후에, 종교개혁의 위업에서 뛰어난 사람들이 보여준 이익에 초연한 공통된 정신이 그의 마음에 끼친 인상을 말한다. 그 자신의 적용에 대한 언급은 주목할 만하다. "그렇다! 만약 우리가 높고 거룩한 봉사에서 성공하기를 원한다면 우리는 이생의 이익에 대해 지금까지보다 더욱 거리를 두어야 한다. 우리는 높은 수입을 너무 추구하며, 안락한 생활 방식을 유지하는 데에 너무 마음을 기울이고 있지 않은가? 이것은 하나님의 교회에 위대한 일들을 일으킨 그 정신이 절대로 아니다. 좋은 환경에서는 살았다 하더라도 자기의 할 일은 망치고서 '네가 네 상급을 이미 받았다'는 선고를 받지 않도록 주의하자." Continuation of Milner, vol. ii. pp. 181, 182. 이 문제에 대한 이방인의 관찰은 괄목할 만큼 정확하다. 그들은 돈에 대한 사랑이나 걱정으로부터의 해방을 기독교적 영향의 가장 강한 증거로 간주한다. 그들 중 현명한 사람 중 하나가 본국의 교사에 대해 다음과 같이 언급했다. "그에게서는 오직 한 가지 결점을 발견했다. 다른 모든 면에서 그는 온전히 복음의 세력 하에 있었다. 그는 탐욕스럽지 않았다. 그러나 그는 돈으로부터 멀어지기를 어느 정도 주저했다." 스워츠(Swartz)가 교회에서 훌륭하게 사용된 것은 이익에 대해서 초연하려는 그의 높고 일관된 표준과 분명히 연결되어 있었다. Dean Pearson의 흥미로운 Life of Swartz를 보라.

82) Herbert's Country Parson, chap. iii.

자 한다. 계속해서 더 많은 영혼을 하나님께 인도하고자 하는 것이 목사에게 허락된 유일한 욕심임을 기억한다.[83]

❦ 은거(隱居, retirement)를 실행하지 않음

쉼 없이 일이 밀려드는 바쁜 목회 속에서, "너희는 따로 한적한 곳에 가서 잠깐 쉬라"(막 6:31)는 주님의 말씀은 얼마나 사려 깊고 적절한 권고인가. 계속해서 마음을 뒤흔드는 환경 속에서는 깊은 기도의 상태에 이르기가 어렵다. 수도승처럼 명상에 몰두하기 위해서 칩거하는 것이 아니라 자기부인을 새롭게 하고 믿음을 견지할 수 있는 영적 에너지를 얻

---

[83] Quesnel on Tit 1:7. 이 장에서 다룬 주제는 그 반대의 정신인 사려 없는 마음을 생각하게 한다. 무분별한 결혼, 낭비벽이 있는 아내, 또는 태만한 생활습관으로 인해 고통스러운 일들을 당한다. 그 결과 목사들은 회중 앞에서 수치를 당하며, 그들의 직책의 참된 위엄과 존경심과 독립성을 잃어버리며, 교회에서 유용하게 사용되지 못하는 지경에 처하게 된다. 이런 어려움들은 우리의 거룩한 부르심에 가장 어울리지 않는 것이다. 이는 거기서 건짐을 받으리라는 합리적인 전망이 있는지 없는지 혹은 거기서 벗어나게 도움을 줄 수 있는 어떤 선의의 도움이 고려되었든지 안 되었든지 마찬가지다. 그리스도와 그의 사도들의 모범을 따름으로 인한 가난은 결코 수치가 아니다. 오히려 다른 사람의 물질을 함부로 사용하거나 낭비하는 것은 (이런 행동에는 거의 언제나 개인의 이익을 추구하는 악한 계교가 수반되게 마련이다) 목회를 수치스럽게 만든다. 목사의 수입에 엄격한 검약이 요구되는 것은 섭리적 결정이다. 또한 우리가 그 한계를 넘는다면 (아주 특별히 예외적인 상황을 제외하고) 우리 자신과 우리의 직책은 신뢰를 잃을 것이다. 이런 당혹스러운 일이 실제적인 필요에 의해서보다는 불필요한 지출 때문에 발생한다는 점은 사태를 더욱 악화시킨다. 따라서 인색하고 조잡한 생활을 통해 저축하는 것을 반대하는 한편 우리의 재원과 필요 사이에 엄격한 균형을 유지할 것을 심각하게 권고한다. 이 자원의 한계 내에서 자유롭게 나누는 정신을 가지기 위해서는 투명함, 소박함, 자기부인이 습관화되어야 한다. 우리 자신의 즐거움을 제약함, 친구들에게 베풀 넓은 마음과 가난한 자에 대한 동정 그리고 이 모든 것을 하나님을 위한 봉사로 함으로써 기독교 목회의 높은 정신을 충분히 드러낼 수 있게 된다.

는 시간이 필요하다. 사도 바울이 회심 후에 즉시 아라비아로 간 것은 (이 때에 대한 기록은 없다) 사역을 계속하기 위함이 아니라 아마도 '계시를 더 받기' 위해서였을 것이다.[84] 은밀한 기도와 묵상이 그의 영혼에 신성한 계시가 주어지는 통로였다는 데에는 의심할 여지가 없다. 때때로 그가 가진 자신만의 시간은 더욱 엄밀하고도 집중된 연구, 장차 치러야 할 무서운 희생을 준비하는 데 유익이 되었을 것이다.[85] 젊은 목회 지망생을 위한 브레이너드의 다음과 같은 충고는 그의 거룩한 성품을 보여준다.

"하나님의 임재하심을 기뻐하며, 하나님을 위한 특별한 봉사에 합당하게 되려면 큰 경건과 지속적인 자기 봉헌의 생활을 유지해야 합니다. 우리는 마음의 동기와 성향을 살핌으로써 거기에 둥지를 틀고 있는 부패를 깨닫고 가장 작은 의무 이행을 위해서도 하나님의 도우심이 필요함을 알게 됩니다. 간곡히 부탁하건대 은밀한 금식과 기도의 귀중한 의무를 자주 이행하십시오."[86]

---

84) Macknight on Gal. 1:17.
85) 플레처(Fletcher)는 목회 초기에 시간적 여유가 없었던 사실을 유감스럽게 생각하면서 다음과 같이 경건한 심정을 술회했다. "만약 하나님께서 나를 그렇게도 많은 공적인 일로 부르지 않으셨다면 나는 더 많은 연구와 기도와 찬송의 시간을 가졌을 것이다." Cox's Life of Fletcher, p. 24. Quesnel on Gal. 1:17~19 참조. "고대에는 주교들이 자기 마을 근처에 은신처가 있어서 일상생활로부터 벗어날 수 있었다. 이는 다른 사람을 가르치면서 자신을 가르치지 않거나 다른 사람들의 경건을 바로 세우려 노력하면서 자신의 경건을 세우지 못하는 일을 방지하기 위함이었다." Bishop Wilson's Sacra Privata. 실로 이것은 목회 준비를 위한 당연한 과정이었던 것으로 보인다. 미디안의 모세(출 2:15, 3:1), 광야의 세례 요한(눅 1:80, 3:2), 나사렛에 거하시던 예수님(마 2:23)도 장차 있을 공적 사역을 위해 칩거하며 훈련을 받았다.
86) 그의 Life에 첨부된 편지 9. (Quesnel의 관찰이다) '은거, 금식, 기도 속에서 하나님의 손에 의해 점진적으로 형성된 설교자와 세상 이외의 다른 학교에서 배운 적이 없고 자기 이외에는 다른 관심사가 없으며 인간의 공부 외에 다른 준비가 없으며 세상적 대화와 일탈로 점철된 설교자는 얼마나 다른가?' On Luke 3:2. Bishop of Winchester, pp. 62~66과 비교하라.

극히 드물게나마 필요에 의해서 공적인 직무를 맡게 되는 사람은 교회의 관심과 기도의 지원을 받을 자격이 있다. 만약 그들의 생활 습관이 어떠해야 한다는 것이 분명하게 규정되지 않고, 그들 각자에게 있는 유혹을 깨닫지 않고, 자신을 살피는 조심성과 단순한 믿음이 늘 실천되지 않는다면, 그들의 헌신적인 수고가 교회에 어떤 유익을 주더라도 그들 자신의 영혼은 상실을 경험할 것이다. 이에 대해 엘리엇(Eliot)이 학생들에게 제공한 정교하고도 훌륭한 조언을 엄격하게 지키는 것은 그들에게 큰 도움이 되었을 것이다. "나는 여러분이 아침 일찍 일어나는 새(early birds)가 되는 일에 마음을 쓰기를 기도합니다." 이 말은 단순히 아침 일찍 일어나는 사람이 되라는 뜻이 아니라 항상 앞서서 준비하고 예배하는 자가 되라는 뜻이다.

은거(隱居)의 습관을 들이는 것은 매우 중요하다. 사람들과 어울리다가 우리의 관심사나 목회 준비가 방해를 받아서는 안 된다. 잘 준비된 정신과 지적 습관을 가진 노련한 목회자는 공적인 일을 위해 자기 개인의 시간을 희생할 수 있지만 젊은 목사가 그렇게 하면 영영 쓸모없는 사람이 되기 쉽다. 젊은 목사는 어떻게 해서라도 성경이 요구하는 기준에 도달하기 위해 시간을 확보해야 한다. 만약 그렇게 하지 않는다면 그는 장엄한 직책을 위한 교육을 제대로 받지 못할 것이다. 페일리(Paley) 박사는 '거의 모든 좋은 습관의 기초'로 젊은 성직자에게 은거를 권했다.

"혼자 사는 법을 익히라. 당신의 결점의 절반은 이것을 하지 못하기 때문이다. 고독을 견디지 못하기 때문에 당신은 교구로부터, 가정으로부터, 당신의 의무로부터 끊임없이 멀어지고 모든 즐거운 모임과 오락에서 최고가 되려 하여 정신은 분산되고 공부에 집중하지 못하며 돈을 쓰게 되고 번뇌에서 벗어나지 못하고 당신의 일에 집중하지 못하게 된다."[87] 실로 목사의 삶의 행복과 사역의 능률은 은거하는 습관과 공적 활동의 절묘한 조화 가운데 가능하다.

하지만 더 중요한 것은 목사가 은거하여 하나님과 교통하는 것이다. 루터가 하루에 제일 좋은 세 시간을 이 일에 할애하고 브래드퍼드(Bradford)가 무릎을 꿇고 공부한 실례를 사람들이 인용은 하면서 따르지 않으니 걱정이다. 하지만 근면한 목사는 교구에서 보내는 시간뿐 아니라 서재에서 보내는 시간이 교구와 자신을 위해서 중요하다고 깨달을 것이다. 이는 목회의 문제를 곱씹기 위해서뿐만 아니라 하나님께 더욱 가까이 나아가는 습관을 들이는 면에서 주로 필요하다.[88]

하나님의 성령이 우리 마음속에 열어 보여주신 성경을 생명의 양식으로 성도들의 영혼에 공급한다면 우리에게 얼마나 큰 즐거움이며 그들에게는 얼마나 큰 유익이 되겠는가.[89] 이렇게 얻어지고 기도로 전해진 진리에는 특별한 기름 부음이 수반된다. '주님을 기다린다는 것'은 결코 게을러도 좋다는 말이 아니다. 이 습관을 들이면 가장 약한 목회도 유효하게 될 것이다. 이것을 등한히 하면 가장 힘 있는 목회도 무기

---

87) Advice to the Young Clergy of Carlisle.
88) 이 주제에 대한 버넷 주교의 조언은 참으로 주교답다. "성직자의 서재가 최고로 유효하기 위해서는 서재에 머무는 시간의 많은 부분을 다음과 같은 은밀하고 열렬한 기도로 보내야 한다. 즉 하나님께서 자신의 수고로움을 인도하시고 복 주시기를, 성령의 지속적인 도우심을, 신성한 일들에 대한 생생한 감각을 유지할 수 있기를, 그리하여 이 일들이 자신의 생각 속에서 깊고 강력하게 성장하기를 위해서. 오직 이렇게 해야만 자신의 일로 지치지 않고 항상 즐기면서 전진할 수 있을 것이며 자신의 사역에 대해 말할 때 즐겁고 고귀한 표현을 사용할 수 있을 것이다. 이는 그러한 것들을 항상 충만하고 따뜻한 마음의 선한 창고로부터 이끌어낼 수 있기 때문이다." Pastoral Care, chap. viii.
89) 키프리안은 자신의 목회에 대해서 이렇게 말한다. "성경의 거룩한 샘으로부터 흘러나오는 말씀들을 전할 뿐만 아니라, 그 말씀들에 기도와 간구가 함께 하도록 해야 한다." Deo bono pudicitiæ.

력하게 될 것이다. 마실론이 훌륭하게 지적하듯이 "우리 목회의 정신은 기도의 정신"이다. 기도는 제사직의 표식이며 우리의 품성을 주도하는 특성이다. 기도하지 않는 목사는 교회에 아무 소용이 없으며 사람들에게도 아무 유익이 못된다. 그는 뿌린다고 하더라도 하나님은 아무런 소출을 주지 않으신다. 그는 설교를 할지라도 그의 말은 소리 나는 구리와 울리는 꽹과리가 될 것이다. 입으로는 하나님에 대한 찬송을 읊조리지만 "마음은 그에게서 멀 뿐이다."

우리 각자의 봉사에 능력과 유효성을 공급하는 것은 오직 기도이다. 기도를 그치는 사람은 그 시간부터 공적인 목사가 아니다. 그의 모든 수고 속에서 위로를 주는 것은 기도이다. 만약 기도가 그의 고민을 달래고 열매가 없다는 사실에 대해 위로를 제공하지 않는다면 그는 삯꾼이 일하듯이 종교적 활동을 수행하는 것이며 그 일들은 무거운 짐일 뿐이다.[90] 솔로몬이 그의 '큰 백성'들 가운데서 선악을 분별하며 그들의 번영을 위해 최선의 방책을 고안하고 실행하기 위한 하늘의 지혜가 필요함을 느꼈던 것을 보면 우리는 훨씬 더 깊은 책임감을 가지고 사람들 앞에서 '출입'하지만 여전히 '선악을 분별하는 일에서 작은 아이'로 여겨야 하지 않겠는가? 가장 뛰어난 목사는 "지혜로운 마음을 종에게 주소서"라고 부르짖는 마음이 충만한 자이다(왕상 3:7~9). 빈번하고 열렬한

---

[90] Charges pp. 24, 25. 다른 곳에서 그는 이와 동일하게 인상적인 말로 교구 성직자에게 말한다. "형제들이여, 기도하지 않는 목사, 기도하기를 좋아하지 않는 목사는 교회에 속하지 않았습니다. 교회는 '쉬지 않고 기도하는' 곳이기 때문입니다. 그는 마르고 열매 없는 나무로서 주님의 땅에 성가신 존재입니다. 그는 성도들의 아버지가 아니라 적입니다. 그는 목사의 자리를 찬탈한 나그네이며 양 떼의 구원에 대해서는 무관심합니다. 그러므로 형제들이여, 기도에 충실하시오. 그러면 당신은 유능해지고 당신의 사람들은 더욱 거룩해지며 당신의 수고는 훨씬 달콤해지며 교회의 악은 척결될 것입니다." Disc. Synod.

간구를 통해 하늘로부터 기름부음이 내려오지 않는다면 가장 위대한 재능, 가장 힘 있는 연설, 가장 헌신적인 부지런함이 아무 소용이 없는 것이다.

그러므로 기도가 목회의 절반이다(행 6:4). 그리고 이 기도가 나머지 절반에게 모든 능력과 성공을 가져다준다. 기도는 영적인 통신을 위해 하나님께서 지정하신 수단이다. 하나님과 가장 친밀하게 행했던 사람들은 '하나님의 언약의 비밀'을 영적으로 가장 잘 알았다(시 25:14을 보라. 고후 3:5, 6 참조). "많은 시간을 쏟은 연구보다도 짧은 기도 시간으로부터 더 많은 지식을 얻었다"는 루터의 증언을 많은 사람은 인정할 것이다. 기도는 활동을 위한 우리의 능력뿐 아니라 집중력도 강화시킬 것이다. 우리는 샘 근원에 가까이 거함으로써 빛과 지지와 위로를 항상 신선하게 공급받을 것이다.

기도를 통해 우리는 의무 이행에 도움을 받고 어려움을 견딜 힘을 얻으며 하나님께서 지금 우리를 받으신다는 확신과 궁극적 성공을 위한 적절한 수단을 확보할 수 있다. 기도의 교제를 통해 얻은 경험으로 우리는 우리에게 맡겨진 사람들과 교제하는 법을 배울 수 있을 것이다. 기도를 통해 자연과 은혜, 죄와 거룩이 기능하는 방식에 대한 분명한 통찰을 얻으며 지속적이고 치명적인 힘으로 공격하는 사탄의 궤계와 죄의 속임에 대항할 수 있는 영적 능력을 공급받게 된다. 또한 신성한 지혜의 능력으로 양 떼들의 다양한 상황에 맞는 사역을 할 수 있을 것이다. 깨닫지 못한 자에게 능력으로 말하고 어려움을 당한 자에게 따뜻함으로 말하며 상한 갈대에 붕대를 감아주며 엄숙한 권면과 훈계로 우리 중에 "그 남은 바 죽게 된 것을 굳게 하는"(계 3:2) 것이다.

또한 기도로 얻는 큰 유익은 이것이다. 우리에게 맡겨진 사람들의 어려움을 동정하며 우리 자신을 그들을 위해 내어줄 뿐만 아니라, 우리를 하나님 앞에서 그들의 일을 위해 간구할 수 있는 자로 만들어 준다는 것이다. 에바브라가 행한 이 은밀한 노고(골 4:12)도 그의 공적인 활동만큼 열매를 내었을 것이다. 회중을 위한 우리의 가장 성공적인 노력이 하나님의 말씀을 받아서 그들에게 말하는 때가 아니라 그들을 위해서 하나님께 말하는 때일지 누가 아는가?[91] 이 견해에서 가장 중요한 것은 우리 자신의 유익을 회중의 유익과 연결시키는 것이다. 어려움, 시련, 연약함 가운데 있는 사람들에게 제공할 수 있는 도움은 우리가 하늘과 교감함으로써 얻고 유지하는 우리 자신의 영적 상태와 연결되어 있으며 그 방법을 매일 사용하여 힘을 얻도록 그들에게 권고하는 것이다. 이 일이 사역의 성공을 확실히 보장하므로 한 뛰어난 목사는 이런 기본 원칙을 세웠다:

"우리가 어떤 큰일을 이루려 한다면 최선의 정책은 세상의 눈에 보이지 않는 엔진의 힘으로 일하는 것이다."[92]

이 점에서 복되신 우리 주님의 모범을 주목해야 한다. 사람이 되신 우리 주님은 하나님과 교통하면서 처리해야 할 많은 일들이 있었다. 하지만 주님은 어떤 중요한 일도 기도 없이 행하지 않으셨고 기도로 사역을 시작하셨다(눅 3:21). 최초의 목사들을 세우실 때에도 그 전날 밤새 기도

---

91) "천국은 침노를 당하며, 어느 정도의 침노가 없이는 천국으로 들어가지 못한다. 그러나 이것 한 가지를 기억해야 한다. 그것은 강단에서 일어나는 침노가 아니라 기도실에서의 침노이다." 롬 15:5에 대한 샌더슨(Sanderson) 주교의 설교.

92) 캠브리지 임마뉴엘 칼리지의 교수였던 프레스톤(Preston) 박사. 세커 주교도 그의 성직자에게 다음과 같이 귀중하고 격려가 되는 조언을 해주었다. "경건한 명상과 열렬한 기도를 통하여 진지한 마음을 얻고 영혼의 영원한 복락을 위한 열정을 가지도록 당신 자신을 형성하라. 그렇게 하면 당연히 당신이 해야 하는 다른 모든 일들이 따라올 것이다." Charges, p. 267.

하셨다(눅 6:12). 가르침과 자비의 일로 (우리의 일주일 분량의 일에 해당하였을 것이다) 하루를 보내신 후에는 이 거룩한 일을 위해 잠을 줄이셨다(막 1:21~35).[93]

그러므로 우리 일의 가장 강력한 방해꾼은 주님과의 인격적인 교통을 저해하는 것들이다. 만일 저 큰 원수가 우리의 영적 공급을 차단하는 데 성공한다면 우리 마음속에서 진행되는 하나님의 일, 그리고 이것과 연결해서 우리 손으로 진행되는 하나님의 일이 적절한 자원을 공급받지 못해서 활기를 잃게 될 것이다. 공적인 활동을 한다면 하나님과 은밀하게 나누는 영적 교통을 희생해도 좋다는 생각이 들지 않도록 크게 주의해야 한다. 그렇게 하지 않으면 우리의 일이 우리 자신에게 올무가 되며, 우리 양 떼를 위한 모든 영의 양식을 잃어버릴 것이다.

헨리 마틴(Henry Martyn)은 "계속되는 설교 준비 속에서 나 자신의 경건을 위한 독서와 기도는 결핍됨으로 말미암아 하나님과 내 영혼 사이의 관계가 아주 낯설게 되었다"고 탄식한 적이 있다. 그는 목회의 첫 해를 돌아보면서 "너무 많은 시간을 공적인 목회에 쏟았고 너무 적은 시간을 하나님과 교제하는 데에 보냈다"고 술회했다.[94] 이 점에 관하여 스콧은 가장 바람직한 조언을 해주고 있다.

"사도들에게 자체로는 선한 일이었던 '접대'를 그만두게 만든 그 원리는 오늘날 목사들도 가장 유용한 사회 활동이나 모임이라 할지라도 기도하는 것과 말씀 전하는 것에 전념하는 데 방해되는 것임을 깨닫도록 해준다. 이같은 관점에서 볼 때 오늘날 매우 위험한 일이 진행되고

---

93) 활발한 목회 활동과 천상의 교제가 함께 어우러지는 이 형상은 아무리 깊이 명상해도 지나치지 않을 것이다. 영적인 목사라면 햇빛뿐만 아니라 그늘도 좋아하며, 자기의 일에 가장 깊이 집중하고 있는 동안에라도 하나님과만 있는 시간을 사랑하지 않겠는가?
94) Martyn's Life, pp. 60, 62.

있다."[95]

 그러므로 자신의 마음과 형제들의 마음이 하나님과 긴밀한 교통 나누기를 등한히 하면 아무 것도 우리를 채워주거나 위로하지 못한다는 것을 습관적으로 기억하기 바란다. 우리는 어떻게 해서라도 '하나님과 동행'해야 한다. 그렇게 하지 않으면 우리 영혼은 죽음을 맞이할 것이다. 심지어 그리스도인의 교제까지도 거룩한 기도의 교제를 대체하는 공허한 대용품이 될 것이다. "골방에 들어가 문을 닫으라!" 이것은 명령이다(마 6:6). 허영과 세상에 대해서 문을 닫을 뿐만 아니라 한 동안은 '성도들과의 교제'에 대해서도 문을 닫아야 하는 것임을 말해준다. 하나님 이외의 다른 것과 어떤 교제를 하더라도 우리 영혼은 힘을 잃게 된다. 가장 악한 것뿐만 아니라 가장 좋은 것과 교제한다 하더라도 세상뿐만 아니라 교회와 교제한다 하더라도 세속적인 일뿐만 아니라 목회 활동에 관여한다 하더라도 마찬가지다.

 플레처에 대해 사람들은 다음과 같이 말했다.

 "그가 하나님과 가장 깊고 의미 있는 교제를 나눈 시간은, 사람과 세상적인 걱정들에 대해 문을 닫고 골방에 있던 시간이었다. 골방은 그가 가장 즐기던 칩거의 공간이었으며 공적인 활동 중에 시간이 날 때마다 그리로 찾아 들어갔다. 그의 공적 활동은 그 양이 놀랄 정도로 많았지만 그가 홀로 있을 때에 전념했던 기도와 간구의 내적 활동의 양에 크게 못 미쳤다. 그의 공적 활동은 필요에 의해 자주 중단되었다. 그러나 기도와 간구의 시간은 거의 방해 받는 일이 없이 몇 시간이고 유지되었다."[96]

---

95) Scott's Letters and Papers, p. 313.
96) Gilpin's notes on Fletcher's Portrait of St. Paul, pp. 50, 51.

바로 이것이 그의 목회에 임했던 기이한 능력의 비결이었다. 간구의 영이 부어지면 우리의 사역은 힘을 얻고 더 큰 성공을 이루게 된다. "장래 일을 내게 물으라 또 내 아들들의 일과 내 손으로 한 일에 대하여 내게 부탁하라"(사 45:11).

영적 교만의 힘

사람의 마음을 가장 심오하게 관찰한 한 사람은 "영적 교만이야말로 사탄에게 신자를 이길 수 있는 주요한 이점을 제공한다"고 말했다.[97] 실제로 많은 조건들이 (그 자체로는 사소하지만, 그 부수적인 원인들이 모여 무서운 세력으로 성장한다) 합쳐져서 은밀한 불꽃에 기름을 붓게 된다. 그 문제의 파괴적인 현실을 목격하면서 우리는 "보라 얼마나 작은 불이 얼마나 많은 나무를 태우는가!"(약 3:5) 하고 외칠 뿐이다.

따뜻하고 헌신적인 어느 목사는 하나님의 쓰임을 받으며 양 떼들에게 환영을 받았다. 어떤 사람들은 그를 하나님의 사자로 간주한 결과 루스드라에서처럼(행 14:13) 그에게 거의 '제물을 바칠' 지경까지 되었다. 이런 경우 자연스러운 사람의 마음에 그렇게도 강력하게 똬리를 틀고 있는 이기적인 세력의 유혹에 대항하기 위해서는 얼마나 큰 겸손과 지속적인 하나님의 은혜가 필요하겠는가! 우리는 "외적인 우상을 파괴하거나 다른 사람 속에 있는 악을 제거하기 위해 노력하면서 정작 자기 자신을 그들의 위치에 두지 않는 무감각에 대해서 큰 주의를 기울여야 한

---

[97] President Edward's Thoughts on the Revival in New England.

다."[98] 성공하는 어부는 '그물에 제사하며 투망 앞에 분향하지'(합 1:16) 않도록 특별한 주의를 기울여야 한다. 물론 우리는 큰 성공을 위해서 수고하고 기도해야 한다. 하지만 이 기도에서 우리는 때로 우리가 구하는 것을 알지 못한다. 놀랄 만한 번영의 시기는 우리 영혼을 향한 무서운 유혹의 시간이 될 수도 있다.

코튼 마터(Cotton Mather)는 처음 목회를 시작할 때에 이 문제를 격렬하게 경험하였다. 철저한 자기반성의 기록인 그의 자서전을 살펴보면 다음과 같은 내용이 나타난다.

"젊은 목사들의 죄인 교만의 힘이 나의 마음속에 역사함으로써 주님 앞에서 말할 수 없는 괴로움과 혼란을 경험했다. 기도나 설교를 성공적으로 수행하고 어떤 질문에 신속하고 적절하게 대답했을 때에 마음속으로 자신을 칭찬하는 나를 발견했다. 나는 나의 연령이나 가치 이상으로 월등하기를 원했다. 그래서 나는 나의 교만을 다음과 같이 보려고 노력했다. 그리스도의 은혜와 형상에 대립되는 마귀의 이미지로, 하나님께 대한 범죄요 성령을 슬프게 하는 것으로, 특출한 것이 없고 그 마음이 부패한 자에게 가장 비이성적인 어리석음과 광기로, 무한히 위험하며 하나님을 진노하게 하여 나의 능력과 기회를 박탈하게 만드는 것으로 말이다. 그래서 나는 완전한 의사이신 예수 그리스도께 나의 병든 영혼의 치유를 맡김으로 나의 교만을 경계하고 그것의 속성과 악화되는 과정, 그리고 그것에 반대되는 은혜의 우월함을 연구하기로 결심했다."

'영적 교만이 젊은 목사의 죄' 라는 언급은 중대한 진리이다. 이 원수

---

[98] Quesnel on Acts 14:15. "종종 자기 마음이 자신을 속이며, 자신은 선한 일에 대해서 사랑하지 않으면서도 사랑하고 있는 것처럼, 세상의 영광에 대해서는 사랑하면서도 사랑하지 않는 것처럼 상상한다." Gregor. De Curâ Pastor. Comp. Bowles. Lib. i. c. 8.

에 대항하여는 지속적인 전투가 수행되어야 한다. 멜란히톤처럼 그들은 '옛 아담'의 힘을 신속하게 깨닫지 못한다. 오히려 색다른 경험이 가져다주는 흥분이 그들의 활동에 강력한 힘을 제공한다. 대중의 인기가 그들을 둘러쌀 수도 있다. 이 모든 것들은 그들로 하여금 내부에서 역사하는 '불법의 비밀'을 인식하지 못하게 하기 쉬우며, 마침내 그것들은 영혼의 구원에서 자신이 하나님과 협력하고 있다고 생각하거나 혹은 적어도 자신의 봉사가 하나님의 일을 이루는 데 매우 중요하다는 자신감을 자극한다. '군중의 소리'(vox populi)는 그들의 은밀한 모토이다. 군중의 입김이 그들의 생명이다. 그러므로 '좋은 평판'이 '나쁜 평판'보다 훨씬 속마음에 맞다. "도가니로 은을, 풀무로 금을, 칭찬으로 사람을 단련하느니라"는 이 거룩한 말씀에는 인간 본성에 대한 위대한 지식이 나타난다.[99)] 헨리 마틴(Henry Martyn)도 이처럼 "사람들이 자주 나를 칭찬하면 나

---

99) 잠 27:21. "사람에게 영광이 돌려졌을 때에 최소한 그것의 일부라도 취하지 않는 일은 아주 드물다. 목사의 신실함을 시험할 수 있는 시금석은 바로 이것이다. 우리는 자신을 높이 평가하기 때문에 조야한 칭찬이나 과도한 아첨을 거부한다. 그런 것을 인정한다면 우리 자신이 도리어 바보처럼 보이기 때문일 것이다. 그러나 그 칭찬이 세련되고 섬세하며, 우리를 위해서 피우는 향이 예술적으로 승화되었을 때 그것에 취하지 않는다는 것은 결코 쉬운 일이 아니다." Quesnel on Acts 14:13, 14. "말씀의 사역자가 칭찬을 받게 될 때, 그는 위험한 가운데 있는 것이다." 어거스틴. '입술의 아첨으로 우리의 교만을 자극하는 자들은 좋은 친구가 아니다. 다른 사람에게 있는 하나님의 은혜는 감사한 마음으로 인정해야 하고, 그것을 과도하게 칭찬하여 시험에 들지 않도록 조심스럽게 말해야 한다. 가장 믿음이 강한 그리스도인들이라도 그들의 연약을 가장 잘 드러내는 것은 다른 사람들이 그들을 칭찬할 때이다. 그리스도인이여! 당신은 화약을 온 몸에 지니고 있음을 알아야 한다. 불을 가지고 다니는 사람을 멀리 하려고 노력하라. 교만한 마음이 아첨하는 혀를 만났을 때가 위기의 순간이다. 신실하고 적절하며 사려 깊은 꾸짖음이 훨씬 안전하며 우리 영혼의 죄를 죽이는 데에 유익하다." 플라벨(Flavel). "우리가 애통해야 할 일들 중에 이것이 있다. 자만심의 작동, 특히 나에 의해서 성취된 일을 말하거나 들을 때에 작동하는 자만심이다. 이 자만심은 결국 스스로를 정죄하는 값비싼 대가를 지불하게 하므로 매우 두려워하고 경계해야 한다. 처음에 나는 그것을 별로 의식하지 못했고 그것의 악함을 충분히 깨닫지 못했다. 비록 지금 나는 마음을 살짝 건드려 기분 좋게 만드는, 자만이라고 부

는 기분이 좋아진다. 그러나 그 좋은 기분은 혐오스러울 뿐이다."라고 말한다.[100]

교만이라는 죄의 특성이 이기심이라는 데는 반론이 있을 수 없다. 그것은 죄인이 회심하는 데나 다른 사람이 도구가 되는 데에는 관심이 없고 우리 자신이 도구가 되는 데에만 관심을 가지는 것과 같고, 우리의 영광을 드러낼 기회가 많이 주어질수록 우리가 하나님의 영광을 드러낸다고 판단하는 것과 같다. 우리는 유용하게 되기보다 뛰어나게 되기를 바란다. 우리는 혼자 서기를 원한다. 다른 사람의 영적 자산을 기뻐하지도 않고 그들의 우수한 재능을 칭찬하지도 않는다. 심지어 그 재능이 우리 크신 주님의 일을 위해서 사용되었을 때에도 말이다. 우리는 우리 가까이에서 너무 밝게 빛나 우리의 빛을 가릴 수 있는 그 어떤 것도 견디지 못한다. 그것이 더 뛰어난 은사이든지 더욱 근실하게 증진시키는 은사이든지 마찬가지다.

이것은 이스라엘에 법을 주었던 그 사람과 얼마나 다른가. 그는 온 백성이 그의 비상한 은사에 참여하기를 원했던(민 11:29) 것이다. 위대한 사도의 심성은 얼마나 달랐는가. 그는 신자답지 않은 동기에 의해서라도, 또한 자기 이익에 초연한 사도의 수고에 은근하게 저항하기로 작정한 자들의 입에 의해서라도 복음이 확장되는 것을 기뻐했던(빌 1:15~18) 것이

르는 것을 경험하는 일은 드물지만, 그것보다 더 악한 것, 곧 칭찬을 당연한 것으로 받아들이고 다른 사람들에게 복종을 기대하는 확고한 자기주장을 두려워할 이유를 발견한다." 워커(Walker) Life, p. 453.
100) Life, p. 43. 이와 동일한 기독교적 섬세함과 자신에 대한 의구심이 그의 목회 성공 보고서에 나타난다. "나는 말할 수 없는 격려와 힘을 받았으며 즐겁고 감사한 마음으로 자신을 하나님을 위한 봉사에 드릴 수 있었다. 그러나 하나님께서 전능하신 능력으로 내 입의 말에 복을 주셨다 하더라도 그로 인해 나의 목회의 죄악스러움이 덜해지지 않는다는 사실을 생각하면 나는 다시금 조심스러워졌다."

다. 우리가 신자답지 않은 질투심에 저항하지 않고 그것에 탐닉하는 우리의 은밀한 경향을 의식함으로써 하나님 앞에서 자기를 완전히 낮추지 않는다면, 우리의 사역에 천상의 능력이 임하기를 기대할 수 있겠는가? 그러므로 우리 중 어느 누구도 이 덫이 미치지 않는 곳에 있다고 생각하지 말아야 한다. 뛰어나게 될 때에는 반드시 허영심의 유혹을 받는 것이 인간의 본성이다. 이 교묘한 역병의 입김은 강단의 계단 주위와 가장 거룩한 현장의 순결한 공기 속에 스며 있다.

이 죄가 우리 사역의 전진을 방해한다는 사실은 질투하는 하나님의 성품으로부터 연역적으로 추론할 수 있다. 그분은 "자신의 영광을 다른 자에게 주지 않으며"(사 42:8) 자기가 하나님의 도구가 되었다는 자만을 하나님의 전능한 특권에 대한 침해로 간주하고 부숴버리실 것이다. 이것은 양심, 관찰 그리고 경험의 증언에 의해서 실천적으로 증명될 것이다. 도끼는 찍는 자에게 스스로 자랑할 힘이 없지 않은가?(사 10:15) 사람이 칭찬을 받을 때 주님의 임재와 능력의 증거가 목회에서 나타나는 경우가 희박하다는 것을 우리 모두가 발견하지 않는가? 우리에게 뭐가 잘 될 가능성은 없어 보인다. 이는 고린도의 바울처럼 우리도 "그리스도 때문에 어리석고 약하고 비천하며"(고전 4:10), "나의 여러 약한 것들에 대하여 자랑하리니 이는 그리스도의 능력이 내게 머물게 하려 함이라"(고후 12:9)고 해야 하는 까닭이다. 우리의 목회가 재능, 풍부한 학문, 연민의 정을 가져야 한다는 것은 상대적으로 덜 중요하다. 오히려 우리의 목회가 겸손과 사랑의 맛을 가진다면 임마누엘의 영광을 드러내기에 가장 합당하며 성령의 드러남으로 가장 큰 영예를 얻게 될 것이다.

ℬ 개인적 신앙의 부재 또는 결핍

사도 바울이 처음에는 장로들에게 다음으로는 에베소 교회의 감독에게 "너희는 자기를 위하여 삼가라"(행 20:28; 딤전 4:16)고 개인적 주의를 가장 먼저 당부한 것은 분명 아무 이유나 의미가 없는 것이 아니다. 참된 그리스도인이 아니면서 목사로 나서는 것은 얼마나 두려운 일인가. 우리의 영혼은 '살았다 하는 이름은 가졌으나 죽은' 상태에 있으면서, 목회에서 능력을 발휘하고 심지어 지속적인 연습에 의해 목회적 은사를 증가시키고 있다면 얼마나 두려운 일인가. 자기가 알지 못하는 구주를 전파한다는 것은 얼마나 어려운 일인가. 얼마나 두려운 일인가. "진리로 거룩하게 하옵소서"라는(요 17:17) 주님의 종들을 위한 기도는 공적인 일에서 유용하게 쓰임을 받으려면 개인적 신앙이 기초가 되어야 함을 강력하게 시사한다.

목회를 가리키는 '세상의 소금', '세상의 빛'(마 5:13, 14)과 같은 표현들은 개인적 거룩함이 목회자의 책임임을 동일하게 강조한다. 우리가 하나님의 입으로부터 받아 전달한다고 공언하는 말씀 사역에 능력과 기름부음을 주는 통로가 바로 이 개인적 신앙이다. 로마의 연설가는 자기가 잘 알지 못하는 주제를 진정으로 유창하게 말할 수 없다고 했다.[101] 또한 자기가 알지 못하고 절감하지 못한 진리를 설명할 때에 그것이 영구적인 효과를 내리라고 기대할 수 없는 것이 분명하다. 심지어 로크도 "자기 자신이 변화를 경험하지 못한 사람은 다른 사람을 변화시키기에 부적합하다"라고 했다.[102] 백스터는 그다운 엄숙함으로 다음과 같이 말

---

101) Cic. de Orat. lib. 1.

한다.

"거듭나지 않은 미숙한 목사들, 그리스도인이 되기도 전에 설교자가 된 사람들이 교회에 그렇게 많은 것은 참으로 위험이요 재난이다. 너무나 많은 사람들이 그리스도에게 마음으로 드려 제자가 되기도 전에 제단을 위해서 구별되며, 그 결과 알지 못하는 하나님을 예배하고 알지 못하는 그리스도, 알지 못하는 성령, 거룩과 하나님과의 교통에 대해 알지 못하는 상태, 알지 못하는 영광을 전파하다가 결국 영원히 하나님이 알지 못하시는 상태로 떨어질 것이다. 그는 무정한 설교자이며 그가 전파하는 그리스도와 은혜가 그 자신의 마음속에는 없는 사람이다."[103]

비록 하나님의 복이 복을 전달하는 도구에게 있지 않고 그 복이 약속된 제도에 있다는 것은 분명하지만 도구의 결핍은 일반적으로 제도의 능력을 약화시킨다. 그러므로 개인적 신앙의 결핍은 목회 능률에 가장 심각한 장애이다. 전반적으로 목회의 다양한 지도 활동에 적합하게 대응하기 위해서는 복음의 능력을 경험한 사실이 있어야 한다.[104] 우리를

---

102) Letter on Toleration.
103) Reformed Pastor. "신학적 지식이 아무리 뛰어나다 해도 '어떻게 해야 구원 받습니까?' 라는 질문에는 대답하지 못한다. 해답을 제공할 수 있는 사람은 그 이상의 무엇을 가지고 있어야 한다. 다른 사람에게 만족스럽게 설명해 줄 수 있는 신앙을 가지고 있어야 한다. 그렇지 않다면 그는 그 질문 앞에서 벙어리가 되거나, 소경이 되어 소경을 인도하는 격이 될 것이다. 그는 자기 자신의 지혜를 의지하다가 그 지혜 속에서 영원히 멸망당할 것이다." Antichrist, by the Rev. J. Riland, p. 118. "자기의 구원을 게을리 하는 자는 결코 다른 사람들의 구원을 열심히 돌보지 않을 것이다" Calvin on Acts 20:28. "그리스도를 실제 영적으로 배우지 않는다면, 목사들은 수수께끼를 말하듯이, 이전 시대에 아침 기도를 할 때에 자기들이 하는 말을 알지 못하고 했듯이, 하나님의 말씀을 말할 것이다." Perkins on Gal. 1:15.
104) 브레이너드(Brainerd)는 임종 시에 그의 형제에게 다음과 같이 말했다. "이 은혜로운 능력을 마음으로 느낄 때에, 목사들은 사람들의 양심에 접근하며 손으로 그것을 만질 수 있게 된다. 반면에 그것이 없다면 어떤 이유나 언변을 동원할지라도 우리는 손이 아니

깨닫게 하는 데에 사용되었고 뒤에 진리로 확증되고 정립된 그 수단들을 회상하는 것이 우리 회중의 난제를 해결하는 데 매우 중요하다. 죄를 각성시키는 일에 우리 자신의 죄성에 대한 경험적 인식 이외에 죄의 추함과 거짓됨을 더 잘 폭로할 수 있는 것이 어디 있겠는가. 만약 우리가 하나님의 법의 정죄하고 죽이는 능력을 경험하지 못했다면 어떻게 우리가 하나님의 법의 놀라운 넓이와 영성을 보여줄 수 있겠는가. 격려하는 일에서는 우리 자신이 마음으로 복음의 위로를 받아야 그것을 회중에게 나누어 줄 수 있다(고후 1:4~6). 구세주의 사랑, 말씀의 신실성, 거룩의 아름다움, 영원에 대한 사모함은 "내가 믿는 고로 말하였다"(고후 4:13)라고 말할 수 있는 사람만이 가장 효과적으로 보여 줄 수 있다.

진정한 믿음이 없거나 부족하다면 우리는 강단 사역에서 열매를 기대할 수 없다. 조지 허버트는 비머튼에서 임직하던 날에 다음과 같이 말했다.

"나는 잘 될 것을 확신한다. 왜냐하면 목사의 덕스러운 생활은 그것을 보는 모든 사람으로 하여금 존경하고 사랑하게 만드는 최선의 설득이며 최소한 사람들로 하여금 그 목사처럼 살기를 원하게 할 것이기 때문이다."[105]

하나님에 대한 사랑이 없이 하나님에 대한 것을 말하는 피곤한 일 속에서 무슨 설득력이 발휘되겠는가. 거룩한 생활을 하도록 자기 자신을 설득하지 못하는 사람이 다른 사람의 양심을 향해 그것을 설득할 수 있으리라고 바랄 수는 없다. 백스터는 "나는 그런 설교자들에게 회중에게

라 다리를 사용하는 것과 같이 된다." Appendix to his Life를 보라. 이 책은 그의 전기 중 걸작이다.
105) Walton's Life of George Herbert.

가서 시편 50편 16, 17절을 본문으로 오리겐(Origen)이 한 설교를 전하라고 충고하고 싶다"고 말했다.[106] 이 본문을 읽고 앉아서 그것을 설명하고 그것을 눈물로 적용해야 한다. 그리고 자기의 죄를 완전히 고백해야 한다. 회중 앞에서 자신의 경우에 대해 통곡해야 한다. 또한 사죄와 새롭게 하시는 은혜를 위해 하나님께 기도해 줄 것을 회중에게 부탁해야 한다. 그렇게 해서 이전에는 머릿속으로만 들어오도록 했던 그리스도를 마음속으로 가까이 해야 한다. 그 이후로 그들은 직접 아는 그리스도를 전하고 자기가 말하는 것을 느끼며 '복음의 부요'를 경험에 의해 권할 수 있을 것이다.[107]

회중에게 영적인 영향을 미치기 위해 필요한 것은 천재적인 재능도 학적인 유창함도 거창한 웅변도 아니다. 성경의 글자만 남기는 것이 아니라 영혼의 인상을 남기는 감동과 사랑의 기독교적인 유창함, 진실한 연민의 심정과 단순성을 가지고 '선한 사람은 그 쌓은 선에서 선한 것을 내는'(마 12:34) 것이다. 리튼(Leighton)이 올바르게 지적하듯이 이 "생명의 수사법은 강단의 가르침에 힘을 제공한다. 거룩하지 못한 웅변으로

---

106) 이 말은 오리겐의 사역에 있었던 사랑스러운 한 사건을 가리킨다. 우상에게 제사를 드렸다가 출교된 일이 있은 직후에 오리겐은 예루살렘에서 설교를 하도록 요구를 받았다. 그는 성경을 펴서 시편 50편 16절을 읽었다. "악인에게 하나님이 말씀하셨다. 네가 왜 나의 법을 전파하는가?" 오리겐은 자기 죄의 기억에 압도된 나머지 책을 덮고 눈물로 그의 슬픔에 대한 공감으로 온 회중을 녹였다. Clark's Marrow of Eccles. Hist. 그 일의 슬픔과 참회에 대한 그의 충격적인 표현들이 그 책에 있다. pp. 20~23.
107) Reformed Pastor. "중생과 믿음에 대해 설교하는 사람이 그런 것들에 대한 영적인 지식이 없다면 이는 마치 우리가 꿀을 맛본 적도 없으면서 꿀의 달콤함에 대해 말하는 것과 같고, 한 번도 가본 적이 없이 지도로만 아는 나라의 빼어난 아름다움에 대해 말하는 것과 같다. 만약 당신이 하나님의 진리를 책의 저자들이 말하는 것으로만 알고 그 능력을 마음으로 경험하지 못한다면, 당신은 포도주나 신선한 물을 다른 사람들에게 전하는 수도관 노릇만 하면서 그것을 맛보지 못하는 것과 같다. 혹은 승객들의 길을 안내하면서 자기는 가만히 있는 손과 같다." Anthony Burgess's Funeral Sermon of Rev. Blake.

는 이러한 것을 제공할 수 없다."

가장 바람직한 이 특성을 획득하기 위해서는 회중에게 말씀을 나누어 주기 전에 우리가 먼저 그것을 맛봐야 한다. 우리는 자신을 위한 경건한 독서와 이것을 조심스럽게 연결시켜야 한다. 설교는 그것이 아무리 잘 소화되었다 하더라도 우리 자신에게 먼저 설교되지 않는다면 결코 바르게 설교된 것이 아니다.[108] 지금 경험하고 영적 자양을 받으며 기쁨을 얻어야 우발적으로 이룬 성취보다 훨씬 큰 성령의 기름 부음을 얻을 수 있으며 회중에게만 덕을 끼치는 것이 아니라 드물고 어려운 일이지만 우리 자신에게도 유익을 끼치는 목사가 된다. 우리의 메시지를 먼저 우리 마음에 적용하는 것이 회중에게 하나님의 일들에 대한 깊고 무게 있는 감동을 전달하는 최선의 방법이다. 회중이 '아버지와 그 아들 예수 그리스도와 함께' 하는 교제를 나누게 하려면 '우리가 눈으로 본 바요 주목한' 것만을 전하는 것이 아니라 '우리 손으로 만진' 말씀을 전해야 한다(요일 1:1~3). 세례 요한처럼(요 1:36) 우리 자신이 구주의 영광과 사랑을 깨닫고 그것을 회중에게 가리켜 보여 주어야 한다.

우리는 그리스도적인 모범과 함께 우리의 증거를 확증하는 데 개인의 신앙이 중요함을 다시 한 번 강조하게 된다.[109] 사람들은 귀보다는

---

[108] 이것은 도드리지의 관행이었다. Life, chap. ii. "그렇게 함으로써 우리는 단순한 사색이나 비평적 연구가 제공하는 것보다 더 깊고 영적인 이해로 말씀의 주제를 파고들 수 있지 않겠는가? 심지어 우리는 강단에서도 죽어가는 영혼을 위한 따뜻한 진지함과 긍휼의 심정과 목회적 의무감이 없이 단순한 사색과 비평적 연구를 수행하는 것으로 목회를 하지 않는가?" 로버트 볼튼(Robert Bolton: 17세기 가장 뛰어난 목회자 중 한 사람)은 임종 시에 "나는 나의 마음에 먼저 적용하지 않고 어떤 경건한 내용도 가르친 적이 없다"고 고백했다. 뉴 잉글랜드의 쉐퍼드도 같은 증언을 했다. "그렇게 우리의 영적 갑옷을 검사하여 안전성을 입증한 후에야 확신을 가지고 그것을 권할 수 있다." 타계한 한 훌륭한 목사는 바로 이 점에서 정신을 차리지 못한 결과 다른 사람을 위한 설교를 준비하면서도 때로는 자신의 영혼을 파멸시킬 위험에 처했었다고 고백했다.

눈으로 더욱 완전하게 판단한다. 따라서 목회자의 실천은 그들의 설교보다 무겁게 취급되지 않는다 하더라도 역시 매우 중요하게 취급된다. 만약 그들이 강단에서는 거룩한 천사처럼 보이다가도 대화 속에서는 일반적이고 육적인 사람으로 드러난다면 어떻겠는가. "청중의 마음에 믿음의 실질로 감동을 주거나, 그들의 영혼으로 하여금 실천적으로 믿음을 사랑하게 만드는 것은 수 천 번의 정교한 설교가 아니다."[110] 페넬론(Fenelon)은 그의 책 「유창한 언변의 대화」(Dialogue of Eloquence)에서 이와 같은 점을 잘 지적했다.

"도덕적 교훈은 분명한 원칙과 좋은 모범으로 뒷받침되지 않으면 아무런 영향력도 미치지 못한다. 교훈에 의해 변화된 사람이 어디 있는가? 사람들은 그런 연설을 듣는 데에 익숙하다. 그들은 눈앞에 지나가는 무수한 좋은 경치를 보듯이 그런 연설을 즐길 뿐이다. 그들은 풍자글을 읽는 정도로 강의에 주의를 기울이며 강사를 단지 자기에게 주어진 역할을 수행하는 사람으로 간주한다. 그들은 강사의 말보다 그의 생활을 더

---

109) 이 문제와 관련하여 고대 교회의 판단은 더욱 일관되었다. "당신이 먼저 자신이 가르치는 것들을 행하지 않으면, 그들은 당신이 가르치는 것들에 대하여 확신을 가질 수 없다." Lactan. Instit. Lib. 4. c. 24. "당신의 행위가 당신의 설교를 부끄럽게 해서는 안 된다. 이는 당신이 교회에 말할 때, 교회가 말없이 '그렇다면 당신이 말하는 것을 왜 당신 자신은 행하지 않느냐?'고 질문하는 일이 없도록 하기 위해서 말이다." Hieron. ad Nepot. 트렌트 공의회도 역시 목회적 일관성에 대한 높은 표준을 보여 주었다. "다른 사람들에게 경건과 하나님을 섬기는 것을 계속적으로 교육할 수 있는 것은 거룩한 사역에 헌신한 사람들의 생활과 본보기 밖에는 없다. 그러므로 주님의 것으로 부르심을 받은 성직자들은 자신의 표정과 몸짓과 걸음걸이와 언어와 다른 모든 것들을 통해 신중하고 절도있고 경건으로 충만한 모습을 드러내도록 자신의 모든 삶과 행실을 형성해 가는 것이 마땅하다." Concil. Trid. Sess. 22. c. 1. 그러나 외적인 엄숙성에 불과한 자기 의와, 이와 달리 복음의 능력에서 나오며 마음을 감동시켜 목사로 헌신하게 하는 영적 품성을 조심스럽게 구분해야 한다.
110) Blackwell's Methodas Homiletica, 1712. 귀중한 책이다.

믿는다. 강사가 이기적이고 야심적이며 허영을 좇고 게으르고 사치를 즐기며, 다른 사람에게는 버리라고 강요하는 즐거움을 자기 자신이 버리지 않는다면, 사람들 역시 강사가 믿는 것처럼 믿고 강사가 하는 것처럼 한다. 그러나 가장 해로운 것은 이것이다. 사람들은 그런 일을 직업으로 가지고 있는 사람들이 정작 자기들이 말하는 바를 믿지 않는다고 너무 쉽게 결론짓는다는 것이다. 그렇게 되면 그 직업의 기능 자체가 신뢰를 잃어버린다. 다른 사람들이 진정한 열정으로 말하더라도 사람들은 그들의 열정이 진심이라고 믿지 않게 된다."[111]

우리는 두 손으로 건축해야 한다. 하나는 교리이고 다른 하나는 삶이다. 우리는 우리가 설교하는 대로 되어야 한다. 경건의 모범, 동기, 원리를 회중에게 보여주어야 한다. "복사본을 주어 그들로 쓰라고 하는 것이 아니라 펜을 들고 각각의 글자를 어떻게 형성하는지를 보여주어야 한다."[112]

목사는 때때로 보여주는 것이 아니라 지속적으로 보여주어야 한다. '거룩함의 아름다움'은 주일에만 나타나는 것이 되어서는 안 된다. 거룩한 설교는 한 시간만 지속되지만 거룩한 생활은 항구적인 설교이다. 그의 삶은 교리에 대한 살아 있고 실천적인 주석이며 감각에 호소하는 복음이다. 그러므로 거룩하신 우리 주님에 대해 한 교부가[113] 살펴보았

---

111) 불(Bull) 주교가 지적한다. "의의 옷을 입지 않은 성직자는, 모든 인간의 학문과 신성한 학문으로 아무리 장식하고 거기에 깨끗한 현명함으로 외관을 꾸몄을지라도, 하나님의 교회에서는 아무 권위도, 아무 관심도, 아무 쓸모도, 아무 봉사도 할 수 없는 헐벗고 보잘것없고 비참한 피조물에 불과하다." Sermon in Clergym. Instruct. p. 286. 대제사장의 값비싼 옷에 새겨진 '여호와께 성결'이라는 말은 성소에서 섬기는 직책이 어떤 장식을 가져야 하는지를 분명히 보여 준다. 출 28:28~30, 39:30, 31; 레 21:21 참조.
112) Scott's Sermon. 딤전 4:12
113) Theophylact on Matt. 5:2.

듯이 주님은 자주 '입을 열지 않을 때에도 설교' 하셨을 것이다. 신실한 목자처럼 '자기 양을 다 내어 놓은 후에 앞서 가면 양들은 그의 음성을 아는 고로 따라' 간다.[114] 옛 목사들이, 목사의 삶은 목회의 생명이라고 한 말이 좀 묘하지만 정당한 말이다. 왜냐하면 혼(Horne) 주교가 지적하듯이 '세상을 책망하려고 하는 사람은, 그 사람 자신이 세상이 책망할 수 없는 사람이어야' 하기 때문이다.[115] 우리 모두는 우리 자신을 각자의 위치에서 발광체로 임명되었다고 생각해야 한다. 우리는 범위 내의 모든 사람들에게 빛과 온기의 근원이 되어야 하는 것이다. 따라서 우리는 '비추는 빛'이 되어야 할 뿐만 아니라 '타는 빛'이 되어야 한다(요 5:35). 우리는 항상 맹렬하게 탈 필요는 없지만 항상 타고 있어야 한다. 빛이 되어야함은 물론 사랑이 있어야 한다. '거룩한 사랑의 빛' 말이다.[116]

---

114) 요 10:3, 4. "사람들을 구원하려는 목사는 능력의 교사로서만이 아니라 지도자로서 행동해야 하며, 락탄티우스처럼 사람들이 '지시하는 자'를 따르려 하지 않고 '앞에 가는 자'를 따르려 하는 것처럼 해야 한다". Bishop Reynold's Works, p. 1061. 헤로도토스가 애굽 왕의 비문에 대해 말한 것은 목사의 모토가 되어야 한다. "나에게 올라야 할 산이 있다면 그것은 경건이다." 키케로가 원로원에 적용한 것을 여기서 말해 두어야겠다. "이 신분에는 결점이 없어야 하며, 다른 사람들을 위한 귀감이 되어야 한다." De Leg. Lib. iii.
115) Considerations on John the Baptist, p. 81.
116) "당신이 결백할지라도 '선한 일에 열심'을 내지 않을 수 있다. 그러나 만약 당신이 그러하다면 예수 그리스도의 좋은 일꾼이 아니다. 당신은 우수해야 한다. 한 사람의 인간으로서가 아니라 하나님의 사람으로서 해야 하며, 사람의 일반적인 태도에 부응하는 것이 아니라 '하나님의 마음'에 합해야 하며, 순결할 뿐만 아니라 빛을 내야 하며, 흠이 없을 뿐 아니라 당신의 삶이 교훈적이어야 하며, '때를 얻을 때'에는 설교로 선포하듯이, '때를 얻지 못할 때에'는 당신의 삶으로 설교해야 한다. 즉 언제든지 모든 사람에게 설교해야 한다. 그래서 '너희 착한 행실을 보고 하늘에 계신 너희 아버지께 영광을 돌리게' 하며 그들 자신도 그렇게 되도록 해야 한다." Bishop Taylor's Sermon on the Minister's duty in life and doctrine, Works, vol. vi. "편견이 극복되고 무지가 제거되기 위해서는, 새로운 형태의 감정과 생각을 도입하기 위해서 애쓰는 사람이, 견해가 변화된 사람일 뿐만 아니라 영적 품성을 형성함에 있어서 그들에게 실제적인 영향을 끼치는 모범이 되어야 한다." Bishop of Winchester's Ministerial Character of Christ, p. 285.

이 주제를 놓고 볼 때, 교회가 불경건한 목사들에 의해 얼마나 깊고 큰 상처를 받는지 고통스럽게 예증하지 않는가. "이 소년들의 죄가 여호와 앞에 심히 큼은 그들이 여호와의 제사를 멸시함이었더라."[117] 이 소년들의 후손은 다음과 같은 사람들이다. 다른 사람에게는 복음을 강요하면서 자신은 그것에 소홀한 사람, 입으로는 하나님의 종이라고 하면서 실제로는 자기를 위해서 봉사하는 사람, 교리로 '허문 것들'을 행위로 '다시 건설하는' 사람, 이들은 잘못된 무거운 책임과 함께 '자신을 행악자로' 만든다.[118]

반면 말과 행동이 일치하는 목사의 능력은 얼마나 확신을 심어주는가. 레위의 입에 진리의 법이 있었을 때 그는 많은 사람을 죄에서 돌이켜 떠나게 했다(말 2:5, 6). 세례 요한의 사역의 거룩함은 악한 헤롯에게도 경외심을 불러으켰으며, 거기에 더해 많은 사람들이 일시에, 아니 더 많은 사람들이 더 오랫동안 그 빛에 즐거이 있었다.[119] 데살로니가에서의 사도들의 성공도 동일한 원인으로 인한 것이었다(살전 1:5, 9). "교회 내에서 자신의 생활과 대화로써 사람들을 그리스도께 인도하는 일꾼들은 복을 받은 것이다."[120]

선교사 엘리엇은 스스로에게 하나의 법을 부과했다. 곧 자기에게 접

---

117) 삼상 2:17. 주님의 심판을 주목하라. 렘 23:15; 레 10:1~3.
118) "제사장들 자신이 모든 그리스도인의 덕에 있어서 믿는 자들의 본보기가 되지 못한다면 그들은 건전한 교리로 세우는 것보다 악한 행실로 더 많은 것을 허무는 자들이다. 그들은 참으로 거룩한 신앙에 합당치 못한 자들이며, 그들이 설교하는 것들의 진실성에 대하여 의심하게 만드는 자들이다. 그렇게 함으로써 그들은 자유주의자와 무신론자에게 문을 넓게 열어주게 된다." Wits. De Vero Theologo. 말과 행동이 불일치하는 목사를 향한 무서운 조소가 이것이다. "강단에 올라가면 절대로 내려오면 안 된다. 일단 내려오면 다시는 올라가면 안 된다."
119) 막 6:20; 요 5:35; 행 11:24과 도드리지의 요 8:30 해설을 참고하라.
120) Quesnel on Mark 6:33.

근하는 모든 사람들에게 하나님, 하늘, 그리고 믿음에 대한 무엇인가를 끼치겠다는 것이다. 그 결과 어디서든지 그와 함께하는 사람들에게 장엄함과 숭고함이 동반되었다. 우리는 그가 어떤 목적을 가지고 행하는 것은 한 번도 본 적이 없지만 그렇게 함으로써 그는 하나님과 동행하였다. 오리겐에 대해 한 말을 그에 대해서도 할 수 있을 것이다. 즉, "그는 가르치는 대로 살았다."(Quemadmodum docet, sic vixit) 그리고 "그는 살았던 것과 같이 가르쳤다."(Quemadmodum vixit, sic docet)[121] 세속적인 일들 위에도 천상의 공기를 퍼뜨리는 이런 일상화된 목회는 거룩한 사실의 증거를 인치는 것이며 '오직 진리를 나타냄으로 하나님 앞에서 각 사람의 양심에 대하여 스스로 천거' 하는(고후 4:2) 것이다. 이것은 '한 천사가 해에 서 있는'(계 19:17) 것과 같아서 하나님의 장엄함을 드러낸다는 데에 의심의 여지가 없다.

목회적 경건의 능력은 마치 뿌려진 씨에 열렬한 기도로 물을 주는 것이라고 할 수 있다. 기도는 영적인 믿음의 생명이므로 신령한 목사는 당연히 기도의 사람이 되어야 한다. 이미 이 문제에 대해서는 상당히 자세히 다룬 바가 있으므로[122] 여기서는 목회의 각 부분이 어떻게 서로 관련되어 있고 영향을 미치는지를 지적하기 위해 이 사실을 언급하는 정도로 그치겠다.

하지만 다음과 같은 질문을 해볼 수 있다. "과연 우리는 종교직이 우리의 직업이 되었다는 그 사실로 인해 우리 개인의 신앙이 얼마나 위협받는지를 충분히 살펴보았는가?" 거룩한 직책이 요구하는 절제와 품위를 지킨다고 해서 생명력 있는 신앙이 있다고 생각할 수는 없다. 오히

---

121) Mather's Life of Eliot.
122) 6장을 보라.

려 우리 안에서 일어나기도 하고 받기도 하는 은사를 지속적으로 활용하는 것은 참된 믿음의 희미한 증거에 불과할 수도 있다. 직업적인 경건, 곧 사람들 앞에서 믿음을 유지하는 것으로 만족하는 것은 매우 위험한 일이다.

다음과 같은 사실을 반성한다는 것은 두려운 일이다. 강단에서의 뜨거운 활력이 얼마나 기계적인 행동에 불과한가. 영성이 아니라 충동에 불과하다니! 그러므로 의무를 이행하고, 외모를 차리고, 말을 하고, 종교적 감정을 드러내는 데 종교의 참된 정신을 유지하기 위해서는 얼마만 한 주의, 얼마만 한 경성, 얼마만 한 마음의 부드러움, 얼마만 한 열렬한 기도가 요구되는가. 또 우리가 이렇게 한탄할 이유가 없는가? 즉 "그들이 나를 포도원지기로 삼았음이라 나의 포도원은 내가 지키지 못하였구나"(아 1:6; 고전 9:27). 황무지를 개간하는 동안 때로 우리는 자신의 정원에서 자라는 가라지를 무의식적으로 간과하지 않는가? 우리는 늘 은혜를 받고 있지 않으면서도 은혜의 도구가 되는 것으로 만족하지 않는가? 만약 우리 자신이 은혜를 받고 있지 않다면 '우리 청중에게 은혜를 끼치는' 순간은 얼마나 미미하겠는가. 실제의 나와 직무를 행하는 나를 동일시하는 것에 대해 우리의 양심은 때로 꾸짖지 않는가?

비록 우리의 직책이 하나님의 일들에 집중되어 있으므로 공식적으로는 영적인 겉옷을 입지만(호 9:7), 우리가 쥐고 있는 교리가 영적이라고 해서 우리의 마음과 행동도 영적인 것은 아님을 우리 중 누가 발견하지 못하겠는가. 우리 중 가장 훌륭한 목사도 골방에서보다 강단에서 훨씬 신령할 것이며, 회중의 모든 죄를 지적하기 위해 필요한 노력보다 훨씬 적은 노력을 자기 마음속의 한 가지 죄를 지적하는 데에 쏟아도 된다고 생각할 것이다. 마음으로가 아닌 머리로 설교하기가 얼마나 더 쉬운가.

회중에게는 만족스러울 정도로 선명하게 진리를 설명하면서 자신에 대해서는 헛된 안도감을 느끼는 것이 연구할 때에 거룩한 마음의 준비를 즐기고 그것을 전달할 때는 하늘의 맛을 보며 뒤에 회상하며 그것의 경험적 실천적 힘을 경험하기보다 얼마나 쉬운가.

이 문제는 우리의 독특한 자기기만으로부터 발생한다. 이 자기기만에 의해 우리는 실제의 자신이 종교적 전문직을 행하는 자기에게로 흡수되며 그 결과 기독교적인 목사가 되어야 함을 망각한다. 하지만 우리는 성경의 비평적 연구 혹은 그 메시지를 목회에 적용하는 작업과 함께 시간을 내어 우리 자신이 성경으로부터 영적인 양식을 공급받아야만 한다. 만약 우리가 그리스도인으로서가 아니라 목사로서 성경을 더 많이 연구하고, 우리 자신의 영혼의 양식으로가 아니라 회중을 가르칠 거리를 찾기 위해 성경을 더 많이 연구한다면 우리는 자신을 하늘에서 오신 선생님의 발치에 두기를 등한히 하는 것이며 그 분과 우리의 교통은 단절되고 거룩한 직무에서 단순히 외형을 꾸미는 자가 되고 말 것이다. 마틴은 이 유혹을 잘 의식하고 있었던 것으로 보인다.

"성경을 펼 때마다 나의 생각은 설교와 해석에 집중한다. 그래서 심지어 혼자 성경을 읽을 때에도 나는 사람들 앞에서 성경을 읽는 것같이 느낄 지경이다."[123]

---

123) Martyn's Life, p. 60. 우리는 이 교묘한 유혹에 대해 깨어 있으려는 그의 열심이 얼마나 경건한 것이었는지를 배워야 한다. 후에 그는 다음과 같이 말한다. "나는 선교사가 자기 자신의 영혼을 등한히 하려는 유혹이 얼마나 큰지를 깨닫는다. 외적으로는 하나님께 집중하는 것 같으면서도 내 마음은 점점 완고하고 교만해져 갔다. 하나님, 세상에서 가장 큰 일이 자신의 영혼의 성화임을 배우게 하소서. 그래야 목회의 의무를 거룩하고 엄숙한 방식으로 더욱 잘 수행할 수 있겠나이다." p. 263, 264. 번역하는 일에서도 그는 지속적으로 깨어 있었다. "주께서 나의 영혼에 자비를 베푸셔서 주님의 자리에 어떤 우상을 세우는 일도 피하게 하소서! 주님을 위한다고 하는 일을 주님과의 교통보다 더 좋아한

다른 사람을 먹인다고 우리가 사는 것이 아니며 다른 사람에게 의술을 적용한다고 우리가 치료되는 것이 아니다. 따라서 이런 공적인 목회 활동을 하다 보면 죽음과 영원이라는 무서운 현실이 우리에게 너무나 익숙한 것이 된 나머지 깊은 심각성과 염려를 가지고 영원을 바라보며 묵상하여 회중에게 유익한 열매를 공급하는 하나님의 사람이 되기보다는 무덤을 파는 사람이나 의사나 군인이 되고 말 것이다. 이 사실은 다음과 같이 훌륭하게 지적되었다.

"어떤 사람이 신앙을 개인의 문제가 아니라 단지 직업적인 중요성만으로 본다면 그 길에는 장애물이 놓이게 되고 그것으로 인해 자신이 실제로 그리스도인이 된다는 것이 그에게는 낯선 일이 된다."[124]

하나님의 일들에 대해 익숙하게 말하는 것이 우리에게 시험이 되는지 유익이 되는지를 결정하기는 실제로 쉽지 않다. 자신을 정확하게 관찰하는 사람 중에 그저 형식적인 반복[125]에 대한 버틀러의 언급이 진실임을 깨닫고 외형적인 목회 활동의 반복이 급속하고도 강력하게 사람을 강퍅하게 한다는 것을 발견하지 않은 사람이 어디 있는가.[126] 성전

다면 우상이 되겠나이다! '순종이 제사보다 낫고 듣는 것이 수양의 기름보다 나으니' 이 구절로부터 내 영혼에 대한 하나님의 직접적인 지시를 따르는 것이 하나님을 섬긴다는 구실 하에 다른 일들에 집중하는 것보다 더 중요한 나의 의무임을 배우게 하소서." p. 272.
124) Wilkes's Essay on Conversion and Unconversion in Christian Ministers, p. 14.
125) Analogy, Part i. ch. 5. 페일리(Paley)는 목회의 주요 장애물로서 '종교적 주제에 대한 지속적인 대화, 나아가서 항상 종교적 직책으로 일을 수행하는 결과 종교의 실제에 대해 무감각하게 되는 상태'를 꼽는다. "이런 반복의 결과가 우리의 논증을 다른 사람들에게로 향하는 습관이 있는 우리에게는 더욱 심각하다. 이는 결론을 우리 자신에게 적용하기 위해서는 언제나 우리의 마음을 별도의 방식으로 다시 작동시키는 비상한 노력이 요구되기 때문이다. 우리의 논증을 위해 사용하는 모든 사색과 연구에서, 우리는 그 논증들이 그것을 듣거나 읽는 사람들의 마음에 미칠 효과만을 항상 생각하기 쉽다. 우리의 묵상을 더 진전시켜 최선으로 사용하는 일이, 즉 우리 자신의 마음과 양심이 그 영향을 받는 일이 다른 사람들 앞에서는 상실된다." Sermon on the dangers of the Clerical Character, Works, viii. 137~142.

에서 새로운 불을 받지 않고 매일의 생활과 주일을 일상적으로 보내면, 복음의 교리는 유지되지만 우리의 품성은 하늘의 정신에 동화되는 일이 완전히 무시되는 결과가 자연스럽게 따라온다. 이 영성이 결핍되어 있다면 우리의 목회는 하나님의 성령이 임하는 일이 없고 성령을 받음으로써 드러나는 복의 표시가 없는, 아름답지만 생명이 없는 기계적 동작 이외의 무엇이 되겠는가.

전체적으로 말하자면 우리의 개인적 품성이 목회에 끼치는 중대한 영향을 주목하게 된다. 단순성과 경건한 진실성, 이익에 초연함, 겸손 그리고 이 직책에 수반되는 전반적인 덕성은 '뭇 사람이 알고 읽는' 그리스도의 편지이다. 실로 품성이 능력이다. 이 품성의 결핍은 믿음의 순정성과 복음의 실제적인 효력을 의심스러운 것으로 만듦으로써 우리의 성공을 날려버린다. 공적 활동의 일관성이 만들어내는 자연적인 효과 이외에도 우리의 원칙을 늘 실행함으로써 확산되는 은밀하지만 예리한 힘

---

126) 마실론이 어떤 형식적인 목사의 경우에 대해 두려운 엄중함으로 말한다. "그는 신성한 일을 무감각하게 다루다가 마음이 완고해지는 상태에 떨어졌다. 이로 인해 그는 하나님의 일들에 대해 강퍅하게 되었고, 모든 일반적인 은혜의 방도로 죄를 느낄 수 없을 정도로 멀리 떨어져나간 결과 정신을 차리기가 거의 불가능하게 되었고 구원 받을 수 없는 상태가 되었다." 오웬 박사의 말은 이보다 더욱 두렵다. "편안하게 지옥으로 내려가려는 사람이 있으면 신앙에서 큰 칭찬을 받고, 다른 사람을 자기보다 더 낮게 만들기 위해 설교하고 수고하게 하면 된다. 그렇게 하는 동안 그는 자기의 마음을 겸손하게 하여 하나님과 동행하며 거룩함과 유용함을 드러내는 데 게을리 할 것이며 자기의 종말에 반드시 도달할 것이다." Sermons and Tracts, folio. p. 47. 고대의 한 저자가 예리하게 지적하듯이 "강단 아래에 있다가 지옥으로 떨어지는 것은 충격적인 일이다. 하물며 강단에서 지옥으로 떨어지는 것은 얼마나 더 충격적인가!" 거룩한 직책이 우리를 거룩하게 한다고 가정할 수 있는가? 이 사실을 기억하라. 아주 어린 시절부터 거룩한 음식을 먹고 향 냄새를 맡은 자들이 "행실이 나빠 여호와를 알지 못하더라"고 되어 있다(삼상 2:12). 가롯 유다가 '(사도의) 직무를 버리고 제 곳으로 간'(행 1:25) 것을 우리가 잊을 수 있는가? 변화되지 못한 모든 목사는 그들의 직임 자체가 바로 그들에 대한 정죄 선언이 아닌가?(막 16:16)

이 있다. 만약 그가 더욱 신령한 기독교인이었다면 그가 유용한 목사였음을 누가 부인하겠는가. 은밀한 기도에서 가장 열렬하고 풍성하며, 그 연구에서 가장 꾸준하며, 주님의 정신으로 충만하며, 목표가 단일하며, 그것을 추구하는 데 곧고 견고하다면 그런 사람이 그의 일에서도 가장 칭찬 받을 만하지 않겠는가. 그런 사람이 가장 '마음의 가득한 것'을 말하지 않겠는가. 그리고 그런 사람의 양떼가 그를 하나님 앞에서 행하는 사람으로 '알고' 그의 심방과 설교를 받되 '하나님의 천사와 같이 또는 그리스도 예수와 같이 영접' 하지 않겠는가.

목사 가족의 신앙 결핍

주교에게 요구되는 자질은 일반 목회자에게도 요구된다. 그 중에서 가장 중요한 것 중의 하나가 가정에서 목사의 존재이다. 퀘스넬이 아름답게 묘사하듯이 "가정은 작은 교구로서 교회의 열정, 경건 그리고 신중함이 가장 먼저 시도되는 곳이다."[127] 그러므로 만약 "사람이 자기 집을 다스릴 줄 알지 못하면 어찌 하나님의 교회를 돌보리요."[128] 이는 그

---

127) Quesnel on 1 Tim. 3:12.
128) 딤전 3:5. 우리 교회는 이 문제의 중요성을 충분히 인식하고 있으며, 거룩한 직책을 신청하는 후보자에게 가정을 선하게 유지하겠다는 굳은 서약을 요구한다. "당신은 자신과 당신의 가족들을 그리스도의 교훈에 따라서 형성해 가며, 당신과 그들이 힘이 닿는 데까지 그리스도의 양 떼들에게 건전한 모범이요 형상으로 만들어지기 위해 부지런히 노력하겠습니까? 예, 주님의 공급하시는 힘으로 그렇게 하기 위해 노력하겠습니다." Service for Ordination of Deacons. "이것이 사도의 권고입니다(딤전 3:12). 또한 이 동일한 명령은 교회의 고대법에 명시되어 있습니다. 이 명령은 평신도보다 성직자의 아내, 자녀, 종들에게 훨씬 엄격합니다. 목사의 가정은 덕성의 학교, 교회의 작은 모델, 그리고 모든 교구민들에게 평안과 좋은 질서, 온건함 그리고 경건의 귀감이 되어야 합니다." 콤버(Comber).

가 자기 가정에서 이루지 못한 일을 교구에서 이루기를 기대한다는 것은 불합리하기 때문이다. 엘리 가족에게서 발생한 일을 통해 목회자는 "믿는 자녀를 두어야 한다"는 규정의 필요성을 보여 준다(삼상 2:17, 3:13; 딛 1:5, 6). 비록 그는 자기 자녀에게 은혜를 전달해 주지는 못할망정, 최소한 필요한 제재를 가함으로써 "그의 아들들을 하나님보다 중히 여겼다"(삼상 2:29)는 비난은 면할 수 있다. 자녀들이 신앙에 일관된 행동을 함으로써 자신의 사역에 도움이 되어야 하는 책임이 있음을 그들에게 숙지시킬 수 있다. 즉 '그들의 신앙 고백뿐만 아니라 부모의 원칙을 아름답게 드러낼 수 있으며, 자기 아비 집의 원칙과 목회가 그들의 행위 규범이며 그들의 진정한 기쁨임을 보일 수 있다.' [129)]

허버트는 "교구 목사는 자기 집을 매우 엄격하게 다스려서 자기 교구가 그 모범을 따르게 만든다. 그의 가족은 믿음의 학교다"[130)]라고 말

또한 만트(Mant) 주교의 설교에 대한 노트에 있는 니콜스 박사(Nicholls)의 말을 참고하라. 존경 받는 필립 헨리(Philip Henry)는 가정 예배에서 자주 이렇게 간구했다. "우리가 목사로서, 목사의 아내로서, 목사의 자녀로서, 목사의 하인으로서 마땅히 행해야 할 바를 행하게 하옵소서. 그리하여 목회에 비난 받을 일이 없게 하소서." Life, p. 81. 기독교에 대한 가장 명백한 적이었던 한 사람의 증언은 이 점에서 주목할 만하다. 황제 줄리안은 이교 신앙을 다시 세우려는 시도 가운데 '기독교인의 엄격함과 고결함'을 기독교 신앙이 편만하게 된 주요 이유의 하나로 간주하며 이런 지침을 (고대 제사장의 지침을 베낀 것이 분명하다) 내렸다. "이교 제사장은 근엄하고 처신이 신중하며, 옷은 비싸거나 화려하지 말아야 하며, 고결한 사람이 준비한 곳 이외의 여흥에 참여하지 말아야 하며, 공공 경기장에 가지 말아야 하며, 그들 자신 뿐 아니라 그들의 아내와 자녀와 종들까지 경건해야 한다." 이처럼 우리는 적으로부터 배워야 함이 마땅하다. 세커 주교는 이 증언을 간단하게 적용하기를 "여러분에게 간청하건대 이교도에게 수치를 당하지 마십시오"라고 하였다. Jul. Epist. 49, ad Arsac, pp. 430, 431. Fragm. Epist. pp. 301~305. Secker's Charges, pp. 244, 245.
129) Richmond's Life, p. 294, 295. 모세의 율법은 제사장 딸의 범죄를 엄중하게 처벌한다. 이는 그녀가 거룩한 직책을 수치스럽게 하였기 때문이다(레 21:9).
130) Country Parson, 10장.

했다. 여기서 많은 생각을 할 수 있다. 즉, 매일 드리는 가족 예배, 가족에 대한 전방위적 교훈, 본질적으로 성경에 근거하는 교육 원리, 대화의 원칙, 이 모든 것들은 강단에서 가르칠 내용의 가장 중요한 세부사항에 해당되기도 한다. 질서의 습관도 이 기독교 모범의 중요한 부분을 형성한다. 여기에는 모든 일들을 적절한 시기에 행하고 모든 것들을 정당한 용도를 위해서 보관하고 모든 것들을 적절한 곳에 두고 모든 청구서를 정기적으로 지불하며 빚을 일체 지지 않는 것 등의 중요한 일이 해당된다. 자녀들에게는 우리가 다른 사람들에게 행하는 질서, 복종, 관용의 규칙의 실천적 실례를 세심하게 보여주어야 한다.

우리 중 얼마나 많은 사람들이 이 점에서 다른 사람들에게는 지혜로우면서 자기 자신에게는 지혜롭지 못한가. 아마 우리가 가장 자기를 속이기 쉬우며 가장 죄의식을 덜 느끼는 곳이 바로 자녀를 다루는 일일 것이다. 우리가 하인들을 다루는 데 질서를 유지하는 것의 중요성은 너무나 분명하다. 그들에게 과도한 부담을 지게 해서는 안 된다. 사소한 일을 목사 자신이 처리하면 안달과 혼란을 피하는데 유익할 것이며 무엇보다도 개인 경건의 실행에서 손실을 입지 않을 수 있다. 우리는 가족들이 연약한 부분에 대한 이해, 지속적으로 유지되는 인내와 관용, 가족 성경 읽기 후의 개별적인 지도 같은 의무들을 의식적으로 수행하도록 힘을 북돋워야 한다. 이와 같이 우리 목회는 가정의 하부에까지 미쳐야 한다. 모든 가족 구성원의 현실적 복지에도 관심을 기울이며, 그들의 불멸의 영혼을 돌볼 책임도 져야 한다.

후퍼 주교의 자택은 마치 "어떤 교회나 성전에 들어간 것 같았으며, 모퉁이마다 미덕의 향기가 풍겼고 좋은 모범, 솔직한 대화, 성경 읽기가 있었다"고 한다.[131] 존경받는 목사 조셉 얼라인(Joseph Alleine)에 대해서는 다음과 같이 전해진다. "집안을 거닐 때에 그는 발생하는 모든 일들을 영적인 방식으로 활용하였으므로, 그의 입술은 벌집처럼 주위의 모든 사람들에게 꿀을 공급하였다."[132] 필립 헨리(Philip Henry)의 가정 경영은 족장의 경건, 소박함 그리고 질서를 가장 아름답게 보여 주었다. "그는 자녀들과 가족을 명하여 자신처럼 주의 길을 따라 공평과 정의를 행하도록 했다."[133] 이상은 가정 내 목사의 훌륭한 모범들로 그들은 '자기 집에 있는 교회'의 목사가 되는 것이다.

실로 목사는 '산 위에 있는 동네'여서 '숨기우지 못할 것'이다. 그는 자기 개인의 품성뿐만 아니라 가족의 경영에 대해서도 생각해야 한다. 아내의 처신, 자녀들과 종들의 의복과 습관, 그의 가구 및 식탁 등이 전부 사람들의 가장 정밀한 관찰의 대상이 된다. 이와 같이 우리 가족의 올바른 모습은 상당한 정도로 교구의 기준이 된다. 만약 그것이 부당하

---

131) Clark's Marrow of Ecclesiastical History, p. 222. Foxe's Acts and Monum. vi. 644.
132) Alleine's Life and Letters, pp. 97-100.
133) 창 18:19. Philip Henry's Life, pp. 82~86을 참고하라. 코튼 마터(Cotton Mather) 가족의 모습은 덜 알려져 있다. 그는 자녀 한 사람 한 사람을 위해 따로 기도했으며, 어렸을 때부터 실제적으로 유용한 교훈을 주기 위한 수단으로 성경 이야기에 흥미를 가지도록 했다. 부모는 아이들이 오면 언제든지 해줄 이야기가 있었다. 은밀한 기도의 습관은 일찍부터 형성되었으며 자주 상기되었다. "아가, 네가 배운 대로 매일 혼자 하나님께 나아가 기도하기를 잊지 말거라." 그는 자녀들 마음속에 기독교적인 사랑을 키워주고자 서로를 위해 '행하기 쉬운 선행'을 매일 행하도록 했다. 그들이 즐겨 그 일을 할 때에는 격려하고 칭찬해 주었으며, 거기서 퇴보하는 것을 자기가 매우 슬퍼한다고 알려 주었다. 그들이 상당히 나이가 든 다음에는 하나씩 불러다 하나님을 두려워하고 그리스도를 사랑하며 죄를 미워하라는 내용의 애정이 넘치고 엄숙한 권면을 한 후에 그 문제에 대해서 자신이 어떻게 열렬히 기도하는지 보도록 했다. 그는 자녀들의 관심을 끌고 그들의 마음에 복음을 가르쳐 주며, 그들의 마음에 복음을 적용하기 위한 최선의 방법으로 복음의 모든 진리를 질문으로 만들어 문답식으로 교육시켰다. 이 같은 신실한 가정 사역이 그의 공적 사역의 비상한 능력과 연결된 것은 전혀 이상한 일이 아니다. 그의 모범은 성경 진리를 적용하고 격려하는 데 거역하지 못할 힘을 보여 준다.

다면 사람들은 매우 자주 그것을 근거로 자기들의 의무 불이행 혹은 적극적인 죄악의 탐닉을 변명하려 할 것이다. 이처럼 가족들의 신앙생활에 대한 상세한 내용은 우리 교역의 일부이다.

우리는 자녀에게 부모의 규제를 받고 순종의 의무를 이행하며 지속적인 교훈과 감독을 받으며 자기부인, 거룩, 기쁨, 사랑을 매일 실천해야 한다는 원칙을 되풀이해서 가르쳐야 한다. 하지만 사람들은 자기들이 듣는 것보다 보는 것에 의해서 훨씬 많은 영향을 받으므로 만약 교구 목사 가정이 가르침뿐만 아니라 실천의 모범을 보이지 않는다면 목사의 권면은 불신자의 조소를 일으키며 그들의 죄악의 습관을 더욱 공고히 하는 결과를 가져올 것이다. 우리 가족이 하나님의 종으로 드러나는 것과 세상의 자녀로 드러나는 것이 교구에 대한 우리의 영향력에 얼마나 큰 차이를 가져오겠는가. 목사 자신은 신앙과 생활이 일관된다 하더라도 가족의 모습이 세속적이면 신실한 목회의 능력은 완전히 무너지곤 한다.[134] 그러므로 낭비하는 습관, 장식에 대한 지나친 관심, 이 세상의 쾌락이나 허영을 피해야 하는 것은 단순히 돈이 넉넉하지 않아서가 아니라 다른 사람들에게 줄 수 있는 잘못된 영향력 때문에 필요한 것이다.

사도는 우리의 큰 목표와 관련하여 목사의 아내가 거룩함, 자기 절제, 단정한 태도, 공적 사적 의무의 신실한 이행에서 모범이 되어야 할 것을 지적한다(딤전 3:11). 이 일은 매우 중요하게 간주되었다.

"헝가리 개신교에서는 목사의 아내가 카드게임, 춤, 혹은 사모의 신

---

[134] 이 문제와 관련한 충격적인 어려움들은 '젊은 목사에게 주어진 부정적 규칙'(Negative Rules given to a Young Minister) 중 '목사 가족의 의심스러운 모습'에서 제시된다. Cecil's Remains.

중함이 아니라 세상을 사랑하는 사람의 쾌락을 드러내는 다른 공적인 오락에 참여하면 목사직을 박탈했다. 이 같은 엄격함은 아내는 남편에게 순종을 약속했으므로 남편이 지정하거나 인정한 일이 아니면 할 수 없다는 내용을 근거로 한다. 따라서 그들은 실천적 모범이 규범보다 훨씬 무거우므로 세상으로 향하는 목사의 아내에게 그녀의 남편이 아주 엄숙한 말로 세상을 버릴 것을 설교하기보다 자기의 행동을 통해 세상을 사랑할 것을 훨씬 성공적으로 설교해야 한다고 결론짓는다."[135]

그러나 이런 가정적인 일관성 이외에도 우리의 위대한 사역에 직접 도움이 되는 또 다른 의무가 첨부된다. 이는 목회의 완전성 때문에 그 말이 무게를 가지는 한 사람에 의해 잘 지적되었다. "성직자의 가족, 집, 관심 등 그와 관련된 모든 것은 일관성을 가져야 한다. 또한 모든 가족 경영이 그의 목회 의무에 종속되어야 한다."[136] 물론 지혜로운 조절이 필요하지만 그렇게 되어야 그의 목회 활동에서 다양한 실천의 넓은 영역을 망라할 수 있다.

그러므로 목사는 배우자를 선택하는 데 큰 책임 의식을 가져야 한다. 그리스도인의 선택의 성격적 원칙인 '주 안에서'(고전 7:39) 하라는 것 외에도 그의 결정에서 이기적인 동기가 더욱 없어야 한다. 이는 그의 목회 기조가 이 중요한 환경의 변화에 의해 형성될 것이기 때문이다. 그는 과거의 그가 아닐 것이며 새로운 행동의 경향과 원칙의 제약 아래에

---

135) Fletcher's Portrait of St. Paul, p. 129, note "목사의 공적 활동은 그가 개인적으로 가정에서 얻는 위로와 긴밀하게 연결되어 있다. 목사의 아내는 목사가 자기 양 떼의 유익을 위해서 애쓰는 모든 노력을 위한 격려의 근원이 될 수도 있고 방해의 근원이 될 수도 있다. 이것은 그녀의 실천과 처신에 의해서 매우 크게 좌우된다." 성직자의 아내가 된 딸의 혼인식 날에 리치몬드(L. Richmond) 목사가 보낸 서신. Life, p. 511.
136) H. C. Ridley's 'Parochial Duties practically illustrated'(실천적으로 예증된 교구 목사의 의무)-(Seeleys and Hatchard)-목회 활동의 가장 흥미롭고 흥분되는 스케치이다.

있게 될 것이다(고전 7:32, 33). 한 연로한 목사가 결혼을 앞둔 젊은 형제에게 이 문제에 대해서 말하기를 "많은 불멸의 영혼들이 그대가 지금 내딛는 한 걸음에 깊은 관심을 가질 것이라네"라고 했다. 그리고 실제로 이 새로운 관계에 의해 그의 양 떼가 유익을 얻지 못한다면 그들은 손실을 입을 것이다. 배우자가 믿음이 있는 사람이라 하더라도 목회와 관련된 경험, 공감 혹은 도움을 주지 못한다면 (우발적인 원인으로 말미암든 영적 원인으로 말미암든) 목회자의 에너지를 고갈시키고야 말 것이다. 결국 목사는 결혼 이전보다 열정, 관심, 절제, 유능함에서 부족함을 느낄 것이다.[137] 그러므로 목사가 그의 모든 행동에 기독교인의 도장만 찍는 것이 아니라 그의 거룩한 직책의 높은 위엄, 순전성과 고상함의 도장까지 찍어야 한다면, 그의 미래 활동을 결정하는 아내의 선택이라는 이 일에서는 얼마나 더 신중해야 하겠는가.

목회에 수반되는 두려운 책임감으로 인하여 "책임이 심히 중하여 나 혼자는 이 모든 백성을 감당할 수 없나이다"라고 호소하는 목사라면 섭리의 손길 혹은 기도의 응답으로 모세 곁에 섰던 칠십 인 장로처럼 – 모세에게 임한 신을 더불어 받아 모세와 함께 백성의 짐을 담당하게 만들 장로들 – 자기 곁에서 도울 사람을 선물로 기대하지 않겠는가?[138] 그러

---

137) "목사의 아내가 목사 자신과 목사의 사역에 미치는 영향이 얼마나 큰지는 계산이 불가능하다. 만약 그녀가 충분한 기준에 미치지 못한다면 그만큼 남편을 방해하고 목회에 차질을 일으키며 그를 속되게 만들 것이다. 이 세상에 선한 것이 있다면 그것은 목회의 직책 속에 있다. 이 직책이 감당해야 할 일들이 세상에서 가장 큰 일이다. 그 일들을 바른 정신으로 수행함으로써 목사는 거대한 기계를 계속 돌리고 있는 셈이다. 그런데 목회자 아내의 품성이 목회자에게 계산할 수도 없는 영향을 미치므로 그 기계를 나아가게 하는 일에서 아내가 그를 돕지 않는다면 그녀는 시체처럼 그 바퀴에 달려 있는 것과 마찬가지다." –Cecil's Remains.
138) 민 11:11~17; 잠 18:22, 19:14을 보라. 백스터는 질문에 이렇게 대답했다. "성직자는 결혼해야 하는가?" "그렇다. 그러나 결혼하기 전에 생각하고, 생각하고, 생각하고, 또 생각해

므로 그리스도인의 배우자 선택과 목회자의 배우자 선택에는 이런 차이점이 있어야 한다. 그리스도인은 자신을 위해 돕는 배필을 원하지만, 목사는 거기에 더하여 자신의 멍에를 함께 멜 사람을 필요로 한다. 그는 자신만을 위해서가 아니라 회중을 위해서도 배우자를 구한다.

목회자의 아내가 하나님을 섬기는 일과 유리되면 목회 사역이 크게 약화된다는 데 의심의 여지가 없다. 모든 영역 특별히 사모에게 적합한 일이 있다. 적절한 처신의 문제로 (여자에게 적용되는 교훈의 경우) 목사는 그 모든 영역을 다루지 못하는 일이 발생한다. 게다가 일의 중압감, 계속해서 시간을 요구하는 수많은 일들로 인해서 진정한 동료의 조언과 적극적인 봉사가 요구된다. 그러므로 배우자를 구할 때의 실책이나 사모의 책임감 부족은 많은 땅을 기경하지 못한 채로 남겨두게 하거나 완전히 경작하지 못하게 하여[139] 풍성한 수확이 무산되는 결과를 초래한다.

물론 어머니로서의 의무를 등한히 하게 할 수는 없다. 하지만 다른 긴급한 일이 있다는 주장 속에 숨지 말고 주의 일을 위한 시간을 내야 (얼

야 한다. 한 번 이상 숙고되어야 한다. 청혼은 오랜 시간 동안 숙고해야 한다." 이 규칙을 준수하고 하나님의 지시를 기도로 구함으로써 그 규칙을 실행하면 목회자로서 쓸모 있게 될 뿐만 아니라 개인의 삶에도 평안함과 큰 유익이 된다.

[139] 임종시의 증언에서 확증되고 권고된, 목회에서 사모가 담당하는 의무에 대한 언급이다. "영원이 눈앞에 충만히 펼쳐지고 잠시 후면 하나님의 심판 자리에 서게 되었을 때 그녀는 이렇게 말할 수 있었고 또 말했다. '나는 교구를 위해서 노력했습니다. 그렇습니다. 나는 교구를 위해서 노력했습니다. 또한 만약 주께서 나의 생명을 연장시켜 주신다면 나는 지금까지 했던 것보다 더 많이 교구를 위해서 애쓸 것입니다.'" 링컨셔 스와인헤드의 볼랜드(W. Bolland) 목사 사모의 장례식 설교. 다른 많은 경우 중에서도 이 사례는, 성경이 명문으로 요구한 것이 없다 할지라도 목사 사모가 그리스도의 교회에서 공식적으로 또한 상대적으로 차지하는 위치로 말미암은 의무를 인식하고 정당하게 사역한 실례이다. 또 다른 교훈적인 사례는 서포크 액튼의 비커스테드(Bikersteth) 목사가 쓴 자기 아내에 대한 회고록이다. 'Hints to a Clergyman's Wife'라는 제목의 소책자에는 유익한 제안이 많다.

마나 낼 수 있느냐 하는 것은 당연히 양심에 따라 정해야 한다) 한다. 아내는 자연적인 어머니가 되는 것뿐만 아니라 영적인 어머니가 되는 영예를 추구해야 한다. 사모는 목사의 삶의 동반자가 될 뿐만 아니라 그의 사역의 동반자가 될 것을 원해야 한다. 사모가 목사의 공적인 목회로부터는 손을 뗌으로써 절반만을 공감하고, 그의 짐의 작은 부분만을 나눠 지는 것으로 만족할 수 있는가. 사모는 복음의 주된 특성 곧 십자가의 제자가 되어야 한다. 목사와 연합함으로써 사모는 그의 일과 그의 십자가에 자기를 맨 것이며, 자기 남편의 곁에 서는 한 남편과 공감할 뿐만 아니라 하나님의 신실한 종의 몫일 수밖에 없는 갑절의 고생, 오해 그리고 비난을 함께 나눌 것을 예상해야 한다. 그것은 십자가 정신의 핵심인 사랑, 겸손, 인내 그리고 자기부인을 실행해야 하는 고난이다.

사모와 관계된 어떤 것도 중립적일 수 없다. 자기 남편의 목회의 진보에 대하여 또는 그가 갖는 흥미를 강화시키기에 가장 적절한 행동에 대한 것이나 혹은 심지어 그가 일에 대해 느끼는 피곤함에 대해서조차도 차가운 무관심을 보이는 것은 기계의 바퀴에 족쇄를 채우는 행동이지 윤활유를 제공하는 행동이 아니다. 사모의 친절과 배려가 부족하면 목사와 회중 사이에는 간격이 벌어지며 서로의 유익을 이룰 수 있는 목회적 의사소통의 많은 부분이 제한된다. 반면에 자연스러운 화해의 정신과 공감의 흐름은 그것이 없었더라면 억제되었을 자유를 가져다준다.[140] 그 결과 목회자와 그의 많은 가족 사이의 상호 유대는 더욱 돈독

---

140) 코튼 마터는 목회자 사모에 대한 한 흥미 있는 사례를 언급한다. 여인들이 그녀에게 자유롭게 '슬픔을 열어' 보이곤 했다. 그러면 그녀는 남편에게 그것을 넌지시 알려줌으로써 남편이 공적 목회에서 그 문제들을 더욱 구체적이고 유익하게 다루어 항구적인 유익이 되도록 해주었다. Mather's New England, Book iii. P. 17.

해진다.

이와 같이 목회 사역에서 여성의 역할을 확실히 알아야 한다. 목회적 관계의 가장 흥미로운 매개자 즉 항구적이고 광범위한 열매의 약속이 우리 앞에 열리는 것이다. 실제로 목사 자신의 인격적 품성이 혼돈 가운데 있을 때에 여성의 책임은 막중하며 이것이 때로 목회의 존귀함과 유효성을 견지하기도 한다. 어떤 때에는 목사의 수고가 더 유용한지 사모의 수고가 더 유용한지[141] 알 수 없는 경우도 있다. 하지만 전반적인 체계에서는 각자가 자기 부분의 한계를 지키는 것이 중요하다. 간섭은 독립성을 해치고 영향력을 약화시키는데 이는 두 사람 모두에게 해당된다. 그러므로 자신의 동반자가 자기 가족의 감독과 수호자일 뿐만 아니라 회중의 어머니도 된다면 그 목사는 복을 받은 것이다. 자신과 자신의 양 떼를 위한 이 특별한 자비를 감사함으로 인정할 수 있는 목사는 참으로 큰 복을 받은 것이다.

나는 목사 가정의 예배가 필립 헨리[142]와 스콧[143]이 실천한 것처럼 매일 목회의 특징이 되어야 함을 제안하고자 한다. 이 가정 예배를 유익한 교훈의 수단으로 만들기 위해서 기도와 묵상이라는 영적인 습관이 필요하다. 우리는 형식적인 예배를 경계해야 한다. 그리고 생명의 샘으로서 믿음과 기대를 생생하게 유지해야 한다. 요리문답 형식의 교훈을 때때로 섞는 것이 가정예배에 다양성을 제공하는 방법이 될 것이다. 많은 분량의 성경을 읽으면 성경 연구의 범위를 확장하여 더욱 부지런히

---

141) 터너(Turner) 주교가 교구 사제였을 때, 무려 열한 번의 결정적인 회심은 사모의 수고의 열매였다.
142) Philip Henry's Life, pp. 72~81. 웨슬레는 이 책을 회중에게 추천하면서 가족 예배를 인도하는 방법의 모범으로 제시했다.
143) Scott's Life, pp. 71~76.

연구해야 한다는 것을 깨닫게 된다. 교회와 타락한 세상을 위한 필요를 껴안는 넓은 마음으로 중보기도를 드리는 시간은 최고의 순간이다. 충만하게 확장되는 이 사랑의 실천은 우리 가족에게 중요한 실천적 의무를 반복해서 가르치고 그들이 하나님을 위해 쓰임받도록 하는 특권적 영역으로 인도한다.

가정예배 사역은 친밀하고 애정이 넘치는 권면 같은 일상적 활동과 교구의 한계를 넘어 이 유익을 나누고자 하는 모든 사람에게로 그 영역이 확장된다. 단순히 설교를 읽는 것으로는 비록 그것이 아무리 우수하다 하더라도 예배의 책임을 감당했다고 말할 수 없다. 또한 설교를 통해 강한 인상을 남기는 효과도 떨어진다. 기존의 외부의 것을 가져다가 읽기만 한다면 그 강론의 방식이나 내용에서 각 사람의 성격의 미묘한 차이에 맞추거나 항상 변하는 가족의 상황에 맞출 수 없게 된다. 그래서 매일 가족이 모여 드리는 예배에 관심을 가지게 된다.

가정예배에서 사용하는 스콧의 주석은 주로 평신도를 돕기 위한 것이지만 (그 목회자가 사용할 때는) 자유로운 해석을 위한 확실하고 유용한 자료를 제공해주게 된다. 목사의 자격 곧 '가르치기를 잘하며', '천국의 제자 된 서기관'이라는 특성은 주일 목회뿐 아니라 매일의 목회를 위해서도 '새 것과 옛 것을 그 곳간에서' 내어와야 한다.[144] '안수로, 우리 안에 있게 된 하나님의 은사'를 '태만히 하지 않는' 경성함과 '불 일 듯

---

144) 마 13:52; 딤전 3:2 한 미국 목사는 자기 아들에게 이 익숙한 실천을 확신을 가지고 계속할 것을 권하면서, 자기는 신학의 거의 모든 연구에서 얻은 유익과 맞먹는 유익을 여기서 얻었다고 말했다. 그러면서 그는 이것을 "내가 하려는 것을 아브라함에게 숨기겠느냐……내가 그로 그 자식과 권속에게 명하여 여호와의 도를 지켜 의와 공도를 행하게 하려고 그를 택하였나니"라는 구절을 주께서 은혜롭게 성취하시는 것으로 본다고 덧붙였다. Mather's New England, iii. 150.

하게 하는' 부지런함을 유지하여 그것을 매일 사용하기 위해 많은 기도와 능동적인 믿음의 습관이 필요하다(딤전 4:14; 딤후 1:6). 모든 신선한 실천은 '쉽게 끊어지지 않는' 상호 감정의 '줄'로 우리를 회중과 연결시켜 주며, 그들의 마음을 열어 진리를 받아들이며 더욱 확실한 즐거움을 누리게 한다. 그리하여 모든 교구 활동이 시원한 '그늘'이 되어 교구민들을 초대하여 '그 아래 거하도록' 해야 한다(호 14:7). 그러면 그들은 새 힘을 공급하는 경험을 회상하면서 주일이 끝날 때마다 필립 헨리의 감탄을 따라할 것이다. "나는 이것 이외에 천국으로 가는 길을 알지 못한다."[145]

믿음의 부족

침례교 선교회는 캐리 박사(Dr. Carey)가 인도로 떠나기 직전 이사야 54장 2, 3절을 본문으로 한 설교에서 제안한 두 개의 단순한 생각 위에 설립되었다. "큰 일을 기대하라. 큰 일을 시도하라." 이 기대는 하나님을 영화롭게 하며 하나님에 의해 명예를 얻는 믿음의 생명이며, 사역의 활력이다. 우리의 모든 실패는 궁극적으로 믿음의 부족으로 거슬러 올라간다. 우리는 조금 구하고, 조금 기대하고, 조금으로 만족한다. 따라서 조금밖에 얻지 못하고 행하지 못한다.[146]

---

145) Philip Henry's Life, p. 192.
146) 스콧은 자기 아들에게 보낸 편지에서 이렇게 말한다. "나는 이렇게 생각한다. 우리가 성공하지 못한 것은 구하지 않았기 때문이요, 다른 사람들의 마음을 불일 듯하게 하여 오직 하나님으로부터 큰 복을 기대하고 구하게 하지 않았기 때문이다." Life, p. 393.

우리 주님께서는 기적을 행하실 때 거의 언제나 이 원리의 실천을 요구하셨으며 그의 전능한 능력은 사람들의 불신앙에 의해서 억제된 것처럼 보인다.[147] 육신의 병을 치료할 때에 이 믿음의 능력이 필요함이 기록된 것은 모든 기적 중에서 가장 큰 기적 곧 영혼의 내적 변화와 관련하여 이 믿음을 활용하게 하기 위한 목적 때문으로 보인다. 전능하신 하나님의 뜻 이외에는 응답이 보장된 믿음의 기도에 대한 기대를 제한할 것은 아무 것도 없다(마 21:22; 요일 5:14, 15). 이 규칙을 근거로 은혜가 나누어진다. "너희 믿음대로 되라"(마 9:29). 그러므로 믿음의 생활은 목사의 사역에서 생명과도 같고 성공의 원천이다.

하나님의 약속에 근거하지 않은 확신은 믿음이 아니라 망상이다. 그러나 목회적 믿음의 근거는 하나님의 참여, 목적 그리고 약속이다. "여호와의 열심이 이를 이루시리라"(사 9:7). 인간 마음의 이 단호하고 불타는 신념이 때로는 자주 오도되고 균형을 잃고 불확실하지만 이 신념으로부터 많은 것을 기대할 수 있다. 그러나 하나님의 마음을 소유한다는 것, 사랑하시는 아들의 나라의 전진을 위한 하나님의 무한한 마음에 대한 깊은 관심을 품는다는 것, 거기에 집중된 하나님의 마음에 대한 생각, 그 나라를 포괄하며 그 나라를 세우기 위하여 세상의 모든 움직임을 능력으로 통제하시는 하나님의 신비한 계획에 대한 생각이 얼마나 우리를 압도하는가. 하나님의 목적과 약속의 성취를 위한 위대한 엔진인 목회의 반석은 얼마나 견고한가.[148]

---

147) 마 8:2, 3, 9:2; 막 11:22, 23을 마 13:58; 막 6:5, 6과 비교하라.
148) 칼빈은 이 기초에 대해 "목사는 자기들의 가르침이 무너질 수 없는 것은 하나님 자신이 무너질 수 없는 것과 같다는 강력한 믿음을 가지고 강단에 올라가서 하나님의 이름으로 하나님의 말씀을 선포해야 한다"고 말했다. 고후 3장 설명.

이 믿음의 실행이 극도로 어렵다는 사실은 쉽게 이해되지 않는다. 때로 더 좋은 것을 기대할 수 있는 데도 마음이 약해지고 무너지는 것을 본다. 예레미야의 사례는 젊은 목사들에게 가장 좋은 교훈을 준다. 그는 공중 앞에서는 용감하지만 혼자 있을 때에는 무너지며 자기 백성이 당한 비참함에 대한 사랑의 애통으로 가득하지만 그 자신은 불신의 세력에 의해 '견딜 수 없는 압력'을 받았다 (렘 9장과 20장 비교).

자신을 의지하는 것은 사역의 효과를 막는 거대한 방해꾼이다. 우리의 영광스러운 머리이신 주님은 목사들을 위한 자원과 방대한 창고인 영이 '충만' 하다(말 2:15; 골 1:19을 요 1:14, 16, 3:34과 비교하라). 하지만 그의 충만으로부터 지속적으로 공급 받지 못한다면 우리가 누구라고 죽은 자들을 새로운 영적 생명으로 일으킬 수 있겠는가? 우리의 중개 활동 어디에 영혼을 살리는 덕성이 내재되어 있는가? 전능한 능력 대신에 도구로 사용되는 인간을 의지하는 것은 엘리사가 주님 대신에 자기 지팡이를 의지하는 것과 같이(왕하 4:31) 질투하시는 우리 하나님의 꾸짖음을 받아 낮아지는 지경으로 우리를 데려갈 것이다. 또한 하나님의 충만하고 신실한 약속 대신에 그럴 듯한 외양을 의지한다면 이는 순전한 신뢰의 결핍을 드러내는 것이다.

우리는 일순간의 밝은 전망에 대해서 말하기 좋아한다. "수고롭게 일하는 우리를 이 아들이 안위하리라"(창 5:29). 그 결과 '우리의 표적이 보이지 아니할' 때(시 74:9) 혹은 '아침 안개와 새벽이슬처럼' 그것들이 사라질 때 우리는 낙망에 빠진다. 그러나 언약이 근거가 되며 우호적인 현상이 오직 우리의 소망을 격려하는 요소에 불과하다면 우리 마음은 믿음의 균형 속에서 유지될 것이며 환경의 다양한 변화에서도 의지하고 흔들리지 않을 것이며 실망의 뜨거운 폭풍 속에서도 '소망 가운데 기뻐할' 것이며 심지어 '바랄 수 없는 중에 바라고 믿으면서 믿음에 견고하여져서 하나님께 영광을 돌리게' 될 것이다. 그러나 이런 사실을 기억하지 못한다면 우리는 목회적 믿음보다 개인적 믿음을 실행하게 될 것이다. 비록 두 개의 믿음 모두에 대한 보장이 동일하고, 모든 경우에 두 가지 믿음의 원칙을 적용하는 것이 동일한 능력을 발휘하며, 확신 있는 목회적 전투를 위한 훈련의 열매가 개인적 시련의 결과와 동일하다 할지라도 말이다.

중심된 문제는 우리가 하는 일에 있는 것이 아니라 우리 자신에게, 즉 우리 자신의 불신앙과의 싸움에 있으며, 나태함 혹은 자기를 의지한다는 데 있다. 믿음이 정말로 작동하고 있다면 어려움의 정도와 심각성이 백 배 증가한다 하더라도 비교적 사소한 것이 된다. 어려움 위에 어려움이 쌓이더라도 하나님의 약속의 수준에까지는 이르지 못한다. "누가 이것을 감당하리요"라는 두려운 깨달음을 견딜 수 있는 대답은 "우리의 만족은 오직 하나님으로부터 나느니라"이다(고후 2:16, 3:5).

도덕적인 원인과 결과 사이에는 연결고리가 있어서 그것이 인간의 절망을 하나님의 전능에 연결해주며 인간으로 하여금 자기는 아무 것도 할 수 없다는 의식 속에서 모든 일을 시도하도록 격려한다. 그리하여 철저하게 인식된 '연약' 속에서 하나님의 '능력이 온전하게' 된다(고후 12:9). 동일하게 중요한 것은 우리에 대한 낮은 평가 속에서도 거기에 합당하게 따라와야 하는 믿음을 계속해서 발휘해야 한다는 것이다.

낮게 엎드리되 높은 곳을 보자. 우리의 연약을 깨닫되 동시에 강함을 바라보자. 지금 믿음을 실행할 뿐만 아니라 과거를 기억하자. 사도가 책임의 중압감에 눌리면서도 자기 마음을 견지해 나갈 수 있었던 것은 주님께 모든 것이 충족하다는 일반적인 느낌에 의해서뿐만 아니라 그것이 자기 안에서 이루어진 사실을 상기하는 데 있었다.[149] 이렇게 상기함으로써 우리는 전능하신 은혜의 충분함을 확신할 것이며 비록 그 일이 사람이 가진 정도를 훨씬 뛰어넘는 자원을 요구하지만 하나님의 능력과 언약은 긴급한 상황에 완전히 부응하며 신실하게 약속되었음을 확신하게 될 것이다. 그러므로 극복하지 못할 어려움은 없다. 우리 주님은 자신의 전능함으로 믿음의 확신을 예비해 주셨다. 가장 작은 알갱이가 산을 다른 곳으로 옮길 것이다.[150] 그렇다면 큰 알갱이, 많은 알갱이가 무엇을 못하겠는가. 가장 연약한 실천이 그렇게 강력한 결과를 가져온다면, 일상적으로 발휘되는 믿음으로 무엇을 기대하지 못하겠는가. 우리가 항상 "믿음을 더하소서"라는 제자들의 기도를 올릴 수 있기를(눅 17:5) 바란다.

우리 일의 서로 다른 부분들에 믿음을 적용하기 위해서는 목회가 영적인 일이므로 영적인 원칙 위에서 진행되어야 한다. 믿음은 우리 일의 모든 부분에 속한다. 믿음은 으뜸되는 원천이며 조종 장치이다. 믿음은 기계의 모든 축과 바퀴 속에 들어간다. 믿음의 능력 혹은 결핍은 모든 곳에 영향을 미쳐 일에 힘을 공급하기도 하고, 무력화시키기도 한다. 그러므로 설교할 때 우리는 아무 것도 아니지만 하나님의 능력의 지팡이를 쥐고 있으며 우리의 말에 복을 주시기 위한 하나님의 임재가 약속되었으며 그의 능력 있는 복음을 전하는 우리의 빈약한 목회가 그의 교회를 모으고 세우는 수단으로 지정되었다는 것을 회상하는 것은 얼마나

---

149) "또한 우리를 새 언약의 일꾼 되기에 만족하게 하셨으니"(고후 3:5, 6).
150) 마 17:20을 참고하라. 이 구절에 관해서 퀘스넬은 이렇게 언급한다. "주님께 기도하는 목사 중에 주님으로부터 그들의 믿음의 연약이 영혼의 변개와 치유에 방해가 되고 있다는 말씀을 듣지 않을 목사는 거의 없을 것이다."

우리에게 힘이 되는가 (고전 1:21).

우리의 공적인 설교의 어조에 담대함을 주는 것이 또한 믿음이다.[151] 하나님의 임재와 능력을 깨달을 때 우리는 사람의 얼굴을 더 이상 두려워하지 않는다. 믿음의 사람이 가장 성공적인 설교자이다. 횟필드 (Whitefield)는 그의 메시지에 회심의 도장이 찍히지 않으면 거의 설교하지 않았다고 전해진다. 하나님의 능력에 단순히 의지한다는 것은 그런 것이다. 반면에 복음적인 진리라 하더라도 믿음이 없이 형식적으로 전하면 전혀 열매를 내지 못한다. 성실하게 목회했는데도 열매가 없다면, 그 열매가 하나님에게서 나온다는 실천적인 믿음의 결핍에서 그 원인을 찾아야 하지 않겠는가. 때로 우리가 꼼꼼한 해석, 힘 있는 예화, 강력하고 설득력 있는 논증에 의지함으로써 "심히 큰 능력은 하나님께 있고 우리에게 있지 아니함을"(고후 4:7) 망각하지는 않는가? 마치 우리의 빛이 사람들의 눈을 열어야만 하고 마치 그들이 보고 마음을 바꾸고 설득되어야 한다고 느낀 적이 한 번도 없는가? 도구의 사용은 성령의 사역을 영예롭게 한다. 그러나 도구에 대한 의존은 그의 영광을 가리고 결국 유익을 주지 못한다.

또한 교구 심방에서 하나님의 입으로 말하는 것보다 우리 자신의 입으로 말하기가 얼마나 쉬운가. 믿음의 단순성을 늘 유지하는 것, 즉 '지도하기에 유익한 지혜'를 구하고, 회중의 다양한 경우들에 합당한 교리, 꾸짖음, 혹은 위로를 위한 말씀을 구하기가 얼마나 어려운가. 주일학교에서도 얼마나 자주 우리의 손은 게을러지는가. 우리가 '식물을 물 위에 던지기는' 하지만 "여러 날 후에 그것을 도로 찾으리라"는 소망은 매

---

151) 벧후 2:5을 행 4:24, 31; 히 11:27과 비교하라.

우 미약하다(전 11:1).

우리는 원하는 모든 것 곧 즉각적인 열매, 가시적 발전, 돌아오는 감사를 얻지 못하기 때문에 아무것도 되는 일이 없다고 쉽게 생각한다. 병자를 방문하는 일은 우리를 낙심하게 하는데 이 경우에 하나님의 은혜의 절대적인 자유로움을 회상함으로써 낙심에 저항하고 기대를 계속 유지하며 마지막까지 기다리고 간구하며 소망하지 못하는 것은 매우 한탄할 일이다. 바로 여기에 우리가 성공하지 못하는 이유가 있는 것이 아닐까? 우리는 '믿음으로 행하고' 보는 것으로 하지 않으므로, 이미 주어진 것을 부지런히 향상시키고 더 큰 복을 바라면서 소망을 가져야 한다.

하지만 우리는 병자 방문, 어린아이들 교육 같은 일의 어떤 분야에 대해서 "나에게는 그 일을 위한 은사나 재능이 없어"라고 말하기 쉽다. 하지만 하늘의 지혜를 내리시겠다는 약속을 의지하면 그 요구에 부응할 수 있는 충분한 은혜가 반드시 공급된다(약 1:5). 혹시 그 은혜가 주어지지 않는다 하더라도 "나의 여러 약한 것들에 대하여 자랑하리니 이는 그리스도의 능력이 내게 머물게 하려 함이라"(고후 12:9)는 겸손한 믿음의 실천은 큰 유익이 될 것이다.

그러나 겸손이라는 구실 하에 한탄을 늘어놓으면서 게으름을 부리는 것보다 더 우리의 믿음을 무력하게 하고 노력의 바퀴를 방해하는 것은 없다. 때로 낙담에 빠질 때에는 우리 앞에 당장 열매가 없다는 이유로 우리가 아무 쓸모없는 사람처럼 느껴지기도 한다. 하지만 하나님의 약속이 보증이 되어 우리로 궁극적 성공에 대한 충만한 확신 속에서 가장 큰 일을 시도하도록 하지 않는가. 벌레 한 마리의 숨결이 불멸의 영혼을 구원하는 (하나님의 눈에는 우주의 잠시 동안의 안녕보다 훨씬 중요하게 간주되는 일이

다) 도구가 될 수 있다는 것을 생각하면, 모세의 지팡이, 놋 뱀, 여호수아의 나팔, 기드온의 항아리, 혹은 마른 뼈의 골짜기에서 행한 에스겔의 예언 같은 것들이 하나님이 지정하신 수단이라도 그것이 전능한 개입으로부터 독립한다면 바라는 효과를 내기에 부적합함을 알 수 있다. 그러나 그런 수단들의 연약성 자체는 바로 하나님의 능력을 드러내며, 믿음의 실천을 북돋운다. 또한 위에서 언급한 수단들을 등한시했다면 그런 결과들을 내지 못했을 것이다. 그래서 성경은 낙심을 '믿음의 시련'이라고 말한다.

하나님께서 먼저 시련을 통과하게 하지 않고 영광을 안겨준 믿음이 어디 있었는가? 하나님께서 시련 속에서 혹은 시련 후에 영광을 안겨주지 않은 믿음이 어디 있는가?[152] 그러므로 우리 연약함을 상기시키고 우리 믿음을 자극하는 낙심이 정당하게 유지되면 그것이 우리 자신에게는 영적인 힘의 통로요 우리 회중에게는 풍성한 영적 복의 통로가 된다.

우리 일의 성격을 '믿음의 일'로 파악하고 묵상하기를 일상화하는 것은 가장 중요하다. 그러므로 이 원칙을 적극적으로 꾸준히 실행해야 그 일을 추진해 나갈 수 있다. 그렇게 되어야 그 일이 우리의 신성한 주인을 영화롭게 하는 위대한 수단이 될 뿐만 아니라 우리 영혼에게는 은혜의 방편이 된다.

지속적인 기쁨으로 우리 일에 활기를 불어넣어주는 것은 믿음이다. 믿음이 있어야 실수까지도 하나님의 영광을 위한 것으로 바뀔 것이라는 소망 속에 각각의 부분을 하나님께 의지하게 된다. 그렇게 됨으로써

---

152) 특히 '그리스도께서 나타나실 때에 칭찬과 영광과 존귀를 얻게' 하는 것이 '믿음의 시련'이다(벧전 1:7).

깊은 책임감과 함께 때때로 수반되는 걱정의 중압감이 경감된다. 평안에 이르는 가장 짧은 길은 현재의 열매에 과도하게 집착하지 않고, 하나님 앞에 우리 자신을 완전히 의탁하여 자기의 부족을 용서 받고 은혜의 공급을 받는 것이다. 그러면 우리는 큰 요동함이 없이 꾸준히 길을 갈 수 있다. 그것은 게으름이 아니라 평안이며, 일로부터 쉬는 것이 아니라 일 속에서 쉬는 것이다.

믿음은 또한 우리가 목회적 전투의 시련을 당할 때에 언약의 신실성과 교회의 안정성에 대한 확실한 이해를 가지고 견뎌나갈 수 있게 한다. 믿음과 믿음에서 솟아나는 은혜가 있어야 모든 약속을 받을 수 있듯이, 신자의 용기와 신자의 소망도 역시 믿음에서만 솟아난다. 불신앙은 어려움에 주목하도록 하지만 믿음은 약속을 중시한다. 불신앙은 우리의 일을 어쩔 수 없는 봉사로 만들지만 믿음은 우리 일을 '사랑의 수고'로 구현한다. 불신앙은 우울한 낙심 속에 살게 하지만 믿음은 우리로 성공을 기다리면서 만족하게 하는 인내를 '소망의 인내'로 만든다(살전 1:3). 이미 암시했듯이 모든 어려움은 불신앙의 열매이며, 그 모든 것은 궁극적으로 믿음을 꾸준히 유지함으로써 극복될 것이다. 지속적인 노력을 위한 힘이 적극적이고 능력 있고 새롭게 샘솟기 위해서는 우리의 뿌리를 믿음이라는 흙 속에 깊이 박아야 한다. 왜냐하면 전능하신 팔을 의지하느냐 육신의 팔을 의지하느냐에 따라서 일이 번성하기도 하고 퇴보하기도 하기 때문이다.[153]

---

153) 우리 중 많은 사람들은 우울에 빠졌다가 상승했다가 하는 브레이너드의 경험에 공감할 수 있다. "사명의 수행을 위해 전능하신 팔을 의지하지 못할 때 나의 일은 얼마나 무거운가! 이럴 때에 가라앉은 적이 여러 번 있다. 그런데 그 자리에서 충만한 샘으로 회복시키신 하나님은 복되시도다!" 또 다른 목사는 이렇게 썼다. "사막으로 쫓겨나 매 발자국마다 빠져들어 가는 여행자처럼 나는 짐에 눌려 허덕거린다. 그러나 더 이상 발걸음

가장 헌신된 하나님의 종이라 할지라도 쟁기에 손을 대기 전에 지불할 값을 제대로 따져본 사람은 거의 없다. 이런 일에 대해 믿음을 실천하지 못한 결과 짓누르는 낙심이 일어나고, 마귀는 이것을 이용하여 우리의 평안을 무너뜨리고 사역하는 데 쏟을 힘을 빼앗아 간다. 그러나 결국 위대한 비결은 우리 눈을 늘 그리스도께 고정시키는 것이다. 베드로는 그리스도 대신에 파도를 쳐다보다 빠졌다(마 14:30). 우리도 일의 어려움만 보고, 항상 임해 계시면서 떠받쳐주는 팔을 망각한다면 낙심 속으로 빠져들 것이다. "믿으라, 기다리라, 일하라." 이것이 목회의 표어이다. 약속에 대한 믿음은 기다릴 수 있는 힘을 제공해 준다. 기다림은 일을 위한 힘을 공급하며, 그런 일은 '주 안에서 헛되지 않다.'

우리는 또한 목사가 그 자신의 품성과 직책에서 목회적 믿음을 실천하는 것이 지극히 중요함을 주목한다. 이는 그 믿음이 보이지 않는 현실을 마음속에 실현하는 까닭이다. 우리 사명의 큰 주제는 영원한 세계와 직접 연결된다. 생명은 영원과 연결됨으로써 가치를 가진다(마 16:26). 구세주라는 선물은 그리스도인에게 영원에 대한 복된 기대를 가지게 하고 확신시킨다(요 3:16). '보이지 않는 것'(고후 4:17, 18)에 대한 지속적인 명상과, '장차 우리에게 나타날 영광'(롬 8:18)이 훨씬 크다는 사실에 대한 인식은 현재의 고난을 견딜 수 있게 한다(고후 4:17, 18).

천국의 항구적인 성격과 정확하게 비교해 보아야만 이 무상한 현실의 헛됨을 깨닫게 된다(요일 2:15~17). 영원한 것들에 대한 영적 인식을 유지하는 것은 극히 어렵다는 것을 매일의 경험이 상기시킨다. 우리를 둘

을 옮기지 못하고 넘어져 죽어야 할 것처럼 보일 때 샘이 눈앞에 보이면 나는 힘과 용기를 얻어 조금 더 앞으로 나아간다." Memoir of Dr. Payson of America.

러싸고 있는 시간과 감각의 대상들은 영적 시력의 기관에 두터운 막을 형성하여, 영적 실재가 희미하게 되어 나중에는 마치 없는 것같이 보이도록 한다. 그러므로 진리에 대한 생생한 인식에서 '믿음의 충만한 확신'이 솟아나며 이것이야말로 성령의 도움 없이는 최고의 재능으로도 도저히 미치지 못하는 부드러움, 심각함, 위엄을 우리의 말에 가져다준다.

"믿음은 목사에게 모든 것을 공급하는 원천이다. 지옥이 내 앞에 있으며 수천의 영혼들이 거기에 갇혀 영원히 고통 당한다. 예수 그리스도는 이 바닥 없는 심연으로 달려가는 사람들을 구하려고 서서 계신다. 그리스도는 자신의 능력과 사랑을 선포하게 하려고 나를 보내신다. 나는 더 이상 생각하기를 원치 않는다. 더 이상의 모든 생각은 하찮은 것일 뿐이다. 더 이상의 모든 생각은 너무나도 주제넘은 것이다."[154]

우리는 또한 개인적 믿음의 확신이 우리의 유능한 봉사의 원천임을 주목해야 한다. "우리는 확신하므로, 그것으로 일한다"(고후 5:8, 9). '그의 의뢰한 자'에 대한 확실한 '지식'은 즉시 고난 아래에 있을 때에 그의 도움이 되었으며 그의 견인의 원리였다(딤후 1:12). '그가 누구의 것인가'에 대한 확신이 그로 하여금 더 큰 신념을 가지고 '나의 섬기는' 분을

---

154) Cecil's Remains. 만튼 박사는 베이츠 박사에 대해 일컫기를 "마치 그는 자기 안에 신성한 진리를 가진 사람처럼 말했다."고 했다. "우리의 믿음이 너무 약하다는 것이 모든 것의 장애물이다. 우리가 어떤 사람의 회심을 위해 온 힘을 쏟으려면, 천국과 지옥이 있는지 없는지에 대해서 우리 안에 불신앙의 요동이 없어야 한다. 그럼에도 그것들에 대한 우리의 믿음이 너무 약하기 때문에 우리 안에 부드러우면서도 단호하며 지속적인 열정을 일으키지 못한다. 결국 믿음의 샘이 너무 얕기 때문에 우리의 모든 움직임도 깊이가 없다. 그러므로 목사가 자신과 일을 위해 자신의 믿음을 살피는 것은 얼마나 필요한가. 특별히 내세의 기쁨과 고통에 대한 성경의 가르침을 건전하고 생명력 있게 인정해야 한다." Reformed Pastor.

고백할 수 있게 했다(행 27:23). '여호와를 기뻐하는 것', 곧 사죄의 기쁨, 받아들여짐의 기쁨, 교통의 기쁨, 그리고 기대의 기쁨이 단순하고 사랑이 넘치고 헌신된 믿음으로 사역을 하기 위한 '우리의 힘'임을(느 8:10) 누가 알지 못하는가? '양자의 영'이 수고를 기쁨으로 바꿔준다. 종에게는 고역인 것이 자녀에게는 특권이 된다. 양심에 의해서 억지로 하는 대신에 믿음으로 행하고 사랑의 강제에 의해 행하게 된다. 바로 '노동 자체가 기쁨'(Labor ipse voluptas)인 것이다. 그리하여 믿음은 원리이고, 사랑은 기쁨이며, 능동적인 헌신은 일하는 습관이다.

결론적으로 우리의 은혜롭고 신실하신 주님의 성품에 대한 기억으로 위로를 받으면서 이 주제에 대한 논의를 마치고자 한다. 모든 신실한 목사는 폴리갑을 떠받쳐 주었던 그 기초 위에 서 있어야 한다. 곧 "교회의 감독자로 세움을 받은 사람은 그 자신이 예수 그리스도의 감독을 받는다"는 사실이다. 우리의 복되신 주님은 우리로 하여금 자신의 연약함을 깨닫게 하시지만 그 깨달음에 눌려 압사하도록 하지는 않으신다. 우리의 부족함이 주님의 자비 안으로 받아들여지면 주님의 다함없는 충만은 우리의 충족함이 된다. 주님은 규칙과 지시만을 주시는 것이 아니라 우리의 말할 수 없이 중요한 일을 위하여 능력과 은혜도 공급하신다. 우리에게 의지하는 정신, 한 곳만 보는 눈, 단일한 마음을 주셔서 우리 자신과 재능을 주님을 위한 봉사에 완전히 집중하게 하신다면 주님은 우리가 두려워하는 어려움을 우리를 위해 극복하게 하실 것이며 우리는 '기쁨 속에 길을 가듯이' 우리 일을 하게 될 것이다.

그러나 불신앙의 세력은 마지막까지 매일 갈등거리가 될 것이다. 우리는 불신앙이 최고의 훼방꾼임을 안다. 불신앙은 성과가 없을 때 낙망하게 하고 성공한 듯하면 자신감을 넣어 준다. 어느 경우든지 생명과 평안의 성경적 질서를 뒤집는 것이며 우리로 하여금 '보는 것으로 행하고', '믿음에 의해서 행하지 못하게' 할 것이다. 그리하여 우리의 불신앙 때문에 주님은 우리를 통하여 하실 많은 능하신 일을 못하게 되실 것이다(마 12:58; 막 6:5, 6).

나는 고통스러운 자기비판과 함께 여기서 밝힌 장애물들로 인한 손실에 대한 깊은 깨달음과 내용을 형제들 앞에 내놓고자 한다. 가장 성경적인 교회가 잘못된 목회로 인해 실질적으로 약화되고 있다. 심지어 유대인들의 성전도 비록 하나님의 손으로 지어졌지만 사역자들의 불신실함으로 인해 무력화되었다. '성령의 내적인 감동'을 받아서 주님의 영광과 그의 교회의 유익을 최고로 생각하는 대신에 존경과 급여를 얻기 위한 방편으로 교회에 들어오는 삯꾼들로부터 우리의 교회가 입는 손상을 누가 말할 수 있는가? 성공의 으뜸되는 비결은 말할 것도 없이 복음의 정신과 기름부음을 우리의 공적·사적 목회에 도입하는 것이다. 그러므로 우리 각자는 버넷 주교의 훌륭한 조언을 따라야 한다.

"더욱 구체적으로 복음이 모든 그리스도인들에게 역설하는 부드럽고 친절한, 온유하고 겸손한, 자비롭고 사랑스러운 성품이 우리에게 있는지 스스로를 살펴야 한다. 복된 우리 주님의 생애를 통해 이 같은 성품이 빛났으며 주님은 모든 제자들에게도 마땅히 권면한다. 이 성품은 너무나 사람을 끄는 강한 힘이 있어 이 온화한 미덕을 가진 사람들을 칭찬할 뿐만 아니라 구주의 가르침을 회중에게 권고하는 데 큰 이점을 제공한다."[155]

이 기독교적 일관성이 교역자에게 결핍되어 있다면 회중은 그가 정

---

155) Pastoral Care, chap. vii.

말로 주님의 보내심을 받았는지에 대해 확신하지 못하게 될 것이다. 우리의 신실성, 겸손, 꾸준함, 자기부인과 부드러움이 그들로 하여금 '우리를 그리스도의 일꾼이요 하나님의 비밀을 맡은 자로 여기게'[156] 하지 않는다면, 우리가 받은 교회의 부르심이 적법하다는 확신을 가지고 성공적으로 변호한다고 하더라도 별로 소용이 없다. 우리의 목회에 영광스러운 사도적 가르침과 모범이 동반되지 않는다면, 목회가 사도직의 계승임을 주장하는 것은 부질없는 일이다.

우리의 영적인 능력은 우리 직책이 오래 전부터 거룩한 직임이었다는 사실과 그것을 확증하는 표징이 병행되는 데에 있다. 표징이 없이 주장만 해서 되는 것이 아니다. 사도적 계승을 주장하지 않으면서 사도의 교리를 선포하는 집단은 이 땅에 도덕적 영향력을 유지하겠지만, 우리가 공적·사적 활동에서 동일한 성경적 원리를 구현하지 못한다면 우리는 그런 영향을 끼치기를 바랄 수 없다. 지금 교회는 '장애인들'의 인정을 받지 못한다. 목사의 삶은 거룩한 도덕적 무게를 지녀야 한다. 우리 회중은 당연히 그리스도께서 우리 안에서 말씀하신다는 증거를 구한다.'[157] 이것이 있어야 우리 회중은 '이스라엘의 선생'이 하늘의 선

---

156) 고전 4:1. 버넷 주교는 그의 목회 초기에 그에게 주어졌던 현명한 충고를 언급한다. 이는 초대 교회에 대한 연구를 할 때 당시에 거의 보편적으로 받아들여졌던 목회에 대한 엄숙한 견해를 병행하라는 것이며, 동시에 깨달을 것은 교회를 지지하는 우리의 논증이 아무리 분명하더라도 우리가 목회에서 초대 교회의 모범적 구조뿐만 아니라 그 정신을 보여줄 수 없다면 완전한 효력을 발휘할 수 없다는 점이다. "이 충고는 당시에도 나에게 깊은 인상을 남겼으며, 나의 공부 내내 이 느낌이 한 번도 나를 떠나지 않은 것에 대해서 나는 하나님께 감사한다."

157) Pastoral Care. chap. iv. 서문을 참고하라. 이것과 거의 유사한 목적으로 그는 다른 곳에서 이렇게 말한다. "이미 우리 손에 주어진 권위를 선하게 사용한다는 것을 세상이 보지 못하는 한, 우리가 가진 것 이상의 능력이 우리에게 있다고 계속 주장하는 것은 아무 소용이 없다. 왕에게 적용되는 것은 성직자에게도 적용된다. 신하에게 불편함을 일으키거나

생을 찾아오면서 "우리가 당신은 하나님께로부터 오신 선생인 줄 아나이다"라고(요 3:2) 말했을 때와 같은 심정으로 우리를 찾아올 것이다.

임무를 특별히 영예롭게 수행한 목회자들에게서 우리가 발견하는 일반적인 표지는 직무와 행위에서 일관된 표준을 유지했다는 점이다. 더욱 신령한 신앙의 감정을 가지고 세상과 유리되며 구주에 대한 더 불타는 사랑과 자기 일을 위한 열정을 가지며 영혼의 가치에 대한 더 높은 평가를 가지며 하나님과 함께 하나님을 위해서 살겠다는 더 지속적인 결단을 가질 때 회중의 마음속에 우리에 대한 더 분명하고 더 유효한 증거가 있을 것임을 의심할 수 없다. 우리는 그들 사이에서 '우리 직분을 영광스럽게'(롬 11:13) 할 것이며, 그들은 기꺼이 우리를 '하나님의 천사와 같이 또는 그리스도 예수와 같이 영접할' 것이다(갈 4:14).

반론을 일으키지 않고 특권을 유지할 수 있는 유일한 방법은 그 모든 특권을 그들의 덕과 유익을 위해서 사용하는 것이다. 그 특권이 그들을 위한 것임을 발견한다면 그들은 모두 그 특권을 지지할 것이다. 성직자는 지혜롭게 살면서 일해야 한다. 권위를 잘 관리하는 만큼 자기들의 권위가 인정된다고 느낄 것이다. 그들이 정당한 방식으로 살고 수고해야만 그들은 조소로부터 보호되고 회복될 것이다." Conclusion of the History of his own times. 고후 13:3.

"사람이 마땅히 우리를 그리스도의 일꾼이요
하나님의 비밀을 맡은 자로 여길지어다"
(고전 4:1)

참된 목회

4장

목회의 공적 활동

독서로 찾으며, 기도로 요청하며,
명상으로 발견하고, 묵상으로 소화한다.

공적인 말씀 사역은 우리 일에서 가장 책임이 무거운 부분이며 위대한 추진력을 발휘하는 하나님의 능력이며 목회 활동의 가장 포괄적인 엔진이다. 이는 교구 심방처럼 개별 사례에 따라 움직이는 것이 아니라 동시에 많은 사람들에게 동일한 능력이 적용된다. 그래서 백스터는 그것을 "우리가 다른 어떤 일에 쏟는 것보다도 더 큰 재능 특별히 큰 생명과 열정을 요구하는 일"이라고 말했는데 이는 합당하다.[1] 따라서 목회 영역을 연구할 때 말씀 사역은 특별하고 상세한 탐구를 요한다. 그 각 부문은 별도의 책이 필요할 정도로 많은 내용을 포함하고 있다. 우리는 앞으로 말씀 사역의 성경적 기준을 살펴 보고자 하는데 이 신성한 제도가 그 기준으로부터 멀어져 있는 오늘날의 상황에서 이 설명이 다른 어느 때보다도 중요하다는 것은 재론의 여지가 없다.

설교 제도의 제정과 중요성

"하나님을 아는 지식의 결핍이 인간사의 모든 죄악의 원인이듯이 반대로 우리 행복의 근거와 우리에게서 나오는 모든 완전한 덕성의 씨앗은

---

1) Reformed Pastor.

하나님의 일에 관해 바른 가치관을 가지는 것이다. 우리는 이런 종류의 지식을 가장 우선적이며 가장 중요한 것으로 취급해야 하는데, 이 지식은 하나님이 그의 백성에게 나눠 주시는 것이다. 또한 우리는 하나님의 자비로운 손으로부터 이 지식을 받는 의무를 지상에서 하나님께 영광을 돌리기 위한 종교적 직책 중에서 최우선으로 삼아야 한다. 그러므로 다양한 부류의 사람들이 영생에 이르도록 가르치기 위해 하나님의 거룩하고 구원하는 진리를 그들에게 공개적으로 선포하는 일이 필요하다. 하늘의 신비를 공개적으로 선포하는 이 일을 표시하는 위대한 용어가 바로 '설교' 이다."[2)]

에녹과 노아와 관련된 이야기를 통해 우리는 이 설교의 직책이 홍수 이전 세대에도 있었음을 알 수 있다(출 14:15; 벧후 2:5). 족장 시대에는 공적으로 가르치는 의무가 가장에게 맡겨졌다(창 14:14). 율법 시대에는 모세가 이 직무를 하나님으로부터 직접 받았고 그 후에는 칠십 인의 장로들이 모세를 도와 그와 함께 일했다(출 24:12; 민 11:16, 24, 25). 여호수아도 때때로 그의 전임자가 했던 것처럼 백성을 모아 놓고 하나님의 메시지를 들려주었다(신명기 전체와 수 22~24장을 비교하라). 이스라엘 역사를 통해 우리는 선지자 학교가 있었고 공개적인 가르침을 베푸는 사람들이 있었음을 알 수 있다(삼상 10:5, 6). 포로기 이후에는 현재와 같은 단순하고 엄숙하며 잘 진행된 예식에 따라 주석과 해석이라는 확정된 과정과 함께 하나님의 뜻이 전해졌던 것으로 보인다(느 8:4~8을 행 13:24, 25, 15:21과 비교). 위대한 의의 설교자인 우리 주님은 기름 부음을 받아 이 직책에 위임되었고(사 61:1, 2; 눅 4:16, 21, 43), 항상 그 일을 위해 힘쓰셨다(시 40:9, 10; 눅 19:47). 주님은 사

---

2) Hooker, Book v.18.

도들을 이 직책을 위한 자신의 후계자로 세우셨고(막 3:14) 그의 영을 선물로 주심으로써 그들의 위임을 인치셨다(마 28:18~20; 막 16:15; 눅 24:47~49). 이 권위를 받은 사도들은 그들의 사명이 미치는 범위 내에서 '천하 만민에게' 최대한 공개적으로 또는 개인적으로 전하기 위해 노력을 기울였다(행 5:20, 21, 42, 20:20, 21; 롬 15:19; 골 1:23). 초대 교회의 회중은 '거룩한 설교'로 '배부르기'(터툴리안의 말대로) 전에는 흩어지지 않았다.[3] 비록 설교의 직책이 로마 가톨릭 교회에 의해 정지되고 여전히 희랍 정교의 어떤 교파에서는 그러하지만 지금은 설교가 세상의 변화를 위해 하나님이 지정하신 일차적인 도구로 인식되고 있다(고전 1:17, 18, 21과 롬 10:14~17 비교).[4]

우리 시대의 한 유능한 저자는 이 위대한 제도의 능력을 훌륭하게 설명하고 있다.

"신앙을 전파하는 모든 방법 중에서 설교는 가장 효율적이다. 기독교

---

[3] 교부 시대에 주일 강론이 두 번 혹은 때때로 세 번 실시된 것은 이 점을 지지하는 충분한 증거이다. Bingham and Cave를 참조. 모쉐임(Mosheim)은 주후 2세기 설교의 단순성과, 오리겐 시대에 그것이 퇴보된 것을 지적한다. 그 후 시대의 부패 속에 나타난 다른 형태의 설교에서도 하나님의 빛은 여전히 가려졌다. 그 때에 공적 가르침은 성경이 아닌 교부들의 가르침에서 나왔으며 바로 이 지극히 잘못된 지침을 신뢰한 결과 교회는 흑암 가운데 빠져들었다.

[4] "말씀의 선포는 은혜를 전달하는 신성한 도구이며, 그것을 통해 하나님의 법은 회중에게 선포되고 해명되고 그들의 구원과 건덕을 이루게 한다." Bowles, Past. Evan. Lib. ii. c. i. 그린들 대주교는 엘리자베스 여왕이 자신의 설교 활동을 제한하자, 기독교 사역에서 설교의 우월성을 잘 지적하면서 다음과 같이 훌륭하게 항거했다. "공적이고 지속적인 하나님의 말씀 선포는 사람을 구원하는 정상적인 방법이요 도구이다. 이처럼 사도 바울은 설교를 사람을 하나님께 화해시키는 '화목의 사역'이라고 불렀다. 하나님 말씀의 설교를 통해 하나님의 영광이 확대되고, 믿음이 힘을 얻으며, 선행은 더해진다. 또한 무지한 자가 교훈을 받고, 게으른 자가 권고를 받아 '열심'이 일어나고 완고한 자가 책망을 받고, 연약한 양심이 위로를 받으며, 모든 사악한 죄를 범하는 자들에게 하나님의 진노가 선포된다." 이 훌륭한 서신 전체는 풀러의 교회사 9권과 스트립(Strype)의 「그린들의 생애 (The Life of Grindal)」에 실려 있다.

의 기원과 지속 그리고 발전은 설교 덕분이다. 그리고 로마 세계가 이교 사상으로부터 초대 기독교로 회심한 것은 순회 설교의 덕분이며(무지한 사람들은 그 가치를 얼마든지 저평가할 수 있겠지만) 우리 자신들이 로마 가톨릭의 속박에서 풀려나 종교개혁을 이루게 되는 자유를 얻은 것 그리고 편만했던 불신과 무관심으로 인해 기독교가 겪었던 침체로부터 오늘날 부흥을 되찾은 것도 마찬가지다. 책이란 아무리 훌륭하더라도 읽는 사람 편에서 볼 때 최소한 어느 정도의 관심이 먼저 있어야 그 책을 펴고 자세히 읽게 된다. 쓰여진 기록들은 단지 사람들의 주의를 끌 뿐이지만 설교자는 사람들의 주의를 사로잡는다. 살아 있는 목소리와 많은 청중은 각각 서로 공감과 열의를 불러일으키며 깊은 감명을 남기게 된다. 말로 표현된 진리들은 설교자의 마음에 자리잡은 실제가 되어 듣는 자들의 느낌에 전달된다. 그리고 결국 그들은 적어도 그 순간에는 같은 견해를 공유하게 되고 서로의 확신을 보강하게 된다."[5]

설교는 언제나 최고의 영예로운 자리를 차지해 왔다. 교부 나지안주스의 그레고리(Gregory Nazianzen)는 그것이 "우리 복음 사역자들의 직무 중 가장 으뜸 되는 것"이라고 주장한다.[6] 어거스틴은 그것을 주교의 고유한 직무라고 지적한다.[7] 암흑기 가톨릭 시대에도 어느 지방 종교회의에

---

[5] Douglas, Advancement of Society in Knowledge and Religion. 한 무명의 저자는 설교에 대해서 다음과 같이 힘 있게 이야기했다. "강단은, 국가의 안녕을 살피는 입법자의 눈으로 보든지, 국민이 학문과 식견을 갖기 원하는 학자의 눈으로 보든지, 공동체의 덕성을 함양하기를 원하는 도덕 철학자의 눈으로 보든지, 모든 것을 영원에 비추어 평가하는 경건한 그리스도인의 눈으로 보든지, 어느 빛에 비추어 보더라도 극히 중요한 대상으로 보인다." Eclectic Review. 우리는 여기에 이렇게 덧붙일 수 있다. "강단이 교회에 미치는 영향력이 이렇게도 크기 때문에, 어느 특정한 시대 교회의 영적 상태는 당시 지배적인 설교 유형에 의해서 정확하게 진단될 수 있다."

[6] "우리의 것 중에 가장 으뜸된 것" Orat. 1.

서 내려진 헨리 3세의 칙령을 볼 수 있다. 즉 모든 교구 사제들에게 명령하기를 "사람들을 교훈하여 각자의 맡은 바에 헌신하도록 하고, 하나님의 말씀을 양식으로 그들에게 먹이라"고 했으며 그 종교회의는 이러한 의무를 게을리 하는 자들을 '멍청한 개들'이라고 불렀다.[8] 에라스무스는 설교가 차지하는 높은 탁월성을 이렇게 말했다.

"목사가 강단에서 신성한 가르침으로 주님의 양무리를 먹이는 바로 그 때 그는 매우 높은 존엄성을 지니게 된다."[9]

손다이크(교회 문제에 관해 상당한 권위를 가진 저자)가 잘 말했듯이 "설교는 주교와 장로들이 하나님을 섬길 수 있도록 하는 가장 뛰어난 사역이다."[10] 후커도 같은 취지의 견해를 피력했다.

"설교는 하나님을 섬기는 사역에서 너무나 귀중한 부분이므로 만약 설교를 하나님이 주시는 복된 제도로 존중하지 않는다면 큰 잘못을 범하게 되는 것이다. 즉 설교를 천국의 문을 여는 열쇠로, 영혼의 날개로, 인간의 좋은 성정을 북돋우는 자극으로, 튼튼하고 건강한 자에게는 양식으로, 정신이 병든 자에게는 약으로 말이다."[11]

"설교자의 직책보다 더 명예로운 것은 없으며, 이처럼 위대한 영혼과

---

7) De Offic. l. c. l. 트렌트 종교회의는 설교의 직책을 '감독의 최우선적 의무'로 규정했다. Sess. iv. c. 2.
8) Bishop Stillingfleet, Duties and Rights of the Parochial Clergy, p. 15. "리치몬드 백작 부인(헨리 7세의 어머니)은 그 당시에 설교직의 필요성을 깊이 느낀 나머지, 많은 설교자들을 스스로 돌보았을 뿐만 아니라, 피셔 대주교로 하여금 설교직에 가장 잘 준비된 사람들을 찾도록 했다." Ibid., p. 206.
9) Erasm. Eccles. Lib. i. 그는 설교하지 않을 때는 믿음의 감각이 매우 차가워진다고 지적했다.
10) 그의 책 Due Way of composing Differences를 보라. 고대의 감독들(어거스틴, 그레고리, 크리소스톰, 암브로스 등)은 모두 당대의 위대한 설교가들이었다.
11) Book v. 22.

어울리는 가치 있는 일도 없으며, 관대하면서도 자연스러운 훈련을 더 필요로 하는 것도 없다. 설교는 하나님이 인간에게 전하는 하늘 진리의 전달자가 되어 거룩한 교훈의 신실한 말씀으로 믿는 자들을 낳고 하나님이 그에게 하셨던 것처럼 그 분의 모습을 그들에게 드러내어 구원에 이르도록 하는 창조적 일을 하나님 앞에서 하는 것이다. 하나님이 그를 보내신 위치에서 그를 보내신 의의 태양처럼 떠올라 그 날개에 치유의 힘을 얻고 듣는 자들의 냉랭하고 우울한 마음에 새로운 빛으로 뚫고 들어가 음침한 황무지에서 구원의 지식과 선행의 향기롭고 신선한 샘으로 솟아난다."[12]

우리의 모든 다양한 수단과 기구들은 설교를 돕도록 사용되어야 하며 그것들의 에너지는 설교의 사명을 신실하게 수행하는 데에 바쳐져야 한다. 이미 했거나 앞으로 할 모든 일들은 하나님이 정하신 최고의 제도인 이 '설교의 미련한 방법'과 연결되어야 하는 것이다.[13]

성경의 역사는 설교가 국가적 번영과 성경적인 종교의 발전으로 연

---

[12] 밀턴(Milton).
[13] 막 16:15; 롬 10:14~17; 고전 1:21, 23, 24을 보라. "이렇게 명백한 성경의 선포가 있음에도 불구하고, 우리는 지금 '설교가 아닌 성찬이 하나님의 은혜의 원천'이라는 소리를 듣는다." (Advert. Tracts for the Times, Vol. 1.). 그리고 "우리는 선행의 한 가지 형태로서의 설교를 무시하지 말아야 한다. 연약하고 쇠약해져 가는 상태에서는 설교가 필요하기도 할 것이다. 그러나 그것은 하나의 수단일 뿐이지, *성경이 선행으로서의 설교를 그렇게 크게 추천한 적은 없다!*" Tract 89. 교만한 사람은 자만심 속에서 이렇게도 하나님의 증거를 무시한다! 로빈슨의 견해는 얼마나 하나님의 마음과 일치하는가! 그는 그 직책에 대해 정당하게 생각한다. 그는 '말씀을 선포하는 것'을 주된 일로 삼았다. 그는 이렇게 말했다. "심방은 좋은 일이다. 친절을 베푸는 것은 좋은 일이다. 우정을 나누고, 가정에서 가르치며, 각자가 자기 집에서 가르치고, 자녀를 교육하고, 헐벗은 자를 입히는 것은 좋은 일이다. 그러나 강단은 가장 유용한 도구이다. 거기서 영혼은 변화되고 세움을 입는다. 이 일을 망치는 어떤 일도 허용되어서는 안 된다. 다른 어떤 일을 하든지, 이 일을 더욱 효율적으로 하기 위한 소망과 계획 속에서 이루어져야 한다." Life, p. 297.

결되는 것을 보여준다. 국가적인 환난과 고통의 표징은 아사 왕 시대에 '가르치는 제사장'의 결핍을 보여주는 것이었다(대하 15:3, 5). 뒤이어 왕위에 오른 여호사밧의 시대는 모든 성읍들에 레위 사람과 제사장들의 말씀 전파가 이루어지는 것과 함께 커다란 번영을 누렸다. 암흑기 가톨릭 시대는 그 부수적인 표징으로 설교가 거의 없었던 반면에, 설교의 부흥은 종교개혁 시기와 동시대에 이루어졌다.[14]

그러므로 조지 허버트가 지방 교구 목사의 설교 강단을 일컬어 '그의 기쁨이요 그의 보좌'[15]라고 말한 것은 당연하다. 이는 강단에는 그 것만이 가지는 존엄성과 엄숙함 그리고 능력이 있는 까닭이다.

✵ 강단을 위한 준비

'하나님의 마음에 합한 자'의 영혼은 얼마나 고귀했는가? 그에게 '값없이 내 하나님 여호와께 번제를 드린다' 는 것은 생각조차 할 수 없는 일이었다(삼하 24:24). 그는 그 일의 위대함과 하나님의 장엄을 생각하면서 "하나님의 전을 위하여 힘을 다하여 예비하였다!"(대상 29:1~5) 뛰어난 인물이었던 그의 아들도 물질적인 성전을 장엄하게 건축하여 그의 나라의 영광을 드러내고 세상의 경탄을 자아냈지만 그에 못지 않게 영적인 성전을 건축하는 일에도 마음을 다하고 헌신했다. 그가 보이는 성전을 위하여 왕국의 모든 보화들을 드렸다고 한다면 보이지 않는 성전을 위

---

14) The Book of Homilies에서 개혁자들의 목적은 설교 직책의 폐지로 인한 설교의 장애와 성직자의 무지를 제거하는 것이었다.
15) Country Parson, ch. vii.

하여는 마음의 모든 부요한 것들을 마치 '바닷가의 모래같이 넓고 넘치게'(왕상 4:29) 드렸던 것이다. "전도자가 지혜로움으로 여전히 백성에게 지식을 가르쳤고 또 묵상하고 궁구하여 잠언을 많이 지었다"(전 12:9). 그의 온 영혼은, 그 내용이 가장 훌륭할 뿐 아니라 그 표현 방식이 가장 뛰어난 교훈을 찾아내는 일에 몰두하였고 그리하여 생각하는 바가 그 교훈의 위대한 주제와 저자이신 하나님께 합당한 언어로 표현되기를 바랐다. 그는 '육신에 끼쳐지는 곤고함'을 상쇄하고도 남는 연구의 유익을 고려했음이 분명하다. 그리고 이 연구와 노동의 열매로 얻어진 가장 지혜로운 자의 말씀들은 나태한 사람들을 일깨우는 '자극'이 되었다. 사람들은 그 말씀에 귀를 기울였고 그들의 성정이 감동 받았을 뿐 아니라, 그 말씀은 그들의 기억과 양심 그리고 판단력에 '물건들을 조립하는 장인의 못과 같이 단단하게' 박혔다(전 12:10~12).

공적인 교훈을 헌신적으로 준비하는 것은 우리들이 잘 본받아야 할 모범이다. 즉 회중들이 필요로 하는 구체적인 것들을 항상 기억하여 마음에 간직하는 것, 성경적인 교훈으로 가장 적합한 내용을 채택하는 것, 권면하고 또 위로하는 것, 진리를 제시하는 데 가장 적절한 전달수단을 선정하는 것 등은 땀을 흘리고 인내하는 근면을 통해 이루어지는 것이기 때문이다.

그럼에도 불구하고 어떤 사람들은 자신감에 차서 이런 세심한 준비를 게을리 한다. 성경과 성경 색인에 약간의 설교 메모를 갖추면 된다든지 웬만큼 유창하게 말할 수 있는 재능을 의지하여 그 순간에 말할 수 있다는 생각 등을 위대하신 하나님의 이름으로 강단에 설 수 있는 충분한 보증으로 간주하고 있다. 그러나 오직 확고한 것만이 항구적 가치를 가진다. 상상력이나 천부적인 달변, 또는 격렬한 감흥에서 오는 어떠한 힘들도 실질적인 내용의 결핍을 보상해 줄 수는 없다. 나누어주는 것만큼 모으지 않는다면 설교자가 백성에게 나누어 줄 지식과 명철을 쌓는 것은 불가능하다. "내가 또 내 마음에 합한 목자들을 너희에게 주리니 그들이 지식과 명철로 너희를 양육하리라"[16](렘 3:15).

이러한 유형의 설교자들은 일반적으로 다양성이 부족한 것을 보면 알 수 있다. 그들의 설교는 실질적으로 같은 교리를 다룰 뿐 아니라 거의 동일한 설교가 되고 만다. 새로운 본문을 다룬다 해도 그것 역시 동일한 생각의 반복이 되어버리고, 정연하지만 매우 지루한 획일성으로 인하여 빈약한 설교가 되고 만다. 그들은 '보물'을 갖지 못한 '집 주인들'이다. '옛 것'은 쉽게 '내어 올 수' 있지만 '새것'은 어디에 있는가?(마 13:52 참조)

그들의 생각이 이렇게 빈곤한 데 대한 책임을 자원의 빈곤함에 돌릴 수는 없다. 왜냐하면 성경이 다양한 측면과 관계들을 통하여 동일한 진리를 신선한 흥미와 중요한 가르침으로 풍부하게 제시하기 때문이다. 이렇게 단조롭게 이루어지는 설교는 그 주제가 가장 고고한 것일지라도 감동을 주지 못한다. 그러면 회중들은 이 메마른 천편일률성 때문에 무감각에 빠지거나 불만을 토로하게 된다.[17]

---

16) 페네론(Fenelon)의 First Dialogue on Eloquence를 보라. "설교는 (오래 전에 한 저자가 말했듯이) 입술의 노동이나 가벼운 상상으로부터 나오는 무익한 말이 아니다. 실로 그것은 진지한 마음의 묵상으로부터 얻어진 하나님의 진리를 말하는 것으로서, 이 진리는 하나님의 백성에게 유익을 끼치기 위한 성실한 노력과 연구에 의해 건전한 판단으로 얻어진 하나님의 복이다. 이런 설교는 값지고, 존경받을 만하며, 하나님의 명령의 가치를 고양시키고, 청중의 마음속에 역사하여 그곳을 깊이 찌를 것이다. 이는 설교가 권위와 함께 선포되기 때문이다." Bernard의 Faithful Shepherd, 12mo. 1621.

17) Bishop of Winchester's Charge, 1837, p. 39를 보라. 주얼(Jewell) 주교의 예는 이런 부류의 설교자들에게 많은 교훈을 준다. 그의 전기 작가는 이렇게 썼다. "그는 존엄함을 더할수록 목회에서 더욱 근면하였다. 가르침의 빈도에서뿐만 아니라 그 우수성에서도 마찬가지였다. 왜냐하면 그는 매우 자주 설교했지만, 그 전달하는 내용과 방식은 언제나 독특했기

서재에서나 강단에서 빈둥거리는 게으름을 피운다면 그것은 진정 "우리 안에 하나님이 주신 은사를 소홀히 하는 것"이다. 하나님이 복 주시는 것은 우리의 수고이지 태만이 아니다. 우리의 주인이신 주님과 그 주인의 백성은 우리로부터 우리의 최상의 시간과 은사, 가장 성숙된 생각들과 진지한 연구들을 당연히 요구할 수 있다. 이 무한한 하나님의 사역에 빈약한 도구를 가지고 뛰어든다면 그것은 우리의 고귀한 책임에 대한 사악한 무관심이 될 것이다.

재능이 있는 어떤 목사들은 연구를 하지 않고도 설교를 효과적으로 할 수 있다는 것을 인정한다 하더라도 우리 주님의 이름에 대한 경외심과 강단의 존엄성과 엄숙한 직무에 대한 바른 인식을 가진다면 이 거룩한 직능을 경솔하게 잘 소화하지 못한 채로 수행하는 일은 없어야 할 것이다. 백성의 양심과 그들의 다양한 정황에 가장 힘 있게 적용될 수

때문이다. 로마의 한 연설가는 근면한 게으름(negligentia quaedam diligens)에 대해 말한다. 이것은 연설가가 의도적으로 모든 기교를 피하고 자기의 연설이 정교하지 않은 것처럼 보이도록 무지를 가장하고 근면하게 준비하지 않은 것처럼 하는 것이다. 그러나 정신이 온전하고 신중한 청중은 자주 많은 설교자들에게서 게으른 근면함(diligentia quaedam negligens), 곧 그들이 근면성이 전혀 없다고 불평할 만한 이유가 있다. 그 설교자들은 자주 강단에 올라가되 별 준비 없이 하며 고통이 없이 진통하며 공허한 말 외에는 아무 하는 것이 없다. 그들의 설교를 들어보면 설교는 무게에 의해 평가되는 것이 아니라 횟수에 의해 평가되는 것 같이 보일 지경이다. 이런 사람들의 설교는 정해진 시간을 넘기고 일주일에 일곱 번 이상을 한다고 하지만, 그들 자신은 '주의 일을 게을리 하는' 모든 사람들에 대한 선지자들의 저주의 대상이 된다. 주엘 대주교는 모든 부분에서 이런 비난을 받을 위험성이 가장 적었다. 왜냐하면 그는 가장 폭넓은 독서를 하고 있었고 계속 설교를 했지만, 가장 작은 마을에서 설교할 때에도 언제나 설교 내용을 미리 묵상하고 설교의 큰 제목을 적어서 준비했기 때문이다." Featley's Life of Bishop Jewell. 세실이 자신의 사역을 시작할 때에 어떻게 했는지에 대한 기록과 비교하라. 이것은 제롬 시대의 불평이기도 하였다. "도처에서 모든 사람들이 오직 성경만이 유일한 길이라고 주장한다. 수다스러운 노파, 망령 든 노인, 말 많은 궤변가, 모든 사람들은 이렇게 말하면서도, 배우기도 전에 가르친다." Epist. ad Paulin. 심지어 이방인의 경구에도 이런 말이 있다. "소년이 우둔한 재능을 가진 것처럼 보이거든 전령사로 만들라" Mart. Lib. 5. Epig. 57.

있는 방식들을 잘 저울질해 보지도 않고 몇 개의 추상적이고 연관성이 없는 진리들을 주워 모으는 것은 사태의 급박성에 비추어 얼마나 부족한 일인가.[18] 성경적인 모형은 방만하게 말하는 것을 용인하지 않는다. 그것은 변명의 여지가 없는 나태함의 결과이다. 신실한 근면은 언제나 사람들에게 용납되지만 의도적인 태만은 우리의 주제 넘는 태도로 인해 그에 응당한 결과를 얻게 된다.

가장 탁월한 설교자들의 설교 문체와 배열 그리고 실질적인 내용들을 보면 그들이 강단을 위해 준비하며 쏟은 근면성이 잘 입증된다. 에드워즈가 설교자로서 높은 명성을 떨쳤던 것은 그가 특히 사역 초기에 설교문을 작성하면서 겪은 큰 고통의 시간 덕분이었다.[19] 필립 헨리는 말년에 말하기를 "나는 이제 강단에서 훨씬 더 자유롭게 즉 사람들에게 친숙하게 말하게 되었다. 그럼에도 불구하고 나는 마지막까지 강단을 위한 준비를 느슨하게 한 적이 없었다"고 했다.[20] 이는 인생 말기에 '여전

---

18) 백스터가 상기시키듯이 "우리는 어쩔 수 없는 경우를 제외하고, 임시방편으로 설교해서는 안 되며 오히려 어떻게 하면 사람들 마음속으로 들어가서 설득할 수 있는가, 각각의 진리로 어떻게 핵심을 찌를 수 있는가를 연구해야 한다. 경험이 우리에게 가르치는 바는, 힘든 연구, 지치지 않는 수고와 경험이 없이는 학식을 쌓지도 못하고 지혜로워지지도 않는다는 것이다."-Reformed Pastor.
19) Works에 소개된 그의 '생애'를 보라. Vol. i. 49.
20) Life, p. 192. 그의 훌륭한 아들도 강단을 위한 준비에서 동일한 성실성을 보여주었다. '이 중심적인 목적에 비하면 다른 모든 것은 부수적이었다. 그가 말하는 모든 것, 그가 보는 모든 것 그리고 그가 듣는 모든 것은 그 정도는 다를지라도 설교와 어떤 식으로든 관련되었다. 조야하거나 소화되지 않은 어떤 것도 그를 통해서 그 엄숙한 회집 안으로 들어갈 수 없었다. 그는 다음과 같이 말하곤 했다. "그대의 일에서 점점 게을러지는 것을 경계하십시오. 살아있는 동안 내내 힘들게 일하십시오. 잠시 후에는 좀 쉬면서 옛날로 돌아갈 수 있다고 생각하지 마십시오. 성경은 그것을 탐구하는 자에게 여전히 새로운 것을 줄 수 있습니다. 만약 당신이 부주의하다면 어떻게 하나님의 복이나 회중의 준수를 기대할 수 있습니까?"-Life, p. 112, 113. 준비의 중요성에 대한 엘리엇의 견해는 존경스럽다. 그는 잘 연구된 것 이외에는 설교하고자 하지 않았다. 또한 그는 설교자의 깊은 사색과 연구를

히 백성에게 지식을 가르쳤던'(전 12:9) 예루살렘 왕 전도자와 같았다.

그러나 더욱더 중요한 것은 강단을 위한 연구를 하는 데 영적이면서 경험적인 기조를 개발하는 것이다. 지적인 자원이나 낮은 수준의 정통 신학에서 얻어진 자료들은 회중들이 겨우 성소의 바깥뜰에 이르게 할 뿐이다. 우리가 해야 할 일은 제단으로부터 숯불을 취하여 우리 백성들의 '심장'이 '내면에서 불타오르도록' 하는 것이다.

인기 있는 어떤 유형의 설교를 맹목적으로 따르는 것에는 커다란 피해가 있을 수 있다. 오히려 설교자들 각자가 가지고 있는 다양한 재능들을 잘 살펴보는 것이 유익하다. 그러나 우리의 주된 관심사는 자신들이 가지고 있는 재능을 분별하고 개발하여 사역에 필요한 모든 재능을 적정한 수준까지 획득함으로써 최소한 어느 부분에서도 전적인 결핍이 없도록 하는 것이다. 많은 젊은 목사들은 자신보다 인기 있는 목사들이 갖는 고도의 자질과 능력을 행사해 보려고 헛된 시도를 함으로써 자신이 가지고 있는 장점을 오히려 무력하게 만들었다. 따라서 비록 보잘것 없어 보이더라도 그들 자신들에게 있는 유용한 능력들을 발전시켜 나가는 것이 바람직하다.[21]

요구하는 것으로 보이는 설교를 칭찬했다. 그의 전기 작가는 이렇게 말한다. '나는 회중에게 막 설교를 마치고 집으로 돌아온 설교자에게 그가 이렇게 말하는 것을 직접 들었다. '형제여, 성전 예배를 위해서는 기름이 필요했소 그런데 그것은 잘 휘저은 기름이오 오늘 당신의 기름은 너무나 잘 휘저어졌소 그로 인해 하나님을 찬송하겠소 주님은 항상 우리를 도와 우리의 기름을 잘 휘젓도록 하신다오. 그래서 우리의 설교에 풀리지 않은 매듭이 없이 되고, 그로 말미암아 하나님의 집에 분명한 빛이 비추도록 하신다오.' 그는 설교에서 단순히 사람을 연구하는 것 외에, 그 이상의 어떤 것을 추구했다. 그는 설교에서 하나님의 성령이 숨쉬기를 원했다. 청중들이 '하나님의 성령이 여기에 임했다' 고 말하지 않을 수 없도록 하는 설교를 원했다. 나는 그가 '설교에 이 한 가지 곧 하나님의 성령이 없다는 것은 슬픈 일이다' 라고 불평하는 것을 들었다." Mather's Life of Eliot.
21) Raikes on Clerical Education, p. 221에서 값진 언급들을 발견할 수 있다.

강단 준비가 좋은 열매를 맺는 것은 우리의 근면함보다도 우리의 신령함에 달려 있다. 그것은 점점 발전해나가는 근면한 습관으로서 그리스도의 사랑에 대한 감각, 영혼의 가치에 대한 감각, 시간의 짧음에 대한 감각, 그리고 영원을 향한 지고한 관심이 가득한 마음에서 흘러나오는 습관이다. 이 습관이 해당 주제에 지적으로 집중되면, 성경적인 진리의 선명한 조망들은 아름답게 펼쳐지며 명료하고 자연스러운 흐름을 타면서 공적인 교훈에 못지 않게 개인적인 함양에도 공헌하게 된다. 그러므로 기독교적 작업 원칙은 주요 대상을 정확하게 감지하고 정신의 모든 능력을 그것에 집중시키는 것이다. 그러므로 이러한 습관을 갖지 않고서는 아무리 근면한 목사 예비생도라 할지라도 단조로운 일에 파묻혀 그저 시간을 낭비하게 될 것이다.

이 주제가 가지는 중요성 때문에 다음과 같은 세 가지 제목, 즉 '설교문 작성', '묵상하는 습관', '특별한 기도'로 그 내용을 좀더 상세히 다루고자 한다.

설교문 작성

우리들이 강단에서 말할 때에 따르는 책임이란 얼마나 막중한 것인가! 백성들을 '지식과 총명'으로 먹이는가 아니면 준비가 부족하여 먹기에 부적합한 음식을 주는가 하는 문제는 가볍게 다룰 수 없다. 강단이란 생명의 떡을 상례적으로 나누어 주는 곳으로 '진리의 말씀을 옳게 분별'(딤후 2:15)할 수 있는 많은 지혜가 진정 요구되며 누구라도 "때에 맞는 말이 얼마나 아름다운고"(잠 15:23)라고 말할 수 있어야 한다.

설교 주제를 선정하는 데 이 거룩한 책은 거의 무한정의 영역을 펼쳐 보여준다. 우리들이 할 수 있는 것은 당면 관심사를 제일 적합하게 다루는 점들을 포착하는 것뿐이며 전 영역을 다룰 수 있다고 가장할 필요는 없다. 사도 바울은 주제 선택에 관해 우리들이 조심해야 할 지혜로운 원칙들을 제시하면서 '아름다우며 사람들에게 유익한 것들' 과 '무익하고 헛된 것들' (딛 3:8, 9)을 동일하게 주목한다. 그는 우리들이 호기심을 갖거나 억측하는 일들을 경계하면서 그것들은 우리의 직임에 맞지 않으며 해로운 결과를 낳게 된다고 말한다.[22] 사도 바울은 우리들이 인간의 타락과 회복의 교리를 실제적인 경건을 이루는 데 유일하게 효율적인 원천으로[23] '끊임없이 확언' 하기를 원했을 것이며 그 자신을 본받아(고전 2:2) 모든 주제들을 자연스럽게 그리스도에게 복종시키고 그 분의 십자가를 충만하게 드러내는 데 그 모든 주제가 집중되기를 바랐을 것이다. 이러한 교훈의 자료들은 독서를 매일하는 가운데, 하나님과 은밀한 교통을 하는 가운데, 일상적으로 가지는 가족들과의 교제 속에, 그리

---

22) 딤후 2:15, 16, 23. 리놀즈(Reynolds) 주교는 이것과 밀접하게 관련된 위험에 대해 이렇게 경고한다. "이는 의미가 분명한 본문으로부터 새롭고 이상한 어떤 것을 찾아내기 좋아하는 경향으로서, 확고한 지식과 판단보다는 자만심과 무분별함을 드러낼 뿐이다." 자기부인에 대한 설교-Works, p. 810. 이것을 기억하도록 하자. 강단에서 목사의 임무는 '해석자가 되어 하나님의 마음을 밝히는 것으로서, 그 본문을 기묘하게 해석하여 나올 수 있는 의미를 보여주는 것이 아니라 성령이 그것을 통해서 말씀하시고자 하는 것을 보여주는 것이다. 따라서 우리는 성경에 있는 말을 하면서도 동시에 거짓된 성경 해석을 내놓을 수 있다. 이런 일은 이상한 방식으로 하나님의 권위에 의지함으로써 가장 강력한 일을 무기력하게 만들고 인간의 망상과 상상 위에 믿음을 건설하는 것이다. 공상과 기발한 착상의 즐거움을 위해 참된 실제적 교훈이 간과되며 성경이 마치 아무 분명한 의미를 가지지 않은 것 같이 취급된다. 후커의 말처럼 "성경이 열거한 것이 무엇이든 되게 됨으로써 결국 진리가 아무 것도 아닌 것이 된다." 본문의 주제에 대해서는 Claude's Essay, edited by Mr. Simeon을 보라. 그가 말하는 세밀한 부분에 대해서 어떻게 생각하든지, 이 주제를 이보다 더 잘 소화시키고 분명하게 유용한 도움을 제공하는 것은 없다. Lectures on Homiletics and Preaching, by E. Porter, D.D. (앤도버 신학교 학장)가 유용한 단서들을 제공한다. Bowles. Lib. ii. c. 1, 2를 참고하라.

23) 딛 3:8

고 특별히 구하지 않았거나 평범하기까지 한 섭리들 속에서 얻어진다. 그렇게 우리들 앞에 주어진 자료들은 회중의 현재 필요와 공감에 맞도록 적용됨으로써 언제나 관심 있는 반응을 불러일으키게 되는 것이다. 또한 우리의 교구 안에서 이루어지는 무지, 지나친 완고함, 당황스러움 또는 죄의 각성 등은 주일 목회를 위한 최상의 자료들이 된다.[24]

어떤 본문이 뜻하고 목표로 하는 것은 하나님의 말씀으로부터 오는 일정한 구절이 되며 그것으로부터 진리를 말할 수 있는 어떤 토대가 이루어진다. 이것은 당연하고 명백한 일이다. 그렇지만 단지 강론을 위한 표제를 잡느라고 본문을 선택하는 것이 타당한가 하는 의문점이 있다. 이는 설교가 본문으로부터 만들어지는 것이 아니라 본문이 설교로부터 만들어지는 것이다. 본문 낭독은 그저 습관적인 도입에 불과하며 산만한 의문점을 제기하는 계기는 되지만, 그것을 구성하는 부분들 그리고 문맥과 연결되는 내용들은 손대지 못하고 만다. 이 방법은 해석자의 직책에 어울리지 않을 뿐만 아니라 하나님의 말씀에 대한 마땅한 경외심을 거의 나타내지 못하는 것처럼 보인다. 때때로 그것은 유익한 토론의 기회를 마련해 줄 수 있겠지만 사람들의 마음을 산만하게 하여 영혼의 참된 양식이며 신성한 지혜의 보고인 성경을 살펴보고 묵상하고 숙고하는 일로부터 멀어지게 하는 경향이 있다. 사람을 회심시키는 성령님의 은혜가 더해지는 곳은 오직 성경뿐이다.[25]

---

[24] 주제 선정과 관련하여 Blackwells는 다음과 같은 구체적인 지침을 주목하고 확대하여 다룬다. 1. 사람들의 영적인 상태. 2. 복음을 들을 수 있는 그들의 능력. 3. 그들의 지배적인 죄. 4. 섭리적 사건들. Meth. Evang. pp. 48~58. 코튼 마터는 "주제를 선정하는 데 청중의 처지와 상황을 지침으로 간주한다. 그리고 그가 전하는 모든 설교에서 구체적으로 어떤 덕을 권면할 계획을 세운다"고 했다. Bowles는 지속적인 기억을 위한 주요 규칙을 첨가한다. "사람들의 구원이 설교에 있어서 최고의 법이다." Lib. ii. 1.

코튼 마터가 그의 학생들을 위해 제시한 본문을 다루는 규칙 중 뛰어난 것들이 있는데 이를테면 가능한 한 원문을 찾아 읽는 것, 설교 작성 전에 주석을 보는 것, 성경적인 문체를 그의 설교 속에서 연구하여 찾고 강론의 몇 가지 제목들을 성경으로부터 증거나 예화로 확인하는 것, 성령께서 그리스도를 영화롭게 하시길 원하는 것을 알며 그의 모든 설교 속에 그리스도를 풍성하게 나타내는 것 그리고 이 법칙을 따를 때 성령께서 허락하셔서 커다란 영향력으로 그의 사역 가운데 역사하시길 소망하면서 매 설교마다 그 내용을 실질적인 것으로 가득 채워 명료하지 못한 구석이 하나도 없도록 하는 것 등이다.[26]

이 규칙들 중 몇몇에 관해 덧붙일 말이 있다. 설교문을 작성하기 전에 주석을 사용하는 것은 무방하지만 주석을 읽기 전에 설교문을 깊이 생각하고 그 배열을 마치는 것이 필요하다. 이것이 세실의 설교 준비 계획이었다. 즉 주석을 먼저 봄으로써 자신의 관점을 미리 차단하지 않도록 하고 주제를 놓고 먼저 자기 자신과 대화하면서 무엇이든 그의 마음에 부딪히는 것들을 적고 그렇게 적은 것들을 정열하고 계획을 마무리하고 자신이 가진 모든 자원들을 모두 소진시킨 후에 외부로부터 오는 모든 도움을 이용하는 것이다.[27] 건실하게 배우고자 할 때 자기 자신이

---
25) Vitri. Methodus Homiletica, cap. iii.
26) 그의 Life를 보라.
27) 그의 'Remains'에 서문으로 첨가된 그의 Life를 보라. 외부에서 오는 것이 중심이 아니라 자기에게 있는 것이 중심이 되고 외부의 것이 부차적 도움이 될 때에 얻는 중요한 유익을 그는 다음과 같이 지적한다. "외부의 도움은 마음을 흥분시키고 더 높은 에너지와 활력으로 끌어올릴 것이며 생각과 묵상을 위한 넘치는 자료를 제공할 것이다. 만약 정신이 강력한 이해력으로 어떤 한 가지 흥미 있는 생각에 집중하면 그 한 가지 생각은 계속적으로 다른 생각을 일으켜 전체 강설에 힘과 가치를 불어넣을 것이다. 당신 자신의 생각이 부분적으로만 제시하고 강론한 관심을 끌고 인상을 남기지 못했던 점에 대해서 외부의 도움은 그것을 확장시키고 풍부하게 하며 많은 예화들에 생기를 불어넣을 것이다. 외부

갖고 있는 것들을 소홀히 하면서 타인의 자원들을 사용하는 것보다 더 큰 방해는 없다. 일반적으로 도움이 되는 수단들 그리고 특별히 '뼈대'의 형태로 제시되는 '설교 작성을 위한 도움'들을 사용하는 데에는 많은 신중함과 분별과 성실이 요구된다. 이는 그것들이 우리 자신에게서 나오는 활발한 에너지를 억제함으로써 오히려 설교 작성에 심각한 장애물로 드러나게 될 우려가 있기 때문이다.

시므온(Simeon)의 저술로 잘 알려진 매우 유익한 책(「Claude's Essay」)이 이렇게 필요한 도움을 꼭 정확한 만큼 준다고 할 수 있다. 즉 경험은 부족하지만 성실한 자들에게 격려를 주고 동시에 재능을 발휘할 수 있도록 충분한 영역을 허락하기 때문이다. 그의 책의 도움을 받아 하나의 완성되고 균형이 잘 잡힌 강론을 만들어내기 위해서는 자기만의 강론을 만들어내기 위해 쏟아야 하는 만큼의 주의력과 생각을 요구한다. 이는 그 책을 사용하는 사람이 빈 공간을 적절하게 메우기 위해 판단력을 활용해야 하고 성경의 내용을 정확하게 배열해야 하는 노력을 기울이게끔 짜여 있기 때문이다.[28] 아마도 이 작품이 가장 칭찬을 받을 만한 점은, 그의 책을 단순히 모방하는 사람은 에스겔의 환상의 해골과 뼈처럼 아주 메마른 결과를 만들어내지만 생각이 깊은 사람은 그 뼈대에 균형과 힘이라는 살을 입히는 과정에서 풍부하고 유익한 작업을 하게 된다는 점이다.[29]

의 도움은 또한 당신 자신의 의견을 표현할 때에 확신을 더할 것이다." Mental Discipline, by the Rev. H. F. Burder, p. 85.
28) 이 존경스러운 저자의 Horae Homileticae에 대해서는 그 어떤 칭찬으로도 부족하다. 성직자 뿐만 아니라 평신도도 사용할 수 있도록 짜인 이 책은 내용이 더 충실하고 완전하다.
29) 겔 37:2. 우리는 마틴의 시편 9:17 설교를 하나의 실례로 사용할 수 있다. 이 설교는 시므온의 뼈대에 살을 채운 것이다. 이것은 우리가 우연히 그의 전기에서 알게 되었지만 특수

코튼 마터가 말한 "설교를 실제적 내용으로 가득 채운다는 규칙으로 볼 때 우리들의 강론은 엘리후와 같이 '말로 가득하게' 되는 것과 다름 없다."[30] 선한 사람이 반드시 지혜롭거나 완전한 사람은 아니라는 것은 유감스러운 일임에 틀림이 없다. 그러나 우리는 사람들의 역량이 그 소화할 수 있는 능력이 제한적이라는 것과 자신의 한계를 초과하여 뻗칠 때 심각한 피해가 있다는 것을 기억해야 한다. 우리 주님이 주시는 교훈의 원칙은 "저희가 알아들을 수 있는 대로 말씀하는" 것이었다(막 4:33). 그가 만약 할 수 있는 말을 다 하셨다면 그들이 받아들일 수 있는 한계를 무한히 초과했을 것이며 그 결과 그가 교훈하는바 웅대한 목적은 상실되었을 것이다.

너무 많은 내용들을 망라함으로써 뚜렷하게 남을 수 있는 인상을 약화시키는 실수를 피하고 가장 적절한 교훈을 선정할 수 있기 위해서는 깊은 사려분별이 요구된다. 세실이 잘 말한 바와 같이 "설교에 무엇을 넣을 것인가를 아는 것만큼, 무엇을 넣지 말아야 하는가를 아는 것도 똑같이 많은 생각을 필요로 한다."[31] 이는 얼마나 많은 것을 말할 것인가

한 어려움과 정신적 혼란 속에서 작성되었다. 그러나 그 뼈대 전체에 주입된 생명, 다양한 분야로의 확장, 각 부분의 정확한 비율, 간격을 메운 솜씨, 전체적으로 입혀진 따뜻하고 힘 있는 색채, 이 모든 것으로 인하여 그 설교는 본인 자신의 재능에 의해서 작성된 것과 같은 힘과 효력을 발휘한다. 그의 Life, pp. 130~132를 보라. 또한 그의 설교집과 Helps to Composition, Skel. 387을 비교하라.

30) 욥 32:18. 어셔 주교는 맨튼(Manton) 박사를 '두툼한 설교자'라 부르곤 했다. 이는 그의 강론이 지겹거나 길었기 때문이 아니라, 짧은 말 속에 많은 내용을 축약하는 그의 기술 때문이었다.

31) Cecil's Remains. "하나님의 백성에게는 많은 말씀이 아니라 심도 있는 말씀이 전해져야 한다. 설교자는 항상 많은 교리 내용들을 다루며 설교 안에 자료의 숲을 쌓고자 하는 욕망을 느낀다. 하지만 그것은 제대로 설교하는 것이 아니며, 백성을 제대로 세우지도 못한다. 대부분의 회중은 그들이 가진 능력의 부족으로 많고 다양한 종류의 주제들로 인해 세워지기보다 도리어 파묻혀 버리고 만다. 그러므로 우리가 얼마나 많은 교리의 내용들을

가 아니라 무엇을 가장 훌륭하게 말할 것인가에 대한 문제이다. 우리가 말하는 주제의 매 요점마다 우리 자신을 소모시켜 버리는 일을 하지 않도록 하자. 우리의 생각들이 정선되고 견고하도록 그리고 말하는 가운데 자연스럽게 흘러나오되 우리가 계획하고 있는 통일성을 침해하지 않도록 하자.

나는 경험을 더 많이 쌓은 저자들의 규칙에 무엇을 더 첨가할 것은 없다고 느낀다. 마음에 간직해야 할 중대한 문제는 성경을 여는 것, 곧 하나님의 마음을 해명하는 것이다. 즉 우리의 주제를 추상적으로 전개하는 것이 아니라 성경이라는 매체를 통해 그 주제가 우리 회중 앞에 잘 다져져서 완연하게 드러나도록 제시하는 것이다.

설교의 이 주된 목적을 이루기 위해서는 충분한 뜻을 포함하는 한 단위의 단락을 본문으로 선택해야 한다. 의미를 발견해내고 적용하는 데, 자료의 선택은 많은 주의를 요한다. 모든 주제를 하나의 엄밀한 형태로 축소시켜버리려는 전문가적인 태도를 피해야 하고, 동시에 설교학이라는 학문에 속하는 고정된 규칙들과 원칙들을 조심스럽게 적용하여 설교 준비에 최고의 방법과 표현을 사용해야 한다. 아마도 주제를 충분히 소화시키는 것은 설교의 배열에 앞서 이루어져야 할 것이다. 이렇게 함으로써 방법상 흥미로운 다양성을 가지면서도 계획의 통일성을 확보할 수 있게 된다. 이것은 우리가 공통적으로 저지르는 잘못, 곧 논리적 분석이 아닌 낱말 분석을 근거로 본문을 해부하고, 다룰 내용의 자료들이 아닌 단어들을 몇 개의 머리 제목 하에 분배함으로써 주된 논제들을 흐

다룰 수 있는가 하는 것은 듣는 자들에게 무엇이 유익한가보다 중요하지 않다." Bowles' Pastor, Lib. ii. c. 10. "가르치는 자는 가르침을 주지 못하는 모든 말들을 피해야 한다"는 어거스틴의 합리적인 규칙이었다. De Doctr. Christian. Lib. iv. 10.

리게 만들고, 부차적인 점들을 과대하게 확대하여 전체 계획에 연관성이 없는 내용들을 끌어들이는 잘못을 피하게 해줄 것이다.

설교의 도입부는 인위적으로 짜여진 문장구조나 현학적 표현 또는 열렬한 호소를 하기 위한 부분이 아니다. 우리는 그저 문맥 또는 해당 주제를 간결하게 설명하면서 그 본문이 자연스럽게 시야에 들어오도록 인도하면 된다.[32] 설교의 선명성은 "소제목의 개수가 많지 않아서 강론의 범위 안에서 그것들이 충분히 설명될 수 있고 따라서 듣는 사람들이 잘 이해할 수 있는가에 달려 있다. 소제목들은 서로 간에 확연하게 구별되면서도 동시에 모두가 요점에 집중되어 있어야 한다."[33] 이것은 회중이 진리를 기억하여 보존하도록 돕는 것으로서 "소제목들이 고리처럼 연결되어 듣는 사람이 한 부분을 놓치더라도 그 부분이 전체와 갖는 관계성과 의존성 때문에 쉽게 상기할 수 있도록 하는 방법이다."[34]

강단 설교를 위한 훌륭한 재능들 중 달변이라든지 풍부하고 다양한 예화적 설명 등이 질서 있게 잘 배열되지 않으면 사람들의 주의를 집중시키고 지속적인 인상을 남기는 데 실패하게 된다. 물론 이상의 방법에

---

[32] "도입부는 설교하고자 하는 것을 향해 가는 길의 출발점이다. 우리는 도입부를 통해 쉽지 않으나 꼭 필요하며 구원에 관계된 것들에 대해 말할 내용들을 암시함으로써 우리의 말에 주의를 기울이게 한다. 뿐만 아니라 도입부를 통하여 다음에 나올 본문의 내용을 연결시키게 된다." Bucani Methodus Concion. Vide p. 12. 12mo. Groning. 1645.

[33] Fordyce's Eloquence of the Pulpit.

[34] Bishop Wilkins's Ecclesiastes, p. 6. Reybaz가 이렇게 말한다. "설교 내용을 명확하게 나누는 것은 꽃병의 손잡이와 같아서 그것을 잘 잡으면 전체가 함께 간다. 재료란 원래 복잡하고 무질서하기 마련인데, 적절한 방법을 사용하면 그것이 생생하고 아름다운 질서로 나타나며, 생각의 무질서한 덩어리와 어두운 혼돈으로부터 빛, 질서, 조화가 나타난다. 이것은 많은 고려와 함께 각 부분에 적절한 크기, 형태 그리고 상황을 할당함으로써 모든 부분이 서로 유기적으로 연결되며 각 부분은 전체의 우아함과 힘에 설교에는 세 가지 요소가 특히 중요하다 즉 각 부분을 구분함, 각 부분이 서로에게 연결됨, 전체 문맥의 명료함이다." Sir Richard Blackmore's Accomplished Preacher, 8vo. 1731.

서도 위험성은 있다. 성경의 자유롭고 대중적인 흐름을 너무 정확하게 만듦으로써 너무 인위적이 되거나 심지어 성령('바람이 임의로 불매')을 제한하게 되는 것이다.[35] 무엇보다 바람직한 것은 우리가 택한 본문으로부터 벗어나는 습관을 피하는 것이다. 그렇게 하지 못함으로써 우리 중 몇몇은 '방랑 설교자'라는 이름을 얻은 바 있다. 아무리 좋은 내용도 그 연결이 자연스럽지 않으면 회중이 관심을 잃게 된다. 가장 단순한 주제들이라도 관련성이 없는 지엽적인 사항들로 인해 그 내용은 흐려지게 된다.

윌킨스 주교는 설교를 이루는 세 개의 성분을 방법, 내용, 그리고 표현이라고 말했다. 그에 따르면 이들은 각각 서로에게 도움을 주는 상호적인 공헌을 한다. 훌륭한 방법은 적절한 내용으로 인도되고, 적절한 내용들은 훌륭한 표현들을 가능하게 한다.[36] 이 방법을 계획의 틀을 세우는 것이라고 본다면 내용은 그것을 채우는 것으로 그리고 표현은 그것에 알맞은 옷을 입히는 셈이 된다. 방법에 관해서는 이미 다룬 바 있다.

설교가 교화의 목적을 이루기 위해서는 그 내용이 풍부해야 한다. 아무리 사소한 주제라도 실질적인 내용이 충분하지 못하면 그 유효성을 그만큼 감소시키게 된다. 내용의 주된 원천을 찾는 것은 본문 안에 있는 모든 중요한 단어들과 전체 구성을 자세히 분석함으로써 이루어진다. 그것들의 예증은 대응하는 참고 자료들을 조사하는 일, 주의를 기울이고 되새기면서 문맥을 점검하는 일, 그리고 분명히 드러난 신앙상의

---

35) 어거스틴의 관찰은 훌륭하다. "훌륭하게 말하려고 주의를 기울이는 동안에 가르쳐야 하는 것들을 마음에서 놓치지 않도록 주의해야 한다." Lib. iv. 이 주제에 대한 놀라운 가르침들을 Hall의 Sermon on the Ministry, pp. 25, 26에서 얻을 수 있다.
36) Bishop Wilkins's Ecclesiastes, p. 5.

유사점을 참고하는 일들을 통해 이루어진다.37) 어떤 것이든 본문과 연관성이 있는 역사적 정황, 그 의미에 관한 분명한 설명과(귀에 거슬리는 장황한 해석을 함으로써 불필요하게 정신을 산만하게 하지 않도록 하면서) 성경 저자의 의도, 계속 이어지는 단계들과 저자가 요점에 도달하게 되는 순차적인 논리 등, 이 모든 것들을 주의해 살펴 보아야 한다.

또한 발언자, 계기, 듣는 사람에 관해서 살펴보는 것, 본문에서 전개된 원칙들을 그 결과에 이르기까지 추적하거나 그 결과들을 보고 시초의 원칙들로 다시 거슬러 올라가는 것, 수단이 목적과 갖는 연결성과 적합성 등은 실제적이고 실험적인 적용력을 가지는 교훈의 실질을 제공할 것이다. 부차적인 내용은 평행적 관계, 대조, 예화의 다양한 형태로 발견될 수 있다.38) 이것들은 직접적 추론, 반론, 혹은 가상적 제안을 통해 그 목적을 추구하는 방법이다. 이러한 도움을 주는 수단들을 효과적으로 사용할 수 있기 위하여 반드시 필요한 것은 건전한 판단력과 의사전달 역량을 확대시키는 정신이다.

그러나 결국은 어느 노인이 스위스 개혁주의자들 중의 하나였던 머스쿨러스(Musculus)에게 말한 대로이다.

"훌륭한 설교자가 되기 원한다면 훌륭한 성경학자가 되도록 하라"(Si vis fieri bonus concionator, da operam, ut sis bonus Biblicus).

---

37) "설교를 준비하는 사람은 먼저 모든 본문을 읽고, 다시 읽고, 정독해야 한다. 어법과 구절 각각과 함께 연결되어 있는 단어들의 의미를 정확하게 살펴야 한다. 그리고 자료들을 검토하거나 최소한 가장 훌륭한 번역본들을 참고한 후 그것으로부터 본문의 정황, 믿음의 유추와 함께 진정한 의미 그리고 다른 성경 구절들과 일치하는 것을 찾아내야 한다." Bucan, 위의 책, p. 10.
38) 스터티반트(Sturtevant)는 이 다양한 원재료에 대한 클러드(Claude)의 상세한 설명을 적절하게 예증했다. 그의 "Conversations and Letters upon Preaching"과 "The preacher's Manual"을 보라.

성경은 우리의 가장 귀중한 재료들이 무진장으로 저장되어 있는 곳이다. 그것이 분명한 교훈이든지 설득력 있는 논증이든지 강력하고 마음을 녹이는 연설이든지 아니면 '불타는 말씀을 내뿜는' 더 강력한 말의 힘이든지 그러하다. 그러므로 우리의 설교가 메말랐다든지 천편일률적이라는 불평을 듣게 된다면 그것은 우리가 탐구하는 근면성이 부족한 이유 때문이지, 우리에게 자원이 풍부하지 못하기 때문이 아니다. 어거스틴은 '목사의 지혜'를 가늠할 때에 그가 성경을 지적으로 근면하게 탐구하는 데 얼마나 숙달이 되었는가를 보았는데 그것은 옳은 일이었다. 자신의 창고가 얼마나 비어 있는가는 들여다보면 볼수록 필요를 더욱더 깨닫게 되고 이러한 보화들로 자신을 부요롭게 하고자 하는 것이다.[39]

우리가 추천하는 것은 길게 이어지는 본문이나 버넷이 칭한 대로 '벌거벗은 성경 용어색인 연습'을 말하는 것이 아니다. 왜냐하면 잘 소화도 되지 않은 인용들은 그것이 비록 신성한 보고에서 온 것이라 할지라도 유익함이 전혀 없을 수 있기 때문이다. 우리는 강론에서 뚜렷하게 드러나는 요점들을 확증할 때 명시적으로 성경을 언급하게 된다. 또한 설교를 지나치게 성경 구절로 채우지 않도록 하되[40] 동시에 신성한 증언에 대해서는 완벽하게 그 탁월함을 인정하고 높인다. 우리가 증거하는 것

---

39) Augustine, 위의 책 –Lib. iv. 5. 와츠 박사는 그의 목사에게 상기시키기를, 자신은 단지 이성의 발치에 앉아 있는 철학자나 이방 학교의 연설가가 아니라 하나님의 말씀을 맡은 자이며 성경 교수이며 설교자라고 했다. Humble Attempt, p. 64.

40) 로빈슨의 지각 있는 판단에 따르면 "한두 개의 본문이 백 개의 본문만큼 좋다"는 것이다. 한 고대의 저자는 양극단의 결함, 곧 설교를 성경 구절로 가득 채우는 것과 설교에 성경 구절이 하나도 등장하지 않는 결함을 지적한다. 성경의 증거를 엄밀하게 선택하는 것이 그리스도와 사도들의 관행이었다. 비록 그들이 논적에 대항하여 자신을 변호하기 위해서 성경으로부터 다수의 증언을 인용할 수 있었음에도 불구하고 (한 가지 요점에 대해 하나를 제시하는 경우가 거의 없었다) Zepperi Ars Conscion. Lib. II. chap. vi. Comp. Bowles, Lib. ii. 2. Burnet's Past. Care, ch. ix.

들을 우리 방식대로 자연스럽게 흘러가도록 하여 내용을 희석시키면 사람들에게 주는 인상도 그만큼 약화된다. 반면에 하나님이 말씀하셨다고 하면서 성경의 권위에 따른 명백한 연관성을 밝히게 되면 우리들의 진술은 하나님의 도장으로 확인받게 되고 청중들로 하여금 시내 광야에서 진을 쳤던 백성들과 같이 하나님의 놀라운 엄위 앞에 엎드러지게 만든다. 이러한 이유 때문에 사도 바울은 "내 말과 내 전도함이 설득력 있는 지혜의 권하는 말로 하지 아니하고" "성령의 나타나심과 능력으로 하여" "너희 믿음이 사람의 지혜에 있지 아니하고 다만 하나님의 능력에 있게 하려 하였노라"라고 말했던 것이다.[41]

일반적으로 설교는 두 개 또는 세 개 정도로 구분되어 이해될 수 있어야 하고 그 내용은 잘 배열이 되어 서너 개의 주요 제목 아래로 정리될 수 있어야 한다. 주제가 되는 요점들은 성경적인 증언을 통해 보강되고 예를 통해 설명되며 회중 각각의 경우에 밀접하게 적용될 수 있어야 한다.[42] 어떤 문제에 대한 논의가 적당한 한계를 넘어서 길어질 가능성이 있을 때에는, 마음이 지쳐서 깊고 지속적인 인상을 형성할 수 없는 사람들에게 억지로라도 적용을 시키려 하기보다는 서론에서 간단한 윤곽을 그려주거나 가장 두드러진 요점들을 짚어 주는 것이 더 좋은 방법이다.

---

41) 고전 2:4, 5, 13. 크리소스톰은 다음과 같이 잘 지적했다. "성경 없이 무엇을 말하면 청중의 지식은 정지된다." 시 86편 설교 중에서. 어거스틴도 동일한 것을 말한다. "내가 이것을 말하고, 당신이 이것을 말하고, 그가 이것을 말하는 것은 의미가 없다. 그러나 주님이 이것을 말씀하신다." Ad Vincent.
42) 설교 작성에 대한 세 가지 간략한 규칙이 한 훌륭한 대가에 의해서 제시되었다. "주제를 마음속에 간직하라. 당신 자신을 거기에 완전히 맡기라. 당신 자신과 주제를 청중의 품속에 부어 넣으라."

설교는 그 안에 놀랍거나 훌륭한 사상들이 담겨 있는 것으로 충분하지 않다. 그 자료들을 잘 배열함으로써 전체적으로 효과가 미치는 결과를 낳도록 해야 하며 서서히 관심을 불러 일으키면서 마지막에는 분명하고 강력한 결론으로 종결되도록 한다. 그러나 주의해야 하는 것은 설교의 기계적 구조에 집중하다가 설교에 생명과 능력을 불어 넣을 수 있는 유일한 요소를 망각하는 것이다. 우리는 해골에 살을 입힌 후에 그것을 분석하여 몇 개의 정확한 부분으로 나타낼 수 있겠지만, 여전히 그것이 앞에서 말한 바 있는 마른 뼈와 같아서 천국의 활기찬 생명의 호흡은 찾아볼 수 없을지 모른다. 우리가 지적인 면에서뿐 아니라 영적인 어떤 습관을 갖는 것은 이처럼 생명력 있는 설교를 작성하고 전하는 데 필수적이다.

설교방식에서 가장 중요한 특성은 단순성과 요점으로 보인다. 즉 친숙하지만 품위를 잃지 않는 단순함 그리고 어떤 효과를 만들어 내고자 부자연스럽게 애쓰지 않고도 나타나는 요점과 에너지이다. 이 스타일 문제와 관련하여 와틀리(Whately) 대주교는 간결한 것과 장황한 것의 두 극단을 피하라는 훌륭한 경고를 준다.

"극단적으로 간결한 경우 그것이 지적인 능력이 충분치 못한 청중에게는 적합하지 않은 것이 분명하다. 그렇다고 흔하고 쉬운 방법으로 길게 부연하는 방식을 지적인 사람들에게 맞추려 하는 것도 성공하는 예가 드물다. 즉 그들은 설교가 지루하게 늘어지는 것 때문에 쉽게 어리둥절하게 되고 무엇을 말하고 있는지 주의를 계속 기울이는 것이 불가능해져 전체 내용이 완결되기 전에 들었던 것의 일부를 잊게 된다. 거기에다가 설교 내용이 지나치게 희석된 결과로 생기는 무기력이 더해지게 되면 주의를 집중하는 일은 시들해져 버리고 이렇게 제대로 주의를 기울이지 않고 들은 설교는 그 자체의 내용이 아무리 분명하다 할지라도 대부분 제대로 이해되지 못하고 말 것이다. 아직 미숙한 저자들과 강사들은 장려한 표현으로 많은 말을 하는 방식에 빠지기 쉬운데 그들은 이렇게 함으로써 그들이 하는 말에 명료함과 힘이 더해지리라고 생각하지만 그 결과는 단지 불필요하게 넘치는 양의 말로 사람들의 지각에 거추장스러운 짐이 되어버리는 것이다. 이러한 유의 강사를 일컬어 '언어를 매우 세련되게 구사하는' 자라고 말하는 것을 심심치 않게 듣게 된다. 하지만 좀더 정확하게 말하면 '그의 언어가 그를 구사하는 것이며, 그가 좇아가고 있는 것은 생각의 흐름이 아닌 단어의 흐름이라고 할 수 있다."[43]

성경이 분명하고 자연스러우며 힘이 넘치는 설교의 완벽한 모형을 보여준 것은 의심할 바 없다. 그러므로 코튼 마터의 규칙인 "우리 설교의 외장조차도 성경적인 유형에 맞추라"는 규칙이 가지는 타당성을 우리는 깨닫게 된다. 성령께서 받아쓰게 하시는 어법은 공적인 설교의 목적을 이루도록 독특하게 짜여졌다(고전 2:13). 이 하나님의 책만큼 명료하게 이해할 수 있는 책은 없으며 어떠한 책도 인간을 그 자신에게 이렇게 분명하게 드러내지 못하며 이 책과 같이 말로 나타낼 수 없는 능력을 가지고 인간의 마음을 사로잡는 것도 없으며 인간의 서민적인 정서와 관심사에 그렇게 자연스럽게 관련성을 가지며 다가오는 것도 없다.

신성한 진리는 인간의 개념과 표현을 통해 나타나면서 그 맛이 현저하게 떨어지게 된다. 그것이 강해이든 연설이든 혹은 예증이든 어떤 언어도 성령의 감동하심으로 쓰여진 책의 언어만큼 보편적으로 받아들여

---

43) Whatley on Rhetoric.

지지 못한다. 쏘린(Saurin)과 그와 같은 계층의(정통적인 견해를 취하며 성경적인 진리를 힘차게 진술하는) 프랑스 성직자들의 저서를 읽어본 사람들이라면 누구나, 하나님의 말씀이 그들의 저서에 미미하게밖에는 스며들지 못함으로 인해서 초래된 기름 부음의 결핍, 온기의 결핍, 그리고 영적인 자극의 결핍을 느낄 수 있다. 영적인 정신을 가진 사람에게 이 결함은 어떠한 천재적 재능이나 웅변의 힘으로도 메워질 수 없는 것이다.[44] 설교 내용과 방식을 그 원천인 성경으로부터 신선하게 퍼 올렸을 때 언제나 그곳에는 활기가 넘치게 된다.

설교를 하면서 남의 것을 베껴 쓰는 한심한 행태에 대하여서는 비난

---

44) 홀이 훌륭하게 지적하듯이 "성경은 모든 사랑스럽고 고귀한 것을 마음에 넣어주며, 성경의 언어는 다른 어떤 언어보다도 더 강력하게 경건한 심정을 일으킨다. 또한 그것이 적당하고 바르게 사용되면, 다른 어느 것도 제공할 수 없는 기름 부음을 성경 강론에 제공한다. 종교적 감동을 위해서는, 성경 언어를 상당한 정도로 사용하든지 아니면 성경의 모범에 익숙해짐으로써 생기는 분위기를 조성하는 것이 일반적으로 가장 성공적임을 우리는 인식한다." Review of Foster's Essays. 비트링가(Vitringa)도 같은 요지를 훌륭하게 표현한다. "사상이나 교리만이 아니라 성경의 구와 절에는 위대한 힘과 무게가 있다. 그것은 단순하거나 독특한 혹은 원래의 의미를 고찰함으로써 영적인 내용을 설명하는데 다른 어떤 말과 비교할 수 없을 정도이다. 인간적인 해석과 언변의 유혹이 전혀 섞여 있지 않은 성령의 소박한 단어들과 말씀들은 도처에서 사람의 마음에 작용하고 밝혀주어 인간적으로 첨가된 것들이 무의미하게 느껴지게 된다." Method. Homil. Cap. iii. 비치우스(Witsius)도 이와 동일한 정신을 표현한다. "하나님의 일들을 설명하는 데 하나님의 말씀보다 더 적절한 것은 없다. 선지자들 이후에 사도들이 사용했던 용어와 언어들보다, 즉 사람의 입과 혀를 만드신 분, 각 사람의 마음을 지으셔서 어떤 방법으로 마음이 교육을 받고 감동을 받아야만 하는지를 누구보다도 가장 잘 알고 계신 분의 말씀보다 더 정확하고, 명확하고, 더 효과적이며, 이해하기에 더 적절하게 신학을 설명할 수 있다고 주장하는 사람들은 잘못된 것이다." De Vero Theologo. 해딩튼의 브라운은 그 자신이 상당한 신학 교육을 받았으면서도 자신에 대해 말하기를, "하나님은 내가 마치 성경 이외의 다른 책은 읽지 않은 것처럼 설교하도록 만드셨다. 나는 성경의 언어로 성경의 진리를 전파하려고 노력했다." Life and Remains, p. 20. 와츠 박사는 어떤 설교자에 대해 말하는데, 그는 "우아함을 매우 고귀하게 여기고, 예의라고 부르는 것에 대해 너무나 세련된 감각이 있어서 성경 본문을 인용하느라 이야기의 리듬을 깨려 하지 않았다." Improvement of the Mind, Part II. chap. vi. sect. iii.

할 필요를 거의 느끼지 못한다. 애디슨(Addison)은 (신학보다 문학 분야에서 훨씬 더 권위를 가지는 인물) 로저 드 코벌리 목사(Sir Roger de Coverley Chaplain)가 가장 훌륭한 성직자들의 설교로 만들어진 목록을 가지고 한 해 동안 차례대로 쉽게 뽑아서 쓴 것을 칭찬하면서 덧붙이기를 "내가 흔쾌한 마음으로 바라는 것은 더 많은 지방 목사들이 이와 같은 본을 따름으로써 그들 자신의 설교를 만들어내느라고 애를 쓰며 그들의 정신을 낭비하지 않는 것이다. 또한 나는 그들이 노력을 기울여 이미 위대한 거장들이 써놓은 것들을 힘 있게 전달하는 데 알맞은 웅변술과 그 밖의 다른 재능들을 추구하기를 바란다. 이렇게 되면 그것은 본인들에게도 더 용이할 뿐 아니라 회중을 교화시키게도 될 것이다"라고 했다.[45]

그러한 식의 게으름을 피우는 것은 의심할 여지 없이 '우리 자신에게 더 쉬운 일'이 될 것이다. 그러나 그렇게 얻어지는 교화의 결과란 매우 의심스럽다. 단지 수동적으로 일하는 대리인은 건실하거나 쓰임을 받는 목회자가 될 수 없다. 그에게 맡겨진 달란트를 '수건으로 싸두어서' 매일매일 쓰이도록 하지 못한다면 그것 때문에 그는 '무익한 종'(마 25:25~30)이라는 끔찍한 낙인을 받게 된다. '은사를 소홀히 여기고,' '북돋아 분발' 하지 않음으로써(딤전 4:14; 딤후 1:6) 성령을 근심시키고 존귀함을 받지 못하게 할 때 어떻게 그 분이 주시는 복을 기대할 수 있을 것인가? 애디슨이 말한 설교의 능력이란 아마도 웅변이나 도덕적인 설득으로 이룰 수 있는 마력적인 효과일지 모르지만 그것은 믿음과 기도의 열매가 아니다. 하나님께서는 이 세상의 지혜 있는 것들이 아닌(고전 1:26~29) '연약한 자들'을 통해 이러한 열매를 거두시기를 기뻐하셨다.

---

45) Spectator, No, 106.

조지 허버트는, 그렇게 뛰어난 설교문들이 많이 출판되어 있는데 형편없는 설교를 한다는 것은 변명의 여지가 없다는 반론에 대하여 올바른 대답을 하고 있다. "세상에 그러한 설교문들이 차고 넘친다 하더라도 누구라도 자신이 준비한 것이 자신에게 제일 적합하고 제일 쉽게 할 수 있고 또 가장 자기 취향에 맞는 것이다."[46]

즉 모든 경우에 사용될 수 있는 설교를 만든다는 것이 가능한가에 대해서 의문을 제기할 수 있다. 왜냐하면 다루는 영역에 대한 지식의 정도가 상이하므로 어떤 문제에 대해서는 너무 초보적이 되고 어떤 문제에 대해서는 너무 광범위하게 깊어지고 또는 충분히 조직적이고 상세하지 못하게 되므로 전체적으로는 일반적인 적용이 불가능해지기 때문이다.

그러나 이렇게 외부 자료를 맹목적으로 사용하는 것을 비난한다고 해서 꼭 우리의 설교문에 나타나는 정서와 문장 하나하나가 독창적이어

---

[46] Country Parson, ch. v. 스프랏(Sprat) 주교는 이런 관행을 강력하게 꾸짖는다. 그러나 불(Bull) 주교와 버넷(Burnet) 주교는 젊고 경험이 없는 성직자에게는 이것을 권장한다. 불 주교는 틸로슨(Tillotson)의 설교, 강론, 혹은 Whole Duty of Man의 한 단락을 사용할 것을 권한다. Clergym. Instructor, pp. 249-251, 297, 298. Burnet, Past. Care, ch. ix. 우리가 이미 주목했듯이 The Homilies는 이런 목적을 어느 정도 염두에 두고 엮어졌으며, 우리 개혁자들의 정서의 가장 진솔한 표현으로서 직접 작성하는 설교를 대치할 수 있는 최선의 방법으로 (그 시대의 표현이 사용되었음을 염두에 둔다면) 간주할 수 있다. 윌슨 주교는 목회 준비생을 위한 학문적 강의의 일부로 제일 좋은 실천적 설교의 요약을 사용하는 것을 권한다. 주제를 다루는 방식, 문제를 논하는 방식, 논증 등에 주목하면서 그것을 공부하라는 것이다. 하지만 우리의 설명처럼, "강론이 작성될 때의 원래 상황이 아닌 다른 장소나 상황에 잘 들어맞는 강론은 거의 없다"고 덧붙인다. Works iv. pp. 381-383. 다른 설교를 사용하는 것이 극단적인 경우에서는 허용될 수 있겠지만 일상적인 방법은 될 수 없다. '가르치기를 잘 하는' 것이 목사의 주요한 자질임을 상기할 때, 그 같은 자질이 전혀 없다면 하나님께서 그를 거룩한 직책으로 부르셨다는 증거가 어디에 있는가? 버넷 주교의 예화를 사용하면 사람이 '목발 없이 걸을 수 있고, 견본이 없이 일할 수 있을 때까지'는 학생의 신분으로 남아서 기도와 연구로 목회를 위한 '좋은 수준에 도달해야' 하지 않겠는가?

야 함을 의미하는 것은 아니다. 독서를 통해서 우리는 많은 예증과 생각의 흐름들을 얻게 되고 그것들은 우리도 모르는 사이에 우리들의 정신에 자리 잡고 우리가 그것들을 개인적으로 적용하여 사용할 때 우리 자신의 것이 되는 것이다. 그러므로 우리가 모든 설교문으로부터 배운다고 말할 때는 어느 설교문에서도 직접 가져오는 것은 없다고 말할 수 있다.

목회자 예비생은 이 독서의 훈련이 그의 정신에 유용하며 그의 영혼에 은혜의 방도로 쓰이는 것을 알게 될 것이다. 자신의 연구와 회중의 필요에 대한 지식의 열매가 헌신을 통해 믿음과 기도와 사랑의 순결함으로(비록 규칙을 따르지 않는 것일 수도 있고 매우 수준 낮은 내용일 수도 있으나) 주님께 드려질 때 그 열매는 칭찬을 받을 것이다. 반면에 인간을 의지함과 게으름 그리고 무관심은 받을 복을 잃게 하는 것이다. 가장 천한 은사라 할지라도 그것이 잘 계발되었다면 얼마나 성공할 수 있는지를 우리는 알 수 없다. 어느 경우에도 우리의 가장 보잘것없는 노력도 그것이 우리 자신의 정신에서 나온 것이라면 타인이 발휘하는 가장 훌륭한 재능을 나태한 마음으로 사용하는 것보다 더 잘 용납될 것이다. 그러므로 우리가 높은 곳에 목표를 두고 우리에게 주어진 가장 훌륭한 규칙들을 지키면서도 동시에 '우리 안에 있는 은사를 분발하도록'(우리 눈에 그것이 아무리 보잘것없는 것이라 해도) 하라는 격려를 받고 있으므로 능력이 부족하다는 변명은 용납이 되지 않는 것이다.

세실은 강단 설교를 위한 치밀한 준비에 대해 언급하면서 "설교 준비의 착수가 늦어질 경우 무슨 사고가 일어나게 되면 설교 주제에 대해 당연히 쏟아야 할 주의가 방해받게 된다. 주중의 후반에 다른 일로 분주해져서 생각이 궁지에 몰리게 되면 설교는 통상적으로 설익고 제대로 소화하지 못한 것으로 나타나게 된다. 시간적인 여유를 가지면서 꼭 채워 넣어야 할 것은 채우고 버려야 할 것은 버리도록 해야 한다.[47] 햄몬드(Hammond) 박사는 언제나 한 개의 설교 제목을 마음에 두고 있었으며 한 설교를 마치게 되면 바로 다음 설교에 착수했다.[48] 이렇게 끊이지 않는 일상을 따르는 것이 반드시 바람직한 것이 아닐지라도 우리가 연구하는 것을 적실성이 있는 내용으로 바꾸는 습관을 갖는 것은 매우 중요하다.

순회 설교자에게는 생생한 상상력이 실질적인 도움이 될 수도 있다. 하지만 한 곳에서 같은 회중을 향하여 한 주에 두세 번씩 설교하는 목사의 설교는 저장된 것이 없다면 맥이 빠지고 같은 말을 반복하는 것이 되어 교화력을 갖지 못하게 될 것이다. 그리고 그것은 좀 더 잘 배웠더라면 '그리스도 안에서 아비들'이 될 수 있었던 신자들을 초보적인 교훈에 머무는 어린아이들로 묶어두는 셈이 된다. 목사의 생애는 그 끝날까지 거룩한 묵상과 연구의 삶이 되어야 한다. 만약 "읽는 일에 전념하라"는 사도 바울의 권면을 소홀히 한다면 그는 지성을 갖춘 회중을 오랫동안 지속적으로 섬길 수 있는 유익한 목사가 되지 못할 것이다.

가장 강력한 정신을 소유한 자라 할지라도 그의 선천적인 자원들은 새롭게 채워질 필요가 있으므로 목사는 "단지 과거에 책을 읽었던 사람이었을 뿐 아니라 여전히 지금도 책을 읽는 사람이어야 한다. 그렇지 못할 때 그의 설교는 진부해지고 그 속의 사상은 메말라 버릴 것이다."[49] 오히려 그는 의무 이행 중에 일어나는 충동을 따르거나 이미 재고가 바

---

47) 'Remains'에 서론으로 첨부된 그의 Life를 보라.
48) Fell's Life of Hammond. 교훈적인 전기이다.
49) Dr. Porter's Lectures on Homiletics, p. 215.

닥이 난 정신으로부터 자원들을 무분별하게 꺼내 쓰려고 하는 대신에 오래된 창고에 있는 것들을 꺼내어 새롭게 쓰도록 해야 한다. 어찌 되었든 우리가 안식일의 사역을 위해 준비를 제대로 갖추지 못한 채로 한 주일을 마친다면 이는 나태함과 주제넘은 오만을 나타내는 표지가 될 것이고 그 결과 이 막중한 책임을 제대로 감당하지 못하고 열매도 맺지 못하는 일만이 기다리고 있을 뿐이다.[50]

묵상하는 습관

"독서로 찾으며, 기도로 요청하며, 명상으로 발견하고, 묵상으로 소화한다"(Lectio inquirit - oratio postulat - meditation invenit - contemplation disgustat).

어거스틴은 설교 준비와 관련된 부분들을 이렇게 분류했다.[51] 마지막의 두 가지는 반추하여 생각하는 습관을 보여주는 것으로 이 습관이 결여된 채 이루어지는 연구나 설교문 작성은 제대로 소화되지 못하고 위에 걸려 있는 음식과 같아서 행동할 수 있는 능력을 방해하고 약화시키는 결과를 초래하게 된다. 이러한 자료들이 제대로 모양을 갖추지 못하여 실제적인 목적에는 아무 쓸모 없는 혼란스러운 덩어리가 되어 있을

---

50) 훌륭한 노목사인 도드 박사는 "준비 없이 강단에 올라가느니 이전에 행한 설교를 열 번이라도 하겠다"고 말하곤 했다. "일주일 내내 세상에 있다가 토요일 오후에야 서재에 들어가는 사람의 노력을 하나님은 저주하실 것이다. 이는 기도하고, 통곡하고, 다가오는 주일의 의무를 위해서 마음을 추스를 시간이 거의 없다는 것을 하나님이 아시기 때문이다." Shepard's Subjection to Christ의 서문. 또한 Philip Henry's Life p. 61을 보라. 오웬 박사는 '자기들의 공부에 너무나 취한 나머지 일주일 내내 다른 공부를 하다가 주일의 마지막 날 하루면 설교를 준비하기에 충분하다고 생각하는 어떤 착한 사람들'을 꾸짖었다. 고전 12:11 설교. 스트롱에 대해서는 이런 말이 전한다. "그는 설교를 자기의 일로 삼았고 거기에 너무나 집중한 나머지 하루의 힘든 공부 외에도 밤늦게까지 앉아 있었다." Preface to Strong's Sermons, by Dr. Henry Wilkinson, Dean of Christchurch.
51) Augustine, Bishop Wilkins로부터 재인용

때 우리 정신의 어느 부분도 그것을 받아들여 저장할 곳은 없다. 그러므로 묵상이 없이 작성된 설교문이 보여주는 것은 누군가 간결하게 표현했던 대로 '생각 조각들의 덩어리'일 뿐이다.

묵상은 활력 있는 지적 활동에 필수적이다. 물론 묵상을 하지 않으면서도 외부로부터 습득한 지식을 쌓아 둘 수 있다. 하지만 우리는 결코 그 지식을 우리 자신의 것으로 만들 수는 없다. 이러한 습관을 우리 자신이 종사하는 일 가운데 키우는 것이 중요한데 즉 설교자는 설교자답게 생각해야 한다. 모든 것들을 (사업을 하는 사람이라면 누구나 그렇게 하듯이) 자신의 직업적 안목으로 파악하는 것이다. 주위에 있는 모든 대상물을 끌어들여 설교라는 위대한 작업에 연관성을 갖도록 하는 이 과정을 통해 그는 기독교적인 교훈을 위한 매우 값진 자료들을 풍부하게 얻고 그의 설교는 매우 풍성하고 다양한 예화로 가득하게 된다. 생각하는 습관은 훌륭한 설교 방식을 얻을 수 있는 최선의 수단이며 우리의 마음이 자신의 능력을 완벽하게 다스릴 때 이 일은 성취된다. 침착하고 꼼꼼하게 생각하는 훈련이 없이는 그저 단어들은 무의미하게 허점투성이로 배열될 뿐이다. 이렇게 되면 우리는 정신적 활동이 없이도 여러 시간을 그냥 흘러 보내는 것이다.

묵상하는 습관의 결핍은 종교에 관해 얻는 지식이 피상적이 되어버리는 원인 중의 하나이다. 비록 귀한 서적들을 읽으면서 책장을 넘기고 가장 눈에 띄는 교훈적인 구절들을 적더라도 다루고자 하는 주제를 분석적으로 연구하여 잘 소화하지 못하여 결과적으로는 실속이 있는 마음의 양식을 전달하지 못하게 되는 것이다. 지성적인 그리스도인이라면 누구나 묵상 습관을 소홀히 함으로써 오는 손실을 자각할 수 있어야 한다. 마음이 생각을 하느냐 아니면 단지 어떤 관념들에 의해 지배 받느냐 하는 것은 매우 큰 차이를 만들어낸다. 즉 진리의 능력이 마음을 가볍게 스쳐 지나가는가 아니면 깊고도 실제적인 감명을 남기는가 하는 것이다. 어떤 경우에는 그 표면을 겨우 스칠 뿐이지만 다른 경우에는 그 바닥에 있는 원칙들을 접촉하고 그것들이 행동으로 옮겨지도록 촉구하게 되는 것이다. 급작스럽게 번쩍거리는 빛은 아무런 영향력을 남기지 못하는 법이다. 우리 마음이 움직이려면 진리가 우리 마음에 명료하게 제시되고, 강력하고 지속적으로 우리 시야에 있으며, 깊이 묵상되고 면밀하게 적용되어야 한다.

이렇게 묵상하는 습관은 외부로부터 오는 도움이 부족할 때 그 부족을 채워주며 마음이 활력을 잃지 않도록 하여 정신을 비옥하게 하며, 마음은 자신의 능력의 범위를 인식하게 된다. 이처럼 지속적인 묵상에 의해 힘을 얻고 도움을 받는 정신은 (루터의 표현을 빌면) "모든 주석가들을 다 모아 놓은 것보다 훨씬 더 많은 것들을 보여줄 수 있게 된다." 이처럼 활력을 얻은 마음이 활용되는 모든 곳에는 그 정신의 분명한 자국을 남기게 된다. 묵상하는 습관은 제기된 사안을 본능적으로 머릿속에서 회전시켜 계속 생각하게 하며 다른 생각의 흐름이나 행동의 원칙들이 가지는 연관성과 의존성의 맥락에서 그 사안을 파악함으로써 현재의 정황에 성공적으로 적용할 수 있도록 한다.

설교 준비는 그 어느 부분도 단순한 지적 작업에 그쳐서는 안 된다. 묵상하는 습관은 우리가 지금 다루고 있는 영적인 목적을 위해 영적인 대상물에 우리의 마음을 사용하는 것으로 진리가 주는 분명하고도 영구적인 감동을 붙잡는 것이다. 거룩하신 우리 하나님께서는 우리가 공적인 일을 할 때 이 습관이 직접적으로 필요한 준비임을 가르치신다(겔 3:1,2). 참으로 사역의 어려움이자 특권 중 하나는 바로 우리가 회중 앞에 제시하는 진리의 틀 속에 우리의 마음을 부어 넣을 수 있기 위하여 지속적으로 영적인 주제들을 곱씹어 생각해야 하는 것이다. 이러한 습관을 키워갈 때 얻는 매우 중요한 결과는 우리가 전체적으로 유용하게 되는 사실(딤전 4:15; 딤후 2:7) 곧 '하나님의 사람'을 "믿음의 말씀과 선한 교훈으로 양육하여 그리스도 예수의 선한 일꾼"(딤전 4:6)의 인격으로 빚어가는 것이다.

퀘스넬이 말한 대로 "자신이 먼저 말씀을 양식으로 공급 받지 못한 사람이 어떻게 다른 사람에게 말씀을 양식으로 공급할 수 있겠는가? 사람이 마음에 빛을 받고 풍부한 상상력을 가지며 많은 것을 기억한다고 반드시 자기 마음까지 양식을 공급 받는 것은 아니다. 사람이 말씀 위에서 생활할 때 비로소 말씀을 먹는 것이다. 또한 말씀을 자기의 것으로 만들고, 스스로 말씀을 실행하고, 말씀을 온전하게 자기에게 익숙한 것으로 만들어서, 말씀이 자기에게 양식이 되고 자양이 되어 그것으로 다른 사람을 먹일 수 있을 때에 그는 말씀 위에서 생활하는 것이다."[52]

지속적인 설교 준비를 통해 우리에게 점점 더 많은 것이 비축되어야 하며, 생각의 흐름은 더욱 깊어져야 하고, 가장 효과적인 의사전달 방식을 배워야 하는 것이 가장 중요하다. 이를 위해 훌륭한 성경적인 목회자들을 깊이 연구하게 되면 필수적인 도움을 얻을 수 있다. 동시에 기억해야 할 것은 하나님이 주신 책이 아닌 다른 책에서 끌어낸 설교는 그 내용이 빈약하고 영적이지 못하다는 것이다.

---

[52] 퀘스넬, 딤전 4:6. 오웬 스톡튼(Owen Stockton)은 자신이 목회를 위해서 받은 가장 큰 격려를 다음과 같이 말한다. "설교를 위한 묵상 속에서 오히려 나 자신의 영혼이 유익을 얻게 된다. 다른 사람을 위해 공부하는 동안 주께서는 그 말씀을 설교자인 나를 위한 교훈으로 만들어 주신다." 그의 전기를 보라.

설교문의 본질은 무엇보다 먼저 순수한 하나님의 말씀으로부터 제련되어 나오고 그 후에 묵상과 기도를 통하여 소화되어야 한다. 그리고 그 재료는 인간적인 자원을 이용하여 그 배열이 명료해지고 힘과 정신을 가져야 한다. 이 신성한 훈련은 우리 믿음의 능력과 활동성, 지성 그리고 기쁨을 증대시키는 풍성한 열매를 가져다 줄 것이다. 피상적으로 공부하는 학생은 책을 읽더라도 그것은 단지 기억력을 연습하기 위한 것뿐이지 뜻을 파고들어 조사하는 일은 소홀히 한다. 이와 관련해 어거스틴은 "단어들을 기억하는 데에는 별로 관심이 없더라도 마음의 눈을 통해 성경의 중심을 주목하는 사람이 되기를 훨씬 더 원해야 한다"라고 말한다.[53]

우리들이 공적인 사역을 즉시 수행하는 데서도 묵상하는 습관은 여전히 중요하다. 주된 내용이 머리와 가슴에 잘 새겨짐으로써 우리가 받는 큰 도움은 우리가 메시지를 전달하는 가운데 자유와 침착함 그리고 편안함을 가질 수 있다는 것이다. 그것은 우리가 미리 준비된 생각들을 순간적으로 적절하게 이용할 수 있도록 하고 서두르거나 혼란스러움이 없이 그 생각들을 적재적소에 접목할 수 있게 한다. 이렇게 우리 마음의 모든 힘을 하나님의 사역에 헌신적으로 집중함으로써 우리는 "귀히

---

[53] Aug. de Doctr. Christian. IV. 5. "고대의 한 훌륭한 저자가 지적했듯이, 뜻이 가장 분명한 본문 속에 거룩하고 신령한 세계가 있다. 만약 우리가 하나님을 의지하여 기도하면서 앉아 그것을 묵상하면 표면에 드러난 것 훨씬 이상의 것을 볼 수 있게 된다. 당장은 그것을 읽거나 주목할 때에 엘리야의 사환처럼 별로 볼 것이 없거나 아무 것도 보지 못한다. 그는 나가서 처음에는 아무 것도 보지 못했다. 그래서 그는 일곱 번까지 다시 보라는 명령을 받았다. '지금은 어떠냐' 라고 선지자가 질문했다. 사환은 '사람의 손만한 작은 구름이 일어나나이다' 라고 대답했다. 그러더니 점차 온 하늘이 구름으로 뒤덮였다. 이와 같이 당신도 성경을 가볍게 보아서는 아무 것도 보지 못할 것이다. 성경을 묵상하고 또 묵상하라. 그러면 당신은 거기서 햇빛과 같은 빛을 보게 것이다." Caryl on Job.

쓰는 그릇이 되어 거룩하고 주인의 쓰심에 합당하며 모든 선한 일에 준비함이 되는"(딤후 2:21) 자들로 드러날 것이다. 브레이너드가 어느 신학생에게 이렇게 조언했다.

"그러므로 허락하신다면 당신에게 간청을 드리는 바, 기도와 독서 그리고 신성한 진리를 묵상하는 일에 자신을 온전히 드리되 그 진리의 밑바닥까지 파고드는 노력을 기울이며 결코 피상적인 지식에 만족하지 않기를 바랍니다. 이러한 수단을 통해 당신이 생각하는 것은 점차적으로 더 중후해지고 명민해질 것입니다. 그리하여 당신은 귀한 보물을 소유하는 자가 되고 하나님의 영광을 위하여 '새것과 옛 것'을 생산해낼 것입니다."[54]

특별한 기도

설교를 준비하는 데 특별한 기도가 가지는 중요성이 얼마나 큰지 우리는 그것을 충분히 느끼지 못한다. 비록 많은 연구와 묵상을 하더라도 기도를 하지 않는다면 그것은 모든 것을 마비시키게 된다. 이와 반대로 도드리지 박사가 체험적으로 발견했던 바와 같이 "우리가 기도를 더 잘하면 연구도 더 잘 할 수 있게 된다."[55] 그러므로 어거스틴의 훌륭한 권면과 같이 '설교자가 사람들이 즐겁게 듣고 이해할 수 있는 방식으로

---

54) Letter ix. Appended to his Life.
55) Orton's Life, ch. viii. Sect. 8. "하나의 수수께끼 같이 보일지 모르지만, 나는 기도와 묵상을 가장 많이 할 때 일도 가장 많이 한다." Ib. 샌더슨 주교는 기도와 연구를 병행해야 함을 말하면서 다음과 같이 지적한다. "연구와 기도 둘 중 하나를 간과하면 다른 하나도 잃게 된다. 연구 없는 기도는 주제넘은 일이며, 기도 없는 연구는 무신론이다. 책장을 넘기면서 더 높은 곳을 올려다 보지 않는다면 헛되이 책을 들고 있는 것이며, '주여 주시옵소서'(Da, Domine)라고 부르짖으면서 더욱 마음에 분발하지 않는다면 하나님의 이름을 헛되이 입에 담고 있는 것이다." 고전 12:7 설교.

설교할 능력이 있다 하더라도 그는 말하기 전에 먼저 기도해야 한다. 어떤 것을 입 밖에 내기 전에 그의 갈급한 영혼이 먼저 하나님을 향해야 한다. 왜냐하면, 할 말도 많고 같은 것을 말하는 방식도 많지만 모든 사람의 마음을 감찰하시는 그 분 외에 지금 당면한 시간에 무엇을 말하는 것이 제일 적절한가를 아는 이가 어디에 있는가? 우리가 말할 때 우리의 존재와 말은 그 분의 손 안에 있게 되는데, 그 분 외에 어느 누가 우리로 하여금 마땅히 할 말을 말할 수 있게 하는가?

이러한 방법으로 설교자는 배워야 하는 모든 것들을 배우고 적합한 말을 하는 능력을 습득하게 된다. 말을 해야 하는 바로 그 순간에 주님이 주시는 말씀은 신실한 영혼에게 생각나 떠오르게 될 것이다. "어떻게 또는 무엇을 말할 것인가 염려하지 말라 말하는 것은 너희가 아니요 너희 아버지의 성령께서 너희 안에서 말씀하시는 것이다."

만약 그리스도를 위하여 박해자들의 손에 넘겨지는 사람들에게 성령께서 말씀하신다면, 배우려는 자에게 그리스도를 전해주는 사람들에게도 역시 그분이 말씀하시지 않겠는가. 그러나 만약 성령께서 사람을 선생으로 만드시므로 우리는 아무 것도 알 필요가 없다고 말하거나 주님께서 "너희 아버지께서 너희가 구하기 전에 너희가 필요한 것을 아신다"고 말씀하셨으므로 기도할 필요가 없다고 한다면, 이는 바울이 디모데와 디도에게 가르친 법칙을 폐지하는 결과가 된다.[56]

---

56) De Doctr. Christian Liv. iv. c. 15, 16. 또한 Bishop of Winchester's Work, p. 100, n에 인용된 아름다운 말을 보라. 다음 글은 뛰어난 저자의 훌륭한 조언인데, 그의 열심은 한 번도 의심의 대상이 되지 않았다. "설교하기 전에 심오한 기도에 자신을 드려야 하며, 어린아이들의 입을 유창하게 만드시는 분으로부터 지혜와 입술과 설교의 완성을 간구해야 한다. 그렇게 될 때 말하는 것을 믿기 어려울 만큼, 설교의 빛과 활기와 힘과 유쾌함이 그것으로부터 오게 될 것이다." Erasm. Eccles. 페리클레스는 신들에게 축복을 간구하지 않고는

묵상과 연구로부터 얻어진 가장 값진 열매라 해도 기도가 없다면 그것은 본질적으로 결함을 가지게 된다. 그것은 심장이 아닌 머리로부터 흘러나오는 것으로 차갑고 생기가 없으며 죽은 것이다. 설교자의 머리가 잘 채워져 있어야 하는 것이 매우 중요하지만 그보다 훨씬 더 중요한 것은 그의 심장이 깊은 감동을 받는 것이다. 열심히 기도에 매달리는 가운데 그 자신이 설교 주제로부터 양식을 얻어야만 그것을 회중 앞에 전달할 때 충만함과 단순함 그리고 사랑으로 할 수 있게 된다.

설교문을 성공적으로 작성할 수 있는가는 주로 그 자신의 영혼의 상태에 달려 있다. 그의 심장에 아무 움직임이 없는데 유익한 교훈을 주는 설교를 할 수는 없다. 하나님이 아닌 그 어느 누구도 그를 가르쳐서 다시 그의 회중을 가르치도록 할 수 없다. 서재에서 그 분과 교제를 나누게 되면 그것 자체가 갖는 신성함과 활력이 설교를 준비하는 일에 스며들게 된다. 우리가 목표로 삼는 것은 우리의 재능이나 웅변술을 발휘하는 것이 아니라 거룩한 감수성을 늘 가지도록 자극하고 강화하는 것이다. 그러므로 우리가 하나님의 말씀과 사역에 종사하고 있다는 바로 그 사실 때문에 특별히 설교를 위한 연구에서 경건한 정신으로 해야 할 의무가 있다. 그렇게 할 때만이 우리는 위로부터 오는 복을 받아 회중에게 전달하게 되는 것이다. 우리의 메시지가 생명력과 흥미로움을 갖게 되는 것은 인간적인 웅변술로 표출될 때가 아니라 하나님과 참된 교제 가운데서 설교를 함으로 영성과 기름 부음을 통해서 전달될 때이다.

우리의 이 공적 사역을 위한 준비와 관련하여 몇 가지 분명한 간구의

연단에 올라가지 않았다고 전해진다. 이 훌륭한 아테네 사람으로부터 정죄를 받을 기독교 연사는 없을까?

제목은 다음과 같다. 우리는 본문과 제목을 선택하는 데 필요한 지침을 위로부터 받기 위한 기도를 해야 한다. 이것이 코튼 마터의 기본 원칙이었다. 즉 그는 설교를 위한 긴 연구를 시작하거나 성경의 많은 분량을 다루기 전에 더 엄숙하게 간구를 드렸다. 이러한 영적 습관을 통해 우리는 섭리로 주시는 상황으로부터 방향을 제시받거나 성령의 비밀스러운 인도하심을 통해 합당하고 덕을 세우는 주제를 받게 된다.

주제에 착수하여 연구를 수행해 나갈 때는 훨씬 많은 간구가 필요하다. 코튼 마터가 따른 법칙은, 한 단락이 끝날 때마다 멈추고 기도와 자기 성찰을 하면서 그 주제가 던지는 거룩한 감명을 마음에 새기기 위한 노력을 기울이는 것이었다. 그렇게 함으로써 그가 한 설교를 위해 사용한 일곱 시간은 그의 영혼을 위한 수많은 경건의 시간으로 또한 그의 설교에 생명과 온기와 영성을 불어넣는 데 매우 효과적인 수단으로 드러났다.[57] 이 법칙에 따른다면 우리의 영혼이 이미 복을 받지 않았다면 그 어떤 설교도 회중에게 하지 않아야 하는 것이다.

강단에 설 때 우리 자신의 생각의 틀이 어떠해야 하는가는 분명히 간구해야 할 또 하나의 제목이다. 즉 하나님으로부터 오는 계시로 말하도록, 말을 토해 낼 수 있는 문이 우리 앞에 열리기를, 우리 회중에게 전달할 특별한 메시지를 가질 수 있도록, 우리의 중심이 회중이 처한 상태에 다정다감하게 감응하도록, 우리의 설교가 회중의 영혼을 향한 사랑으로부터 흘러나오고 우리의 중심이 주인 되시는 그 분의 영광을 위

---

[57] 그는 이 같은 방법을 자기 제자와 목사들에게 강력하게 추천했다. Math. Stud. p. 191. "목사는 하나님의 말씀의 능력이 자기 자신의 마음속을 꿰뚫고 생생하게 살아 역사하는 것을 경험하고 느낄 수 있도록 자신을 위해 기도해야 한다. 훨훨 타오르는 불길 옆에서 정작 자기 자신이 추위를 느껴서는 안 되며, 전해지는 말씀은 자신의 마음속에서도 타오르는 불길이 되어야 한다." Aepperi Ars Concion. Lib. iv.

한 열정으로 강력하게 고조되어 흘러나오도록, 사람을 두려워하지 않고 신성한 복을 단순하고 진지하게 의뢰하는 마음으로 바라면서 설교를 적절한 틀 안에서 할 수 있는 도움을 받을 수 있도록, 그리고 서재에 있을 때나 설교를 하는 순간이나 주님께서 우리의 설교 말씀을 우리의 중심에 선포해주시기를 기도해야 한다.[58]

우리 수고의 주된 목표는 우리의 사역이 회중들의 심장과 양심에 힘 있게 역사하는 것임을 잊어서는 안 된다. 우리는 그들에게 말씀을 전할 뿐 아니라 그들을 위해 기도하고 그들을 위한 우리의 사역을 하나님 앞에 내어 놓고 그들을 위해 탄원해야 한다. 즉 그들의 관심이 유지되고 마음이 열려 우리의 직무를 잘 받아들이도록, 선입견, 무지, 무관심, 세속적인 것들과 불신의 방해물들이 모두 제거되도록 그리고 그들에게 겸손과 단순함과 성화와 믿음의 정신이 허락되도록 간구해야 한다. 교회의 아름다운 언어로 표현하자면 "주께서 기뻐하시는 대로 모든 주의 백성에게 은혜를 더하게 하시고, 주님의 말씀을 온유하게 들으며, 그 말씀

---

58) 강단에서 필요한 도움을 얻기 위해 기도가 중요하다는 사실에 주의를 기울이면서, 책상에서도 역시 동일한 도움이 필요함을 어떻게 상기하지 않을 수 있는가? 성령으로 충만하지 못한 예배는 예식에서 사용하는 예식문만큼의 정신이나 영성도 가지지 못한다. 예배란 우리의 지식과 중심 모두를 사용하여 드려야 하므로, 영적인 습성에서 얻는 경건함뿐만 아니라 에너지도 필요하다. 세실은 "목사의 일차적인 결함은 경건한 습관이 형성되지 않은 것"이라고 말했다. 이 말은 책상에서는 건조한 형식적 연구를 하다가 강단에서는 열정적 에너지를 발휘하는 현상을 통해서 예증된다. 이는 마치 간구, 중보, 감사, 회개를 통해 하나님과 교통하는 것이 동료 죄인들에게 강설을 전하는 것보다 덜 영적인 것처럼 생각하는 듯하다. 그런 상황 하에서는, 예식문을 따르는 우리의 예배자들이 무관심과 무반응을 보이는 것을 전혀 이상하게 생각할 것이 없다. 기도를 단순히 읽어서는 회중 안에 기도의 정신을 불러일으키지 못한다. 그 기도문들이 느껴지고 기도로 드려질 때에 목사의 중심으로부터 회중의 중심으로 영적 공감은 퍼져나간다. "여호와여 일어나사 주의 권능의 궤와 함께 평안한 곳으로 들어가소서 주의 제사장들은 의를 입고 주의 성도들은 즐거이 외칠지어다"(시 132:8, 9).

을 순수한 애정으로 받아들이고, 성령의 열매를 맺게 하시옵소서" 하는 기도이다.

우리의 설교가 오랜 기도를 통해 나올 때 그것이 갖는 힘은 다른 어디에서도 얻을 수 없는 것이다.[59] 아무리 훌륭한 설교도 기도의 물줄기로 적셔지지 않는다면 실종되어 버리고 만다. 그러나 만약 오래전 선지자와 같이 우리가 "파수하는 곳에 서며……그가 내게 무엇이라 말씀하실는지 기다리고 바라보면"(합 2:1) 우리는 그 분의 입으로부터 나오는 말씀을 기도와 믿음과 그의 복 주심에 대한 기대 가운데서 받아 말할 수 있게 된다. 우리 자신의 연구의 산물을 회중에게 전해주는 것은 쉬운 일이다. 그러나 말씀이 하나님의 입으로부터 나오는 것과 같이 그들에게 전달될 때 그 메시지에 복이 임하게 된다. 이렇게 하나님을 대망하는 것은 우리의 직무를 새롭게 해주고 현재의 필요를 채워주며 자신감을 북돋워주고 우리에게 그 담대함 곧 흐르는 은혜의 기름부음을 허락하여 설교에 생명과 힘을 주고 더듬거리는 혀를 풀어 '전해야 할 것을 담대히 전하게' 해준다.[60]

이 기도의 정신이 우리에게 암시하는 바는 우리가 할 수 있는 최선의 준비 작업이나 사역의 은사 또는 영적 습관을 전혀 의지하지 말라는 것이다. 오히려 그런 것들만으로는 이 직무를 잘 수행할 수 없다는 점을 인정하고 그 시간에 필요한 능력을 우리의 머리되시는 영광스러운 그 분께 단순한 마음으로 의존하라는 것이다. 이것은 '단순성과 경건한 성

---

59) 뉴 잉글랜드의 쉐파드는 임종 시에 젊은 목사들에게 이렇게 말했다. "당신들의 일은 큰 일이므로 신중함이 크게 요구됩니다. 나의 경우, 간절한 부르짖음과 눈물로 기도하지 않고 작성한 설교를 전한 적은 한 번도 없었습니다."
60) 엡 6:19, 20. 최초의 사도들이 기다리면서 기도한 결과 이 담대함은 매우 특별하게 주어졌다.

실성'을 말하는 것으로 사울의 경우처럼 마치 '백성 앞에서 높임을 받기를' 구하는 것이 아닌 '진리를 나타냄으로 하나님 앞에서 각 사람의 양심에 대하여 스스로 천거할 수 있기를' 염원하는 것이다(삼상 15:30; 고후 4:2). 스콧은 이러한 정신으로 설교할 때 파생적으로 얻는 위대한 도움에 관해 이렇게 말한다.

"가장 주의를 기울여 설교를 위한 준비를 마친 후에도, 매우 평범한 주제에 관해 회중 앞에서 말을 하는 동안에도 새로운 생각, 새로운 논쟁점들 그리고 연설의 활기가 때때로 내 마음에 밀려오는 것을 보면서 나는 내가 서재에서 그것들을 뚫어져라 파고들어 연구하고 있을 때와는 매우 다른 사람이 되어 있는 자신을 느끼게 된다. 항상 그런 것은 아니지만 일반적으로 내 설교에서 가장 뛰어난 부분이 있다면 그것은 미리 생각해둔 것이 아니다."[61]

이러한 간증은 많은 우리 형제들이 겪은 경험과 동일한 것으로 그들은 이러한 틀 안에 있을 때 주위를 환히 밝히고 영향을 끼치는 진리의 시야가 거의 순간적으로 그들의 마음 앞에 펼쳐지는 것을 자주 경험하곤 했다. 하지만 이런 일은 정당한 수단들을 사용할 때만 성취되며, 철저하지 못한 준비를 용인하는 말이 아니다. 기도는 현재 필요한 도움을 위해 믿음을 사용하도록 격려하며 목회에 활기를 더해주고 말씀을 전하는 그 순간에 우리 설교의 가장 따뜻한 내용을 하늘로부터 받을 수

---

[61] Life, pp. 393, 394. 설교 전 기도 속에서 우리의 일을 특별히 언급하는 일이 중요하다는 사실을 상기하고자 한다. 즉흥적인 기도가 부당하다고 할 수도 있지만, 우리의 일에 복이 임하기 위해서 하나님의 영을 전적으로 의지한다는 것을 표시하는 짧은 형태의 몇 가지 간구를 올릴 수 있다. 분명하고 엄숙하게 성령을 높이는 기도는 우리의 예배에 영향력을 발휘할 것이다. 회중 가운데 신자에게서 일어나는 공감은 크게 믿음을 격려하고 힘을 제공할 것이다. 마 18:19을 보라. 또한 Scot's Life, pp. 392, 393을 보라.

있게 해준다.

그러므로 가장 훌륭한 목사는 기도에 전념하는 자이다(행 6:4). 이러한 이유로 어떤 목사들은 재능이 더 많은 형제 목사들보다 더 성공을 거둔다.[62] 왜냐하면 설교가 묵상과 기도를 통해 얻어진 것이라면 그것은 '무게가 있고 강력한 힘을 갖게' 되지만 훨씬 더 높은 지적 수준의 설교라 할지라도 기도를 게을리 했다면 복스러운 것이 되지 못하기 때문이다. 그러므로 가장 뛰어난 하나님의 종들이 설교 준비에서 이 부분을 가장 중요시한 것은 매우 합당한 근거를 가진다.[63]

---

62) "교회를 참되게 세우는 일에 종사하는 사람들에게 교육, 언어의 유창함, 근면함만으로는 충분치 않다. 이것들은 교회 영역의 모든 면에서 필수적인 버팀목이며 도구이지만 지성을 밝히시며 마음과 입술의 키를 조정하시며 뜨거움을 주시고 용기와 능력을 주시는 성령이 배의 주인이요 인도자가 되어야만 한다" Zepperi Ars Concion. Pref. 4, 또한 Lib. ii. c. i. 16-18.
63) 스코틀랜드의 어려운 시기의 위인이었던 브루스에 대해 전하는 바에 따르면, 비록 그는 성경에서 하나님의 마음을 찾기 위해서 많은 노력을 기울였으며 사람들을 세우기 위한 바른 방법을 부지런히 찾고 준비했지만 그의 주된 노력은 거룩하고 경건한 틀 속에서 자신의 마음을 향상시키며 그 마음을 하나님 앞에 토하면서 "전하는 자보다는 메시지에 도움을 줄 것을 호소하면서 하나님과 씨름했다"고 한다. "각 사람을 그리스도 안에서 완전한 자로 세우려 함이니 이를 위하여 나도 내 속에서 능력으로 역사하시는 이의 역사를 따라 힘을 다하여 수고"하는(골 1:28, 29) 것이 그의 노력 속에서 증명되었다. Fleming's Fulfilment of Scripture에 소개된 브루스의 흥미로운 설명을 참고하라.
리버풀의 스펜서는 장래가 매우 촉망되는 젊은 목사였으나 일찍이 죽음을 맞이하게 되었다. 우리는 안타까운 일이라고 말하지만 그에게는 큰 자비였음이 분명하다. 그는 언제나 하나님과 교통하며 '저 두려운 곳' 이라고 부른 강단으로 나아갔다고 전한다. Religious Tract Society가 그의 사후에 출판된 설교집 서문. 그의 목회에 늘 따라다녔던 그 비상한 관심과 능력은 모든 사람이 칭찬한 유창함으로부터 왔다기보다 항상 천상에 집중된 그의 마음의 습관으로부터 왔음이 확실하다. 젭(Jebb) 주교가 언급하듯이 "모든 수사학의 규칙보다 열렬한 기도가 더욱 능력 있는 설교자를 만든다고 말하는 것과 은혜로운 하나님 앞에 있는 것처럼 '자기가 아는 것을 말하고' 자기가 깨닫는 것을 증거하는 사람이 사람과 천사의 모든 유창한 언변을 자기 뜻대로 휘두를 때보다 더 많은 사람을 천국으로 인도하리라고 말하는 것을 광신이라고 생각하면 안 된다." '거룩한 플레처' 라고 이름 붙인 한 사람의 실천을 한 번 더 회고해 보자. 길핀이 전하는 바에 따르면, 그는 항상 설교하기 전에 마실론은 심지어 양심적인 목사라 할지라도 기도가 부족하면 능력이 있을 수 없음을 밝힌 후에 덧붙여 말하기를 "경건한 기도를 드리는 습관을 갖지 못한 목사가 말하는 것은 단지 그의 회중의 귀에 도달할 뿐이다. 왜냐하면 사람의 중심에 말 할 줄 아는 것은 하나님의 영 뿐인데 기도를 태만히 했을 때 그 영이 목사에게 내주하지 못하게 됨으로 그의 입을 통하여 말씀하지 않기 때문이다"라고 했다.[64] 그래서 필립 헨리는 연구로 보낸 한 날에 다음과 같이 기록했다.

"처음 시작할 때에 나는 하나님으로부터 오는 도움을 뚜렷하고 명백하게 갈망하는 일을 잊었다. 그 결과 전차의 바퀴는 삐걱거리기 시작했다. 오, 주여! 저의 소홀함을 용서해 주시고 제가 이 의무에서 떠나지 않도록 지켜주옵소서."[65]

오래전에 한 목사가 말한 바와 같이 하나님께서 도움을 내려주시지 않으면 우리는 잉크가 떨어진 펜으로 글을 쓰는 것과 같이 될 것이다. 이 세상에서 그 어느 누구보다도 인생의 길을 하나님에게 의존하면서 걸어가야 할 사람이 있다면 그는 바로 목사이다.[66] 우리는 또한 설교문

기도하고, 설교하면서 기도하고, 설교한 후에 기도했다. 설교를 시작하기 전에 그는 저 크신 '회중의 스승'에게 회중의 상황에 적합한 주제를 구하면서, 자신을 위해서는 지혜와 말과 능력을 간구하고 회중을 위해서는 신중한 태도, 편견 없는 마음, 설교를 보존하는 마음을 주시기를 기도했다. 설교를 통해서 회중에게 유익을 끼치기 위해 필요한 이 준비는 당시 그의 특별한 상태에 따라 길기도 하고 짧기도 했다. 그런데 그는 자주 자신이 은밀하게 기도할 때의 상태가 활기찼는지 그렇지 않았는지에 의해 설교의 효과를 상당히 정확하게 평가할 수 있었다. 이는 기도의 영이 골방에서 강단으로 그를 인도하기 때문이었다. 외양적으로는 청중에게 진리를 밀어 붙이면서 내면적으로는 변치 않는 주님의 위대한 마지막 약속, "내가 세상 끝 날까지 너희와 항상 함께 있으리라" 간구하고 있었다. Gilpin's Notes on Fletcher's Portrait of St. Paul, p. 52.
64) Charges, pp. 207-209.
65) Life, pp. 60-61.

을 작성할 때뿐 아니라 설교 말씀을 전달하는 것과 관련해서도 많은 기도가 필요하다. 이는 곧 우리가 회중 속으로 들어가기 전에 우리의 중심을 특별히 살펴보는 것을 의미한다. 백스터가 말한대로 설교자의 중심이 차갑다면 어떻게 듣는 자들의 심장을 따뜻하게 할 수 있겠는가. 그러므로 생명을 얻기 위해서는 특별히 하나님 앞으로 나아가야 한다. 이것이 그의 권면이다.[67]

우리는 사전 준비를 위한 기도뿐 아니라 사후에 기도하는 일을 잊어서도 안 된다. 우리 주님께서는 무리들을 가르치시고 보내신 후 기도하기 위하여 산으로 가셨는데(막 6:34~46), 이것이 우리의 모범이 되어야 한다. 회중이 하나님의 집을 떠나 흩어졌다고 우리의 일이 끝나는 것은 아니다. 우리가 강단에서 설교를 하는 동안에도 우리들만큼이나 활동적으로, 훨씬 더 강력한 힘으로 끊임없이 우리가 한 모든 말이 의도된 목표에서 빗나가도록 일하는 이가 있다. 바로 사탄이다. 그는 이미 성취된 일들을 취소시키고 끈질긴 계교로써 원래대로 돌이킬 수 있는 것들을 돌이키기 위해 똑같이 부지런히 일할 것이다. 이러한 일이 없도록 하기 위해서 우리가 해야 할 일은 경성함과 기도로 그에 대항하여 부지런히 일하는 것이다. 오웬 박사는 이렇게 상기시킨다.

"말씀을 전한 후에도 한결같이 또 자주 기도하지 않는다면 이는 말씀의 유용함은 믿으면서도 그 목표를 소홀히 하여 복음의 모든 씨앗들

---

66) Gurnal. 그가 다른 곳에서 언급했듯이 "목사가 설교하기 전에는 공부하는 수고가 있어야 하며, 설교할 때에는 열정과 사랑의 수고가 있어야 하며, 설교한 후에는 고난의 수고가 있어야 한다. 그리고 그 모든 것 위에 성공의 관을 씌우기 위해서는 항상 기도의 수고가 있어야 한다." 워커는 자신의 많은 약점들을 열거하면서 "기도로 자신을 하나님께 충분히 맡기지 않은 것, 이것이 가장 큰 실책이다"라고 했다. Life, p. 454.
67) Reformed Pastor.

을 아무 데나 던져 버리는 것과 같다."

우리는 일을 시작할 때와 마찬가지로 마친 후에도 깊은 관심을 기울여야 한다. '방금 내려친 말씀의 망치로 신앙 양심의 가책이 일어났거나 더 깊어졌을까? 그 타격으로 생긴 자국이 일시적일 뿐이라면 못이 일단 들어간 후에 더욱 잘 박아 넣겠다는 노력을 은밀하게 태만히 한 결과는 아닐까? 어떤 영혼은 지금도 하나님의 은혜의 감동을 받지 못한 것은 아닐까?'

이러한 경우에 필요한 것은 목회적 상담과 더불어 기도함으로써 얻을 수 있는 모든 능력과 기름 부음이다. 그러므로 어느 면에서 보든지 복음의 교리를 체계적으로 전달하는 것은 기독교적 원리의 형성과 점진적인 발전에 절대적으로 필수적이다. 그러나 그것에 더하여 하늘로부터 은혜가 임하기를 간구하는 수많은 기도가 동반되어야 한다. 그러한 기도가 있어서 오래전 교회는 '하루에도 삼천 명 이상의 영혼이 더해지는 일이 있었다.' [68]

이렇게 기도하는 것은 말씀 선포의 후속으로 진행되는 일이지만 그것은 진정 다음 설교 준비의 한 부분이 된다. 왜냐하면 우리의 마음이 기도의 지배를 받음으로써 다음 설교 준비에 임할 수 있기 때문이다. 그뿐 아니라 앞을 내다보는 것과 지난 시간을 회고하는 것은 매우 자연스럽게 연결되므로 지난 일에 대한 복 주심을 간구하게 되면 그와 함께 앞으로도 지속적으로 필요한 공급을 해주시도록 열망하고 확신 가운데 대망하는 일이 따라오게 된다. 어느 훌륭한 목사의 지침이다.

"하나님께 드리는 기도에 전력하라. 그러면 당신은 공부에서 얻을 수

---

68) Bishop of Winchester, pp. 284, 285.

있는 것보다 더 많은 도움과 성공을 사역 가운데 얻게 될 것이다."[69)]

'설교 준비'라는 주제를 마무리하면서 여러 세부적인 부분들의 복합적인 효과가 어떤 것이며 얼마만큼의 보장된 도움을 확실히 얻을 수 있는가에 대해 몇 가지 언급하고자 한다.

마터는 미국 성직자 중 한 사람이었던 미첼이 행했던 것을 다음과 같이 말했다.

"설교문을 쓰면서 그는(아리스토텔레스가 그의 유명한 책들 중의 하나를 쓸 때였다고 전해지는 바와 같이) '그의 영혼에 펜을 담궜다.' 그는 설교문 작성에 들어갈 때 '잘 기도한 것이 잘 연구한 것이다' 라는 것을 생각하면서 기도로 시작했다. 그리고 본문을 원문에 있는 대로 읽었고 성령이 주시는 언어를 신중하게 살펴보았다. 해석하는 데 어떤 어려움이 발생하면 참고하고 있는 뛰어난 성경 주석가들의 흐름을 자신이 거스르고 있지는 않은지 조심스러워했다. 그는 교리 설교와 강론의 소제목들을 뽑는 일을 한 주간이 시작될 때에 하고자 했다. 이렇게 해야 주중에 때때로 떠오르는 생각들을 설교에 활용할 수 있었기 때문이다. 그리고 해당 주제를 다루었던 다른 저자들을 참고하기 전에 강론을 구상하기 위하여 자신의 묵상을 더 다듬곤 했다. 그렇게 함으로써 다른 저자들의 의견이 자신의 생각을 잘 표현해 주고 필요한 곳을 정정해 주는 역할만을 하게 했다. 마지막으로 설교문 작성을 마친 후에 그는 그를 도우신 주님께 감사를 드렸다."[70)]

이와 같은 예는 온전한 설교 준비의 모습을 잘 보여준다. 준비에 수반되는 주의 깊은 연구와 세심한 묵상 그리고 뜨거운 기도를 통해 모든

---

69) Mather's New England, iii. 138.
70) Ibid, iv. 205.

조잡하고 소화되지 않은 것들은 버리고 우리의 보물창고로부터 견고하고 교훈적인 음식들을 내어 놓을 수 있게 된다. 긴급상황에 처했을 때 매우 특별한 도움 얻기를 기대할 수 있다 하더라도 우리가 통상적으로 만들어 내는 것이 신중하게 살펴본 것도 아니고 진리의 말씀과 견주어 본 것도 아니라면 그것은 '여호와 하나님께 값없이 제물을 드리는 것'이고 더 나아가 '눈먼 것, 저는 것과 병든 것을 드리는 것'이며 심지어 '제물로 부패한 것을 드리는 것이다' (삼하 24:24; 말 1:8, 13, 14).

그러나 우리가 이 신성한 진리를 아무리 정확하게 연구한다 할지라도, 그것이 남기는 거룩한 감명을 우리가 깨닫고 우리 자신이 그 틀로 주조되고 우리가 말하는 것이 심장으로부터 나와 심장으로 전해지는 것이 아니라면, 우리의 수고를 통해서 얻을 수 있는 우리 자신의 영혼의 교화는 얻지 못할 것이다. 우리의 메시지로부터 우리 자신이 천상의 달콤함을 맛볼 때 우리가 감당하는 이 공적 사역은 얼마나 기쁜 일이 될 것인가. 이러한 것을 누릴 수 있는 능력을 갖게 되면 우리는 엘리후가 했던 말을 거의 따르게 된다.

"내 속에는 말이 가득하니 내 영이 나를 압박함이니라 보라 내 배는 봉한 포도주통 같고 터지게 된 새 가죽 부대 같구나 내가 말을 하여야 시원할 것이라"(욥 32:18~20).

이것은 연구라든지 인위적인 수단으로 얻어지는 어떤 감흥이나 발전을 훨씬 뛰어넘는 것이다. 그것은 믿음을 발휘하는 것이고 진지한 인내의 기도의 열매로 얻어지는 것이며 우리의 사역에 강력한 에너지를 수반하여 '말하니 많은 사람들이 믿게 되는' (행 14:1) 일을 우리가 감당하게 하는 것이다. 그러한 설교는 '우리의 구원자이신 그 분의 피가 그들에게 뿌려져 그 분의 선한 영이 그들 안에서 숨을 쉬게 만든다.' [71]

그런 까닭에 설교 준비는 어느 면으로 보든지 우리 자신과 회중 모두를 위한 위대한 제도이다. 그것은 우리가 영광스러운 주님을 우리 주제들의 위대한 중심에 모시게 하는 지적인 묵상뿐 아니라 기도의 묵상을 통해 우리의 영혼을 신령하게 한다. 또한 그것은 우리의 생각을 어떤 분명한 요점 그리고 그 요점을 확실하게 포착하는 일에 집중시킴으로써 생각이 막연하게 쓸데없이 무한한 공간을 떠돌지 않도록 한다. 그것은 견고한 지식과 함께 따뜻한 느낌을 가져다주고 축약된 말의 진술이지만 간결하면서도 풍부하고, 내용이 가득할 뿐 아니라 빛으로 충만하며 흥미를 끌 뿐 아니라 힘을 갖게 한다. 그러므로 우리는 다음과 같은 일들이 필요함을 깨닫게 된다.

"목사들은 양심이 자기를 향하는지 남을 향하는지를 주의해야 한다. 성령의 역사와 찔림과 마음의 활동과 그 결과에 유의해야 하며, 자연인의 상태에서는 전혀 알 수 없는 기독교적 체험의 다양한 변화들에 주의해야 한다. 또한 묵상과 기도로 하나님과 항상 교제함으로써 천국의 비밀스러운 지식을 깊이 알고 다른 사람들의 양심을 위한 적절한 도움을 줌으로써 그들이 주님께서 니고데모를 책망하시면서 '너는 이스라엘의 선생으로서 이러한 일을 알지 못하느냐?' 라고 하셨던 심한 질책을 면할 수 있게 해야 한다."[72]

신실한 크리스천들의 양심은 신중하고 체험적인 사역의 가치를 깨닫곤 한다. 그들은 냉랭하고 추상적인 성경적 진술보다, 따뜻한 마음으로 짜여지고 하나님의 길과 사탄의 궤계에 대한 지식에서 나오며 하나님의 말씀의 확고한 해석으로 지탱되고 '성령의 나타남과 능력'으로 지지

---

71) Mather's Student and Pastor, p. 178.
72) Vitr. Method. Homilet. cap. 10.

되는 단 하나의 강론으로부터 더욱 진정한 위로를 받는다. 신성한 진리를 고상하게 맛보면 자연스럽게 인간의 성품에 대한 위대한 안목을 얻게 되며 사람들에게 심판을 확신시키고 양심을 각성시키며 마음에 확고한 교훈을 넣어주는 목사의 사명을 수행할 수 있게 된다. 이 사명 수행의 직접적인 결과는 믿지 않는 자들의 양심의 반응과 신실한 크리스천들의 공감에서 나타나게 된다.

실천적 믿음의 원리는 우리가 다루는 주제에 완벽하게 적용된다. "설교 준비를 위해 노력하되 마치 거기에 우리 일의 모든 성패가 달린 것처럼 하라. 기도하되 '그분이 없이는 아무 것도 할 수 없음'을 느끼며 그리스도께 전적으로 의지하라. 준비를 게을리 하는 것은 하나님께 정상적인 길을 벗어나라고 유혹하는 것과 같으며, 준비를 의지하는 것은 우리의 은사를 신격화하는 것이다. 설교문을 작성하거나 전달할 때 어떤 형식으로 하늘로부터의 도우심을 얻는지를 탐구하거나 자기 생각의 결과물과 더 높은 원천으로부터 공급된 것 사이에 정확한 경계를 지으려고 노력하는 것은 중요한 일이 아니라 '불필요한 호기심'이다.

성공의 모든 영예는 하늘에 속한 분께 돌리고 사역에 수반되는 모든 불완전함은 우리 자신에게 귀속시키는 것이 안전하다. 우리의 필요를 위한 도움을 공급하겠다는 최대한의 보장이 주어져 있으므로 이 도움이야말로 우리가 효과적으로 묵상하거나 설교를 작성 또는 전달하기 위한 유일한 원천이라는 사실을 기억해야 한다. 하지만 그렇게 의존한다고 준비가 불필요하다고 생각하는 것은 비성경적이고 기만적이다. 이 말은 우리가 어느 정도 준비하면 그만큼 자동적으로 도움을 얻는다는 식의 기계적으로 기대하라는 말이 아니다. 여러 해 동안 계속해서 능력 있고 인정 받는 설교를 해왔다고 하더라도 지금 우리에게 필요한 도움을 얻기 위해 우리는 처음 시작할 때와 같이 의지해야 한다. 오로지 믿음을 새롭게 발휘하여 넘치는 생명의 샘으로부터 오는 것으로 우리의 영혼을 채울 때에 이 공급은 계속될 수 있다.

세실은 이 같은 주제에 관해 말해야 하는 모든 것을 개괄하여 다음과 같이 말한다.

"성령만 의지하면 된다는 오류 속에 빠진 사람들이 하는 설교를 듣고서 나는 우리 편의 합당한 준비 없이 성령만을 의지하는 잘못으로부터 벗어났다. 우리는 바울과 루터를 조합해야 한다. 즉 루터가 말한 '좋은 기도가 좋은 연구이다' (Bene orasse est bene studuisse)는 바울이 말한 '이 모든 일에 전심 전력하여 너의 성숙함을 모든 사람에게 나타나게 하라' 와 결합되어야 한다. '나는 훌륭한 설교를 하겠다' 라고 말하는 사람은 오류를 범하는 것이지만 성실한 준비를 게을리 하면서 '모든 것을 성령의 도우심에 맡기겠다' 라고 말하는 사람도 오류를 범하는 것이다.[73]

ꙮ 성경적으로 율법 설교하기

부끄러워할 필요가 없는 일꾼으로 하나님께 인정받은 교역자의 표징은 진리의 말씀을 옳게 분변하는 것이다. 이렇게 하는 것은 많은 불신자 청

---

[73] 세실의 Remains. 우리들 대부분은 다음과 같은 겸손한 고백에 동의할 것이다. "설교를 준비할 때 우리는 얼마나 자주 차갑고 형식적이 되는가! 우리는 기도를 가장 먼저 생각하지 않고 오히려 가장 나중에 생각한다. 우리는 설교가 아니라 연구 논문을 작성해 왔으며 성경이 아닌 주석을 참고해 왔다. 우리는 학문의 인도를 받는 대신 심장의 인도를 받지 않았다. 그래서 우리가 성경을 통해 발견한 것은 유약하며 생기도 없고 대부분 청중들의 관심을 끌어내지도 못하고, 그리스도의 향기를 거의 풍기지 않으며, 사도 바울의 성령충만한 모범을 닮지 않은 것이다." Biship of Calcutta's Essay to Baxter's Reformed Pastor, p. xii.

중들에게는 복음을 완전하고 직접적으로 적용하고, 성장의 정도가 다른 그리스도인들에게는 영적 교훈의 체계를 전하는 것을 뜻한다. 그런 일꾼이 가르치는 교훈의 체계는 성경적 균형을 가지면서도 모든 요소를 빠짐없이 갖추었다는 특징이 있다. 그것은 교리적 교훈, 경험의 특권, 그리고 실천적 결과를 가져오는 하나님의 전체 계시를 포함한다. 이 계시는 율법과 복음이라는 두 부분으로 나뉘는데, 이 둘은 서로 아주 밀접하게 연결되어 있어 그 중 하나를 바르게 알려면 다른 하나를 반드시 알아야 하지만 이 둘 사이에는 본질적으로 구별되는 점이 있다. 그러므로 율법 설교를 우리 주제의 주된 부분으로서 다루고자 한다. 우리는 그것을 별도로 생각한 후에 복음과의 연관성이란 측면에서 고려할 것이다.[74]

율법 설교, 그 성격, 용도, 그리고 책무

율법의 참된 성격을 드러내고 그 관련성을 보여주면서 율법을 설교하는 것이 복음 사역을 구성하는 한 부분이라는 데에는 어떤 의문의 여지도 없다. 실로 어떤 사람들은 율법 설교를 율법적인 설교와 동일시하지만 이는 매우 잘못된 생각이다. 또 어떤 사람들은 율법을 복음과 분리시켜 설교하기도 한다. 또 어떤 사람들은 율법에 등장하는 사람들과 그들의 행동을 어떤 하위의 법칙과 저급한 기준으로 판단함으로써 율법의 그 놀라운 광대함을 축소시켜서 편의주의, 세상적인 견해, 세상살이에서 필요한 신중함과 행위의 결과 같은 것을 가리키는 정도로 만들고 만다.

---

[74] 율법을 성경적으로 설교하는 빛나는 예를 위해서는 Mr Simeon's Sermons on Gal 3:19를 보라 (그의 책 Horae Homileticae에 실렸음).

그러나 율법적인 방식의 복음 설교가 있듯이 복음적인 방식의 율법 설교도 있다. 루터가 분노하게 되었던 것은 율법이 사람을 의롭게 하지 못한다고 율법 설교를 반대하는 사람들의 주장이 그에게 제기되었을 때였다.

"그렇게 미혹하는 자들이 우리가 살아 있는 동안에도 우리 백성들 사이에 들어와 있는데 우리가 사라진 후에는 무슨 일이 있을 것인가? 모세의 율법이 죄인을 구원하기에는 충분하지 못하다고 모세를 전적으로 폐하고 제거했던 바울의 설교보다 더 담대하고 거친 설교가 이 세상에서 선포된 적은 결코 없었다. 그럼에도 불구하고 우리는 마땅한 때와 장소에서 십계명을 계속 가르쳐야 한다. 우리가 칭의를 소유하고 있지 못할 때 마땅히 해야 할 일은 율법을 매우 높여 존중하는 것이다. 우리는 그것을 최고로 높이고 극찬해야 하며 바울의 경우와 같이 선하고 참되고 신령하며 신성하다고 간주해야 한다. 그리고 그것은 실제로 그러하다."[75]

사도 바울은 율법의 성격과 율법이 요구하는 의무에 대한 그의 견해에 복음 진리에 대한 폭넓은 견해를 결합시킨다. 그 결과 율법은 '거룩하고 의로우며 선하다' 고(롬 7:12) 정의하고, 율법을 법대로 사용하면 '선한 것'(딤전 1:8)이라고 알려준다. 그러므로 율법의 이러한 성격을 밝혀 설명하고 율법이 이렇게 쓰일 수 있도록 강권하는 것은 목회자의 임무이다.

하나님의 법은 하나님의 마음과 형상을 드러내는 복사본으로 율법은 '거룩하여' 사람에게 하나님의 사랑을 보여주는 동시에 그 사랑의 가장

---

75) Luther's Table Talk, ch. xii.

영광스러운 증표로서 그의 거룩하심의 정수를 나타내 보인다. 율법은 의로워서 하나님과 그 피조물 사이에 처음에 이루어진 가장 단순명확한 정의의 원칙들로부터 도출된 것이며 율법은 선하여서 양심이 우리에게 가르치는 법으로서 하나님의 성품에 부합하며 그분의 신성한 목적 즉 인간을 순종이라는 복스러운 원칙으로 하나님께 결속시키는 데 가장 유용하다. 그리고 율법에 항상 순종하는 것은 인간 행위의 목표이자 상급으로 정해진 복의 절정으로 이끌어 갈 것이다.[76] 따라서 율법을 지으신 분을 바라보고 율법의 내용과 목표를 볼 때 우리는 그것을 최대한으로 존중해야 한다.

율법의 용도는 다양하고도 중요하다. 이 세상은 율법이 끼치는 많은 건전한 결과들의 혜택을 보고 있다. 율법은 하나님의 거룩한 성품과 인격을 찾아내어 세상 사람들에게 보여주고 그들의 의무를 알려주며 그것을 이행할 것을 요구한다. 율법이 그 고삐로 죄는 억제력이 없었다면 세상은 '피 바다'가 되었을 것이다. 또한 율법은 그 멍에를 벗어버리는 자들을 정죄한다(딤전 1:9). 심지어 이방인들도 '그들의 마음에 새긴 율법의 일'(롬 2:14, 15)을 통하여 죄 있는 자로 드러나게 된다. 그것은 또한 죄에 대한 가책을 일으키는 매개 수단으로서 누군가 그들의 목회에서 율법을 빠뜨린다면 그들은 십자가 외에 사람에게 가책을 일으킬 수 있는 어떤 수단도 인정하지 않는 것이 된다. 하지만 우리 주님도 이러한 명백한 목적을 위해 부자 청년에게 도덕률을 적용하시지 않았는가?(마 19:16~21) 율법은 또한 사도 바울이 자신의 죄에 대한 영적인 깨달음에 이르를 수 있도록 작정된 수단이 아니었던가?[77]

---

76) Vitr. Obs. Sacr. Lib. vi. cap. xvii. 11.

율법은 우리의 모든 생각, 상상력, 욕망, 말과 행동을 알고, 영원한 형벌을 경고하며 어떠한 타협도 없이 절대적이고 부단한 순종을 요구하여 사람의 마음에 죄책과 더럽혀지고 비참해진 상태를 깨닫게 해주며, 거룩하신 하나님이 노하셔서 짓는 언짢은 표정 앞에 변명도 못하고 절망적인 상태에 처하게 만든다. 이때 그는 구세주를 맞을 준비를 하게 되는데 만약 그분이 없다면 그는 영원히 실패하고 말 것이다. 그리하여 "하나님 죄인인 저에게 자비를 베푸소서"라는 기도가 외적인 행동으로는 '율법의 의로는 흠이 없는'(빌 3:6) 자로부터도 토해져 나오게 된다. 그는 복음이 처리하고자 하는 바로 그 죄성과 비참함을 목도하게 되고 믿음과 갈망의 손을 내밀어 그리스도의 선물을 값없이 받게 된다. 그는 이제 율법이 주는 유익을 너무나 잘 지각하므로 도덕 폐기론자처럼 율법이 의롭게 하는 능력을 상실했다는 이유로 그것을 내던져 버리는 일을 하지 않게 된다(참조. 롬 8:3). 왜냐하면 율법의 언약 형식으로 인해 사람은 복음의 성격과 필요성 그리고 탁월성을 더욱 폭넓게 이해하게 되기 때문이다. 보증인 곧 구속자의 개입과 대속은 '교훈을 크게 하며 존귀하게'(사 42:21) 하려는 하나님의 결정의 결과였는데, 그렇게 함으로써 하나님은 범법자들을 용서하고, 의롭게 하고 구원하시는 일을 명예스럽게

---

77) 롬 7:7~9. 롬 3:20의 그의 일반적인 주장을 참고하라. 또한 그는 "율법이 들어온 것은 범죄를 더하게 하려 함이라"(롬 5:20)고 말한다. 이는 율법의 직접적인 열매가 마음의 범죄라는 뜻이 아니라, 율법의 영적인 특성이 현저하게 드러나고 그것의 의로운 저주가 선언됨으로써 양심이 죄의식을 느끼게 된다는 말이다. 죄가 불법이라면(요일 3:4, 4:15 참조) '율법은 죄를 깨닫게 하는 수단'이라는 것이 바른 이해이다. 율법이 없이는 가책을 느끼지 못하는데, 이는 비뚤어진 행동은 주어진 기준에 의해서만 비뚤어졌음이 드러나기 때문이다. 심지어 그리스도의 십자가까지도 정죄의 수단으로서 결국 그 자체는 율법이 된다. 즉 복음을 믿어야 한다는 법을 어기는 것이 죄가 되어 죽음에 도달하기 때문이다. 그러므로 율법은 우리를 그리스도께 인도하기 위해 항상 존속해야 하는 것이다. 물론 율법은 공포심을 일으키는 것이 아니라 항상 죄를 깨닫게 하는 것이다.

하실 수 있었던 것이다. 그러므로 율법의 명령과 형벌은 임마누엘의 고난과 죽음의 필요성을 설명해 준다. 그리하여 '정죄의 직분이 갖는 영광' 보다 '생명과 의의 직분이 갖는 넘치는 영광'을 더 높이게 된다(고후 3:7~9). 복음이 우리에게 직접적인 말로 나타내는 것을 율법은 간접적으로 보여준다. 즉 그리스도께서 우리를 대신하여 우리와 같이 되시고 행하시고 고난을 받으신 사랑에 의해 우리가 받은 무한한 혜택을 보여주는 것이다. 이 때문에 우리는 그분을 섬기지 않을 수 없다. 그의 순종은 율법의 모든 요구를 만족시켰고 우리가 받아야 할 모든 형벌을 담당했으며 우리가 하나님 앞에 받아들여질 수 있는 근거인 영원한 의를 가져왔다.

율법은 생활의 규범으로서도 그리스도인에게 중요한 의미를 갖는다. 율법은 창조주이며 주권자이고 또한 심판자이신 하나님의 권위로써 우리들에게 '의로움의 완성'으로[78] 다가온다. 율법은 신자의 법으로서 갑절의 구속력을 가진다. 이는 그리스도인들이 '하나님께는 율법 없는 자가 아니지만' 특별히 '그리스도의 율법 아래에 있는 자' 이기 때문이다 (고전 9:21). 그리스도인의 생활은 주님의 사랑의 멍에를 지고 기쁘게 걸어가는 순종의 행로이며 지상에서 누리는 가장 최고의 특권으로서 후에 천상에서 그 절정을 누리게 될 것이다(마 11:29, 30과 계 7:15, 22:3을 비교하라).

율법은 생활 규범으로서의 견실함과 일관성을 촉진하는 가장 유효한 방도로도 쓰인다. 이 율법이 그리스도인의 마음 판에 새겨지게 되면 그의 진정성을 시험하는 지속적인 시금석 역할을 하게 된다. 그는 '양심의 증거'를 가지고(고후 1:12), '율법의 선한 것을 시인하게 되고', '속사

---

78) Calvin on Luke 10:26.

람을 좇아 법을 즐거워하며', '범사에 주의 법도를 바르게 여기고', 율법에 완전하게 순응하지 못하는 그의 부족함을 매 순간 죄로 여기며, '그를 부르신 그 분이 거룩한 것과 같이 거룩하며', '하늘에 계신 너희 아버지의 온전하심과 같이 온전한' 것에 이르지 못하는 그 어떠한 것에 대해서도 만족하지 않게 된다(시 119:128; 마 5:48; 롬 7:16, 22; 벧전 1:15).

율법의 규정은 또한 매일 그리스도인 자신을 점검해보는 표준을 제공한다. 하나님의 종은 자연스럽고도 무의식적으로 솟아오르는 자고하는 마음을 개탄하게 되지만 율법은 그것에 대한 완전한 표준으로 작용하여 항시적으로 그리고 적시에 그를 제어하는 역할을 하게 된다. 율법은 그를 먼지투성이의 낮은 자리로 내려 보내고 드러나는 죄 뿐만 아니라 심지어 사역 속에서 저지른 죄까지도 깨닫게 하여 그를 무너뜨린다. 그렇게 되면 그는 그리스도와 비교하여 '모든 것을 단지 배설물과 찌꺼기로 여기게' 되고 순전한 마음으로 그 분의 십자가를 의존하게 되며 용서와 용납 그리고 은혜의 공급을 구하는 마음을 새롭게 갖게 된다.

이 율법이 그리스도인에게 부과하는 의무는 하나님의 보좌처럼 영원히 불변한다. 피조물이 창조주와 필연적으로 맺는 관계를 그 무엇이 무효화할 것인가? 구속 사역을 통해 더해진 결속 관계는 율법 원래의 의무를 폐기하는 것이 아니라 오히려 강화시킨다. 우리가 새로운 피조물이 되었다고 피조물이기를 그만두겠는가. 우리는 여전히 하나님의 주권적인 권위에 의해 개인적으로 순종해야 하는 의무에 매이게 되는 것이 아닌가. 혹은 만유의 주이시며 우리와 가장 사랑스러우면서도 권위적인 관계에 있는 그리스도의 손에 의해 율법이 우리에게 전달되기 때문에 율법을 지켜야 할 의무가 없어지겠는가.

사람들이 왜 율법을 폐기하고자 하는지를 우리는 물을 수 있다. 하나님의 성품인 거룩하심에 대한 어떤 잠재적인 적대감 때문이라면 몰라도 율법이 갖는 이 지시하는 힘으로부터 도망치려는 생각을 한다는 것은 견딜 수 없는 일이다. 율법은 '속박 상태를 만들어 내는 것'이 절대로 아니다. 율법에 대한 복음적인 섬김에서 오는 '완전한 자유'를 경험함으로써 우리는 언약으로서의 율법으로부터 해방된 것이 더 큰 은혜인지 규범으로서의 율법에 종속된 것이 더 큰 은혜인지 말하기 어려울 정도가 된다.

구세주를 향한 우리의 사랑을 증명하는 것은 '그의 계명을 지키는데'(요 14:15) 있으며 그 계명이란 다름 아니라 그리스도인의 마음을 가장 강력하고 매력적인 의무의 사슬로 묶어 놓는 도덕법들이다. 죄인이 눈을 떴을 때 첫 소원은 "주여 제가 무엇을 하기를 원하시나이까?"(행 9:6)이다. 그가 항상 드리는 기도는 "나의 사랑이 지식과 모든 총명으로 점점 더 풍성하게 되며", "어리석은 자가 되지 말고 오직 주의 뜻이 무엇인지 이해할 수 있게 하소서"하는 것이다(엡 5:17; 빌 1:9). 그러므로 구세주의 손으로부터 율법을 받을 때 그것이 갖는 정죄의 능력은 제거되지만 우리의 성정과 기질 그리고 대화가 율법을 통해 제어됨으로써 그 분께 영광을 돌리게 되면 그것은 율법적인 속박이 될 수 없고 오히려 복음의 특권이라고밖에 말할 수 없게 된다.

우리 백성 가운데 어떤 사람들은 복음이 약속하는 바에 너무나 흥분하고 활력을 얻은 나머지 율법의 가르침이 그들을 억압한다고 느낀다. 그러나 그렇게 느끼는 것은 율법의 계획과 용도에 대한 편협한 오해에서 기인하는 것이라고 볼 수 있다. 많은 다른 경우처럼 행실이 방만한 사람들에게는 그들이 의식하지 못하지만 율법이 지니는 건전한 억제와 방향 제시가 필요하다. 우리 형제들 중 어떤 이들은 회중에게 율법의 의무를 강조하는 것을 두려워하기도 하는데, 이는 그들이 그리스도께서 보내신 선생이 아니라 모세가 보낸 선생으로 간주될까봐 걱정하기 때문이다. 그렇지만 우리 주님은 구약시대의 의무 사항들을 굳게 세우는 일을 주저하지 않으셨으며[79] 제자들로 하여금 그것이 그들의 본분임을 고백하도록 이끄시는 데도(눅 17:10) 주저함이 없으셨다. 그러므로 그 분의 본을 따른다면 율법의 제재를 피해가는 데서 오는 양심의 가책을 당하는 것보다 율법의 결정을 강제함으로써 율법의 비난을 당하는 것이 오히려 견디기 쉬울 것이다.

율법폐기론의 누룩은 우리 마음의 부패와 가장 잘 맞아떨어지는 것으로서 그것이 주는 치명적인 영향은 그것을 주장하는 사람들의 일관성이 결여된 삶을 보기만 해도 너무나 명백하게 드러난다. 십계명을 사랑의 법으로 대체하는 것은 시계의 동력인 태엽을 조절장치의 자리에 갖다 놓는 것이며 행위에 대한 안정적인 지침의 자리에 불안정하고 기만적인 망상에 의해서 쉽게 위조되는 원리를 갖다 놓는 것이다. 이 학파의 제자들은 자기들의 주장을 확고히 세우는 일이 설사 있다 하더라도 매우 드물며 흔히 발생하는 기독교적 진정성의 부족으로 불멸의 영혼들이 망상의 우울한 피해자가 되어 멸망당하게 된다.

율법의 상대적인 측면들과 용도들을 일견하면서 말하자면, 율법은 언약으로서 '무서워하는 종의 영'을 일깨우며 마음을 겸손하게 하고 경종을 울리며 깨닫게 하고 절망에 이르게도 한다. 생활규범으로서 율법은 하늘의 신성한 지도를 받아 그리스도인 안에 '양자의 영'이 운동하

---

[79] 마 5:17과 칼빈의 해설을 보라.

게 하여, 그가 율법에 순응하기를 습관적으로 열망하고 기뻐하도록 함으로써 하나님의 가족에 대한 관심을 증거하게 한다. 언약으로서의 율법은 사람들을 그리스도께로 인도하여 율법의 폭정으로부터 해방시키지만 그리스도는 그들을 지켜야 할 규칙으로서의 율법으로 다시 돌려보내므로 비록 그들이 율법의 지배로부터는 벗어났으나 이제는 "영의 새로운 것으로 섬기게 되고 율법 조문의 묶은 것으로 아니하게"(롬 7:6) 되는 것이다. 그리하여 그리스도인들은 그리스도께서 그들을 대신하여 언약으로서의 율법에 온전히 순종하신 것에 감사하며 그 분을 섬기는 법칙으로서의 율법에 대해 한결같은 순종으로 감사하게 된다.

물론 우리가 복음으로부터 아무리 많이 취한다 해도 지나치지 않는다. 그러나 율법을 너무 조금 취할 수는 있다. 그리고 율법을 복음적으로 설교하는 가운데 어떤 결함이 있게 되면 그것은 복음을 율법적으로 설교하는 것과 마찬가지로 목회를 비효율적으로 만드는 원인이 된다. 그러한 목회에는 틀림없이 죄, 특히 구체적으로는 영적인 죄로 인한 찔림이 결핍되며 이 결핍의 직접적인 결과로서 영적 순종의 표준이 낮아지게 된다. 교회에서 널리 나타나는 오류들을 추적해 보면 그 근원은 바로 이것이다. 만약 율법의 영적인 표준이 분명하게 제시되고 그것이 갖는 설득력이 참으로 느껴졌다면 감리교의 완전주의, 신비주의자들이 의존하는 내면의 빛, 율법폐기론자들의 망상, 정통주의의 일관성 없는 신앙고백, 바리새인의 자기 의, 또는 펠라기우스주의자와 소시니우스주의자들이 주창하는 본성의 올바름 등의 오류가 발생하지 않았을 것이다. 율법이 일으키는 이 찔림이 부족하면, 실천적으로나 경험적으로 복음을 충만히 깨달을 수 없게 된다.

율법폐기론의 이면에는 오류들이 있다. 만약 율법폐기론이 완전한 표준인 하나님의 법에 순종해야 하는 의무를 완화시킨 것이라면 도덕만을 가르치는 설교는 거룩하지 못한 누룩의 세련된 형태가 아닌가? 공공연한 율법폐기론자의 경우와 마찬가지로, 그런 설교자는 하나님의 법의 표준을 사람의 성향과 변덕에서 오는 막연하고 가변적인 것으로 바꾸어 버린다. 여기서 자비와 구원이라는 개념은 다른 경우와 마찬가지로 죄를 경감시키는 데에 쓰인다. 모든 것이 희망스러울 뿐이고 두려움은 전혀 없다. 미혹된 영혼들이 이러한 황금빛 꿈속에서 영원 속으로 미끄러져 버리는 것을 생각하면 얼마나 소름끼치는 일인가. 그리고 하나님의 법이 지니는 영적인 성격과 변경시킬 수 없는 의무들을 온전하게 제시하는 것을 목회의 구별된 특성으로 삼는다면 목회가 이러한 오류에 대한 저항과 신성한 진리의 효과적인 개진을 위해 갖는 노력이란 얼마나 지대한 것인가.

율법과 복음의 연관성

뉴턴은 이 주제의 중요성에 관해 훌륭하게 말했다. "율법과 복음 사이의 구별과 연관성과 조화 그리고 그것들이 서로 도우면서 서로를 설명하고 확립하는 것을 분명히 이해하는 것은 비범한 특권이며 영혼이 좌우 어느 편의 오류에도 휘말리지 않도록 지켜주는 복된 수단이다."[80]

사도 시대의 어떤 사람들은 "율법의 선생이 되려 하나 자기가 말하는 것이나 자기가 확증하는 것도 깨닫지 못했다"(딤전 1:7). 이것은 율법과 복음의 관계를 명료하게 이해하는 것이 그리스도인 교사에게 중요하다는 점을 시사하는 것으로 보인다. 참으로 죄인이 하나님께 용납된다는

---

80) Newton's Works, i. 322.

중차대한 사실을 정확하게 진술하는 일은 율법에 관한 명료한 견해를 갖지 않고서는 불가능하다. 갈라디아 교회의 유대주의 선생들은 이 점을 잘못 이해하여 '현명하지 못한 말로' 하나님의 '지혜를 어둡게 하고' 그들의 '어리석은' 청중을 '꾀어' 복음의 그 단순성에서 멀어지게 했던 것이다. 그리고 '그리스도께서 그들을 자유케 하시려고 했던 그 자유 안에서' 그들을 세우는 대신 '다시 종의 멍에에 메이도록'(갈 3:1, 5:1) 했던 것이다.

첫째, '율법과 복음성의 연관성'이라는 주제는 율법과 복음 사이의 차이를 분명하게 밝힌다. 오래전 신학 학파들의 격언대로, "율법과 복음을 잘 구분할 줄 아는 사람은 하나님께 감사하라. 그리고 자신이 신학자임을 알라!"(Qui scit bene distinguere inter Legem et Evangelium, Deo gratias agat, et sciat se esse Theologum)[81] 율법과 복음이 원래의 계시에서는 큰 차이가 있다. 율법은 부분적으로 이교도의 경우와 마찬가지로 자연의 빛으로 발견될 수 있는(롬 2:14, 15) 반면에 복음이란 '감춰진 하나님의 비밀'로서 오로지 계시의 빛을 통해서만 알려진다(롬 14:25). 그러므로 자연 상태에서의 인간은 율법에 대해 부분적으로 알 수 있지만 복음에 대해서는 전적으로 아는 바가 없다는 사실을 알 수 있다. 또한 율법과 복음의 차이점은 인간에 대하여 가지는 각각의 관계에 있다. 율법은 맨 처음 공포되었을 때와 마찬가지로 인간을 '하나님의 모든 뜻대로 온전하고 완전한 모습으로 서 있는' 하나님의 피조물로 상정한다. 하지만 복음은 인간을 있는 그대로의 모습 즉 죄인으로서 순종하지도 못하고 그 불순종에 대한 보상도 하

---

81) 이 주제에 대한 몇몇 귀중한 언급들과 멜란히톤의 생각이 Scott's Continuation of Milner, Vol. II. pp. 230-237에 있다. 이것에 대해서 루터는 이렇게 증언했다. "그는 율법과 복음의 바른 구분, 용도, 유익에 대해서 아주 뛰어나고 분명하게 가르친다."

지 못하며, 유죄로 판명되고 정죄받고 스스로 어쩔 수가 없는 상실된 존재로 상정한다. 그것들은 또한 제재하는 힘에서도 차이를 보인다. 율법과 복음은 모두 우리가 어떠한 사람이 되어야 하며 무엇을 해야 하는지를 알려준다. 그러나 복음만이 우리가 성자와 연합하여 그 분으로부터 나오는 천상의 생명에 참여하는 데 필요한 자원들을 공급한다.

명령이 율법의 특징이라면, 약속과 격려는 복음의 특징이다. 율법의 경우는 죽음의 형벌 하에 순종이 요구되지만, 복음의 경우에 순종은 생명을 약속 받는 것으로 촉구된다. 율법을 순종하는 데 약속이 따라오기는 하지만(갈 3:12) 그것이 우리의 손이 미치지 못하는 곳에 있으며 아담의 언약보다 훨씬 더 어려운 조건으로 주어진다. 이는 아담에게는 완전한 순종을 위한 충분한 힘이 주어졌으나 우리는 가장 낮은 수준의 영적 요건들조차도 만족시키기에 전적으로 무력하기 때문이다. 이와는 달리 복음은 순종에 이르도록 하기 위해 그 원리가 되고 동기가 되는 약속을 값없이 제공한다.

또한 정죄하는 힘에 대해서도 율법은 복음과 큰 차이가 있다.

"율법은 죄인을 정죄하지만 의롭게 하지 못하며, 복음은 예수를 믿는 자를 의롭게 하고 정죄하지 않는다. 하나님은 율법에서 영원한 죽음으로 위협하는 무서운 모습으로 나타나시지만, 복음에서는 영생이라는 은혜의 약속 가운데 자신을 드러내신다. 전자의 경우 그분은 에발 산에서와 같이 저주를 내리시고 후자의 경우 그리심 산에서와 같이 복 주신다. 또한 전자의 경우에 그 분은 천둥 가운데 무서운 장엄함으로 말씀하시지만 후자의 경우에 부드럽게 속삭이거나 '조용하고 작은 목소리'로 말씀하신다. 하나님은 율법의 나팔을 불며 죄인들과의 전쟁을 선포하시지만 복음의 희년의 나팔로 평화를 공포하신다. '땅에는 평화를 그리고 사람들에게는 선한 뜻을.' 율법은 그것을 깨달은 죄인들에게 공포의 소리이지만 복음은 '큰 기쁨을 전하는 좋은 소식'으로 즐거운 소리이다. 전자는 하나님을 진노하고 복수하는 분으로, 후자는 그 분을 사랑과 은혜와 자비의 하나님으로 나타낸다. 또한 전자에서 그 분은 죄인들 앞에 '삼키는 불'로 나타나지만 다른 한편으로 그의 의로우신 분노의 불을 끄는 어린 양의 보혈로 나타난다. 율법이 죄인에게 보여주는 것이 심판대라면 복음이 보여주는 것은 '은혜의 보좌'이다. 성경에 나타나는 정죄에 관한 문장은 모두 율법에 속한 것이고 칭의에 관한 문장은 모두 복음의 한 부분을 형성하게 된다. 율법은 죄인의 첫 번째 범죄를 인하여 그를 정죄하지만 복음은 그가 지은 모든 죄에 대해 용서를 베푼다."[82]

이와 같이 "영광스럽게 된 율법이 그 차이의 모든 면에서는 아무 영광도 얻지 못한다. 이는 그것을 뛰어넘는 영광이 있기 때문이다."

둘째, 율법과 복음을 조화시키는 것은 목회에 매우 중요한 주제이다. 율법과 복음은 서로 구별되지만 그렇다고 대립되는 것이 아니다. 이들은 동일한 원천에서 나오는 것으로 궁극적으로 동일한 계획 안에서 만나고 동일한 목적을 위해 쓰인다. 그것들을 지으신 영광스러운 분의 완전함이 정반대 방향으로 온전하심을 나타내듯이 율법과 복음은 기독교의 체계 안에서 서로에게 봉사함으로써 조화를 이룬다. 복음이 제공하

---

[82] Colquhoun on the Law and Gospel, pp. 166, 167. 스코틀랜드 개혁자인 패트릭 해밀튼(Patrick Hamilton)은 이렇게 쓰고 있다. "율법은 우리의 죄를 보여주고 복음은 그것의 치료를 보여주다. 율법은 우리의 정죄를 보여주고 복음은 우리의 구속을 보여준다. 율법은 분노의 말이지만 복음은 은혜의 말이다. 율법은 절망의 말이지만 복음은 위로의 말이다. 율법은 불안의 말이지만 복음은 평안의 말이다." Patrick's Places. 순교자 존 프리스(John Frith)가 쓴 짧은 서문도 있다. 또한 이 주제에 대한 브래드퍼드(Bradford)의 견해를 보라. Fathers of English Church, vi. 389, 390.

는 것들은 율법의 요구와 완전한 양립을 이룬다. 복음이 갖는 의는 언약으로서의 율법을 이루며, 그 은혜는 법칙으로서의 율법에 순종하는 것이다. 이 둘 모두는 명령하고 정죄하는 힘을 가지며 합력하여 '죄인을 그리스도에게 데려간다.'

'율법은 간접적으로, 초등교사와 같이' 그리스도가 필요함을 보여주는 반면에 복음은 직접적으로 모든 점에서 우리의 필요를 채워주시는 그리스도를 보여준다. 이처럼 영원한 사랑의 중심에서 복음의 '자비'와 율법의 '진리'가 '같이 만나게 된다.' 율법의 '의'와 복음의 '화평'이 여기에서 '서로 입맞춘다'.[83] 그 둘은 연합하여 우리들로 하여금 하나님의 길을 사랑하도록 한다. 율법은 마음의 가책을 주는 도구로서 우리에게 복음의 은혜를 귀하게 여기도록 가르치고 복음은 거룩함의 원리로서 우리들을 고취하여 '속사람을 좇아 하나님의 법을 기뻐하도록' 하는 것이다.

율법의 지시하는 힘은 복음의 정신 및 목적과 동등한 조화를 이룬다. 복음의 은혜는 율법의 규칙으로 우리의 마음과 삶을 통제한다. '사랑'은 '율법을 완성'하는 것이며 복음의 위대한 목표이기도 하다. 복음이 머무는 것은 오직 '하나님의 법이 마음 판에 새겨져 있는 곳' 뿐이다. 이렇게 둘은 동일한 계시의 한 부분으로서 같은 마음 안에서 연합하며 각각의 직임은 실질적으로 구별되지만 그렇다고 서로 분리되어 나타나는 것이 아니다. 율법과 복음은 모두 하나님의 마음과 형상을 옮겨 적은 복사본으로 사람은 그 둘 모두를 미워하거나 또는 사랑하게 된다. 미움은 육신적인 마음의 기본적 원리이고 사랑은 그리스도의 마음으로 그

---

83) 시 85:10. 마 5:17에 대한 칼빈의 설명을 보라.

것은 천상의 섬김의 시작이다.

셋째, 복음을 위한 준비로서의 율법은 우리 목회의 한 부분이다. 세례 요한의 설교는 주로 율법에 참여하고 있으며 그리스도의 길을 예비하기 위한 목적을 가지고 있다. 목회를 위한 가르침을 가장 체계적으로 구성해 놓은 로마서는 "진리의 말씀을 분별하라"로 이 명령을 분명하게 제시한다.[84] 사도 바울은 우리에 대해 "믿음이 오기 전에 율법 아래에 있던 자들로" 매인 채로 계속 남아 있는 것이 아니라 "후에 계시될 믿음의 때까지 갇혀 있다"라고 말한다. 그리하여 "율법이 우리의 초등교사가 되어 우리를 그리스도에게로 인도하여 믿음으로 의롭다 함을 얻게 하도록 한다"는 것의 의미를 루터는 이렇게 설명한다.

"율법은 의롭다 함을 얻도록 예정된 자들에게 부과되어야 하며 그 율법의 감옥에 갇혀 있다가 믿음의 의로움이 올 때 즉 율법으로 인하여 낙담하고 낮아질 때 그들은 그리스도에게로 날아갈 수 있게 된다. 주님이 그들을 낮추시는 것은 그들을 멸망시키시기 위해서가 아니라 구원에 이르도록 하시기 위함이다. 하나님께서 상하게 하심은 다시 치유하시기 위해서이고 죽이시는 것은 다시 소생시키고자 함이시다."[85]

이상은 교회의 한결같은 견해였던 것으로 보인다. 어거스틴은 이렇게

---

[84] 율법에 의해 먼저 비유대인들이 정죄되고(롬 1:18~32), 다음으로 유대인들이 정죄되고(2장), 그리고 온 세상이 전체적으로 정죄되는 것을 보라(3:9~19). 세상의 절망적인 상태가 율법에 의해 증명된 다음에(20절), 충만하고 영광스럽게 복음이 소개된다(21~31절, 4장, 5장 등). 이 사례는 복음과 단절된 채로 율법만 설교하는 것을 금한다. 심지어 요한의 사역도(눅 1:76, 77; 마 3:1~11; 요 1:29, 3:25~36) 주님의 사역보다 훨씬 더 엄한(막 1:15) 율법의 권면을 복음 계시와 연결시킨다. 산상보훈은 율법의 영성에 대한 가장 심오한 설명과 복음의 많은 격려를 결합시킨다. 로마서의 첫 몇 장은 도입부로서 그 뒤에 복음 사역의 충만한 실증이 뒤따라오며 그것이 발전되어 성경의 가장 중요한 부분을 이룬다.

[85] 갈 4:23, 24. 그리고 이 구절에 대한 루터의 설명.

말했다.

"양심이 치유를 얻는 것은 그것이 먼저 상처를 입지 않고서는 불가능한 일이다. 당신은 율법을 외쳐 가르치고 강권하라. 그리고 하나님이 내리실 벌과 다가올 심판에 대해 매우 진지하고 끈질기게 재촉하라. 말씀을 듣는 사람이 만약 두려움에 떨지도 않고 괴로워하지도 않는다면 그는 위로 역시 받을 수 없는 자이다."[86]

종교개혁자들은 이러한 판단을 가지고 있었음이 분명하다. 그리하여 틴달(Tindal)은 쓰기를 "그리스도의 기쁜 소식을 전하는 설교자에게 어울리는 것은 첫째 율법을 개진하여 성령과 그리스도에 대한 믿음으로부터 나오는 것이 아닌 모든 것이 죄라는 것을 증명하는 것이며, 그렇게 함으로써 그 모든 것을 통해 사람들이 자신과 그의 불행하고 처참한 상태에 대하여 깨닫게 되면 그는 도움을 갈망하게 된다."

그는 다시 존 프리스에게 이렇게 편지했다.

"자비가 율법의 정죄를 제거함을 말하기 전에, 율법을 진실되게 강론하여 모든 육신을 정죄하고 모든 인간이 죄인이며 모든 행위가 율법 아래에서 죄가 저주가 됨을 설명하라. 그런 연후에 신실한 교역자로서 우리 주 예수의 자비를 선포하고 상처받은 양심들이 생수를 마시도록 하라. 그렇게 할 때 당신의 설교는 능력을 갖게 되어 위선자들의 설교와 같이 되지 않게 된다. 그리고 하나님의 영이 당신과 함께 일하실 것이고 모든 양심은 그것이 진리임을 증언하게 될 것이다."[87]

루터가 한 말은 이미 인용한 바 있으며 칼빈은 "율법이란 복음에 이르기 위한 준비 외에 다른 아무것도 아니다"라고 말한다. 그리고 다른

---

86) 시 59장 주석.
87) Prologue to the Epistle to the Romans, and Foxe's Book of Martyrs. v. 133.

곳에서 말하기를 "신자들은 먼저 겸손해지기 전에 복음에서 유익을 얻을 수가 없는데 이 겸손은 그들이 자신의 죄를 깨닫기 전에는 불가능하다. 율법이 제대로 기능하면 양심들을 하나님의 심판 속으로 불러들여 두려움의 상처를 입힌다.[88] 베자(Beza)는 비록 간결하지만 요점을 잘 포착하는 말로 "사람들은 언제나 율법의 가르침에 의해 복음을 받아들일 준비가 된다"[89]라고 한다. 어셔 주교는 "믿음을 낳기 위한 말씀 전달에 적용되는 어떤 질서가 있는가?"라는 질문에 대하여 이렇게 대답한다.

"먼저 율법의 언약을 촉구하여 죄와 그에 대한 처벌을 알게 하고, 그 후에 양심의 가책으로 마음이 찔림을 받아 하나님의 진노를 자각하도록 하며 사람들로 하여금 자신 안에 영생을 얻을 수 있는 능력이 없음을 깨닫고 철저하게 절망하게 하는 것이다. 이러한 준비가 이루어진 후에 하나님의 약속이 제시되며 죄인은 용서의 소망을 품고 하나님께 자비를 간청하게 된다."[90]

청교도 목사들 중에서 가장 유능했던 이도 이 주제에 관해 이러한 견해를 취한 바 있다. 그들 중에서 가장 조직적이었던 퍼킨스는 율법이 끼치는 영향에 대해 얘기하면서 그것이 복음으로 가는 길을 여는 것이라고 했다. 그는 "이와 같은 율법의 영향 이후에 복음의 역할이 때에 맞게 무리없이 뒤따르게 된다"라고 했다.[91] 당대 뛰어난 설교가요 경험이 풍부한 목사였던 볼턴의 견해는 다음과 같다.

---

88) 요 10:8, 16:10에 대한 칼빈의 설명.
89) 고후 3:11에 대한 베자의 설명.
90) Usher's Body of Divinity, p. 399.
91) Perkins's on the Nature and Practice of Repentance, chap. iii. on Rom 8:15.

"은혜를 심기 위해 필요한 준비로서 율법의 힘이 먼저 사람을 깨뜨리고 상처를 내도록 하고 그 후에 복음이 줄 수 있는 가장 달콤한 위로의 가장 값진 기름을 아낌없이 부으라. 그러나 매우 많은 사람들이 이 방법을 놓치면서 모든 것을 망쳐버리고 마는데 이는 그들 자신에게 성화가 결핍된 결과일 수도 있고 주님의 사업을 경영하는 기술이 부족한 까닭일 수도 있다."[92]

실험주의적 성직자인 데담의 로저스는 이 견해에 대해 힘주어 말하기를, "어느 누구라도 율법의 가르침에 반대하는 발언을 하지 않도록 하라. 이는 율법의 가르침이야말로 온 시대를 통틀어 하나님 그 분 자신과 그의 종들이 택하여 왔던 건전한 길이기 때문이다. 율법은 먼저 사람을 겸손케 하고 그리고 나서 복음이 그를 위로하도록 한다. 어느 누구도 율법 앞에 먼저 나아가는 준비 없이 자신에게 믿음이 있다는 것을 입증할 수는 없다."[93] 같은 학파로서 당대 존경 받은 그리넘의 설명은 간략하다.

"말씀이 힘 있고도 진정으로 전해질 때 그 곳에는 의심할 여지 없이 율법의 가르침이 뚫고 들어오며, 그리고 나서 전해지는 복음은 우리를 그리스도에게로 인도한다."[94]

상당한 영향력을 가졌던 또 한 저술가는 "인간은 그 본질상 참된 칭의의 믿음을 받을 수 있기 전에 율법에 의해 산산조각 나야 한다"[95]고 밝혔다. 거날은 이에 관한 그의 견해를 특유의 비유로 표현한다.

---

92) Bolton's Discourse on True Happiness, p. 176.
93) Rogers's Doctrine of Faith, pp. 66, 99.
94) Greenham's Works, p. 139.
95) Yate's Model of Divinity, Book ii, chap. 26.

"율법의 뾰족한 끝이 양심을 찌르고 난 후에야 피조물은 복음의 약속에 의해 그리스도께 나아가게 된다. 쟁기로 갈아엎어 놓기 전에 그 밭은 아직 씨앗을 뿌리기에 적합하지 않고 영혼도 역시 율법의 공포스러움 앞에서 깨뜨려질 때까지 복음의 자비를 받아들일 준비가 되지 않은 것이다."[96]

이와 같은 일련의 인용을 마감하면서 오웬의 단호한 증언을 듣고자 한다. 그는 기독교 교리를 강력하게 변호했던 것 못지않게 경건의 실험적인 모든 부분에 깊은 통찰력을 가졌던 것으로 주목받는 사람이다. 다음은 그가 한 말이다.

"어느 누구도 율법에 대해 아무 것도 알지 못하면서 복음을 이해한다고 생각하지 말라. 율법은 하나님의 규정이면서 본질적 성격상 죄인들에 대하여 우선적으로 주어졌다. 이는 우리가 율법에 의해 죄를 깨닫게 되기 때문이다. 복음 신앙이란 율법에 의해 내던져졌던 상태와 조건으로부터 그 영혼이 하나님의 마음을 따라 구원 받고자 행동하는 것이다. 만약 학자들의 저서에 넘치도록 등장하는 믿음에 대한 묘사들이 이러한 상태와 조건 또는 죄인의 양심에 작용하는 율법의 역할에 대한 어떤 관심도 그 안에 포함하지 않고 있다면 그것들은 모두 헛된 억측들일 뿐이다. 기독교 교리 전체 중에서 내가 그 어느 무엇보다 더 확고하게 추종하는 것은 참된 믿음을 말하기 전에 마음의 가책을 언급해야 할 필요가 있다는 것이다. 즉 이러한 것이 없이는 한 줄의 교리도 제대로 이해하지 못하며 사람들은 그저 논쟁하면서 허공을 칠 뿐이다."[97]

율법의 이러한 준비 작업들은 모든 경우 똑같은 강도로 진행되는 것

---

96) Gurnal on Ephesians vi.19.
97) Owen on Justification, chap. ii.

이 아니다. 타락한 우리 조상의 경우처럼(창 3:9~15) 어느 정도의 죄책을 느끼는 것은 복음을 받아들이고자 하는 열망을 고취시키고 그 목표로 나아가도록 하기 위해 필요한 것으로 보인다. 그렇지만 우리가 유의해야 하는 것은 회개가 피상적으로 이루어질 것을 우려한 나머지 죄인들에게 위협을 가하여 억누르는 일이다. 진정한 낮아짐은 율법 혼자서 이루어 내는 것이 아니라 복음을 위한 준비로 복음과 함께 하는 율법의 작용으로서 자비에 대한 소망과 연결되는 죄와 불행에 대한 자각이다. 더욱이 우리는 이 준비 작업이 무슨 공로가 된다고 주장하지 말아야 하며 어느 정도이든 복음의 무조건적 자유함을 침해하는 것이 되지 않도록 해야 한다. 그것들은 우리를 그리스도께 천거할 만한 어떤 자격이 되기 때문에 필요한 것이 아니라, 우리를 그리스도께로 이끄는 경향이 있기 때문에 필요하다. 우리가 만약 그 분께 꼭 나아가야 한다면 그것은 그 분께서 친히 은혜스럽게 초청하시는 조건에 의한 것이어야 한다. 곧 '돈 없이 값없이'(사 55:1) 말이다.

불행을 깨닫는 것은 치료를 받기 위한 준비이다. "건강한 자에게는 의사가 쓸 데 없고 병든 자에게라야 쓸 데 있느니라"(마 9:12). 칼빈이 말한 바와 같이 "그리스도를 약속받은 사람은 자신의 죄에 대한 깨달음으로 낮아지고 괴로워하게 된다."[98] 그 초청은 특별히 '수고하고 무거운 짐 진 자들' 다름 아닌 '귀를 기울이며 나오는 사람들'에게 주어진다.

뉴턴은 그림셔의 경우를 들어 말했다.

"어느 교역자가 하나님과 동행하는 가운데 빛을 받고 양심의 진보를 이루며 율법 아래에서 깊은 자각을 했지만 복음을 완전히 알지는 못했

---

98) Calvin on Isaiah 65:1.

다면 그는 무식하고 사악한 사람들에게 효과적으로 설교를 할 수 있는 특별한 능력을 가질 수 있다. 그들은 복음을 들을 기회가 없었고 거룩한 하나님의 법을 오랫동안 무시했던 것 때문에 그들 죄의 습관은 더욱 더 깊어졌다. 따라서 처음에 그들은 복음적 진리에 대한 정확하고도 질서있는 설명과 토론을 받아 들일 수도 이해할 수도 없다. 그런 설명과 토론은 현명하고 계몽된 청중들에게 더 잘 받아들여진다. 도리어 무지하고 사악한 사람들은 율법을 강조하는 설교가 그들의 양심에 친밀하고 충실하게 적용되는 것을 느끼며 '주님의 무서운 모습'에 '설득되어' '그들의 길을 살펴보게' 되고 그 후에야 그 분의 부드러운 자비를 생각하면서 크게 감화를 받을 수 있게 된다. 교역자가 그들보다 충분히 앞서 가면서 그들에게 첫 걸음을 보여 주고, 교역자 자신이 '은혜와 구세주를 아는 지식에서 자라가면서' 서서히 전진하면 그들도 그를 점차로 따르게 된다. 그러한 방법으로 우리가 아는 매우 뛰어난 많은 복음적인 현대 설교가들이 인도를 받았다."[99]

넷째, 우리는 복음이 율법을 세우는 것을 잊어서는 안 된다. 이를테면 사도 바울은 그의 칭의 교리에 대한 반박을 예상하면서 "그런즉 우리가 믿음으로 말미암아 율법을 파기하느냐 그럴 수 없느니라 도리어 율법을 굳게 세우느니라"(롬 3:31)고 말한다. 복음 신앙 즉 복음 교리는 두 가지 방법으로 '율법을 세운다.' 하나는 언약의 형태로 세우고, 다른 하나는 명령의 형태로 세운다. 언약의 형태로 율법을 세운다는 것은 율법에 대한 순종을 하나님께서 보장해 주시고 그것을 의의 값으로 쳐주시겠다고 보증하는 것이며 명령의 형태로 율법을 세운다는 것은 더욱 확

---

[99] Life of Grimshaw. 스콧의 초기 역사는 그의 'Force of Truth'를 보라. 이 귀중한 언급의 좋은 실례가 될 것이다.

고한 근거 위에 실천적인 의무감을 일으키며 천국 생활의 능력과 복음적 동기에 의해 그것을 이루신다는 것이다. 이러한 방법으로 그리스도의 직책들은 아름답게 결합된다.

우리의 보증인으로서 그리스도는 우리를 율법의 저주로부터 구출해 내신다. 그리고 우리의 왕이 되셔서 우리를 그 율법의 통치하에 두신다. 이 성경적인 믿음은 우리를 율법의 정죄로부터 구원해내고 또한 그 요구를 만족시킬 수 있도록 우리에게 능력을 준다. 이 원리를 제거해 보라. 그러면 우리는 율법을 어긴 결과 임하는 완전한 처벌을 받게 되고, 썩은 나무에 접붙여져서 좋은 열매를 맺을 수 없게 된다.

이와 같이 복음의 은혜는 이중으로 '율법을 세운다.' 믿음의 교리가 드러내는 것을 믿음의 은혜가 적용해 준다. 언약의 형벌에 노출시킴으로써 복음을 받게 하고 '율법의 성취인 사랑'을 실행할 수 있는 능력을 공급한다. 이렇게 되어 칭의에서는 빛과 어둠처럼 대립하던 믿음과 행함이 의롭게 된 죄인의 생활과 행위에서는 합치된다.

만약에 '율법'이 하나님의 형상을 옮겨 적은 것이고 의에 관한 완벽한 법칙이라면, 그리고 그것이 정하는 바대로 따르는 것이 거룩의 본질이라면 후에 계시된 복음이 어떻게 율법의 권위와 의무를 '폐지' 할 수 있겠는가. 그렇다고 그리스도인이 율법의 어떤 부분을 '폐지' 하고자 하는가. 하나님에 대한 사랑이든 아니면 그에 상응하는 이웃에 대한 사랑의 의무이든 어느 부분을 폐지하고자 하겠는가. 그리스도인은 오히려 더 부가된 의무를 지니면서도 그 두 부분이 모두 확고해지기를 바라지 않겠는가. 그리고 복음의 교리와 동기는 그가 기쁜 마음으로 순종하는 습관을 확립해 주지 않겠는가.

이러한 논의의 모든 것을 통해 우리는 목회에서 율법과 복음 사이의 차이를 정확하게 구별하는 작업의 중요성에 관해 다시 상기하게 될 것이다. 즉 "우리는 성경을 오해하여 복음을 율법으로 취하거나, 율법을 복음으로 취하지 않고 그 두 가지의 음성을 능숙하게 분별하고 구별할 수 있어야 한다."[100] 이 구분이 혼란스러워지는 것은 정도의 차이는 있더라도 율법이 구원의 효율적 원인이라고 설교하거나(갈 2:21), 율법이 요구하는 바를 우리 자신의 힘으로 이루어 낼 수 있는 것같이 가르칠 때이다. 이러한 말은 복음에 어긋나는 것으로서 혼란을 주며 하나님께 나아가는 자유롭고 직접적인 통로를 차단하게 된다. 이는 복음을 받아들이기 위해서 법적인 자격이 불가결한 것이라고 가르치는 것이기 때문이다. 심지어 신실한 그리스도인도 때때로 복음의 의보다 율법에 대한 순종으로부터 위안을 얻고자 하며 계속적인 실망으로 인해 그들은 '두려움에 매여 있는 정신' 아래 놓이고 '그리스도께서 우리로 자유케 하려고 주신 자유 안에서' '굳세게 서지'(갈 5:1) 못한다. 그리하여 이렇게 '또 다른 복음'(갈 1:6~9)을 전하는 것은 자기 의를 나타내는 기질을 고무시키고 양심이 일깨워진 사람들에게는 당혹스러움과 어려움을 가져다주며 복음이 갖는 일관성과 확고함을 저해시킨다.

우리는 복음과 율법을 구별하는 일을 잘 견지하면서도 그것들이 상호간에 갖는 의존성과 연관성을 견지해야 한다. 세상적인 쾌락주의자와 안전을 추구하는 배금주의자들에게는 율법의 교리가 적용되어야 함에도 불구하고 그들이 가장 우선으로 받아들이고 자신에게 적용시키고자 하는 것은 복음의 달콤한 약속들이다.[101] 그러므로 율법이 없는 복음을 전하는 것은 자기 기만을 부추기게 되는 것이다. 반면에 루터의 멋진 말

---

100) Patrick's Places.
101) Patrick, 위를 보라.

처럼 "비가 오지 않으면서 치는 천둥이 아무런 좋을 것 없고 해로움만 끼치듯 율법의 두려움만을 외치면서 동시에 복음의 교훈과 위로를 말씀의 이슬로 떨어뜨리지 않는 교역자들은 '지혜로운 건축가'가 되지 못한다. 이는 그들이 끌어 내리기는 해도 다시 세우는 일을 하지 못하기 때문이다." 우리의 임무는 복음을 전파하되 그것이 율법의 엄숙한 제재 아래에 있음을 말하고, 율법을 전하되 그곳에 복음의 은혜스러운 격려가 있음을 알려주는 것이다.

결론적으로, "이것은 율법 설교가 절망과 불만으로 이끄는 길이라고 비난하는 사람들의 무지와 부조리를 보여주는 것으로서, 바울을 통해 알게 되는 바와 같이 율법은 오히려 우리를 그리스도로 인도하는 것이다. 고백하건대 율법을 그 자체만으로 전하는 것은 그것의 용도를 곡해하는 것으로서 우리에게는 그렇게 할 수 있는 능력도, 임무도 없다. 그 이유는 우리가 가진 능력이 '사람을 멸망시키는 것이 아니라 교화시키기 위함이기 때문이다.' 율법은 복음에 부속된 것으로 공포되었으므로 그렇게 전해져야 한다. 또한 '중재자의 손으로' 공포된 것이므로 중재자의 손을 거쳐 전해져야 하고, 복음적으로 공포되었으므로 그렇게 전해져야 한다. 계속해서 우리는 율법을 전파해야 하고 그것을 그 자체의 두려운 모습대로 전해야 한다. 왜냐하면 비록 율법이 자비 가운데 선포되었지만 그것은 중재자의 손을 거친 후에도 천둥과 불과 폭풍우, 그리고 암흑으로 공포되었던 것이고 이것이야말로 성령께서 쓰시는 방도로서 먼저 죄를 깨닫게 하고 그리고 나서 그리스도 안에 있는 의와 피난처를 드러내 보이는 것이기 때문이다. 이처럼 율법은 선구자로서 우리 영혼 안에 그리스도가 들어오실 공간을 만들고 그분을 기쁘게 맞이할 준비를 시키는 것이다."[102]

✒ 성경적 설교

이 주제는 능력 있는 목회의 주된 원천에 관한 것이다. 이제 나는 '기독교적 인내와 결부된 확실한 진리'라는 주제에 대해 다루고자 한다. 성경이 지시하는 설교의 규칙은 바로 이것이다. "만일 누가 말하려면 하나님의 말씀을 하는 것같이 하라."[103]

"모세가 산에서 본 모형대로 모든 것을 짓도록 명령 받은 것같이"(히 8:5) 우리의 모든 설교는 신성한 모본을 따라 구성되어야 한다. 이 규칙은 진리의 체계에 포함된 모든 요점에 합당한 비중과 균형을 주도록 깊은 주의를 필요로 한다. 사람들은 모두 하나님의 진리에 대해 자신만의 독특한 관점을 가진다. 때로 우리는 개인적 취향 또는 처한 상황으로 인해 무의식적으로 결함이 있거나 균형 잃은 복음을 전파하는 심각한 위험에 처할 수 있다. 우리의 설교 원칙은 그 뼈대를 사도 바울의 결단에서 얻을 수 있다. "예수 그리스도와 그가 십자가에 못 박히신 것 외에는 아무것도 알지 아니하기로" 하는 것이다.[104] 이것이야말로 하나님께

---

102) Bishop Reynolds' Works, p. 149.
103) 벧전 4:11. 딤후 2:15에 대한 베자의 설명은 이 규칙을 훌륭하게 설명하고 있다. "옳게 분별함(ορθοτομεγτα), 다시 말해서 말하는 자는 무엇보다도 교리 자체에 관한 것은 하나도 간과해서는 안 된다. 뿐만 아니라 스스로 아무 것도 더하지 않으며 빼내지 않으며 나누지 않으며 비틀지 않아야 한다. 그런 다음 청중들이 이해해야 하는 것, 감화를 받아야 하는 것을 부지런히 살펴보아야 한다."
104) 고전 2:2. 고전 2:1~5은 목회에 대한 전체적인 요약을 제공해 준다.
　1절 - 하나님을 증거하는 목회적 특성
　2절 - 십자가에 달리신 그리스도를 증거하는 교리
　3절 - 목회자의 영적인 면에서의 의식적인 연약함과 겸손함
　1-4절 - 인간의 지혜로 하지 않는 목회적 방식
　4절 - 오직 성령의 나타나심으로 말미암은 목회의 능력

서 복을 약속하신 말씀 전파의 양식으로서 꼬르농의 대감독이었던 헤르만의 훌륭한 가르침처럼 우리의 모든 설교는 주 되신 그리스도를 드러내고 높이기 위해 하는 것이다.[105] 신실한 교역자들은 언제나 이 본질에 대해 일관된 생각을 가지고 수고했으며,[106] 그로 인해 그들이 하는 일은 항상 하늘의 복을 받았다. 반면에 이러한 부분에 부족함이 있는 경우에는 그에 비례하는 만큼의 비효율성이 따르기 마련이었다.

우리는 어떤 이름이 마치 무슨 마력을 부리기나 하는 것처럼 그리스도의 이름을 반복적으로 되뇌이겠다는 것이 아니다. 혹자들은 설교 중 십 분마다 그리스도의 이름을 말하면 그 분을 영광스럽게 전하는 것이라고 생각한다. 그러나 이렇게 하는 것이 꼭 그리스도를 전하는 것은 아니다.[107] 또한 매우 까다로운 어떤 사람들은 그리스도를 직접적인 주제로 삼지 않는 모든 설교에 비복음적이라는 낙인을 찍으려 한다. 하지만 성경의 모든 부분이 복음을 포함하고 있다는 것은 내용적으로 그렇다는 것이지 외형적으로 그렇다는 뜻이 아니다. 그러므로 우리는 그리스

5절 - 하나님의 말씀 기초 위에 믿음을 세운다는 목회의 목표

105) Religious Consultation for a Christian Reformation. Herman, Archibishop of Cologne and Prince Elector, 1548. 부처와 멜란히톤의 지도로 작성된 종교개혁의 이 계획에 대한 언급이 Scott's Continuation of Milner, i. 377~379에 있다.

106) 선교사 엘리엇은 젊은 목회자들에게 이렇게 말했다. "당신의 사역에 그리스도가 풍부하게 하라." 마터는 그의 학생과 목사에게 이렇게 말했다(180쪽). "가능하면 영광스러운 그리스도를 많이 보여 주십시오. 그렇습니다, 당신의 목회 전체의 모토를 '그리스도가 모든 것이다'로 정하십시오. 당신의 설교가 구속자의 피로 물들게 하십시오." 이것이 이 거룩한 목사의 강력한 어조였다(Skelton). 로메인은 저자의 친구에게 이렇게 말한 적이 있다. "사람들은 우리가 언제나 그리스도를 전파하는 것을 이상하게 생각합니다. 하지만 실상은 우리에게 전할 다른 것이 없습니다." "그리스도를 설교하시오"라고 한 경험 많은 교역자가 후배 형제에게 말했다. "그렇게 하고 있습니다"라는 대답이 돌아왔다. "그렇다면 그를 다시 전하십시오. 항상 그를 전하십시오. 모든 것이 그리스도와 연결되게 하십시오."

107) Cecil's Remains.

도의 이름을 끊임없이 소개할 목적으로 억지로 부자연스러운 해석을 하지 않도록 해야 한다.

복음의 모든 원리와 의무는 정도의 차이는 있으나 그분께 직접 관련되는 것이므로 이러한 관계의 바탕에서 행하는 것은 사도들의 모범에 정확하게 합치되며, 그의 고난과 죽음을 가장 온전하게 드러내는 것이 된다.[108] 우리가 힘쓸 일은, 그의 이름이 우리의 모든 목회 위에 생명과 영광을 이루도록 하고, 매 설교를 통해 죄인들이 그 분께 더욱 다가가며 그리스도인들이 일관된 신앙 고백 가운데 굳게 서도록 하는 것이다.

사도행전은 대중 설교의 본보기를 제공하고, 서신서들은 보다 교육적인 가르침의 형태의 본보기를 제공한다. 그렇다고 이 구조가 너무 배타적이 되어 우리의 설교 체계가 몇 가지 협소한 신학적 요점으로 제한되도록 해서는 안 된다. 기독교 교리나 특권이나 행동의 어떤 점이 십자가에 못 박히신 그리스도를 가리키지 않는다면, 이는 마치 어떤 마을이 대도시로 통하는 도로를 갖지 못하는 것과 같다. 에베소서 1장은 이 사랑스러운 이름을 '모든 신령한 복'의 매개체로 찬미하고 있지 않는가.(3~14절) 이 서신서 전체를 통해 나타나는 모든 천상의 교리와 특권, 또한 모든 개인적이고 관계적인 의무는 어떻게 그 활기찬 능력을 이 이름으로부터 얻고 있는가. 사도들은 가장 관련이 없어 보이는 담화의 한가운데서도 주님을 얼마나 자연스럽게 소개하는지.[109]

---

108) 만약 에베소서 4~6장이 십자가에 달리신 그리스도를 설교하는 핵심적인 부분이 아니라면 사도 바울은 자신이 세운 규칙을 따르지 못한 결과가 되었을 것이다. 고전 2:2.
109) 이를테면 남편의 의무(엡 5:25), 종의 의무(벧전 2:18~25), 악한 말을 하는 죄(딛 3:2~6), 교회 권징의 문제들(고전 5:7). 성경 저자들의 격렬한 감정을 솜씨 있게 제어함으로써, 그리스도의 이름을 등장시키는 방식은 의외이면서도 자연스럽고 고상하다. "신중한 그리스도인들은 이곳을 비롯한 모든 곳에서 영감 받은 저자들이 사용하는 이 절묘한 솜씨에 주목해야 한다. 핀달의 송가들은 섬세한 연결로 칭찬을 받는다. 그것들은 과감하고 의외

이 점은 다양한 동심원의 중심을 이루고 있음이 분명하다.[110] 이 원 안에는 하나님께 영광을 올려 드리고 사람들에게 유익을 주는 모든 것들, 하나님의 신실하심과 사랑을 나타내는 모든 적절한 방법들, 우리의 성품과 고백과 특권과 의무 그리고 영원에 대한 소망과 기대에 관한 모든 것들이 들어 있다. 그러므로 그리스도 이외의 어떤 것도 알려지지 않고 그 이외의 어떤 것도 전하지 않고 그 이외의 어떤 것도 자랑하지 않겠다는 결단은 그 사람의 마음의 폭이 넓은 만큼 그 이해 면에서도 성경적인 것을 보여준다. 이 같은 마음은 그리스도를 우리 회중에게 악에 대한 치료책으로 제공해 준다. 곧 이는 모두에게 해당하며 모두에게 제공되는 치료책이다. 그리하여 우리의 모든 다양한 주제들을 이 한 가지 요점으로 능숙하게 수렴시키는 것은 우리가 평생을 두고 배워야 할 교훈이다. 이를 좀더 완전하게 배우고 좀더 효과적으로 실행하고자 하는 우리의 모든 수고는 참으로 가치 있는 일이다.

그리스도만을 드러내는 목회는 유익하고도 영구적인 결과를 통해 이상의 사실을 입증할 것이다. 이것이야말로 '성령의 나타남과 능력과 함께'[111] 이루어졌던 사도적 사명을 매우 탁월하게 입증하며, 교회시대가

이면서도 굉장히 자연스럽다. 고전 5장 7절에서 우리는 동일하게 아름다운 대가의 필체를 느낀다. 사도는 간음죄를 범한 고린도인들에 대해서 가장 솜씨 있는 방식으로 그 주제를 다루며 그가 사랑하는 주제, 곧 십자가에 달리신 구주를 거론한다. 이런 상황에서 그런 이야기가 나올 것을 누가 예상했겠는가. 하지만 이 사실을 인정하고 나면 이 주제의 적절성과 이 이야기의 도입의 절묘함을 누가 칭찬하지 않겠는가." Hervey's Theron and Aspasio, Dialogue III.

110) 그리스도를 설교하는 것의 중요성에 대해 논하면서 매튜 헨리는 다음과 같이 적절하게 비유했다. "성경은 믿음의 원주(circumference)이며 이 원주 위를 걸으며 모든 점에서 믿음을 다루지만 그것의 중심은 그리스도이다." - William's Life, p. 119. 이것이 그의 태양계에 대한 바른 가르침이다. 위대한 빛의 중심 되신 그리스도께서 제시되고 그가 우리의 인식에 들어올 때까지는 아무 것도 이해될 수 없다.

계속되는 동안 촛대의 불이 제단 위의 거룩한 불과 같이 꺼지지 않고 계속 타오르도록 한 것이었다. 종교개혁 시대에도 가톨릭에 맞서 성공적으로 저항할 수 있었던 것은 동일한 무기를 가진 결과였다.

모라비아 선교사들이 술에 취한 그린랜드 사람들에게 처음으로 하나님의 본성과 온전하심, 그리고 그 분이 당신의 피조물에 대하여 정당하게 가지는 권리를 설명했을 때 그들은 꼼짝 못하고 그들이 사는 곳의 빙산처럼 얼어붙었다. 그렇지만 겟세마네와 갈보리의 애절한 장면들을 읽어 주었을 때 그들의 마음은 녹기 시작해서 부드러워지고 통회하며 믿음과 사랑의 마음으로 바뀌게 되었다. 그들은 그 이야기를 반복해서 들려 줄 것을 간청했는데 그들은 마치 죽음으로부터 생명을 얻은 것과 같았다.[112]

---

111) 고전 2:2. 사도행전과 비교하라.
112) Crantz' History of Greenland. 널리 북미에서도 이와 동일한 결과들이 산출되었다. 다음 글은 최초 회심자의 감동적인 간증이다. "나는 이교도이며 이교도 속에서 나이를 먹었습니다. 그러므로 나는 이교도가 어떻게 생각하는지를 압니다. 한번은 설교자가 찾아와서 신이 존재한다고 설명했습니다. 우리는 '당신은 우리가 그런 것도 모를 정도로 무지하다고 생각합니까?' 라고 대답했습니다. 또 다른 설교자는 '당신은 도둑질하거나 거짓말하거나 술 취하면 안 됩니다' 등을 가르쳤습니다. 우리는 '당신은 어리석군요. 우리가 그것을 모른다고 생각합니까?' 라고 대답했습니다. 이렇게 우리는 그를 보내 버렸습니다. 그 후에 그리스도인 형제 헨리 라우치가 나의 오두막으로 와서 내 곁에 앉았습니다. 그는 나에게 다음과 같이 말했습니다. '나는 천지의 주인의 이름으로 당신에게 왔습니다. 그는 나를 당신에게 보내어 그가 당신을 행복하게 해줄 것이며 당신이 지금 처해 있는 비참함으로부터 건져줄 것임을 알려주라 하셨습니다. 그 목적을 위해 그는 사람이 되었고 자기 생명을 사람들의 대속물로 주셨으며 우리를 위해 피를 흘렸습니다.' 나는 그의 말을 잊을 수 없었습니다. 나는 잠을 자고 있을 때에도 그리스도가 나를 위해서 흘린 피를 꿈꾸었습니다. 그것은 내가 지금까지 들어온 어떤 것과도 다른 말이었기에 다른 인디언들에게 헨리의 말을 통역해 주었습니다. 그 결과, 하나님의 은혜로 우리 사이에 대각성이 일어났습니다. 그러므로 형제들이여, 우리 구주 그리스도와 그의 고난과 죽음을 설교하십시오. 그러면 당신의 말은 이교도들에게로 들어갈 것입니다." Loskiel's Mission to the North American Indians.

브레이너드가 모든 능력을 가진 이 주제를 순전하게 인디안 이교도들에게 제시했을 때 특별하게 임한 거룩한 감화력에 관해 같은 이야기를 들려준다.

"이것은 하나님께서 복 주셨던 설교의 방법으로서 많은 영혼들을 일깨우고, 구원에 이르도록 회심시켰으며, 말씀을 듣는 자들의 삶에 놀라운 변화를 일으키는 방도가 되었다."[113]

세상을 개혁하기 위해 우리가 복음을 전파해야 하는 것은 너무나도 참된 사실이다.

우리 시대에 더 가깝고 우리 교회에 속했던 투루로(Tururo)의 워커(Walker)[114]와 헐(Hull)의 밀너(Milner)의 설교집 서문[115]과 그들의 고귀한 삶은 동일한 요점을 가르친다. 그들의 잘못된 교리 체계에 근거한 성실하고 양심적이며 모범적인 수고는 아무 열매를 맺지 못했다. 하지만 뒤에 빛을 받고 잘못을 고친 후에는 가장 큰 성공이 그들의 목회에 따라왔다. 코니어스(Conyers) 박사 역시 요크셔의 제조업을 기반으로 하는 큰 교구에서 수고할 때 복음전파협회에 '이 나라가, 그리고 이 시대가 배출한 가장 완전한 모범을 보이는 교구 사제'로 보고된 바 있지만, 그가 이룬 최고의 업적은 외적으로 나타나는 불법행위들을 억제한 것이었다. 그가 새로운 성격의 설교로 죄의 뿌리를 공격하고 그 때까지 알려지지 않았던 생명과 거룩함과 사랑의 원리들이 전개되었을 때 그의 회중은 개혁되었을 뿐만 아니라 변화했다. 그 무리들은 '주 안에서 그의 사도 됨의

---

113) Appendix I. to Brainerd's Life. 목회자 혹은 선교사에게 가장 중요한 문서이다.
114) 그의 「Lectures on the Church Catechism」 서문, pp. xxiv 등. 후에 Edwin Sidney에 의해 출판된 더욱 완전하고 흥미 있는 전기를 보라.
115) 그의 설교집 서문, pp. xxiii 등.

증표'였으며(고전 9:2) 그의 교회에 연합했고 "배우지 못한 자들과 믿지 않는 자들은 하나님이 참으로 그의 안에 계시다"[116]라고 했다.

복음 진리 외에 그 어떤 것도 영혼을 회심시키는 데 쓸모 있는 것은 없다. 진리를 의도적으로 억누르거나 타협하여 말하는 모든 행동은 특별한 직임(요 16:14, 15)을 수행하시는 성령님을 불명예스럽게 하는 것이며 그 분의 생명을 주는 능력을 억제하는 결과를 초래한다. 신실하고 정감 있으며 근면한 목사들 가운데 자신의 사역에 열매가 없음을 한탄하는 이들이 있지만 그들이 전혀 알아차리지 못하는 것은 그 악의 뿌리가 바로 그들 자신 안에 있다는 것이다. 목사가 성실하고 진지하고 양심적이고 자기를 부인했다 할지라도 그들의 이론과 실행에 오류와 결함이 있다면 그것은 조화와 균형을 완전히 잃은 방편이 되어 버리고 철저한 변화를 일으키는 도덕적 기적을 낳지는 못하는 것이다. 호슬리(Horsley) 감독은 "교역자들이 마땅히 수행해야 할 직임으로 화목에 관한 말씀을 선포하는 일을 잊어버리는 일이 너무 잦다"고 말했다.[117] 물론 이 화목의 사역이 없다면(고후 5:19) 우리가 회중 앞에 서는 것이 아무 쓸모가 없을 것이다. 우리는 눈물로써 그들에게 "하나님과 화목하십시오"라고 간청할 수 있을 것이다. 우리는 그들의 자기 사랑에 대해서 열심히 말을 하기도 하고, 그들의 어리석음에 대해 논리를 펼 수도 있을 것이다. 그리고 우리의 변론으로 그들을 설득시킬 수도 있을 것이다. 그들은 마치

---

116) 고전 14:23~25을 참고하라. 또한 Newton's Work, i. 562, 563의 흥미 있는 묘사를 보라. "우리는 도덕적 설교를 통해서 나라를 개혁하려고 노력해 왔다. 그러나 그 결과는 무엇인가? 아무 것도 없다. 우리는 목소리를 바꿔야 한다. 우리는 '그리스도와 그의 십자가에 못 박히심'을 설교해야 한다. 오직 복음만이 구원에 이르게 하는 하나님의 능력이다." Bishop Livington's Charges.

117) Charges, p. 7.

'악기를 잘 연주하는 사람'(겔 33:32)의 소리를 듣는 것같이 우리의 말에 귀를 기울일 수도 있을 것이다. 하지만 화목의 사역이 없이는 말씀이 깊이 새겨지지는 않을 것이며 주정뱅이, 욕설가 그리고 철저히 이 세상을 따르는 모든 자에게 아무런 영향을 끼치지 못할 것이다.[118]

그러나 우리 목회 가운데 그리스도의 십자가를 높이 들어 올릴 때, 하나님의 영은 그 자신의 소임을 행하시면서 휘장을 거둬 그리스도의 얼굴을 드러내시고 그의 생동하는 빛을 이 장대한 주제에 비추시기를 기뻐하실 것이다. 오직 그렇게 할 때만이 전능하신 그 분의 도구를 통해 그 교리가 우리 심장에 적용되어 우리 회중은 살아나고 성장하고 번성하게 되는 것이다. 그 때야 비로소 그들은 죄에 대해 죽고 이 시대 정신으로부터 구별되며 하나님의 형상을 닮아 그 분을 섬기는 일에 헌신하게 될 것이다. 그리고 그리스도인의 특권을 지금 향유할 수 있고 "빛에 거하는 성자들의 유업을 받기에 합당한 자로 바뀌게 된다."[119]

---

118) 이 점이 기독교 시인인 카우퍼에 의해서 힘있게 예증되었다. Task, Book v. 자기도 모르게 실제로 시도된 이 실험의 결과가 Dr. Chalmers' Address to the inhabitants of Kilmany, pp. 40~43에서 솔직하고 명백하게 진술되었다. Bishop of Winchester's Ministrial Charges of Christ. pp. 442, 443에서 몇 가지 귀중한 언급을 보라.

119) 이 모든 재능과 우수함(고대의 현자들과 연설가들을 암시하는 말이 당신 안에 있게 되고, 당신이 바로 그렇게 풍부한 재능을 부여 받은 사람이 되어, 모든 설교에서 그 재능을 사용한다 할지라도 그리스도의 영광스러운 복음을 제쳐두고 설교에서 드러내지 않는다면 당신은 단 한 명의 영혼이라도 변화시킬 것을 기대할 수 없다. 하지만 좀더 이야기해 보자. 당신이 하나님과 인간에 관한 자연 종교의 모든 원리와 의무를 어떤 사람들보다 풍부히 습득하고, 천사의 솜씨와 혀를 가지고 그 모든 것들을 가장 적절한 순서로 배열하고 가장 완전히 드러내며 시내 산에서 이스라엘 백성에게 그러했던 것과 같은 힘과 장엄함으로 하나님의 모든 율법을 선언하고 설명할 수 있다면 당신은 사람의 양심의 깊은 가책을 이끌어낼 수 있다(죄의 지식이 율법으로 말미암기 때문이다). 그러나 내가 확신하건대 '우리의 손에 맡겨진 이 복된 복음이 없다면 당신은 단 한 영혼도 하나님과 화목시키지 못하며, 그를 하나님의 자비로 이끌어 하늘의 기쁨에 참예하게 만들지 못할 것이다. 크고 영화로우신 하나님은 자신의 권위와 아들 예수의 영광을 누구에게도 양보

그렇다면 실제적인 행동의 의무를 가르치지 말라는 것인가? 적절한 때에 보겠지만 우리의 목회가 모든 것을 갖추기 위해서는 교리적 진술 못지 않게 도덕적 의무들을 성경적으로 실행에 옮기는 것이 필요하다.[120] 복음은 하나님의 은혜라는 영광스러움으로 부요해지지만 그것은 또한 하나님의 거룩하신 광채로 빛을 발한다. 그러나 혹자들은 "플라톤, 세네카, 오렐리우스의 얼음같이 차가운 도덕을 가르치며, 이를 통해서 그들은 구세주나 그의 제자들보다 키케로나 소크라테스가 더 나은 설교가라고 생각한다"고 고백한다.[121] 그러므로 우리는 복음과 무관하게 도덕만을 가르치는 것은 영적으로 효과가 없다는 주장을 견지해야 한다.

도덕적 가르침이 짐승을 사람으로 바꿀 수 있다 하더라도 그보다 높은 차원의 불가결한 변화 즉 사람을 성자로 바꾸는 일은 결코 이룰 수 없다. 모든 도덕규범을 지킨다 하더라도 그것이 믿음이라는 나무의 몸통에 접붙여지지 않으면 더 좋은 열매를 맺고자 하는 시도는 헛된 것인

하지 않으신다. 또한 그렇게도 거룩한 목적에 자신이 정한 방법 이외의 방법으로 도달하는 것을 허용할 만큼 자신을 낮추지도 않으신다. '그리스도를 영화롭게' 하는 직책을 가지신 성령은 하나님이 지정하신 유일한 구원자인 그 아들의 이름과 직책이 무시되고 무관심하게 다뤄지는 곳에서 자신을 낮춰 다른 방식으로 죄인을 구원하는 일을 하지는 않으실 것이다. 오직 복음만이 구원을 이루는 하나님의 능력이다. "만약 선지자들이 하나님의 경륜을 견지하려 하지 않거나 그 백성으로 하여금 그의 말씀을 듣도록 하지 않는다면 그들은 결코 이스라엘을 그들의 죄에서 혹은 그들의 행동의 악으로부터 돌이키게 하지 못할 것이다. 그러므로 만약 당신이 영혼 구원을 위한 모든 사역에서 복음을 사용할 만큼 그리스도의 복음에 대한 높은 평가를 가지지 못하거나 그 신성한 가치와 능력에 대한 감각을 가지고 있지 않다면 당신은 목회를 그만두고 거룩한 직무를 포기하는 것이 좋다. 이는 당신이 무익한 일을 위해서 당신의 정력을 사용하며 헛된 선언을 반복하고 있기 때문이다." Watts's Humble Attempt, pp. 30, 31, 38.

120) Sect. iii.
121) Dwight's Sermons, Vol. ii. 452.

데 그 이유는 그것이 '좋은 나무를 만들지 못하기' 때문이다. 어느 누구도 바울보다 도덕적 가르침을 더 많이 한 사람은 없었다. 하지만 그는 언제나 복음적인 교리를 근거로 하였다. 꽃을 피우고 싹을 내며 조그만 세상의 지면을 차지하고 있지만 그 곳에서 열매를 맺으며 움직이는 사람, 그는 바로 그리스도에게 접붙여진 사람이다.

"십자가에 달리신 그리스도는 하나님의 장엄한 포고이다."[122] 그러므로 그 어떤 영혼이라도 그 분께로 돌아갈 수 있는 것은 그 분의 이름과 하신 일과 영광의 드러남을 통해서만 가능하다. 그리스도인의 견고함이란 우리 무리들이 "그 분을 주로 받고 그 안에서 행하되 그 안에 뿌리를 박으며 세움을 받아 믿음에 굳게 설 때이다"(골 2:6, 7). 세커 감독은 그의 성직자들에게 이렇게 경고했다.

"충분히 복음적인 방법으로 설교를 하지 않았기 때문에 우리는 많은 회중을 분파주의자들에게 넘겨주었고,[123] 그들이 빠져 들어간 방종으로부터 그들을 되찾거나 더 많은 사람들이 그들에게로 넘어가는 것을 막지도 못했다. 해결책은 정도로 돌아가는 것이다. 곧 하나님의 모든 지혜를 선포하되 원칙적으로 인간의 지혜로 가르치는 것이 아닌 성령께서 가르치시는 말씀으로 하는 것이다. 다시 말하자면 "만약 당신이 한 곳에서 상당한 기간 동안 설교를 했음에도 결과가 미미하거나 좋지 못하

---

122) Cecil's Remains.
123) 혼 주교도 동일한 뜻으로 말했다. "이 시대의 많은 선한 그리스도인들이 복음에 목말라 하고 있다. 그들은 우리가 복음이라고 부르는 예수 그리스도에 의한 구원에 대해 듣지 않는다면 아무 것도 들은 것이 없다고 생각한다. 만약 그들이 우리의 강단에서 그것을 듣지 못한다면 그들이 어디서 그것을 듣기를 기대하겠는가? 그들은 오히려 다른 예배 처소를 방황하려는 유혹을 받게 될 것이다." 우리 회중을 분리주의자들에게 빼앗기는 것이 아무리 통탄스러운 일이라 하더라도, 그 전체 혹은 일부의 원인이 우리 설교의 결함에 있지 않은가! "내 백성이 지식이 없으므로 망한다"(호 4:6).

다면 확률적으로 잘못이 회중에게만 있는 것이 아니라 당신 자신 또는 당신의 설교에 있는 것이 틀림이 없다. '왜냐하면 하나님의 말씀은' 처음부터 그러했듯이 오늘날에도 '힘이 있고 좌우에 날선 검보다도 예리하기 때문이다.' 그러므로 어디에 잘못이 있는지 조사해보라."[124]

성경적 설교에 대한 바른 견해가 가르치는 것은 이것이다: 진술은 완전하고 뚜렷할 것, 어조에는 성령의 기름 부음이 있어야 하며, 연설 형태는 대중적이고, 경험적 공감을 이끌어내며, 적용은 직접적이고 실제적이어야 한다는 것이다. 요컨대 성경의 언어와 정신 그 자체로 깊이 배어 있도록 하라는 것이다. 그러할 때 우리는 회중을 향해 그리스도의 마음을 가지고 있노라고 확신 있게 말할 수 있게 된다. 사람들로 하여금 우리를 "그리스도의 일꾼이요 하나님의 비밀을 맡은 자로"(고전 2:16, 4:1) 여기도록 하라. 우리는 이 주제를 따라 가면서 더 중요한 세부 사항 몇 가지를 살펴볼 것이다.

교리 설교

우리는 '십자가에 달리신 그리스도'가 기독교 교리체계의 정수임을 보았다. 이 교리 설교는 내용면에서 충분하고 분명해야 한다. 즉, 그리스도의 인격, 직책, 사역과 관련된 모든 신비, 이와 관련한 성부의 사랑과 모든 신비, 성령의 사역 곧 그 사역의 특권, 의무, 언약, 소망과 관련한 신비 전체를 다루어야 한다.

그러나 우리는 목회를 하면서 이 넓은 영역 전체에 늘 주목하는 것은 아니다. 많은 사람들은 자기가 좋아하는 교리만 다루느라 동일하게 중

---

124) Charges, pp. 276, 296. The Charges of the late Bishops Porteus and Barrington은 이 동일한 요점을 명백히 지적한다.

요한 다른 교리들을 등한시한다. 어떤 사람은 잘못된 신앙 고백의 거짓됨을 밝히는 데 집중하고, 어떤 사람은 율법의 두려움을 외치는 일에 몰두한다. 또 어떤 사람은 회심하지 않은 사람들이 처한 무서운 상태를 묘사하는 일에 몰두하고 어떤 사람은 그리스도께서 모든 사람을 초청하신다는 사실만을 말한다. 복음의 약속과 위로를 무분별하게 나눠주는 일에만 몰두하는가 하면 실천적 의무를 추상적으로 설명하는 데에만 몰두하는 사람도 있다. 어떤 사람은 세상뿐만 아니라 교회에서도 영혼을 일깨우는 사역이 필요하다는 것을 잊은 듯하다.

그들은 "성령께서 살피시고 계시하시는 하나님의 깊은 것"을(고전 2:10) 드러내는 일을 보류하고 있다. 그들의 가르침에 그것이 전혀 결여되어 있지는 않다 하더라도 성경이 가르치는 만큼 현저하게 가르치지는 않는다. 이런 잘못이 범해지는 모든 경우에 우리 사역의 온전함에는 중요한 결핍이 일어나는 것이다. 하지만 우리는 천사들처럼 그 메시지를 상세히 들여다보고, 보냄을 받은 자처럼 맡겨진 임무를 수행해야 하며, 금고지기처럼 맡겨진 것들에 신실해야 하므로 그런 결핍이 용인되지 않는다. 학식, 지혜, 유창한 말솜씨, 은사가 있다고 해서 목사가 되는 것이 아니다. "맡은 자들에게 구할 것은 충성이니라."[125]

우리는 아무 것도 감추지 말고 선포해야 한다. 사람들에게 걸림이 되는 진리를 불필요하게 부각시킬 필요는 없지만 성경 내용상의 비중에

---

125) 고전 4:2, 7:25. 여호수아의 모세 율법 낭독(수 8:35), 예레미야가 사명을 받는 모습(렘 26:2, 42:4), 주님께서 자신의 사역에 대해서 하신 호소(시 40:9, 10; 요 15:15, 17:8), 사도들에게 전한 천사의 메시지(행 5:20), 교회 앞에서 바울의 증언(행 20:26, 27). 래티머는 '설교의 분명함'이라는 제목의 정직한 설교에서 이렇게 말한다. "누가 참되고 충성스러운 종인가? 새 돈을 찍어내는 사람이 아니라 선한 사람이 쓸 수 있도록 돈을 준비하는 사람이다. 그에게 그 돈을 환전하거나 가지고만 있는 것이 아니라 주님의 것을 사용하는 것처럼 사용하며 주님이 명하신 대로 사용하는 사람이다." 눅 16:1, 2 설교.

맞게 감추지 말아야 한다. 즉 우리의 강론은 회중의 영적 이해력에 적합해야 한다(막 4:33과 고전 3:1~3을 비교하라. 히 5:11~14). 동시에 우리의 설교에서 간과되는 것이 없어야 하고, 회중이 어떤 특정한 교리에 대해 염증을 느끼게 되지 않도록 주의해야 한다. "하나님의 말씀을 혼잡하게 하지 아니하고 오직 진리를 나타냄으로 하나님 앞에서 각 사람의 양심에 대하여 스스로 추천하노라"(고후 4:2).

타락에 의한 죄책, 부패, 멸망, 구속주의 대속의 피와 순종의 공로에 대한 믿음으로 얻는 값없고 완전한 칭의, 믿음에 의해 하나님의 가족으로 입양됨, 이 믿음의 거룩한 성격과 증거들, 중생, 점진적 성화 및 거룩하고 천상적인 위로에 있어서 성령의 직접적 역할,[126] 구속의 경륜에서 성삼위 각 위격들이 각각의 일들을 조화롭게 행하심 등. 이것들은 '천국의 제자 된 서기관' 들이 행할 사역의 핵심적 요소들이다.

복음에 대한 이런 견해들이 중요하고 영광스럽기는 하지만, 그 자체가 복음의 전부라고 주장하는 것은 한 부분을 전체라고 말하는 결과가 된다. 또한 이런 견해들을 선언만 하고 그것으로 그친다면 신성한 계시의 많은 것을 회중들에게 감추는 것이며, 우리의 가르침은 성경적 수준의 진리에 도달하지 못하게 된다. 우리는 이 무한한 자비의 강을 그 근원인 영원의 깊이 곧 하나님의 품으로까지 추적해 올라가야 한다. "하나님이 우리를……부르심은……오직 자기의 뜻과 영원 전부터 그리스도 예수 안에서 우리에게 주신 은혜대로 하심이라"(딤후 1:9).

---

126) 복음의 참된 성격은 언제나 '성령의 직분' (고후 3:6~8)으로 제시되지 않는가? 성령의 직분, 특히 그리스도를 믿음으로 받아들이게 하는 성령의 직분은 하나님의 영광이라는 성경적 가르침, 그 영광을 위해서 그 직분이 필요하다는 사실로부터 충분히 드러나지 않는가? 이 복된 위격에게 합당한 영광을 돌림으로써, 우리가 분명하고 충성되이 그에게 돌리는 그 능력을 성령께서 행사함으로써, 우리를 영예롭게 하기를 우리는 소망할 수 있다.

이 영원한 작정은 구원 계획의 필수적일 뿐만 아니라 모든 것이 흘러나오는 근원이며 모든 사람이 안식을 얻고 모든 것이 걸린 근거이며 모든 사람에게 확신을 주는 보장이다. 그 이외의 모든 것들은 아무리 바람직해 보이고 아무리 사람들이 얻고자 해도 구원을 확보할 수 있는 아무 것도 주지 못하는 피조물의 덧없는 의지로서 하나님과의 화목도 가져다주지 못하고 하나님 안에서의 행복도 가져다주지 못한다. 그것은 '하나님의 원수'가 되는 마음의 의지일 뿐이다. 우리의 복되신 주님은 은혜의 이 일차적인 근원을 제자들과의 더욱 은밀한 가르침에서뿐만 아니라 공개적이고 일반적인 가르침에서도 언급하셨다. 그렇게 함으로써 복음이 사람에게 유효하게 적용되려면 성부의 전능하신 능력이 있어야 한다고 가르치신 것이다(요 6:24~65, 10:24~30).

사도들이 교회에 베푼 가르침의 체계는 이 동일한 견해를 훨씬 분명하고 상세하게 제시한다.[127] 그러므로 이 모범을 따르고 이 진술에 합치해서 우리도 복음의 값없는 부르심을 선포할 때에 우리의 유효한 부르심의 근거를 감추지 말아야 한다(요 4:37). 은혜의 부요함을 보여줄 때 우리는 그것을 하나님의 전능하신 뜻으로까지 추적해 올라가야 한다는 것을 잊지 말아야 한다(엡 1:3~6; 딤후 1:9). 우리는 거룩의 의무를 강조할 때 그것이 하나님의 영원한 계획과 연결되어 있으며 또한 그 결과임을 보여주어야 한다(롬 8:29; 엡 1:4; 살후 2:13; 벧전 1:2).

이 교리들은 건전하고 거룩하기에 우리는 두려워할 필요가 없다. 그렇게 되려면 우리는 이 교리들이 성경에서 등장하는 것과 동일한 적절한 장소와 순서에 따라 그러한 강도와 명확함을 가지고 가르치며 강제

---

[127] 로마서와 에베소서를 보라. 로마서 전체, 특별히 그리스도인의 특권에 대해 8장에서 하나님의 선택하시는 사랑이 충만하고도 현저하게 나타나고 있다.

적이고 불필요한 반복을 피하면서도 성경이 요구하는 결단을 회피하지 않으며 이 진리들을 구원의 각 단계와 연결시켜 가르쳐야 한다. 신성한 자비의 각각의 단계 곧 그 근원인 하나님의 마음으로부터 시작하여 그 것의 영원한 완성에 이르기까지 모든 것을 가르쳐 그 모든 것 속에서 하나님이 영광을 받으시게 해야 한다.

이 주제에 대한 영국 국교회의 이해에 대해 살펴보자. 교리를 공부한 사람이라면 누구나 선택하시는 사랑의 충만함 속에서 부르심의 원천(딤후 1:9), 부르심에 대한 순종의 원천(벧전 1:2), 칭의의 원천(롬 8:30), 양자 됨의 원천(엡 1:5), 거룩의 원천(롬 8:29; 엡 1:4; 살후 2:13), 기독교적 행동의 원천(엡 2:10), 궁극적 행복의 원천(요 6:39, 10:28, 29, 17:24; 롬 8:30)을 발견할 수 있을 것이다. 진실로 교회는 이 정교하고 정확한, 조심스럽지만 타협할 수 없는 가르침을 목사들에게 제공하여 이 높고 거룩한 교리를 설명하는 모범으로 삼도록 해야 한다.

만약 이 교리가 영국 국교회의 묘사처럼 '경건한 사람들에게 달콤하고 즐거우며 말할 수 없는 위로로 가득한 것'이라면, 이 교리를 받아들임으로써 얻을 수 있는 기독교적 특권과 경건을 위해[128] 그것을 가르쳐야 하지 않겠는가? 만약 우리의 사역에서 이 기초와 원리가 결핍되어 있다면 어떻게 되겠는가? 그 결과가 변화의 사역에는 별 영향을 끼치지 않는다 하더라도, 그리스도인의 거룩의 성장을 저해하며, 특별히 다른 무엇보다도 전능한 은혜를 높이고 인정하는 사상이 가져다주는 천상의 복스러움을 우리의 마음이 드러내지 못할 것이다(계 5:9~14).

이 영민한 진술의 성격에 충분히 주목하지 않는 것은 하나님의 마음

---

128) 롬 8:33~39의 장엄한 단락에서 이 교리가 차지하는 현저한 위치를 보라.

과 말씀을 충만하고 명확하게 드러내지 않는 것과 같은 일이다. 그것은 무오하고 무한한 지혜보다 우리의 어리석음을 더 선호하는 일이다. 리치몬드는 이렇게 말했다.

"나는 하나님께서 자신의 교회에 계시하신 것을 감히 빠뜨리려 하지 않는다. 혹은 하나님께서 나에게 믿고 가르치라 하신 것을 무가치하거나 위험한 것으로 여기지 않는다."[129]

실로 우리는 우리에게 맡겨진 빛을 따라 전체적인 교훈을 위하여 의도되었고 우리가 그 해석자로 임명된 거룩한 책의 모든 부분을 회중에게 선포해야 한다. 안수 시에 우리에게 주어진 "그대는 하나님의 말씀을 선포하기 위한 권위를 취하라"[130]는 사명은 복음적 제도의 모든 것을 포함하고 있다. 그러므로 진정한 설교는 성경에 제시되어 있는 그 목표를 위해 그 진술, 순서, 비율 면에서 복음의 각각 모든 교리를 분명하게 드러내는 것이다. 만약 우리의 부족한 깨달음이 (가장 많은 빛을 받은 자라 할지라도 여기에서 예외가 없다) '하나님의 모든 지혜를 선포'하는 일에 방해가 된다 할지라도, 우리의 설교는 최소한 '그것을 선포하기를 꺼리지 말아야(행 20:27) 한다.' 즉 어떤 것도 의도적으로 감추지 말아야 할 것을 항상 명심해야 한다.

이 광대한 지식의 바다에서 우리에게는 언제나 발전해야 하는 분야가 남아 있다(엡 3:18, 19; 빌 3:10). 그러므로 '그리스도의 은혜와 그리스도를 아는 지식에서 자라감'으로써 우리 설교는 단순히 참되기만 한 것이 아니라 충만한 진리 즉 '예수 안에 있는 진리'가 되는 것이 우리의 목표와 연구와 기도가 되어야 한다. 정확한 교리 체계는 신성한 권위의 인

---

129) Life, p. 139.
130) Ordination of Priests.

이 찍힌 모든 진리를 선포하게 하며, 그 모든 부분을 유효한 목표에 연결시킬 것이다. 결함이 있는 교리 체계는 기독교 교리나 실천적 권면의 한계를 초래할 것이다.

한편 어떤 특정한 교리를 과도하게 반복하거나 지나치게 편중되는 잘못은 경계해야 한다. 이것은 어떤 교리들을 과도하게 감추는 것만큼 비성경적이다.[131] 어떤 추론이 합당해 보인다 하더라도 그것이 성경의 명백한 지지를 받지 않는 한 거룩한 조심스러움으로 대해야 한다. 캠벨 교수가 상기시키듯이 "계시가 멈추는 곳에서 우리도 멈춰야 한다. 거기서 일 센티미터라도 더 나가려 하지 말아야 한다."[132]

---

131) 선택과 성도의 견인에 대한 스콧의 설교의 적용에서 몇몇 중요한 언급들을 보라.
132) On Systematic Theology, Lect. ii. 이 주제에 대한 칼빈의 언급은 놀라운 지혜와 영민함으로 주목을 받는다. 강요. Lib. iii. c. 21. § 3, 4. 이와 동일한 정신으로 리들리 주교는 동료 순교자인 브래드퍼드에게 이렇게 썼다. (커버데일이 우리에게 전해준 것처럼, 그가 우수한 논문에서 다룬 선택에 대해서 언급하면서) "그 문제들에 대해서 나는 너무나 두려워했기 때문에 본문 자체가 내 손을 잡고 인도하는 바로 거기 이상으로 감히 나아가려 하지 않는다." Fathers of English Church, vol. iv. 249. 나는 인내의 정신을 가지고 형제들에게 내 견해를 진술하고자 한다. 빛과 사랑의 성령이 충만히 임할 때까지 이 깊고 신비스러운 주제에 대해서는 불일치가 있을 것임을 그는 인식하고 있다. 그러나 그는 현재 자기가 도달한 상태에 만족하여 전체 진리를 완전히 소유하고 있다고 생각할 수 있는 사람은 아무도 없음을 인식한다. '성도에게 전해진 믿음'의 모든 부분이 영적인 인식 능력과 무관하게 모든 사람에게 동일하게 분명할 수는 없다. 더 많은 연구와 기도를 통해서 진리에 대한 더 분명한 견해를 형성하며, 그것의 해명이 더욱 충만해지고 단순해지며 기름 부음이 더욱 증가할 것을 기대할 수는 있을 것이다. 이 선택 교리를 반대하는 많은 편견들이 논쟁적이고 냉담한 언어 속에서 일어났으며, 그것들은 겸손, 조심스러움, 거룩한 경건, 기독교적 특권의 향유, 곧 교회가 더 높은 영성에 도달하고 성령의 더욱 충만한 기름 부음이 내리는 일과 무관하다. 동시에 인간의 체계에 충성하는 위험성이 있으므로 우리는 "땅에 있는 사람"을 선생이라고 부르지 않도록 각별히 주의해야 한다. 다른 한편, 우리는 우리가 이해하지 못하는 것을 반대하지 않도록 동일하게 주의해야 한다. 우리는 성경의 어떤 특정한 부분을 공부하기를 싫어하는 일이 없도록 주의를 기울여야 한다. 그런 태도는 마음의 잘못된 경향임이 분명하며, '말씀 앞에서 떠는' 태도의 부족을 보여주며, 우리의 교만한 마음이 받기를 거부하는 것을 무효화하려는 경향일 뿐이다. 그러므로 나는 칼빈주의자 형제들과 알미니우스주의자 형제들 모두에게 성경에 주어진

사도의 서신들을 연구해 보면, 우리 교훈의 과정이 초대 교회에 주어진 성경 진리의 '일점 일획'까지 포함하고 있는지 (결의론적 문제는 제외하고.)[133] 알 수 있을 것이다. 그렇게 해보면 무엇을 어떤 방식으로 가르칠지를 배울 수 있게 된다. 이는 성령의 감동하심으로 받은 모범을 근거로 교리, 진술, 용어를 형성하되 은혜의 교리에 대한 추상적 견해들을 제공하는 것이 아니라 거룩한 저자들의 모범을 따라[134] 그것들에 실천적인 지침을 결합하는 것이다. 또한 이것은 거룩한 성령의 감동하심이 옷 입힌 신비로운 교리들이 혐오심이나 오해 혹은 방탕을 일으킬 것이라는 두려움 때문에 사용하지 않으려는 오류를 지적할 것이다. 그 오류는 비록 의도는 좋다하더라도 비복음적 정신으로서 인간의 육신적 지혜로 복음의 순결성을 더럽히는 일이다.[135] 다음과 같은 지적은 정확하다.

"성경 이외의 다른 어떤 모범에 집착하는 것은 절대적인 오류는 아니라 하더라도 복음을 부분적으로만 제시하는 무분별한 잘못으로 인도

충만하고 명백한 진리의 진술들을 드러낼 의무를 상기하고자 한다. 그들 자신의 마음의 편견이 결국 서로 다른 진술을 만들어낼 것이 분명하다. 그럴지라도 하나님의 말씀은 존중될 것이다. 그들은 진리를 의도적으로 억압하는 잘못에서는 건짐을 받을 것이다. 거기서 나타나는 어떤 차이도 논쟁적이 되지는 않을 것이다. 또한 그들 각각의 견해들이 더욱 접근할 것이며, 그들의 마음은 조화로운 형제의 합의에 더욱 가까워질 것이다. 그들은 또한 하나님께 대한 충성심 때문에 그들이 각기 주장하는 그 자유를 서로 인정할 것이다. 또한 "오직 우리가 어디까지 이르렀든지 그대로 행할 것이라"(빌 3:16)는 사도적 규칙을 배울 것이다.

133) 롬 14장; 고전 7, 8장.
134) 신 7:6, 10:15, 16; 롬 8:29; 엡 1:4, 2:10; 살후 2:13; 벧전 1:2.
135) 이 점에 대해서 데브난트 주교가 이렇게 말한다. "이것은 그리스도의 사역에서 요구되는 자유를 거스른다. 그리스도의 사역자들은 내가 말한 바와 같이 진리의 본질을 붙잡고 소유하도록 해야 할 뿐만 아니라, 마치 국경을 수비하는 것처럼 마지막 경계선을 지켜야만 한다"(골 4:4).

할 것이다."[136)]

우리는 목회 사역에서 회중에게 성경에 나타나는 모든 진술을 구현해야만 그들의 확신을 얻을 수 있다. 호슬리 주교의 강력한 권고로 이 점을 요약하고자 한다.

"청중의 마음속에 성령께서 은밀하게 역사해 주심으로써 말씀의 사역을 도와주시기를 하나님께 간절히 기도하십시오. 당신의 거룩한 기능을 수행하는 대상인 회중이 아무리 천하고 무지할지라도 기도가 응답되지 않으리라는 의심을 절대로 품지 말고 그들에게 하나님의 전체 경륜을 제시하기를 두려워하지 마십시오. 아무 것도 감추지 말고 하나님의 메시지를 완전히 개방하십시오. 그렇게 함으로써 당신의 섬김에 대한 보고를 하도록 부름 받았을 때 여러분 모두가 확신을 가지고 '내가 주의 공의를 내 심중에 숨기지 아니하고 주의 성실과 구원을 선포하였으며 내가 주의 인자와 진리를 많은 회중 가운데에서 감추지 아니하였나이다'(시 40:10)라고 말할 수 있을 것입니다."[137)]

우리가 하는 교리적 진술은 또한 단순해야 한다. 우리가 가르치는 내용은 충분히 단순하다. 죄와 구원 곧 파멸 당한 사람이 그리스도에 의해 회복된다는 것이다. 그러나 죄인이 그리스도에게 가는 길이 도피성으로 가는 길처럼 분명하게 되어야 한다는 것이 가장 중요하다. 불신앙과 자기를 의롭다고 생각하는 '거치는 것'이 '하나님의 백성의 길에서

---

136) Bishop of Chester's Apostolical Preaching, pp. 257, 258. Macknight's Essay I. Prefatory to his Commentary on the Epistles에서 귀중한 생각들을 발견할 수 있을 것이다.
137) Charges, p. 16. 이 중요한 충고와 거룩한 모범이 뒤에 'The Tracts for the Times'(Tract 80)에서 주창된 보류의 교리(doctrine of Reserve), 곧 무섭게 영광을 가리우고 하나님의 은혜의 영광스러운 복음의 영향력을 약화시킨 그 교리에 의해 어떻게 명확하게 거부되었는지 상기할 필요조차 없다.

제하여져야 한다'(사 57:14). 복음을 받기 이전에 거룩을 이뤄야 한다는 주장은 반박되어야 한다. 도리어 그리스도의 말씀의 보장에 근거하여 그리스도를 즉시 적용하도록 장려되어야 한다. 복음의 부르심에 대해 아무 대가가 요구되지 않는다는 사실 그리고 구원하고자 하시는 구주의 뜻과 그 충족성이 제시되어야 한다.

마지막으로 '회개하고 복음을 믿는' 모든 사람이 받아들여지리라는 것이 확실하게 천명되어야 한다. "회개하고 돌이키라", "믿고 구원을 얻으라", "보고 생명을 얻으라", "원하는 자는 누구나 오라"(요 3:14, 15; 행 3:19, 16:31; 계 22:17). 우리는 복음의 가장자리부터 시작해서 이론을 베풀어 한 걸음 한 걸음 그리스도께 오게 함으로써 죄인들을 흑암 속에서 기다리게 해서는 안 된다. 죄인은 왕을 보고 싶어 한다. 멀리서부터 접근하는 긴 예식이 있을 필요가 없다. 위대한 목표가 바로 앞에 보이도록 해야 한다. 이것에 미치지 못하는 모든 것은 아주 주제넘는 일이다. 죄인은 죽어가고 있으며 즉각적이고 긴급하게 의사와 치료가 필요하다. 놋뱀이 그의 앞에 들려져야 한다. 그가 믿기 때문이 아니다. 그는 믿어야 하며, 믿을 수 있게 되어야 하기 때문이다.

이것이 값없이 적절하게 주어지는 복음이다. 우리의 교훈이 이렇게 성경적 단순함을 가져야 무기력하고 부차적인 주제들에 의해 목회가 무능력하게 되는 것을 피할 수 있다. 리놀즈 주교가 묘사하듯이, "아테네적 기질을 가진 사람들 곧 '가장 새로운 신학을 말하고 듣는 이외에 달리 시간을 쓰지 않는 사람들'처럼, 건전한 형태의 온전한 말씀과 정통 교리의 전체적인 조화로 만족하지 않고 자기 마음의 모든 연구와 방향을 미지의 신학에만 쏟으며 새로운 것을 실험하고 새로운 발견에만 힘을 쏟는 사람들이 그러하다. 교리적 문제에서 새로운 빛을 극구 칭찬하며, 형이상학적 공상으로 사람들을 즐겁게 하고, 그것들이 마치 깊고 천상적인 신비인 듯이 떠들고, 의무와 회개와 새로운 순종이라는 구원의 원리를 설교하기를 게을리 하는 것은 듣는 사람들로 하여금 새롭게 가르쳐진 일들에 대한 확실한 지식에 도달하게 하기 보다 그들이 이전에 배운 모든 진리에 대해서까지 의심을 품게 하기 쉽다."[138]

이 단순함의 정신은 성경의 '일 점'에 대해서도 거룩한 존경심을 유지하게 할 것이며, '일 획'을 훼손하는 것에 대해서도 거룩한 질투를 품게 할 것이다. 성경을 해석할 때 신성한 가르침으로부터 가장 자연스럽게 흘러나오는 것으로 보이는 가르침, 곧 어떤 교파에도 속하지 않았다면 참된 의미로 보일 그 해석을 우리가 취하게 될 것이다.

우리의 교리적 가르침들은 또한 서로 연결되어 있어야 한다. 어떤 설교도 복음 전체를 상세히 다룰 수는 없다. 그럼에도 불구하고 설교의 주제는 서로 연결된 전체의 일부로서 전체 체계와 분명한 관계를 맺고 있어야 한다. 복음의 여러 중요한 진리들이 서로 연결되지 않은 상태로 설교될 수 있으나, 그럼에도 불구하고 엄밀하게 말해서 복음 자체는 선포되지 않을 수 있다.

하나님의 완전성을 말하되 그리스도의 일 속에서 이루어지는 조화를

---

138) Sermon on Self-denial, Works, pp. 809, 810. '성경의 새로운 의미와 뜻을 발견한 듯이 자랑하고, 다른 학식 있는 사람들의 경건하고 확고한 해석의 예외에 해당하는 것을 찾아내는 태도'를 경고한 후에 그는 다음과 같은 존경스러운 충고를 덧붙인다. "우리 자신의 의견이나 뜻을 개입시킬 필요가 있다고 판단될 때에는 첫째로 겸손과 조심스러운 태도로, 우리와 의견이 다른 사람들의 영예를 존중하고 존경하는 심정으로 하도록 하자. 마치 우리의 말이 의견이 아니라 예언인 것처럼 장엄하게 유레카라고 소리 높이지 말자. 둘째로 '신앙의 유추'와 '경건에 관한 지식'에서 떠나 공상과 비판적 호기심의 뒷골목으로 빠지지 않도록 주의하자. 도리어 가장 정통적이고 실천적이며 천상적이며 의무와 경건을 가장 진작하는 해석을 최선이며 가장 건전한 것으로 판단하도록 하자."

깨닫지 못하는 것, 하나님의 목적을 말하되 그것을 복음의 값없이 주심과 거룩성에 연결시키지 않는 것, 하늘의 영광을 말하되 거기에 이르는 길이신 그리스도를 가리키지 않는 것, 능력과 누추함과 죄책과 정죄를 말하되 그리스도를 통한 구원의 교리를 말하지 않는 것, 성령의 사역을 말하되 그것을 대속과 연결시키지 않는 것, 거룩을 말하되 그것을 그리스도와의 연합과 연결시키지 않는 것, 그리스도의 전가된 의를 말하되 그리스도께서 나누어주시는 의를 말하지 않는 것, 믿음으로 그리스도를 받아들이는 것을 말하되 마음을 새롭게 만드는 능동적인 사역에 대해서 말하지 않는 것, 언약의 구현을 말하되 그것을 의무와 연결시키지 않는 것, 혹은 의무를 말하되 그것을 수행하게 하는 동기를 말하지 않는 것 등. 이것들이 복음의 일부이기는 하지만 성경적인 연결성이 깨어짐으로써 복음 설교가 되지는 않는 것이다.

이렇게 파편화된 진리의 조각들은 하나님의 성전을 일으키는 데 필요한 견고한 기초와 교리의 상부구조가 되지 못한다. 복음 진리를 잘못된 곳에 두는 것은 마치 시계 부품 하나가 일으키는 혼란처럼 전체 체계를 잘못되게 만든다. 복음의 작용을 그것의 원리로부터 분리시키면 영혼을 살리는 능력은 상실된다. 실천적 진리에 대한 중요한 진술들이 그리스도를 직접적으로 언급하지 않고 발설하면 '성령의 즐거운 열매들'을 맺는 것이 아니라 '야생 포도,' 즉 '죽은 행위'를 만들어 내는 것이다. '행함이 없는 믿음이 죽은' 것과 마찬가지로 믿음이 없는 행위도 역시 죽은 것이기 때문이다.

그러므로 본질적으로 복음에 속한 매우 귀중한 진리를 선포하면서도 복음을 선포하지 않을 수 있다. 그리스도에 대해서 선포하면서도 그리스도를 선포하지 않을 수 있다. 거룩한 진리 체계의 각 부분을 전체에 연결시켜 주는 치명적인 고리가 결핍될 수도 있다. 그렇게 되면 우리는 믿음의 중요성을 힘있게 강조하면서도 그것의 참되고 영적인 성질은 보여주지 못하게 되는 것이다. 혹은 죄인의 파멸에 대해서 명확하게 설명하면서도 그것의 치료책을 제시하는 면에서는 희미하거나, 그 둘을 지속적으로 결합하지 못할 수 있다. 이런 결함을 가진 진술은 (설교자가 젊거나, 경험이 부족하거나, 편견을 가졌거나, 통찰이 부족한 결과일 수 있다) 복음의 아름다움과 완전함을 손상시키며, 복음의 천상적 능력과 논증의 힘을 약화시킨다.

그러나 우리는 다른 사람이 진리를 훼손시켰다는 이유로 진리를 절단하거나 억누르거나 분열시켜서는 안 된다. 다른 사람이 빵에 불순물을 섞었거나 '그것을 개에게 던졌다'(마 15:26)고 우리의 자녀들에게 빵을 주지 않아서는 안 된다. 어떤 사람이 독주와 포도주를 부당하게 섞어 마시고 만취했다고 해서 '죽게 된 자에게 독주를' 주지 않거나 하늘의 위로의 '포도주'를 '마음에 근심하는 자에게' 주지 않아서는 안 된다(잠 31:6). 자기 회중에게 독을 공급하는 이가 있는가 하면, 그들을 굶기고 있는 이들도 있다. '지식과 명철로 회중을 양육하는 하나님의 마음에 합한 목사'(렘 3:15)가 얼마나 희귀한가!

반감은 비성경적 마음 상태를 일으키는 간접적 악들 중의 하나이다. 우리는 오류에 대한 반대가 오류일 수 있음을 잊고 있으며 (현명하게 지적되었듯이) '이단은 이단에 의해 치료되는 것이 아니라 진리에 의해서 치료된다는 것'을 잊고 있으며[139] 진리가 (예를 들면, 선택교리) 그 진술 속에서 너무나 곡해되고 연관성을 잃어버림으로써 적극적인 오류가 될 수 있

---

139) Cecil's Life of Cadogan.

음을 잊고 있다. 어느 편이든지 절반만 진술하는 것은 잘못된 진술이다. 또한 어떤 점들에 대해서는 '사람의 말과 천사의 방언'으로 말한다 할지라도 만약 다른 중요한 점들에 대해서 비록 근본적인 중요성을 가지지는 않았다고 하더라도 애매하거나 잘못된 관념을 가지고 말한다면, 그것은 무의미한 것이다.

또한 우리의 교리적 진술이 억압되지 않도록 주의해야 한다. 이것을 위해 우리는 인간의 인식 전달 수단만으로 만족하지 말아야 한다. 우리는 자신을 살펴야 한다. 이는 '주의 광명 중에 우리가 광명을 보기'(시 36:9) 때문이다. 그럼에도 불구하고 성경 전체를 포괄하려 하며, 성경을 설교하려 할 때 어떤 신학 체계의 경향을 벗어나기는 극히 어렵다.[140] 그러나 어떤 체계도 진리의 모든 것을 파악하지는 못한다. 또한 많은 거친 모서리를 부드럽게 만들지 않고는 신학 체계가 배열되지 못하며 비일관성이 두려워 많은 본문들을 빠뜨리게 된다. 그러므로 기독교적 진실성을 가진 사람은 복음 교리를 진술할 때 거룩한 책의 내용들을 단절시키지 않을 뿐더러 억압하지 않으려 애쓴다.

우리는 성경의 진리 체계를 통해(진리 체계가 있다는 데는 의심의 여지가 없다) 하나님의 주권이 보편적으로 공정하게 발휘된다고 믿으며 인간의 자유로운 기능이 전적 부패의 사실에 의해서 영향을 받지 않는다고 믿는다. 우리의 이성은 서로 반대되는 것으로 보이는 이런 점들의 일관성을 찾아내거나 조정할 수는 없지만 믿음은 그 둘을 동일하게 단순한 태도로 받아들일 것이며 그 둘을 있는 그대로 진술할 것이다. 하지만 그 둘을

---

[140] 그래서 비치우스(Witsius)는 그의 겸손한 목사에게 엄하게 경고한다. "이미 갖고 있는 전제들에 부응하기 위해 하나님이 말씀을 어떤 방향으로든 아무리 가볍게라도 비튼다면 그것은 부당한 일이며 거의 죄악이라 할 수 있다." De Theologo Modesto.

조화시키는 것은 하나님의 무한한 지혜의 몫으로 남겨두어야 한다. 만약 주권자인 하나님이 모든 일을 그 마음의 뜻대로 역사하신다면, 그의 자비는 그의 언약에 충실한 실행 속에서 값없이 흘러나온다. 하나님은 자신의 뜻대로 "각 사람에게 나눠주신다." 그는 주기도 하시고 거절하기도 하신다. 동시에 하나님은 "구하라 그러면 찾을 것이요"라고 말씀하시며 또한 이 언약에 의해 어떤 사람도 '그를 헛되이 찾는' 일이 없을 것임을 약속하신다(사 45:19; 마 7:7, 8). 오직 하나님만이 중생을 일으키신다.

사람은 전적으로 수동적이다. 사람은 마치 기계와 같이 반응하는 것처럼 보인다. 하지만 하나님은 "내가 사람의 줄 곧 사랑의 줄로 그들을 이끌었고"라고 말씀하신다(호 11:4). 사람의 의지에는 아무런 강압도 행사되지 않는다(시 110:3). 구원이 사람에게 제공은 되지만 강요되지는 않는다. 그러므로 모든 일들이 처음부터 끝까지 하나님의 은혜이지만 사람의 자유로운 기능은 그대로 유지된다.[141]

모든 것은 하나님으로 말미암는다. 하나님은 우리를 움직이시며(빌 2:12, 13), 여기에 적용되는 원리는 '있는 자는 받을 것이요'이다(막 4:25). 동시에 사람은 이성적으로 행동할 수 있는 것으로 여겨진다. 비록 마비되었지만 걸으라는 명령을 받는다. 비록 죽었지만 "죽은 자 가운데서 일어나라"는 요청을 받는다.[142] 그는 그리스도께 올 수 있다. 그는 오라는 초청을 받는다. 그는 와야 한다. 그리고 만약 오지 않는다면 이것은 그

---

141) 어거스틴이 잘 말했다. "자유 의지가 없다면 어떻게 세상이 정죄를 당하게 될 것인가? 은혜가 없다면 어떻게 구원을 받게 될 것인가?" 버나드도 거의 동일한 말을 했다. "자유 의지가 없다면 구원받아야 할 것이 없으며, 은혜가 없다면 구원받게 할 것이 없다." Epist. 46.
142) 엡 5:14. 이 주제가 겔 37:1~10의 마른 뼈 비유에서 예증되고 있다.

의 죄이다. 비록 그의 이기적이고 겸손하지 않은 마음이 그를 올 수 없는 도덕적 무기력 아래에 잡아매고 있으나 그것이 핑계거리가 되지는 않는다. 왜냐하면 그가 무능력하다고 해서 의무를 이행하지 않아도 되는 것은 아니며 하나님이 자신의 의롭고 완전한 요구에 미치지 못하는 것을 요구함으로써 육신적인 사람과 타협하신다고 생각할 수 없기 때문이다.

결국 사람은 본질적으로 할 수 없는 일을 하라는 요구를 받는 셈이다. 그에게 요구되는 주제들은 그의 기능의 관심을 끌고 그의 자연적인 애착을 움직일 수 있는 적절한 내용들이다. 이런 모든 움직임 속에서 하나님의 주권, 은혜 그리고 능력이 말씀의 전파 속에 생명을 주신다. 우리는 이성적인 존재, 곧 우리의 메시지를 알아들을 수 있으며, 그것을 받아들이느냐 거절하느냐에 대해 책임을 질 수 있는 존재들을 대상으로 말한다. 그러므로 설교는 포괄적이고 단순하며 연결되고 제한되지 말아야 한다. 그러면 "주께서 은혜의 말씀을 증거하실 것이다"(행 14:3).

나는 성경의 교리적 기준을 지키면 그에 상응하는 거룩함과 특권의 향상이 수반된다는 확고한 확신과 함께 이 주제를 상술해 왔다. 사람의 마음을 거스르지 않기 위해 우리의 진술을 인간 마음의 철학에 적응시키려 한다면 이는 사람의 마음이 복음에 대해 본질적으로 적대적이며(요 1:5, 3:19, 20; 롬 7:7), 모든 설교자들 중 가장 지혜롭고 가장 매력적인 바로 그 분의 사역에 대해서도 명백하게 대적한다는 사실을(마 11:16~19; 요 12:37~40) 망각하는 처사이다. 이 원칙 위에서 사도 바울은 유대인과 헬라인이 '십자가의 어리석음'에 걸려 넘어지게 하려는 것이 결코 아니었다. 다시 말하면 그는 그들이 복음을 받아들이게 하기 위해 '하나님의 능력과 지혜'를 발휘하려 하지 않았던 것이다(고전 1:22~24).

애매하고 불분명한 말들이 마음의 적대감을 어느 정도는 잠재울 수 있으며 청중에게 어느 정도의 죄의식을 가져다 줄 수 있을 것이다. 그러나 이러한 것들은 결코 그들을 가장 중요한 지점까지 인도하지 못하며, 결국 인간의 능력만을 의지하여 성공을 거두려는 것이다. 마터가 그의 학생들에게 이렇게 상기시켰다.

"우리가 과감하게 제시하는 이 진리에는 교회가 서느냐 넘어지느냐를 결정하는 항목이 있습니다. 이 진리는 목회의 생명이 될 것이며, 이것이 없이는 경건의 능력이 유지될 수 없습니다. 이 진리들을 잃어버리면 목회가 생명력을 잃고 열매가 없을 것입니다. 또한 목자들에 대해 '당신은 병든 자에게 힘을 주지 않았고, 쫓겨난 자를 다시 데려오지도 않았습니다' 라는 불평을 하게 될 것입니다."[143]

재능과 유창함이 아니라 '단순함과 경건한 성실성'이 우리 목회의 원칙이다. 우리의 제도를 설명하는 단 한 줄의 설명은 "그리스도는 만유시요 만유 안에 계시니라"(골 3:11)이다. 그는 그림에 단순히 등장만 하는 것이 아니라 그림의 중심인물로서 전면에 위치하신다. 그림의 다른 모든 부분은 그분을 드러내어 현저하게 하는 부수적 역할을 하며 그 결과 눈과 마음을 오로지 그분께만 집중시킨다.[144]

---

143) Mather's Student and Pastor, p. 185.
144) 보울스(Bowles)는 우리 목회에서 그리스도를 충만히 드러내야 하는 합당한 이유를 다음과 같이 제시한다. 1. 오직 그분께만 유일한 구원의 소망이 있기 때문이다(요 14:6; 행 4:12). 2. 그리스도는 전체 성경의 내용이며 진리 전체이기 때문이다. 성경의 진리는 모세의 율법처럼 '우리를 그에게 이끌기 위한' 것이거나, 그를 우리 눈앞에 생생하게 제시하기 위한 것이거나, 우리를 외적 내적 수단에 의해서 그에게 이끌어 그와 교통하게 하기 위한 것이거나, 혹은 우리를 그 앞에서 합당하게 행하게 하기 위한 것이다. 3. 최초의 복음의 종들이 사역에서 그리스도께 최고의 지위를 부여했기 때문이다 - 세례 요한(요 1:29), 빌립(행 8:5), 바울(행 9:20; 고전 2:2; 엡 3:8). 4. 우리의 모든 사역이 그에게 접붙여지지 않는다면 그것은 큰 죄악이 되기 때문이다(요 15:4, 5). Lib. ii. c. 8. 또한 1. 하

레놀즈 주교의 강력한 권고가 이 주제의 결론으로 적합할 것이다.

"영적 설교의 이 천상적 기술을 꾸준히 의식적으로 여러분 자신에게 적용하십시오. 죄를 확신시키십시오. 죄에 따르는 죄책, 흠, 오염, 저주와 참상 속에 영혼이 빠져 있음을 지적하십시오. 그리하여 회중이 정신을 차리고 자기를 낮추며 '임박한 진노로부터 피하도록' 효과적으로 경고하십시오. 또한 완전히 충족하고 깊이를 알 수 없는 그리스도의 부요, 그를 아는 지식의 우수함, 측량할 수 없는 그의 사랑, 귀하고 귀한 그의 약속, '그의 고난과 부활의 능력에 참여함', 그의 거룩하심의 아름다움, 그의 멍에의 가벼움, 그의 평안의 달콤함, 그의 구원의 즐거움, 그의 영광의 소망을 확신시켜 회중의 마음에서 불이 붙어, 비둘기가 그 보금자리로 날아오는 것같이 그 구속자의 품 안의 안식처와 성소로 날아오게 하십시오. 그들이 기꺼이 순종하고자 하는 마음과 그리스도의 사랑의 강제하는 힘에 의해 이 평강의 왕의 통치에 복종하게 하십시오. 이 평강의 왕에 의해 '이 세상 임금이 심판을 받아 쫓겨나며' 그들의 '일들은 파멸되며' 이 목적을 위하여 우리는 '값을 지불하며' 우리가 '우리 자신의 것'이 되지 않고 우리를 건지신 그분의 것이 됩니다. 또한 '더 이상 우리 자신을 위하여 살지 않고', '우리를 사랑하고 우리를 위하여 죽으시고 다시 사신' 그 분을 위하여 살게 됩니다."

"주 예수 그리스도를 전파하라.""당신의 회중 속에서 십자가에 달리

나님이요 사람이신 그의 존재의 존엄성이(아 5:9~16; 골 2:3, 9) 우리의 구속자요 우리 믿음의 근거가 되시기에 합당하므로. 2. 우리를 위한 하나님과 사람 사이에 중보자이신 그의 직책으로 인해서이다. 3. 그에게서 흘러나오는 측량할 수 없는 복으로 인해서이다. c. 13. "그리스도 한 분 안에 인간의 구원의 모든 희망이 들어있다는 것을 가르치는 자, 그리스도를 통해서만 하나님의 은혜의 부요함이 우리에게 이른다는 사실을 아는 자, 이들만이 참으로 그리스도를 선포하는 자들이다." Dav. In Col. 1.28.

신 그리스도 이외에는 알지 않기로 결심하라." 그의 이름과 은혜, 그의 정신과 사랑이 당신의 모든 설교에서 최고의 위치를 차지하도록 하라. 마음속에서 그가 영광을 받으며 그의 백성의 눈에 그가 사랑스럽고 귀중하게 보이게 하며 그들을 그에게 인도하는 것이 당신의 큰 목적이 되도록 하라. 그는 그들을 보호하는 성소요, 그들을 화목시키는 제물이요, 그들을 부요하게 하는 보고요, 그들을 고치는 의사요, 그들을 변호하여 하나님 앞에 세우며 하나님을 섬기게 하는 보혜사요, 그들을 가르치는 지혜요, 의롭게 하는 의요, 새롭게 하는 성화요, 구원하는 구속이다. 그리스도가 당신의 모든 설교의 품 안에서 빛나는 다이아몬드가 되게 하라.[145]

경험 설교

사도 시대 이후로 복음의 이론이 오늘날만큼 잘 이해된 적은 없었을 것이다. 그러나 그것을 선포하는 많은 사람들 혹은 그것을 고백하는 많은 사람들이 그것의 조직적인 의미를 지나치게 강조하면서 교회의 성격을 규정하고 그 행위를 규제하는 생명과 능력, 능동적이고 경험적이며 실천적인 능력은 강조하지 않는다.[146] 우리의 진술이 충만하고 단순하며 서로 연결되어 있고 제한 받지 않을 수 있다. 그러나 교훈의 체계가 마음의 공감을 얻도록 적용되지 않는다면 그것들은 냉랭하고 능력 없는 지식만을 넣어주는 것이다. 물론 우리는 영적 경험에 대한 것을 항

---

145) Works, pp. 1039, 1040. 그의 글의 편집본이 런던 주교에게 헌정되어 일반에게 공개되었다. Christian Remembrancer는 레놀즈 주교를 '17세기의 가장 위대한 목사들 중 한 사람'으로 합당하게 평가한다. 아울러 그의 글을 '건전하고 힘찬 우리 신학의 모음을 접할 수 있는 가장 귀중한 자료'라고 말한다. November, 1826.
146) Newton's Life of Grimshaw, p. 65.

상 다룰 수는 없다. 그러나 스쿠갈이 '인간 영혼 속에 있는 하나님의 생명'이라고 적절하게 부른 다양한 감정, 어려움, 갈등, 그리고 특권의 상세한 부분을 다루는 것은 중요하다.

이 주제가 앞의 주제와 맺는 관계는 명백하다. 기독교인의 체험은 교리적 진리가 마음에 능력을 발휘한 결과이다. 그러므로 하나님의 진리의 원리들을 제시하지 않으면 사람들의 마음을 하나님께 연결시키는 그 실천을 일으킬 수 없다. 그러나 기독교인의 정서를 묘사만 하면서 그것을 성경의 교리에 연결시키지 않는 설교는 실제적인 내용이 없는 부족한 것이 된다. 반면에 설교자의 마음에서 흘러나오는 지적인 진리의 진술은 회중의 마음속에 실천적인 공감을 자연히 일으킨다.

회중에게 유익하도록 하기 위해 이 설교 방식을 채택하는 데는 상당한 지혜가 필요하다. 거기에는 다양한 수준의 종교적 경험이 포함된다. 죄책감의 힘, 그것을 억누르는 것의 위험성, 그것의 힘을 품고 깊게 하며 방향을 지시하는 최선의 방법을 알아야 한다. 또한 사탄의 능력, 곧 군중을 '자기 뜻 안에 잡아둠' (딤후 2:26), 하나님의 종들에게 적극적으로 그리고 너무나 성공적으로 영향을 미침, 대적의 거대한 계획의 일부로서 타락의 본성적 원리를 지속적으로 발휘하도록 함 등 이런 모든 일들을 정확하게 파악할 필요가 있다. 진정한 확신을 위한 규칙, 성경적으로 '영들이 하나님께 속했는지를 시험하는' (요일 4:1) 일이 또한 다뤄져야 한다.

성령의 서로 다른 직임들 곧 기도 가운데 '연약함을 도우심', 영혼의 각 부분에 죄를 깨닫게 하고, 빛을 비추며, 위로하고 힘을 주심, 하나님의 형상을 심어주고 자신의 사역을 증거하심 등의 일들도 역시 상세하게 다루어져야 하는 풍성하고 흥미로운 주제들이다. 성령의 사역과 그리스도의 사랑 및 그 하시는 일의 관계, 교회의 각 부분과 각 지체들 속에서 그리스도와 교회 사이에 존재하는 상호 관심과 교제 같은 주제들은 구속이라는 장엄한 사실을 생생하게 적용하며 모든 실천적인 위로를 제공할 것이다.

복음의 구조에 대한 이런 이해는 건조하고 추상적인 교리적 진술과 크게 다르다. 복음의 생명은 설명에 있는 것이 아니라 진정한 그리스도인의 성화와 위로를 위해 그 교리를 마음에 적용하는 데에 있다. 이런 성경의 주제들은 때로 강단 설교의 전체 주제가 되어야 한다. 하지만 그것이 우리 목회의 전체적인 흐름과 특성이 되는 것이 더 바람직하다. 하지만 "조심하라"는 성경의 경고를 신중하게 명심해야 한다. 그렇게 해야 우리 안에 그저 열정만을 불어넣는 이나 그 열정이 우리 안에서 야기할 수 있는 실질적인 위험을 예방할 수 있기 때문이다.

이 흥미로운 설교 방식을 사용하려면 설교자가 그것을 직접 실천하여 그 내용을 잘 알고 있어야 하며, 그것이 가져다주는 혜택을 개인적으로 경험해야 한다는 데는 재론의 여지가 없다. 목사는 오직 경험에 의해서만 유용하게 된다. 목사는 경험에 의해서만 마음에 부드러운 울림을 만들어내며 회중이 직면하는 다양한 상황, 시련, 환경에 합당한 교훈을 제공할 수 있게 된다.[147] 비치우스가 아름답게 표현했듯이, "단순히 무엇을 듣기만 하는 것이 아니라 생명의 말씀을 보고, 만지고, 맛볼 때, 또한 단순한 사변에 의해서만 가르침을 받는 것이 아니라 실제 경험에

---

[147] "내 자신의 마음에 대한 지식과 주께서 나의 영혼을 다루심에 대한 지식은 그것이 아무리 작은 지식이라도 나의 설교에 큰 도움을 주었다. 또한 내가 경험한 것을 전할 때에는 다른 것을 전달할 때보다 더욱 감동적이고 진지한 태도로 전할 수 있음을 알게 되었다." Brown's Life and Remains.

의해서 가르침을 받을 때, 목사는 자신이 발견한 것을 확신을 가지고 끈기 있게 가르치며 각각의 경우에 무엇이 필요한가에 대한 자신의 지식을 가지고 각 경우에 적용하게 된다."[148]

따라서 목사는 고통을 충분히 경험할 것을 예상해야 한다. 이는 목사 자신을 겸손하게 하기 위해서만이 아니라 목사의 성공을 위해서도 가장 중요한 준비이다. 그는 거룩한 스승과 마찬가지로 '학자의 혀를 얻어서 곤고한 자를 말로 어떻게 도와 줄 줄을 알게' 되는 것이다(사 50:4). 일반 성도들의 무수한 시련, 두려움, 불평, 유혹들을 경험함으로써 목사는 각각의 어려움에 대한 구체적인 처방을 내릴 수 있으며, 그들 모두와 공감할 수 있게 된다(고후 1:3, 7).

사도 바울은 교회에 보낸 서신들에서 때로 자신의 경험을 소개함으로써 설교의 효과를 얻고 있다(롬 7장; 빌 3장; 딤전 1:12~15 등). 우리가 회중에게 "우리도 여러분과 함께 동일한 환난을 통과하며, 동일한 어려움으로 고민하며, 동일한 함정에 빠지며, 동일한 유혹을 극복합니다"라고 말할 수 있다면 서로에 대한 관심이 일어나며, 현재의 고난 속에서 그들은 우리로 인하여 하나님께 감사하며 용기를 얻게 될 것이다. 이런 성격의 강론은 달빛의 차가운 명료함에 비교되는 태양의 생명의 빛처럼 온기로 마음속에 직접 흘러들어가 깊은 인상을 남긴다. 도로 표지판은 여행자에게 길을 가리켜 주지만 자신은 움직이지 않는다. 살아 있는 안내자만이 함께 하는 사람과 공감하고 생명력을 불어넣어주며 세워주는 동료가 된다. 하지만 개인적 경험을 이야기할 때는 그 회수와 적절성을 조심스럽게 유지해야 한다. 그렇지 않으면 '주 그리스도 예수' 대신에 '우

---

148) De Vero Theologo.

리 자신을 전파'하게 되며 우리 자신의 경험을 회중의 표준으로 제시하게 된다. 그렇게 함으로써 종을 주인의 자리에 벌레를 하나님의 자리에 놓게 되는 것이다.

이 점에서 우리의 목회는 귀중한 도움을 얻는다. 갈라디아서를 설명하면서 우리는 자신을 스스로 의롭게 여기는 죄와 위험에 대한 충분한 초상화를 그릴 수 있다. 하지만 이 위험이 회중 속에서 작용하는 다양한 경우들을 관찰함으로써 더욱 밀접한 적용을 얻을 수 있다. 우리 청중의 다양한 경험과 가장 노련한 목사들의 경험을 비추어 볼 때, 일상적 이야기를 통해 그려내는 경험의 경우 훨씬 생생하고 실감이 날 것이다.

이 설교 방식의 유익은 다양하며 또한 중요하다. 그것이 회중의 마음 속에 일으키는 메아리는 말할 것도 없고 우리 목회에 독특한 융통성을 제공하며 회중의 다양한 위급 상황에 적절하게 대처할 수 있도록 해준다. 그것은 또한 우리 자신의 경험을 적절하게 사용할 수 있게 해준다. 우리 경험을 목회의 표준으로 사용하거나 그것을 개인적 자기반성의 영역 속에 가둬두는 것이 아니라 우리의 일상적인 강설의 유용한 자료로 활용할 수 있게 해준다. 이런 성격의 사역에는 대개 독특한 복이 동반된다. 리치몬드가 다음과 같이 말했다.

"내 안에 있는 본성적 부패의 활동에 대해서, 구원을 향한 간절한 염원에 대해, 내 자신의 무익함에 대해, 그리고 나의 구주의 충만함에 대해서 내 마음 속에서 일어나는 진실한 감정을 가지고 말할 때 나는 회중이 듣고 느끼고 권면을 받고 힘을 받는 것을 항상 발견한다. 반면에 '구원 받기 위해서는 무엇을 해야 하는가?'라는 중대한 문제에 별로 영향이 없는 세부 사상에 대한 형식적이거나 차가운 설명에 빠져 들면 청중들과 나는 맥이 빠져서 아무 유익을 얻지 못한다."[149)]

사도의 서신들을 연구하면 이 설교 방식의 실례를 충분히 얻을 수 있다. 로마서 8장에는 얼마나 생생한 경험의 흥미로운 세부 설명이 제시되는가. 거룩한 책의 이 놀라운 부분은 추상적인 진리의 메마른 진술과 얼마나 다른가. 신실한 성도의 사랑, 평화, 거룩한 교통, 갈등, 기쁨과 승리에 대한 그 박진감 넘치는 증언은 복음적 교리와 지침의 직접적 결과이다.

이 설교 방식의 또 다른 유용성은 이것이 모든 그리스도인에게 동일하게 적절하다는 것이다. "물에 비치면 얼굴이 서로 같은 것같이 사람의 마음도 서로 비치느니라"(잠 27:19). 사람의 얼굴은 각기 달라서 똑같은 것은 없지만 그 전체적 특성을 놓고 보면 동일하다. 마찬가지로 그리스도인 각 개인의 경험도 무수히 다양하지만 본질적으로는 동일하다. 모든 사람은 '자녀들'이므로 동일하신 하나님의 교훈 하에(사 54:13) 실질적으로 동일한 교훈을 받을 개인의 교육 과정이나 부수적 상황들에 의해 이해력이나 가르치는 능력에 차이가 날 수 있지만 경험적 가르침이라는 동일한 방법은 모든 사람에게 공평하게 적용될 것이다. 하늘의 생명원리가 심겨지고 품어지고 유지되는 방법과 수단에 대한 상세한 설명에 의해서 연소자나 연장자 모두 유익을 얻을 것이다. 심지어 불신자의 마음속에도 깨달음이 일어날 것이다. '만약 기독교가 이런 것이라면 나는 아직 그것을 배우지도 느끼지도 즐기지도 못하고 있구나.' 이런 생각이 소원을 일으키고 거기서 나아가 기도함으로써 새 생명이 시작될지 누가 알겠는가? 이 같은 생명의 충만한 범위와 능력은 무한한 영원

---

149) Richmond's Life, p. 184.

속에서 발견되는 것이다.

실천적 설교

복음은 교리적으로 가장 정확하고 경험적인 모든 위로와 함께 전파되면서도 여전히 '고운 음성으로 부르는 사랑의 노래'에(겔 33:32) 불과하게 될 수 있다. 사람들은 흥미를 가지고 교리적 설명을 듣고 자기기만적 즐거움으로 그것의 영적인 기쁨을 맛보면서도 실천적인 세부사항들에 대해서는 반감을 가질 수 있다(마 13:20; 요 5:35; 히 6:5). 어두워진 지성과 흥분하기 쉬운 감정을 다루는 것은 부패한 의지를 다루는 것보다 훨씬 쉽다. 만약 하나님의 일이 지식과 감정만을 다루고 그에 수반되는 실천적 의무를 요구하지 않는다면 그 메시지는 중생하지 않은 마음에 불쾌감을 덜어 줄 수 있다. 그러나 실천적인 의무를 직접적이고 상세하게 요구하지 않는다면(마 28:19, 20), 이는 마치 교리나 경험을 전혀 언급하지 않는 것처럼 '하나님의 뜻을 다 전하는' 것이 아님을 목사라면 알 수 있다. 설교의 복음, 교리, 실천적인 세 부분이 서로 연결되고 의존하는 가운데 메시지가 전달되어야 한다. 그러면 머리, 가슴, 삶이 동시에 영향을 받을 것이다.

먼저 실천적 설교와 교리적 설교의 연결이 가장 중요하다. 어떤 사람들은 십자가에 달리신 그리스도를 가르치는 것이 의무의 세부 사항을 가르치는 것보다 훨씬 중요하다고 생각해 왔다. 이는 마치 이 둘이 함께 있지 않아도 되는 것같이 생각하는 것이다. 하지만 기독교 교리의 근거 위에 그리스도인의 의무를 가르침, 그리스도인의 의무를 구속하신 사랑에 대한 감사의 자연스러운 실천으로 제시함, 십자가의 도리로부터 흘러나오는 천상적인 동기의 작용을 드러냄, 영혼이 그리스도와 연합하는 것이 거룩의 유일한 근원임을 지적함, 오로지 구속에 의해서만 이 연합의 열매가 받아들여짐을 깨달으며 모든 상대적인 의무들을 그리스도의 가르침에[150] 연결시키는 것 등 이것이 사도의 교훈이며 유익하고 효과 있는 실천적 설교의 원칙이다. 이것이야말로 거룩한 건물을 오직 '시온에 놓인 기초' 위에 세우는 것이다. 호슬리 주교의 증언은 이러한 면에서 가장 결정적이다.

"믿음의 실천은 교리가 이해되어 확고히 받아들여지는 데 비례해서 풍성해진다. 또한 교리가 오해되거나 경시되는 것에 비례해서 믿음의 실천은 퇴락하고 부패한다. 그러므로 복음이 명하는 바를 실행할 것을 압박하는 것은 복음 설교자의 큰 의무임이 확실하다. 그러나 교리를 가르침으로써 이 실천을 구체적인 방식으로 부여하는 것도 역시 그의 의무가 된다. 계시된 교리가 제공하는 동기만이 목사에게 유일한 동기가 되어야 하며, 이는 종교적 의무가 유효하게 강제될 수 있는 유일한 동기이다."[151]

혼 주교는 다음과 같이 잘 지적하였다.

"우리로 하여금 죄를 버릴 수 있게 하는 유일한 능력인 구속과 은혜라는 위대한 성경의 진리를 가르침이 없이 선덕과 악덕에 대한 설교라고 칭하는 실천적 설교를 하는 것은 마치 시계의 바퀴와 바늘은 전부 조립하면서도 막상 그것들을 움직이게 하는 스프링을 빼는 것과 무엇이 다른가!"[152]

---

150) 남편의 의무(엡 5:25), 아내의 의무(22절), 종의 의무(6:5; 골 3:1; 딛 2:10), 신하의 의무(벧전 2:13~25), 악한 말을 하지 않을 의무(딛 3:2~7) 등. 또한 벨릭스에게 한 사도의 설교를 비교하라(행 24:21, 25). 성경 본문의 '그러므로'는 교리와 실천의 연결성과 의존성을 잘 보여준다(롬 12:1; 엡 4:1; 골 3:1).
151) Charges, p. 10.

다른 본문에서도 그는 강력한 예화를 사용하여 동일한 내용을 밝힌 바가 있다.

"한 가지 우리가 단언할 것이 있는데, 이는 성경으로 그것을 증명할 수 있기 때문이다. 곧 칭의와 성화를 먼저 가르치지 않고 도덕적 의무를 선포하고 강제하는 설교자는 손발을 전혀 움직일 수 없는 사람에게 산책의 유익에 대해 열변을 토하는 것과 같다. 이와 마찬가지로 중생하지 않은 영혼은 칭의와 성화를 얻기까지 어떤 선도 행할 수 없는 것이다. 그 열변이 아무리 화려해도 앉은뱅이에게는 '나사렛 예수 그리스도의 이름으로 걸으라'는 사도 베드로의 단순한 말이 천만 배나 더 가치 있는 것이다. 바로 윤리적 목사와 복음 설교자 사이의 차이가 이러하다."[153]

이 주제의 예시로서 삼위일체 교리가 기독교 예배와 하나님에 대한 사랑의 실천과 관련하여 설명될 수 있다(마 28:19; 살후 3:5). 성육신 교리로부터 어떤 때는 죄를 지적하는 화살이 나오고[154] 어떤 때는 이것이 겸손(빌 2:4~6), 사랑(고후 8:9) 그리고 순종(마 12:5; 행 3:22, 23)의 동기가 된다. 대

---

152) Bishop Horne's Essays, p. 162.
153) Bishop Horne on preaching the Gospel, pp. 7, 8. "세네카나 에픽테투스의 책장에서 만나는 것보다 훨씬 고양되고 순결한 도덕성이, 누구나 이해하고 파악할 수 있으며 가장 강력한 강제력을 가지며 가장 어리석은 사람이 아니면 무시할 수 없는 근거를 가진 당신의 설교에서 뿜어져 나올 것이다. 하나님의 사랑과 구속주와의 경건한 연합에 의해 형성되는 이 도덕은 새로운 피조물의 온몸으로 퍼져나가 표현됨으로써 그 자체의 아름다움을 드러낼 것이다. 이 도덕은 신성한 진리에 대한 정당하고 진심어린 참된 열매이므로, 당신은 결코 이것을 그 모체로부터 분리할 수 없으며, 복음의 정신을 강력하게 주입하지 않고도 사람을 거룩으로 이끌 수 있다는 무익한 소망을 품을 수 없게 된다. 기독교 체계에서 진리와 거룩은 너무나 밀접하게 연결되어 있기에 한 가지를 따뜻하고 신실하게 가르치는 것이 다른 한 가지를 위한 유일한 기초가 된다." Hall's Sermons, p. 38.
154) 너희가 거룩한 자를 죽였도다(행 3:14, 15).

속은 죄를 미워해야 하는 원리(로마서 5, 6장)와 구주에 대한 사랑의 원리(고후 4:14, 15)로 제시된다. 선택 교리는 우리가 앞에서 주목했듯이 항상 개인의 거룩과 성실한 생활을 유지하는 동인과 연결된다(벧후 1:10). 이처럼 하나님의 주권과 거저 주시는 은혜는 법을 거스리는 방만한 생활에 대한 구실이 아니라 근면한 활동의 원리가(빌 2:12, 13) 된다.

이와 같이 복음의 가르침은 거룩의 속성과 그에 따르는 의무를 설명해줄 뿐만 아니라 그 자체가 거룩의 유일한 원칙이 된다. 우리는 매 순간 믿음으로 살며 서로 사랑하고 세상을 이기고 죄를 십자가에 못 박고 하나님을 섬김으로써 즐거움을 삼게 된다. 단순한 규정만으로는 죄에 대한 본능적인 사랑을 제거하지 못하며, 거룩이라는 새로운 경향을 마음속에 주입하지 못한다. 믿음의 교리만이 그리스도를 생명의 근원으로 입증하며 그 생명으로부터 흘러나오는 모든 거룩한 실천을 상세히 알려줌으로써 이 강력한 변화를 일으킬 수 있다.[155] 우리가 상세히 알려 준다고 말한 이유는 사도가(그의 설교는 이 점에 우리의 모범이된다) 새 사람을 묘사할 때에 개괄적인 모습만 묘사한 것이 아니라 그의 모든 모습과 움직임을 세세히 그려주기 때문이다. 그는 거룩에 대한 일반적 가르침으로부터 회중에 대한 그의 지식이 그에게 요구하는 대로 특정한 의무들을 구체적으로 열거하고, 특정한 죄를 꾸짖는 데로 나아간다.[156]

실천 설교와 경험 설교를 연결시키는 것은 또한 매우 중요하다. 경험 설교의 높은 기준을 유지하고 복음의 기쁨을 항상 말한다 하더라도 그것이 실천적인 의무와 연결되지 않는다면 이는 우리가 받은 신성한 명

---

155) 웰즈의 대집사 심방에서 이 주제에 대해서 행해진 훌륭한 설교를 보라. Ralph Lyon, M.A.가 행했다.
156) 롬 7장; 엡 4, 5장 전체를 읽으라.

령을 가장 불신실하고 허약하게 수행하는 결과가 될 것이다. 과연 그렇다. 하나님의 사람이 하늘의 유업에 대한 관심을 실제로 표현할 때, 사죄의 감사가 그의 영혼에 적용될 때, 성령의 인이 그의 마음에 새겨질 때, 그의 영혼이 '아버지와 그의 아들 예수 그리스도와의 교제'에 의해 힘을 얻을 때 '여호와께서 내게 주신 모든 은혜를 무엇으로 보답할까' 라는 감사의 탐구가 시작되는 것이다(시 116:12; 사 6:6~8).

기독교인의 상세한 의무 내용은 자신이 경험한 혜택에 대한 감사를 실천으로 표현하는 것이다. 그가 모든 사회적 의무를 더욱 적극적으로 수행함으로써 하나님과 맺은 관계는 진전을 이룬다. "이는 범사에 우리 구주 하나님의 교훈을 빛나게 하려 함이라." 그러므로 '그리스도는 의무, 은혜, 그리고 특권의 중심'이시다. 그리스도는 빛과 온기가 되어 우리를 격려하고 힘을 주어 일하게 하신다. 규정이 아니라 언약이, 강요가 아니라 격려가, 자연이 아니라 은혜가 도덕적 아름다움과 복의 길로 인도하며 신자에게 은혜를 실천하든지 의무를 수행하든지 그가 '하나님의 지으신 바'이며 '하나님을 따라 의와 진리의 거룩함으로 지으심을 받은 새 사람'임을 확신시키는 것이다.[157]

성경적 설교는 교리를 실천적으로 설명하고 실천을 교리적으로 설명할 것이며 어느 것도 빠뜨리지 않고 그 둘을 서로 분리하여 가르치지 않으며 그것들을 체험적 신앙과 별개로 가르치지 않는 것이다. 우리는 때로 교리를 가르칠 때 실천과 분리는 시키지 않더라도 구별하여 가르쳐야 한다고 주장함으로써 실천적 의무를 부인하거나 약화시킨다는 말을 들을 수 있다. 다음은 혼 주교의 말이다.

---

157) Budd on Infant Baptism, p. 446.

"도덕의 뿌리인 믿음을 선교하는 우리가 어떻게 도덕적 의무 존재 자체를 부인한다는 말을 들을 수 있는지 이해할 수 없다. 그것은 마치 포도나무를 심는 사람이 포도를 심으면서도 포도의 존재를 부인한다고 말하는 것이나 마찬가지다. 열매가 뿌리로부터 진액을 받는 것이지 뿌리가 열매로부터 진액을 받는 것은 아니다. 열매가 뿌리를 좋게 만드는 것이 아니라 그것이 좋은 뿌리임을 보여주는 것이다. 마찬가지로 행위가 모든 좋은 것을 믿음으로부터 받는 것이지 믿음이 행위로부터 좋은 것을 받지는 않는다. 이는 행위가 의롭게 하는 것이 아니라 그 행위를 내는 영혼이 이미 의롭게 되었음을 행위가 보여주는 것이다."[158]

어떤 사람이 교리적 진술에 결함이 있다면 또 어떤 사람은 실천적 적용에서 마찬가지로 결함이 있다. 그들은 복음 언약이 아무 조건 없이 주어진다는 사실을 침해하지 않기 위해 신자의 상세한 실천내용을 제시하지 않는다. 그들은 행함을 독려하는 설교를 하지 않고도 교리의 추상적인 해명으로부터 필연적으로 실천이 흘러나오기를 기대한다. 하지만 사도들은 적극적인 돌봄과 양육이 없이 나무가 혼자 자라서 잎을 내고 순이 돋아 열매를 내도록 방치하지 않았다. 그들은 교회들에게 원리만 제공하고 규칙을 찾거나 그것을 상기하는 일을 교회가 혼자 하도록 내버려 두지 않았다. 성경 교리를 충분히 진술하는 사람이 또한 실천적 의무의 세부 사항에서도 꼼꼼한 사람이 되어야 한다.

바울 서신들의 후반부는 복음 교리와 직접 연결된 실천적 의무들을

---

158) Bishop Horne on the preaching of Gospel, pp. 5~11. 이 견해는 성경과 일치할 뿐만 아니라 깊은 겸손의 가르침과 일치한다는 것은 재론할 필요가 없다. 이 견해에 근거하여 어거스틴은 이방 철학자들의 도덕적 덕성들을 '빛나는 죄악들'(splendida peccata)이라고 불렀다. "믿음을 통하여 행위로 나아가는 것이지, 행위를 통하여 믿음으로 나아가는 것이 아니다." 이것이 과거 목사들의 경구 중 하나였다.

설명한다. 따라서 오도된 주석가나 설교자는 서신서의 마지막 교리적 진술 부분을 무시하거나 그 부분을 다뤄야 할 때는 마음속으로 혐오감을 느끼게 되어 큰 혼란을 겪게 된다. 그렇다면 서신들의 후반부는 신약 계시의 일부가 아니란 말인가? 또한 그 부분들은 신앙을 고백하는 교회에 대한 사도적 지침의 일부가 아니라는 말인가? 이 점에서 충분하지 않은 목회는 매우 중요한 거룩에 대한 혐오감을 보이거나(일반적 진술에서는 용인하지만 상세한 부분에 들어가서는 반대한다) 최소한 자기 마음을 엄밀하게 살펴보는 것에 대해 혐오감을 보이며 또한 복음의 타협할 수 없는 기준에 비추어 행위를 측정하는 것에 대한 혐오감을 보인다.

믿음의 조항들에 관한 한 사람들은 그리스도인이 되고자 한다. 그들은 "모든 비밀과 모든 지식을 이해할 수 있다." 그러나 사도의 권위에 근거한 "행함이 없는 믿음은 죽은 것이다"(약 2:17)는 말이 그들 생각에는 율법주의이며 복음의 값없이 주심과 단순성에 일관되지 않는 것으로 본다. 하지만 '우리 사랑하는 형제 바울이 그 받은 지혜대로 쓴' 것에 따라 다른 사도들도 자기들의 교리적 가르침 속에 실천적 권면을 넣었으며 그렇게 함으로써 성경 진리의 확고한 근거 위에 좋은 건물을 세워나갔다.[159]

그리스도의 전체 가르침은 복음의 소망뿐만 아니라 길까지, 복음의 위로뿐만 아니라 열매를 맺는 것까지 포함한다. 따라서 복음의 거룩성

---

[159] "복음 사역자들은 이 모범을 따라서 그들의 설교를 작성해야 한다. 목사들은 가르치기만 해서도 안 되고 권면만 해서도 안 되고 두 가지를 모두 해야 한다. 믿음의 교리를 가르치지 않고 거룩이나 그리스도인 생활의 의무를 권하는 것은 기초 없이 집을 짓는 것과 같다. 반면에 신성한 일들에 대한 지식을 가르치면서, 참된 신앙과 분리될 수 없는 경건의 실천과 능력을 요구하지 않는 것은 기초를 놓고서 건물 세우기를 잊어버리는 것과 같이 매우 어리석은 일이다." Leighton on 1 Peter ii.11.

으로부터 교리를 분리하는 것은 십자가의 교리로부터 기록을 분리하는 것과 마찬가지로 결함이 있는 것이다. 부분적인 설교는 부분만을 듣는 많은 청중을 양산할 것이며 그들에게 성경의 많은 부분은 무용하게 된다. 관념은 가득하고 감정은 흥분되며 고백은 나오지만, 습관과 성질은 길들여지지 않고, 뿌리, 생명, 활기, 열매 맺음, 기쁨, 인내, 생명력 넘치는 믿음은 결여되는 것이다. 이런 목회 방침은 복음을 진정으로 고백하는 사람들에게 해롭다. 습관적인 자기반성의 결여와 번지르르한 대화 속에서 정통적 신앙고백의 빛은 능력을 가지기보다는 사변적이 될 뿐이다. 또한 '교만하게 하는 지식'이 '덕을 세우는 사랑'을 대신하게 될 것이다. 그러므로 도덕 설교자라는 낙인이 찍힐 것이 두려워 복음의 교리만을 해명하고 의무이행을 요구하기를 주저해서는 안 된다.

실천 설교는 거짓 신앙고백자를 가려내고 참된 신자를 깨우기 위해 필요하다. 이는 교리적 토론보다 더 어려울 것이다. 그럼에도 불구하고 실천을 요구하는 것은 성경 교리를 가장 제한없이 드러내는 것이며, 실천은 온전함과 능력의 주된 요소이다.[160]

적용 설교

데브난트(Davenant) 주교는 이렇게 말했다.

---

160) 로빈슨의 전기 작가는 이렇게 쓰고 있다. "로빈슨은 뛰어난 실천 설교가였다. 전체적으로 복음 교리가 그의 설교를 이루었다. 때로 그는 경험을 설교했다. 그러나 그는 언제나 실천을 이야기했다. 그는 교리를 다루면서 엄밀한 실천적 결론을 끄집어내어 그것을 양심에 밀접하게 적용시키지 않은 적이 없었다. 그는 그리스도인의 경험을 상세히 이야기하면서 그것의 실천적인 방향을 구체적으로 제시했다. 때로 그는 어떤 특정한 의무를 아주 치밀하고 상세하게 다루어 스스로 반성하게 만들었다. 그래서 그의 교리적 의견에 대해서는 크게 인정하지 않는 청중들도 그의 설교는 유용한 가족의 지침으로 가득하다고 칭송했다." Vaughan's Life, pp. 309, 310.

"모든 행동은 접촉에 의해 이루어진다는 철학자의 공리는 설교라는 거룩한 행동에서도 중요한 위치를 차지한다. 개괄적으로 제시된 교리는 멀리 떨어진 목표를 제시하여 영혼 자체에 결코 도달하지 못한다. 그러나 교리의 구체적인 적용은 마음의 내부 속으로 들어가서 그것을 건드리고 침투하게 된다."[161]

적용이야말로 설교의 생명과 관심이며 죄를 일깨우는 장엄한 도구가 된다. 우리는 주요 목표 곧 '우리 자신과 우리에게서 듣는 자들을 구원하는' 일을 위하여 덜 중요한 일들은 건너뛴다.[162] 세커 주교가 상기시키듯이 "이 목표를 위해 우리는 처음부터 마지막까지 우리가 그들의 면전에서 단순히 듣기 좋은 소리만을 하지 않는다는 것을 보여주어야 한다. 도리어 우리가 말하는 것은 그들 자신에게 향하는 것이며 말할 수 없이 중요한 문제임을 일깨워 주어야 한다. 그들은 자기들에게 직접 적용되지 않는 일반적인 이야기들은 잊어버리지 않고 집으로 가지고 가면서 더욱 많은 경우에는 실제로 행하는 것이 아니라 그런 의도만을 가진다. 결국 그들은 선포되는 것이 무엇인지 전혀 알지 못하고 멍청하게 앉아만 있는 것이다. 그러므로 우리는 그들에게 주목할 것을 요구하고 그들이 마음속으로 조용히 대답할 수 있게 질문을 던지며 우리를 밀접하게 따라올 수 있는 온갖 수단을 동원하여 그들의 관심을 끌어야 한다.[163]

전하는 바에 의하면 마실론의 설교는 너무나 예리하여 어떤 사람도 숨을 돌리고 그를 비판하거나 존경할 여유가 없었다고 한다. 각 사람은 가슴에 박힌 화살을 가지고 돌아갔으며 그 설교가 바로 자신에게 한 것

---

161) Dav. in Col. i. 21.
162) 딤전 4:16. "항상 결말을 향해 급히 나아간다." Horace.
163) Charges, pp. 181, 182.

이라고 느꼈으며 그것을 다른 사람에게 적용시킬 시간도, 생각도, 의도도 가질 수 없었다.[164]

우리는 그런 불쾌한 진리를 스스로 자신에게 적용시키리라 기대할 수 없다. 진리를 자신에게 적용시키는 것은 너무나 본성에 어긋나기 때문에 사람들은 진리를 자기를 제외한 다른 모든 사람에게 적용시키려 한다. 또한 그들의 일반적이고 입에 발린 칭찬도 역시 개인적 관심이나 깊은 생각이 없음을 나타낸다. 그러므로 설교자가 직접 적용시켜 주어야 한다.[165] 기둥이 스스로 못질을 할 수 있기나 한 것처럼 '막대기와 못'을 그냥 내버려 두어서는 안 된다. 그것들은 '회중의 스승에 의해 잘 박혀야' 한다(전 12:11). 사람들에게 골고루 적용하지 않고 일반적인 진리만 고집하는 것, 개선을 위해 길을 정리하지 않고 중요한 지침만 내려주는 것, 이것은 주님의 계획에 따라 진리를 각 사람의 문 앞에 가져다가 각

---

[164] 세실은 라베터(Lavater)의 방법을 채택했다. 즉 회중의 어떤 사람을 대표자로 삼아 눈 앞에 놓고서 설교를 작성하며, 자신의 주제가 그들 각각의 필요에 부응하도록 설교를 만들었다. 이 규칙을 사용하려면 어떤 특정한 경우가 아니면(딤전 5:20) 그 개인에게만 적용되는 문제를 거론함으로써 그 개인만 꾸짖음을 받고 회중 전체가 꾸짖음을 받지 않는 일이 없도록 주의해야 한다(마 18:15). 아마 일반적으로 더 나은 방법은 진리를 직접적으로 밝혀서 양심이 스스로 자기에게 적용하도록 하는 것이다. Dwight's Sermons, Vol. ii. 451~454를 참조하라.
[165] 삼하 12:1~17을 보라. 요한이 개괄적으로 설교했을 때는 "헤롯이 요한의 말을 달게 들었다." 그러나 요한이 구체적으로 적용하여 "동생의 아내를 취한 것이 옳지 않다"고 하자 그는 목숨을 잃게 되었다. 이전의 뛰어난 한 목사가 지적하듯이 "목사는 가능한 한 각 회중에게 구체적으로 말할 수 있도록 모든 회중의 사정을 알 필요가 있다(렘 6:27). 비록 목사가 개인의 잘못을 공개하거나 죄에 손을 대어 죄인을 지목하여 부끄럽게 하지는 않아야 하지만, 그는 자신의 꾸짖음을 구체적으로 적용하여 범죄한 사람이 그 꾸짖음을 알고 직접 느낄 수 있게 해야 한다. 우리는 설교를 통해 유익을 주고자 하는 그 사람에게 가능한 직접적으로 말해야 한다. 우리의 교리는 우리 몸에 맞는 옷처럼 되어야 한다. 모든 사람의 몸에 맞는 옷은 아무의 몸에도 맞지 않는다. 바울은 자신에 대해 말하기를, 설교에서 그는 각 사람을 훈계하며 각 사람을 그리스도 안에서 온전하게 하기 위해 노력했다고 했다." Hildersham on John iv. Lect. lxxx.

사람의 마음에 강제하며 '때를 따라 양식을 나눠주는'(눅 12:42; 딤후 2:15) 것이 아니다. 도전적인 진리를 부드럽게 만들고 청중을 불편하게 하지 않으며 각자에게 직접 적용되지 않는 설교는 말씀의 생명력(히 4:12)을 희미하게 할 뿐이다. 그런 설교는 결코 복음 안으로 '죄인을 강권하여 불러들이지'(눅 14:23) 못할 것이다. 그런 설교는 풀 죽은 응답을 이끌어낼 수 있을 뿐이다.

"옳은 말이 어찌 그리 고통스러운고, 너희의 책망은 무엇을 책망함이냐"(욥 6:25).[166] 이처럼 십자가로 인한 질책을 피하기 위해 '성령의 검'의 칼날을 무디게 만드는 유쾌한 목회에 대해 설교자는 말할 수 없이 큰 책임을 져야 한다.

개인적 적용은 유대교 선지자들의 설교(사 53:1; 미 3:8)와 우리 주님의 공적·사적 강론의 신경세포를 이루었다. 서기관들과 바리새인들, 사두개인들과 헤롯당 사람들에 대한 주님의 꾸짖음은 그들의 특정한 죄를 구체적으로 지적하는 것이었다(마 22, 23장 참조). 젊은 관원(마 19:16~22)과 사마리아 여인을 대하실 때 주님은 개괄적인 표현을 피하시고 그들을 사로잡고 있으며 그들이 빠져 있는 죄에 대해 구체적으로 교훈하셨다. 한 현명한 저자가 그 젊은 관원의 경우에 대해 관찰했듯이, "우리가 서로의 말에 대해 말했다면 그는 그들의 생각에 대고 말씀하셨다."[167] 베드로의 청중들은 그의 적용 설교에 의해 "마음에 찔림을 받았다"(행 2:22~37). 이처럼 가장 굳은 마음까지도, 가장 완고한 죄인까지도 양날의 검 끝 아

---

166) 필립 헨리에 대해 이렇게 전해지는 바가 있다. "그는 감정을 일으키는 달콤한 말들을 쏟아 놓음으로써 말씀의 화살을 청중의 머리 위로 날려 보내거나, 통속적인 표현으로 말씀의 화살을 청중의 발 아래로 쏜 일이 없이, 언제나 밀접하고 생생한 적용으로 청중의 가슴에 명중시켰다." Life, p. 59.

167) Benson's Life of Christ, p. 300.

래에서 고통을 느꼈던 것이다(왕상 16:20, 22:8; 암 7:9; 눅 4:28; 행 5:33; 계 11:10).

이방 현자의 교훈에는 이런 종류의 꾸짖음이 없다. 플라톤, 아리스토텔레스, 툴리(Tully)는 제자들에게 어떤 선덕과 악덕에 대해 냉정하고 불특정한 설명을 제공했을 뿐이지, 사람의 마음에 개인적 죄의 깨달음을 각인시키려는 노력은 기울이지 않았다. 호레이스(Horace)와 쥬비날(Jubenal)은 죄를 각성시키고자 어느 정도 시도했으나 그들의 방법은 실천적 결과를 내려는 것이라기보다 조소와 역겨움을 일으키고자 하는 것이었다. 그들의 체계는 행동은 없는 무력한 자료 덩어리였다. 유대교 교사들의 교훈도 아마 그런 종류였을 것이다. 복음서 저자들이 암시하듯이 주로 인간의 전통에서 끌어온 무기력한 논쟁으로는 마음과 감정과 양심에 아무 영향도 미치지 못했던 것이다(마 7:29; 막 7:1~9).

설교가 효력을 가지기 위해서는 애매한 일반론이 아니라 손에 잡힐 수 있는 개인적인 것이어야 한다. 설교는 각 사람의 일, 각 사람의 품으로 파고들어야 한다. 사람들은 그저 늘 하던 대로 예배에 와서 힘없이 앉아 있게 마련이다. 오직 설교자의 강한 도전만이 (그저 손을 들기만 해서는 안 되고 실제로 그에게 손이 가서 닿아야 한다) 그를 정신 차리게 해서 생각하게 할 것이다. 이름을 거명할 필요는 없다. 양심에 접촉한 말씀이 스스로 말씀하시게 되어 있다.[168]

불신자도 설교에 분명한 방향이 없는 실천적 설교를 견뎌낼 수 있다. 모든 사람을 향한 일반적인 설교는 결국 아무에게도 말하지 않는 것이다. 그러므로 그런 설교는 눈앞에 앉아 있는 사람들에게뿐 아니라 지난

---

[168] 마 21:45 참조. 목사들은 때로 어떤 개인에 대해서 아무 것도 모른 채 한 설교인데도 그것이 그 개인에게 하는 말이라는 비난을 받게 된다. 그렇다면 이것이 양날 가진 칼의 찌름이 아니고 무엇이겠는가?(고전 14:25).

세기의 사람이나 외국에 사는 사람에게 말하는 것과 같다. 스틸링플리트 (Stillingfleet) 주교의 말처럼, "그런 설교는 사람들의 마음에 별로 영향을 끼치지 못한다. 만약 무엇인가 그들을 움직인다면 그것은 그들의 양심이 관여된 구체적인 일에 적용되는 것이다."[169] 그러므로 우리는 회중 앞에 서만 설교하는 것이 아니라 회중을 향하여서 설교해야 한다.

"청중의 양심은 그를 만지는 설교자의 손을 느끼며 각 사람은 자신을 어떻게 분류해야 할지를 안다. 유익을 주고자 하는 설교자는 무엇보다 청중들을 분리시켜 각 사람을 홀로 서 있게 하고 군중 속에 매몰되지 않게 해야 한다. 심판 날에 주변 장면이 일으키는 관심, 본성의 죄된 측면, 체질의 녹아짐, 마지막 나팔, 이 모든 것은 압도적인 힘으로 자기 자신의 품성, 자신에게 내려지는 판결, 변치 않는 운명에 대한 생

---

169) Duties and Rights of the Parochial Clergy, p. 31. "악과 죄를 지적하는 일반적인 선언은 사람들로 하여금 그것들을 생각하고 찾아보게 할 수 있으나 결과는 내지 못한다. 이는 그런 선언이 사물에 대한 혼란스러운 생각, 애매한 결심을 일으킬 뿐이기 때문이다. 그런 선언은 사람들로 하여금 철저하게 인식하고 실천을 결심하도록 하기 전에 스르르 사라져 버린다. '불이야' 하고 소리치는 사람은 사람들의 마음을 뒤흔들며 무엇인가를 행하려 하는 경향을 만들지만 그 재해가 어디서 발생했는지를 분명하게 알 때까지 사람들은 막상 행동을 취하지는 않는다. 그러다가 그것이 자기 자신의 일인 것을 깨닫게 되면 사람들은 급히 그 반대 방향으로 달리게 된다. 우리의 잘못이 어디에 있는지를 분명히 알고 죄의 무서운 특성과 그것이 초래하는 결과를 분명히 알 때까지 그것을 자신에게 적용하여 고치려 하는 일은 없다. 그러므로 사람들은 자신들의 죄를 구체적으로 익히 알아야 하며 적절한 논증에 의해서 그것을 피하게 되어야 할 필요가 있다." Barrow's Sermon. "일반적인 강론으로는 사람들의 생활을 개혁하는 즉각적인 효과를 기대할 수 없다. 이는 그런 강론이 군중 사이에 떨어져 특정 개인의 양심을 일깨우지 못하기 때문이다. 도리어 우리의 강론은 하나님의 말씀과 구체적인 선덕과 악덕으로부터 취한 적절한 논증으로 죄의 구체적인 교리들을 다루면서 사람들로 하여금 어떤 행동은 취하고 어떤 행동은 버리게 하는 정당하고 정신 차리게 하는 것이 되어야 한다." Tillotson's Sermons, folio, p. 491. "일반적인 관념만을 풍부히 거론하면서 구체적인 논증을 추구하지 않는 설교자는 허공에 그물을 던짐으로써 아무런 결과도 거두지 못하는 어리석은 어부와 같다." Bishop Wilkins's Eccles.

각으로 돌아오게 해야 한다. 또한 그를 둘러싼 무수한 사람들 속에서 그는 '혼자 애곡할' 것이다. 이와 같이 목사는 양심의 법정을 세우기 위해 노력해야 하며, 청중 각 사람의 눈을 자기 자신에게 돌리도록 해야 한다."[170]

이 적용의 방식은 복음으로 깨우는 권면뿐만 아니라 위로의 권면에까지 확대 적용해야 한다. 또한 일반적인 약속을 특수한 경우들에 적용시키며 사죄의 약속을 각각의 회개와 믿음의 사례에 적용해야 한다. 언약이 오직 그 경우를 위해 주어진 것처럼 각각의 구체적인 지시와 지원과 위로 또는 각각의 위기 상황에 적용해야 한다. 마치 잘 그려진 초상화의 특성이 좋은 설교를 설명해 줄 수 있을 것이다. 초상화는 어떤 자리에 있더라도 언제나 나를 직시한다. 이는 각 사람에게 "내가 하나님의 명을 받들어 당신에게 고할 일이 있나이다"(삿 3:20)라고 말하는 것 같다.[171]

---

[170] Hall's Sermons, &c. pp. 23, 24. 조지 허버트의 "시골 교구 목사는 구체적인 내용으로 설교하곤 했다. 왜냐하면 구체적인 내용은 일반적인 이야기보다 언제나 감동적이기 때문이었다"(7장). "모든 설교자는 각각의 지혜로운 설교자가 따라야 하는 방식으로 설교해야 한다. 즉 가능하면 사람을 향하여 혹은 사람의 귀에 대고 말할 뿐 아니라 사람의 귀 속으로, 사람의 마음속으로 들어가서 설교해야 한다. 강단 위에서 사람들을 향해 하는 설교는 쉽게 찾을 수 있지만 사람들 안으로 들어가기 위해 어떻게 해야 하는지를 아는 능력과 지혜는 찾아보기 어렵다." More's Wise Preacher.
[171] 우리 논의의 끝부분에 등장하는 버넷 주교의 적용에 대한 훌륭한 언급을 보라. Pastoral Care, ch. ix. on Preaching. 또한 시므온의 설명이 첨가된 클로드(Claude)의 언급을 보라. 알렌의 설교는 버넷 주교가 핵심으로 지적한 것의 '실체'를 아름답게 예증한다. "그는 자기가 청중의 마음에 좋은 씨를 심었는지 아닌지에는 아무 관심도 없이 하나의 이야기에서 다른 이야기로 넘어가는 사람처럼 헛된 일을 하기를 너무 싫어했으므로, 어떤 본문을 다루든지 마지막 적용 부분에 가서 무엇인가 확신을 얻지 않은 채로 혹은 '허공을 치는 자처럼' 그 영적인 싸움을 '싸우지' 않고 그 본문 떠나기를 정말 싫어하는 것을 늘 표현했다. 또한 가장 끈질긴 경고를 한 후에 그저 경고로만 놔두고 지나치는 것을 그는 정말로 두려워했다. 그리고 회개하지 않는 죄인을 향해서는 거룩한 수사적 표현들을

교리 설교는 지혜를 요구하는데 이는 적용과 진지함이다. 하나는 명석한 머리를, 다른 하나는 따뜻한 가슴을 요구한다. 주제를 다룰 때에는 직설적이어야 한다. 하지만 적용에서는 상당한 유연성이 허용된다. 적용에서 더욱 힘 있게 강조되어야 하는 많은 것들이 주제를 다루는 과정에서는 의도적으로 간과될 수 있다. 또한 설교 과정에서 추상적으로 전달될 수 있는 것들을 적용 과정에서는 양심에 선명하게 부각시켜야 한다.[172]

설교의 적용 부분에서 목회자는 영적 은사와 뛰어난 언변을 발휘할 후 있게 된다. 이것은 다루는 문제의 성격에 따라 다양하게 표현될 수 있다. 역사적 주제들에서는 역사의 걸출한 인물이나 그와 관련된 당대의 어떤 사람으로부터 결론을 이끌어낼 수 있다. 교리적 주제들에서는 추론을 통해 결론을 유도하되 실천적 경향이나 그 교리의 경험적 위안을 예증으로 사용할 수 있다. 실천적 주제에서는 그리스도인 의무에 대한 상세한 해명으로부터 결론을 도출할 수 있다. 의무를 인정하는 것이 어떤 의미인지에 대한 상세한 조사, 그것의 합리성과 유익을 분명하게 제시, 그에 대한 장애물을 효과적으로 제압하는 방법 등을 말할 수 있다. 유형적 또는 비유적(typical or parabolical) 주제에서는 비유적 표현이 관련된 예표(antitype)나 교리로부터 결론을 도출할 수 있다. 예언적 본문을 적용하기 위해서는 특별한 조심성과 주의가 요구된다. 교회와 관련된

빈번하게 사용했다. 그 표현은 너무나 많아서 열거할 수도 없고 너무 무거워서 잊히지도 않는다. 그는 성도들과 헤어지기 전에 좋은 결과를 모색할 것을 삶과 죽음 사이에서 결단할 것을 열렬히 촉구했다." Alleine's Life and Letters.
172) 퀸틸리안은 결론의 힘이 마음에 호소하는 따뜻함에 있다고 했다. 이처럼 강론의 최고의 힘은 결론까지 미뤄져야 한다. 바로 여기서 수사적 표현의 모든 샘이 터져 나와야 한다. 이제껏 성공적이었다면 여기서 우리는 청중의 마음을 사로잡을 수 있다.

예언에서는, 그것이 성취되었든 성취되지 않았든, 현재의 특권과 환난을 가리키든 혹은 미래의 것을 가리키든 교회의 언약에 관심을 기울이고 교회의 연단에 공감하며 승리한 교회의 영광스러운 전망 혹은 교회가 직면해 있는 심판의 위험을 바라보아야 한다. 세계에 대한 선지자의 선언들은 모든 것을 망라하는 경고와 격려를 제공한다.

심판은 얼마나 확실하며 그 위험은 얼마나 큰 것인가. 그렇다면 우리는 얼마나 즉각적으로 심판자 앞에 자신을 낮추며 순종적이고 복을 받은 그의 백성에 속하기를 얼마나 원해야 하는가.

지금까지는 주로 적용이 설교의 마지막까지 미뤄져야 함을 가정하고 있다. 그러나 도드리지의 제안은 이러하다.

"기억하시오. 마지막 적용, 반성, 추론이 변개한 사람들과 변개하지 않은 사람들을 위해 당신의 할 말을 도입하는 유일한 곳은 아닙니다."[173]

실제로 이렇게 하는 데는 불리한 점이 많다. 형식적이거나 반복되는 설교의 습관은 그 능력을 손상시킨다. 그보다는 주제로부터 자연스럽게 솟아나는 갑작스럽고 방향이 정확한 호소가 흥미를 잃은 사람들의 관심을 환기시키기에 훨씬 유리하다. 게다가 강론의 마지막 부분에 도달하면 사람들은 이미 지쳐 집중력이 떨어져 있다. 한편 설교자 편에서는 그러한 상황을 보거나 예상하면서 빨리 진행하고자 하는 조급한 마음에 죄의 지적을 위한 중요한 자료를 생략하고 넘어갈 수 있다. 그러므로 항구적으로 적용되어야 하는 방법은 이것이다. 주제가 허용하는 곳이 효과를 내기 위한 최선의 위치이므로 각각의 소제목을 개별적으로 적용하며 각 단락의 말미에 적당한 권면, 경고 혹은 격려를 배치하는 것

---

173) Doddridge's Preaching Lectures, Lect. 10.

이다.[174]

히브리서는 이 같은 방법의 가장 완벽한 모델을 보여 준다. 히브리서는 전체적으로 논쟁적이며 논증의 사슬로 연결되어 있고 추론은 합리적이다. 그리고 각각 논증의 사슬 중간 중간에는 직접적이고 강력한 지적이 등장한다. 그러면서도 사슬의 연속성은 마지막까지 유지된다. 이렇게 하여 논증의 첫 단계인 천사에 대한 그리스도의 우월함이 복음에 집중해야 할 동기와 이 일을 게을리 하는 것에 대한 경고로 발전되어 나간다(히 1:2). 다음 단계로 모세에 대한 그리스도의 우월함은 인내를 일깨우는 격려로 연결된다(히 3:1~6). 모세의 이름을 거론했으니 민족의 역사가 자연스럽게 도입되고, 저자는 그들에 대해 자신의 말을 한다. 그리하여 회중의 전형적인 성격과 특권에 비추어 엄숙한 경고와 활기 넘치는 격려가 주어진다(히 3:7~19, 4:1~11). 그 다음으로 레위기 제사직보다 훨씬 우수한 그리스도의 제사직이 소개되면서 그와 함께 실천적인 권면, 복음적 혜택에 대한 신선한 생각들 혹은 그리스도의 사역의 완전성에 대한 새롭고 힘을 주는 관찰들이 다채롭게 전개된다(히 4:12~16, 5~7장). 유대교 전체 제도에 비교할 수 없이 실질적인 복음의 혜택이 거론되면서 거기에 믿음, 사랑, 전반적인 경건을 실천해야 할 강한 동기가 소개된다(히 8~10장). 결론적으로 다뤄지는 구약 역사 개요는 신구약에 걸친 기독

---

174) 로빈슨은 한 목사에게 이렇게 말했다. "당신은 반 시간이 지나도록 직접 양심을 향해서는 한 마디도 하지 않는구려.' Life, p. 217. 그의 책 'Scriptural Charcters'는 (원래 설교의 형태로 선포되었음) 이 방식의 놀라운 설교 견본이다. 또한 Claude's Sermon on Phil. ii. 12, Mr Simeon's Sermon on the Gospel Message (Claude의 편집본에 부록으로 포함되었음), the Sermons of Walker of Edinburgh (예를 들면, 고후 6:1 설교), Vitringa's Sermon on the history of Jabez (대상 4:10, 그의 Methodus Homiletica에 있음). "가능하면 설교는 청중을 향한 직접적인 말로 진행되어야 한다." Blair's Lectures.

교 원리의 성격을 아름답게 예증한다(히 11장). 또한 거기서 추출되는 다양한 실천적 추론들은 온갖 고난과 혼란스러운 일들을 당하고 있는 신실한 신자를 가르치고 격려하기에 적합하다(12, 13장).

이런 방식으로 현실에 적용하는 것은 가장 힘든 강론 형태이다. 적절한 주제들을 솜씨 있게 도입하고 그것들이 너무 진부해지기 전에 적절하게 끝내며 생각과 표현들을 개성 있게 선택하며 감동적인 표현과 힘찬 태도를 보이는 것 등은 설교의 효과를 극대화하기 위해 필수적이다. 교리적 주제들은 이 방식에 가장 어울리지 않는 반면 격려 또는 충고의 주제가 가장 잘 어울린다. 본문의 모든 세부사항을 분석할 필요 없이 본문의 뜻을 존중하면서도 가장 강렬하게 각성시키는 주제를 선택하여 상고하고자 하는 단락의 현저한 특성들로 삼는 것은 훨씬 유익하다.

이 방식은 하나의 체계로 채택될 수 없다. 즉 항상 변하는 청중의 상황과 개성들과 상황에 적절하게 맞춰서 한결같이 유지할 수 있는 사람은 없다. 이 방식은 신중한 통제 하에 나오는 고양되고 흥분된 어조를 통해 시종일관 영혼을 살피고 예리하며 엄숙하고 활기차야 한다. 그러므로 설교자의 마음 상태에 크게 의존하게 된다. 설교자의 관심과 활력의 모든 힘을 필요로 하는 이 설교를 하면서 그의 마음이 그런 상태에 있지 않다면 결국 설교자 자신은 거기에 실망하고 설교는 아무런 효과를 거두지 못할 것이다.

밀접함, 신실함, 분별, 그리고 사랑이 이 방법의 특징이다. 이 방식의 설교 내용은 청중 개개인의 사정에 대한 정확한 지식으로부터 수집되고, 은혜와 영광의 무한한 부요함을 충만히 드러내며 '이 큰 구원을 등한히 여기는' 것의 말할 수 없이 무서운 결과를 보여주어야 한다.

분별하는 설교

'영들 분별함'(고전 12:10)은 인간 본성과 행동의 원리에 대한 정확한 지식을 포함하여 지혜롭게 하나님의 백성을 세우는 우리의 직책 수행을 위해서 교회 안에 계속해서 주어지는 영적인 은사이다. 어떤 정신적 민첩함이 있든지 영적 자질인 이 은사는 하늘의 지혜로서 설교자에게는 갑절이 주어지고, 그것을 '구하는 자에게는 후히 주시는'(약 1:5) 은사이다.

그럴듯한 신앙고백이 있다는 것이 반드시 중생의 증거는 아니라는 사실을 알지 못함으로써 국가적인 신앙고백을 인정하거나 종교의 규례를 지키는 것만으로 그리스도인으로 간주하는 위험한 일이 자주 있다. 이것은 마치 우리 중에 중생하지 않은 사람이 없거나 아니면 우리가 그들의 중생에 아무 관심이 없는 것과 같은 상태를 만들고 있다. 우리 설교의 큰 목표 중 하나는 교회와 세상 사이의 구분선을 분명하게 긋는 것이다.[175] 우리 주님은 산상보훈 말미에서 이 선을 명확하게 그으셨다(마 7:24~29). 이것을 과감하게 선언하면 우리의 메시지는 분명한 결단을 요구하게 된다(렘 15:19).

말씀 사역자로서 우리는 오직 두 부류의 사람만을 인정한다. '하나님께 속한 자와 악 속에 빠져 있는 온 세상 사람' 이다(요일 5:19). 그들은 하나님 앞에서의 상태에 따라 의인 혹은 악인으로 묘사되며(잠 14:32; 말 3:18), 복음을 아느냐 모르느냐에 따라 영적인 사람 혹은 자연적인 사람으로 묘사되며(고전 2:14, 15), 그리스도에 대한 태도에 따라 신자 혹은 불신자로 묘사되며(막 16:16; 요 3:18, 36), 하나님의 성령에 대한 관심에 따라 '그리스

---

175) Dr. Chalmer's Semons at the Tron Church, pp. 361, 362, and Watt's Humb. Attempt, p. 41.

도 안에 있는 것으로 또는 그리스도의 영이 없는 것으로' 묘사되며(롬 8:9) 생활 방식에 따라 '그 마음을 기울이고 따라가는 것이 성령의 일들로 혹은 육신의 일들로' 묘사되며(롬 8:1, 5) 행위의 준칙이 무엇이냐에 따라 하나님의 말씀으로 혹은 '이 세상의 풍속'으로 묘사되며(시 119:105; 엡 2:2) 그들이 섬기는 주인이 누구냐에 따라서 하나님의 종으로 혹은 사탄의 종으로 묘사되며(롬 6:16) 그들이 여행하고 있는 길에 따라 좁은 길 혹은 넓은 길로 묘사되며(마 7:13, 14) 그들의 길이 그들을 데려가는 종착지에 따라 생명 혹은 죽음, 천국 혹은 지옥으로 묘사된다(마 25:46; 롬 8:13).

그러므로 이 두 부류 사이의 구분선은 각각에 속한 무수한 관련 내용들과 함께 두 개의 서로 다른 영원한 상태를 분리하는 '큰 구렁'이다(눅 16:26). 이 둘 사이는 빛과 어둠, 그리스도와 벨리알의 사이처럼 융화가 불가능하다. 복음이 이 두 부류를 구분하지 않고 적용될 수 있다고 생각하는 것은 중생하지 않은 사람의 양심이 품는 가장 큰 망상이며 진지하지만 잘 알지 못하는 그리스도인들에게 가장 이해하기 어려운 일이다.[176)]

하지만 이렇게 개괄적인 방식으로 큰 구분선을 나누는 것만으로는 어떤 사람들에게 충분하지 않다. 그 구분에 대해서 이의를 제기하지 않는 많은 사람들도 그로 말미암아 죄를 깨닫지는 못한다. 화가의 넓은 붓질만으로는 정확한 모습을 제공하기가 턱없이 부족하다. 성자와 죄인에 대한 개괄적인 설명만으로는 분명한 구분이 어려우므로, 각자의 영적

---

176) 스콧이 말하기를, "가장 확실하게 분별하지 않는 설교는 거룩한 것을 개에게 던지는 것이다. 나는 이것이 설교자가 빠질 수 있는 가장 나쁜 실수 중의 하나라고 확신한다. 이것은 양심이 무디어지게 하고 불신자의 마음을 강퍅하게 하여 그들의 손을 강하게 하여 악한 길을 버리고 돌아오지 못하게 하며, 반대로 겸손하고 깨어지며 회개하는 신자의 마음을 실망시키는 가장 직접적인 방법이다." Letters and Papers, p. 441. 겔 22:26 참조.

특성은 더욱 상세한 설명과 함께 제공되어야 한다. 이런 상세한 묘사에 의해서만이 각 사람은 자기가 그 구분선의 어느 쪽 부류에 속해 있는지를 알게 된다. 잘못된 개념, 애매함, 우유부단함이 한편 부류의 사람들의 마음속에 자기기만을, 다른 편 사람들에게는 불신의 망설임을 장려하는 결과를 초래한다. 이것이 우리 회중의 영적 안녕에 큰 두 개의 심각한 장애가 됨은 말할 것도 없다.

또한 고백하는 교회와 참된 교회 사이의 구분도 그에 못지 않게 중요하다. 우리 주님께서 이것을 분명히 구분하셨다(마 7:21~23). 그리스도인 각각의 특성에는 그에 해당하는 사이비 모조품이 있다. 망상이나 감정이 은혜의 감동으로 오해되기가 얼마나 쉬운가. 하나님의 일의 진정성은 성경 지식의 정도에 의해서가 아니라 그것이 미치는 능력에 의해서, 은사의 풍부함에 의해서가 아니라 그것이 거룩과 사랑으로 실행되는 것에 의해서 평가되어야 한다. 브레이너드가 (거짓 종교에 대해 그보다 분명한 통찰을 가진 사람은 없다) 훌륭하게 지적했다.

"참된 신앙은 그리스도인이라고 불리는 대부분의 사람들이 상상하는 것보다 훨씬 깊은 겸손, 부서진 마음, 은혜와 거룩이 자기에게는 부족하다는 겸비한 깨달음으로 이루어진다."

그의 전기 작가가 우리에게 전하는 바에 의하면 "그는 성화의 특성을 전혀 가지고 있지 않고, 신앙의 엄격함과 부드러움과 성실함을 가져다주지 않고, 인간을 향한 자비와 선의를 가져다주지 않고, 행위와 대화의 단정함을 드러내지 않는 종교 경험에 대해 큰 혐오감을 표현했다. 그는 목회를 위한 자격 검증을 위하여 이 기준을 적용하는 것이 중요함을 특히 강조했다."

다음은 브레이너드가 한 말이다.

"금과 빛나는 쓰레기를 구분하기 위해서 믿음의 경험과 감정을 명확하게 판단하기 위해서 애써야 한다. 다시 말하지만 그리스도의 유용한 목사가 되기를 진정 원한다면 이 같은 점을 애쓰라."[177]

우리는 그리스도인의 특성의 생생하고 분명한 표지를 가지는 것의 중요성을 주목하지만 동시에 불완전한 상태에 있음을 주목해야 한다. 왜냐하면 완전한 상태의 특성들을 묘사함으로써 신앙의 표준과 성장의 정도를 혼돈하게 하며 성도를 천사로 그림으로써 성도라는 명칭을 무효화하고 겸손한 신자의 확신에 혼돈을 일으킬 수 있기 때문이다. 인간 마음의 구조와 작동 원리에 대한 연구를 통해 우리는 많은 곤란한 경우들에 대한 빛을 얻으며 참된 신앙을 흐리고 속이는 육신의 정욕, 체질에 따른 정신적 기질 또는 혼란스러운 상상의 영향력을 주목할 수 있게 된다.

우리는 또한 교회 내에서 발견되는 신앙고백의 다양한 특성을 염두에 두어야 한다. 이와 관련해 우리 주님께서 지상의 하나님 나라에 대해 가르친 비유들에서 도움을 얻을 수 있다(막 4:26~29). 사도의 사역도 주님의 모범을 따라 교회 내에 존재하는 서로 다른 부류의 사람들을 주목했다.[178] 어떤 사람들을 대하는 데 그들이 그리스도인 생활의 어떤 수준에 도달해 있는지, 믿음의 강함과 약함이 어떠한지, 영적 전투에서 지쳐 있는지 승리하고 있는지, 복음적 거룩함에서 진보하고 있는지 퇴보

---

177) 그의 전기에 부록으로 첨부되어 있는 일기와 편지 9를 보라. 신앙 감정에 대한 에드워드의 놀라운 글은 새삼 언급할 필요가 없다. 그의 책은 참 신앙에 대한 가장 명쾌하고 가장 면밀한 시금석이며, 거짓된 신앙고백과 속이는 다양한 형태의 방법에 대한 가장 정확한 탐지기이다.
178) 사도 바울이 어린아이와 성인을 달리 대한 것을 주목하라. 사도 요한도 신자들을 '어린아이, 젊은이 그리고 아비들'로 구분했다. 고전 3:1; 히 5:12~14; 요일 2:12, 13.

하고 있는지, 진리의 깨달음이 점점 분명해지고 있는지 희미해지고 있는지, 세상과 단호하게 결별하는지 세상과 연합한 채로 남아 있는지, 그 영혼 속에서 그리스도에 대한 사랑이 점점 빛을 내고 있는지 약화되고 있는지를 확인하는 것이 중요함은 말할 필요가 없다.

홀 주교가 주목했듯이, "목사는 그의 양과 늑대를 구별해야 한다. 그의 양 가운데서도 정상적인 양과 비정상적인 양을 구별해야 한다. 비정상적인 양 속에서는 연약한 양과 흠 있는 양을 구별해야 한다. 흠 있는 양 중에서는 그 질병의 성격, 특징들, 정도를 구별해야 한다. 이 모든 경우들에 대해 그는 적절한 말씀으로 공급할 줄 알아야 한다. 그는 모든 유혹에 대한 해독제와 모든 의심에 대한 조언들을 알고 모든 오류를 추방할 줄 알아야 하며 모든 뒤처진 자들을 위한 격려를 제공할 수 있어야 한다. 쇠약해진 영혼의 어떤 경우에 대해서도 대응할 수 있도록 목사는 준비되어야 한다.[179] 우리 본성의 만성적 질병은 너무나 다양한 형태를 취하며 너무나 다양한 증상을 드러내기 때문에 치료 방법에도 그에 해당하는 다양성을 요구한다. 똑같은 처방이 모든 경우에 적용되지는 않는다. 서로 다른 진리와 방식의 말이 요구된다. 그래서 무관심한 자에게는 자극을 주고, 자기를 정당화하는 영혼은 내려쳐야 하며, 겸손하고 회개하는 영혼에게는 위로를 주어야 한다. 거짓된 평안을 주지 않도록 하는 것과 치료해야 할 상처를 할퀴지 않도록 주의하는 것 중 어느 것을 더 주의해야 할지 말하기는 쉽지 않다."[180]

이 같은 분별력에 결함이 있으면 목회의 성공에 큰 장애가 있게 될 것이다. 왜냐하면 약의 일반적인 효능이 아닌 그것의 적절한 적용이 치

---

179) Bishop Hall's Epistles, Decad iv. Epist. v. Works, (Oxford Edition) vi. 221.
180) Hall's Sermons, 위의 책, p. 22.

료하는 까닭이다. 물론 때로는 그 효과가 고통을 수반하기도 할 것이다. 백스터가 말하듯이 "환자의 연령, 체질 혹은 생활 방식과 무관하게 모든 통증의 호소에 대해 한 가지 처방만 내리는 의사는 '예의 바른 살인자'와 같다. 이 치료의 치명적 결과는 시간적으로 제한받지 않고 영원히 작용되므로, 마구잡이 영적 적용은 마땅히 비난의 대상이 되어야 할 것이다."[181]

단호한 설교

성경 진리를 제시한다 해도 전달하는 태도의 우유부단함에 의해 그 능력이 실질적으로 약화될 수 있다. 복음 진리가 그대로 제시되는 것 같지만 그 어투가 힘이 없고 주저하는 듯하여 설교자가 그 진리를 대강 살펴본 것처럼 보이고 설교자가 자기 말에 확신이 없는 것처럼 보이거나 그것의 가치와 효능을 분명히 파악하지 못한 것으로 보일 수 있다.

---

[181] 제퍼(Zepper)가 이 주제에 대해 훌륭하게 설명했으므로 그의 글 일부를 인용하겠다. "하나님의 말씀의 신비를 전달할 때 청중들의 다양성은 이 일을 어렵게 한다. 성과 나이와 재능과 사상과 성공과 신분과 교육 정도의 다양성, 신체적 건강과 정신적 건강상의 차이, 나아가 완전히 반대의 상황은 이 일의 어려움을 가중시킨다. 어떤 이들은 위선자들인 반면 어떤 이들은 불쌍한 죄인들이며, 어떤 이들은 방탕한 사람들인 반면 어떤 이들은 경건하게 사는 자들이다. 절망하고 있는 사람들이 있으며, 연약함과 양심의 여러 가지 유혹과 싸우는 자들이 있다. 단순히 풀밭과 이스라엘의 샘과 같은 양식에 만족하는 사람들이 있는가 하면, 어떤 이들은 까다롭고 예민해서 육신과 세상의 맛을 풍기지 않으면 아무리 정통적인 것이라 하더라도 맛보지 않는다. 이러한 마음의 병들과 청중들의 다양한 관심을 이해하는 것은 어려운 일이다. 그래서 모든 각각의 사람들에게 맞는 치료약을 하나님의 말씀의 약 창고로부터 내와서 성공적으로 적용하는 것은 엄청난 수고와 땀, 많은 재능과 영적 지혜를 필요로 한다. 그래서 그리스도도 자기 교회의 목자를 주님의 집 사람들에게 때를 따라 양식을 주기 위해 세우신 지혜롭고 신실한 종으로 비유하신다. 다시 말해서 우연히 아무렇게 하는 것이 아니라 시간과 장소와 재능에 맞도록 차별 없이 양식을 주는 수고를 하는 것이다." Pref. pp. 5, 6.

그렇게 진리를 제시하면 사람의 마음에 어느 정도 자극은 주겠지만 관심은 별로 끌지 못하며 결국 아무 능력도 발휘하지 못하게 된다. 설교자의 힘없는 어투 때문에 우리 회중은 그 말을 별로 중요하지 않은 것처럼 여기며 불편을 감수하고 경청하고 숙고해야 하거나 그것을 위해 값비싼 대가를 치를 만하지 않다고 느끼고 그것을 받아야 한다는 의무감도 느끼지 못한다. 이처럼 많은 사람들이 성경이 가르치는 인간의 부패, 위대한 칭의 교리, 성령의 일과 능력에 대해 잘못된 점을 발견하기는 어렵다고 생각하지만, '충만한 확신'으로부터는 점점 멀어지는 현상이 발생하고 있다.

하지만 우리의 개혁자들은 '충만한 확신'을 가지고 사역했으며, 이 확신을 복음의 일차적 교리로 확정하고 이것을 그리스도인의 성품, 소망, 확립에 필수적인 것으로 가르쳤다. 설교자들은 어떤 진술에 대해 지나치게 많은 유보조항을 둔다. 사람들의 마음에 거슬리는 내용은 더욱 대중적인 신학으로 포장하며 분명히 밝혀야 하는 핵심적 내용은 애매하게 제시한다. 결국 실제로 집을 허물지는 않지만 그것을 세울 수 있는 능력이 분명히 결핍되는 것이다. 이런 모호한 어투가 사용되는 것은 부분적으로 사람들의 기준을 지나치게 고려하기 때문이다. 일부 이런 고려는 하나님의 말씀에 대한 완전한 순종의 자리를 대체하고 있다.

성경의 온전한 기초 위에 서야만이 우리는 '율법과 증거'를 강하고 지속적으로 호소할 수 있다. 이것이 복음에 대한 단호한 사상이며 이는 우리가 분명하고 결연한 태도로 그것을 전할 수 있는 능력을 준다. 우리가 하나님의 말씀을 전하는 것만으로는 부족하다. 우리 자신이 그 말씀이 되어 말해야 한다(벧전 4:11). '우리 직책을 중요한 것으로 만들어', '우리가 전한 복음이 사람의 뜻을 따라 된 것이 아니며' 우리의 메시지가 '사람에게서 온 것이 아니요 진실로 하나님의 말씀' 임을 확신해야 한다(갈 1:11, 12; 살전 2:13).

복음의 더 깊고 더 신비한 점들에 대해서는 (이런 점들에 대해서는 견해의 차이가 언제나 있어 왔다) 기독교적인 중용과 인내가 요구될 수 있다. 그러나 원대한 기본 원리에는 권위적인 확고한 진술이 어울린다. 그리하여 우리 자신이 존재한다는 사실과 마찬가지로 우리의 메시지에 대해 의심을 품지 않게 해야 한다. 사도들과 그들의 동역자들이 이렇게 복음을 전했다. 그들은 하나님의 입에서 그 메시지를 받았으며 그것의 신성한 권위를 확신했으며 모든 저항에도 불구하고(갈 5:2~4) 자체의 증거와 함께 그 메시지를 하나의 증언으로 전했으며 '진리를 나타냄으로 하나님 앞에서 각 사람의 양심에 대하여 스스로 추천' 했다(눅 1:3; 요일 1:1~3; 벧후 1:16; 고후 4:2). 사도는 일상적인 태도에서도 우유부단하다는 비난은 심각한 것이었고 그의 사역에 해로웠기 때문에 그 자신이 하나님을 증인으로 삼는 것이 정당하다고 느꼈고 그의 말이 그들 사이에서 불안정하게 되는 일이 없도록 했으며 그의 증언은 일관성 있고 단호하고 흔들리지 않았다(고후 1:17~20).

자신의 증언이 진리라는 사실에 대해서 그렇게도 확고한 신념을 가지고 있었기 때문에 사도 바울은 자신이나 '하늘로부터 온 천사' 라도 '그가 그들에게 전한 복음 외에 다른 복음을 전하면' 저주를 받을 것이라고 선언하기를 주저하지 않았다(갈 1:8, 9). 이 진리를 좀먹는 것으로 보이는 사람들에 대해서도 '한시도 복종하지 아니하였으니 이는 복음의 진리가 그들 가운데 항상 있게' 하려는 것이었다. 복음의 자유를 공격하는 자가 사도였을 때도 바울은 '그가 책망을 받아야 했기 때문에' 교회 앞에서라도 '그를 면책했다'(갈 2:5, 11, 12).

하지만 사도 바울이 덜 중요한 일들에 대해서는 '여러 사람에게 내가 여러 모습이 된 것은 아무쪼록 몇 사람이라도 구원하고자 함'이었다고 말했다(고전 9:22). 그는 약한 형제에게 걸림돌이 되느니 영원히 고기를 먹지 않을 것이라고 했다(고전 8:13). 또한 형제들의 연약함과 편견을 인정하고 그들의 마음에 유화적으로 접근하기 위해 디모데에게 할례를 받게 했다(행 16:3). 그가 바로 '회중 사이에서 유순한 자가 되어 유모가 자기 자녀를 기름과 같이' 했으며 그들 사이의 교리적 타락이나 방종한 행동은 결코 참지 못하고 가장 엄하게 꾸짖고 무섭게 위협했다(갈 5:1; 고전 3:17; 살전 2:7, 8). 하지만 이 단호함은 '맡기운 자들에게 주장하는 자세'를 하거나 '믿음을 주관하는' 것이 되어서는 안 되고(고후 1:24; 벧전 5:3) (이것은 이 세상 임금들이 정신적인 능력을 사용하는 방식이다. 마 20:25) '그리스도의 온유와 자비'로 하는 것이어야 한다. 그리스도는 '모든 사람의 종'이었으나 하나님의 사자로서는 '권세 있는 자처럼 말씀하셨다.'

그리스도께서는 이렇게 말씀하신 적이 있다. "우리는 아는 것을 말하고 본 것을 증언하노라"(요 3:11).

그가 선택하신 사도도 이렇게 말한 적이 있다. "내가 믿었으므로 말하였다 한 것같이 우리가 같은 믿음의 마음을 가졌으니 우리도 믿었으므로 또한 말하노라"(고후 4:13).

성경적 설교의 양식

훌륭한 목사들이 복음의 교리를 제시하는 방법은 얼마나 다양한가. 그들의 설교 방식, 설교문 작성, 교훈의 방법 체계는 제각기 개성을 가지고 있다. 따라서 거기에는 무엇인가 배울 것이 있다. 우리의 마음 상태, 생활 습관, 준비를 위한 훈련, 연구 방법, 어떤 학파와의 친분, 설교의 표준 등 이 모든 것들이 합쳐져서 설교의 특성을 형성한다. 어떤 사람은 이런 양식을 어떤 사람은 저런 양식을 취할 것이다. 또한 우리는 어떤 상황에서도 어느 한 가지 양식이 다른 양식보다 탁월하다고 절대적으로 주장할 수 없다. 하나님의 복 주심은 우리가 최선의 양식을 찾아 실천하는 데서 오는 것이 아니라, 단순한 마음으로 인도를 구하고 우리에게 주어진 빛을 부지런히 향상시키는 데서 온다. 그럼에도 불구하고 우리가 상고할 만한 몇 가지 특별한 요소가 있으므로 이제 감히 몇 가지를 제안하고자 한다.

주제 설교와 강해 설교

우리가 메시지를 전하는 방법에는 성경의 한 본문을 택하여 설교하는 주제 설교와 공적 강론의 기초 작업으로서 서로 연결된 성경의 큰 부분을 택하여 설교하는 강해 설교가 있다.

우리 주님의 첫 번째 설교는 주제 설교의 한 실례이다. 주님은 본문을 읽고 해석하여 그것의 교훈을 해명한 후에 그것을 적용하여 꾸짖으시고 성경에 의해 그것을 예증하셨다. 사람들이 광분하여 그 설교를 방해하지만 않았더라면 주님의 강론은 그런 방식으로 마지막까지 지속되었을 것이다(눅 4:16~30).

이 방법은 두 가지 목표를 가지고 있다. 문맥을 참고하여 그 본문에 나타난 성령의 마음을 찾아 하나의 명확한 문장으로 제시하고 거기서부터 자연스럽게 드러나는 진리를 펼쳐 보이는 것이 그것이다. 이렇게 하면 우리는 때와 장소에 따라 진리를 다양하게 적용할 수 있게 되며 일반적인 진술을 지겹도록 반복하지 않아도 된다. 복음은 너무나 풍성하기 때문에 하나님의 말씀의 어느 부분이나 어느 진술을 택해도 거기서 풍부하고 적절한 빛을 받을 수 있다. 이 하늘의 금광의 깊이에 익숙한 마음은 성경 어느 곳에서나 '측량할 수 없는 그리스도의 부요'의 자취를 발견할 것이다. 만약 그런 자원으로부터 근본적인 교리들을 이끌어내지 못한다면 이는 보물창고가 바닥났다는 표시가 아니라 그 숨겨진 자원을 정확하게 찾아내지 못하는 영적 결핍의 표시일 뿐이다.

강해 설교는 비록 덜 열정적이기는 하지만 주제적 접근과 신중하게 결합됨으로써 가장 중요한 교훈의 수단이 된다. 이 방법에 의해서 진리에 대한 포괄적이고 서로 연결된 사상이 제시되며, 동일하게 기독교적 지성, 혜택과 강인함을 얻게 된다. 강해 설교는 문맥과 관계없이 본문을 다루는 습관을 피하게 하며 회중들이 더욱 흥미를 가지고 성경을 읽을 수 있게 한다. 이는 이 방법이 더욱 깊은 이해를 제공하며 서로 단절된 견해에 의해 오도될 위험성이 덜하기 때문이다. 그리하여 서로 단절된 본문들의 부분적 인용에 의해서보다는 거룩한 논증의 포괄적 흐름에 의해 성경 진리가 확증된다.

자칫 간과될 수 있었던 많은 주제들도 강해 설교를 통해 드러난다.[182] 강해 설교 과정 중에 어떤 특정한 죄나 오류에 대한 적용이 이루어지는데 이는 어떤 특정한 개인을 거론하지 않은 채 일어나는 것이다. 또한 강해 설교 도중에 때때로 등장하는 짧은 단서들은 청중들이 아무 준비 없이 듣기 때문에 더욱 설득력 있게 된다. 이는 미처 경고를 듣고 설득의

---

182) 정기적인 강해 설교가 없다면 시골 목회에서는 이혼과 관련된 교훈은 전혀 다뤄지지 않을 수도 있다(막 10:2~12). 나는 이런 방식으로 주저하면서 이 주제를 소개했다가 예상치 못한 효과를 본 적이 있다.

힘에 대항하여 마음을 준비시킬 여유가 없기 때문이다. 그래서 주제가 그들의 알려진 죄를 직접 지적할 때 더욱 힘을 발휘하게 된다. 이렇게 해서 성경의 전 영역이 그 길이와 넓이가 충만하게 그들 앞에 열린다. 모든 교리를 제시하고 모든 실천적 의무를 부과할 수 있는 기회가 주어진다. 회중은 진리에 대한 폭넓은 이해와 적용을 피할 수 없게 된다.

하나님의 마음은 엄밀한 진술들, 적절한 비율 그리고 진리와의 연결들 속에서 드러나게 된다. 강해 설교에서는 '하나님이 많이 말씀하시고 사람은 적게 말한다.'[183] 조직이라는 틀 속에 과도하게 얽매임이 없이 진리의 여러 부분을 다루고 진리의 범위, 논증, 상대적 위치들을 추적하는 가운데 우리의 사상은 확대되고 통제된다. 가정 예배는 우리의 마음을 실질적으로 강해 설교에 적합하도록 형성해 준다. 가정 예배를 위해 상당한 분량의 성경이 적절한 시간에 맞춰 배분됨으로써 주제의 상세한 요소들을 분석하기보다는 핵심적 요점들을 성공적으로 연결시킬 수 있도록 우리는 훈련된다.

강해 설교는 초기 기독교 교훈에서 현저한 역할을 담당했다.[184] 어거스틴, 바실, 크리소스톰은 주로 강해 설교에 의존했다. 마지막 교부의 강론들은 강해 설교 최고의 모범이며 고대 교회의 가장 귀중한 유물이다. 하지만 본문 해석에 너무 많은 시간이 소요되지 않도록 해야 한다. 우리 자신의 자원과 회중의 상황을 특별히 염두에 두고 주제가 선정되어야 하며 설득과 교훈이 잘 혼합되고 이해시키려는 노력 속에 마음과 양심을 늘 염두에 두도록 주의를 기울여야 한다. 설교 도중 사람들의 관심이 식어지는 것을 주목해야 한다. 또한 주제 설교와 강해 설교를 함

---

183) 크리소스톰(Chrysostom).
184) Cave's Primitive Christianity, ch. ix.

께 사용함으로써 그 둘의 장점을 살리고 다양성을 극대화해야 한다.

즉석 설교와 원고 설교

필자는 형제들을 위해 이 미해결 논쟁을 여기서 매듭지으려고 하지 않겠다. 엄밀한 의미의 즉석 설교를 주장하는 이는 광신자뿐일 것이다. 특별한 어려움에 처한 사도들에게는 인간의 모든 자원을 초월해서, 준비되지 않은 연설이 주어질 것으로 약속되었다.[185] 그들의 공적 목회가 비록 그런 성격이었다 하더라도 자연적인 연약을 초자연적인 방식으로 극복하기 위한 기적적 능력을 권하는 전례는 없다.

그러므로 우리는 즉석 설교라는 말을 사전 묵상에 의해 소화되고 준비된 후에 원고 없이 전달하는 '무원고 설교(원고 없이 행하는 설교)'라는 일반적 의미로 사용할 것이다. 즉 그 사용하는 언어와 설교의 뼈대를 채우는 내용을 설교 현장에서 즉석으로 생산한다는 의미이다.

일반적인 규칙은 이러하다. 다른 사람의 심정을 움직이기 위해서는 우리 자신이 그것을 깊이 느껴야 한다.[186] 작성된 원고를 읽는 것보다는 설교자의 마음에서 자연스럽게 흘러나오는 마음에서 마음으로 전해지는 말이 더욱 직접적인 영향을 미칠 것이다. 모범적인 설교자의 설교하는 모습, 태도, 움직임은 더욱 직접적이고 인격적이며 주의를 끈다. 이 방법은 설교의 일반적인 부분을 더 흥미롭게 하며 무관심한 청중을 자

---

185) 마 10:19, 20; 눅 21:14, 15. 순교자들은 이 약속에 대한 충만하고도 의심없는 관심을 가졌다. 하지만 이 약속은 사전 묵상이 없이 주어지는 일반적 의미의 영감을 의미하는 것이 아니다. 혹은 사전 연구가 무용하다거나 필요한 도움을 받지 않아야 한다는 것을 의미하지도 않는다. 디모데를 향한 권면(딤전 4:13)은 우리 주제 연구의 필요성을 분명히 보여 준다.

186) "다른 사람이 눈물 흘리기를 원한다면 당신이 먼저 슬퍼야 한다." Horace.

극하기 위한 충격적인 방식을 도입할 수 있게 한다. 말하는 순간 그의 앞에 펼쳐진 현실은 설교자 자신이 결코 공급할 수 없는 따뜻함을 그 장면으로부터 이끌어낼 수 있게 한다. 하나님 앞에 선 청중의 광경, 곧 그들의 표정, 주의를 기울이거나 무관심한 얼굴, 관심을 보이거나 혐오감을 보이는 모습 등이 서재에서는 얻을 수 없는 역동적 설교의 많은 요소들을 제공하며 설교자의 마음속에 많은 생생한 상을 일으켜 그에 상응하는 공감과 관심을 회중 안에 일으킨다.

이것은 결코 작은 일이 아니다. 사람은 논증에 의해서 별로 영향을 받지 않는다. 확신을 얻는 것은 지적인 작업만의 결과가 아니라 마음의 모든 공감과 밀접하게 연결되어 있다. 이런 방식으로 들어와 마음속에 간직된 인상은 때로 항구적인 영향력을 가진다. 하지만 즉석 설교가 원고 설교보다 실제 내용과 생각의 충실성에서 떨어진다는 데는 의심의 여지가 없다. 글로 옮기는 데에 들어가는 시간으로 인해 생각에 쏟는 시간이 즉석 설교에서는 상대적으로 줄어들 수도 있다. 또한 비록 게으름이나 자기과신으로 글로 적지 않는 핑계를 댈 수 있지만 그 상황에 대해 책임감을 무겁게 느끼는 굳건한 사람은 더욱 충실한 지적 활동으로 그 손실을 기꺼이 메울 것이다.

즉석 설교를 시작하려는 사람들에 대한 세실의 충고는 이것이다. "즉시 시작하시오, 청년의 평안감과 유연성으로 당신의 습성을 형성하시오."

이와 반대로 로빈슨은 매우 조심스러운 단계를 권고한다. "7년 동안 자기 설교 전체를 인내를 가지고 기록하지 않은 사람은 원고 없이 설교를 시도하지 마십시오. 그 다음부터 가끔씩 서서히 시도하십시오."[187]

실제로 그 자신의 목회에서 처음 7년간 그것을 실천했다. 그 이후로 그는 불가피한 경우에만 즉석 설교를 했다. 준비하는 마음의 훈련, 갖춰져 있는 자원, 기질 또는 영적인 저항을 어떻게 잘 극복하느냐에 주로 그 성패가 달려 있을 수밖에 없다. 로빈슨은 즉석 설교에서 타의 추종을 불허하는 경지에 도달한 리치몬드[188]와 달리 처음부터 성공적인 설교가였으며 그의 연습 기간이 실제 기간의 절반만 되었어도 즉석 설교에서 리치몬드에 필적하는 성공을 거두었을 것이다. 그 마음의 생각이 정확하고 질서정연하며, 풍부하고 확고한 자료들이 풍부했으며, 목회 실천을 극대화하도록 훈련된 그의 정신적 능력은 훨씬 짧은 기간에 힘을 발휘하기 시작했을 것이다.

버넷 주교는 광범위한 주제에 대한 집중적이고 지속적인 묵상의 습관과 잘 연구된 정확한 표현을 사용하여 자기 생각을 큰 소리로 말하는 훈련을 통해 이 설교의 은사를 활용하였다.[189] 즉석 설교를 하기가 쉽다는 것은 잘못된 생각이다. 그저 언어의 나열이 정확하게 규정된 개념을 대신하고, 그럴 듯한 말솜씨가 사상의 견고함의 표시 혹은 사상의 부족을 채워주는 대체물로 된다. 무원고로 인해 초래되는 이런 결함은 우리 회중에게 아무런 실질적 가르침도 제공하지 못한다. 설교 주제는 이해되고 소화되고 감동이 느껴질 때까지 연구되어야 한다.

훌륭한 즉석 설교를 위해 우리에게 필요한 것은 충동이나 단순한 언변이 아니라 견고한 지식의 준비, 거기에 결합된 문체의 단순성, 견고할 뿐만 아니라 활기찬 태도인데 이 모든 것과 비견되는 것은 바로 깊이를 헤아릴 수 없는 성경의 진리에 깊이 젖은 마음이다.[190] 이 자원이야말로

---

187) Vaughan's Life, p. 322, 325.
188) Richmond's Life, p. 155.
189) 그의 전기를 보라.

많은 이차적 자질의 자리를 메워줄 것이며 다른 어떤 것도 이 진리의 결핍을 채워주지 못할 것이다.

우리는 회중과의 일상적인 대화로부터 많은 도움을 받을 수 있다. 순간에 한 개인을 위해 사용된 것이 집단에게도 적용될 수 있으며, 잦은 의사소통은 설교 전달에 자신감을 불어넣어 줄 것이다.

소모임 혹은 가정 예배에서 성경을 설명할 때, '본제에서 잠깐 벗어나'[191] 설명을 덧붙이는 것이 즉석 설교를 위한 좋은 준비 중의 하나이다. 아침 저녁으로 주석을 참고하면서 본문을 연구하고 원고 없이 그 내용을 설명하는 젊은 목사의 마음은 풍부해지지 않을 수 없고 성경의 단순한 어투와 준비된 단어들로 그 마음을 완전히 쏟아내는 자연스러운 방법을 체득하지 않을 수 없다.

그러나 이 습관은 또한 치밀하고 잘 소화된 작문의 습관과 결합되어야 한다. 원고 설교를 추천하지 않으면서도 도드리지 박사는 가장 정교한 강단 원고를 위한 상세한 규칙을 제공한다.[192] 그리하여 성실한 연구의 결과인 유창한 강단 설교가 거의 수정 없이 그대로 출판되기도 했다. 이 방법은 버넷 주교가 원고 설교에 부여한 유익을 결정적으로 줄 수 있는 것이다. 이런 설교는 '내용의 힘과 견고함'과 함께 '열기와 능력으로 전달될' 수 있다.[193] 또한 설교 전체를 원고로 작성하여 읽는 방법에서 나타나는 정교한 문장에 뒤지지 않는 많은 설교집을 생산했다.

---

190) 제롬이 그의 친구 네포티안(Nepotian)에게서 본 것이 이것이다. "거룩한 책을 매일 읽고 묵상함으로써 그의 영혼이 그리스도의 도서관이 되었다."
191) Burnet's Past. Care.
192) 그의 Preaching Lecture들을 보라.
193) Burnet's History of the Reformation, Book. I. year 1542.

우리는 설교 원고 작성의 이점을 인정해야 한다. 지겨운 반복, 표현의 결함 순간의 생각이 혼란스럽게 배열되는 것을(즉석 설교에 어느 정도 따르는 악이다) 피하고, 다루고자 하는 주제를 더욱 압축적으로 견고하며 분명한 순서와 정확한 어투로 형성해야 한다. 그래서 (적어도 초기 단계에서는) 로마의 연설가들이 '좋은 연설의 최선의 준비로서 많은 작문'을 추천하는 것은 정당하다.[194]

신학의 초보자는 자신의 생각이 종이 위에 표현될 때까지 자신의 미성숙에 대한 이해에 도달하기 어렵다. 글을 쓰는 매 순간마다 그는 자신의 생각을 확장하거나 집약해야 할 필요를 느끼게 될 것이다. 자신이 다루는 주제를 철저하게 숙성시킴으로써 자신의 길을 준비하지 않았다면, 그는 자신이 이루었다고 착각했던 것의 '기초를 다시 닦아야' 할 것이다. 작문의 양은 천부적이거나 획득된 마음의 습관에 따라 다를 것이다. 몇몇 경우에서는 일정 분량이 간과되어도 유익할 수 있다. 청년이 생동적으로 상상하는 것과 건전한 판단력을 함께 구비하는 일은 드물다. 따라서 작문의 고통이 수반되지 않은 평범한 설교들은 적절한 예증과 예리한 적용이 결여된 힘없는 재료 덩어리가 될 것이다.

산만한 설교자는 자신을 정확하고 통일된 계획의 한계 안에 잡아두기 위해 펜을 사용할 필요가 있다. 그렇게 하지 않는다면 그의 설교는 거의 산만하고 통일성이 없어 두루뭉술한 이야기가 되고 말 것이다. 자신의 부족한 기술을 채울 수 있는 자원이 충분치 않으면서도 화술이 뛰

---

194) "내가 진실로 말하거니와 중요한 점은 우리가 써야 할 것을 거의 쓰지 않는다는 것이다. 왜냐하면 우리 대부분이 회피하고 있는 이 작업은 매우 수고스러운 일이기 때문이다." Cic. de Orat. 만약 연설문의 일부만 쓰는 습관이 연사에게 있다면 그의 연설 나머지 부분도 작성된 문장의 어투와 같아야 하는 것을 지적한다.

어난 설교자는 말이 늘어지고, 웅변조가 되고, 실제 내용은 없고 흥미도 끌지 못하게 된다. 준비도 없고 적용도 없이 말을 잘하는 은사는 추구할 자질이 아니라 불행이다. 말 잘 하는 은사를 가진 사람은 지적 발전을 게을리 하게 할 위험이 있을 뿐 아니라 다루기 어려운 주제를 접하면 슬쩍 말을 돌려 본제와 무관하게 귀에 듣기 좋은 말만을 할 수 있다. 그래서 어떤 사람은 책에 의해 제한을 받지만 어떤 사람은 책의 결핍으로 인해서 망한다.

고대 기록을 보면 원고 설교와 즉석 설교가 공존했음을 보면 알 수 있다. 당시에는 설교 전체를 쓸 수가 없었다. 이는 설교들이 바로 앞에 읽은 본문을 해석하는 것이기 때문이었으며, 두 개나 세 개의 설교가 같은 장소에서 연속으로 행해졌기 때문이다.[195] 오리겐은 즉석 설교를 전적으로 도입한 것으로 생각된다. 어거스틴과 크리소스톰의 글들에서 이 방법에 대한 언급이 발견된다. 그들은 너무 자주 설교했기 때문에 그런 방법을 취했을 것이며 쉴 새 없는 목회 활동은 설교들을 전부 적는 것을 사실상 불가능하게 했을 것이다. 동시에 교부들의 글에서 원고로 작성된 설교들에 대한 명백한 언급도 발견할 수 있다. 이는 설교자 자신이 사용하기 위해서만이 아니라 보다 광범위한 사람들의 유익을 위해서였다.[196] 버넷은 종교개혁 시대에 설교를 읽는 관습이 있었음을 언급한다. 하지만 래티머의 솔직하고도 명쾌한 설교와 동시대인들의 비망록은 그 반대의 방법이 사용되었다는 증거를 제공한다.[197]

---

195) 복음을 읽은 다음에 장로들이 한 사람씩 돌아가면서 권면의 말씀을 했으며, 마지막으로 전체의 주재자로서 주교가 했다. Cave's Primitive Christianity.
196) 어거스틴과 그레고리의 글에 보면, 그들이 직접 설교할 수 없는 상황이 발생하면 설교를 작성하여 읽도록 했다는 암시가 있다. 이는 설교를 읽는 관습이 전혀 없었던 것이 아님을 보여준다.

세커 주교는 원고 설교와 즉석 설교의 문제를 논한 다음에 '우리 선조들이 사용한 중용'으로서[198] 뼈대는 쓰고 내용은 즉석에서 채우는 설교를 권하면서 "적절하게 관리된다면 이 방법이 최선이다"라고 덧붙인다.[199] 그렇게 되면 강론의 체계, 논증, 적용이 준비되면서도 원고의 정확한 어구에 매여야 한다는 불필요한 신경을 쓰지 않아도 된다. 그 내용은 마음속에 자연스레 떠오르는 것으로 채워질 수 있다. 그렇지 않으면 그 순간의 상황에 맞도록 내용에 옷을 입히면 된다. 이렇게 하면 즉석 설교와 원고 설교의 장점을 두루 갖추는 것으로 보인다. 이를 통해 기록된 원고의 족쇄에 매이지 않고도 감정의 절제와 잘 소화된 배열의 한계를 지킬 수 있다. 고통스러운 근심이 없이도 기억력이 작동한다. 그러는 동안 마음은 하나님의 도우심을 자유롭게 느낄 수 있다. 미리 준비한 원고의 문자에 제한되지 않는 이 자유는 유지되어야 한다. 공적·사적 기도 후에 하나님의 직접적인 임재 속에 그리스도의 사도로 섰을 때, 서재에서 준비된 것 이상으로 풍부한 성령의 기름 부음이 설교 순간에 있을 것을 기대하는 것은 무리가 아니다.

그러나 방법에 관한 한 사람은 많은 연구와 경험이 없이는 훌륭한 설교 습관을 익힐 수 없다. 젊은 초보자들은 더욱 정확하고 정교한 방식을 사용해야 한다. 상세한 연구에 의해 훌륭한 문체와 표현을 먼저 익

---

197) Budd on Infant Baptism, pp. 474, 475에서 몇몇 언급을 발견할 수 있다.
198) 불(Bull) 주교의 경우가 그러했다. 넬슨(Nelson)이 쓴 그의 전기 59쪽을 보라. 버넷은 이 방법을 활용하기 위한 훌륭한 규칙을 제공한다. Pastoral Care, ch. ix. Fenelon's Dialogues와 비교하라. 에라스무스는 교부들도 이 방법을 사용했음을 밝힌다. "설교의 요점들을 종이에 기록하여 가지고 있는 것이 안전하다. 어거스틴도 몇몇 시편 설교에서 그렇게 했던 것으로 보인다. 놀라운 정도의 기억력을 가졌던 그였음에도 불구하고 거의 모든 설교에서 그렇게 한 것 같다."
199) Charges, p. 287~291.

혀두면 뒤에 강론 속에서 그것을 더욱 쉽게 사용할 수 있을 것이다.[200] 잘 소화되고 배열된 주제에서는 일반적으로 내용이나 표현상의 결함을 걱정하지 않아도 된다.[201] "마음에 가득한 것을 입으로 말함이라." 설교자는 본문을 묵상하는 동안 하나님께서 그에게 전해 주신 진리의 십분의 일도 전달하지 못할 것이다.[202] 연습에 의해 더 많은 유익을 얻음으로써 이 같은 어려움들이 해소될 수 있다.

세실이 '진정한 유창함' 이라고[203] 정확하게 정의한 '불타는 단순성' 은 우리를 겸손하게 하고 가장 큰 유익을 주는 목회의 연약함 속에서 우리 설교의 특징을 구성할 것이다. 국회의원과 변호사들이 '자기들의 이해력만으로 배워도' 그런 표현의 유려함을 성취할 수 있음을 볼 때, 만약 주께서 이 능력을 자신을 위한 봉사에 사용하시고자 한다면, 우리는 주님의 도우심의 약속을 의지하여 이 지정된 방도를 사용할 때 훨씬 유능한 영적 능력을 가질 수 있음을 확신할 수 있다. 또한 "나를 떠나서는 너희가 아무 것도 할 수 없음이라"는 사실을 깊이 명심하고 있을 때 우리는 사역에 가장 적합한 상태를 유지할 수 있다.[204]

---

200) Wilkins' Eccles. p. 203.
201) "주제는 능력 있게 전달될 것이며, 탁월한 표현력이나 구성도 결핍되지 않을 것이며, 원하는 주제에 어색한 단어들이 따르지도 않을 것이다." Hor. De Arte Poet. "선한 것들을 알고자 하는 열망과 그 지식을 다른 사람들에게 넣어주고자 하는 선한 의도로 충만한 사람, 이런 사람이 말을 할 때는 그 말들이 민첩하고 부지런한 종처럼 그의 명령대로 움직이며, 잘 조직된 편지처럼 그가 원하는 곳에 적절하게 도달한다." -밀턴.
202) Act of Synod of Berne, ch. xl. Fletcher's Portrait of St. Paul에 인용됨.
203) Cicil's Remains.
204) 요 15:5. 캠벨 교수는 교회에서 즉석 설교의 관행을 거의 알지 못한 것 같다. 강론을 읽고 반복하는 것의 유리한 점과 불리한 점을 논하면서, 그는 원고를 작성하여 그대로 읽는 것이 목회에 짐이 된다고 지적한다. Campbell on the Pup. Eloquence. Lect. iv. On Past. Char. Lect. ix. 여기에 우리는 이렇게 덧붙일 수 있다. 설교를 하면서 원고를 그대로 읽는 데에 마음을 기울이다 보면 감정이 질식될 수 있고, 급하고 건조하며 조화되지 않은 어

내 생각에는 이 방법이 지나치게 중요한 것으로 간주되는 것 같다. 나의 생각은 이것이다. 즉 동일하게 위대한 설교자들 사이에 은사가 그렇게도 다양하므로 최선의 방법이 반드시 모든 경우에 최선은 아니라는 점이다. 어떤 사람은 글을 쓸 때에 훨씬 풍부한 표현이 나온다. 또 어떤 사람은 그들의 두려운 책임감을 생생하게 전할 때 임하는 성령의 충만함에서 가장 자유로움을 경험한다. 이는 면밀하고 생동감 있게 원고를 읽는 것이 (이런 경우가 그리 흔하지는 않지만) 제대로 실행되지도 않고 준비도 갖춰지지 않은 즉석 설교보다 낫다는 것이다.[205] 물론 이것은 원고 설

조가 사용될 수 있다. 전체적으로 볼 때, 그것이 학생의 '가장 불합리한 수고' 이상이 되지 않을 수 있다. 이에 대해서 버넷 주교는 그것을 유지하는 것이 거의 불가능하며, 그 방법은 마치 책을 읽는 것과 같은 것으로 간주되어 깊은 감정이 거기에 거의 일어나지 않는다고 파악한다. Secker's Charges, p. 291과 비교하라. Fenelon's Dialogues (ii.). Burnet's Pastoral Care, ch. ix. Smith on the Pastoral Office, Lect. xx.

205) 다음 시구가 이것을 훌륭하게 표현한다.
친구여, 중요한 질문을 제기하여
설교할 때에 원고가 있어야 하는지 없어야 하는지를 묻는다면
내 대답을 듣고 생각하게.
모든 설교를 처음부터 끝까지
글로 작성하며, 성격과 용도에 가장 적합하도록 모든 생각에
충만한 표현을 입히며, 당신의 기억력이 담을 수 있는 데까지 읽으라.
모든 문장을 그대로 읽는 것이
혼란스럽고, 깜깜하고, 무질서하고, 난삽한
종잡을 수 없는 생각의 흐름 속에서
동일한 생각과 단어를 반복하고 또 반복하여
명민한 정신을 피곤하게 하는 것보다 낫다.
덧없는 무식한 칭찬과 헛된 열정이
아무리 당신을 유혹하더라도 그렇게 하지 말라.
그러나 당신의 원고에 너무 매인 나머지
번개처럼 영혼에 꽂히고
신성한 능력과 장엄으로 불타 오르는
순간적인 생각을 소멸하지는 말라.
Gibbon's Christian Minister.

교에 접목되어 더욱 유익한 요소들, 곧 마음을 다시 불타오르게 하고, 기억되고, 소화된 경험의 자료들을 말하는 것은 아닙니다.[206] 홀의 밀너, 트루로의 워커, 로빈슨의 처음 몇 년, 그리고 내가 알고 있는 가장 성공적인 목회는 원고 설교 위에 형성되었다. 또한 교회의 일관성을 근거로, 책상에서 사용될 수 있는 책이 왜 강단에서는 사용되지 말아야 하는지를 질문할 수 있다. 정형화된 글로 기도할 수 있다면 왜 동일한 글로 영적 설교를 못하는가? 즉석 설교는 설교의 형태이지 그 내용이 아니다. 본질적 내용이 아니라 껍질이요 수단이다. 원고로 작성된 설교나 원고로 작성되지 않은 설교나 똑같이 기도의 열매이며 믿음의 결과물일 수 있다. 또한 설교가 받아들여지고 존중되는 것은 그것이 전달되는 방식 때문이 아니라 그 정신과 원칙 때문이다. 어느 편을 택하든지 동일한 믿음이 요구되며 그 실행은 동일하게 어렵다. 어느 편을 택하든지 외형주의에 빠질 위험은 동일하다. 원고에 의존하는 것과 은사에 의존하는 것 중 어느 것이 더 자연스러운지 혹은 기만적인지를 말하기는 쉽지 않다.

다른 편을 과도하게 무시하지 않으면서 한 편의 유익을 주장하는 것은 어렵다. 많은 우수한 목사들은 원고 설교를 불신앙, 자신에 대한 과도하게 높은 평가, 사람에 대한 두려움[207] 혹은 '세상적 정신'의[208] 결과물이라고 생각한다. 하지만 사도 바울의 시대 이래로 루터보다 더 이런 비복음적 세력의 영향 아래 있었던 사람이 누구인가? 그런데도 "그는 때때로 반드시 그렇게 해야 필요가 없을 때에도 마치 다른 방법을

---

206) 원고를 작성하여 설교 전에 반복해서 읽으면 즉석 강론의 유연함과 힘을 훨씬 더 갖출 수 있다.
207) Newton's Letter to Mr. Barlass를 보라.
208) Budd on Infant Baptism, pp. 493~496.

취할 수 없었던 것처럼 책을 놓고 설교했다. 이는 다른 사람들을 위한 모범을 보이기 위한 것이었다."[209]

밀너(Milner)의 원고는 그 진술의 충실함에서, 문체의 유려함에서, 그리고 밀접한 적용에서 그 반대의 방법을 취한 어떤 사역보다도 뛰어나다. 버드(Budd)의 즉석 설교의 불쾌함에 대한 묘사에 의해서 그 성격은 가장 잘 설명될 수 있다.[210] 크리스천 옵서버(Christian Observer)의 한 저자는[211] 전체적 주제에 대한 몇몇 귀중한 통찰을 제공했으며 즉석 설교를 게으름의 결과라고 비난했다. 하지만 퀘이커(Quaker)의 "종이에 쓰여 있는 설교를 읽는 사람에게는 성령이 없다"는 비판에 대해 백스터(Baxter)의 대답은 이 경우에 적용된다. "목사들이 설교 노트를 사용하는 것은 그들에게 능력이 없기 때문이 아니다. 도리어 그 일에 대한 존경심과 청중의 유익을 위해 노트를 사용하는 것이다. 내가 노력을 할 때는 다른 사람들만큼 설교 노트를 사용하지만 바쁘거나 준비할 시간이 없거나 게으를 때는 다른 사람만큼 그것을 사용하지 않는다. 설교 노트 없이 세 번 설교하는 것이 원고를 준비하여 한 번 하는 것보다 쉽다."[212]

이 비난은 찰스 왕의 유명한 명령의 근거가 되었다.[213] 하지만 품행이 좋지 않은 궁정에서 발표된 이 이상한 문서의 신학적 권위는 최소한도로 축소되었다. 성직자들의 신앙이 최악의 상태에 있던 상황에서 그

---

209) Edwards' Preacher, i. 220을 보라.
210) Budd on Infant Baptism, p. 497.
211) Christian Observer, Oct. 1828을 보라.
212) Church History, 4to: 1680, p. 471. 홀 주교가 자신의 실천을 이야기한다. "일주일에 세 번 강단에 설 때에 내가 전하기를 원하는 순서대로 모든 설교 내용을 쓰지 않고는 오르지 않는다. 하지만 그것을 전할 때에는 기록한 글의 단어에 노예가 되지는 않았다." p. 34.
213) Appendix to Dr. Buchanan's Sermons on Eras of Light, and Richmond's Life, p. 157.

명령을 모두가 지켰더라면 국가에 끔찍한 재난이 초래될 뻔하였다. 준비도 미흡하고 신령하지도 않은 사람들이 즉석 설교를 했다면 다른 자료라도 사용하여 어느 정도 유용한 내용을 갖추었을 원고 설교보다 얼마나 더 형편없는 교훈이 주어졌겠는가.

그 외에도 이 비난이 즉석 설교를 향해서도 쏟아져야 하지 않는가? 게으름으로 인해 사람들은 (그런대로 말솜씨가 있는 경우에) 중요한 사안들을 깊이 생각하는 수고의 짐을 지지 않으려 하는 것은 아닌가.[214] 이 양편의 경우 모두가 직권 남용으로 인정되어야 할 것이다. 나는 지금 "즉석 설교를 할 수 없는 사람은 가르칠 능력이 없으므로 목회에 적합하지 않다"고 과감하게 말하고 있다. 하지만 이 주장은 모세가 신성한 사명을 수행할 자질이 없다고 말하는 셈이 되지 않는가? 모세는 비록 설교와 동일하지는 않지만 그 사역의 상당한 부분이 교훈을 내리는 것이었으며, 유창한 말솜씨를 가진 사람이 훨씬 바람직했을 것이다. 그러나 만약 하나님께서 말솜씨가 그의 사명 수행에 필수불가결하다고 생각하셨다면 다른 사람의 도움을 통해서 그것을 채우시기보다는 직접 모세의 개인적 결핍을 채워주지 않으셨겠는가(출 4:10~16). 그러므로 마음이 올바르고 하나님의 뜻의 지시가 분명할 때, 동일한 결핍이 왜 다른 방식으로 유사하게 채워지지 않겠는가.

원고 설교를 취하게 되는 가장 일반적인 이유는 설교가 회중의 기질과 편견을 수용하기 때문이다. 그 방식이 거슬린다 하여 우리 목회에서

---

[214] 스틸링플리트(Stillingfleet) 주교는 자기 시대에 대해 이렇게 불평했다. "강단에서 즉석 설교를 하면서 방만하고 부주의하게 말하는 악습이 퍼져 있다. 이것은 목사에게는 손쉽고 명석하지 않은 사람들에게는 그럴듯하게 들린다." Duties and Rights of the Parochial Clergy, p. 30.

추방하는 것은 두려운 책임이 따르는 일이다. '십자가의 거치는 것'은 (개인의 죄 이외에 거침이 되는 유일한 것이다) 우리 사역의 내용과 관련된 것이지 방법과 관련된 것이 아니다. "여러 사람에게 여러 모양이 된다"는(고전 9:22) 원칙이 근본적 내용에는 조금도 적용되지 않지만(갈 2:5) 설교 형식에서는 얼마든지 적용된다. 만약 사도 바울이 그의 마음의 즉각적인 자극으로부터 말하는 데 익숙했다면 자신을 "헬라인이나 야만인이나 지혜 있는 자나 어리석은 자에게 다 빚진 자"라고(롬 1:14) 느낀 그가 큰 목적에 부응한다면 언제든지 다른 방식으로 설교했으리라는 것을 의심할 수 없다.

영국인과 인도인 회중에게 만약 그들이 책을 통해서 하나님의 말씀을 받는다면, 그는 2절판 책의 설교집을 주었을 것이라고[215] 즉석 설교를 한 헨리 마틴의 양보의 정신을 인정하지 않을 사람은 아마 없을 것이다. 대학이든, 사원이든, 방문이든, 성직자들에게 행하는 설교의 경우에 확립된 용례를 따르는 것이 적절한가에 대해서는 질문의 여지가 없다. 이 경우에 설교자는 일상적인 설교 속에서 더욱 자유로운 방법을 통해 전달하던 것과 같이 충실하고 중요한 진술의 수단으로 설교 원고가 첨부되어야 할 것이다.

나는 이 문제에 대해 세커 주교와 견해를 완전히 같이 한다.

"결국 각 사람은 (사도가 매우 다른 경우에서 한 것처럼) 하나님으로부터 그에게 합당한 은사를 받아서 한 사람은 이 방법으로 한 사람은 저 방법으로 한다. 각 사람은 자신의 은사를 계발해야 하며 아무도 형제를 비난하거나 무시하지 말아야 한다."[216]

---

215) Life, pp. 227, 228.
216) Charges, pp. 290, 291.

이 문제에 대해 로빈슨 자신은 즉석 설교를 선호하면서 사람들에게 양편을 모두 음미하라고 가르쳤다. 또한 책을 사용하느냐 하지 않느냐 하는 것은 규정을 지키는 데 부수적인 것으로서 이차적이거나 혹은 전혀 중요하지 않은 것으로 간주하도록 가르쳤다.[217] 하지만 이것은 지면상으로 결코 결정될 수 없는 문제이다. 의식 있는 목사는 상황의 특성, 회중의 기질, 그 자신의 재능의 특성과 미묘함을 고려하여 어느 방식이 목회에 가장 효율적인지를 고려할 것이다. 물론 두 가지 방법 모두를 사용하는 것이 유익할 것이다. 곧 깊은 묵상과 글쓰기에 의해 잘 확보되는 명쾌함, 질서 그리고 충분한 내용을 즉석 설교의 자유와 힘에 결합시키는 것이다. 회중에 따라 즉석 설교를 선택하는 것이 목회자의 의무일 수 있다. 동시에 궁극적인 결정을 위해 더욱 예리한 형제들의 판단을 참고하는 것이 지혜로울 것이다.

성경적 설교의 정신

복음서와 사도행전을 깊이 있게 공부하면 이 주제에 대한 최선의 예증을 얻을 수 있다. 주님의 사역은 완전한 모범을 제공하고, 사도의 사역은 세부 사항까지 그것을 상세하게 모방한 것이다. 그러므로 우리도 동일한 사명을 부여받고 동일한 방해에 직면하고 교회의 최초의 종들에게 주어졌던 것과 동일한 약속에 의해 유지되고 있으므로 그들의 정신을 집중적으로 상고함으로써 가장 중요한 교훈과 지지를 풍부하게 받

---

217) Vaughan's Life, p. 234.

을 수 있다. 몇 가지 주도적인 세부 사항들을 규정하고 그것들을 채워 가는 가운데 목회에서 가장 긴장되는 영역에 대해서도 유익을 얻을 것이다.

담대함으로

서기관들과 바리새인들에 대한 우리 주님의 신랄한 지적(마 23장)은 기독교 사역의 담대함의 실례를 보여준다. 사도들도 인간의 생각으로는 설명할 수 없는(행 2:13) 동일한 담대함으로 그들의 재판관의 면전에서 무안을 주었다.[218] 벨릭스 앞에 선 바울을 보라. 자신의 생명이 달린 재판을 받는 죄수로서 '아무도 그의 편이 아닌' 상황에서, 심지어 그의 동족의 중요한 기관이 그를 죽이고 싶어 할 정도로 미워하고 있는 상황 속에서도 이 불쌍하고 위험에 빠진 사람은 자기의 생사를 손에 쥔 재판관을 직시하였다. 이 고상한 죄인은 잘못을 범하고 있는 상대에게 가장 직접적이고 거슬리는 진리를 전하고 있다(행 24:24, 25).

이 목회적 용기의 눈부신 실례가 '그의 직책을 얼마나 위대하게 만들었는가.' 우리가 사람의 얼굴을 두려워한다면 이것보다도 우리의 신성한 사명을 더 수치스럽게 하는 것이 있겠는가. '복음을 변명하고 확정하는 것' 만큼(빌 1:7) 우리가 다른 모든 것을 잊고 주님의 임재와 권능, 우리의 고귀한 책임감을 논증하는 것이 있겠는가. 독립심, 사람의 칭찬과 비난에 유념치 않는 태도는 목회의 고결함을 위해 필수불가결한 자질이다.

---

218) 행 4:13. 담대함에 임했던 능력을 보라, 29~33절, 14:3. 사도 바울은 이것의 중요성을 깊이 느꼈다(엡 6:19, 20; 골 4:3, 4). 선지자들도 동일한 담대함을 가지고 있었다(왕상 21:20, 22:14~25; 대하 16:7, 24:20; 사 58:1, 65:2; 암 7:10~13; 미 3:8; 마 3:7; 롬 10:20).

루터는 일반적 적용에 관한 많은 진리에 대해서는 관용을 입었으나 칭의에 대한 그의 용감한 진술은 관용의 대상이 될 수 없었다. 이것은 평신도로서 자신의 교리를 교회적 권위를 가지고 전했으나 불편한 충돌을 피하기 위해 비루한 조심성을 보인 에라스무스와는 얼마나 다른가. 그러나 문제는 회중이 얼마나 즐거워하느냐가 아니라 그들이 어떻게 경고를 받고, 교훈을 받고, 구원을 받느냐 하는 것이다.

우리는 우리의 장엄한 메시지를 부끄러워하게 만드는 저 겸양을 강하게 꾸짖어야 한다. 혹은 우리가 장엄한 사명을 절반만 믿는다는 것을 드러내는 소심한 비겁함을 꾸짖어야 한다(렘 23:28). 거슬리는 교리를 감추는 것, 혹은 그 교리를 언급하는 것을 사과하는 것, 환영 받지 못하는 진리로 사람들의 양심을 불편하게 하는 일을 과도하게 조심하는 것, 세상과 타협하는 것, 유행하는 죄를 보고도 못 본 체하는 것, 하나님의 대의가 공개적인 고백을 요구하는 곳에서 침묵하는 것, 이것은 우리 주님을 영화롭게 하는 정신이 아니며, 그가 '높이기를 기뻐하시는' 정신이 아니다.[219]

죄를 꾸짖는 것은 목회적 용기의 중요한 부분이다. 일상 생활에서 예의를 지켜야 한다는 사실도 우리 주님의 꾸짖음을 막지는 않았다. 바리새인들이 음식을 준비한 자리도 꾸짖음의 기회가 되었다. 식사 초대를 받았다 해서 꾸짖어야 할 때에 꾸짖지 않는 일이 없었다(눅 7:36~46, 11:37~54). 목회서신의 규칙과 권고가 보여 주듯이 필요한 상황에서는 꾸

---

[219] 딜트리(Dealtry) 목사의 'The Gospel Message'라는 제목의 설교 24~26면에 나타난 예리한 견해를 참고하라. 한 거룩한 목사가 말했다. "이기적이고 믿음 없는 마음의 역겨운 비겁함보다 더 두려워할 것이 없어야 한다." 헨리 벤(Henry Venn) 목사의 서신, 278면. "주여, 인간의 얼굴을 두려워하는 마음을 그들의 영혼에 대한 사랑으로 바꿔주소서." 이것이 워커의 경건한 기도였다. Life, p. 356.

짖음이 공개적으로 되어 다른 사람들에게 경고가 되고(딤전 5:20), 엄함으로써 범죄자에게 죄를 깨닫게 해야 하고(딛 1:13), 권위를 가지기 위해 주님의 이름으로 행하며(고전 5:4; 딛 2:5), 사랑으로써 궁극적인 회복을 기대해야 한다(딤전 5:1; 딤후 2:24, 25). 하지만 그것은 언제나 죄를 향한 것이 죄인을 향한 것이 되어서는 안 된다. 사도 바울이 벨릭스를 직접 지칭할 필요는 없었다. 그 떠는 범죄자에게 양심이 말했던 것이다. "당신이 그 사람이라"(행 24:25).

하지만 모든 종류의 용기가 우리 메시지의 영광과 직책의 위엄을 드러내는 것은 아니다. 진리에 대한 반감을 일으키게 하는 것은 사랑을 품고 성실히 행하는 것이 아니라 복음보다는 사람의 정신과 더욱 밀접하게 연결된 성질이 그렇게 하는 것이다. 문제는 거룩한 말씀을 말하되 어떻게 말하는 것이 가장 적절하며 유효한지에 대한 사전 심사숙고가 없이 교만하고 성급하게 말하는 것이다. 도리어 신령하고 거룩한 원칙이 온유, 겸손, 사랑, 우리 자신의 연약과 부족에 대한 인식에 동반되어야 한다(고전 2:3). 이 정신은 '말의 문'(a door of utterance)으로서 주님이 여실 때까지 닫혀 있다. 이것은 극히 어려운 문제로 목사와 회중 모두에게 특별한 기도의 제목이다(엡 6:19, 20).

이 목회적 용기는 경고와 격려의 울타리로 양편이 둘러쳐져야 한다.[220] 하지만 많은 사람들은 그들이 용감하게 설교할 수 있는 것보다 더 많은 진실을 알고 있거나 심지어 느끼고 있을 것이다. 그렇다면 더 많은 추진력이 필요한 것인가. 재판정에서 멸시 당하신 구주를 생각해 보라. '본디오 빌라도를 향하여 선한 증언을 하신 그리스도 예수'

---

220) 렘 1:17~19, 겔 2:6~8, 딤후 4:16을 참고하라. 이 생각은 예레미야의 풀죽은 마음의 마지막 지지대가 되었던 것으로 보인다. 20:9~11.

(딤전 6:13)께서는 겁쟁이를 용감하게 만들기에 충분한 신실함의 모범이 아닌가.

세상의 정신을 따라감으로써 그 도덕적 · 종교적 고결성이 의심스러운 회중을 평가할 때에 이 용기의 결핍은 우리를 풀 죽게 만든다. 우리가 '예언하는' '부드러운 것' 들을 좋아하는 많은 사람들은 우리가 그들의 악한 습성에 적응하는 것으로 인해 마음속으로 우리를 무시할 것이다. 반면에 기독교적인 용기는 우리 메시지를 싫어하는 사람들의 마음속에 존경심을 일으킬 것이며 그리스도의 진정한 양 떼에게는 확신을 심어주고, 하나님 앞에서 우리의 양심을 증명할 것이다.

지혜로

공적인 가르침에서 지혜의 가치를 알고 있었던 예루살렘의 지혜로운 왕은 "지혜는 교훈하기에 유익하다"고 말했다(전 10:10, 12:10). 지혜는 우리 주님께서 일하시기 위해 갖추신 도구의 일부였으며(사 11:2, 3, 50:4), 군중뿐만 아니라 대적들도 그 지혜를 충분히 증언하였다(눅 4:22, 20:40; 요 7:46). 그의 설교는 엄숙하고 무게 있으며 순결한 진리로 가득했고, 신중하게 성경에 호소했으며 사랑의 마음을 깊이 알고 있었으며 우연한 일들을 그의 사명의 큰 목적에 적절하게 부응하도록 만들었다.[221] 따라서 어떻게 보더라도 그것은 '하나님의 지혜' 의 발휘였다. 이와 동일한 정신으로 사도 바울도 자신의 노력에 대해 증언했다.

"우리가 그를 전파하여 각 사람을 권하고 모든 지혜로 각 사람을 가르침은 각 사람을 그리스도 안에서 완전한 자로 세우려 함이니"(골 1:28).

---

221) 그리스도 사역의 이 특징이 윈체스터 주교에 의해 훌륭하게 예증되었다. Minister. Char. Of Christ, ch. vi.

우리의 활동인 공적 목회 자체가 설교 작성의 지혜를 요구한다. 즉 우리의 설교는 가장 무식한 자들도 알아 들을 수 있어야 하고, 영리한 자들도 불평하지 않도록 해야 하며 연약한 자가 불쾌해 하지 말아야 하며 꼬투리를 잡으려는 자에게 걸려들지도 말아야 한다. 청중의 마음이 흐트러지지 않도록 주제의 통일성이 있어야 하며 그 주제의 모든 면을 주목할 수 있도록 배열이 뚜렷해야 하고 인위적 언어에 의해 그 내용의 어떤 부분도 감춰지지 않도록 용어가 단순해야 한다. 본문 자체에 있는 성령의 마음을 정확하게 읽으면 자연스럽게 주제의 통일성이 생겨 날 것이다. 그 마음의 명확한 성격을 깨달으면 배열이 자연스레 이루어질 것이다. 지혜의 정신이 거기에 주입되면 (그 정신이 활력적이든 부드럽든) 적절한 '언어의 선명함'이 드러날 것이다.[222]

이렇게 되어 판단력은 주제에 대한 분명한 이해에 도달한다. 의지는 동의할 준비를 갖추고 감정은 지적이고 실천적인 의지로 충만한 상태에 도달하며 기억은 더욱 강한 회상의 힘을 발휘하며 양심은 깨어나게 된다. 비록 우리의 큰 목표의 성취가 사람의 타고난 능력에 의한다고 보지는 않지만, 그럼에도 불구하고 우리는 이성적 수단을 사용해 이성적인 사람을 다루어야 한다. 반면에 서로 다른 요점들이 뒤엉키거나 몇몇 부분들이 서로 분열을 일으켜 통일성이 훼손되고 그 배열이 다루는 중심 주제에 대한 설명이 아니라 일반적인 내용으로 채워지며 마음을 주제의 정신에 맞추지 않는다면 명료함, 공감, 적용의 능력이 없어지는 결과가 초래될 것이다. 하지만 기계적인 획일성 곧 모든 주제들을 동일하게 꼼꼼한 방법으로 다루는 것은 설교의 능력을 크게 약화시키는 결과

---

[222] 저자는 Claude's Essay, 12mo. pp. 30~34에 실린 시므온의 설교 작성을 위한 훌륭한 규칙을 반드시 참고하라.

를 초래할 것이다. 건전한 지혜는 최선의 규칙과 확정된 설교 작성의 원칙을 활용할 것이며 동시에 그것이 상상력을 억누르거나 양심에 자유롭고 자연스럽게 호소하는 힘을 약화시키지 않도록 주의할 것이다.

'지혜로 그리스도를 전파함'은 진리에 대한 정당하고 통일된 견해를 가졌음을 의미한다. '지혜로운 건축 감독자는' 바른 기초만을 놓는 것이 아니라 '그 위에 어떻게 건설하는지를 주의한다'. 그는 재료의 서로 다른 특성들을 주목한다(고전 3:10~15). 교리를 기초로 놓고 그 위에 생동적인 돌들의 건축물로 의무를 세워서 점점 거룩한 건물로 지어간다.[223] 그는 하나님께서 구별하신 것을 뒤섞지 않도록 주의하며 '하나님께서 연합시키신 것을' 나누지 않도록 주의한다. 과도한 조심스러움으로 진리의 바로 앞에서 멎지 않으며 동시에 거룩한 경계를 감히 넘지 않도록 주의할 것이다. 때로 그는 본문의 어떤 부분을 다른 부분보다 더 상세히 주장해야 할 이유를 발견하지만 그 모든 부분을 성경 강조와 연결 속에서 드러낼 것이다. 어떤 한 부분을 위해 다른 부분을 성급하게 공격하지 않으며 (바로 여기서 이단이 무럭무럭 자라난다) 그 전체를 '교훈과 책망과 바르게 함과 의로 교육하기'(딤후 3:16) 위해 개선해 나간다.

이렇게 지혜롭게 복음을 제시하는 것이 가장 중요하다. 많은 사람들이 복음의 실천적 도덕은 인내하면서 듣지만 교리적 진술들, 곧 하나님의 주권, 그리스도의 의에 의한 칭의, 행위를 절대로 의지하지 못함, 하나님께 돌아갈 수 없는 사람의 무능, 마음을 움직여 하나님께 돌리기 위해서는 하늘의 능력이 필수적이라는 진리 등에 대해서는 참지 못한다.

---

223) 갈라디아서에서 칭의의 선언을 주목하라. 사도 바울은 어떤 사람이 말하는 것처럼 복음의 단순성에 대한 이해(1~4장)가 복음의 충만함의 표현에 의해서(5, 6장) 흐려진다고 생각하지 않았다. 나무는 열매에 의해서 알려지지만 나무는 열매와 구별된다.

반면에 많은 사람들은 복음의 신비한 교리는 즐겨 받아들이면서도 복음의 초청에 저항하며, 율법을 생활의 준칙으로 제시하거나 복음적인 회개와 거룩을 요구하면 율법주의라고 낙인찍는다. 이 양 극단은 동일한 근원에서 나온다. 곧 일부만을 하나님의 경륜으로 받아들이려는 교만한 결심이다. 그러므로 이 양 극단을 모두 고치기 위한 노력, 곧 의무 이행의 필요성을 약화시키지 않으면서도 충만하고 잘 균형 잡히고 서로 연결된 진리를 제시함으로써 자기 스스로의 힘으로 충분하다는 관념을 부정하고 의무를 부과하면서도 하나님의 은혜의 주권과 은혜를 저해하지 않으며 그리스도의 일의 완전성에 의해 자기 의를 잘라내고 그의 모범의 영광으로 율법폐기론을 잘라내야 한다.

신앙의 유비를 제시하며 서로 연결된 교리의 사슬을 가르치는 일에는 큰 지혜가 요구되는 것이 사실이다. 진리를 적절하게 분배하는 이 일의 결함으로 인해 많은 위험한 오류가 발생했다. 은혜의 교리를 그 용도와 목표로부터 분리시킴에 의해서, 거룩의 관념에만 머물고 그 능력에 무관심하도록 방치함에 의해서, 잘못된 사죄 교리를 가르쳐서 악을 용인해도 되고 죄의 결과를 두려워하지 않아도 된다는 생각을 넣어줌에 의해서, 거룩의 근거가 약화되고 있다. 지혜로운 복음 사역은 충만한 자비와 함께 깊이 자기를 낮추는 죄에 대한 감각을 연결시킨다. 값없는 용서가 눈물에 젖을 것이며 용서된 죄를 크게 미워하며 십자가에 못 박을 것이며 복음이 마음과 생활의 거룩을 이루기 위한 유일한 원리로 분명히 이해될 것이다(롬 5, 6장 참조).

교리와 고백 양편의 정확한 표준을 드러내는 것은 지혜라는 주제에 속한다. 교리에 대해서 기억할 것은 다음과 같다. 곧 각각의 진리가 모두 동일하게 중요한 것은 아니며 다른 진리와 연결되지 않은 어떤 한

가지 진리가 복음을 구성하지는 않는다는 것이다. 심지어 중요한 진리라 할지라도 (선택, 전가된 의, 기독교인의 확신 등) 그것을 가르치게 되면 그 힘을 많이 잃게 된다. 한편, 서로 연결되지 않은 부분만을 주장하면 전체 체계의 아름다움을 손상시키게 된다. 성경의 큰 부분들을 (예를 들어 교회에 보낸 서신서들) 단순한 마음과 기도로 연구하면 우리는 영감 받은 저자들의 마음을 채웠던 그 주제들을 단숨에 발견하게 될 것이며 우리가 좋아하는 어떤 견해가 '하나님의 경륜' 전체에서 어떤 부분을 차지하는지도 정확하게 알게 될 것이다.[224]

우리는 성경의 가르침과 성경의 진술 사이의 차이점을 구분해야 하며 그 위치와 정도에 따라 성경적인 것들이 과도하고 부자연스러운 적용으로 인해 비성경적이 될 수 있음을 주목해야 한다. 그러므로 우리는 조심스러우면서도 매이지 않는 진리를 전하되 성경의 안전장치를 존중해야 한다.[225] 그러나 결과에 대한 과도한 두려움으로 인해 때로 복음의 자유를 구속하는 인간적인 족쇄를 조심해야 한다. 우리의 일은 복음을 만들거나 개선하는 것이 아니라 그것을 충만히 선포하는 것이다. 각각의 적용에서 진리의 분명한 표준 또한 매우 중요하다. 어떤 특정한 내용들을 (중생, 믿음, 회개 등) 구원에 필수적인 것으로 반복해서 가르치는 것

---

[224] 나는 예언서들을 열심히 연구하는 사람들에게 몇 가지를 살펴볼 것을 용기내어 제안하고자 한다. 그 범위와 명확도에서 (오직 논의를 위해서만 그것들이 정확하다고 인정하고) 예언서의 내용이 사도적 교훈 체계에서 얼마 만큼을 차지하며, 그 글들에 제시된 예언적 견해와 원리들이 완전하신 하나님의 모든 사랑과 영광의 드러남인 십자가에 달리신 그리스도의 계시에 분명하게 종속되는가? 이 제안은 예언 연구를 (합당한 한계 내에서는 동일하게 실천적이고, 우리에게 힘을 주며, 해야 할 일이다) 폄하하려는 것이 아니라 제어 불가능한 만용과 교회에 제출되는 배타적인 교리적 견해를 막으려는 것이다. 여기서 언급되는 이 원칙은 오늘날 불행하게도 교회를 연합시키는 것이 아니라 분열시키는 다른 것들에도 적용될 것이다.

[225] 롬 6:1~3과 20절과 비교하라.

뿐만 아니라 '일천 명 가운데 한 해석자' 처럼(욥 33:23) 진리의 참된 성격과 특성을 설명해 주며 그것을 성취하고 확립하도록 인도해야 한다.

고백의 기준에 대해 말하자면, 복음의 실질과 본질은 그것의 영적인 성격에 있다. 이것은 하나님을 잊고 그리스도에게 무관심하며 성령을 소멸하고 율법에 적대적인 숨겨진 죄의 길을 드러내며 사람의 내면에 거룩의 모든 것들을 심어주는 것이다. 하지만 여기서도 우리는 그 기준을 너무 높거나 너무 낮게 세우지 않도록 조심해야 한다. 또한 품위 있고 상냥한 타고난 성품을 기독교인의 특징적인 품성의 증거라고 주장하지 않아야 하며 가장 최소한의 진정한 신앙의 보석이라도 하나님의 일의 결정적 증거로 주장해야 한다. 은혜의 존재와 정도를 구분하여 하나님의 집안에는 청년과 성인뿐만 아니라 어린아이도 있음을 기억해야 한다.[226] 양편에 대한 성경적 표준에서 벗어난다면 우리는 "죽지 아니할 영혼을 죽이고 살지 못할 영혼을 살리는도다…… 내가 슬프게 하지 아니한 의인의 마음을 너희가 거짓말로 근심하게 하며 너희가 또 악인의 손을 굳게 하여 그 악한 길에서 돌이켜 떠나 삶을 얻지 못하게"(겔 13:19, 22) 하는 것이다.

여기서 우리는 신실하고 지혜로운 청지기로서[227] 우리 메시지의 정

---

226) 어떤 때는 구분선이 너무나 엄격해 정해진 기준에 미치지 못하는 어떤 성취도 종교적 정서의 존재를 표시하지 못하는 것처럼 보일 수 있다. 하지만 전체적인 외형이 좋아 보인다면, 한 가지가 부족한 사람에게는 인내와 지속적인 교훈을 통해 구원의 길에 대한 더 분명한 지식을 공급하는 것이 주님의 모범과 일치하는 것으로 보인다. 만약 사도가 신자들에게 덕과 지식 등을 믿음에 공급하라고 권해야 할 필요를 느꼈다면, 그는 후에 모든 것이 갖춰져 선한 일을 할 수 있게 될 수 있는 사람이 처음에는 기독교적 은혜의 어떤 것에서 부족함이 있을 수 있다고 생각했음이 분명하다.

227) 눅 12:42. 레위기의 제물들이 극히 조심스럽게 분해되고 분배된 것이 이 목회적 지혜에 대한 적절한 예증이다. 딤후 2:15.

확한 적용의 중요성을 강조하고자 한다. '몫을 나누는 데' 신실하며, 분배하여 나누어 주는 방법 · 시기 · 대상에서, 또한 진리의 분별, 논증, 방법, 언어, 발언이 교훈과 권면에 가장 적절하도록 하는 지혜가 있어야 한다. 주님께서 서기관들과 바리새인들, 군중, 제자들 그리고 개인적인 경우에 더욱 은밀하게 다루시기 위해 얼마나 다르게 하셨는가. 사도 바울은 그의 목회적 적용 방법을 백성의 기질에 얼마나 정확하게 맞추었는가. 경우에 따라 '음성을 바꾸었으며' 그들의 환경이 요구하는 바에 따라 매를 가지고 또는 사랑으로 또는 '온유한 마음'으로 '그들에게 갔다'(고전 4:21; 갈 4:20). 이와 같이 목사는 그의 사명을 진술할 뿐만 아니라, 회중의 다른 기질들에 적응해야 한다. 비록 캠벨 박사가 잘 지적한 것 같이 '청중의 구성이 복잡할수록 그들에게 그것을 유효하게 말하기는 더 어려워지지만' 그렇게 해야만 한다.[228]

그런데 만약 목사가 통회하는 죄인에게 복음의 기름 대신 율법의 부식제를 바른다든지 풀이 죽은 영혼에게 복음의 힘을 주는 강장제와 용기 대신에 그의 어려움만을 잔뜩 보여 준다면 그는 가장 솜씨 없는 목사가 될 것이다. 이것은 그의 주인과 달리 '상한 갈대를 꺾고 꺼져가는 심지를 끄는' 격이 될 것이다. 반면에 '주의 두려우심'으로 잠자는 죄인들을 깨우는 것이 아니라 기독교적 혜택만을 말해서 그들로 하여금 더 깊은 잠에 빠지게 한다든지 믿음도 없이 신앙을 고백하는 사람에게 두려운 자기기만의 위험을 경고하는 대신 하나님의 언약의 신실성으로 위안을 준다면 그도 가장 솜씨 없는 목사가 될 것이다. 교회 내에서 이 두 현저한 교훈을 결합시키는 것은 양편에 속한 사람 모두에게 중요한

---

[228] 그의 Philosophy of Rhetoric과 Hall's Sermon, pp. 25, 26의 충격적인 언급을 보라.

봉사가 될 것이다.

칼빈주의자는 자신의 체제를 오용함으로써 거짓된 안정의 위험 속에 있을 수 있으며 반대의 가르침으로부터 거룩한 두려움을 가지라는 건전한 권면을 필요로 할 것이다. 동시에 칼빈주의 교리는 알미니우스주의자들에게 하나님의 주권과 복음의 값없이 주심과 단순성에 대한 중요한 견해를 제공함으로써 자기 의존과 자기 충족의 교리를 중성화시킬 필요가 있다. 이와 같이 "상대방에게 배타적인 견해가 아니라 양편의 적절한 적용 가운데 혹은 사도 바울의 표현을 빌자면 '진리를 옳게 분변함' 속에서 진정한 성경적 진술을 제시하는 것이 가능하다."[229]

오랜 경험을 통해서 목사는 다양한 사람의 역할을 수행할 수 있는 기술을 익혀야 한다. 어떤 경우에는 보아너게가 어떤 경우에는 바나바가 되어야 하는 것이다. 세속적인 사람, 신령한 사람, 자기를 의롭다고 생각하는 사람, 통회하는 사람, 지혜로운 자와 무식한 자, 약한 자와 강한 자, 자신만만한 사람과 의심하는 사람, 곡하는 자와 즐거워하는 자 모두를 위한 말을 할 수 있어야 한다. 각 사람을 위한 '경우에 합당한 말은 은쟁반에 금사과'와 같을 것이다(잠 25:11). 현혹된 '어떤 사람들'에 대해서는 '긍휼히 여기고' 그들과 완고한 행악자를 '구분해야' 한다. "또 어떤 자를 불에서 끌어내어 두려움으로 구원해야 한다"(유 1:22, 23). 같은 사례라고 동일한 처방을 고집하는 것도 지혜롭지 않다. 의술과 마찬가지로 영적인 적용에서도 경우에 따라 그 강도를 달리 해야 할 때가 있다. 따라서 항상 변화하는 다양한 경우들의 필요에 따라 적용도 그에 부응해야 한다.[230]

---

229) Preface to Mr Simeon's Helps to Composition. 저자는 이 글을 복음의 진리로 충만하되 이해하기 쉽고 매이지 않게 드러낸 글로 기꺼이 추천하고자 한다.

이 점에서 목사는 자신의 은사를 계발하는 것만으로 부족하다는 것을 발견할 것이다. 이것은 교회를 위해서나 세상을 위해서나 마찬가지다. 자신의 은사를 계발하는 것이 귀중한 일이기는 하지만 실은 전체 사역의 절반에 불과하다. 그는 나머지 절반의 은사를 계발하기 위해 신실하게 기도하고 노력해야 한다. 이 노력에서 사도 요한은 얼마나 성공적이었는가. '우레의 아들'(막 3:17; 눅 9:54)에 의해 복음이 담긴 서신이 쓰여지리라고 누가 상상이나 했겠는가. 물론 우리는 때로 엄숙한 꾸짖음과 경고 속에서 천둥의 울림을 듣기도 한다. 그러나 그 서신들의 주된 성격은 '위로의 아들'의 따뜻한 권면이다. 이와 같이 우리는 우리의 목회가 광범위한 모든 영역에 적용되도록 노력해야 한다. 동시에 영적 은사의 균형과 조화를 유지함으로써 '하나님의 사람으로 온전하게 하며 모든 선한 일을 행할 능력을 갖추게' 해야 한다(딤후 3:17).

강단 사역의 성경적 지혜에서 이에 못지 않게 중요한 것이 교훈을 신자의 신앙 성장의 정도에 맞추는 일이다. 복음에 대한 한두 가지의 교훈만 알면 더 이상의 교훈이 불필요해지는 방식이 아니다. 사도는 기본적 진리를 '젖'에 비유하여 이것은 '어린아이'들에게 적절하고 필요한 양분이라고 가르치며 더 깊고 신비한 교리를 '단단한 식물'이라고 하여 경험이 더 풍부하고 판단력이 뛰어난 성숙한 신자의 상태에 맞는 것이라고 가르쳤다.[231] 신성한 선생이신 우리 주님은 자신의 학생들을 '그

---

230) "설교자는 청중의 마음속에 진리가 더 쉽게 들어갈 수 있도록 자신이 설득하고자 하는 사람들의 생활방식, 관습, 성향을 조심스럽게 관찰해야 한다." Quesnel on Acts xvii. 23.
231) 고전 3:1~3; 히 5:11~14. "능력에 따라 유아들에게 영양이 공급되면 점차 성장하면서 더 많은 것을 받아들이게 된다. 하지만 자기의 능력을 초과하게 되면 자라나기 전에 약해지게 된다." Aug. de. Civit. Dei. Lib. xii. "그것은 모든 것이 달려 있는 은혜의 움직임을 관찰하고 따라갈 수 있게 하는 큰 정도의 지식이다. 또한 이 지식은 그 정도에 따라서 일을 수행한다." Quesnel on Matt. ix. 17.

들이 받을 수 있는 정도'에 따라 더 간단한 진리로부터 더 높은 진리로 이끄셨다.[232]

그러나 인간 교사들은 너무 자주 어린 신자의 연약을 인내하지 못한다. 그들은 사도의 처방과 달리 모든 것을 단번에 배우고 받기를 기대한 나머지 '아기들'에게 '단단한 음식'을 제공한다. 이렇게 적절하지 않은 양식을 공급함으로써 영적인 성장에 심각한 손상을 입히게 된다. 한편으로는 '아기들에게 우유'를 공급하지만 동시에 성인들에게 고기를 공급해야 함을 잊지 말아야 한다. 사도는 주님의 초기 사역의 주제인 '회개의 교리'로부터 '완전한 데로' 나아가는 것이 필요하다고 생각했다. 우리는 초보의 도리를 불필요하다고 버릴 것이 아니라, 건축가가 기초를 그대로 두듯이 그것을 기초로 '남겨 두고' 계속 건축해서 건물을 완성해야 한다(마 4:17; 히 6:1, 2). 오웬은 다음과 같이 정확하게 말했다.

"자신이 전하는 복음이 바른 것이 되어야 할 뿐만 아니라 청중의 상태와 상황에 적합한 것이 되도록 주의하는 것도 목사의 의무이다. 바로 이 점이 말씀을 공급하는 데 요구되는 지혜의 중요한 부분이다."[233]

이 다채로운 적용을 위해서는 물론 지혜가 요구된다. 개인을 상대하

---

232) 사 40:11 참고 막 9:33에 기록된 바와 같이 주님께서 청중을 위하여 지혜롭고, 부드러우며, 낮아지신 데서 그 실례를 볼 수 있다. 산상보훈 설교의 초보적인 성격과 더 높은 기독교 지식에 맞춘 것이 분명한 그 이후의 강화 사이의 대비는 얼마나 현저한가! 그러면서도 그의 교회에게 복음의 더 충만한 계시를 약속하셨던 것이다(요 16:12, 13). 하지만 그것은 처음부터 끝까지 일관된 고결성을 가진 복음이며, 사람들에게 걸림이 되는 본질적 특성이 수정되거나 사라지지 않고 더욱 충만히 발전된다는 것을 주목해야 한다.
233) Owen on Heb. vi. 1. "이 작업은 신중하고 질서 있고 점진적으로 수행되어야 한다. '단단한 식물'보다 먼저 '젖'이 제공되어야 한다. 건물을 짓기 전에 기초가 먼저 놓여야 한다. 어린아이가 성인처럼 다루어져서는 안 된다. 우리는 청중의 능력을 초과하여, 기본 원리를 배우지 않은 사람들에게 완전한 것을 가르쳐서는 안 된다." Baxter's Reformed Pastor.

는 목양에서는 각각의 경우에 맞출 수 있다. 그러나 서로 다른 이해력과 상태에 있는 청중을 향한 공적 설교에서 눈에 보이지 않는 요소로 인해서 말씀이 제대로 적용되지 않을 때 어려움이 고통스럽게 느껴진다. 무관심하거나 미끌어 떨어지고 있는 사람에게 적용되어야 하는 경고의 말씀은 연약한 '상한 갈대'에게 떨어지고 자기를 정죄하는 사람이 자기에게 적용시키지 못하고 있는 위로의 약속들을 교만한 자들이 취하여 게으른 정신을 더욱 확고히 하는 것이다.

이런 현상이 때로 목회자의 불충성 때문으로 돌려지는데 이는 옳지 않다. 세실은 다음과 같이 지적한다.

"어떤 사람들은 현명한 길을 선택할 때 언제나 열심을 갉아 먹는 요소가 개입한다고 생각하는 것 같다."[234]

신중함이라는 핑계 하에 복음을 무수히 다양한 사례들에 적용하려는 선한 의도 속에서 복음이 변질될 상당한 위험성이 있는 것도 사실이다. 그러나 이성으로 만들어내는 생각과 기독교적 적응 사이에는 중요한 차이가 있다. 세실의 말을 다시 인용하겠다.

"걸림이 되지 않겠다는 것은 어리석은 생각이다. 그러나 불필요하게 걸림이 되지 않는 것은 우리의 의무이다."

사람들에게 받아들여지고자 하는 것은 절대로 신실하지 않은 것이 아니다. 왜 우리가 왕이었던 전도자의 모범을 따라 '아름다운 말'을 구하면 안 되는가?[235] '유익한 것은 무엇이든지 거리낌 없이 담대히 전하

---

234) Cecil's Remains.
235) 전 12:10. 워드러(Wardlaw)가 훌륭하게 지적하듯이 잠언의 첫 아홉 장은 이 '아름다운 말'의 가장 흥미로운 모범이 된다. 이 장들에서 충실한 경고와 사람을 끄는 친절함이 밀접하게 결합되어 있다. 바울처럼 그도 '아버지가 자기 자녀에게 히듯 권면하고 위로하고 경계 하고 있다.

고', '지혜자의 마음으로 시기와 판단을 분변하며'(전 8:5; 행 20:20) 감정을 거스르고 불쾌하게 하는 말을 피하며 맛없는 진리를 설득과 애정과 공감이라는 달콤함을 입혀 나눠주고자 하는 노력을 하면 왜 안 되는가? '교리에서는' '부패하지 않아야' 하며(딛 2:7) 방법에서는 거부감을 불러 일으키지 말아야 한다. 우리 주님의 모범처럼 우리가 말할 수 있는 것보다 우리 청중이 들을 수 있는 능력을 고려해야 한다(막 4:33). 설교자의 '달콤한 말은 의로우며 진리의 말씀' 이다. 목회적 유화책은 타협으로 이끌지만 않는다면 기독교적인 지혜이다.

우리 회중의 상태는 우리 목회의 어조에 영향을 미치기도 한다. 우리는 '이미 있는 진리' 를 드러내야 한다(벧후 1:12). 이 진리는 갈라디아 교회에 존재하던 상황에서 드러난 칭의의 교리처럼 현재의 긴급한 상황에 적응된 진리이다. 진리 그 자체는 변할 수 없지만 그것을 제시하는 방법에는 다양한 변화가 가능하다. 진리는 교리, 규정, 경고 격려 혹은 특권의 형태로 제시될 수 있다. 문장이나 그림으로 제시될 수도 있다. 비유에 의해 예증될 수도 있으며 기적으로부터 추론될 수도 있고, 성경 인물에 의해 실상이 제시될 수도 있다. 또 모형이나 예언에 의해서 전시될 수도 있으며 주님의 입이나 그의 사도들의 입으로부터 전달될 수도 있다. 이 모든 다양한 방식들은 동일하게 순전함과 신실함 가운데 사용될 수 있다.

사도들에게서 우리는 매우 다양한 은사들을 목격할 수 있다. 베드로는 자신과 '사랑하는 형제 바울' 의 경우에서 이것을 인정한다(벧후 3:15). 칭의 교리에 대한 바울 서신과 야고보 서신 사이의 대비는 더욱 충격적이다. 야고보는 그의 서신의 전체적인 구성에서 형제 바울보다는 교리적인 부분이 적지만 동일한 영감에서 서신을 썼으며 '하나님 앞에서' 동일한 확신을 가지고 자신이 '드러낸 진리로' 동일하게 스스로를 천거할 수 있었다. 또한 안디옥에서의 바울, 아덴에서의 바울, 벨릭스 앞과 아그립바 앞에서의 바울이 어떻게 서로 다른지 비교해 보라(행 13, 17, 24, 26장). 이방인에게 보내는 서신들을 서로 비교하며[236] 그의 동족에게 보내는 편지를 비교해 보라. 서로 다른 진리의 체계를 전하는 것이 아니라 동일한 진리의 체계를 다른 방식으로 전하며 진리의 어떤 점도 포기하지 않지만 그 전달 방식은 해당 교회의 환경에 맞춘 것이며 모든 경우에 '그에게 주어진 지혜를 따라서' 하고 그의 모든 사역을 신성한 능력으로 하여 성공을 거두고 있다.

여기서 우리는 우리의 기독교적 기질이 목회의 특성에 미치는 영향을 언급할 수 있다. 우리 마음의 특정한 경향을 우리 목회에 도입하는 것은 자연스러우며 적당히 규제된다면 중요한 일이다. 각 사람은 그 사람의 방식으로 생각하고 말하고 쓰도록 형성되었다. 그러므로 자신을 어떤 유행하는 방식에 억지로 매는 것보다 그 자신의 방식을 유지한다면 (다른 방식들과 비교하여 개선될 수는 있지만 결코 완전히 포기되지는 않을 것이다) 훨씬 유용할 것이다.

그러나 이 같은 것을 의식하고 주의하고 균형을 유지해야 한다. 거기에는 유익만 있는 것이 아니라 악도 있다. 묵상하는 마음은 거룩한 목회에 대해서도 묵상만 하기 쉽다. 계속되는 논증 가운데 주제만을 논하다가 하늘의 기름부음과 단순성을 상실하게 될 수도 있다. 학식이 깊은

---

[236] 로마인들과는 기독교 교리의 전 영역을 포함한다. 갈라디아인들과는 칭의라는 한 가지 주제에 집중한다. 고린도인들과는 결의론적 질문, 치리 문제, 일반적인 실천적 의무를 주로 설명한다. 그러나 이 모두 일들을 그리스도의 가르침을 근거로 하며 또한 그 가르침들을 드러내면서 하는 것이다.

사람은 심지어 복음의 영역에서도 불멸의 영혼을 위한 양식을 공급하기 보다 상상력에 양식을 공급할 위험이 있다. 교리적인 설교자는 그가 선호하는 몇몇 장들과 일단의 주제들로 제한되기 쉽다. 율법의 두려움으로 정신이 번쩍 든 경험적인 설교자는 부드러움보다는 경고로 그의 설교를 채울 것이다. 만약 '사랑의 매는 줄에 끌렸다면' 그는 무의식적으로 '주의 두려우심'이 사람을 '설득하는' 능력을 간과할 수 있다.[237] 실천적인 설교자는 교리나 경험만을 중시하는 결과 나타나는 느슨한 신앙고백의 폐해를 보고서 직설적이거나 서로 잘 연결되지 않는 말들을 할 수 있다. 적용을 중시하는 설교자는 교리를 평이하면서도 서로 연결되는 방식으로 제시하지 못할 수 있다. 분별하는 설교자는 하나님의 말씀의 분명한 체계가 아닌 자신의 영적 실천으로부터 단련된 분별로 청중을 혼란하게 할 수 있다. 결단성이 있는 설교자는 겸손, 인내, 사랑의 깊은 흔적을 가져야 한다. 그렇지 않으면 그의 '지식 없는 열심'과 수고는 거의 무절제한 공격으로 끝나고 말 것이다.

그러므로 깊은 자기 불신 속에서 열정적으로 기도하며, 분명한 확신이 없는 상태에서 우리 마음의 경향대로 설교를 하지 않음으로써, 우리의 설교 범위가 변개한 자와 변개하지 못한 자를 다 포함하여 깨울 뿐 아니라 세우며 '구원 받기로 된' 자들을 '교회로 이끌고' 교회 내에서 그들이 힘을 얻도록 목회적 지혜를 사용하는 것이 중요하다.

---

[237] 고후 5:11을 보라. 우리의 경험이 우리 목회를 위한 재료를 제공하는 것은 좋은 일이다. 그러나 우리 설교의 기준이 하나님의 말씀을 기초로 하여 향상되고 그 성격이 형성되도록 주의해야 한다. 이렇게 되어야만이 우리의 설교는 하나님께 받아들여지고 무지하고 변개되지 못한 사람들의 결핍을 채울 뿐만 아니라 모든 신자들의 공감을 얻을 것이다.

평이하게

설교는 교훈의 주제에 맞게 형성되어야 한다. 설교는 그 내용이 성경적이고, 경험적 성격을 가지며, 실천적 힘을 가지고, 분별과 결단의 모든 특성을 갖출 수 있다. 그러나 사람들이 쉽게 알아들을 수 있는 설교가 아니라면 원래 의도된 설교의 목표를 이루지 못하는 것이 된다. 필립 헨리는 설교가 평이해야 하는 필요성을 깊이 느꼈다. 사역 초기에 그는 이렇게 말했다.

"우리는 여러분이 우리의 말을 이해할 수 있도록 말하는 법을 배웁니다. 영혼 구원에 대해 말할 때 우리는 아무리 평이하게 말해도 지나치다고 생각할 수 없습니다."[238]

우리 주님의 강화 곧 웅변의 허식은 전혀 없는 대신 수사적 비유로 충만한 그 강화가 평이한 설교의 완전한 모범이다. 산상보훈에 여기저기 박혀 있는 아름다운 비유적 표현들은 주님이 앉아 계신 높은 곳에서 내려다보이는 대상들로부터 나온 것일 것이다. '산 위에 있는 동네, 소금을 밭에 뿌리는 사람들, 아무 차별 없이 모든 밭에 비치는 햇빛, 공중 나는 새들, 주님 곁에 피어 있는 백합들.'[239] 주님이 하신 대부분의 비유는 자연으로부터 이끌어 온 것이었다. 심지어 놀고 있는 아이들의 모습도 주님께서는 청중을 설득하는 도구로 사용하셨다(마 11:16~19). 주님의 기민한 관찰력으로 밭도 영적 교훈의 비옥한 도구가 되었다(마 13장).

---

238) Life, p. 26. 도드리지 박사도 개인 경건의 시간 때 이렇게 쓰고 있다. "오늘날 나의 말이 청중에게 너무 난해하지 않았는지 걱정이다. 좀더 분명하고 신중하게 말하며, 가장 연약한 사람들도 나의 설교를 알아들을 수 있도록 말하기 위해 노력을 기울여야 하겠다." Life, ch. ii.

239) Gerard's Pastoral Care, p. 127. 윌슨 주교가 질문한다. "위대한 진리를 가장 미약한 이해력을 가진 사람도 이해할 수 있게 만드는 예수 그리스도의 말씀보다 뛰어난 유려함을 누가 흉내 내겠는가?" Sacra Privata.

또한 어디로 가시든지 주님은 접하는 사람들의 방법과 이해력에 부응하는 교사이셨다. 그의 사도들도 그의 발걸음을 가까이서 따랐다. 그들은 자기들을 '어리석은 자' 뿐만 아니라 '지혜 있는 자에게도 빚진 자'로 간주했다(롬 1:14). 그들은 자기들이 다루는 주제의 위엄 아래로 가라앉지 않으면서도 청중의 이해력 위로 비상하지도 않았다. 그들은 '매우 평이하게 말했다.'[240] 그들의 교훈 방법은 서로 상당한 방식의 차이에도 불구하고 가장 이해력이 부족한 사람들도 이해할 수 있는 수준으로까지 내려왔다. 바울은 많은 예증을 활용하여 결코 먼 이야기를 하지 않았고 청중이 잘 알고 있으리라고 생각되는 주제를 다루었다. 그리스의 경기들은 그 오락을 접하고 있던 교회들이나 그 경기들에 관심을 가지던 사람들에게 유용하고도 예리한 교훈의 자료가 되었다(고전 9장; 빌 3장). 동일한 방식의 글에서 야고보는 한 가지 주제를 보이기 위해 익숙한 많은 예증들을 잔뜩 동원하고 있다.[241] 유다의 경우도 우리가 하나의 짧은 서신만을 가지고 판단하지만 그는 정력적이며 표현이 풍부하다. 이 모든 내용들이 그 언어와 감정의 굴곡에서 현저한 독특성을 보이지만 결코 일반적인 이해력을 뛰어넘지는 않는다. 비록 익숙한 것은 아니더라도 그 의미는 분명하다.

교부들의 글들도 전체적으로 비슷한 특성을 보인다. 어거스틴의 글은 교부들의 모든 글 중에서 가장 평이하다.[242] 그는 청중의 이해력을 넘

---

240) 고전 14:19; 고후 3:12 "성경에 수사학이 있기는 하지만 그것을 드러내지는 않는다." August. De Doctr. Christ. Lib. iv. 밀너가 목사의 연구 주제로 특별히 권했는데 이는 매우 마땅한 일이다. Hist. ii. pp. 441, 442.
241) 특별히 약 3:1~12과 Bishop Jebb's Sacred Literature, pp. 273~308에 있는 이 구절에 대한 정교하고 정밀한 설명을 보라.
242) 312쪽에 실린 그의 설교 인용문을 보라.

는 것으로 보이는 내용이 있으면 하던 말을 잠시 중단하고 그것을 설명했다. 반면에 청중들은 때로 그 의미를 깨닫고 지적인 만족감을 표시하곤 했다. 크리소스톰과 다른 사람들의 훈계도 소위 당시에 익숙한 대화체의 말로 전달되었다. 우리 개혁자들의 설교들은 당시의 독특한 용어들을 고려해서 훈계들과 다른 실례들로부터 판단해 보건대 동일하게 명백하고 힘 있으며 흥미로운 문체의 놀라운 모범들이다. 선 제후 앞에서 설교를 하는 최선의 방법에 대해 루터가 알버트 박사로부터 질문을 받았을 때 그는 이렇게 대답했다고 전해진다.

"당신의 설교가 가장 쉽고 분명한 어투가 되도록 하시오. 왕자를 보지 말고 단순하고 현학적이지 않은 무식한 군중을 생각하시오. 왕자 자신도 그런 옷감으로 만들어진 사람이라오. 만약 내가 설교 속에서 필립 멜란히톤이나 다른 학식 있는 박사들을 고려한다면 나는 별로 유익을 끼치지 못할 것이오. 나는 학문이 없는 사람에게 하듯이 가장 평이하게 설교한다오. 그러면 모든 사람이 만족하오."[243]

고대 선지자 중의 한 사람은 다음과 같은 명령을 받았다.

---

[243] Table Talk. 다음은 그가 한 말 중의 하나이다. "어린아이들에게 하듯이 대중적으로 단순하게 가르치는 자들이 가장 훌륭한 설교자들이다." 이 위대한 개혁자의 특징을 드러내는 일화로서 이 주제에 대해 부처에게 조언한 내용을 보라. Scott's Continuation of Milner, vol. i. 216, 217. 아담스는 그가 쓴 루터 전기에서 루터가 보통 사람들을 위해서 지은 소박한 운문 하나를 삽입해 놓았다. 이 영특한 저자가 말한다. "마지막 날 루터는 학문적인 무수한 책보다도 이 별것도 아닌 시로 더 큰 상을 받을 것이다. 허영심은 우리로 하여금 학문적으로 말하고 글을 쓰게 하지만 경건은 평범한 사람들을 위해 자신의 말을 단순하게 함으로써 학자들을 압도할 수 있다. 그런 설교자의 가치가 지금은 눈에 뜨이지 않겠지만 미래의 어느 날 철학자, 시인, 웅변가 혹은 인류가 존경하는 어떤 사람보다 그 이름이 높아지게 될 것이다." Rev. R. Robinson's Notes on Claude's Essay. 이 책은 유용한 정보나 흥미 있는 내용이 없는 것은 아니지만 비기독교적이고 독설적인 사상으로 우리를 고통스럽게 한다.

"너는 이 묵시를 기록하여 판에 명백히 새기되 달려가면서도 읽을 수 있게 하라"(합 2:2).

이 명령이 합당한 효과를 내도록 우리는 어투, 주제 그리고 설교 방식에 주의를 기울여야 한다.

평이한 어투는 분명한 일들을 표현하는 데 가장 적합하다. 이 점에서 우리 중 많은 사람은 많은 것을 배워야 할 것이다. 교육은 우리 마음을 너무나 다르게 형성해 놓고 우리의 언어를 너무나 현실로부터 떨어뜨려 놓았으므로 우리 생각의 흐름과 작문에 크고 불편할 수도 있는 변화가 일어나야 한다. 그러면서도 주의를 사로잡기 위해 필요한 힘과 생동감은 잃지 말아야 한다. 우리는 선생으로서 성공하기를 바라기 전에 회중으로부터 배우는 사람이 되어야 한다. 우리는 '낮은 위치에 있는 사람들의 수준으로 낮아져서' [244] 그들의 마음, 습성, 용어를 연구해야 한다. 쉬운 말을 사용할 수 있는 데서 어려운 단어를 사용하지 말며 적절한 곳에서 적절한 단어를 사용하며 짧은 문장과 특히 단순한 생각들을 사용해야 한다. 이는 어려운 단어의 의미를 이해하거나 성공적으로 추측할 수 있는 많은 사람들이 복잡한 생각은 파악하지 못하기 때문이다. 다음은 정당한 지적이다.

"부연설명이나 완곡한 말은 표현의 예리함을 무디게 한다. 잦은 미사여구와 표상으로 묶어진 사상은 청중의 마음에 도달할 때쯤 날아가다가 힘이 빠진 화살처럼 된다."[245]

---

244) 설교자는 자신이 자기 교구의 가장 무지한 사람들로 가득한 방에 있다고 상상해야 한다. 따라서 그는 모든 사람이 이해하기 원하는 부분을 평이한 형태로 말함으로써 가장 못 배운 사람도 이해할 수 있도록 해야 한다. 만약 목사가 자신이 지식있고 고상한 말을 하는 사람이라고 존경받기를 원하기보다 사람들에게 유익을 끼치기 원한다면 그는 반드시 그렇게 말하는 법을 공부해야 한다. Burnet's Pastoral Care. ch. ix.

그리고 그것은 강한 인상을 남겨 주기보다 그저 깜짝 놀라게 할 뿐이다. 세커 주교는 회중의 주의를 끄는 수단으로 현명하게 권면한다.

"설교를 극히 평이하게 하십시오. 당신에게는 익숙한 용어와 어구들이 그들에게는 매우 알아듣기 어려울 수 있으며 나는 이 일이 생각하는 것보다 더 자주 일어날 것을 우려합니다. 그러므로 주의하십시오. 당신의 표현은 저급하지 않으면서도 매우 일반적이 될 수 있습니다. 하지만 만약 그 표현이 우습게 여김을 받지만 않는다면 이해되지 못할 말을 하느니 가장 수준 낮은 말을 선택하십시오."[246]

다음은 너무나 많은 것을 당연시 하는 데서 자주 발생하는 실수이다. 페넬론(Fenelon)의 지적은 많은 개신교 회중에게 적용될 수 있다.

"일반 회중의 사분의 삼이 신앙의 기본 원리를 모르고 있는데도 설교자는 모든 사람이 그것을 충분히 교육 받았다고 가정한다."[247]

우리의 사명은 하나님의 일뿐만 아니라 하나님의 말씀도 설명하는 것

---

245) Budd on Infant Baptism, pp. 493, 494.
246) Charges, pp. 273, 274. 어거스틴은 계속해서 이 주제로 돌아온다. 그는 거리낌 없이 이렇게 말한다. "대중들이 이해하지 못하는 것보다는 문법학자들의 비난을 받는 것이 더 낫다……. 주님의 양 떼 전체가 단순하며, 다시 말해 소박한 설교와 영혼의 양식을 받아들일 수 있는 동안에는 당신들의 세련된 귀가 투박한 언어를 침착하게 견뎌내는 데 만족하라고 겸손하게 구하는 바이다. 단순하고 교육받지 못한 사람들이 학자들의 수준으로 올라갈 수는 없기 때문에 유식한 자들이 저들의 수준에 맞추어 주길 바란다." 퀘스넬은 다음과 같이 말한다. "사람이 자신을 낮아진 지혜의 신비를 나누어주는 자로 간주한다면 너무 낮게 구부릴까봐 걱정할 이유가 없다. 복음은 세련된 지성인을 위하기보다 가난하고 단순한 사람들을 위한 것이다. 그런데도 어떤 목사는 때로 배운 사람들에게 존경 받지 못할까봐 단순한 사람들에게 이해되기를 두려워한다." On Mark iv. 33. "세련된 말들에 감동하지 말고 성령이 가르치시는 말들에 감동되라. 사람의 지혜의 유혹하는 말들은 당신이 말하는 내용을 천하게 만든다. 하나님의 진리를 인위적으로 윤색할 필요가 없다. 성경의 표현들은 사람들에게 익숙한 표현들이며 그것은 잘 기억될 수 있다." William's Life of M. Henry, p. 162.
247) Dialogues on Eloquence, iii.

임을 기억해야 한다. 의미는 말씀 속에 숨겨 있으므로 설명이 없이는 그 의미를 발견할 수 없다. 사실 회중들은 성경의 중요한 많은 용어들을 거의 모르고 있다. 그러므로 그 의미를 말로 간단하게 설명해 주지 않으면 신앙 교육에 큰 장애가 있게 된다. 우리는 회중이 가진 정보를 우리가 가진 정보를 근거로 판단하지 말아야 한다. 우리는 때때로 "이 말을 이해합니까?"라는(마 13:51) 질문을 던져야 한다. 또한 자기의 말이 이해되기를 간절히 원한다는 마음의 표현은 상대의 마음과 관심을 끌 수 있게 된다. 결국 가장 단순한 초보 원리에 대한 대중의 견해가 더욱 정확하고 확장된 진리로 이끄는 최선의 입문이 될 것이다.

단순한 문체는 지적인 마음에게 수치스러운 것이 아니다. 우리는 '천사의 말'을 하는 것보다 우리의 생각을 알아듣게 서로 소통하는 편을 택해야 한다. 이제껏 우수한 문학적 재능을 가진 사람들은 이 일을 위해서 상당한 고통과 부지런함으로 연습해야만 했다.[248] '쉬운 말'을 하

---

248) 퀸틸리안(Quintilian)이 훌륭하게 관찰했다. "우리 말의 의미가 태양 빛처럼 무지한 자의 눈 속으로 밀고 들어가야 한다. 하지만 그들에게는 그 의미를 찾는 고통이 없어야 하며, 또한 그들이 원하든 원치 않든 그렇게 되어야 한다." Institut. Lib. viii. cap. 2. 롤린(Rollin)도 동일한 예화를 사용한다. Belles Lettres, vii. 루터는 이렇게 말하곤 했다. "평범하고 단순하게 설교하는 것은 위대한 기술이다." Table Talk. 어셔(Usher) 주교는 이렇게 지적했다. "일들을 쉽게 만들기 위해 우리의 모든 배움이 요구된다. 쉬운 일을 어렵게 보이게 하는 것은 쉽다. 그러나 어려운 일을 쉽게 만드는 것은 훌륭한 연설가와 설교자의 일 중에서 가장 힘든 일에 속한다." 사우스(South) 박사가 말했다. "자신을 가장 잘 이해시키는 사람 그가 가장 힘 있는 설교자요 최고의 연설가이다." 윌킨스(Wilkins) 주교가 말했다. "가장 위대한 학문은 가장 쉽게 말하는 데 있다. 어떤 일을 우리 자신이 분명하게 이해할수록 다른 사람에게 더 쉽게 설명해 줄 수 있다." Eccles. p. 168. 포티우스가 아타나시우스의 설교에 대해서 지적한 특징이 이 점을 확증한다. "그의 설교 언어는 특히 명확하고 짧았으며, 단순하고 짜임새가 있되 깊이가 있었다." 허드(Hurd) 주교도 그의 성직자에게 동일한 내용을 당부했다. "당신의 설교가 지나치게 쉬워지는 일은 없습니다. 나의 말을 듣는 여러분에게 이 말을 다시 할 필요는 없을 것입니다. 곧 설교를 가장 유용하게 작성하려면, 모든 사람이 그것을 알아듣게 해야 하며 그렇게 될 수 있도록 우리의

기 위한 노력 속에서 우리가 복음의 장엄한 간결함, 아름다운 수사들 그리고 천상의 품위를 제거하라는 것이 아니다. 또한 우리의 말을 지나치게 노골적으로 하라는 뜻도 아니다. 주님의 모범은 가장 단순한 설교자들의 설교처럼 우리 설교에 예증을 사용할 것을 권하는 것으로 보인다. 또한 자연적인 이미지들은 우리의 감각에 호소함으로써 영적인 일들을 밝히는 가장 유용한 도구가 된다. 성경의 은유를 연구하면, 그것들이 주제에 정교하게 부합되는 것을 통해 예증의 정확한 형태를 배울 수 있다. 아무런 분명한 빛도 비취지 않는 막연한 이미지들은 사용하지 말아야 한다. 어리석고 가볍고 무가치한 것들은 거룩한 책의 존엄과 거룩성과 전혀 어울리지 않으며 '하나님의 신탁을 말하는 사람에게 어울리는 신성하고 힘 있는 설교'[249)]와 맞지 않으므로 버려야 한다. 심각한 것만이 항구적인 덕성을 세울 수 있다.

학문적인 설교의 헛됨은 그것이 열매를 맺지 못한다는 사실에 의해 증명된다. 대부분 기독교적인 정신 속에서 가장 쉽게 설교하는 설교자가 가장 성공적인 설교자이다.[250)] 우리는 빛에 선명함을 더해야겠다고

모든 재능을 사용하라는 것입니다." Charges. 틸로튼 대주교(Archbishop Tillotson)는 그와 함께 살던 일자무식인 늙은 여인에게 자신의 설교를 읽어주고, 그 단어들과 표현을 계속 고쳐서 마침내 그 문체가 그녀의 수준으로 내려가도록 하는 습관을 가지고 있었다고 전해진다. 캠벨 교수가 지적하듯이 '만약 이 이야기가 사실이라면 그는 훌륭한 인물이다. 왜냐하면 그런 여인과 같은 사람이 아무리 문장, 교리, 혹은 논증에 대해서 판단할 능력이 없다고 하더라도, 자기들이 속한 계급의 무지한 사람들이 이해할 수 있는 단어와 어구가 어떤 것인지를 판단할 능력은 충분하기 때문이다." On Pulpit Eloquence, Lect. iii. Fenelon on Eloquence의 위에 인용된 부분과 비교하라. 시인의 규칙 곧 '환한 빛으로부터 안개를 만드는 것이 아니라, 안개로부터 빛을 주는 것' 이 이 모든 것을 몇 마디 말로 표현한 것일 수 있다.
249) Ward's Caol from the Altar. Comp. Bowle's Past. Evang. Lib. ii. c. 10.
250) 리튼(Leighton) 대주교는 한 평이하고 소박한 설교를 듣고서 완전히 만족하여 이렇게 말했다. "이 훌륭한 사람은 정말로 영혼을 구하고자 하는 것으로 보인다." 그러자 설교자

생각하고 복음의 단순함에 수사적 표현을 장식해야겠다는 생각을 할 수 있다.[251] 만약 그런 장식을 사용하는 것이 허락된다 하더라도 그것은 아주 드물게 사용되어야 한다. 제임스 왕은 공개적인 강연에서 그것을 정확하게 비유하기를, "밭에 피어서 알곡을 괴롭히는 붉고 푸른 꽃과 같다. 그것은 쳐다보는 눈에 아름답다기보다는 추수에 방해가 된다"고 했다.[252] 바울 사도는 '이해하기 쉬운 말'을 매우 강조했다. 그렇다면 그는 평범한 진리를 비범한 방식으로 이야기하고 거룩한 책을 현대화하거나 성경을 고전적 어휘로 바꿈으로써 때로 '알 수 없는 방언으로 말하고', '천국 문을 사람 앞에서 닫는'(마 23:13; 고전 14:11~19) 짓을 한심하고 어리석은 것이라고 꾸짖지 않겠는가?

캠벨 교수가 지적하듯이 "그런 용어들은 종교에 학문적이라는 옷을 입히기는 할 것이다. 하지만 그런 옷은 모든 사람 특히 가장 낮은 수준의 사람들에게까지도 위로와 지침을 주도록 되어 있는 제도에게는 극히 어울리지 않는다."[253] 제롬이 오래전에 말했듯이 "자기들이 이해하지 못하는 것을 존경하는 경향이 있는 무지한 청중들에게는 위압감을 느끼게 하기가 실로 쉽다."[254] 그러나 이런 목적으로 사용되는 의상은 "무식을

가 말했다. "말의 수준은 청중의 특성에 맞아야 한다. 그런데 청중은 대부분 문맹자들이다." Pearson's Life, p. lix.
251) 주석가들에 대해 하는 말을 이 사람들에게도 해주어야겠다. 곧 그들이 그 주제를 설명하기 전에는 그 의미가 평이했다는 말이다.
252) 어거스틴은 이렇게 혹평했다. "여기서 가르침이 아니라 화려한 문체를 추구했다는 것인가?" De Doctr. Christian, Lib. iv. 19. 위의 책. 이는 그가 장식을 전적으로 부정했다는 뜻이 아니다. 강연의 어투에 대한 그의 생각은 가장 정확하다. "아무런 꾸밈없이 지나치지 않으며, 어울리지 않게 꾸미지도 않는다." Ib. iv. 26.
253) On Systematic Theology, Lect. iii. 이 주제에 관해 리치몬드가 대학 지도교수에게서 받은 지혜로운 조언을 보라. Life, p. 152.
254) Hieron. ad Nepot.

감추는 위장에 불과하다. 모든 무식 중에서도 학문적인 무식이 가장 한심하다는 데는 의심의 여지가 없다."[255] 실제로 이런 비복음적인 일은 강단의 영광과 존엄을 자기를 드러내는 연극 무대로 타락시키고 말 것이다. 어느 목사의 간결한 예화를 인용하자면 "성령의 검이 벨벳 칼집에 보관되어 마음을 찌르거나 상하게 하지 못하게 되었다."[256]

평이한 주제를 선택하는 것 또한 성경적 설교의 정신이다. 여기서 우리는 고풍스러운 윌슨(Wilson) 주교의 훌륭한 조언에 주의해야 한다.

"교훈을 받지 못하도록 마음을 다른 곳으로 돌려놓는 이야기나 주제를 피하라. 주제 선정에서 자신의 근거 없는 생각을 참고하지 말고 회중의 필요를 참고하라. 어떤 악도 지적하지 않는 세련된 설교로 가장 지식 있는 청중을 즐겁게 하기 보다는 청중이 가슴을 치며 그 자리를 떠나도록 하는 편을 택해야 한다. 그들의 이해력을 뛰어넘는 내용을 말하거나 그들이 이해하지 못하는 언어로 말할 때 '양이 당신의 음성을 듣는다'는 말을 어떻게 할 수 있는가. 너무 자주 설교자들은 그들이 교훈을 주어야 할 사람들에게 알 수 없는 말을 한다. 사람들이 설교자를 존경하는 것과

---

[255] Campbell, 위의 책. 백스터가 지적한다 "허세를 부리기 위해 사용하는 애매한 표현은 바보들로 하여금 설교자의 학문에 감탄하게 한다. 그러나 지혜로운 사람들은 그의 위선과 어리석음에 당황할 것이다." 커크 화이트(Kirke White)는 최근에 들은 한 설교자의 설교에 대해서 날카롭게 지적했다. "나는 그가 한 가지 특별히 큰 결핍을 가지고 있다고 생각하는데, 그의 설교가 너무 우아하다는 것이다. 그는 충분히 평이하지 않다. 기억하라. 우리가 강단에 올라가는 것은 세련된 것이나 우아한 것을 말하기 위함이 아니다. 우리가 거기에 서는 것은 타락한 사람들에게 구원의 기쁜 소식을 전하며, 영생의 길을 가리켜 보이며, 고통당하는 죄인을 위로하고 힘을 주고 격려하기 위함이다. 우리는 이 영광스러운 주제들을 설명해야 한다. 그렇다면 이런 일들이 과연 연사의 잔꾀나 연습한 인위적인 유려한 말을 허용하겠는가? 이런 진리와 하나님의 말씀이 가난하고 무지한 자들이 이해할 수 없는 말들로 표현되어야 하겠는가?" 그의 유고집을 보라.
[256] Ward's Coal from Altar.

그의 설교에 의해서 세움을 입는 것 사이에는 큰 차이가 있다."[257)]

이처럼 형이상학적인 설교는 버려야 할 부류에 속한다. 드와이트 박사(Dr. Dwight)가 (원래부터 이런 경향을 강하게 가진 사람이다) 지적한다.

"이 종류의 모든 설교는 거의 무용하고 대개 유해하다. 일반 회중은 어떤 목적을 세우더라도 형이상학적인 주제를 이해하지 못한다. 또한 어떤 회중도 형이상학적인 토론 방식으로부터 도움을 받았다고 믿지 않는다."[258)]

우리는 더욱 정교한 주제를 피상적으로 다루라고 말하는 것이 아니라 모든 논증이 연역적이거나 산만한 철학보다는 성경의 단순한 원칙 위에 서야 한다고 말하는 것이다. '우리가 보지 못하는 것들로 들어가는'(골 2:18) 모든 것, 직접 회중을 세우지 못하는 모든 질문들은 (사도가 '늙은 여인들의 지어낸 이야기', '허탄한 말', '어리석은 변론'이라고 이름 붙인 것과 같은) 피해야 한다(딤전 4:7, 6:20; 딛 3:9). 목사들이 '신학에서 지푸라기를 건져 올리고'[259)] 성경의 단순한 설명을 위한 스콜라주의적 혹은 형이상학적 구분, 고대에 대한 신기한 연구, 사물의 적합성에 대한 교묘한 주장, 기독교 진리에

---

257) Sacra Privata. 훌륭한 매튜 헨리(Matthew Henry)가 말했다. "당신의 설교가 평이하고 성경적이 되게 하라. 당신의 설교 주제로 가장 평이하고 가장 필요한 진리를 선택하고 그것을 더욱 평이하게 만들기 위해 노력하라." William's Life.
258) Dwight's Theology, v. 209, 210. 다른 곳에서 한 그의 지적이다. "형이상적인 설교가 가르치는 것이 진리일 수 있고 그 논증이 정당할 수 있다. 그러나 구분이 너무 미묘하고 논증이 너무 심오하고 어려워서 청중은 설교자의 교묘한 논증을 따라 가느라 진리에 집중하지 못한다. 청중의 마음이 어려운 논증에 흡수된 나머지 의도된 것을 느끼지 못하게 된다. 또한 그의 마음은 그런 모든 토론이 수행되는 냉정한 방식에 의해 냉랭해진다. 형이상학자는 자신이 의식하든 못하든 자신의 정교함을 드러내는 데 집중하지, 하나님의 진리를 드러내거나 확증하지 못한다." Sermon. Vol. ii. 461. Burnet's Pastoral Care. c. ix. 참조.
259) Hall 주교.

대한 추상적인 증거들, 거룩한 본문에 비판적이기만 한 설명을 늘어놓을 때, "네 선지자들이 네게 대하여 헛되고 어리석은 묵시를 보았다"(애 2:14)는 고통스러운 불평에 대해 모든 심각한 그리스도인은 답변을 내놓아야 한다. "굶주린 양 떼가 쳐다보지만 꼴을 얻지 못한다." '돌이 변하여 떡'이 되는 것이 아니라 '떡이 변하여 돌'이 되는 것이다. 설교 혹은 복음 선포라고 잘못 이름 붙여진 모든 애매한 토론보다 십자가에 달리신 그리스도에 대한 한 번의 평이한 말에 더욱 영양가가 있다.

우리는 영국 국교회 목사가 어느 정도 고려해야 할 분리의 일리 있는 근거가 이런 설교로부터 일어날 수 있음을 인정하지만[260] (왜냐하면 우리 회중이 자기들이 이해하지 못하는 설교를 듣는 일에 곧 지칠 것이므로) 분리보다 훨씬 높은 책임이 우리를 구속한다. 문법학자, 비평가, 신학자는 우리의 강화를 인정할 것이다. 그러나 멸망해 가는 죄인인 무지한 회중에게는 우리의 의사전달 수단인 '이해하기 쉬운 말들'을 사용해야 할 것이 아닌가? 만약 그들이 설교자의 말을 알아듣지 못한다면 그들은 '지식이 없으므로 망할' 것이다. 알 수 없는 말로 선포되는 복음을 듣고 그들이 어떻게 구원을 얻겠는가. 이 두려운 책임의 무게 아래 정확한 논리학자니 심오한 신학자니 정통 목사니 하는 평판이 무슨 가치가 있겠는가.[261]

---

260) 존슨 박사(Dr. Johnson)가 "감리교가 성공회 교인들을 데리고 갈 수 있었던 것은 이런 평이한 설교 때문이었다"고 말한 것은 상당한 일리가 있다. (Boswell's Life를 보라) 제임스 왕은 '설교와 설교자를 위한 왕의 지침의 이유'라는 제목이 붙은 이상한 문서에서 많은 사람이 교황이나 재세례파나 다른 분파로 떠나 간 이유가 당시 설교자의 '가벼움, 감정주의, 무익성'에 있으며, 그들은 '많은 독서를 드러내 보이거나 자기들의 지혜를 자랑하면서' 사람들의 마음을 "탁상 장식용 도서보다 나을 것이 없는 무익한 것들에 맡겨 놓았고 그 공간은 로마 가톨릭 사제들의 요리문답이나 재세례파의 책자들이 채우도록 했다"고 지적했다.
261) 존 에드워드 박사가 말했다. "나는 만 명에게서 존경을 받느니 열 명을 완전히 이해시키는 편을 택하겠다. 만약 우리의 말이 이해되지 못한다면 어느 나라 말로 하든지 아무 소

평이한 방식의 말은 또한 설교 정신의 일부이다. 회중에게 평이한 말로 하지 않는 것은 그들의 영혼을 저버리는 일이며 그들로 하여금 우리를 저버리게 하는 것이다. 우리는 그들과 함께 영원과 관련된 일들을 대하고 있으며 거기에 일어날 수 있는 실수는 다양하면서도 치명적이다. 우리가 유능한 사람이 되기보다는 유용한 사람이 되어야 하는 것은 마치 파수꾼이 음악적 재능이 뛰어나기보다는 나팔을 알아들을 수 있게 부는 것이 훨씬 중요한 것과 같다. 실상 그들에게 임박해 있지만, 보이지 않고 의심스럽지도 않은 위험을 그들이 즉각적으로 깨닫게 할 때까지는 아무 일도 이루어진 것이 없다. 따라서 모든 예증, 논증, 호소, 부탁은 모두 평이해야 한다. 두려움과 사랑, 경고와 위협의 동기의 힘 역시 평이해야 한다. 그러나 겉만 번지르르한 부드러움과 목회의 장엄한 목표에 대한 진정한 헌신은[262] 세심하게 구분되어야 한다. 복음의 메시지를 언제나 분명하고 타협 없는 용어로 전달하며, 지치지 않는 싸움 가운데 죄와 사탄을 몰아내고, 그들의 요새가 모두 탈환되고 '모든 생각을 사로잡아 그리스도께 복종시킬' 때까지 해야 한다.

열렬함으로

목회 사역의 목적은 정신에 빛을 비추고 마음을 움직이는 것이다. 정신에 빛을 비추기 위해서는 지혜와 분명함이 요구되고 마음을 움직이기 위해서는 열렬함이 요구된다. 이것이 성경적 설교의 정신이다. 이러

용이 없을 것이다. 이는 교육 수준이 높은 소수의 사람들이 경탄할지라도 많은 사람들이 알아들을 수 없는 말을 의미하는 것이다. 나는 성령께서 알 수 없는 말에 복을 내리시라고 기대할 수 없다."

[262] 스틸링플리트(Stillingfleet) 주교는 이렇게 말하는 방식을 '기름에 적신 깃털로 사람의 양심을 두드리는 것'에 비교했다. Duties and Rights of Parochial Clergy, p. 30.

한 것들이 잘 결합되면 목사는 '불타고 비치는 빛', '그 자리를 지키는 태양'으로(존경받는 아렛의 주교 파빌론<Pavillon>처럼) '거룩한 열정의 영적인 열기뿐만 아니라 신성한 진리의 영적 빛을 나눠주게 된다.' 깊은 지식과 관심을 가진 주제를 표현할 때 열정으로 하는 것이 자연스러운 일이라면 우리의 위대한 사명을 수행할 때는 훨씬 그럴 수밖에 없다. 다음은 백스터의 말이다.

"죽은 설교자가 죽은 죄인들에게 살아 계신 하나님의 생명의 진리를 전하는 것보다 어울리지 않는 일은 없다."

우리의 메시지를 자기의 일로 전한다는 표시 없이 전하는 것보다 차라리 '미쳤다'는 오해를 받는 편이 나을 것이다.[263] 삶과 죽음의 문제, 특히 영원한 생명과 죽음의 문제라면 이는 가장 강력한 동기를 주는 것이며 마음의 가장 강력한 힘을 동원시키기 마련이다. 찰스 5세는 한 독일 개혁자에 대해 이런 말을 남겼다. "그는 돌이라도 울게 만들 수 있는 열정과 헌신으로 설교했다." 이것이 바로 위대한 주님의 정신이었으며(요 2:17) 그가 택하신 사도들의 정신이었다(행 17:16). 이 동일한 정신이 휫필드의 목회의 주된 능력이었다. 역사적으로 그와 같은 기름 부음, 믿음 그리고 기도의 사람들이 있었다. 그들은 복음에 대한 견해가 동일하게 포괄적이었고 영혼을 위한 사랑이 동일하게 열렬한 사람들이었다. 휫필드의 얼굴에 나타나는 그의 영혼의 모습,[264] 참으로 정신이 번쩍 들

---

263) 고후 5:13. 행 2:12, 13과 비교하라. "우리의 열정이 인간의 연약함과 반대로 열정의 색채를 띄지 않고 하나님의 말씀에 의해 규제되며, '모든 일을 적당하고 질서 있게' 한 사람들의 발걸음을 따라간다면, 우리는 열정 때문에 사과할 필요가 없다. 도리어 열정이 없다면 우리는 일에 대한 합당한 태도를 취하지 못하는 것이다." The Gospel Message, by Rev. Dr. Dealtry, p. 21.

264) 오래 전 한 외국인 설교자에 대한 묘사는 마치 강단에 선 휫필드의 모습을 정확하게 보

게 하는 예리한 형태의 표현들, 그의 연설의 엄숙함, 내면의 깊은 감정이 단어마다 터져 나오고, 그의 눈에 흐르고 심정의 분출을 통해 뿜어지는 사랑의 힘, 바로 이것이 그의 설교를 듣는 군중을 설득했다. 그는 청중을 소홀하게 대하지 않았다. 그는 타고난 유려한 말로 사람들의 공감을 이끌어냈으며 '차돌로 샘물이 되게 하였다'. 그의 목회는 '그의 동료 죄인들에게' 죽음에서 생명으로 옮겨지는 사건이었다. 세커 주교는 다음과 같이 말했다.

"청중을 이렇게 감동시키는 수완은 가장 귀중한 복이다. 이 능력을 많이 가지고 있지 못한 사람은 자신이 말하고자 하는 바를 깊이 간직하며 어떻게 말하는 것이 가장 설득력이 높을지를 생각함으로써 그 능력을 향상시킬 수 있다. 그러나 회중의 나른한 상태를 각성시키며 '구원 받기 위해서 무엇을 해야 할지를' 평이하고 정확하게 전달해주는 내용이 없이 하는 부드러운 말은 그들을 영원히 무지한 상태로 남겨둘 것이며 치명적인 평안 속에서 잠들도록 하는 자장가를 불러주는 격이 될 것이다."[265]

심지어 월버튼(Warburton) 주교도 "회개하는 청중의 열심과 감정을 향한 감동적인 설교는 다양한 교훈의 말들 중에서 가장 효과적일 것이다"

여준다. "그의 안에는 모든 것이 살아 있었다. 목소리, 눈동자, 손과 모든 동작들이 생생하게 살아 있었다." 삶을 마감하면서 그가 한 독특한 고백, 열정의 흔적 그리고 때때로 나타나는 그 자신의 영혼과 사역의 결합은 위대한 그리스도인의 겸손의 모습이다. 이는 풀러(Fuller)가 개성 있는 문체로 위클리프(Wickliff)를 기념하는 말과 같다. "나는 그의 결점의 어떤 것도 부정하거나 간과하거나 변호하거나 변명해줄 의도가 없다. 바울이 말하기를 '우리가 이 질그릇에 보화를 가지고 있다'고 했다. 질그릇이 금항아리임을 입증하려고 애쓰는 사람은 작은 목적을 위해서 큰 힘을 쏟게 되는 것이다. 그렇다! 만약 내가 위클리프의 결점들을 변호하기 위해 지나치게 참견하는 태도를 견지한다면 저 위대한 성자는 나에게 감사하는 것이 아니라 나를 꾸짖을 것이다." Church History, Book iv.
265) Charges, pp. 252, 284.

라고 단정했다.[266] 조지 허버트의 교구목사는 "설교할 때에 모든 가능한 기술 곧 말의 진지함을 담아서 주의를 끌려고 노력했다. 거기에 진지함이 많이 드러날수록 들을만한 가치가 있다고 생각하는 것은 사람들의 자연적인 경향"이라고 했다.[267] 우리에게서 나타나는 가시적인 인상은 우리의 주제에 표현할 수 없는 무게를 부여한다. 자신의 설교를 자기 가슴속에 가지지 않는 것으로 보이는 사람은 결코 그의 설교를 회중의 가슴속에 넣어주지 못할 것이다. 뽐내는 듯 한 연설조, 그럴 듯한 연기를 하려는 시도, 또는 지어낸 감정은 우리 직책의 단순한 장엄함에 가장 거슬리는 일이다. 그림속의 불은 이글거릴지 모르지만 따뜻하게 하지는 못한다. 부드러운 감정이 동반되지 않는 격렬한 자극은 마음을 사로잡기 보다는 혐오감을 일으킬 것이다.

어떤 사람들이 생각하는 것처럼 설교는 혀의 일도 아니고, 제스처를 모방하는 것도 아니고, 무절제한 감정의 충동도 아니다. 설교는 그리스도의 사랑에 붙잡히고, 그리스도께서 위하여 죽으신 불멸의 영혼을 위한 걱정에 온통 마음을 빼앗기는 마음의 영적 에너지이다. 하지만 우리 주님의 임재를 깨닫는 습관과 우리에게 맡겨진 두려운 책임감은 절제된 근엄함과 강대상의 일반적인 단정함을 넘어서는 어떤 방식으로 표현될 것이다.[268] 한 목사는 회중의 마음이 '무디고 가라앉으며, 열정과

---

266) Directions to Students of Theology.
267) 전게서 7장.
268) "내가 성경에 대한 조그마한 존경심이라도 있고, 인간 본성에 대한 어느 정도의 지식이라도 가지고 있는 한, 나는 수학 강의를 읽거나 자연 철학의 실험에 관계된 것과 같은 냉정한 감정으로 그리스도의 영광과 사람의 영원한 유익에 대해 말할 수 없을 것이다." Dr. Doddridge—Orton's Life, chap. v. 제임스 왕은 그의 궁정 목사 한 사람에 대해서 이렇게 말했다. "이 사람은 마치 죽음이 그의 팔꿈치에 와 앉아 있는 것처럼 내 앞에서 설교한다."

뜨거움을 끌어 올려놓는 것이 어려우며, 그들에게 불을 붙이려면 불의 산이 필요함을' 느낀다. 따라서 그는 아름다운 말로 조언하기를 "우리의 모든 말과 문장이 입으로 나오기 전에 마음속에 담겨져 맛을 내며 우리가 말할 수 있는 모든 것을 진정으로 느끼고 성심으로 표현함으로써 회중은 우리의 모든 말이 가슴에 적셔진 것임을 분명하게 깨닫도록 해야 한다"고 한다.[269]

설교자가 전심으로 복음을 믿을 때에 그것에 대한 관심이 살아 일어난다. 따라서 이 관심이 충분히 표현되지 않을 때 우리 메시지의 신빙성에 대한 의심이 자연히 일어나게 된다. 불이 났거나 비상사태가 발생했을 경우 누가 그 사실을 조용한 어조, 부드러운 음성과 우아한 표현으로 알리겠는가. 우리가 말씀을 전하면서 냉철한 정확성을 유지한다면 그것의 진실성, 또는 적어도 그 중요성에 대한 사람들의 믿음을 약화시키는 것이 아니겠는가. 회중은 우리가 말씀을 전하는 것이 그들에 대한 우리의 직접적인 관심이 아니라 급료를 받기 위해 직책을 수행하는 것이라 믿지 않겠는가. 그런 인상을 주게 된다면 우리 설교가 효과적이기 위해 필요한 요소, 곧 들으려는 그들의 마음을 없애는 것이 아니겠는가. 무거운 주제에 대해 이런 방식으로 말하는 것이 너무나 부자연스럽게 때문에, 회중은 생기 없이 전하는 무거운 주제보다 열정을 가지고 전하는 가벼운 주제를 더 중요시 여기게 될 것이다.[270] 다음과 같은 지적은 정확하다.

---

269) 전게서 7장.
270) Sir R. Blackmore's Accomplished Preacher, Sect. viii을 보라. "가장 두렵고 관심거리인 진리를 전하는 우리는 거의 아무런 결과를 내지 못하는데, 가공의 이야기를 다루는 당신은 어떻게 그렇게도 청중을 감동시켜 눈물을 흘리는 지경에까지 도달하게 합니까?"라는 어떤 목사의 질문에 대한 가릭(Garrick)의 대답에서 확신에 대한 교훈을 배울 수 있을 것

"영혼을 그리스도께 이끄는 일에서 정말로 유용한 사람은 그 자신이 복음의 가르침의 가치를 깊이 확신하고 있어서 진지하지 못한 교훈의 방식 때문에 사람들을 확신시키지 못하는 곳에서 열정과 태도의 진실함으로 설득하는 사람이다."[271]

냉철한 기질의 목사들은 그들보다 능력이 없는 사람들과 비교해 믿음과 기독교적인 감수성에서 따뜻함이나 생동감이 덜할 수 있다. 우리는 자신이 먼저 감동되면 누구나 연설가가 될 수 있다. 마음에서 우러나오는 언어의 힘과 감정은 어떤 유려함도 따라갈 수 없다. 더욱 고양된 엄숙함과 메시지 전달의 에너지로 생동감의 결핍을 채워야 한다. 또한 우울한 기질을 극복하고 천상의 감동을 일으키며, 그것이 우리 회중을 일깨우는 즉각적인 열기가 되도록 열렬한 기도가 있어야 한다.

목회에서 열렬함의 결핍은 능력을 가로막는 심각한 방해물이다. 어떤 방식으로 설교하든지 결국 같은 말이다. 하지만 열정적인 설교는 담백한 진리에 있는 거룩한 사랑이 드러나게 하며 사람을 감동시켜 생동하는 확신의 샘물이 솟게 한다.[272]

한 저자가 밝혔듯이 "단조롭고 지겨운 종소리는 나른하게 작성되어 힘없이 전달되는 설교처럼 그저 도덕적인 교훈이 나오리라는 예상만 하게 할 뿐이다."[273] 회중은 자신들이 말씀을 이해할 뿐만 아니라 마음도

이다. 그는 이렇게 대답했다. "비결은 여기 있습니다. 당신은 진리를 가공의 이야기인 것처럼 전합니다. 그러나 우리는 가공의 이야기를 진리인 것처럼 전합니다."
271) Bishop of Wincherster' Ministerial Chracter of Christ, p. 285.
272) 키케로(De Orat.)는 이 생동감 있는 제시를 증거라고 부른다. 이는 연사가 말을 하는 것이 아니라 그 일들을 보여주어 그것이 마치 청중 앞에 있는 것처럼 느끼게 하는 것이다. 퀸틸리안은 이것을 비전이라고 불렀다. Instit. Lib. viii.
273) Jerningham's Essay on the Eloquence of the English Pulpit, Translation of Select Sermons from Bossuet의 서문.

감동되기를 원한다. 그들은 뜨거운 열기와 침투하는 힘을 가진 논증을 좋아하며 열정적인 호소로 하는 마음에서 우러나오는 말을 듣기 원한다. 이 뜨거움은 비록 거짓된 열정의 불이나 헛된 영광으로 오해될 수 있다 하더라도, 신앙이 가장 중요하고 화급하며 보편적인 관심사라는 사실에 대한 마음 깊은 확신의 표현인 것이다.[274] 그러나 우리 중에 강단에서 냉정하고 생기없는 심정을 늘 드러냄으로써 외적으로 보이는 진지함과 모순되는 태도를 보이는 사람은 누구인가? 생명, 열정, 사랑으로 충만한 마음으로 강단에 오르는 것은 그저 그러려니 할 일이 아니다. 그런데 '마음에 가득한 것을 입으로 낼' 때에 얼마나 말씀에 기름이 부어지는가. 얼마나 강력한 공감이 회중의 마음에 감동을 주고 있는가.

백스터의 감동적인 호소는 우리의 메시지에 충만한 힘이 실리기 위해 우리 말이 어떠해야 함을 보여준다.

"이 일을 심각하게 생각하는 목사가 얼마나 적은가. 아니 훌륭한 목사들이 이 점에서 얼마나 실패하고 있는가. 우리는 사람들의 불순종에 대해 '성령의 나타남으로' 외치고 있는가. 또한 죄를 마치 우리 마을을 파괴시키는 불과 같이 여기면서 사람들을 강권적으로 그곳에서 구출해 내고 있는가. 우리는 '주의 두려우심을 아는' 사람이 마땅히 그러해야

---

[274] 이것은 뜨거움을 격려하는 일에 한 번도 의심을 품은 적이 없는 한 뛰어난 저자에 의해서 지지되고 예증되었다. "다른 종류의 공공 연설과 구별되는, 강단에 어울리는 유려함의 주요 특징은 다음의 두 가지로 보인다. 그것은 곧 엄숙함과 열정이다. 강단에서 다루는 주제의 심각성은 엄숙함을 요구한다. 인류를 중요시 여기는 마음은 열정을 필요로 한다." Dr. Blair's Lectures, Lect. xxix. ─On Eloquence of the Pulpit. 그가 다시 말한다. "엄숙함과 열정이 결합하여 프랑스인들이 기름 부음이라 부르는 설교의 특징이 만들어진다. 이는 감동적이고 예리하며 흥미로운 방식, 곧 설교자의 마음의 강한 정서로부터 그가 전하는 진리의 중요성으로 흘러 들어가는 방식으로서 청중의 마음속에 충만한 인상을 남기기를 바라는 진정한 욕구이다."

하듯이 우리 회중을 설득하고 있는가. 우리는 그리스도와 중생과 믿음과 거룩이 없이는 사람들이 결코 생명을 얻을 수 없음을 믿고 그것들을 강조하고 있는가. 우리의 심정이 무지하고 무절제하고 완고한 군중을 향하여 끓고 있는가. 그들의 얼굴을 보면서, 영원한 안식에 들어갔을 때에 그들을 영원히 못 보는 일이 없어야겠다는 심정으로 우리의 마음이 녹는가. 사도 바울처럼 우리가 그들의 육신적이고 세상적인 경향으로 인해서 '울면서 그들에게 말'하는가. 많은 눈물로 쉬지 않고 '거리낌이 없이 각 사람을 훈계' 하는가. 또한 우리는 그들의 영혼 구원을 위해 호소하는가. 아니면 우리는 목사의 일이 한 시간 동안 부드러운 이야기를 들려 주고 다음 설교 때까지 그들을 전혀 돌보지 않아도 되는 일인 것처럼 그저 비판적인 청중의 승인을 얻고자 준비하는 것은 아닌가? 육신적인 생각이 우리의 열정을 억압하고 가장 예민한 주제에 대한 우리의 강론을 생기 없게 만들고 있지 않은가. 한마디로, 하늘의 일에 대한 우리의 진지성의 결여가 사람들의 영혼에 마법을 걸어 형식적 신앙으로 이끌며, 그들을 습관적인 청중으로 만들어 곤궁에 빠뜨리고 있는 것이다."

백스터는 다시 다음과 같이 말한다.

"다른 사람이 어떻게 생각하는지는 잘 모르지만 나 스스로는 나의 어리석음을 부끄러워하며 내 영혼과 다른 사람의 영혼을 주의 큰 날을 바라보는 사람처럼 다루지 않은 것에 대해서, 또한 그렇게도 충격적인 일이 나의 마음을 온통 사로잡지 못해 다른 생각이나 말을 여유 있게 하고 있다는 사실에 대해서 놀라곤 한다. 내가 어떻게 다른 사람들에게 가벼운 마음으로 냉담하게 설교할 수 있는지 어떻게 사람을 죄악 속에 그대로 남겨 둘 수 있는지 그들이 어떻게 받아들이든지 혹은 나에게 어떤 고통이나 어려움이 있든지 그들에게 가서 회개할 것을 주님을 대신하여 간구하지 않는지 놀라게 된다. 인간적으로 아름답거나 멋진 말을 하지 않는다고 나를 정죄하지는 않는다. 도리어 '너는 어떻게 삶과 죽음에 대해서 그런 마음으로 말할 수 있는가?' 하고 묻는다. 자비의 하나님이여, 나를 용서하시고 그렇게도 악하게 게으른 저와 다른 종들이 정신을 차리게 하옵소서! 오 주여, 우리 자신의 불성실함과 완고한 마음의 질병으로부터 우리를 건지소서. 그렇지 않다면 어떻게 우리가 다른 사람을 건지는 도구로서 합당할 수 있겠나이까?' [275]

부지런함으로

아버지의 일에 온 마음과 시간을 다 쏟아 부으신 거룩한 모범에서 눈을 떼지 않는 것은 얼마나 유익한 일인가. 그런데 그는 공적 사역에서 가장 부지런하셨다. 예루살렘에 계실 때에는 "성전에서 매일 가르치셨다"(눅 19:47, 21:37, 22:53). 뿐만 아니라 어디든지 사람이 모이는 곳이라면 권면하고 가르치고 예화를 들어서 교훈하셨다(마 5, 13장; 요 7:37,). 최초의 복음 사역자들과 초대 교회의 교부들도 주님의 모범을 충실하게 따랐다.[276]

사도 바울은 '말씀 전파'에서 과도한 활동보다는 게으름을 훨씬 더 큰 위험으로 보았다. 그래서 그는 사랑하는 디모데에게 자기 활동에 대해 회개해야 하는 엄숙한 날을 상기시키면서 '때를 얻든지 못 얻든지'

---

275) Reformed Pastor. 이 거룩한 사람의 열정이 어떻게 그 자신의 기도를 통해 드러나는가? 나는 다시는 설교할 수 없는 사람처럼, 죽어가는 사람이 죽어가는 사람에게 하듯이 설교하겠다.
276) 행 5:42, 19:9, 20:18~21, 28:23과 교부들의 강설집을 보라. 렘 26:5; 학 2:10, 20 참조.

복음 전파에 힘쓸 것을 엄히 명한다(딤후 4:1, 2). 이는 정기적으로 설교해야 하는 경우뿐 아니라 예상하지 못했던 모든 경우 또한 때가 적절치 못하다고 생각되는 모든 경우에도 깨어 있는 양심의 인도로 봉사의 부르심에 응답해야 하는 것을 의미한다. 오늘날 누가 이런 근면성이 덜 필요하다거나 덜 의무적이라거나 덜 유효하다고 말할 수 있는가. 회심하지 않은 청중이 오늘날에도 초대 교회 때만큼 많지 않은가. 설교자가 없이 그들 중에 있는 주님의 양이 어떻게 '그의 음성을 들을' 수 있는가. 다른 어떤 수단도 하나님의 뜻 전달을 위해 정해진 이 방법을 대체하지 못할 것이다.[277]

주일 설교의 횟수는 우리가 어떻게 할 수 없는 육체적 힘과 여타 환경에 달려 있다. 헌신적인 설교자의 설교하고자 하는 욕구를 제어하는 것은 육신의 연약함뿐일 것이다. 다양한 회중은 여러 목소리를 동시에 내기에 우리가 해야 할 일은 갑절이 된다. 이 추가적인 일이 바람직하고 실행가능하다면, 이 일들 중 어떤 것을 반복하여 익숙해지는 것은 우리에게 유익하며 이는 다음 활동을 위한 준비가 된다. 하지만 세 가지 이상 연속되는 일들을 오랫동안 계속 신나게 할 수 있는 사람은 거의 없다. 또한 우리 회중의 소화력도 많은 양식을 감당하는 데 어려움이 있다. 그래서 동일한 설교 내용을 반복하는 것은 소화에 부담을 주는 것이 아니라 도움을 준다.

이 부지런함에는 주일 설교를 형식적으로 반복하는 것 훨씬 이상이 포함된다. 그런 기계적인 실천은 목사와 그의 양 떼 사이에 존재하는 목양의 의무를 제대로 드러내는 것이 아니다. 자기 아들이 지속적이고 임

---

[277] 사도가 비록 데살로니가인들과 서신으로 대화를 지속했지만, 그들의 얼굴을 보기 원한 것은 그들이 기독교적인 교훈을 더 잘 받을 수 있기를 원했기 때문이다(살전 3:10).

박한 위험에 처해 있을 때 어떤 아버지가 이런 미약하고 형식적인 훈계로만 만족하겠는가.

우리 교회의 연간 계획은 부지런한 설교의 훌륭한 모범을 제공한다. '설교하지 않는 고위 성직자들'은 정직한 래티머(Latimer)의 분노를 일으켜 비판하지 않을 수 없게 했는데 후퍼(Hooper)는 그런 부류의 사람이 아니었다. 그는 "어떤 주교도 하루에 한 번 설교하는 것에 대해 불평해서는 안 된다"고 말했다.[278] 아마도 그는 이것보다 훨씬 더 많은 설교를 했을 것이다. 폭스(Foxe)가 전하는 바에 의하면 "글로스터와 우스터 두 교구의 주교였던 후퍼는 그 양편을 모두 가르치고 인도하기를 마치 한 가족에게 하는 것처럼 했다. 그는 도시와 마을을 돌아다니며 그곳 사람들의 신분의 고하나 직업의 귀천을 막론하고 돌보며 그들에게 설교했다."

주얼(Jewell) 주교는 "주교는 설교하다가 죽어야 한다"고 하곤 했는데 실제로 자신의 죽음을 통해 그의 말을 충격적으로 확증했다. 교구를 향한 그의 열심은 비록 직접적인 사인은 아니라 할지라도 그의 죽음을 재촉했던 것으로 보인다.[279] 매튜(Matthew) 대주교에 대해서도 "그를 찾으려

---

278) "바알의 제사장들에게는 하루 열다섯 번의 제사도 충분하지 않았다. 그런데도 하루에 한 번하는 설교가 어떤 주교나 복음주의 설교자에게는 지기 어려운 짐인 것처럼 보인다." 1550년 왕과 의회에서 행해진 후퍼의 고백. 주교는 매일 설교해야 한다는 것이 크리소스톰의 규칙이었다. 이는 그의 감독 하에 있는 목사들에게도 당연히 적용되었다. De Sacer. Lib. vi. 4. 만약 이것을 문자 그대로 적용하는 것이 비현실적으로 보인다면, 적어도 그 표준과 정신에 도달하려고 노력이라도 해야 한다. Burnet's Pastoral Care, Ch. vi을 보라.

279) 솔즈베리 궁정에 보관된 주얼의 기묘한 초상화 하단에 이런 글귀가 있다. "복음을 전하지 않는다면 내게 화 있을지어다!" 또한 어셔(Usher) 주교는 그의 대교구 인장에 이 글귀를 새겼다. 목회직에 대한 어거스틴의 견해는 성경적이었다. "주교직이란 명예가 아니라 직무의 칭호이다. 도움을 주기보다 감독하기만을 좋아하는 자는 자신이 주교직에 합당하지 않다는 사실을 깨달아야 한다." Aug. de Civit. Dei. Lib. xix. c. 19.

면 언제나 그가 설교하고 있는 교회를 찾아가 보면 쉽게 이루어졌다"라고 전해진다. 이 같은 이 사도적 주교의 자세로 인해 비록 주교를 싫어하는 사람이라 할지라도 그의 앞에서는 할 말이 없게 만들었다. 그는 설교를 '내가 사랑하는 일'이라고 불렀으며, 요크 지역을 책임지는 일을 포기하지 않았다. 그래서 교황에 대한 도전이 제기되었다.

"요크 대주교 토비아스 매튜는 비록 여든 살의 고령임에도 불구하고 그레고리 교황 시절부터 오늘날까지 일 년에 모든 교황들이 하는 설교보다 더 많은 설교를 한다."[280]

우리 시대로 좀더 내려오면 그림셔(Grimshaw)와 웨슬레가 우리의 공적 사역에 대한 헌신을 더 자극하게 된다. 그림셔에게는 비교적 한가한 주간에도 열둘 혹은 열네 번의 설교가 할당되어 있었다.[281] 웨슬레는 거의 50년에 걸친 여행 중에 4만 회에 가까운 설교를 한 것으로 (많은 경우의 권면은 제외하고) 추정되며, 매년 평균 7,200킬로미터를 여행했다. 이 유례를 찾기 힘든 수고가 얼마나 비상하고 열정적이었는지, 그 수고에 따른 큰 성공이 알려 준다. 곧 "그리스도의 사랑이 그들을 강권했던 것이다"(고후 5:14). 혼미한 세상의 사상을 비판해야 하며 뜨거운 열정, 자기부인, 자기 헌신의 충동을 거부하는 안일한 목회로 돌아가는 일은 없어야 한다.

부지런함은 횟수만이 아니라 동일한 진리를 지속적으로 반복하는 일을 포함한다. 일꾼은 외장만 고치는 것이 아니라 반복되는 망치질로 못 하나를 단단히 박고자 애쓴다. 목사에게서 동일한 것을 설교하는 것은 괴로운 일이 아니다. 또한 회중에게는 그것이 '안전하다'(빌 3:1). 땅의 풍

---

280) 고위 성직자를 공격하는 프린(Prynne)의 유명한 책에서 매튜 대주교는 언급되지 않는다.
281) Newton's Life of Grimshaw, p. 51.

부한 열매는 '땅이 그 위에 자주 내리는 비를 흡수한' 결과이다. 지속적으로 반복되는 천상의 소나기는 가장 완고한 마음속에라도 깊은 인상을 남기게 된다. 그러므로 우리의 '교리'는 '비처럼 내려야' 한다(신 32:2; 히 6:7). 그것은 큰 사랑과 함께 내릴 뿐만 아니라 부지런히 자주 내려야 한다(사 28:10).

근본 진리를 지속적으로 강조하는 것은 더욱 깊고 실제적인 영향력을 미치는 데 필요하다. 반대자들 혹은 유혹자들에 의해 주목 받아온 진리는 우리 목회의 중요한 주제가 되어야 한다. 또한 매일 활용하고 실천할 수 있는 진리가 우리가 평생 전해야 하는 건전한 교훈이다. 게을러서 이전의 설교를 반복하는 것이 아니라 우리 주님의 발치에 앉아 신선한 교훈을 기다리면서 해야 한다. 항상 힘써 배우고 배운 것을 가르쳐야 한다.[282]

오직 일심으로

"목회는 오로지 하나님과 그의 백성의 구원만을 위해 해야 하며, 자신의 어떤 개인적인 목적도 개입되지 말아야 한다. 그 일 자체가 아무리 좋은 일이라 할지라도 잘못된 목적을 가지게 되면 결국은 우리에게서 악이 흘러나오게 된다. 모든 그리스도인에게 자기부인은 절대적으로

---

[282] 사도 바울은 부지런히 설교할 것을 권면하면서도 일어날 수 있는 가장 두려운 일을 말한다. 딤후 4:2, 3. 오웬은 부지런히 설교해야 할 강력한 이유를 다음과 같이 나열한다. '하나님의 명령, 교회를 향한 그리스도의 사랑과 돌보심, 하나님의 인내와 오래 참으심의 목적, 신자의 구원과 불순종하는 자들에 대한 심판에서 드러날 그의 영광, 인간 영혼의 궁핍함, 말씀 사역에 의해서 영적 필요를 공급하시는 하나님의 방법, 영적인 것을 받고 기억하는 자연적 능력의 연약, 지속적인 상기를 필요로 하는 연약한 은혜의 체험, 잦고 다양한 유혹, 우리를 점진적으로 완성에 도달케 하시는 그리스도의 계획.' 히 6:7, 8 해설.

필요하다. 그러나 목회자는 하나님을 향한 갑절의 거룩함과 헌신을 하게 되므로 자기부인도 갑절이 필요하다. 자기부인이 없이는 한시도 하나님을 향해 신실하게 봉사할 수 없다. 만약 목회자의 목표가 정당하지 않다면 온 힘을 쏟아 하는 공부, 많은 지식, 우수한 설교는 그저 영광스러워 보이는 위선적 범죄에 불과하다."[283]

목회의 주된 목적은 하나님의 영광이다. '모든 일을 달콤하고 거룩하게 만드는' 것은 이 목표를 향한 '순전한 집중' 이다.[284] 우리의 위대한 모범이신 주님의 마음을 채웠고 그 걸음을 인도한 것도 바로 이 목적이었다(요 5:41, 8:50). 이것이 또한 사도 바울의 정신이기도 했다(살전 2:6). 이 순전한 마음은 목사의 참된 정신이며 심각한 자기 검열과 극심한 영적 갈등의 결과이다.

마음의 순전함으로 설교한다는 것이 얼마나 어려운가는 경험을 통해 알 수 있다. 우리가 설교를 작성하기 위한 공부의 얼마나 많은 부분이 이기적인 원리에서 흘러나오며 부패한 과정 속에서 진행되고 있는가? 심지어 그리스도가 본문인 곳에서도 그리스도의 십자가를 높이 들어 올리고 거기에 우리 자신의 영광을 걸어놓으려는 듯이 자아가 우리 설교의 정신과 본질이 될 수 있다. 주님의 면전인 강대상에서 우리 설교를 활기차게 하고 목소리에 힘을 주며 말에 강세를 넣게 하는 것은 무엇인가. 우리는 '주 예수 그리스도'를 전파하는 바로 그 형식과 행동 속에서도 '우리 자신을 전파한' 적이 없는가. 순간의 충동으로 그런 오류가 우리에게 크게 작용하면 자기만족, 현재의 효과에 대한 기대, 실패에 대한 좌절감이 따르지 않는 경우는 얼마나 드문가. 우리 회중 가운데 신

---

283) Baxter's Reformed Pastor.
284) Leighton.

앙이 있는 사람들과 똑똑한 사람들의 칭찬을 받고자 하는 '부적절한 계산' 없이 순전하게 설교하는 것은 얼마나 어려운가. 평범하다는 평가를 받는 것에 대한 두려움, 또는 독자적이거나 자기능력을 발휘하고자 하는 욕구를 제압하기 위해서 싸워야 할 때는 얼마나 많은가. 우리의 재능을 겸손의 은혜에 담그며 세련되고 재능 있는 사람들로부터 칭찬을 자아낼 만한 것을 억제하며 동일한 정서라도 거창하게 말하기보다 유효한 방식으로 말하기가 얼마나 어려운가. 설교가 유익하게 적용되었는지 보다는 그것이 사람들에게 칭찬 받았는지를 알고자 하는 욕망이 얼마나 자연스럽게 일어나는가. 우리는 자신이 별로 뛰어난 인물이 아니라고 느끼면 마치 그 날의 상급을 잃어버린 것같이 절망한다. 이렇게 되어 유용한 사람이 되고자 하는 욕망은 우리 자신의 명예와 이기심으로 연결된다. 그래서 우리는 회중 가운데서 '하나님이 우리를 낮추시는' 것을 견디지 못하며 오히려 그들이 우리를 가치가 낮은 '나무와 질그릇'이 아니라 '금과 은으로' 된 그릇으로 여기기를 원한다.[285]

백스터의 심각한 지적은 그의 시대와 마찬가지로 오늘날에도 동일하

---

285) 솔로몬의 지혜로운 경구를 보라(잠 25:27). 고대의 한 교부에 대해 전해오는 말에 의하면 그는 사람들이 자주 그의 설교에 대해 칭찬할 때마다 흐느껴 울었다고 한다. 다음은 그의 말이다. "그들이 조용히 깊이 생각하면서 하나님께 나아갔으면 얼마나 좋을까! 당신이 교회에서 가르칠 때 회중의 탄성이 아니라 회중들의 탄식소리가 울려 퍼지고 듣는 자들이 눈물을 흘린다면 이것이야말로 그대에 대한 칭송이다." Hieron. ad Nepot. "박수갈채를 유발하는 설교가 아니라, 나로 하여금 통곡하게 하는 설교를 나는 즐겨 듣는다." Bern. Serm. 59. Cantic. "나는 자기 자신을 위해서 말하는 것이 아니라 나를 위해서 말하고, 자신의 헛된 영광을 구하는 것이 아니라 나의 구원을 위해 말하는 심각한 설교자를 사랑한다." Fenelon's Letter to French Academy, Sect. 4. p. 230. 다음은 찰머스(Chalmers) 박사의 외침이다. "연약하고 안개 같은 인간이 동료 죄인들에게 둘러싸여 함께 무덤과 심판으로 달려가는 모습은 천사들을 흐느끼게 하는 광경이다. 이것은 주님의 일을 진실하게 행하며 복음의 강력한 단순함에 의해 회개와 믿음을 촉구하는 일보다, 오히려 자신을 드러내어 청중을 즐겁게 하는 일을 더욱 사랑하는 것이다." Sermons의 책. p. 25.

게 적용된다.

"형제들이여, 가장 경건한 일인 목회에서까지도 이기적이 되도록 즉 육신적이고 불경건하게 되도록 유혹하는 것들이 있는지 살펴보기를 간절히 부탁합니다. 경건한 사람의 명성은 학자의 명성만큼이나 큰 함정입니다. 경건 자체보다도 경건의 명성을 취하는 사람에게는 화가 있을 것입니다. '진실로 너희에게 이르노니 그들은 자기 상을 이미 받았느니라.' 지나친 지적 추구와 헛된 외형에만 시간을 쏟는다면 자만심의 유혹이 거기에 숨어 기다리게 됩니다. 그러나 원래 여기에는 말할 수 없는 하나님의 자비에 의해 가장 생생한 실천적 설교가 준비되어 있고 경건 자체가 준비되어 있습니다. 한편 여기에는 교만한 사람이 되라는 유혹 심지어 열정적 설교자와 경건한 사람을 가장하라는 유혹이 있습니다. 많은 사람이 우리의 설교를 들으러 모이고 우리의 말을 듣고 감동하며, 우리가 그들의 판단과 감정을 명령할 수 있다는 것이 얼마나 좋아 보입니까. 사람들이 당신을 향하여 '이스라엘의 병거와 마병'이라고 부르게 하며, 그들로 당신을 의지하고 당신의 다스림을 받게 하는 것이 비록 그들의 당연한 의무라 할지라도 얼마나 좋아 보입니까. 약간의 은혜가 있으면 여러분이 그들을 위해 열심 있는 사람처럼 보이게 할 수도 있을 것입니다. 하지만 절대 그렇지 않습니다. 아무런 특별한 은혜가 없이도 교만이 그런 일을 할 수 있습니다."[286]

---

286) Reformed Pastor. "목사들에게 허다하게 불편을 주는 것은 자기사랑이다. 이것은 우리를 자극하여 우리가 사람들 마음속에 일으킨 신앙적 의무감에 대해서 은밀한 즐거움을 느끼게 한다. 원래 사람의 정신은 자신의 노력에 의해 얻은 성공을 스스로 즐거워하게 한다. 우리가 하나님의 영광만을 추구하는 것처럼 보일 때에 기만적인 자기 사랑을 발견하는 것은 더 어렵다." Bishop Godeau's Past. Instructions, pp. 44, 45. "복음적 설교자의 완전한 모범이 여기 있다. 자기의 명성과 회중의 신뢰를 자신의 이익을 위해 추구하는

오늘날 시대정신은 특별히 순전함을 싫어하는 것으로 보인다. 새로운 것에 대한 사랑과 지식이라는 우상은 교회를 공격하는 함정이며, 교묘한 대적은 그것으로 교회를 '그리스도 안에 있는 진실함과 깨끗함에서 떠나 부패하게' 한다(고후 11:3). 목사들이 이런 유혹에 전혀 영향을 받지 않고 교훈의 어조를 유지하기는 어렵다. 영혼보다는 지식을 위한 양식, 외설적인 상상, 교묘한 이론, 꾸며진 말들 속에서 양심에 진리를 적용해야 하는 중요한 기회들은 조금씩 사라진다. 우리가 혼자 있는 은밀한 시간에 부지런히 하나님을 바라며 우리 사역에 더 많은 영적 기름 부음을 바라는 대신 인간의 즐거움을 위한 수단을 취하는 것은 우리 목회의 영성에 가장 해롭다. 우리 직책을 이기적 탐닉을 향한 디딤돌로 삼는 위험을 가장 뛰어난 목사들도 인식했다. 고인이 된 훌륭한 목사의 일기에서 발견할 수 있는 실천은 많은 사람들의 공감을 자아낸다.

"나는 내 마음속에 유용한 설교를 하려는 거룩한 관심보다 설교를 잘하려는 악한 욕구가 있는지를 살피고자 한다. 나는 하나님의 영광보다 나 자신의 영광을 추구할까 두렵다. 나는 이 죄를 고백한다. 그리고 진심으로 회개한다. 이 죄가 용서되기를 바라며 그것이 내 가슴에서 제거되기를 바란다."

또한 이런 글도 있다.

"오늘 저녁은 저주 받을 교만과 자기만족 때문에 망쳐 버렸다. 깊이 뿌리박힌 악한 가라지들은 마치 수많은 겨울들을 지내는 것과 같은 온갖 시련을 겪으면서도 아직 죽지 않았다. 마침내 뿌리 뽑히기를!"[287]

것이 아니라 영혼의 유익과 하나님 나라의 건설을 위해 추구하는 것이다." Quesnel on Matt. iv.23~25.
[287] Biographical Protraiture of Rev. J. Hinton, p. 116. "나는 내가 공적인 봉사를 가장 잘 할

그래서 테일러(Taylor) 주교는 그의 성직자들을 위해 자주 충고했다. "누구도 사람들의 칭찬을 듣기 위해 설교하지 말아야 합니다. 만약 여러분이 그런 경우를 만나거든 즉시 경계심을 품고 스스로 단속하며 당신 자신이 그런 허영에 빠지지 않도록 기도하십시오. 분명한 인정과 경배의 행위로 찬송을 하나님께 돌리십시오. 헤롯이 이렇게 하지 않다가 무서운 벌을 받았음을 기억하십시오. 하나님의 심판이 사람들의 판단과 다르게 되는 일이 없도록 두려워하십시오."288)

가장 파괴적이고 저급한 악은 우리의 거룩한 직책을 자신의 우수성을 알리기 위한 도구로 사용하는 것이다. 이것은 십자가의 영광을 우리 자신의 교만을 위한 탐닉으로 타락시키는 것이고 우리의 영광스러운 주님의 영광을 가리는 것이며 주님을 높이겠다고 하는 바로 그 일 속에서조차 주님의 것을 도적질하는 죄를 범하는 것이다. 이는 목회의 큰 목적을 상실한 소치이다. 우리 주님 대신에 자신을 칭찬하면서 회중에게 자신을 존경하라고 요구하는 것이며 우리의 메시지를 그들의 양심에 전하는 것이 아니라 그들의 선의에 우리 자신을 받아들여 줄 것을 회유하는 것이다. 이렇게 되면 진리로부터 점점 멀어지기 위한 기초가 놓이며 그에 비례해 우리 일의 능력은 떨어지게 된다.

"우리의 일은 사람들로 하여금 우리 말의 유창함을 생각하게 하는 것이 아니라 그들 자신의 영혼을 생각하게 하는 것이며 우리의 훌륭한 말

수 있도록 준비되어야 함을 알고 있다. 그러나 이것이 나의 비극이다. 나는 공부하고 준비하지만 내 자신의 교만과 자신감을 위해 그렇게 하고 있다는 것이다." Brainerd.
288) Clergyman's Instructor, p. 108. "말을 잘하는 모든 설교자들은 사람들에게 영원한 생명을 위한 양식을 먹여야 할 때에 울리는 소리로 사람의 귀를 채우는 일이 없도록 주의해야 한다. 그들은 하나님을 높이는 대신 자신을 높이지 않도록 주의해야 한다. 만약 누구든지 듣기 좋은 말을 해야겠다는 의도를 가지고 강대상에 오른다면 그는 치명적인 죄를 범하고 있는 것이다." -H. K. White.

에 주의를 기울이게 하는 것이 아니라 그들 자신의 영원한 유익에 주의를 기울이게 하는 것이다."[289]

우리의 의무는 회중을 '즐겁게 하려는 것이 아니라 그들로 하여금 느끼게 하려는 것이다.' 예전의 어떤 저자가 표현한 바에 의하면 "설교는 귀를 두드리는 것이 아니라 마음을 치는 것이다."[290] 리치몬드도 말하기를 "나는 사람들의 마음에 도달하는 설교자라는 오직 한 가지 의미 외에는 대중적인 설교자가 되고 싶은 일체의 마음이 없다"라고 했다.[291] 실로 복음은 결코 과시의 도구로 의도되지 않았고 오직 세상의 유익을 위한 보물로 의도되었다. 우리는 우리 직책의 정신으로 충일한 그리스도의 측량할 수 없는 부요로 한 영혼을 부요하게 하는 것을 이 세상 왕관의 위엄과 명예를 입는 것보다 더 소중히 여길 것이다.

---

[289] Smith on the Sacred Office, Lect. xviii. 자신의 초기 사역은 '가르치기 위해서가 아니라 그들의 마음에 들기 위함이었다는 것' 이 어거스틴의 고통스러운 후회거리였다. 제롬도 자신의 시대에 대해 이 문제로 많은 어려움을 토로했다. "그들은 어떻게 성경의 진수를 마시게 할까에 관심을 가지는 것이 아니라, 어떻게 하면 미사여구로 회중의 귀를 즐겁게 할 것인가에 관심을 가지고 있다. 그 본문에 대해 얼마나 우아하게 말할 수 있을까 하고 스스로에게 말하지 말라. 도리어 나의 말을 듣는 사람들의 마음에 교훈을 주기 위해, 그들의 양심에 찔림을 주기 위해, 그들의 마음을 설득하기 위해서 유용하게 말하려면 무엇을 말해야 하는지를 물으라. 당신의 주된 목적이 그럴 듯한 설교문 작성이나 한 시간 동안 사람을 잡아 놓는 것이 아니라 영혼을 구원하는 것이 되게 하라." Watt's Humble Attempt, pp. 19, 20.

[290] "쓰다듬지 말고 찌르라(Pungere, non palpare)." 이것은 설교자들의 언어에 대한 제롬의 지침이었다. 이기적인 정신의 악들 중의 하나는 회중의 비판적인 정신을 격려하는 것이다. 이것은 목회의 주된 해악이다. 그 외에도 맥길(Macgill) 박사가 그의 젊은 친구에게 말하듯이, "말 잘하는 사람으로 보이려는 욕구는 당신이 원하는 바로 그런 종류의 우수함에 이르지 못하게 한다. 당신의 어투가 당신의 생각과 느낌을 표현하는 데 적합한 표현이 되는 것이 아니라 인위적인 화려함이 부적절하게 도입되어 생각과 언어의 고상한 질서가 등한시되거나 그것들을 감싸는 지저분한 색칠 속에서 상실된다." Consideration to a Young Clergyman.

[291] Richmond's Life, p. 50.

순전한 마음이 없이는 성공에 대한 기대가 아무 근거를 가지지 못한다. 재료는 물론 하나님에게서 온다. 그러나 태도와 의상, 이론과 과시는 '허영의 제단에 피워진 향'이 될 수 있다.[292] 우리의 진술은 분명하고 내용은 능력이 있을 수 있다. 그러나 그 '모든 것'을 '하나님의 영광을 위한' 순일한 눈으로 함에 있어서 지속적인 결핍이 있다면 '그 자신의 우상, 혹은 회중의 우상이 되기를 원하는 우상 목자에게 미치는 화'가 우리에게 무섭게 미칠 것이며, 우리의 목회는 폭풍에 날아가고 판단력은 상실될 것이다(슥 11:17). 우리가 아무리 주를 섬겨도 아무 것도 성취하지 못할 것이며 어떤 것도 받아들여지지 않을 것이다. 이는 하나님을 위하여 하지 않고 자신을 위해서 했기 때문이다. 결국 자신을 위한 목적으로 주님을 섬긴 목사는 마침내 그로티우스의 애절한 탄식과 함께 무덤 속으로 떨어질 것이다. "아! 나는 애써서 아무 것도 하지 못하고 내 생명을 잃었구나!"

혹시 그가 하나님의 일을 위한 도구로 사용되었다고 하더라도 그는 주인의 손님을 접대하면서 자기는 그것을 결코 맛보지 못하는 사환과 같든지 혹은 다른 사람을 치료하면서 자신은 치료 받지 못한 의사와 같을 것이다.[293] 거룩한 순전함은 그 손이 닿는 모든 것을 금으로 변하게 하는 연금술이다. "그리스도가 모든 것의 모든 것이 되어야 한다"는 최고의 욕구, 그에 따르는 마음의 표현은 곧 "그는 흥하여야 하겠고 나는 쇠하여야 하리라"(요 3:30)고 선언할 때 재능의 부족과 지혜로운 판단의

---

292) Hail's Sermon, p. 45.
293) 이것은 마실론(Massillon)의 엄중한 언급이다. "하나님은 때로 자신의 택하신 자를 구원하실 때에 어떤 사람들을 도구로 사용하시고 후에는 버리신다." 이것은 고전 9:27을 상기시키는 말로서, 깊고 심각한 개인적 적용이 필요하다.

부족을 보상해 줄 것이다. 이것이 '신랑의 친구'(요 3:29)의 참된 특성이다. 그는 신랑을 위해서 애를 쓰되 자신을 위해 애를 쓰지 않으며, 그의 영예를 구하고 자신의 영예를 구하지 않는다. 그가 설교에서 진지한 어투를 채택하는 것은 자신이 존경을 받기 위함이 아니라 죄인을 그분께 이끌기 위함이다. 우리의 특권은 복음으로 섬기며 우리 주님의 영광이 기독교적 순전함이라는 투명한 수단을 통해 반영되도록 하는 것이다. 이런 일에 유용하게 되는 것은 인기를 끄는 것과 전혀 다르다. 영혼을 그리스도께 인도하는 일에서 성공하는 것에 비하면 인간의 칭찬은 얼마나 빈약한 것인가![294]

"자신을 설교하지 않고 진정 복음을 설교하려는 사람, 자신의 명성을 드높이거나 자신을 따르는 사람을 확보하려 하지 않고 다른 사람들에게 유익을 주는 데 더욱 관심을 두는 사람, 그리스도인의 모범을 가장 잘 보여주고 그것을 자기 회중에게 가장 유익이 되도록 권하는 것을 그의 묵상과 설교의 모든 것으로 삼는 사람, 그는 분명히 어느 정도이든 성공을 거둘 것이다. 그가 한 말은 헛되이 돌아오지 않을 것이다. 그는 자신의 수고에 대해 면류관과 상급을 받을 것이다. 이 모든 것을 한 마디로 요약하는 것이 사도 바울의 '그 자신과 그에게 듣는 자를 구원하리라'이다."[295]

---

[294] 한번은 코튼(Cotton)이 케임브리지 대학에서 설교했는데, 그는 '지혜의 말보다는 말의 지혜를 즐기는' 사람들로부터 인정을 받았다. 목회의 진정한 원리를 더 분명히 깨달은 다음에 그는 그 설교 원고를 불태워버렸다. 그 후 그가 같은 강대상에서 더욱 성경적인 정신으로 설교했을 때, 당시 가장 뛰어난 목사 중 한 사람이었던 프레스톤(Preston) 박사가 본 바에 따르면 "그 설교에는 하나님의 복이 임했다." Mather's New England, Book iii. pp. 15, 16. 설교자는 평이한 보통의 말로 설교를 해야 한다. 이것은 "자신의 유창함으로 칭찬을 받으려는 어떤 마음도 없이 하나님의 영광을 위해서 해야 한다"는 옛 저자의 규칙과 일치하는 것이다. — N. Hemminge's Methode of Preaching, 12mo. 1574.

사랑으로

사랑은 우리 직책의 가장 장엄한 표지이다. 이 사랑은 신성한 자비의 품에서 흘러나오는 구원을 베풀며 가장 자상한 아버지, 피 흘리는 구주, 신실한 위로자를 보여준다. 따라서 "하나님은 사랑이라"가 모든 말의 정신이 되어야 한다. 그러므로 우리는 우리 사명의 정신인 사랑으로 우리 자신을 형성함으로써 목회 전체에 사랑의 생명과 성격을 불어 넣어야 한다.296)

"사랑 안에서 진리를 말함"(엡 4:15)이라는 몇 마디 말은 우리의 직책을 가장 완전하게 설명하는 것이다. 어떤 사람은 거짓된 자비심으로 거스른 진리를 유보하려 한다. 어떤 사람은 진리를 전하는 것이 자신에게 불편한 결과를 가져올 것을 염려하고 두려워하면서 그 진리를 전한다. 어떤 사람은 오직 충실하게 전해야 한다는 마음으로만 전한다. 마치 그 영혼을 그리스도께 인도하는 것이 아니라 그들의 영혼을 건지는 것만이 유일한 책임인 양 그렇게 하는 것이다.

사랑은 우리 목회의 전체 음조에 스며들어야 한다. 진리를 위한 대의가 그 정신을 표현하는 방법의 부적절성으로 인해서 약화될 수도 있다. 성경은 우리 목회의 주제 내용뿐 아니라 목회자의 기질에 대해서도 주

---

295) Burnet's Pastoral Care, ch. ix.
296) "만약 어떤 사람이 나에게 좋은 소식을 전한다면 그는 화를 내거나 열을 내거나 안절부절못하면서 전하지는 않을 것이다. 그러므로 입이 험한 목사가 어떤 근거로 자신의 행동을 정당화시킬지는 알 수 없다. 그 행동은 그가 자신의 오류를 알고 있지 못함을 입증할 뿐이다." Cowper's Letters. 페일리(Paley)는 로마서의 특징이 기독교적인 사랑의 정교한 강론이라는 것을 놀랍게 예증하면서, 로마서는 독자를 설득하기 위한 가장 유효한 길로서, 가장 받기 어려운 진리와 친절한 관심이라는 유화책을 함께 사용하고 있다고 보았다. 그의 Horae Paulinae을 보라. 한 저자가 주목하듯이, 이것은 "공감을 일으킬 뿐만 아니라 설교를 더욱 예리하고 재치 있게 하며, 청중의 마음에 뚫고 들어가 마음을 온통 사로잡는다." Hemminge. P. 54.

목한다. 한 사도는 그 자신의 경우를 예로 들면서 "사람의 방언과 천사의 말을 할지라도 사랑이 없으면 소리 나는 구리와 울리는 꽹과리"보다 나을 것이 없다고 단정한다(고전 13:1).

사랑이 가득하고 활기찬 어조로, 회중을 어머니, 자매, 그리고 형제로 여기고 강대상에서 그들을 내려 보는 것은 얼마나 즐거운 일인가. 회심하지 않은 자를 대할 때조차도 그 잃어버린 영혼을 긍휼히 여기면 그들의 회심에서도 성공을 거두게 된다. 바로 이것이 우리의 신성한 모범이신 주님의 정신이다.[297] 이것이 그 분이 가장 '존귀케 하기를 기뻐하는' 정신이었다. 그 외에도, 누가 그런 목회의 힘을 느끼지 않겠는가? "이제도 눈물을 흘리며 말하노니"라는 선언이 듣는 사람에게 어떤 감동을 일으키겠는가?[298] 바로 이 점과 관련하여 해딩튼의 브라운(Mr Brown of Haddington)에 대해 사람들이 증언하는 내용은 그가 말을 유창하게 한다거나 독창적이라는 증언보다 훨씬 중요하다. 몸의 고통 혹은 가정 내의 고통은 눈물 없이 견딜 수 있었지만 (별로 부러워할 만하지 않은 이 자제력을 언급하는 것은 순전히 대비를 위함이다) 죄인들에게 그 위험을 경고하거나 '하나님과 화목할 것을 간구할' 때에는 자주 자신의 감정을 주체하지 못했다.[299]

---

297) 신 5:29; 시 81:13; 겔 18:31; 호 11:7~9; 마 9:36; 눅 19:41, 42. Bowles, Lib. i. c. 21 참조.
298) 빌 3:18. "설교자의 자연스럽고 진실한 눈물 속에 뿌려진 시간은 얼마나 마음에 깊이 박히는가!" Robinson on Claude. 칼빈은 이 점에 대해 훌륭하게 썼다. "죄악을 설교하는데, 아니 그보다 때리는데 이상할 정도의 뜨거운 열망을 느끼는 자들이 많이 있다. 그러면서 그들은 입과 몸을 움직이는 것이 장난인 것처럼 보일 만큼 태평하다. 하지만 다른 사람들을 울게 만들기 전에 자기가 먼저 우는 것이, 분노의 목소리를 내기 전에 먼저 조용히 생각 속에서 괴로워하는 것이, 다른 사람들에게 고통을 느끼게 하는 것보다 자신이 더 많은 고통을 느끼는 것이 경건한 목자의 표지이다." 고후 2:4.
299) Brown's Life, p. 22. 윈터(Winter)가 그의 친구 휫필드(Whitefield)에 대해 말했다. "나는 그가 설교를 하면서 흐느끼지 않는 것을 거의 보지 못했다. 나는 그의 눈물이 진심임을

만약 이 정신이 부드럽게 이름을 부르면서 표현된다면 훨씬 효과가 있을 것이다. 사도들은 대개 사람들에게 말할 때 그들의 진실한 애정이 깃든 언어를 사용했다.[300] 현존하는 고대 교부들의 서신, 키프리안과 어거스틴의 가장 진실한 강화, 크리소스톰의 설교는 이런 성격을 강하게 가지고 있다. 가슴이 따뜻한 페넬론의 관찰이다.

"나는 모든 목사들이 그의 청중을 향해 친구의 열정과 아비의 관대함과 어미의 터져 나오는 사랑으로 말했으면 좋겠다."

이런 언어는 당연히 단정한 통제를 요구한다. 그러나 마음속에서 솟아나는 자애로움이 분명하게 표현되면 많은 사람의 심금을 울리고 관심과 교감을 증진시킬 것이며, 우리 회중과 마음이 통하는 접촉을 할 수 있게 만들어줄 것이다. 우리는 때때로 그들에게 우리가 기도와 감사 가운데 그들을 기억하며(롬 1:9; 고전 1:4; 엡 1:6; 빌 1:3, 4 등) 그들의 안녕에 대해 관심을 가지고 있고(살전 2:7, 8) 그들을 위해 진정 봉사하고 싶으며(고후 12:15) 그들의 신앙 성장을 진정 원하고(빌 1:8~11) 그들의 번영이 우리 자신의 행복과 강력하게 연결되어 있다는 것을(살전 3:8; 요이 1:4; 요삼 1:4) 알려줄 수 있다. 이러한 것은 회중과의 유대를 강화하는 데 가장 유익한 역할을 한다.

믿는다. 나는 그가 강대상에서 이렇게 말하는 것을 들었다. '여러분은 내가 운다고 비난합니다. 하지만 여러분의 불멸의 영혼이 파멸에 임박해 있는 사실로 인해 여러분 자신이 울지 않는데 내가 어떻게 울음을 참을 수 있겠습니까? 우리가 잘은 모르지만, 여러분이 마지막 설교를 듣고 있으며, 여러분께 제시된 그리스도를 받아들일 기회가 다시는 없을 수 있습니다." Jay's Life of Winter, pp. 27, 28. 사랑을 표현하는 문제는 각 사람의 기질에 따라서 크게 다를 수 있다. 또한 우리는 눈물이 자비로운 마음의 필수적인 증거라고 주장하지도 않는다. 그러나 여기서 나타나는 정신은 영혼을 향한 진실하고 불타는 사랑임이 분명하며 우리가 본받을 만하다.

300) 빌 4:1을 참고하라. 또한 몇몇 서신에서 사도의 인사를 참고하라.

이 사랑의 정신이 가장 깊이 스며들어야 하는 곳은 책망하는 말이다. '권면할' 때에는 '오래 참음으로' 해야 한다(딤후 4:2). 간절한 권면에 대해서도 저항하는 다루기 힘든 사람도 참아 주어야 한다. 복음의 대적자들에 대한 교훈에도 자비, 부드러움, 인내의 도장이 찍혀야 한다.[301] 우리는 죄인인 그들의 양심에 상처를 입혀야지 사람인 그들의 감정에 상처를 입혀서는 안 된다. 불필요하게 적대감을 자극하는 말을 조심스럽게 피해야 하며 그들의 죄를 충실하게 드러냄으로써, 그것이 '친구의 통책'이 되고(잠 27:6), '아비가 주는 벌'이(고후 2:4, 12:14~21) 되어야 한다. 우리 자신의 이전 상태를 회상해 보면 (그들과 똑같은 죄인인 우리의 현재 상태는 말할 것도 없이) 꾸짖음에 부드러움이 상당히 더해질 것이며[302] 이것은 꾸짖음의 적용을 약화시키지 않으면서도 강한 힘으로 마음을 부드럽게 하여 꾸짖음을 받아들이게 할 것이다. 그리하여 '슬기로운 책망이 청종하는 귀'에 떨어지게 될 것이다(잠 25:12). 우리가 자신의 죄성을 가장 깊이 느낄 때에 우리는 회중의 양심에 가장 깊이 힘 있게 말할 수 있다.

이 정신은 특별히 주님의 짐을 엄숙하게 짐으로써 계발되어야 한다. 이렇게 되어야 거룩한 제단과 다른 불을 뒤섞지 않을 것이다. 어떤 목사들은 인간적 열정과 그들의 열심을 결합시키는 것 같다. 그들은 하나

---

[301] 딤후 2:24, 25. "쓴 약을 거부감 없이 잘 마실 수 있도록 하늘 지혜의 잔을 꿀로 둘러야 한다. 처음에 느껴지는 단 맛으로 유혹하는 동안에 달콤한 맛 뒤에 엄한 책망의 쓴 맛을 감추어 두는 것이다." Lactant. 코우퍼(Cowper)의 언급과 예화는 정말로 간단명료하다. "어떤 사람도 꾸중을 듣고서 죄를 버린 적은 없다. 그의 마음은 부패해 있기 때문에 적절한 방법이 동원되지 않으면 분노를 품게 된다. 찡그린 마스티프는 톡톡 두드리는 것까지는 참을 것이다. 으르렁거릴 수도 있다. 그러나 만약 거칠게 다루면 물 것이다." Letters. 우리 주님의 사역이 자세하고 아름답게 예증되었다. Bishop of Winchester's Char. ch. viii.

[302] 딤후 3:2, 3. "먼저 내 마음이 무너지지 않고는 죄인에게 한 마디도 못할 것 같다. 내가 복종하여 회개로 녹아내리며, 마치 내 영혼이 방금 용서를 받은 것같이 느낄 때, 나의 마음이 자비와 긍휼로 가득할 때에만 죄인에게 말할 수 있을 것 같다." -Payson's Life.

님의 진노를 말하면서 그들 자신의 분노를 쏟아내는 듯하다. 이것은 사도의 사역의 설득력과 얼마나 다르며, 긍휼로 말미암은 열망을 더 이상 억누를 수 없다는 듯이 가장 무서운 꾸짖음을 중단하고 "예루살렘아, 예루살렘아!" 하고 외치신 (신 32:2; 고후 5:11) 주님의 자비와 얼마나 다른가!

목사가 '구더기도 죽지 않고 불도 꺼지지 않는 그 곳'에 대해 말할 때에 가져야 하는 심정의 좋은 예는 사랑하는 아들에게 유죄판결을 내릴 수밖에 없는 판사처럼 엄숙함과 사랑이 결합된 것이다. 감정을 상하게 하는 것에 대한 염려로 말하지 않는 것은 하나님과 우리 자신의 양심과 회중에게 불충한 일이다.[303] 만약 이러한 것이 우리 목회의 특징이 된다면 이는 사랑의 복음을 '하나님의 영이 아닌 다른 것으로' 가리는 일이 된다. 하늘의 천둥을 가볍고 부주의한 정신으로 가리키면 "너는 네가 어떤 정신으로 말하고 있는지 알지 못한다"(눅 9:55)는 주님의 꾸중을 듣게 될 것이다. 격렬한 태도 혹은 부자연스럽게 높은 목소리로 효과를 얻으려는 시도는 '미세한 소리'에서보다는 바람과 지진 속에서 주님을 찾으려 하는 것이다(왕상 19:11, 13). 부드러운 심각함이 사랑의 하나님의 사자인 우리의 직책에 어울린다. 떨리고 더듬거리는 입술 곧 그리스도의 긍휼에 마음이 감동된 이 표시가 우리보다 더 악하지 않은 동료 죄인들에게 말하는 죄인인 우리들에게 가장 잘 어울린다. 우리 본성의 최상의 감정에 어울리지 않는 과감한 태도는 우리 주님의 정신에 가장 맞지 않으며 우리의 메시지에 가장 역겨운 옷을 입히며 우리가 성질이 고약하거나 분노에 찬 사람이 아닌가 하는 의심을 불러일으키게 된다. 한편 말보다는 그 생각 속에 두려움을 품은 온유하고 자비로운 설교는

---

303) 막 16:16의 후반절은 전반절과 마찬가지로 목회 사명의 일부가 아닌가!

양심을 깨우며 깨어난 의식을 더 깊고 의식적인 반성으로 이끈다.

우리는 환자가 웅크릴 때에 치료를 주저하는 민감함을 가져야 한다고 주장하는 것이 아니다. 그러나 충성에서 우러나는 가장 역동적인 어조가 상황의 필요에 가장 잘 들어맞는 사려 깊은 처방과 융합되지 말아야 하는 이유는 알 수 없다. 짐승은 강제로 몰 수 있다. 그러나 이성적인 피조물에게는 움직이기를 요청해야 한다. 사랑의 강제력이 상대를 움직일 수 있는 가장 강력한 지렛대이다.[304] 이것은 가장 고귀한 모범에 부합하는 일이다(호 11:4). 이방인 궤변론자들도 연설에서 친절이 성공을 거두기 위한 필수적인 요소라고 주장했다. 또한 기독교의 연설가들이 청중의 유익을 진정으로 원한다는 것을 그들의 어조가 확신시키지 않는다면 어떤 사람도 그 연설가에게 마음을 열지 않게 될 것이다.[305]

사랑은 강단 웅변술의 생명이요, 능력이요, 혼이요, 정신이다. 우리 직책의 일은 간청하는 것이지 비난하는 것이 아니다(고후 5:20). 주님 자신의 부드러움을 드러내는 표정과 언어로 주님의 메시지를 전해야 마음이 준비된 사람들을 이끌고 얻을 수 있다. 사도가 에베소에서 (이것은 그의 전반적인 목회의 한 실례였음이 분명하다) "삼 년이나 밤낮 쉬지 않고 눈물로 각 사람을 훈계하던 것"(행 20:31)을 보면 그의 성공이 우연이 아니었음을 알게 된

---

304) 한 뛰어난 젊은 목사가 말했다. "나는 내가 회중을 구주로부터 밀어낼까봐 항상 두려워했다. 나는 실수를 하더라도 그들을 주님께로 이끄는 결과를 내는 실수를 택하겠다." Memoirs of the Rev. John Escreet, by Rev. T. Webster, p. 50.

305) "말을 통하여 선한 것을 설득하려고 노력하는 자는 이 세 가지 중 하나도 무시해서는 안 된다. 다시 말해서 가르치는 것, 즐겁게 하는 것, 변화시키는 것." Augustine De Doctr. Christian, iv. 12, 17, 26. "이 과정에서 이 세 가지 단계는 서로 긴밀하게 연결되어 있다. 첫째, 우리는 가장 먼저 가르치고 이해시키기 위해 말해야 한다. 둘째, 그들의 마음을 얻고 주의를 끌기 위해 그들을 즐겁게 해주어야 한다. 셋째, 그들을 얻고 정복해야 한다." Campbell on Past. Char. p. 87.

다.³⁰⁶⁾ 가장 존경을 받은 목사들은 빛나는 재능이 아니라 겸손하고 사랑이 넘치는 정신에서 월등한 사람들이었다. 어떤 뛰어난 하나님의 종들은 이 정신의 결핍으로 인해 경고는 주었지만 설득하지는 못했고, 편견을 확증은 했지만 제거하지는 못했으며 결과적으로 수고의 열매가 그들보다 재능이 훨씬 못한 많은 동료 형제들에 미치지 못했다.

"기독교 목회자는 지상의 모든 사람들 중에서도 가장 따뜻한 마음을 가져야 한다. 그가 설교하는 것은 길 잃은 양을 찾는 목자의 일이며 잃은 자식을 찾는 아비의 일이다. 생명이 없는 동상이 이 부분을 담당할 수 있겠는가? 그것은 대리석같이 차가운 가짜 부모가 진짜 부모의 자리를 차지하는 것과 같을 것이다."³⁰⁷⁾ 비록 모든 목사가 회중의 사랑을 얻는 데 성공하지 못한다 하더라도 '그리스도의 사랑이 우리를 강권하심'으로써 우리 모두는 자기 양 떼를 향한 부드러운 사랑의 한 증거를 어느 정도는 가지고 있을 것이다. 메넬라우스(Menelaus)에 대해 전하는 말에 따르면 "그는 제사장에 합당한 아무 것도 갖추지 못했는데 이는 그가 잔인한 폭군의 분노와 야수의 분노를 품고 있었기 때문이다"라고 한다.³⁰⁸⁾ 따라서 이에 대한 대비로서 부드러움과 사랑이 제사직의 정신이

---

306) 행 20:31. 조지 허버트는 절묘한 아름다움으로 사도 바울의 목회의 사랑을 묘사한다. "그가 어떻게 로마인들을 그의 기도 속에 포함시켰는가.(1:4) 그는 에베소인들(1:16), 고린도인들(고전 1:4), 빌립보인들로 인해서(1:4) 감사하기를 쉬지 않았다. 그는 죽을 것인가 살 것인가, 그들과 함께 있을 것인가 그리스도와 함께 있을 것인가를 놓고 갈등하고 있었다. 그의 양 떼를 돌보는 일이 아니라면 그런 일로 갈등할 하등의 이유가 없었다. 고린도후서는 얼마나 존경스러운 서신인가. 얼마나 사랑이 가득한가. 그는 기뻐하고 슬퍼한다. 또 애통하다가 자랑한다. 예루살렘을 위해 눈물을 흘리고 뒤이어 피를 흘리신 큰 목자 외에는 양 떼를 위한 그런 관심을 보인 사람이 없다. 그러므로 이 보살핌이 자연스럽게 학습되고 우리의 설교에 스며들어가게 하자. 이렇게 되면 우리의 설교는 말할 수 없이 존경스럽고 거룩하게 될 것이다." 전게서 7장.
307) Simeon's Preface to Claude.

되어야 하며 그와 반대되는 정신이 우리 목회의 효력을 감소시킨다는 것을 예증한다. 플레쳐(Fletcher)는 자신에 대한 실의에 차서 말했지만 이는 실로 우리의 직책에 대한 가장 정확한 말이다.

"사랑, 곧 지속적이고 보편적이며 불타는 사랑이 목사의 모든 수고의 영혼이었다."[309]

목사의 진정한 부드러움은 거부하는 마음을 얻기에 가장 유용하며, '회중을 하나님께 이끌고 그들을 지속적으로 하나님께 가까이 붙들어 둔다.' 도드리지 박사는 이것이 우리 사역의 큰 목표라고 판단했다. 그러나 그가 불평했듯이 이것이 적어도 그에게는 매우 힘든 일이었다.[310]

이 단원을 마치면서 우리는 섬너(Sumner) 주교의 존경스러운 말을 기억하고자 한다.

"성경은 두 종류의 지침을 가지고 있는데, 이것은 목회 사명을 받은 사람에게 더욱 구체적으로 적용되는 것으로 보인다. 첫 번째는 그들 직책의 기본적인 의무를 이행하는 것과 관련되어 있다. 이는 그들이 전해야 하는 메시지 곧 말씀을 신실하고 바르게 분해하는 것이다. 이에 비해 교훈과 경계를 전달하는 태도, 판단을 바로 하기 위한 사려 깊은 권고, 미묘한 일들을 다루기 위해 요구되는 신중함 등이 두 번째 지침으로 분류될 수 있다. 매일의 활동 지침을 위한 성경 단락들이 그것들에 대한 설명으로 제시된 주님의 모범과 함께 목회자를 더욱 성숙하고 강인하게 만들 것이며 때때로 그들 자신과 그들의 생활을 성화하기 위해 노력하게 만들고 그리스도의 규칙과 교리에 따라 그들 자신을 형성하

---

308) Maccab. iv. 25. 그와 대비되는 것으로서 히 5:2을 보라.
309) Cox's Life of Fletcher, p. 21.
310) Orton's Life of Doddridge, ch. v.

도록 함으로써 그들이 청중이 따를 건전하고 경건한 실례와 모범이 되도록 할 것이다.'" [311]

그러므로 우리 사역의 이 부분에 대한 깊은 책임감(1장), 그것을 위한 적절한 준비의 중요성(2장), 내용의 중요성(3, 4장), 설교의 최선의 형식을 선택하기 위해 필요한 지혜(5장), 성경적 정신의 효력(6장)을 깊이 생각해 볼 때 이 모든 것이 우리 직책 곧 하나님의 '일꾼'(고후 5:18, 19), '그리스도의 사신'(고후 5:20), '성령에 의해서 구별됨'(행 20:28), 생명의 말씀을 맡음, 구원의 컵, 이 모든 것이 우리 손에 있는 것이다. 과연 우리가 이 모든 것을 담당할 수 있는가 하는 걱정스러운 질문을 피할 수 있는가? "누가 이것을 감당하리요"(고후 2:16). 기도의 사람이 되지 않고 효과적인 설교자가 된다는 것을 생각할 수 있겠는가. 사도의 성공의 비결은 우리가 앞에서 암시했듯이 이 결심 속에 있지 않는가. "우리는 오로지 기도하는 일과 말씀 사역에 힘쓰리라"(행 6:4).

기도의 사람은 강단에서 그의 주님의 형상을 충만히 반영하는 빛을 발할 것이며 '은혜를 입술에 머금을'(시 45:2) 것이다. 그는 '지혜롭고 총명한'(왕상 3:12; 딤후 1:6, 7) 마음을 은사로 받아서 분명하고 빛나는 진리를 제공할 것이며, 그가 성경에서 발견한 모든 것을 올바른 조화와 비율로 그의 설교 속에 담으며 그 자신의 영혼이 그의 메시지로 형성되며 과감하고, 현명하고, 평이하고, 열렬하고, 부지런하며, 순전한 마음과 충만한 사랑을 품을 것이다. 모든 목회자는 사도가 위대한 주님의 입으로부터 받아 말한 엄숙한 권면을 심오한 존중과 자기 비하 속에서 듣기를 바란다.

---

311) Min. Ch. pp. 48, 29. 성직수임식.

"하나님 앞과 살아 있는 자와 죽은 자를 심판하실 그리스도 예수 앞에서
그가 나타나실 것과 그의 나라를 두고 엄히 명하노니
너는 말씀을 전파하라 때를 얻든지 못 얻든지 항상 힘쓰라
범사에 오래 참음과 가르침으로 경책하며 경계하며 권하라"
(딤후 4:1~2)

참된 목회

5장

목사의 목양 활동

목사의 진정한 학문은 라틴어를 유창하게 하거나
철학적 논평을 할 수 있게 되는 것이 아니라,
피곤한 영혼들에게 적절하게 말할 수 있게 되는 것이다.

우리의 모든 일이 서재와 강단에서만 이루어진다고 생각해서는 안 된다. 목회의 중요한 지렛대인 설교는 목양 사역과 연결되어 그 힘을 얻는다. 설교와 목양이 분열되는 경우가 자주 발생하는데 이것은 우리 목회가 열매를 내지 못하는 주된 요인이 된다.[1] 우리의 임직 예배와 성경의 예화들에서 설명되듯이 목양자와 설교자는 서로 합쳐져서 거룩한 직책을 완성시킨다. 공적인 자리에서의 역할만으로는 목자, 파수꾼, 감독자, 집사 같은 용어의 의미를 결코 이행하지 못할 것이다. 이 용어들은 양 떼, 교구민 혹은 집안을 감독하는 것만을 의미하는 것이 아니라 각자의 필요를 알고 각각의 필요에 적합하도록 공급하는 것을 의미한다. 이것이 없이는 '성령이 우리로 감독자를 삼으신 온 양 떼를 위하여 삼가는' 것은 고사하고 우리가 '그들의 감독자가 되었다'는 말조차 들을

---

1) 도드리지 박사는 다음과 같이 지적했다. "나의 마음은 내가 회중에게 유익한 것을 보류했다는 비난을 두려워하지 않는다. 그러나 나는 가정적인 혹은 개인적인 일과 관련하여 그들을 충분히 권면하지 않은 점이 있는지 걱정된다." Orton's Life, ch. ii. 윌슨(Wilson) 주교는 그의 성직자들에게 "적어도 1년에 한 번 자기 교구의 모든 가정을 심방하여 우리 모두가 (히 13:17을 암시하는 것으로 보인다) 주님께 우리 수고에 대해서 두려움 없이 보고할 수 있게 되어야 한다고 말했다." Stowell's Life, p. 114. 백스터의 Reformed Pastor를 참고하라. 이 책은 목양의 사역을 중요한 의무로 삼는다. 목양에 반대되는 것들에 대해 답변하면서 목양에 대한 가장 강한 동기를 제공하고, 이 일을 위한 가장 존경스러운 지침을 제안한다.

수 없을 것이다. 이 흥미로운 관계를 통해 우리의 노력에 영적 애착이 새로운 파도처럼 몰려올 것이며 주께 '열린 문'을 구하고, 교훈의 기회를 지혜롭게 발전시켜 나가고 서로 다른 종류의 사람들에게 우리의 방식을 적응시켜 나가는 가운데 기독교적인 지혜와 믿음을 실행하게 된다. 지금부터 우리는 이 가장 중요한 주제의 몇 가지 세부 사항들을 다루고자 한다.

목양의 성격과 중요성

목양 활동은 강단 사역을 회중 각 사람에게 적합하게 적용하는 것이다. 이는 회중을 제각기 독특한 방법으로 우리의 주의와 돌봄과 걱정을 요구하는 사람들로 보며 가능한 한 각 사람에게 영원에 대한 관심을 촉구하며 그들의 마음에 적절하게 구원을 보여주고 받을 것을 요구하는 것이다. 이 일을 위해 우리는 그들의 상황, 습관, 특성, 마음의 상태, 특별한 결핍 그리고 어려움들을 익히 알아야 한다. 그렇게 되어야 '때를 따라 양식을 나눠줄' 수 있게 된다.

목사는 파수꾼과 복음전도자의 직책을 자기 안에 함께 가지고 있어야 한다. 그는 '영혼들을 감시해야' 한다. 이는 쓴 뿌리가 돋아나 교회에 어려움을 더하고 교회를 더럽히는 것을 막기 위함이며 비기독교적 기질과 행습이 그리스도의 일을 방해하는 일이 없도록 하기 위함이며 미지근한 정신이 들어와 힘써 노력하는 기풍을 사라지게 하거나 싸우는 정신이 기독교적 사랑을 방해하는 일을 막기 위함이다. 이 모든 것은 목회자의 감독을 필요로 한다. 나태한 사람들은 졸고 있고 자만심이 있는 사람들은 뒤처지고 있으며 열정적인 사람들은 영적 자만심으로 가득 차 있으며 진지한 사람들은 자기 의에 빠져 있고 규칙적인 사람들은 형식적이 된다. 뿐만 아니라 지침을 구하는 탐구자, 시험과 어려움 속에서 도움을 구하는 사람, 복음의 위로를 간절히 구하는 고난당하는 사람, 죄의식의 찔림을 받기는 했으나 그 상처를 적당히 치료 받고 거짓된 평안 속에 안주하고 있는 죄인(렘 6:14), '살았다는 이름은 있으나 실상은 죽은' 신앙고백자들도 있다. 이 같은 상세하고 다양한 형태들은 강단에서 충분히 다뤄지지 못한다. 그러므로 목사가 "영혼을 위하여 경성하기를 자신들이 청산할 자인 것같이"(히 13:17) 하는 것이 목양의 성격이다.

그러나 그는 "모든 것을 또한 살핀다." 어떤 특정한 교훈이나 특정한 의무를 부과하기에 특별히 좋은 시기들이 있다. 섭리의 일이 일어날 때와 같이 죄를 깨닫게 하거나 위로하기에 특별히 좋은 기회, 그런 일이 있을 때에 그것을 잘 활용하여 목사가 '전도인의 일을 해야 하는'(딤후 4:5) 때가 있다. 따라서 회중을 지속적으로 살피지 않는다면 이런 기회를 활용하지 못한 채 놓치게 될 것이다.

여기서 목양 활동의 모든 것을 완전히 다루지는 못하지만 전체적인 원칙을 약간 상세히 그려보고자 한다. 이 같은 계획이 유용하기 위해서는 그 의도된 영역에 적절해야 할 것이다. 현실적일 뿐만 아니라 상대적으로 좋은 것이어야 한다. 목양의 적용 영역은 그들이 모여 있는 경우와 흩어져 있는 경우, 회중이 교육을 받은 경우와 그렇지 않은 경우, 혹은 이 둘이 섞여 있는 경우에 따른 사람들의 특성, 상황, 습관에 의해 형성된다. 회중의 무지나 지식 상태에 따라서 땅이 전에 개간되었는지 방치되었는지, 국교반대자들에 의해서 점령되었는지 그냥 황무지 상태로 남아 있는지, 사람들의 상태가 복음을 위하여 준비되었는지 아니면 복음을 반대하고 있는지 등을 고려해야 한다. 이것들과 그 외의 생각해야 할 많은 것들이 비록 우리 목회의 체제를 바꾸지는 않을지라도 우리의 몇몇 활동을 더욱 밀접하고 분명한 방식으로 대상에 적용시키도록 할 것이다.

이 일이 중요하다는 것은 사태의 성격상 분명하다. 농부는 뿌려야 할 씨앗이 있을 때에 편히 쉬지 않는다. 농부는 항상 걱정스러운 눈으로 씨앗의 성장을 쳐다보며 열매를 거둘 때까지 온갖 위험으로부터 그것을 보존하기 위해 지속적으로 땀을 흘린다. 우리의 회중은 하나님의 밭이 아닌가. 우리는 영생하도록 있는 씨앗을 뿌리고 추수 때에 그 열매를 모으는 농부가 아닌가. 우리의 밭은 상해를 입을 염려로부터 더욱 안전하거나, 지속적이고 마음을 기울이는 돌봄을 필요로 하지 않는가.[2] 우리의 일은 다른 어떤 관점에서 보더라도 동일한 어떤 사실이 드러난다. 의사인 우리가 개인의 질병에 대한 지식이 없이 어떻게 적절한 약을 준비하겠는가. 집사인 우리가 섬길 대상에 대해 잘 알지 못한다면 어떻게 그들에게 적절하게 공급하겠는가. 유모인 우리가 회중의 강점이나 약점에 따라 적절하게 대처하지 못한다면 우리의 돌봄과 부드러움은 얼마나 비효율적이겠는가.

우리는 이 사역에 조직적으로 매달려야 할 필요가 있기에 시선을 여기에 고정시키지 않을 수 없다. 이 일은 자기 마음대로 하거나 임시방편으로 할 수 있는 일이 아니다. 혹은 세상적인 일로 방해를 받아도 안 되는 일이다. 다른 목회적 필요에 요구되는 시간과의 관계를 고려해서 그 날의 몇 시간을 정해 놓고 설교를 준비하는 것과 같은 집중력으로

---

[2] Zepperi Ars Concion. Lib. iv. Bowles, Lib. i. c. 20.

그 일에 매달려야 한다. 우리의 교훈은 견고하고, 예리하며, 생생해야 한다. 우리 회중의 마음을 확신으로 이끌며 잘못된 원칙의 악한 영향력을 지적하며 복음의 근본원리의 거룩하고 적극적인 작용을 마음속에 불어넣어 주어야 한다. 젊은이에 대한 애정 넘치는 관심은 우리 일의 현재의 격려와 미래 전망과 연결되며 부모의 마음을 향한 많은 성공적인 통로를 열어줄 것이다. 정확한 통로를 통해 때로 회중에 대한 정보를 들을 필요가 있다.[3] 물론 이럴 때에 질투와 의혹의 악을 피하며 우리 손에 들어온 정보를 최선으로 적용하기 위한 심사숙고가 필요하다.

이 체계는 가장 높은 권위로부터 가장 강력하게 심어졌다. '양을 찾고 찾는 일'은 위대한 목자장의 일이며, 그 자신과 삯꾼 목자 사이의 차이로 여겨졌다. 삯꾼에 대해서는 이 목양을 게을리 한 것이 정죄의 주된 내용이 되었다(겔 34:6~10). 물론 목자장 자신의 사역이 찾고 찾는 것이었다. 주님의 제자들의 사역은 '자기 양의 이름을 불러내어 인도하는' (요 10:3) 선한 목자의 사역이었다. 이는 세상에 대해서는 모든 기회를 선용하기 위해 깨어 있으면서 공적·사적으로는 일반적인 교훈을 제공하는 것이다(눅 14장). 그의 사도들의 사역은 동일한 형태를 따라서 형성되었다(행 5:42).

바울이 한 교회의 목사로 시무하던 3년 동안 그는 목양과 공적으로 가르치는 일을 결합시켰다.[4] "그는 밤낮 쉬지 않고 눈물로 각 사람을 훈

---

3) 고전 1:11; 빌 2:19; 살전 3:1-5. Bowles, lib. i. c. 20.
4) 공적으로 그리고 집집마다 다니면서. 행 20:20. "마치 그의 공적인 가르침이 사적인 권면과 대화가 없이는 공중으로 사라지거나 하는 것처럼.—Bowles, lib. ii. c. 6. 행 5:42에 대한 칼빈, 그로티우스, 함몬드, 베자의 설명 그리고 Secker's Charges, p. 246을 보라. 또한 골로새와 데살로니가에서 행한 사도의 사역을 보라. 살전 2:11, 12; 골 1:28, 29. "만약 거짓 교사들이 진리로부터 하나님의 백성을 유혹하여 데려가기 위해서 '가만히 들어' 간다면 정

계했다." 또한 견디기 어려운 목회적 책임 가운데에서도 이 문제에 대한 그의 양심의 증거가 그의 즐거움이 되었던 것으로 보인다(행 20:31, 26, 27). 실제로 그가 세운 교회들의 수많은 사람들의 영적 상태에 대해서 그가 가진 상세한 지식은 여러 사람에게 보내는 문안 인사에서 분명하게 드러난다. 이것은 권면, 꾸짖음 또는 격려 속에서 주어지는 교훈의 적절성 속에서도 드러난다. 사도는 이 교훈을 받는 사람들이 그들 경험의 독특성 속에서 자신의 교훈에 즉시 반응할 것을 알고 있었다. 그가 사람들에 대해 언제든지 '음성을 바꿀'(갈 4:20) 수 있었다는 것은 그들의 상태에 대한 정확하고 부지런한 조사의 결과일 수밖에 없다.

초대 교회의 문서들은 목양이 초대 교회 사역의 중요한 부분이었음을 충분히 증명한다. 이그나티우스(Ignatius)는 자기 회중의 거의 모든 개인들을 알고 있었다고 전한다.[5] 키프리안(Cyprian)은 이 주제에 대한 자신의 판단과 실행에 대해 빈번하게 말한다.[6] 그레고리(Gregory)는 목회의 이 부분에 대해 심각한 논문을 썼다. 우리의 임직예배에서 사용되는 질문과 권면은 이 모델을 근거로 형성되었음이 명백하다.[7] 테일러, 홀트, 버

통 목사들도 최소한 그만한 부지런함을 가져야 할 것이 아닌가?" Bowles, 위를 보라.

[5] 그는 교구 활동에 대한 유용한 단서를 준다. 이는 바로 우리 목회에서 종들을 잊지 말라는 것이다. Epist. Ad Polycarp. 여러 부류의 사람들이 있지만, 종들이 개인적 가르침에서 가장 많이 제외될 수 있다. 그러나 어떤 때는 고용주의 동의를 받아 주일에 교회에 모여 성경 해석과 요리문답을 들을 수 있다. 이 때 대중적으로 적용될 수 있는 몇 가지 다음과 같은 자료가 있다. 'Ruth Clark' − 'Eliezer, the Faithful Servant' −(Hatchard and Son.) 'My Station and its Duties' − 'The Eye-servant and the Servant of Christ contrasted.' −(Seeleys).

[6] "지도자의 의무 중에서 깊은 정성과 효력 있는 치료약으로 양들을 돌보고 보호하기 위해 애쓰는 것보다 더 중요하거나 혹은 더 훌륭한 것이 무엇이 있겠는가? 왜냐하면 주님께서 이렇게 말씀하시기 때문이다(겔 34:4). 그러므로 목자들 때문에 주님의 양들이 소홀히 여겨지고 멸망하게 된다면 주님이 경고하시는 바와 같이 사랑하는 형제여, 우리는 그리스도의 양들을 모으고 다시 불러들이는 데 최선을 다하여 수고하는 것 말고 무엇을 해야만 하겠는가?" Cyp. Epist. lxviii.

넷, 리튼, 세커, 그리고 윌슨의 교회적 지침들은[8] (더욱 최근의 다른 이름들은 언급하지 않더라도) 이 일을 우리의 양심에 엄숙하게 부과한다. 우리의 임직 서약의 의무 곧 "성령이 그들 가운데 우리를 감독자를 삼은 모든 양 떼에 관심을 기울이겠다"(행 20:28)는 서약은 분명히 (백스터가 주목하듯이) 우리에게 맡겨진 각 사람을 우리 목회에서 주의하고 돌본다는 것을 의미한다. 이 목표를 위해서는(양 떼는 많고 목사의 수효가 적어서 절대적으로 그 일이 불가능한 곳을 제외하고) 우리에게 맡겨진 각 사람을 아는 것이 필요하다는 것이 전제되어 있다. 다음은 버넷 주교의 말이다.

"나는 교구 심방이 우리의 노역을 증가시킨다는 것을 고백한다. 그러나 우리의 임직 서약에 대한 정당한 감각을 가지고 있고 영혼의 가치와 그들의 기능의 존엄함에 대한 감각이 있다면 이 일은 그렇게 어려운 일로 보이지 않을 것이다. 자기들의 부르심에 대한 정신을 가지고 있고 그 일을 수행하기에 합당한 열정을 가지고 있다면 이 수고는 고생이라기보다 즐거움이 될 것이다.'[9]

---

7) 성직자의 임직에 대한 콤버(Comber)의 글, Secker's Charges, pp. 192, 193을 보라. 버넷이 공적인 교훈뿐 아니라 개인적 교훈을 병든 자는 물론 건강한 자에게도 제공하는 것에 대해 언급한다. "이것은 언어가 어떤 일을 할 수 있듯이, 개인적이고 지속적인 일이다. 그리고 목사가 그들의 양 떼에게 수행해야 하는 반드시 필요한 의무이면서도 너무나 자주 간과되는 일이다. 곧 직접 방문하고 가르치고 권고하는 것인데, 이것은 우리 의무의 가장 유용하고 중요한 부분이다." -Past. Care, ch. vi. 또한 Stowell's Life of Bishop Wilson, p. 133을 보라.

8) Clergyman's Instructor, pp. 109, 110, 365. Burnet's Past. Care, ch. viii. Secker's Charges, p. 25, 229, 245. Leighton's Works, ii. 445, 447. 리튼은 때로 런던의 성직자들을 동정했는데, (그의 공감이 런던의 지역을 넘어 오늘날 우리 시대에까지 적용되는 것을 보라) 그들의 치료의 범위가 양 떼에 대한 개인적 관심에까지 미치지 못함으로써 힘을 잃었다는 것이다. 그가 마지막으로 은퇴하면서 한 말이다. "내가 다시 교구 목사가 된다면 나는 죄인들을 그들의 집까지 심지어 그들이 가는 맥주 집까지 따라갈 것이다." Life, lv, lvi. 오스터발드(Ostervald)는 목사가 부지런히 교구 목회를 하지 않고도 자기 양심에 평안을 얻는 것에 대해서 놀라움을 표시했다. Lectures on the sacred office, pp. 242-245.

칼빈은 자주 이 활동을 성경이 요구하는 의무로 확정하며 제네바에서 목사들과 장로들이 성도들의 집을 방문하면서 각 사람의 양심을 직접적이고 개별적으로 다루었을 때 얻은 풍부한 결실을 보고한다. 키더민스터(Kidderminster)는 "백스터가 오기 전까지 메마르고 황량한 땅과 같았다. 그러나 그의 수고에 하늘의 복이 임하자 모든 의의 열매와 함께 낙원의 얼굴이 나타났다."[10] 그가 처음 왔을 때 그곳에서는 예배를 드리는 가족이 거의 없었다. 그가 그곳을 떠날 때, 매일 가정 예배를 드리지 않거나, 그가 인도하는 개인적인 요리문답 교육이나 개별적인 만남을 꺼리는 가정은 거의 없게 되었다. 결국 성찬에 참여하는 사람이 600명에 달했다. 얼라인(Alleine)은 하나님께서 이런 활동을 통해 그가 거둔 성공으로 인하여 자주 하나님께 감사하면서, "하나님께서는 그의 공적 설교를 통해 하신 것처럼 이 방법을 통해서도, 비록 설교 이상은 아닐지라도, 그를 영혼에게 유익을 주는 도구로 사용하셨다"고 말했다.[11] 코튼 마터(Cotton Mather)는 '이 일을 그의 모든 목회 활동의 다른 모든 일들과 마찬가지로 수고로운 것으로 보았지만 이 목양을 위한 심방에 큰 가치를 부여하였다. 그는 온갖 종류의 사람들과 대화를 했을 뿐 아니라 거기서 유익을 얻었다. 그래서 양 떼를 위한 최선의 유익을 찾고 섬기기 위한 목적으로 그들 가운데 다닐 때에 자신이 가장 성령 안에서 행했다'고 생각했다.[12]

---

9) Pastoral Care, ch. viii.
10) 베이트 박사의 장례식 설교.
11) 그의 전기를 보라. 얼라인의 부지런한 교구 활동을 말하면서 백스터는 '나는 지혜롭고 부지런히 그 길을 따르면서 성공하지 않는 목회자를 본 적이 없다. 지혜롭고 신실하게 이 방식을 사용한 그 사람들에 의해 나는 이전에는 믿을 수 없어 보이던 일이 이루어지는 것을 알게 되었다'고 언급했다.

이 목양의 일을 우리 자신에게 사용하는 것은 가장 중요하다. 이런 교류를 신중하게 발전시킴으로써 우리는 양 떼의 가장 낮은 사람으로부터도 교훈을 받을 것이다. 교사는 지속적으로 배우는 학생이 되어야 한다. 그런데 이 일에서 의식적, 무의식적으로 정말 많은 것을 배우게 된다. 이 일은 이전 주일의 증언에 대한 확증이 되면서 동시에 다음 주일을 위한 가장 귀중한 자료들을 제공하는 보물창고이다.[13] 그런 사례들과의 친밀한 접촉 속에서 얻어 적절하게 적용한 주제들만큼 강단을 채우기에 좋은 자료는 없을 것이다. 그렇게 교구에서 만들어진 설교는 서

---

12) 그의 전기 37면과 그의 에세이들을 보라. 또한 Life of Pliny Fisk, pp. 31, 32를 보라. 임직식에서 돌아오면서 도드리지 박사가 이 주제와 관련해서 행한 일은 깊은 관심을 끈다. "나에게 많은 걱정거리와 고민들이 있다. 내가 그렇게도 쉽게 목양의 직책을 잊는 잘못을 하나님께서 용서해 주시기를! 이제 나는 이렇게 결심한다. 1. 나에게 맡겨진 영혼들의 더욱 상세한 내용에 주목하기로. 2. 우리 회중의 더욱 구체적인 환경, 그들의 자녀들 그리고 종들에 대해서 더 알기 위해서 가능하면 빨리 회중 전체를 방문하기로. 3. 중생하지 않은 것으로, 죄를 깨달은 것으로, 중생한 것으로, 성찬에 참석하기에 적합한 것으로, 또한 이미 거기에 참여하고 있는 것으로 믿을 이유가 있는 사람들의 명단을 가능하면 정확하게 작성하기로. 4. 나의 회중의 신앙 상태에 대한 어떤 구체적인 내용이든 듣는다면 즉시 그들을 방문하여 이야기하기로. 5. 특히 병든 자의 방문에 세심하기로. 나는 먼저 나와 한 지붕 밑에 있는 사람들에 대한 심사를 시작함으로써 다른 가족들에게도 그렇게 할 것을 자유롭게 권할 것이다. 오 내 영혼아! 너의 책임은 크다. 더 나은 상태로 발전하기에 좋은 때이다. 주님, 제가 당신과 영혼들에게 더욱 신실한 종으로 드러나기를 간절히 원한다는 것을 알아주시기 바랍니다. 저를 살펴서서 내가 그들을 살피게 하시옵소서. 그러면 모든 것이 잘 될 것으로 믿나이다." Orton's Life, ch. v.
13) 다음은 매튜 헨리의 훌륭한 조언이다. "회중의 영혼의 상태, 그들의 유혹, 그들의 연약함을 잘 알도록 하라. 그러면 당신은 그들에게 어떻게 설교해야 할지를 더 잘 알게 될 것이다." Life, p. 124. "회중과 함께 하지 않으면서도 강단의 의무를 유능하고 적절하고 때에 알맞게 수행하여 양 떼에게 최선의 유익을 주기를 바라는 사람은 비합리적이며 분명히 실패할 것이 뻔한 소망을 가지고 있다." Professor Miller's Letters. 우리나라를 교구들로 나누고 그것을 목사들에게 맡긴다면 이 목양 체계를 진작시키게 될 것이다. 필립 헨리(Philip Henry)는 이 점에서 전적으로 옳다. "그 이전 체제로 다시 돌아갈 문이 열리기를 원하고 기도했다." Life, pp. 47, 48. Rev H. W. Wilberforce가 쓴 'Essay on the Parochial System'에서 이 점에 대한 매우 귀중한 언급을 보라.

재에서 생각으로 수집한 설교들과는 다르다. 그 설교들은 더욱 예리하고 체험적이다. 우리는 주의를 요구하는 악, 권면이 필요한 부족, 조언을 필요로 하는 상황, 위로와 격려를 필요로 하는 고민과 좌절을 간파할 수 있다. 그렇게 되면 목회적 설교가 그 지역의 특성에 맞으며 적절히 적용되는 교훈이 될 것이다.

의학적 솜씨는 표준적인 글들에 대한 추상적인 연구보다 실습에 의해 훨씬 많이 습득된다. 그러므로 정확하고 잘 선정된 독서의 과정이 아무리 가치 있다 하더라도 (또한 본 저자는 그것의 가치를 절하할 의도가 전혀 없다)[14] 인간의 마음 특히 우리 자신의 마음에 대한 연구가 훨씬 중요하다.[15] 목양 실행을 통해서만 얻을 수 있는 이 경험이 없이는 가장 성경적인 진술도 의학적 지식을 마구 적용하는 것처럼 적용성이 없으며 그 효과도 떨어지게 된다.

---

14) 이 책의 1장 7항을 보라.
15) 이전의 한 목사는 "설교자는 세 권의 책을 공부해야 한다"고 말했다. 이는 성경, 자기 자신 그리고 사람들이다. Gillies' Hist. Coll. 버넷 주교는 말하기를, "거룩한 목회를 위하여 준비하는 사람들의 가장 중요한 실수의 하나는 자기 자신에 대해서보다 책을 더 많이 연구한다"고 했다. —History of his Own Times. "목사가 설교를 작성하고 전달할 때에 그는 다른 사람들에게 주는 것이다. 그러나 친밀한 모임을 가질 때에는 자신을 위해서 취하게 된다. 개인적인 방문을 통해서 30분 동안 인간의 마음에 대해서 실질적으로 공부하면 열 시간 동안 다른 사람들과 저자들의 글로부터 명상할 수 있는 것과 같은 자극을 받게 된다." Bishop of Calcutta's Essay to Baxter's Reformed Pastor, p. xliii. 할리버튼(Halyburton)은 임종 자리에서 이렇게 말했다. "나는 책을 매우 좋아했다. 그러나 주께서 나의 악한 마음과 그것에 대항해 필요한 것이 무엇인지를 보여 주셨을 때, 그것이 책들보다 목회 과정에 더욱 유용했다. 그곳이 내가 섰던 최선의 강단이다. 이제 내가 처한 임종의 상황에는 다음과 같은 조언을 주고자 한다. 당신은 설교 작성에만 부지런할 것이 아니라, 무엇보다도 당신 자신의 마음을 살피라는 것이다. 또한 거기서 당신이 발견한 것을 활용하여 양심으로 뚫고 들어갈 수 있게 되며, 외식자들을 깨우고 누추한 것으로부터 귀중한 것을 구분할 수 있게 되어야 하며, 이 일을 하되 정확하고 주의 깊게 하여 하나님께서 기쁘게 하신 사람의 마음을 슬프게 하는 일이 없어야 한다. 위대한 목자장이 나타나실 때에 당신이 그의 증거를 얻으라는 것이 믿음과 당신 목회의 큰 핵심이다." Halyburton's Memoirs. 잠

목양은 회중에게도 매우 중요하다. 사적이고 개인적으로 적용할 수 있는 어떤 점들은 강단에서 적용하기에 적당하지 않다. 교훈이 크게 필요한 많은 사람들이 때로는 육신적 연약 때문에 공적 모임에 참여하지 못한다. 또 많은 사람들의 경우에는 그들의 끔찍한 무관심 때문에 말씀이 그들의 집 문 앞까지 전달되어야 한다. 비록 회중이 말씀을 잘 듣고 있다 할지라도 그 교구 목사는 강단 강화가 그들에게 얼마나 적게 이해되고 기억되고 적용되는지를 잘 알고 있어야 한다. 회중에게는 일종의 심리적 청각장애 상태가 있다. 그래서 말씀이 잘게 쪼개어 전달되고 직접적으로 적용되지 않으면 소리는 들리지만 그 의미가 지적으로 깨달아지거나 영원히 마음에 새겨지는 일이 없게 된다.

회중을 분열로부터 막고 그들 사이에 기독교적 하나 됨을 유지할 수 있는 것은 목양 사역으로부터 얻을 수 있는 많은 복 중의 하나이다. 설교를 듣고 변화된 사람도 이런 목회적 돌봄이 없이 방치되면 '어린 아이가 되어 온갖 교훈의 풍조에 밀려 요동하게'(엡 4:12~14) 된다. 만약 양 우리를 주일에만 돌아본다면 분열주의가 득세하고 '흉악한 이리가 그들에게 들어가 그들을 아끼지' 아니하며 '그들 중에서 제자들을 끌어 자기를 좇게 하려고 어그러진 말을 하는 사람들이 일어나는'[16] 것이 놀라운 일이 아니게 된다.

복음적 설교는 자연스럽게 현대적인 윤리 혹은 차가운 정통과 구별되는 회중의 질문과 관심을 일으킨다. 이 같은 것이 중요하기는 하지만

27:19는 자기 검열의 습관이 회중을 알고 소통하기에 가장 귀중한 수단임을 입증한다.
16) 행 20:8~30에서 언급되는 이 위험이 목양의 동인으로 분명히 지적된다. Bowles, Lib. i. xiv. xvi. Burn. Past Card, ch. iii을 참고하라. "그들이 보초를 서는 동안에는, 결코 우리에 밤의 도적도, 늑대들의 침입도 없으며, 또한 등 위에서 싸우기 좋아하는 스페인 사람들이 있을까봐 두려워하지도 않을 것이다" -Virg. Georg. iii. 406.

그것이 조심스럽게 지도되고 규제되지 않는다면 우리의 양 떼를 이전보다도 더욱 '사람의 속임수와 간사한 유혹에 빠질' (엡 4:14) 위험에 노출시키는 결과를 가져온다. 후커(Hooker)가 '현저한 무지의 약점과 결함, 자기가 책임진 사람들을 치료하는 일에 마음이 없는 비양심적 현상' 이라고[17] 부른 상태에 떨어지게 된다면 참으로 큰 책임이 뒤따를 것이다. 목양의 자리를 비우는 것은 이제 여러 교회를 돌보는 데 대한 최근의 법적 제한에 의해 방지될 것이다. 그렇게 되면 우리 회중은 모범에서 받는 좋은 영향, 시기에 적절한 조언, 격려, 그리고 꾸짖음의 기회를 더 많이 가지게 된다. 하지만 단순히 자기 자리를 지키는 것만으로는, 심지어 그리스도의 종의 성실한 설교라 할지라도 아버지와 같이 돌보는 눈길이 없다면 상대적으로 큰 도움을 주지 못하게 될 것이다. 잘못된 교리 혹은 관행이 목사가 그 존재를 깨닫기도 전에 뿌리를 내릴 것이다.

우리는 바울이 (범 기독교적인 사명을 받았으므로) 갈라디아 교회에 고정된 목사로서 머물지 않았다고 비난할 수 없다. 비록 그러할지라도 유대주의 교사들의 승승장구는 그가 함께 거하지 못한 결과 발생한 악이며 이로 인해 사도는 "그들과 함께 있기를 진정으로 원한다"는 사실을 말한다.

---

17) Book v. 81. 퀘스넬은 목사의 성격에 대한 묘사에서 다음과 같이 지적한다. "함께 하기를 좋아하고, 떠나야 한다면 어쩔 수 없이 떠나되 마음으로는 떠나지 않으며, 양 떼에게 가능한 한 즉시 돌아오며, 양 떼와 함께 하지 않는 것을 사탄이 가장 감사할 일이요 자기 영혼의 멸망을 추구하는 것과 같은 일로 보아야 한다."(살전 2:17, 18) 고전 9:13에서 프로세드류온테스(προσεδρυοντες)는 지속적으로 거하며 자기에게 맡겨진 자리에 앉아 있는 것을 의미한다. 이 같은 목양의 마음이 있으면 자신과 교구에서 일어나는 변화를 가볍게 여기지 않을 것이다. 다만 건강상의 변화, 현재 복음의 문이 닫히는 것, 원치 않는 섭리의 개입, 혹은 더욱 적절한 상태이거나 더욱 유용하게 사용될 것이 분명히 기대될 때는 새롭게 떠나는 것이 보장되거나 또는 그런 발걸음을 명한다고 보아야 할 것이다. 목사는 회중 의지의 경향을 살피며, 세상적이거나 자기를 기쁘게 하고자 하는 동기, 불안한 심정, 혹은 고통스러운 십자가를 피하려는 데 대항해야 한다.

이는 그가 함께 있어서 살피는 것이 편지보다 더 유용하리라고 느꼈기 때문이다.[18] 이와 같이 목자는 지속적으로 회중을 위하여 헌신적으로 일하며, '그와 그들 사이의 상호 믿음에 의해'(롬 1:12) 연합과 신뢰의 결속이 다져짐으로써 하나님의 복 주심에 의해 악이 방지되거나 치유된다. 회중은 그를 애정이 넘치는 목사로 보고, 목사는 그들을 자기에게 맡겨진 사랑하는 자들로 생각하고 그들을 위해 사는 것이다.

목양의 또 다른 유익은 회중의 신뢰와 사랑을 얻는 것이다. 목사의 설교만을 듣는 것은 그것이 아무리 정기적이라고 하더라도 빈약한 영혼에게 아주 미미한 빛을 비출 뿐이다. 강단 사역이 사람들의 주목과 존경을 이끌 수는 있지만 설교자가 강단에서 오막살이로 내려와 목양자로서 기독교적인 명료함으로 '모든 사람에 대하여 모든 사람이 되지' 않으면 서로의 애착을 강화시키는 '사랑의 끈'은 없을 것이다. 사람은 알지 못하고 겪어 보지 못한 사람을 사랑할 수 없으며, 사랑이 없는 신뢰란 모순되는 말이다. 무지한 자들은 이성에 의해서보다 충동에 의해서 자기들과 같은 수준의 선생들과 연합할 것이며, 그들과 함께 매일 상호 관계 속에서 아버지로, 형제로, 친구로 살아갈 것이다.

그러므로 우리는 지속적으로 그들에게 가까이 갈 길을 모색해야 하며 그들에게 더 큰 관심을 가져야 한다. 그들의 영혼을 얻기 위해 그들의 마음을 얻어야 한다. 친절한 도움을 베풀면서 그들 사이에서 살아야 한다. 이 친절을 베푸는 노력은 깁슨 주교가 훌륭하게 간파했듯이 "온갖 종류의 영적인 교훈을 주기 위하여 사랑을 품은 목사가 그들의 마음속으로 들어가는 수단이다."[19] 이렇게 선교사와 목양자의 직책을 결합

---

18) 갈 4:19, 20. 목자가 양 떼를 40일 동안 떠나 있자 이리가 양 무리 가운데로 들어오는 문이 열렸다(출 32:1).

함으로써 엘리엇은 그의 전기 작가가 말하듯이 "실제로 그는 그 사람들의 아버지였다. 그들과 정기적인 대화를 나눔으로써 그는 그들에게 크게 사랑스러워졌고 거룩한 일들에 대한 그들의 지식의 정도, 그들의 시련과 어려움들, 그들의 기쁨과 슬픔을 잘 알게 되었다. 이런 방식으로 그는 그들의 지도자, 상담자, 위로자가 되었다."[20]

자기 목사를 사적으로 자주 보는 회중은 아버지의 교훈을 듣는 가족처럼 된다. 큰 대제사장의 본을 따라서 우리가 '그들의 연약에 공감하고' 그들의 다양한 시련의 세부 사항에 부드럽게 접근하여 상호 공감이 일어나면 우리에 대한 그들의 신뢰는 강해지고 그들은 더욱 사적인 상담과 위로를 구할 마음이 생기게 된다. 그러면 그들은 자기들의 사례들, 의심들, 당황스러운 일들을 우리에게 가지고 올 것이며, 우리는 그들의 그런 사정을 우리 자신의 것으로 삼게 될 것이다. 그렇게 목회적 상담을 형제적 공감의 사랑으로 형성하며 "누가 약하면 내가 약하지 않더

---

19) Clerg. Insturctor, p. 325.
20) 그의 전기를 보라. 저명한 디담의 존 로저스(John Rogers of Dedham)는 말했다. "나는 이웃을 방문하는 일에 대해 너무 소극적이었다. 그것은 매우 유해한 일이었다. 나에 대한 그들의 사랑이 충분하지 못했으며, 나는 그들의 특수한 상태에 대해 잘 알지 못했고, 따라서 그들에게 적절하게 말할 수 없었다." 세커 대주교가 말했다. "우리가 회중의 마음을 그렇게도 사로잡지 못하는 것은 그들의 영혼을 살피는 자인 우리가 그들과 너무나 대화를 나누지 않기 때문이다." 외국 개신교 목사들, 로마 가톨릭의 사제들, 그리고 국교 반대자들이 이 방법으로 사람들의 마음을 얻는 것을 암시하면서 그는 덧붙인다. "왜 우리가 그들로부터 배우면 안되는가?" Charges, pp. 246, 247. 다음은 홀(Hall)의 말이다. "목사가 그의 회중과 더 자주 이야기할수록 그는 사람들에게서 더 사랑을 받으며 그의 사역은 더 받아들여질 것이다." Sermons, p. 29. 이 목적을 위하여 윌슨 주교 (Stowell's Life, p. 114, 143), 도드리지 박사 (Life, ch. v.), 제임스 스톤하우스(James Stonehouse), (젊은 목사들에게 보낸 그의 편지를 보라), 오스터발드(Ostervald), 스턴(Stearne) 박사 (Clerg. Instruct. p. 384), 그리고 와츠(Watts) 박사는 (Humble Address, p. 91) 실천 가능한 방법으로 목사가 노트를 준비하여 성도 각가의 성격과 상황을 기록할 것을 추천한다.

냐"(고후 11:29)라고 말할 수 있게 되는 것이다. 이런 방법이 아니라면 어떻게 우리가 회중의 신앙적 상태, 그것의 전진과 퇴보, 후퇴, 혹은 발전의 방법, 혹은 우리 회중이 당하는 힘든 유혹들을 확실히 알아서 그들에게 '좌우편에 의의 갑옷'을 공급하겠는가?

목양 대화는 우리 회중과 유화적이고 밀접하고 친밀한 영적 접촉으로서 우리 직책의 위엄과 함께 낮아짐과 겸손을 겸비해야 한다. '만군의 여호와의 사자'이면서도 '예수를 위하여 그들의 종'이 되어야 하는 것이다 (말 2:7; 고후 4:5). 그러므로 우리는 신뢰를 요구하면서도 동시에 과도한 친밀감을 억눌러야 한다. 우리의 위엄을 포기하지 않으면서도 거기에 친구의 옷을 입혀야 한다. (남의 사정을 알아보려는 호기심이 아니라 따뜻한 관심으로) 그들 가족의 어려움, 세상살이의 필요, 생활 습관, (만약 가난한 자들이라면) 그들의 주인과 이웃들과의 관계 등을 다루어야 한다. 이 때에 각 가장들에게 그들의 지출 관리, 자녀 교육 및 통제, 가족 예배, 가르침 등 그들의 작은 세계를 형성하는 다른 모든 것에 대해서 사려 깊은 조언을 제공할 수 있다. 강단에서 각각의 사정에 따라 적합하게 제공할 수 없는 기독교적 교훈들을 이 때 접목시킬 수 있다.[21]

영적인 거룩한 분위기를 형성하기 위한 사교적 방문도 목양 활동의 중요한 부분이다. 와츠(Watts) 박사가 '담화 설교'라고[22] 적절하게 명명한 일곱 사교적 대화 속에 때를 따라 사람들이 받아들일 수 있는 방식

---

21) 조지 허버트(George Herbert)는 가정의 영적 상태에 대한 목회적 조사에 대해 다음과 같이 말한다. "만약 교구 목사가 이런 일들을 구체적으로 다루기를 수치스러워한다면 그는 교구 목사에 적합하지 않다." 회중들, 특히 가난한 사람들에게 가정 예배를 도입하도록 하는 것이 좋을 것이다. 주중에 매일의 예배를 위한 짧은 설교와 짧은 기도, Cottager's Companion을 하나로 제본하면 적은 비용으로 가정 예배를 위한 충분한 지침서가 될 것이다. 그리고 이 예배에서 성경 낭독은 필수적인 부분으로 반복되어야 한다.
22) Humble Attempt, pp. 90, 91.

으로 종교적 주제들을 도입하는 능력은 가장 귀중한 은사들 중의 하나이다. 이것은 자연적 은사의 일부일 수 있으나 그 은사의 가장 미약한 활용도 무한한 진보를 가져올 수 있다. 이 일에서 뛰어난 위치에 도달한 사람들은 자연적 은사를 가장 풍부히 받은 사람이 아니라 가장 근면한 노력으로 '자기 안에 있는 하나님의 은사를 일으킨' 사람들이다. 물론 우리는 엄숙을 가장한 설교조의 권위적 음조를 권하는 것이 아니다. 도리어 신앙의 큰 주제가 기독교적인 기쁨과 결합되게 해야 한다. 단 대화가 다른 데 흐르지 않고 주제를 벗어나지 않도록 주의해야 한다.

또한 성령의 기름 부음이 건덕에 필수적인 것처럼 성령의 기름 부음을 위해서는 심각함이 또한 필수적임을 기억해야 한다. 그리고 주제를 항상 어떤 공식적인 방식으로 꺼내거나 갑작스럽게 꺼내지 말아야 한다. 직접적인 방법이 떠오르지 않거든 지혜롭게 준비된 상태와 불타는 마음을 가지고 있으면 대화의 어떤 순간이나 주제에서 좋은 기회를 잡을 것이다. 목양적 의무를 깊이 느끼고 있다면 일반적으로 기회가 발견되며 상대를 살피는 사랑의 마음이 그런 기회를 만들 것이다. 때로는 설교자라는 위치에서 벗어나야 한다면 하나님의 사람으로서 영원한 중요성을 가지는 문제들에 대해 친밀하고 따뜻하면서도 힘 있게 대화를 이끌어가게 될 것이다.

이 재능의 발휘를 통해 효과를 거두기 위해서는 주제를 적절하게 적응시키는 것이 필요하다. 일반적인 관심을 끄는 문제들은 항상 교훈거리를 제공할 것이다. 신자와 불신자가 함께 있는 모임에서 두 사람 혹은 그 이상의 참된 신자들이 어떤 주제에 대한 그들의 생각을 교환함으로써 나머지 사람들과 유익한 대화를 나눌 수 있는 수단을 제공할 수 있다. 신분이 높은 사회의 사람들과의 대화는 때로 상당한 어려움을 수반하기도 한다. 하지만 그런 곳에서라도 '지혜의 온유함으로' 진리를 도입하여 소개하면 많은 것을 이룰 수 있을 것이다. 목사가 부자와 말하면서도 가장 존엄함을 유지하고 가장 효과적으로 말할 수 있는 것은 "사람보다는 하나님께 순종하겠다"는 단호한 결심이 거룩한 성품 속에서 부드럽게 드러나며 자신의 사명의 영광과 권위를 깊이 명심할 때이다. 우리는 방금 말한 이 엄격한 설명을 잊지 말아야 한다. 부자의 영혼을 위한 무거운 짐을 지기 위해 그것이 요구되기 때문이다. 이 설명을 명심하면서 부자들에게 가장 항구적인 보화를 전달하기 위한 길을 부지런히 모색해야 한다.

목양적 대화를 통한 교제를 향상시키기 위한 실천적 내용을 가장 잘 다룬 저자들이나 기독교 전기 작가들로부터 자료를 모으는 것은 반드시 필요하다. 주제들을 다루었던 가장 적당한 방법과 대화의 다양성을 위한 연구 습관을 상기하고, 무엇보다 전능하신 도움을 의지하면서 사람들이 쉽게 접할 수 있는 회람거리를 만드는 것은 매우 중요할 것이다. 깊은 고려와 부지런함과 믿음의 정신을 가지고 봉사하면 가장 미약한 노력이라도 풍성한 영예를 얻게 될 것이다. 동시에 우리의 생각으로 할 때에는 가장 잘 준비된 대화라도 원하는 목적에 이르지 못할 수 있다.

또한 가난한 사람을 돕기 위해서 상류층 혹은 중산층 부녀들이 목사관에서 한 달에 한 번 정도 모이는 모임을 가질 것을 제안한다. 이 모임은 서로 함께 모이기 어려운 젊은 여성들이 교구에서 함께 할 수 있는 따뜻하고 좋은 기회인 것으로 알려졌다. 한편 무익한 대화를 쉽게 차단해 줄 수 있는 적절한 책을 사용하는 것도 더욱 직접적으로 적용되고 흥미 있는 주제들을 다룰 수 있는 기회가 된다.

우리가 맡고 있는 모든 사람들을 포괄하는 성경 공부도 상당히 효과적이다. 오하이오의 주교는 "이전에 뉴욕에서 목회를 할 때(1830), 미국에서 활동하는 목사는 젊은이들뿐만 아니라 혼인한 사람들과 모든 계층의 사람들이 목사의 지도 아래 기쁘게 교훈을 받지 않는 사람들이 없었다"고 말했다. 거룩한 책 성경을 연구하여 부요하게 되는 것보다도 오류를 방지하고 신자의 인내와 끈기를 확보하는 더 확실한 방법은 있을 수 없다. 또한 이 성경 연구에서 회중의 마음을 지도하고 격려하는 것은 가장 흥미롭고 중요한 목회 사명의 실천이다.

또 다른 주제로서 영혼에 대한 사랑에 육적 배려를 결합시키는 주님의 모범을 살펴 보도록 하자(마 9:1~6). 우리는 목양의 일에서 "선물은 그 사람의 길을 너그럽게 한다"(잠 18:16)는 사실을 자주 상기한다. 기독교적인 공감이 우리의 교훈에 무게를 더한다는 데에는 의심의 여지가 없다. 그러므로 우리의 수단은 가장 중요한 목적을 위한 우리의 노력과 결합한다. 그러나 우리는 이 과업이 잘못된 신앙고백을 장려하는 일이 없도록 그 일의 성격을 확실히 해야 한다. 실제로 모든 경우에서, 일의 목적, 때, 그리고 도움의 수단에서 현명한 분별력이 동원되지 않는다면 선한 의도의 자선이 가장 큰 악이 될 수도 있다. 구제를 위한 우리의 기금은 개인을 위한 것으로 규제해야 하며 깊은 사려와 자기부인의 정신 속에서 계산하고 구제를 위해 사용해야 한다. 병자의 경우 이외에는 방종을 일으키는 결과를 가져오도록 사용해서는 안 된다.

모든 사람을 위하되 특별히 '믿음의 가정'을 생각하라는 것이 성경의 규정이다. 그 다음으로 고려해야 하는 것이 어려움의 성격과 정도이다. 일반적인 법칙은 사람들을 어려움으로부터 완전히 건져내는 것보다 부분적인 도움을 주면서 그들 자신의 힘으로 벗어나려는 자극을 주는 것이 더 경제적일 뿐 아니라 더 효과적이다.[23] 현실적 자선에 영적 도움을 결합시킬 수 있는 기회를 놓치지 말아야 한다. 개인적 대화를 실천할 수 없고 시기도 적절하지 않을 때는 오히려 소책자가 유용한 교훈을 전달할 수 있다.

회중과의 모든 접촉에서 우리는 우리 자신을 목사로 인식해야 하고 그들도 우리를 목사로 느끼고 받아야 한다. 그러므로 우리는 교구를 심방할 때에 하나님으로부터의 직접적인 메시지를 받아가지고 가지 않을 수 없다. 심지어 일반적인 일에 대한 언급도 영적 목적과 연결되어야 하며(엡 6:22), 동시에 더욱 직접적인 적용을 위한 여지가 발견되어야 한다. 그래서 코튼 마터는 그의 회중에게 두려운 질문들을 남기곤 했다.

"내가 세상에 온 이래 하나님께서 나에게 하라고 보내신 일에 대해 무엇을 해왔는가? 만약 하나님께서 지금 당장 나를 이 세상 밖으로 불러내시면 그 영원한 시간 동안 나는 어떻게 될 것인가? 내가 지금까지 멸망해 가는 영혼을 의와 구원을 위해 주 예수께 데려간 적이 있는가?"[24]

나아가 "당신은 그리스도를 전적으로 의지하는가? 당신은 그를 사랑하는가? 당신은 그리스도를 즐거워하는가? 당신은 그리스도께 당신의 온 마음을 주었는가?"와 같은 질문으로 그 자신에게, 그의 양심에게, 그

---

23) 비교적 부유했던 목사 토머스 거쥐(Thomas Gouge)는 자기 교구의 가난한 사람들을 고용하여 물질을 공급해 주고 거기서 생기는 이익 전액을 그들에게 돌려주었다. 이렇게 해서 그는 자신의 기부금으로 사람들에게 매우 효과적으로 근면한 노력을 장려했다. Clark's Lives, vol. iii. p. 203. 의류, 임대, 혹은 신발업 협회가 가난한 자들을 위한 매일의 기부에 일정 비율을 더하여 예상되는 필요를 채울 수 있게 함으로써 그들의 어려움을 경감하는 데 물질적으로 기여했다. 이것을 위해서 하나님의 섭리와 배분을 주목하고, 자기부인과 부족하지만 잘 사용된 그들의 자원을 통하여 풍부한 결과가 나온다는 것을 보여 주었다. 이런 점들은 조지 허버트가 '교구 목사의 구비됨'이라고 부른 것에 속하며, 우리 회중의 안녕 그리고 우리 목회의 능력과 동일하게 연결되어 있다. Country Parson, Ch. xxiii. Bishop of Winchester's Charge, 1829, p. 49.

24) 그의 전기와 에세이들을 보라.

의 하나님께 대답하도록 하라. 만약 그들이 이런 질문들을 가지고 씨름할 수 없다 하더라도, 영혼의 가치, 죄의 악함, 구주의 사랑, 말씀 공부, 성령의 영향력, 은밀한 기도나 가족 기도 혹은 공적 기도, 개인과 온 가족의 믿음의 중요성, 그것이 매일의 일에 밀접하게 연결되는 것, 복음의 위로 그리고 영원을 준비하는 일 등 이 모든 것들이 그들과의 대화의 주제가 되며 공통의 관심사와 다함없는 대화거리가 될 것이다.

하지만 우리의 권면이 아무리 활기차고 인상적이라 할지라도 우리는 복음에 대한 분명한 생각을 넣어주어야 한다는 주된 목적을 잊지 말아야 한다. 그러므로 우리의 친밀한 대화도 우리의 공적 목회와 마찬가지로 진리는 거룩한 영향력의 도구라는 원칙 하에 수행되어야 한다. 심방과 심방 사이에 성경 본문을 묵상하도록 함으로써 그 연결을 유지하는 것이 유용할 것이다. 비록 그것을 설명하지는 못할지라도 반복함으로써 암기하게 할 수 있을 것이다. 그러므로 실천적 적용을 위한 하나님의 말씀을 남겨둠으로써 다음 심방 때에 지난 번 대화에서 두드러졌던 내용들을 상기할 수 있으며 동일한 노선에서 전진할 수도 있고 상황의 필요에 따라 새로운 길을 취할 수도 있다.

이런 형태의 목회적 접촉은 상당한 다양성을 허용한다. 때로는 목회적 교훈이 세상적인 일들에 대한 공감과 결합될 수도 있지만 때로는 순전히 영적인 일로만 접촉할 수 있다. 그들은 하나님 앞에서 우리와만 있게 되어야 한다. 처음 받은 인상의 미묘함과 어렴풋함이 이런 친밀한 접촉을 필요하게 할 수 있다. 각성된 탐구자는 자주 그의 마음을 빼앗는 주제로 마음이 가득하여 인도자, 비밀이 유지되는 상담자, 따뜻하고 경험 있는 친구를 원하게 된다. 따라서 그를 따로 불러내어 그 자신이 전적인 관심의 대상임을 느낄 수 있게 해주어야 한다. 주저하는 사람들에게도 이런 따뜻한 믿음이 필요하다. 그것은 이 세상의 유혹을 쫓는 매력이 되고, 세상의 밧줄을 끊는 힘이 되어 그들의 확신이 굳어지고 다시 일어나고 깊어지고 주님을 향하여 더욱 직접적으로 방향을 잡도록 해준다. 심각한 사람, 당황한 사람, 겸손한 사람들도 동일한 방법을 통해 '그들의 비탄을 드러내고, 영적인 지혜와 조언을 받게 된다.'[25] 비밀이 보장되는 이 대화 속에서 애정 어린 문답식 질문은 그들 각자의 곤혹스러운 문제를 드러낼 것이며 그렇게 함으로써 우리의 교훈을 더욱 적절하게 적용시키기 위한 가장 귀중한 자료를 얻을 수 있을 것이다.

그러나 목사는 양 떼와의 교제를 조심스럽게 조율해야 한다. 그는 자신을 모든 사람의 친구와 아버지와 목사로 '지혜로운 자와 무지한 자에게 빚진 자로', '사람을 차별하지 말며 아무 일도 편견이 없이' 함을 보여야 한다(롬 1:14; 딤전 5:21). 회중을 대할 때 육체에게 영혼같이, 몸에게도 머리같이 되어 몸의 각 부분, 곧 가장 높은 자에게뿐 아니라 가장 낮은

---

[25] 성찬식의 권면을 보라. "우리는 강력한 추진력을 가진 '고해'를 가장 해가 없고 가장 유익하게 모든 개신교 목회에 이식시키기를 원할 수도 있을 것이다. 우리는 목사가 회중이 닿을 수 없을 정도로 높은 곳에 서기를 원치 않는다. 또한 우리는 교황제의 미신으로부터 우리 회중을 지켜야 한다. 그러나 한편에는 성경적 권위의 원칙과 함께 다른 한편에는 존경의 원칙(히 13:17)이 함께, 목회의 이 방식이 가장 높은 중요성을 가지는 것으로 볼 수 있다. 사적이고 은밀한 대화에서만 우리 회중은 그들의 어려움을 자유롭게 이야기하고 그들의 시련을 열어 보이며, 진전된 가르침을 요청할 수 있다. 여기서 우리는 그들의 어려움에 대한 진정한 공감을 보여줄 수 있고, 양심의 문제를 해결할 수 있으며, 개인적인 가족의 의무에 대해 특정한 지침을 제공할 수 있다. 나아가 그들의 마음 상태를 알 수 있고, 그들의 지식과 경험의 정도를 알 수 있고, 연약함을 드러내는 형태 혹은 우려할 만한 위험을 알 수 있다. 또한 우리는 더욱 분명한 적용을 가능케 하는 설교를 하는 방법, 성격을 분석하는 방법, 마음을 느끼고 전달하는 방법, 바른 체계를 잡는 방법, 차이점에 대해 충고하고 화해할 수 있게 되는 방법을 배울 수 있다. 이런 대화의 방법은 확실히 유익을 가져다주는데, 그것이 목사에게 더 큰 유익인지 회중에게 더 큰 유익인지는 알 수 없다. Life of Martin Boos, pp. xlv, xlvi에 실린 본 저자의 서문.

자에게도 힘을 주어야 하며 모든 지체에게 똑같이 유익을 주어야 한다. 편애한다는 의심을 주면 편애를 받는 사람은 교만이 생기고, 나머지 사람에게는 질투가 일어나며 양 떼의 연합과 번영에 가장 파괴적인 결과를 초래하게 된다.

이 사적인 대화에서는 정상적인 부부 관계가 유지되는 가정에서의 남편과 아내 사이의 권위와 순종의 한계를 정하는 것과 같은 상대적인 권리와 의무를 부과하는 경우는 거의 없을 것이다. 그러나 이런 대화가 우리 교구의 비국교도들에게 얼마나 확대될 수 있는지는 어려운 문제이다. 의도적으로 우리의 목회를 거부하는 자들은 우리의 공적 책임을 요구할 권리가 없다. 하지만 시간과 힘이 허락하고, 그들이 기독교적 정신을 드러내는 한 우리는 개방적이고 순박한 사람을 얻을 수 있는 대화를 피하지 말아야 한다. 그것은 그들로 하여금 자기들의 잘못을 깨닫게 하고 성경적 규범과 우리 주님의 뜻에 더욱 일치하도록 만들 수 있다. 이것이 우리가 할 수 있는 데까지 밀고 나가야 하는 원칙으로 보인다. 물론 지역적 특성에 의해 우리 목회의 정확한 방식이 어떻게 형성되느냐는 영향을 받을 것이다.

목양 사역의 이 부분에는 우리의 입을 바라보고 있는 회중에게 설교하는 일을 그렇게도 즐겁게 만드는 흥분의 요소가 없다. 이 일은 인내, 자기부인, 그리고 신앙을 진지하게 발휘할 것을 크게 요구하지만, 그 치러야 하는 값은 항상 제대로 계산되지 못할 정도이다. 헨리 마틴(Henry Martyn)은 때로 그가 '교구 일을 싫어하게 하는 악한 시험을' 당했으며, 자주 '돌이 돌들에게 말하는 것같이' 보였다고 고백했다.[26]

---

26) Life, p. 60. 위더스푼(Witherspoon) 박사는 이 사역에 대한 양심의 증언에 관해 다음과 같

나는 사역을 접고 세속의 직업을 택한 어떤 지역 목사가 발견한 내용에서 충격을 받았다. 그는 목사의 삶이 세상에서 가장 행복한 것이라고 생각했지만 실제로는 복음을 설교할 때 이외에는 그런 즐거움을 결코 가져보지 못했다는 것이다. 그 판단은 정확하지만 부적절한 것이기도 하다. 왜냐하면 그 지식은 우리 사역 대한 절반의 지식을 근거로 하고 있기 때문이다. 동료 죄인에게 복음의 기쁜 소식을 선포하는 목사의 즐거움은, 파수꾼의 사명이라는 무거운 책임감에 의해 상쇄되기 때문이다. '부득불 할 일이'(고전 9:16) 우리에게 맡겨져 있는데 이는 '영혼을 위하여 경성하기를 자기가 청산할 자인 것같이' 해야 하는 것이다.[27]

밤과 같이 두꺼운 어둠, 영원한 밤에 대한 불길한 예감, 곧 임종의 자리에서 그렇게도 자주 임하는 이 예감, 그런 장면이 긴박하게 요구하는 지혜와 부드러운 신실함, 영혼을 위해서 하는 '해산의 수고'와 '그 안에서 그리스도가 형성될 때까지 또 하는 수고'(갈 4:19), 그리스도인들로 인한 실망과 참된 신자의 타락으로 인한 애통, 죄, 고집, 그리고 완고함과 매일 접촉하는 일, 마지막으로 어둠의 세력과의 싸움 등 이 모든 것은 우리의 거룩한 직무에 속해 있으며, 가장 격렬한 대립의 감정을 일으키지만 마침내 믿음의 승리에 도달케 한다. "우리는 슬퍼지는 자 같으나 항상 기뻐한다."

목양 활동에 대한 이 전반적인 조망은 그것의 수고로움과 함께 중요성을 단번에 보여준다. 우리 회중의 다양한 결핍을 잘 알고, 그들의 사

이 말한다. "우리는 설교에 의해서 우리의 허영심을 만족시킬 수 있다. 그러나 부지런히 사적인 사역을 수행하게 하는 것은 의무감뿐이다.'
[27] 히 13:17. "이 말씀으로 인해 떨지 않는 목사는 최소한 자신의 눈이 먼 것과 무감각으로 인해 떨어야 한다." - 퀘스넬.

랑을 얻으며 때에 알맞은 경고, 격려, 교훈과 위로를 제공하며 따뜻한 공감과 목회적 의무 속에서 그들의 영적 유익에 우리 자신을 맞추며 이런 일을 지속적으로 진지하면서도 상황이 요구하는 열렬한 힘으로 수행하는 것은 수고와 인내와 자기부인의 일임이 분명하다. "너는 모든 일에 신중하여 전도자의 일을 하라"(딤후 4:5)는 명령에 기꺼이 순종하지 않는다면 어떻게 '우리 사역을 충분히 증명' 하겠는가.

기독교 목사의 참된 모습은 자녀를 대하는 부모와 같다 그들은 권위와 위엄을 유지하면서도 애정어린 관계에 속한 사랑과 신뢰를 얻을 수 있는 것이다. 목회자는 그의 집이나 양 떼들 사이에서 만날 수 있어야 하며 상담자로서 격려하고 경고하고 지도하고 가르쳐야 하며 조언을 해 줄 준비가 되어 있어야 하고 친구처럼 돕고 교감하고 위로해야 하며 어미의 애정으로 연약한 자를 일으키며 아비의 '오래 참음으로', '나무라고 꾸짖고 위로해야' 한다. 그런 사람은 아일 업 맨(Isle of Man)의 윌슨 주교처럼, 반 드 라 로쉬(Ban de la Roche)의 오벌린(Oberlin)처럼, 알프스 고지대의 사도적 목사처럼[28] 모든 반대를 잠재우고 회중의 마음속에 살며 가장 장엄한 재능과 감탄을 자아내는 언어의 유창함을 가진 사람보다 회중에게 이 세상에서의 안녕과 영적인 안녕을 위해 더 많은 유익을 줄 것이다.

---

28) Gilly's Life of Felix Neff. 가장 흥미진진한 전기이다. 보스트(M. Bost)에 의해 기록된 이 헌신적인 목사의 「새 생명」을 보라. 뒤에 세일리에 의해서 출판된 확장되고 가장 흥미 있는 서신 교환이다.

🎵 목양 사역에서 다루어야 하는 사례들

세상은 믿음과 불신으로 크게 분류되지만 그 큰 분류 아래에는 다양한 사례들이 있다.[29] 이것들을 정당하게 다루는 것은 중요한 일이다. 지금부터 가장 중요한 몇 가지에 대해 살피고자 한다. 주로 신약 성경에 나타난 사역을 살펴보면서 목회에 특별히 적용되는 내용들을 다루고자 한다.

불신자들

많은 목회자들은 가장 악의가 가득하고 가장 흔한 형태의 불신을 접한다. 그들은 모든 도덕적 제어를 못 참으며 과감하게 모든 사회적 유대를 끊고 하나님의 정부의 권위를 짓밟는 사람들이다. 불신자 가운데는 우선 육욕적 불신자가 있는데 그들의 신은 그들의 배와 돈이다. 그들은 하나님이 존재하지 않기를 원하기 때문에 하나님이 없다고 설득되고 싶어 한다. 이는 하나님이 존재할까봐 겁나기 때문이다. 이들은 생각이 없는 사람들이다. 그러면서도 그들은 "어떤 사람의 참람한 말을 들어 왔다." 그러고는 자기들의 양심을 위로하며 죄를 보장하고 장려하며 죄에서 피난처를 얻기 위한 가르침을 믿으려고 노력한다. 그들은 '우리가 자기들의 해안을 떠나기를' 바라고 "내일이면 죽으리니 먹고 마시자"라고 말한다(마 8:34; 고전 15:32).

---

[29] 그레고리(Gregory)는 자그마치 서른여섯 가지 사례를 다루었으나 주로 상대적인 상황이나 도덕적 성향에 대한 영적 분별력은 거의 사용하지 않았다. De Cura Past. Part iii. c. 1. 부처(Bucer)는 더 정확하고 분명하게 내용을 다루었다. Scripta Anglicana. De Animarum Cura. pp. 293-350.

주님께서는 이 불신앙의 근원을 추적하신다. 그것은 증거가 없기 때문이 아니라 그들이 죄를 사랑하기 때문이다. 그러면서 그들의 양심을 겨냥하라고 가르치신다. 따라서 우리는 정죄를 선언하고, 죄를 확신시키며, 그 마음이 하나님의 선언과 일치함을 보여주고, 그것을 하나님의 일의 거룩한 성격과 대비시켜야 한다(요 3:19~21).

또한 모방적인 불신자가 있다. 이들은 불신자의 사회에 자주 머무는 사람들이다. 그들은 감히 신앙을 고백하지 못하는데 이는 세상의 지혜 있는 사람들이 보이는 하나님께 대한 조소 때문이다. 그들은 그런 사람들의 조소를 견디지 못한다. 그들은 그런 사람들의 과감한 확신에 압도된다. 그들은 종교를 반대하는 그럴 듯한 논증 혹은 재치 있는 말을 듣는다. 그들은 그런 것들을 자기 것으로 받아들인다. 자기들의 부류에서 조금 잘난 사람으로 인정받고자 하는 야심 때문에 그런 생각들을 도매값으로 받아들인다. 이런 일은 온갖 자만과 비천한 자기과시 속으로 잘 빠져들어가는 청년들에게 일반적이다. 우리는 그들의 어리석은 교만을 폭로하고 유순한 정신을 반복적으로 깨우치며 그들을 하나님의 증거의 분명한 권위 앞으로 데려가야 한다. 그러면 이 증거는 지혜로운 바보들의 재치 있는 말들보다 더욱 강력한 확신의 힘으로 순진한 마음에게 임할 것이다.

그 외에 음흉한 불신자들이 있다. 이들은 흄(Hume), 깁본(Gibbon), 그리고 페인(Paine) 같은 사람들이다. 여기서 우리는 죄에 대한 사랑이 이성의 자만심으로부터 힘을 모으는 것임을 발견한다. 자기들이 깨닫지 못하는 것을 믿기를 거부함으로써 그들은 인간의 하잘것없는 지능으로 인식되는 것만이 하나님께 가치 있거나 하나님에게서 온 것이라는 가정에 의해서 계시를 절하시킨다. 이는 비일관성과 무지의 명백한 증거이다. 왜냐하면 이 원칙 위에서 그들은 하나님의 말씀뿐만 아니라 하나님께서 하신 일들까지 거부해야 하기 때문이다. 그들의 원칙이 어떻게 예언과 기적들을 설명할 수 있으며 그런 연약한 그릇들이 어떻게 세상의 모든 세력과 인간의 학문에 대항하여 복음이 확립된 사실과 빛을 주고 새로운 것을 창조하는 복음의 능력을 설명할 수 있겠는가. 그들 자신이 만든 어려움에 스스로 눌리도록 하라. 그 어려움은 복음이 그들에게 제시하는 것보다 훨씬 더 큰 어려움이다. 계시에 대한 자기들의 불신앙을 정당화하기 위해서 훨씬 더 개연성이 없는 것을 믿을 수밖에 없게 되는 그들의 어리석은 믿음으로 스스로 정죄를 당하게 하라. 그들의 생각의 잔인성을 그들에게 보여주라. 사람들로부터 유일한 소망을 '노략'하고(골 2:8) 미래의 기대되는 모든 것들에서 빛을 제거하며, 현재의 고난을 위해서는 아무 것도 제공하지 못하고, 오직 의심, 근심, 절망만을 제공하는 것이다. 그렇게도 어둡고 우울한 체계가 어떻게 사랑의 하나님에게서 나올 수 있는가. 복음을 거절하는 것보다 받아들이기 위한 훨씬 강력한 동기가 존재하지 않는가. 만약 복음이 거짓이라 할지라도 신자는 불신자만큼은 안전하다. 하지만 만약 복음이 사실이라면 불신자도 이 점에서는 불안감을 가지지 않는가. 영원을 위한 그들의 운명은 무엇인가.

아덴에서 사도 바울은 모든 계층과 모든 성향의 불신자들에게 그리스도를 제시할 것을 가르친다(행 12:22~34). 바로 이것은 모든 고난에 대한 답을 주는 치료요 복음을 위한 가장 강력한 증언이다. 이런 독이 광범위하게 퍼져 있으므로 우리는 모든 사람 특히 청년들에게 기독교의 증거들을 반복하여 가르침으로 그들이 "너희 속에 있는 소망에 관한 이유를 묻는 자에게는 대답할 것을 항상 준비하되 온유와 두려움으로 하도록" 준비시켜야 한다(벧전 3:15).

무지한 자와 무관심한 자[30]

우리 주님 시대 대부분의 사람들은 이런 사람들이었다. 주님의 법의 신령함과 요구이자 마음을 가장 깊이 살피면서도 가장 강한 격려가 동반되는 그의 교훈(마 5~7장), 믿음의 성격과 즉각적인 의무(요 6:29~65), 그의 구원을 거절하는 행동의 두려운 결과(마 11:20~24), 복음의 조건을 타협 없이 제시함(마 13:44~46; 눅 14:25~33), 구원을 기꺼이 받고자 하는 모든 자들에 대한 제한 없는 초대(마 11:28~30; 요 7:37) 등 이런 것들은 우리 주님의 전체적인 가르침의 현저한 주제들이었다. 주님께서는 개개인을 만나는 가운데 명료한 죄의 지적으로 양심을 매우 밀접하게 다루셨다(눅 7:40~50, 12:13~21; 요 4:5~26). 사도들의 권면도 이와 같이 분명하다. 죄를 지적하는 그들의 화살은 그리스도의 피에 적셔졌으며, 십자가를 보이는 것은 사랑의 호소의 근거였다(슥 12:10; 행 2, 3, 4, 13장).

다른 모든 부류의 사람들과 마찬가지로 이 부류의 사람들도 그 특성에 맞게 다루어져야 한다. 불신앙의 힘이 그들 앞에 드러나 제시되어야 한다. 그 힘은 복음의 근본 진리에 대한 모든 교만한 이론의 근원이며, 복음의 은혜로운 제공을 조소하는 무서운 잘못의 근원이다. 마침내 그것은 은혜의 방도 아래에서도 마음의 굳어짐과 어리석은 짓을 범하는 결과를 초래한다. 그들은 그들의 상태의 말할 수 없는 죄악과 위험에 대

---

30) 백스터의 실천적인 글들은 회심하지 않은 자들에 대한 가장 눈길을 끄는 말들을 담고 있다. 아마 사람의 펜이나 마음에서 이전에는 그런 글들이 나오지 않았을 것이다. 하지만 더욱 분명한 복음적 교리와 동기가 제공되었다면 능력이 더해졌을 것이다. 또한 신앙을 세우는 그의 방법은 복음의 자유, 충만함, 단순함을 드러내는 데 크게 미치지 못한다.

해서 엄하게 꾸짖음을 받아야 하며, 특별히 구주를 거부하는 더욱 악한 죄책이 지적되어야 한다. 우리는 바로 이웃집에서 불이 났는데 잠자고 있는 사람을 그려 보임으로써 그들을 '불에서 끌어내어 구원' 해야 한다(유 1:23). 엄숙한 진술은 자주 사람들을 깨우는 복을 가져오기도 한다.

또한 가능하면 자기가 주장하는 바의 핵심을 직면하게 되어야 한다. 그는 영원에 대해 별로 생각이 없다. 그런데도 그는 천국을 원한다. 그것은 그가 거기에 가고 싶어 하기 때문이다. 바로 여기에 진전을 위한 기초가 있다. 그의 무례한 소원의 어리석음을 그의 소망의 근거로 삼는 것이다. 그는 죽음에 임하게 되면 자신의 생명을 위해 모든 것을 걸고자 할 것이다. 그렇다면 왜 지금 그렇게 못하는가. 그는 그리스도를 구주로 알고는 있지만 그에 대한 인격적인 관심은 없다. 결핍감도 없고 영적인 믿음의 발휘도 없다. 그에게는 어린아이나 이방인처럼 복음의 기본 진리에 대한 교훈이 필요하다.

이 부류의 사람들은 마음이 완고하기 때문에 가장 부드럽게 대해야 한다(딤전 2:24, 25). 그들의 상태에 대해서 가장 따뜻한 관심으로, 가장 '간절한' 부탁으로 "하나님과 화목하라"고(고후 5:20) 요구해야 한다. 하나님의 심판을 선언한다고 해서 우리가 그들의 멸망을 인치는 것으로 생각하지 않도록 해야 한다. 도리어 우리가 그들을 깨워 심판에서 벗어나기를 간절히 원한다고 그들이 생각할 수 있도록 해야 한다. 우리가 그들을 진노 '아래에 가두는 것은' 오직 그들을 '그리스도께 이끌기 위한' (갈 3:23, 24) 수단임을 알려주어야 한다. 우리는 완악한 고집을 폭로할 때마다 그것을 복음의 초대와 연결시켜야 한다(삼상 12:20~22; 에 10:2; 사 55장; 행 2:23, 37~39). 예를 들어 항변에 의해 물러났던 사람들이나 논증에 대항하여 증거를 요구하던 사람들은 사랑의 힘에 압도되었다. 갈보리 십자가는 가장 무지한 자들의 관심을 사로잡았으며(마 27:54) 가장 완고한 사람들에게 거부할 수 없는 힘을 발휘했으며(행 9:4~6) 세상의 헛됨과 비참함을 드러내어 그것의 가장 단호한 추종자까지 설득했다(갈 6:14). 우리 구주의 완전한 충만함, 적절함, 신실함, 사랑은 가장 절망적인 처지 속에서도 힘을 주기에 그들에게 충분한 소망을 보장할 수 있다.

스스로 의롭다고 여기는 사람들

젊은 관원의 경우는 우리 주님이 이런 사람들을 어떻게 다루시는가를 잘 보여준다(마 19:16~21). 그에게는 죄가 깨달아져야 하는데 이에 대해 율법이 그 도구로 사용되었다. 율법에 대한 무지는 자기기만의 뿌리이다. 율법의 신령함을 익히 알면 죄와 더러움의 숨은 세계가 드러나고 자기만족이 무너지며 죄인이 십자가 앞에 엎드러지게 된다(롬 7:9). 또 다른 경우에는 주님은 마음의 완전한 변화를 죄 지적의 도구로 삼으셨다(요 3장). 주님은 자기 의를 믿는 이 정신의 적대감이나 외식이 복음을 완고하게 거부하게 한다고 하셨으며 주님의 백성의 신뢰, 영광, 구원을 위하여 놓인 기초를 '걸려 넘어지게 하는 돌로, 범죄의 바위로' 만든다고 비난하셨다(마 21:42~44). 특별히 로마서와 갈라디아서는 믿음, 사랑, 회개, 세상으로부터의 분리가 없는 외면적 신앙의 체계 속에 굳게 뿌리박힌 이 원리를 드러낸다. 그것은 하나님과 교통할 수 있도록 제정된 방도를 거절하면서도 하나님의 자비를 의지한다. 그런 사람은 이 교통의 방도를 앞으로 잘못을 고치겠다는 것을 근거로 현재의 부족을 채우기 위한 도움으로밖에는 생각하지 않는다.

자기를 의롭다고 생각하는 사람들에 대해 깊은 애정을 가지지 않을 수 없는 것은 그들에게 제공할 복음이 우리에게 없다는 사실 때문이다.

우리 주님은 "의인을 부르러 오신 것이 아니라 죄인을 불러 회개시키기 위해 오셨다"(마 9:12, 13). 의인은 그를 필요로 하지 않으며, 그를 찾지 않으며, 그에게 관심도 없다. 우리는 죄인들에게로 보냄을 받았다. 그런데 이 의인이 자기 자신에 대해서, 자기 마음의 선함에 대해, 자기 행위의 정당함에 대해, 자기에게 공로를 얻을 만한 우수한 행동이 많음에 대해 내리는 평가에 의해 볼 때, 우리는 그가 '인자가 구원하기 위해서 오신' 유일한 사람들 곧 '잃어버린' 사람들에 속하지 않았다고 생각하게 된다(13:9~13; 눅 19:10). 물론 그의 영적 무지는 처음부터 그를 대하기 어렵게 만든다. 우리는 그의 기대의 오류를 가장 평이하고 분명하게 증명해 줄 수 있다. 우리는 "그의 말로 그를 판단했다." 하지만 그 다음 대화는 그가 복음의 인식으로부터 더욱 멀어졌음만을 보여준다. 마치 그를 속임에서 건져내려는 시도와 그의 근거의 취약성을 고백하게 하려는 시도가 전혀 없었던 것처럼 그는 자기 자신의 행위에 여전히 의지하고 있음을 드러낼 뿐이다.

스스로 의롭다 하는 자를 '거짓의 대피소'까지 추격하여 그의 면전에서 그것을 쓸어버리는 일은 아주 힘든 작업이다. 그 자기 의의 첫 번째 대피소가 흔들리면 그는 회개의 대피소로 피한다. 자신의 안정이 절반쯤 흔들리면 그는 구주의 공로에 의해 자기의 진심이면 모든 것을 만족시킨다는 망상에 의해 또는 자신의 최선의 노력을 하나님의 자비를 기대할 수 있는 보증으로 간주함으로써 자기 의를 강화한다.

그러나 그를 임종의 자리에 놓아 보라. 그가 자신의 일이 그 무게에서 부족이 없으며 정확한 분량에 도달했으며 거룩하고 타협 없는 재판장의 완전하고 공평한 요구에 부응한다고 확신하는가? 만약 '손으로 쓴' 글이 '벽에 나타나' '그를 정죄한다면' 어떻게 할 것인가? 그러므로, 죄, 율법 그리고 구주가 그 사람 앞에 완전하고, 지속적이고, 통일된 모습으로 제시되어야 한다. 교만, 죄책, 감사치 않음, 불신의 파멸이 그의 양심에 충실하게 감동적으로 적용되어야 한다. 그리스도에 대한 단순한 의지를 대체하는 어떤 형태의 교리나 의무의 이행도 생명을 죽음으로 바꾸며, 율법뿐 아니라 복음도 그를 구원하지 못하게 만든다는 것을 알려주어야 한다(마 21:33~46; 행 13:38~41 비교). 이로써 그가 겸손해지고 빛을 받고 받아들여서 자기 자신에 대한 소망을 버리고 그리스도의 복음을 받아들일지 누가 아는가.

다른 처방을 필요로 하는 다른 형태의 영적 자기 의가 있다. 즉, 죄인이 자신의 무가치함에 대한 인식을 거부하여 복음으로부터 제외될 때가 있다. 이 때 그는 자신의 가치를 암묵적인 근거로 삼아 그리스도의 일이 아닌 자신의 일을 근거로 복음으로 나온다. 그리스도인이 죄에 대한 더 깊은 이해와 그리스도에 대한 사랑을 갈망하면서도, 막상 성취되었을 때에라도 이전과 마찬가지로 그리스도의 피와 의가 필요함을 망각할 때 이것은 또한 영적인 자아를 그리스도의 자리에 두는 것이다. 그런 사람들을 향하여 사도는 이렇게 말한다.

"그리스도가 너희에게 아무 소용이 없게 되었으며 너희는 은혜에서 떨어졌다. 성령으로 시작했다가 육체로 마치겠는가."(갈 3:3, 5:4)

만약 우리의 근거가 그리스도 안에 확립되어 있다면 이것이 우리가 가장 높은 곳에 도달한다는 유일한 소망이 되어야 한다. 또한 우리 자신의 가장 낮은 위치에 머무는 것도 만족스럽게 될 것이다. 그러므로 어떤 상황에서라도 단순히 믿음으로써 하나님께 영광을 돌리도록 하자.

거짓 신앙고백자

이 사람은 복음을 들었고 '이런 일들에 대해 설득되었으나' 그것들을 '받지는' 않은 사람이다. 그는 자기의 말을 한다. 그는 '경건의 모양'을 드러낸다. 그의 욕망은 죄책에 의해서 제어되든지, 유혹이 없는 상태에서는 활성화되지 않고 있든지, 지배적인 어떤 성향에 의해 제어되고 있다. 또는 그가 임박한 위험에 대한 두려움으로 놀라서 외식을 취할 수도 있다. 그러나 그에게서 어느 정도까지 성취되었는가? '도끼가 나무 뿌리에 놓인' 대신 가지치기만이 이루어져 새로 움이 무성하게 돋아날 뿐이다. 새들은 쫓겨 간 것이 아니라 가지에서 가지로 쫓겨 다닐 뿐이다. 샘은 마른 것이 아니라 물줄기가 바뀌었을 뿐이다. 죄의 원리 자체가 다루어지지 않았다. 마음이 새롭게 되지 않았다. 악의 씨앗들이 깊이 들어앉아 활발하게 활동하고 있는데 드러난 악만을 제거해봐야 아무 소용이 없다.

이런 성격의 사람을 성경이 어떻게 다루는지 주목하도록 하자. 우리 주님은 자신의 교훈의 신령함(요 6:60~66), 그 요구의 범위(눅 14:25~33), 마음과 행위의 연결(마 7:15~23, 12:33~35), 하나님과 세상의 서로 다른 기준에 대한 기억(눅 16:15)을 그에게 적용하심으로써 그를 정밀하게 조사하신다. 사도는 외적인 성취나 특권이 아니라 그리스도와의 연합, 그에 따른 마음의 새로워짐이야말로 참된 그리스도인의 표지임을 증명하고 그런 자의 잘못을 지적한다(롬 2:17~29, 9:6, 7; 고후 5:17; 골 3:11). 사도 요한의 서신은 주로 사랑이라는 기준을 마음과 행위의 주도적이며 살아 있는 원리로 그에게 제시한다.

그러나 거짓된 고백자는 능숙한 프로테우스(Proteus – 그리스 신화에 나오는 예언하는 자로 어떤 모습으로든지 변할 수 있는 능력이 있는 것으로 여겨진 신화의 인물, 역주)로서 지속적으로 자신을 바꿔 우리의 이해를 빠져 나간다. 그러나 만약 그가 자신의 위로를 말한다면 그것은 심각한 상태에서 받는 그리스도인의 위로와 얼마나 다른가. 자기가 혹시 스스로 속고 있는 것은 아닌가 하는 두려움도 없고, 자신의 죄악성에 대한 깊은 지식도 없으며, 사탄으로부터 공격도 받지 않는다. 이는 진정한 은혜도 없고 더욱 부지런하고자 하는 동기부여도 없기 때문이다. 만약 그가 하나님 앞에 있는 자신의 상태를 말한다면, 그가 하나님의 거룩함의 시험, 그의 전적인 부패와 오염을 무섭게 드러내는 율법의 '넘치는 넓이'의 시험을 어떻게 견딜 수 있겠는가. 그가 근본적인 변화의 상세한 증거, 그리스도에 대한 관심의 절대적인 필요성, '그리스도의 영을 가지고' 있든지 그렇지 않으면 '그의 것이 아니라'는 엄숙한 양자택일을 견딜 수 있겠는가. 만약 '그리스도께서 그의 안에 계시지 않는다면', '그가 사람의 방언과 천사의 말을 할지라도' 그는 '저주받은' 자라는 무서운 생각으로 '그가 믿음에 있는지 자신을 시험하고 스스로 확증하게'(고후 13:5) 했는가.

만약 그가 사랑을 말한다면 그에게는 책임이 따른다. 그렇다면 구주의 거룩한 뛰어나심에 대한 그의 견해는 무엇인가. 주님의 십자가를 기꺼이 지려는 마음, 말씀을 즐거워한다는 증거, 또는 그의 백성과의 연합이 어디에 있는가.[31] 그는 구주의 공로가 마치 모든 영적 관심과 기독교적 행동에 대한 무감각을 용인해 주는 것 같은 용감한 확신을 지지하는

---

31) 다음은 매크러린(Maclaurin)의 존경스러운 언급이다. "생명력 있고 힘있는 사랑의 실천은, 기질과 여타의 원인에 의한 자연인의 내적 감정이 자연스럽게 드러나는 것보다 더 나은 기준에 의해 판단되어야 한다. 사랑의 참된 힘을 이루는 주된 요소는, 보편적인 거룩이 실천되도록 영향력을 행사한다는 사실이다. 이것이 자기기만의 착각을 발견하기 위해서는 크게 중요한 문제이다." Essay on Divine Grace, sect. v.

것 같다. 그러므로 모든 연구를 요약하면 이러하다. "사랑하는 자마다 하나님으로부터 나서 하나님을 알고 사랑하지 아니하는 자는 하나님을 알지 못하나니 이는 하나님은 사랑이심이라"(요일 4:7, 8).

이 경우는 때로 일반적으로 우리의 분별력이 미치지 못한다. 우리의 철저한 감시에도 불구하고 위조 동전은 마치 황금인 것처럼 통과할 것이다. 사도들 가운데 유다나 초대 교회의 아나니아와 같은 존재를 통해 우리는 마음을 살피는 것이 우리의 특권이 아니라는 항구적인 경고를 얻게 된다. 전체적인 외형에서와 사지백체에까지 경건의 외형은 정확하게 유지될 수 있다. 하지만 일반적으로 그런 경우에는 자기기만을 노출시키는 어떤 비일관성이 드러나게 될 것이며 그것은 그의 잘못을 다룰 수 있는 손잡이가 된다. 영적인 종교에 대한 혐오, 그것에 관련된 대화를 싫어하는 것(아 5:7), 세상에 대한 전반적인 사랑(딤후 4:10), 길들지 않은 상습적인 신경질(갈 5:24)은 그가 진리를 진정으로 받아들인 것이 아님을 나타낸다. 거룩에 대한 사랑이나 구주를 닮고자 하는 욕구는 결코 그의 목표가 아니다. 진리는 '그것에 대한 사랑으로' 받아들여지는 것이 아니라 사변적인 교리로 받아들여질 뿐이다. 느슨하게 잡힌 그 진리는 제대로 적용되지 않으며, 불리한 일이 발생할 것 같으면 쉽게 포기된다. 그런 사람들은 아직 제대로 서지 못한 그리스도인들에게 큰 걸림돌이 된다. 세상에 대해서도 마찬가지다. 그런 사람들을 발견하는 일에서 우리는 조심스러워야 하고 그들의 성격에 대해 판단을 내릴 때 시간을 두고 서서히 해야 한다. 동시에 진지한 사람들을 냉정함과 의혹으로 위협하지 말아야 한다.

자연적인 찔림과 영적인 찔림[32]

신약 성경에 나타난 목회 형태를 보면 찔림의 힘은 강력하고 다양하게 드러난다. 요한의 우렁찬 강론은 양심을 찔렀다. 많은 사람은 관심을 보였고 일부는 변화되었다(마 3:1~6; 막 6:20; 눅 3:10~14; 요 5:35). 우리 주님의 첫 번째 설교(눅 4:22~28), '슬픔에 찬 젊은이'(마 19:22), '관원'(요 12:42, 43)의 경우에 강력한 찔림이 있었음이 분명하다. 그러나 전체적인 순종의 결여가 입증하듯이 거기에 신성한 능력은 작용하지 않았다. 다른 한편, 세베대의 아들, 마태, 그리고 삭개오 같이 실질적인 효과를 낸 경우에는(마 4:18~22, 9:9; 눅 19:1~10) 영적이고 영원한 찔림이 있었다. 사도의 사역으로는 베드로의 청중들, 고넬료, 서기오 바울, 루디아, 간수, 안디옥과 다른 곳의 이방인 청중들이(행 2:27~46, 10, 13:12, 16:14, 15, 30~34, 13:44~48, 14:1 등) 믿음, 사랑, 그리고 거룩의 모습을 통해 영적 찔림의 열매를 보여 주었다. 한편 스데반과 바울 당시의 광적인 유대인들, 두려움에 떠는 벨릭스(행 7:54, 13:45, 24:25)는 자연적인 적대감과 죄에 대한 사랑으로 지배되는 양심이 얼마나 힘이 센지 보여주었다.

'분별하는 영'의 은사가 특별히 요구되는 분야는 (물론 초자연적 은사는 아니다) 깨달음과 굴욕감의 차이, 죄를 이해하는 것과 죄악됨을 미워하는 것의 차이를 분별하는 것이다. 이렇게 찔림의 성격을 확정해야 그에 합당한 안전하고 성공적인 처방을 내릴 수 있기 때문이다. 이 찔림이 일반적인 인정에 의한 것인지 아니면 상세한 참회의 실천의 결과인지에 따라 그것이 자기가 당한 비참함에 대한 것인지 혹은 죄의 더러움에 대

---

32) 찔림이 어떻게 다양하며 서로 모순되는 방식으로 작용하는지에 대한 가장 생생한 묘사는 할리버튼(Halyburton)의 비망록을 참고할 수 있다.

한 것인지에 따라(창 4:13, 23; 에 9:6), 그것이 불건전한 것인지 아니면 진정한 것인지를 결정할 수 있을 것이며, 그것이 진노에 대한 두려움에서 나온 것인지 아니면 하나님의 영광을 위한 관심에서 나온 것인지(왕상 21:27~29; 시 51편) 그것이 어떤 죄에만 적용되는지 아니면 모든 죄에 적용되는지(마 27:4; 고전 14:24) 그것이 죄에 대한 사랑을 여전히 유지하는지 아니면 죄에 대한 혐오와 분리를 일으키는지(삼상 15:30; 고후 7:11) 그것의 영향력이 한시적인지 아니면 항구적인지(요 5:35; 행 2:37~47) 그것이 우리를 절망 속에 그리스도를 떠나게 만드는지 아니면 믿음을 발휘하여 그리스도께로 다가가게 하는지에(마 27:5; 행 16:30~34) 따라 그 찔림이 어떤 특정한 결과만을 내는지 아니면 참된 찔림인지 알 수 있다(출 9:27, 28; 눅 15:18).

참된 찔림의 초기 단계에서는 그리스도를 붙잡은 결과이기보다는 죄에 대한 두려움, 참회보다는 경고받음, 긍휼과 사랑보다는 공포가 됨으로써 율법의 작용과 복음적 작용이 혼재하는 경우가 자주 있다.[33] 자기기만은 그저 찔림을 받고 더 이상 아무 것도 없다. 어떤 사람들은 그들의 죄를 불편해 하면서도 급히 구원을 요청하지 않는다. 그들은 부분적으로 복음을 받아들이겠지만 완전한 회복에는 도달하지 못할 것이다. 그런 경우에 우리는 가장 조심해야 한다. 샅샅이 뒤져 밑바닥까지 탐구하기 전에는 그 상처를 고친 것이 아니기 때문이다.[34] 가벼운 치료는 가

---

33) 슥 12:10; 행 2:27을 참고하여 율법적 찔림과 복음적 찔림을 구별할 수 있다. 하나는 믿음 이전에, 다른 하나는 믿음 뒤에 온다.
34) 이 문제에 대해서는 칼빈의 언급만큼 신중할 수가 없다. "사람들이 얼마나 무거운 죄를 지었는가를 생각하게 될 때 그 고통이 속히 치료되어서는 안 된다. 기만하는 자들은 양심을 가림으로 자신을 합리화하며 헛된 감언이설로 자신을 속인다. 의사는 속히 통증을 완화시키지 않고 무엇이 더 유익할 것인가를 지켜보기 때문이다. 더 철저하게 씻어내는 것이 필요하다면 아마도 좀더 괴롭게 둘 것이다. 선지자들도 그렇게 했다. 그들은 양심

장 치명적인 기만의 전주곡이다. 따라서 진정한 하나님의 일을 분별하기 위해서는 많은 지혜가 요구된다. 만약 중생하지 않은 상태에서 율법에 의해 자극을 받고 그 결과로 일어난 흥분에 불과하다면(롬 7:8, 11; 고전 15:56) 그것은 시무룩한 불만족이나 능력 없는 '경건의 모양'으로 귀결되고 말 것이다. 그러므로 불신앙과 뒤엉키는 것의 위험성에 대한 상세한 설명, 구주를 즉시 받아들이는 일의 긴급성에 대한 설명, 현재의 찔림의 상태가 자기기만이며 멸망이 분명하다는 설명에 의해 그 찔림이 생생하고 깊어지고 경고를 받고 빛을 받도록 해야 한다. 동시에 가장 연약한 믿음의 행동이라 할지라도 그리스도께 확실히 받아들여짐을 가르쳐야 한다. 오래 전 한 저자가 말했듯이 "참회는 그리스도께 대한 믿음이 없이는 아무 힘이 없다."[35]

진정으로 구주를 받아들이는 것이 찔림에 영적 생명이 있다는 증거이며 지속적인 믿음의 활동을 일으키는 원천이 된다. 그래서 베드로와 스데반의 청중이 모두 찔림을 받았으나 베드로의 청중만이 영적으로 변화했다. 그러므로 우리가 어떤 감정으로 그리스도께 갔든지 진정으로 죄를 무서워하고, 위험을 느끼며, 자비에 목말라 하며, 복음의 규칙에 의해 걷기를 열망한다면 이것은 양심의 능력이 아니라 깨닫게 하시는 하나님의 성령의 능력이 임한 것이다.

그러나 우리가 '상한 갈대를 꺾지 않기 위해서'는 얼마나 긍휼이 필요한가. 내재하는 죄와 탐닉하는 죄, 때때로 죄에 의해 제압되는 상태와

이 동요하고 불안해하는 것을 볼 때 즉시 그 양심들을 달래고 위로해 주지 않는다. 도리어 하나님을 무시해서는 안 된다는 것을 밝혀주며, 스스로 긴박하게 하나님의 무시무시한 심판을 상상하여 불안하게 함으로써 점점 더 겸손해지도록 만든다." 욥 2장 주석에서.
35) Hemminge's Method of Preaching, p. 31.

항시적으로 죄의 지배를 받는 상태가 정확하게 판별되어야 한다. 고뇌하는 죄인이 참회를 심화시키며 마음을 경성하며 믿음을 실천하며 강화하는 가운데서도 찾아오는 죄의 공격을 제압하도록 해야 한다. 그를 힘 있게 격려하여 그리스도의 구원을 반복적으로 적용하도록 해야 한다. 만약 그가 진정으로 자기의 죄책으로 슬퍼하며, 구주의 용서와 사랑을 원한다면 (이런 마음의 구조는 가장 작은 죄라도 용인하지 않는다) 그는 영혼의 안식을 위한 약속을 받은 것이다(마 11:28). 그의 요구와 염원을 가지고 복음으로 나아감으로써 그는 심판하여 '이길 때까지' [36] 영적 투쟁을 유지하기 위한 빛과 위로와 힘이 점점 강해지는 것을 발견하게 될 것이다.

어린 그리스도인

판단력, 경험, 부드러움, 그리고 자연적 성격, 환경과 개인의 습관에 대한 지식은 이 가장 중요한 사례를 다루는 지침이 되어야 한다. 어린 그리스도인은 각성되었고 흥분되어 있지만 그 받은 빛은 매우 불완전하다. 거기에는 많은 자기기만과 자기 의가 있다. 그의 회개는 진실하지만 부분적이다. 그 회개는 죄의 악함에 의해서보다 자기가 당한 어려움에 의해 일어난다. 그러나 믿음과는 약하게 연결되어 있다. 마음이 하나님으로부터 쉽게 멀어진다는 사실에 대한 의식도 별로 없다. 그의 믿음은 비록 참되기는 하지만 혼란 가운데 있다. 능력 있는 원칙이기보다는 일시적이거나 지속적인 감정이다. 거룩보다는 위로와 연결되어 있다. 실천이 원리로 혼돈되며 어떤 실천이 다른 실천으로 오해되기도 한다. 그의 사랑에는 '지식과 총명'(빌 1:9)이 거의 없다. 그 결과 좋아 보이기

---

36) 마 12:20. 이 경우에 관한 가장 분별력 있는 견해와 위로가 되는 지침은 Bowle's Past. Evan. Lib. ii. c. 19, 20을 참고하라.

는 하지만 성숙한 신앙의 특징인 자기부인과 헌신의 일관되고 강력한 에너지는 아니다. 그는 우리 목회자의 인내를 요구하는 많은 연약함들을 가지고 있다. 또한 우리의 공감을 일으키는 많은 어려움들을 가지고 있다. 그가 단번에 완전한 정상에 도달할 수만 있다면 우리는 기뻐할 것이다. 그럴지라도 그러는 동안 우리 주님의 교훈을(마 9:14~17. 칼빈의 인용을 보라) 어기면서 그에게 성숙을 고집하면 안 된다.

일반적으로 말해 그는 '밥이 아닌 젖을 먹어야' 한다(고전 3:2). 비록 부드러운 젖이라 할지라도 구주의 충만하고 분명한 모습을 그의 인격적 존엄성, 그의 중보적 지위, 자기 백성과의 관계 속에서 보여 주고 복음의 분명함이 지속적으로 증거하여 '그가 생명을 얻고 더 풍성히 얻도록' 해야 한다(요 10:10). 우리 주님은 자신을 서서히 계시하심으로써 사도들의 진보를 도모하셨다.[37] 말할 것도 없이 '그를 아는 지식에서 자라가는' 것은 가장 효과적으로 '은혜에서 자랄' 수 있는 수단이다(벧후 3:18).

이 경우에는 신앙의 갈등이 교훈을 위한 적절한 주제이다. 우리 주님의 제자들의 어려움은 믿음의 성격과 능력에 대한 불확실한 이해로 말미암았다. 그들은 눈에 보이지 않는 도움을 실현시키는 믿음의 능력에 대해 아무것도 몰랐다. 그들은 그 능력을 주님이 함께 하실 때의 감각적인 위로와만 연결시켰기 때문에 주님이 잠시 그들과 함께 있지 않았을 때 발생하는 긴급 상황에 대해서는 전혀 준비되지 않았다(마 14:24~26; 마 17:19, 20; 막 9:14,). 이와 같이 어린 그리스도인에게는 믿음의 성격이 그리스도에 대한 지속적인 의지라는 것에 대한 정확한 지식이 필요하며, 이 믿음은 자신의 결핍에 대한 느낌, 그리고 그리스도의 능력과 사랑에

---

37) 마 16:21, 17:22, 23; 14~16장을 보라. 또한 Bishop Winchester's work, 5장을 보라.

대한 성경적 보장에 근거해야 한다. 갈등이 일어나 그 갈등이 마음의 깊은 뿌리를 때리는 상황, 수치, 참회, 자기비하의 상황이 발생하여 영적 우울증이 (죄의 탐닉으로부터 직접적으로 일어나지 않았을 때) 믿음의 실제를 시험하고 믿음을 발휘해야 하는 특별한 경우가 되었을 때, 그리스도를 의지하는 것이 가장 힘 있는 원리가 될 것이다(욥 13:15).

경험의 성격 또한 설명되어야 한다. 참된 경험의 근거는 마음에 일어난 인상이 아니라 말씀의 증거라는 사실, 그 경험의 원리는 믿음이지 감정이 아니라는 사실, 그 경험의 증거는 입으로 하는 고백이 아니라 거룩이라는 사실이 설명되어야 한다. 그것은 자연적인 사람의 자아에서 발생하여 잠시 있다가 사라지고마는 흥분이 아니라, 그리스도에 대한 신뢰를 적극적으로 발휘하는 것이다. 믿음은 늘 의존하는 것이며, 경험은 그 결과로 늘 기뻐하는 것이다. 믿음이 경험을 일으키는 도구이다. 이와 같이 그 기초가 감정으로부터 완전히 독립되어 그리스도의 완전한 일과 직책에 고정되어 있으므로(히 10:19~22) 어떤 종류의 감정도, 그것이 밝은 것이든 어두운 것이든 그 눈을 위대한 대상으로부터 돌리지 못하게 하며 영혼을 단 하나의 확실한 반석으로부터 떠나게 하지 못한다. 하지만 거룩한 섭리를 통한 변화가 어린 그리스도인의 은혜를 시험하고 그를 그리스도 안에서 세우기 위해서 필요하다.

그러므로 그는 행복한 경험 속에서 감사만 하는 것이 아니라 경성하도록 가르침을 받아야 한다. 그리하여 그의 행복한 경험이 그가 교만하게 되는 계기가 아니라 찬송의 계기가 되며 방심의 계기가 아니라 격려의 계기가 되며 스스로에게 안심하는 계기가 아니라 즐거움의 계기가 되어야 한다. 어두운 경험 속에서는 "여기에 원인은 없는가?" 하고 묻게 되어야 한다. 그는 풀이 죽는 것이 아니라 겸손해져야 하며 불신앙으로 방해를 받는 것이 아니라 각성하여 기도해야 한다. 하나님의 약속에 대해서가 아니라 자신의 마음에 대해서 의심해야 하고 구주의 능력과 사랑을 잊지 않으면서 자신의 연약함과 무가치함을 보아야 한다. 또한 그는 겸손, 자기부인, 사랑, 세상으로부터의 분리, 지속적인 일관성 속에서만 자신의 확신을 실현하기를 기대해야 한다. 이것이 없거나 부족하면 그의 가장 고양된 기쁨 속에서도 그의 믿음의 진정성에는 짙은 구름이 드리워지게 될 것이다.

십자가의 성격, 확실성, 필요성이 주님의 초기 교훈의 주제였으며(마 10:34~39), 제자들은 임박한 시련의 값을 지혜롭게 계산할 수 있었다. 이것은 마치 매일 십자가를 지지 않고 면류관을 쉽게 얻을 수 있는 것처럼, 또는 자신의 뜻과 지혜나 욕망을 부정하는 일이 절대적으로 요구되지 않는 순간이 어린 그리스도인에게 있는 것처럼, 꿈같은 꽃밭 길에서 복음에 대한 고백이 행해지는 오늘날 우리를 위한 훌륭한 모범이 된다. 교회의 외적인 상황이 어떠하든지 이 요구사항은 변하지 않는다. 어린 그리스도인은 그리스도에 대한 봉사를 강요당하지 않는다. 그러나 만약 그가 그리스도를 따르려면 이와 같은 것들이 조건이 된다(마 16:24). 그는 이 조건의 엄격함에 대해서 불평할 이유가 없다. 가장 지혜로운 규정에 그의 마음을 굴복시키는 것, 세상으로부터 그의 마음을 해방시키는 것, 은혜로운 주님의 지원, 그리고 그의 정신과 모범을 긴밀하게 따르는 것이 행복하고 영원한 열매가 될 것이다.

'근신하는 마음의 정신'이 또한 강하게 주입되어야 한다. 신앙의 초기 단계에는 자주 판단 미숙이 일어난다. 강력한 흥분이 최초로 일으키는 영향력으로 마음이 균형을 잃는다. 감정은 이성적이라기보다는 요동친다. '가마솥 아래 가시나무의 탁탁 소리'처럼 그 감정은 요란하게 타지만 열은 별로 내지 못하고 곧 사그라진다. 찾는 것은 주로 진리가 아니라 위로이다. 감정이 믿음으로, 동물적 감각이 종교로 오해되는데, 그 감정이나 감각이 성경 진리의 거룩한 성격과 연결되었는지에 의해 평가되는 것이 아니라 그것들이 깊고 다양하다는 사실에 의해 평가되는 경우가 너무 잦다. 다양한 방법으로 열정, 기만, 어리석고 부당한 행동들이 솟아나 자주 심각한 개인적 상처를 일으키며 복음을 크게 저해하고 믿을 수 없는 것으로 만든다. 잘못된 이해와 피상적이고 비정상적인 과정 속에서 성경에 투자된 많은 시간들까지도 낭비된다. 이런 상태에서는 헛된 쾌락뿐 아니라 굳건한 탐구 심지어 어느 정도의 의무 이행까지도 하나님이 마음에 요구하시는 것과 다른 것이 될 수도 있다. 그리하여 하나의 은혜는 나타나지만 그것과 동일하게 중요한 다른 성격의 은혜는 배제되며 '거룩의 아름다움' 속에서 은혜의 유형이 드러나야 하는 곳에 잘못된 형태가 드러난다. 시계는 균일하고 조화로우며 종속적인 운동으로 시간의 흐름을 정확하게 나타내기 위해서는 주 스프링뿐만 아니라 속도조절기도 필요하다. 거룩이 처음으로 작동할 때는 열기와 기쁨이 가득할 수 있다. 그러나 우리는 그것이 기질과 습성으로 안착될 때까지 시간을 주어야 한다. 즉 복음이 전인에게 영향을 미치며 그 권위에 의해서 모든 성향을 제어하며 복음의 합당한 비율과 조화 가운데 작용하며, 결과적으로 '모든 일들에서 우리 구주 하나님의 교훈을 높이는' 특권으로 나아가도록 해야 한다.

우리는 또한 하나님의 최고의 권위에 일관되도록 모든 일 속에서 (나이에 있어서든 상대적인 관계에 있어서든) 위의 권위에 복종하고 부응하는 일의 중요성을 반복적으로 가르쳐야 한다. 어린 그리스도인들은 (특히 나이가 어린 사람들) 자주 이 점에서 잘못을 저지른다. 제어되지 않은 열정이 종교에 대한 불필요한 공격을 일으키며, (후에 그들이 발견하지만) 그들 자신의 인생길에 어려움을 초래한다. 순종하는 성품과 함께 세상의 안락을 저항하는 단호함을 가지도록 촉구해야 한다. 고집이 강한 성품인 경우에는 복종, 특별히 부모에 대한 복종의 미덕을 강조해서 가르쳐야 한다. 그렇지 않으면 하나님께 대한 뜨거운 열정이 자기 고집을 정당화하고, 자제하지 못하게 하는 결과를 초래할 것이다. 하나님의 명령에 대한 적극적인 의무만이 부모의 권위에 마땅히 돌려야 하는 복종을 일으킨다는 사실을 항상 상기하도록 한다. 성숙을 향한 진보를 도울 뿐 아니라 이 실천의 정당한 균형을 유지하기 위해서는 공감, 경험, 일관성을 갖춘 친구의 조언이 실질적인 도움이 될 것이다.

결국은 조언, 훈계 그리고 격려가 '계속해서 어린 그리스도인들에게 주어져야' 한다. 초심자가 신실한 그리스도인이 되었다는 것만으로 만족하면 안 된다. 그는 성숙한 그리스도인이 되기를 구해야 한다. 그의 현재의 성취는 끝이 아니라 시작에 불과함을 기억해야 한다. 그는 지속적으로 자신의 믿음을 검토하고 실천해야 한다. 그는 자신의 마음을 태만과 안락함에 방치하지 않도록, 세상과의 불필요한 친분을 쌓지 않도록, 불법한 쾌락을 부당하게 즐기지 않도록, 하나님의 말씀을 게을리 하지 않도록, 형식적으로 의무를 이행하지 않도록, 자신을 포위하여 공격하는 죄와 유혹의 힘에 휘둘리지 않도록 스스로 경계해야 한다.

그는 거룩한 싸움의 과정으로 들어가야 한다. 그리고 이 싸움의 열매가 그의 수고에 넘치는 보상을 가져다줄 것을 확신해야 한다(마 11:12). 그는 언제일지 모르는 먼 미래에 주어질 것으로 기대되는 특권이 그가 초기에 가졌던 믿음에 따르는 몫으로서 그 믿음의 정도에 의해서가 아니라 그것의 참됨에 의해서 주어지는 것을 알아야 한다. 또한 그것을 더욱 충만히 알고 즐기게 되었을 때, 그것이 게으름에 빠져도 된다는 허락이 아니라 새로워진 힘으로 더욱 노력하기 위한 신선한 자극이 됨을 알아야 한다. 그는 지금 죄의 용서를 받아 가지고 있다(요일 2:12). 이 같은 그리스도와의 연합은 영적 생명의 직접적인 원천이며(요 15:1~5) 그의 마음속에서 성령의 능력에 의해 '솟아나서 영생에 이르게 한다'(요 4:14). 이렇게 약속, 약속을 주시는 분, 보장, 구원의 첫 열매를 받음으로써 그는 '믿음의 결국' 곧 '구원을 받는' 것이다(벧전 1:9).

타락한 자들[38]

목사들은 타락한 자의 고통스러운 사례들을 너무도 잘 안다. 불건전한 교리, 세상에 대한 사랑, 죄에의 탐닉, 그리고 기도를 게을리 함이 이것과 연결되어 있다. 또한 불신앙의 힘과 신앙적 미성숙이 분명히 드러나지는 않지만 여전히 빈번하며 영적 상처를 남기는 원인이 된다. 신앙이 확고하지 않은 고백자는 이미 성경에 약속되어 있는 도움을 구할 수 없어서 기도를 못하게 되고 연약한 자신의 힘으로 대하게 된다. 그의 믿음이 복음에 대한 개인적 관심 위에 세워지지 않은 채 목사가 그에게 건네는 위로는 그에게는 믿음이 아니라 감정, 상상, 기만일 뿐이며 도움을 받을 수 있는 확고한 기초 위에 서 있지 못하다.

완악한 상태에 있는 타락자는 목회자가 밀접하게 그의 문제를 다루고자 하면 움찔 물러나면서 급속도로 배교의 길로 나아가게 된다. 그대

---

[38] 이 사례에 대한 가장 완전하고 교훈적인 묘사와 최선의 치료법을 위해서는 앤드류 풀러(Andrew Fuller)의 논문을 참고하기 바란다. 또한 블랙웰(Blackwell)의 Method. Evna. pp. 212~223을 참고하라. 또한 Sidney's Life of Walker, pp. 286~294에 실린 존경스러운 편지를 보라.

가 말하는 복스러움이 어디 있는가?'(갈 4:15, 3:1~4), 영원에 대해 평안하게 생각할 수 있는가와 같은 문제에 대한 깊은 고민, 성경의 무서운 선언들(잠 14:14), 혹은 다윗의 경우처럼 갑작스럽고 예상치 못한 자기 정죄가 (삼하 12:1~13) 죄의 깨달음을 가져다 줄 수도 있다. 그러나 그 사람이 평안을 잃고 비참함을 느끼지 않는 한 이 경우는 절망적이다.

죄를 깨달은 타락자를 다룰 때는 우리가 그를 진심으로 슬퍼하는 것처럼 하되 그를 용서한 것이 아니라 그의 어려움을 함께 느끼는 자세로 대하면서 그의 양심이 엄밀히 조사되도록 해야 한다. 그러면서 따뜻한 추억을 상기시키는 동시에 그가 타락하여 도달했던 그 어두운 곳을 지적하고, '온유한 심정으로 그가 회복되도록'(갈 6:1) 해야 한다. 이를테면 근친상간을 범한 자의 경우에 그가 죄를 깨닫도록 하기 위해 처음에는 엄하게 그 문제를 다루지만 죄를 깨달은 다음에는 따뜻한 관심으로 지켜주고 확신을 주어 '너무 많은 근심에 잠기지 않도록' 해서 사탄이 그것을 이용하여 교회를 공격하지 못하게 해야 한다(고전 5:1~7; 고후 2:1~11).

그는 은혜의 방도를 부지런히 사용하고, 그를 이끌고 간 잘못된 길을 단호하게 버릴 수 있도록 권면받아야 한다. 그는 마치 지금까지 한 번도 가본 적이 없는 길로 가듯이 십자가로 다시 이끌림 받아야 한다. 거기서 죄를 용서하는 그 동일한 사랑이 '타락한 자도 치유한다는'[39] 것을 확신하면 '그가 찌른 그분을 올려다보고 통곡해야'(슥 12:10) 한다. 베드로의 경우가 죄에 대한 깨달음을 깊이 하면서 동시에 회복을 완성하는 데 사용되는 부드러움을 예증한다(막 16:7; 눅 22:61, 62; 요 21:15~17). 이 사랑의 힘은 뒤에 죄에 대한 깊은 혐오감, 죄책을 상기하고 더 참회하는

---

39) 호 14:4; 미 7:18. 호세아 전체와 렘 2장~4:1을 이 같은 경우의 치유를 위해 가장 상세히 연구해야 한다.

겸손, 자기 행동에 대한 더욱 세심한 관찰(사 38:15; 겔 16:63)의 자세를 가지게 할 것이며, 그와 함께 은혜의 방편에 더욱 지속적인 관심을 가지게 되고 구주를 더욱더 높일 수 있게 할 것이다.

확고하게 서지 못한 그리스도인

주님의 제자들의 경우, 그들의 믿음의 진정성보다도 그들이 믿음과 지식에서 확고히 서지 못했다는 것은 아주 분명했다. 우리는 자주 회중 속에서 이와 유사한 현상을 보게 된다. 은혜는 아직 씨앗의 형태로 있고 힘을 발휘하지 못한다. 그것이 실천되어 사랑이 더욱 열렬해지고, 믿음이 더욱 활동적으로 되고, 기도가 더욱 빈번하게 되지는 못할지라도 신령하게 될 수 있도록 실천이 필요하다. 사도들은 이 증상을 치료할 때는 공감하는 부드러운 어조로 하지 않고 죄를 지적하고 꾸짖는 엄격한 자극을 사용하였다(히 5:11~14). 그런 고백자들의 고백은 참된 고백이 아니든지 최소한 '참된 고백에 미치지 못하는 것으로 보인다'(히 4:1). 만약 그들이 살아 있다면 겨우 생존하는 것이지 힘을 쓸 수도 없고 복음을 기뻐할 능력도 없다. 만약 그들이 미약한 정도의 진보라도 평가절하하지 않았다면 그들은 더 높이 오르고 고무적인 소망을 품을 수 있었을 것이다. 참된 은혜는 거룩한 욕구를 만족시키기보다 그것을 더욱 강화시킨다. 그러나 불신앙에 대한 저항이 약하고, 힘쓰고 노력하는 대신에 나태함이 자리 잡고, 고통스러울 정도로 성실함을 추구하지 않고 '그들의 면전에서 속이면'(요 7:18; 벧후 1:5~10) '힘을 얻지' 못함으로 인해 '남아 있는 것까지 죽게 될 것이다'(계 3:2). 그래서 우리는 그들에게서 선행의 빈약함, 그들 주위의 영적 참상에 대한 무관심, 죽어가는 영혼을 위한 관심과 노력 그리고 그리스도의 위대한 대의에 대한 무관심을 보게 되는 것이다.

처음 받은 인상이 진리의 직접적인 능력보다는 새로운 것에 대한 관심으로부터 형성되었을 수 있다. 그 결과 하나님의 참된 계시를 받아들이기보다 자신의 망상에 따라 믿음을 형성하려는 충동이 일어나며, 오래된 확립된 진리보다는 새로운 것에 대한 지속적인 흥분 위에서 살고자 하는 충동이 일어나게 된다. 이런 일은 복음을 부족하게 깨달은 결과로서, 그리스도인의 기질상의 결핍(갈 5:1~8, 15, 26, 6:14; 요일 5:4, 5)과 세상에 대한 저항이 지속적이지 않은 이유도 설명한다(갈 6:14). 목회에서의 태만은 연약하고 비일관된 신앙고백을 초래한다. 이 악의 방지를 위해 분명하게 제정된 제도가 에베소서 4장 8절~14절에 나타난다. 이 사례를 위한 가장 효과적인 처방은 아마 성경 전체의 내용을 기독교적 완전성에 도달하기 위한 장엄한 수단으로 반복해서 가르치는 것이다(딤후 3:16, 17). 성경의 일부만을 선호하는 것은 이단적인 생각과 고백의 불안정을 초래하는 주된 원인이다. 하나님의 말씀이 그 위치에서 벗어나거나 실천적인 연결성에서 단절되거나 어떤 일부가 아무리 중요하더라도 전체로부터 분리되면 하나님의 말씀은 그 능력을 상실한다.

복음적 특권의 충만한 영광을 제시하는 것은 이미 선 사람들을 위로하기 위해서 뿐만 아니라 나태한 자를 깨우고 잘못을 지적하기 위해서도 필요하다. 왜냐하면 '믿음으로 모든 기쁨과 평안이 충만해지는' 것에 대해서 그들이 무엇을 알고 있겠는가. '하나님의 모든 충만으로 충만하기' 위한 수단으로 '모든 성도와 함께 그리스도의 사랑의 넓이와 길이와 깊이와 높이를' 아는 일에서 그들의 깨달음은 얼마나 박약한가!(롬 15:13; 엡 3:17~19) 진리를 이해만 하고 그것의 경험적이고 실질적인 능력을 실현하지 않는 것에 대해 우리가 그들을 경고해야 하지 않겠는가! 엄밀한 자기 검증, 진지한 기도의 습관, 깊은 자기 이해와 자기 비하, 순종의 진전, 더 높은 신앙으로 상승하려는 강한 각성을 그들 안에 일으켜 그들이 더욱 확장되고 힘차게 천상에 대한 기대를 가질 수 있게 해야 하지 않겠는가. 특별히 그들이 그리스도의 형상을 더욱 완전히 닮고(고후 3:18) 그의 이름에 대한 더욱 꾸준하고 바른 고백을 하게 하기 위한 수단으로 더욱 습관적으로 그리스도를 묵상하게 해야 하지 않겠는가!(히 3:1) 우리의 기독교적인 특권을 향유하고 기독교적인 확신을 든든히 하기 위한 유일한 길은 믿음과 성실함을 꾸준히 실천하는 것임을 그들이 기억할 수 있도록 해주어야 한다(히 3:6, 14).

확증되고 일관된 그리스도인

이 같은 사례를 통해 우리는 성경적 교리, 거룩한 특권, 그리고 일관된 실천이 결합된 것을 발견하게 된다. 회심자를 위한 사도들의 기도와 권면을 요약하면 다음과 같다. 교리에 대한 그들의 이해의 확대(엡 1:17, 18; 히 5:12), 더욱 깊고 능동적이 되는 의무감(고전 6:19, 20; 빌 1:9; 벧전 1:14~19), 더욱 고양되는 신앙고백의 기준(빌 3:12~17; 골 1:9~12), 영적으로 충만해지는 특권을 즐김(엡 3:14~19; 히 6:11), 더욱 풍부해지는 열매(빌 1:11; 살전 4:1), 더욱 완전해지는 그들의 순종(고후 13:9~11; 히 13:20, 21)이다.

사도의 모범은 복음의 기본 원리를 가장 깊고 단단한 진리의 교훈으로 대체하며(히 5:14, 6:1~3), 주로 자기 백성에 대한 하나님의 경륜, 그들을 위한 언약의 든든함, 그들의 구원의 일과 그리스도의 직책과 그들에게 전달된 신성한 생명에서 나타나는 더욱 충만한 완전성을 다루는 것이다(히 6~10장). 이 '단단한 음식'을 제공함으로써 성숙한 그리스도인은 '믿음의 말씀과 건전한 교리를 공급받으며', '그의 감각은' 영적 분별력을 더욱 '발휘' 하게 될 것이다.

동일한 행동이 어린 그리스도인과 오래된 그리스도인 모두에게 있는 것이 사실이다. 그러나 후자의 경우 더욱 근거가 든든하다. 젊은이들은 하나님의 교훈에 더욱 간절함으로 참여하지만 오래된 신자들에게서는 원칙이 더 깊게 작용하는 것을 기대할 수 있다. 젊은이들의 감정은 힘이 넘치고 생동감이 있다. 반면에 오래된 신자들의 감각 작용은 자연적으로 퇴화하면서 잃어버린 것이 있지만 그들이 갖고 있는 이해, 결단, 그리고 판단력에 의해서 작용하게 된다. 영적 주제들은 오래된 신자들의 영혼 속에서 변화를 일으킬 수 있다. 그것들이 감정에서 크게 두드러지지 않더라도(때로 각성을 다시 일으키는 것이 좋을 수 있다) 마음속에 더욱 항구적으로 정착되어 있다. 그래서 더욱 안정되고 지적이고 균일한 선택이 이루어지게 된다. 영적 흥분이 덜하다 할지라도 영적 부패에 대한 더 깊은 통찰이 있고, 복음의 습관에 더욱 깊이 고착되어 있다.

그리스도인을 위한 가장 중요한 은혜의 방편인 고난을 제외하면(요 15:2; 벧전 5:10) 영적 생명과 기쁨의 적극적인 작용이 천성을 향한 매일의 행진에 힘을 주고 더욱 굳건히 하게 한다. 죄로부터의 해방, 그리스도의 고난과 죽음과 부활에 참여함(롬 6:1~11), 십자가를 지속적으로 보고 적용함, 이것들이 거역할 수 없고 가장 즐거운 힘으로 그를 강권한다. '거울로 보는 것 같이 주의 영광을 보고' 그의 영혼이 감탄과 찬송과 영혼을 변화시키는 묵상 속에서 꿇어 엎드린다(고후 3:18). 겸손하게 낮아져서 지식과 거룩함과 사랑에서 더 높이 올라가게 된다. 주님에 대한 경외는 그의 마음속에 더욱 깊이 새겨진다. 그는 점증하는 열망으로, 더욱 지속적이고 확실한 즐거움으로, 더욱 각성되고 활기찬 감사로 불타오른다. 그리하여 모든 사랑의 실천을 통하여 하나님의 형상으로 점점 접근한다.

인간의 책에서는 이 하나님 형상의 천상적 영광이 충만히 드러나는 것을 기대하기 어렵다. 로메인(Romaine)은 가능한 한 넓게 단순하고 아름다운 초상화를 그렸다. 하지만 그의 그림 가운데는 성경이 그리는 실질적 모습의 특성이 부족하게 나타난다. 백스터는 훨씬 매혹적인 불과 힘과 능력으로 그것의 모양을 그렸다. 그러나 그가 그리는 사람은 그 자신의 절제된 감정과 형이상학적 방해로 너무나 위장되어 그만 차꼬에 차인 천사처럼 보인다. 리튼(Leighton)은 그의 글과 품성으로 하나님 형상의 가장 충만한 초상화를 제공했다고 말할 수 있다. 거기에는 인간의 손질이 별로 없어서 교회의 더 밝은 날들이 올 때까지 간직할 수 있는 모습이다.

하지만 덕을 세우기 위한 중요한 재료와 수단인 사랑에는 복음적 경고가 적극적으로 결합되어야 한다. 다윗이 이 성경적 규율의 가치를 분명히 인정했다(시 19:11). 심지어 율법적이 될 수 있다는 우려에도 불구하고 사도들은 복음의 일부로서 위대한 주님의 영광의 모습에 그 경고를 연결시켰다(히 1장; 히 2:2~4; 골 1:28). 성경의 경고는 각각 나름대로 의미를 가지지만 그것은 회중의 양편 부류의 사람 모두에 적용된다. 이 위협들은 불경건한 자들에게는 그들의 원수와 재판장에게서 '진노를 이루지만' 의로운 자들에게는 '질투하시는 하나님'에 대한 건전한 두려움, 하나님 통치의 거룩함에 대한 사랑(시 119:119, 120), 죄에 대한 경건한 두려움, 은혜를 보존하도록 지정된 수단을 부지런히 활용해야겠다는 각성을 일으킨다(히 3:18, 19, 4:1). '주의 두려우심'을 현저하게 보이면 '속박하는' 언약이라는 생각을 일으킬 수 있지만 모든 위협을 제거한 복음 언약만을 처방하면 하나님의 말씀을 불구로 만들고 '악인을 그의 길에서 벗어나도록 경고하지' 못할 뿐 아니라 신자로부터 하나님께서 제정하신 보

존과 세움의 수단을 박탈하는 결과를 초래하게 될 것이다.[40]

히브리인들에 대한 사도의 권면은 이렇게 양방이 혼합된 가르침의 놀라운 모범을 제공한다. 그는 그들을 '거룩한 형제들, 천상의 부름을 함께 받은 자들'이라고 부르지만, 그들이 '듣기에 둔한' 자라고 '날카롭게 꾸짖기'를 마다하지 않는다. 심지어 반항하던 그들 조상의 결말, 그들 중에 있다가 비극적으로 배교한 자들을 그들 앞에 제시함으로, 견인 은혜의 필수적 부분인 거룩한 두려움을 그들 가운데 일으키려 한다. 그러면서도 그는 그들에 대한 자신의 좋은 생각과 그들의 소망의 근원의 변치 않는 확실성으로부터 일어나는 '강력한 위로'로 결론을 맺는다(히 3~6장). 그러므로 화폭의 많은 부분이 어두운 배경을 가지고 있으나, 이는 매력적인 사랑의 영광이 더욱 분명하게 그 빛을 어둠 가운데 뿌릴 것을 바라보는 것이다. 이렇게 되어 기독교적인 균형이 유지된다. 두려움으로 균형이 잡힌 믿음은 각각의 적용 영역에서 힘을 발휘한다. 믿음이 주제넘게 되는 것을 막고, 두려움이 속박과 불신앙이 되는 것을 막아준다.

---

[40] "사람은 자기를 복음서 저자들보다 더 복음적이라고 생각하지 말아야 하며, 변개의 신비와 사람의 영혼을 세우는 데 사도들보다 더 능숙하다고 생각하지 말아야 한다. 요컨대 하나님 자신보다 더 지혜롭다고 생각하지 말아야 한다. 만약 말씀의 이 부분을 무시한다면 자신을 하나님보다 더 지혜롭게 생각하는 것이다. 신자의 마음은 꽃뿐만 아니라 잡초도 함께 자라는 정원과 같다. 꽃에는 물을 주고 가꿔야 하지만 잡초는 제거되어야 한다. 마음에 이슬과 언약의 비만 내리면, 그것이 은혜만을 가꾸는 것처럼 보이지만 실은 타락의 잡초가 그것들과 함께 자라며 마침내 꽃들을 질식시킬 것이다. 이렇게 되지 않으려면 엄한 억제책을 사용하여 잡초를 제거해야 한다. 비록 회중은 은혜의 방편을 통하여 최후의 형벌 아래로 떨어지지 않을 수 있을 것이다. 그래도 그들 안에서 죄와 파멸 사이의 분명한 연결이 나타나므로(고전 6:9~11), 그들이 하나를 피하려면 다른 하나로부터 벗어나야 함을 알아야 한다." Owen on Heb. ii. 2~4.

나는 이 각각의 분별하는 사역의 책임을 깊이 느끼고 있다. 우리가 몇몇 부류의 사람들에 대해 말한 모든 내용이 그들의 영원한 상태에 관련되었음을 상기하면 그 말들이 그들 자신, 우리의 양심 그리고 하나님의 교회에 말할 수 없는 중요성을 가지게 된다. 우리의 직책은 궁극적으로 양심에 대한 작용으로서(고후 4:2), 양심의 다양한 문제들은 가장 유능한 처방을 요구한다.

"하나님의 마음을 바로 알기 위해 우리는 신성한 일들에 대한 지식이 있어야 할 뿐만 아니라 우리 자신이 하나님께 알려져야 한다. 성령 자신의 기름 부음과 가르치심이 없이 어떻게 우리가 하나님의 마음을 알 수 있겠는가?"[41]

그러므로 이 간절한 섬김에 합당하게 되기 위해서는 인간의 마음과 특히 우리 자신의 마음을 익히 알아야 하며, 성경에 대한 깊은 지식이 있어야 하며 결의론적이고 경험적인 신학의 최고의 글들을 세심하게 공부해야 하며[42] 무엇보다도 '위로부터 오는 지혜'의 공급을 지속적으로 받기 위해 겸손하고 지치지 않는 기도의 정신이 있어야 한다. 각 개인의 타고난 기질에 대한 지식이 가장 중요함은 말할 필요가 없다. 쾌활한 성격의 사람은 종교적으로 열정과 강렬함이라는 기만적 성격을 보이기 쉽다. 우울한 기질을 타고난 사람은 진정한 신앙의 증상이라도 선

---

41) Caryl on Job xxxiii. 23. 고전 1:10, 11 참조.
42) 이에 관한 청교도와 비국교도 목사들의 연구가 있다. Morning Exercises, 오웬과 플라벨의 논문들, Baxter's Christian Directory, 퍼킨스(Perkins), 힐더샴(Hildersham), 볼튼(Bolton), 그리넘(Greenham), 거날(Gurnal)의 글들은 귀중한 자료이다. 'Pike and Hayward's Cases of Conscience'가 필립 헨리(Philip Henry)와 함께 다음과 같이 생각하는 목사들에게 흥미로울 것이다. "목사의 진정한 학문은 라틴어를 유창하게 하거나 철학적 논쟁을 할 수 있게 되는 것이 아니라 피곤한 영혼들에게 적절하게 말할 수 있게 되는 것이다." Life, p. 207. Philip on Christian Experience라는 소책자를 참고하라. 또한 Walker's Life, pp. 22~46을 보라.

명하지 않게 보일 수 있다. 따라서 과도한 확신이나 퇴거의 성격에 대해서는 다른 어조로 말할 필요가 있다. '사태가 요구하는 바에 따라서' 억제되거나 조심하거나 격려해야 한다.

나는 이 글을 통해 완전한 목회 지침서를 제공했다고 생각하지 않는다. 죄와 은혜의 성격이 너무나 다양하기 때문에 어떤 인간의 글도 온전한 규칙을 제공하지 못했다. 나는 몇 가지 굵직한 윤곽선을 그려보고자 했다. 이것이 어느 정도는 현저한 어려움들에 답이 될 것이며, 긴급한 상황에서는 거룩한 가르침으로 쉽게 채워질 수 있을 것이다. 우리가 강단에서 내려올 때에 가장 힘든 일들이 남아 있다는 것은 경험을 통해 알 수 있다. 거기에는 우리의 임무를 효과적으로 수행하기 위한 특별한 기도의 지시, 연구, 우리 주님의 사역에 대한 세심한 관심이 요구된다.

하지만 한 가지 분명한 점에서는 실수가 있어서는 안 된다. 죄를 깨닫게 하고 회심을 일으키고 교훈을 제공하고 성화를 일으키고 세우고 위로하고 그것을 즐거이 받는 모든 사람들을 영원한 구원으로 이끌기 위해서는 모든 사람과 모든 단계에서 십자가의 매력이 드러나야 하고 그것의 천상적 영광이 알려져야 한다는 것이다. 십자가는 영적 질병의 모든 종류와 합병증에 적용할 수 있으며 굳은 마음을 녹이거나 부서진 마음을 치료하는 일에 동일하게 능력이 있는 장엄한 처방이다. 그것을 자신 없이 전하거나 잘못 전하면 확신을 일으키는 능력 있는 도구가 되지 못한다. 한편 의도적으로 위장하거나 오해하면 아무 효과를 거두지 못하는 벌이 따를 것이다.

병자의 심방

하나님께서 맡겨 주신 이 일은(약 5:14) 특별한 책임을 요구하는 일로서, 때로 우리가 회중을 위해서 해 줄 수 있는 유일한 봉사일 때가 있다. 병자의 심방에서는 하나님 자신이 친히 설교자가 되어 인간의 목소리보다 더 크고 직접적인 소리로 양심에 대고 말씀하신다. 그러므로 우리가 할 일은 거기서 말씀하시는 하나님의 회초리의 음성에 주의를 기울이도록 하는 것이다(미 6:9). 죄인이 마치 천둥의 설교자와 같은 저 두려운 죽음[43]을 직면할 때, 강단에서보다도 병상에서 더 깊은 감화를 받을 수가 있다. 대개 이 위기의 상황에서 양심은 더 각성되고, 피난처의 필요성이 절실해지며, 이 피난처 없이 영원한 세계로 들어가는 것을 두려워하게 된다. 값없이 주어지고 최고의 위로가 되는 구주의 은혜를 가장 적절한 방법으로 제시하기에 이 얼마나 좋은 기회가 되겠는가.

그러므로 이 사역에 대한 태만이나 오류는 의학적 부주의나 미숙보다도 훨씬 더 심각한 책임이 따르게 된다. 곧 불멸의 영혼의 구원을 사소한 일로 만드는 결과가 되기 때문이다. (고대의 한 저자가 지적한다) '목회에서의 이 묵과할 수 없는 결함은 임종의 시간 혹은 큰 고통 속에서 영적 도움을 필요로 할 때 가장 수치스럽고 가장 고통스럽게 드러난다.'[44] 경

---

43) Bishop Hopkins.
44) Marbury's Exposition of Psalm xxxii.5. 어거스틴은 그런 목사들은 위로자가 아니라 황폐케 하는 자라고 부른다. 스코틀랜드 교회의 엄격한 법은 병자 심방을 습관적으로 불이행하는 목사를 면직시키도록 되어 있다. Smith's Lecture, xxiv. 당연한 일이지만 이 의무 이행에 대한 이런 규정이 있다. '전갈을 받았을 때 마지못해 가는 것이 아니라, 자기 양떼 중 누구든지 아프다는 말을 들으면 즉시 달려가야 한다.' Burnet's Pastoral Care, ch. viii. 겔 34:24 참조.

종을 울리며 마음을 일깨우는 대신, 나태한 영혼에게 너무나 자주 '아편 신학'[45)]이 처방되어 왔다. 그러나 우리의 믿음과 진지함이 가장 명백히 드러나야 하는 순간이 이때임을 알아야 한다. "진리의 말씀을 옳게 분변"하는 일의 중요성을 가장 분명히 인식하는 순간이 이때인 것이다. 병자 심방에서 범하는 작은 오류로부터 발생할 수 있는 개인적 분노와 때로 질병보다 치료를 더 싫어하는 무서운 해악으로 말미암아 어려움이 가중되기도 한다. 그래서 이 사역에서 특별히 뛰어난 사람은 "일천 명 가운데 한 명"이(욥 33:22, 23) 있을 정도인 것이다.

일반적인 관례를 아무 때나 사용하는 것은 추천할 수 없다(사 28:27). 교회법 67조는 '설교자가 가장 필요하고 적절하다고 생각하는 대로' 규정된 예배를 사용한다고 정한다. 이것은 지혜롭고 필요한 조치이다. 왜냐하면 (이 규정이 아무리 우수하다 하더라도) '모든 경우들을 상세히 규정하지 못한다'는 약점을 인정하는 것이기 때문이다.[46)]

어려운 경우에 대하여 일반적인 규칙을 제공하는 것은 불가능하다. 그런 경우들을 만나면 우리는 확실한 결정을 거의 내리지 못하며 우리

---

45) Winchester's Ser. p. 81.
46) Bishop Wilkin's Gift of Prayer, p. 12. 병자가 참회한다는 것을 가정한 예배는, 무수히 많은 그 반대의 우울한 경우들에는 적절하지 않은 것이 분명하다. 따라서 (배링턴 주교가 정확하게 지적하듯이) '많은 경우에 병자를 위한 봉사에서 장례 예식을 사용하는 것이 무방할 정도이다.' Charge, 1797, p. 31. 호스리 주교도 그 예배만을 사용하는 것에 대해서 동일한 의견을 가지고 있다. Charges, p. 153. 하지만 적절한 경우에는 그것을 사용하여 많은 덕을 세울 수 있다. 이 예배에서 사죄를 선언하는 것은 불합리한 결점으로 보인다. 이것은 죄의 고백과 관련되어 있으므로 사죄의 선언은 진정한 참회자에게만 사용되어야 한다. 그러므로 문자적으로는 사죄의 선언이 지상에서 우리 주님의 이름으로 주어지는 권위 있는 선언이며, 이 선언은 주님의 마음과 합하게 주어지는 한 천국에서도 결정될 것이다. 요 20:22, 23; 고후 2:10; 약 5:15을 보라. 실제로는 이것이 엄숙한 판단일 뿐이며, 우리는 이 판단에 의해서 그리스도의 이름으로, 두려워하는 많은 신자들을 확신시킨다.

의 판단은 매우 작은 문제에 의해서 내려진다. 몇 가지 힌트를 언급할 수 있을 뿐이다. 첫째, 많은 명상과 기도의 준비와 함께 말을 조심스럽게 할 의무가 있다. 반복되는 일상 속에서 그런 경우를 접하는 일이 너무 많으며, 그러면 당시의 순간적 생각의 도움밖에 받지 못한다. (오스터발드가 언급하듯이) '목사들이 강단을 위한 설교를 준비하는 데에는 그렇게도 많은 수고를 들이면서도, 병자에게 무엇을 말할지, 그들을 심방할 때에는 어떻게 할지를 준비하기 위해서는 거의 수고를 들이지 않는 것은 이상한 일이다. 이것이 목회에서 가장 어렵고 중요한 일임에도 불구하고 말이다.' 많은 심사숙고와 기도 없이 그저 습관적인 준비로 만족한다면 하나님의 복 주심을 전혀 기대할 수 없을 것이다.

둘째, 우리는 친구로서 병자에게 다가가야 한다. 마음속에서 우리의 방문 목표는 (의사의 목표와 달리) 병자에게 어떤 도움을 줄 수 있다는 기대와 무관할 경우가 종종 있다. 그러므로 우리는 정서, 태도, 음성이 분명한 공감을 드러냄으로써 완전히 그의 입장이 되어야 한다. 주님께서 나인 성 문의 관 앞에서 그리고 나사로의 무덤 앞에서 우신 것은 우리에게 좋은 모범이다(눅 7:12, 13; 요 11:35). 우리의 공식적 태도가 '위급할 때를 위해서 있는 형제'(잠 17:17)의 모습을 보이는 것이 신뢰를 이끌어내는 최고의 방법이다.

셋째, 환자의 상황을 정확히 알기 위해서 노력해야 한다. 상황을 제대로 안다고 하더라도 상황들은 엄청나게 다양하고 (각 사례들은 나름의 특성을 가진다) 각각의 상황 속에는 다양한 요소들이 복합적으로 얽혀 있어서 적지 않은 어려움이 발생한다. 그렇기 때문에 필요한 지식을 얻기 위한 통상적 심방이 중요해진다. 의사가 진맥도 하지 않고서 또한 식성과 생활 방식을 알아보지도 않고 처방을 내릴 수는 없다. 우리는 친구들과 대화를 나누고 사방에서 정보를 얻기 위한 노력을 기울여야 한다. 이렇게 해서 우리는 가능한 최선의 정보를 수집해야 한다.

넷째, 사례를 다룰 때에는 증상에 대한 성경의 다양한 적용을 찾아내어 우리의 지침으로 삼아야 한다. 시편은 특히 언어의 단순성과 감정을 공유하기에 적합하다. 또한 병자와 함께 있을 때 우리가 사용할 수 있고 병자 자신이 스스로 사용할 수 있는 기도의 내용과 형식을 위해서도 유익하다. 주님께서 니고데모와 나눈 대화는 무지하고 부주의한 자들을 교훈하기 위해서 필요한 두 가지 주안점을 보여준다. 마음의 변화의 필요성과 그리스도에 대한 믿음, 곧 성령의 일과 구주의 일이다(요 3:1~21). 그 뒤에 군중에게 베풀어진 강화는 보편적으로 적용된다. 즉 죄인을 격려하기 위해서 복음이 값없이 주어진다는 사실에 대한 강조, 자기 의를 정죄하기 위한 신령함이 그것이다(요 6:25~65). 제자들을 위한 강화의 마지막 부분은 회개하는 장성한 그리스도인들을 위한 위로와 지원으로 가득하다(요 14~16장). 서신서들도 동일하게 다양한 적절한 지침을 제공한다.

복음적 진리를 포괄적으로 보여주기 위해서 책 한 권 전체를 다루거나 서로 관련이 있는 몇 장들을 다룰 수 있다. 이렇게 하는 것이 지나치게 일반적이고 초점이 없는 것으로 보인다면, 더욱 밀접하고 특정한 적용을 가능하게 하는 부분을 몇 군데 취해서 조합할 수 있다. 모든 구절은 (다소간 직접적으로) 그리스도를 어느 정도 드러낸다. 그리스도가 모든 것의 중심이다. 항상 그리고 각각의 경우에 그리스도는 '진리, 길, 생명'이시다. 그러므로 우리는 그리스도로부터 손쉽게 몇 개의 부분을 합칠 수 있으며 각각의 부분을 얼마든지 확장시킬 수 있다. 이렇게 하여 적절한 본문들을 그 사례의 특성에 적용하려는 목표를 향해 나아가는 것이다. 신앙고백 혹은 병자 심방 예배 모범의 어떤 부분으로부터 교훈과 점검을 위한 단순하고 상세한 체계를 만들어낼 수 있다. 병자 자신의 입으로부터 나오는 어떤 말이 우리의 설교에 가장 예리한 근거를 제공할 것이다. 한편으로 몇 가지 은밀한 조사로 병자의 신뢰를 이끌어내고, 그의 영혼의 상태와 전망에 대하여 어떤 익숙하고도 두려운 사실을 회상시킬 수 있다. 사례가 의심스러운 경우에는 이 조사로 되돌아가 유익을 얻을 수 있다. 그의 현재 상태에 대한 분명한 사실을 앎으로, 그리고 간절한 기도로 그를 인도할 수 있다.

다섯째, 환자의 상황을 다루는 일은 자주 '오랜 참음'이 요구된다. 우리는 며칠 동안 냉정하고 마음에 없는 반응에 직면할 수 있다. 어쩌면 몇 달 동안 그럴지도 모른다. 그럴 때에 우리는 진리를 바꾸어서는 안 되고 진리를 전하는 방법을 바꾸어야 한다. 거창한 이론은 뒤로 하고 몇 마디 지나치는 말을 사용해야 하며, 공식적인 심방보다는 친밀한 성격의 방문으로 바꿔야 한다. 하지만 '새 것을 내오려는' 지속적인 노력은 인간의 지혜를 너무 많이 동원하게 할 수 있다. 일반적으로, '오래된' 진술을 변치 않고 반복하면 '물은 돌을 닳게 하는'(욥 14:19) 효과를 내는 것으로 입증되었다. 일상에서 적절한 표현을 사용해야 할 때에는 엄격한 정확성의 규칙에 의해서라기보다는 의사소통의 불완전한 방식으로 해야 한다.

여섯째, 어떤 규정도 병자 방문을 위한 정확한 방법을 지정할 수 있는 어떤 규정도 없다. 임박한 위험으로 인해서 우리의 지속적인 돌봄이 필요하다. 영원이 임박해 있으므로 교훈을 위한 기회는 모두 무한한 중요성을 가진다. 하지만 이런 경우가 아니라면 자주 심방을 하면서 오랜 시간을 끄는 것은 좋지 않다. 특별히 냉담한 반응을 보이는 경우에는 약간의 여유 시간을 갖는 것이 필요하며, 그 시간에라도 예상 외로 마음을 열거나 중요한 긴급 상황이 발생하는지를 관찰해야 한다. 방문의 시간도 바꿀 수 있다. 정기적인 방문이 바람직하지만 때로는 적절하지 않을 수도 있다. 습관적인 방문은 깊은 인상을 주지 못하는 결과를 초래할 수 있다. 일반적으로 체계적이지 않은 듯이 하는 체계적 방문이 추천할 만하다. 정확히 업무를 처리하는 형식보다는 지속적으로 관심을 가지는 것이 좋다. 하지만 어떤 환경에서라도 병자의 편익을 고려해야 한다. 우리 중에 어떤 사람도 영적인 만족과 분위기 쇄신을 제공할 수 있는 경우로 방문을 제한하려 하지 않을 것이다. 우호적인 반응을 보이지 않는 경우에는 비록 더 어렵기는 하지만 최후에는 우리의 자비, 자기부인, 신성한 도우심에 대한 의존을 실천함에 있어서 그런 경우들도 동일하게 유익한 것으로 드러날 것이다. 또한 '멸망당할' 자들에게 값없는 구원을 제안하는 것이 힘을 북돋워 준다는 점에서도 그러하다.

일곱째, 목회적 충실성의 중요성은 아무리 높게 평가해도 지나치지 않을 것이다. 병자 심방의 시간은 사소한 일상의 주제 혹은 '부드러운 예언의 말'을 위한 시간이 아니다. 쇠약한 병자의 얼굴, 죽음의 증상, 둘러선 친척들의 모습은 목사가 부드러워야 할 것을 강하게 요구한다. 하지만 불멸의 영혼을 위한 사랑, 그의 영원한 운명에 대한 강렬한 관심은 충실한 대처의 필요성을 더욱 강하게 요구한다. 우리의 일차적 관심은 진리를 드러내 보여줌에 있어서 분명하고 충실해지는 것이다. 우리는 기꺼이 속고자 하는 병자의 경향, 위안을 얻고자 하는 탐욕스러운 욕망, 그리고 그의 오도된 친지들의 거짓 친절로부터 큰 유혹을 받는다.[47]

---

47) '오늘날 세대의 주된 위험은 순진함과 친절이라는 면에서 오류를 범하면서, 인간을 충분히 분명하고 신실하게 대하지 않는 것으로 보인다. 내 교구의 많은 사람들이 죽었으

그러나 불충실함은 그들의 영혼보다 우리 자신의 영혼에 더 해를 끼친다(겔 33:8). 침묵은 잔인한 것이다. 왜냐하면 병자가 자신의 상태에 대해 제대로 아는 것은 어떤 방향으로든지 그에게 유익하기 때문이다. 즉 그가 자신의 상태가 심각하지 않다는 사실로부터 위안을 얻든지, 아니면 그 자신의 기만성으로 인한 절망감으로부터 구원을 받는다. (메이슨 씨가 우리에게 당부한다) "그러므로 부드럽게 대할 때에는 병자의 상태에 대해서 진실히 행하는지를 확인하고 뒤에 당신의 양심의 승인을 받을 것을 생각하라. 당신이 복음의 종인 것을 기억하라. 거짓된 염치나 부드러움 때문에 진리와 경건의 대의를 희생시키지 말라."[48] 하지만 우리는 능숙한 의사처럼 부식제에 완화제를 섞어야 한다.[49]

갑작스런 치료가 아니라 확실한 치료를 위해서 노력해야 한다. 또한 필요한 순간에 철저한 치료를 이루기 위한 목적으로 고통을 감수해야 한다. 우리가 전하는 메시지는 모질어야 하고 그것을 전하는 방법은 모질지 말아야 한다.[50] 복음의 격려와 초대를 완전히 드러내 보여주면 우리의 모진 메시지가 죄인을 멸망으로부터 구하며 확실하고 영원한 피난처를 보여주기 위해서 위험을 지적한 것일 뿐임이 입증될 것이다.

여덟째, 우리는 고난을 주시는 그 분의 사랑을 주장하기를 잊지 말아

나, 뒤에 나의 양심은 내가 그들을 분명하게 대해야 할 때에 그렇게 하지 않았다고 비난했다.' —Orton's Letters to Dissenting Ministers, i. 59, 60. 부드러움 가운데 기만하는 것보다 엄한 가운데 사랑하는 것이 더 낫다. —Augustine.

48) Student and Pastor. 자기 지식에 대한 훌륭한 논문을 쓴 저자의 글, p. 114 – 목회에 대한 많은 진지한 힌트들이 포함된 저작이다. 기독교 교리에 대한 이 책의 빈약하고 결함이 있는 견해 때문에 뒤에 툴민 박사의 편집에 의해서 소시안주의적이 되었다.

49) 충실한 치료 실천의 예를 위해서는 삼상 12:20~22; 스 10:2을 보라. 세실의 유고 '임종자리에서(On visiting Death-beds)'가 유용한 힌트들을 포함하고 있다.

50) 막 9:44; 16:16을 보라. 애 3:22~33을 참고하라.

야 한다. 여기서 십자가 고난의 쓰디쓴 순간에(마 26:39, 42; 요 18:11) 구속주의 영혼을 지켜주신 하나님의 부성을 분명하게 볼 수 있다(시 103:13; 히 12:5~11). 그것은 반항하는 자녀를 겸손하게 하기 위하여 매를 때리는 아버지의 사랑이며 낮아진 자녀를 화평의 기쁨으로 지지하는 사랑이므로 때리는 순간에도 그는 매에 입을 맞추며 고난을 견디면서도 그것이 지나갔을 때 주어질 위로를 느끼는 것이다. 그러므로 여기서 우리는 고난의 이유를 밝혀야 한다. "잠깐 근심하게 되지 않을 수 없었다"(벧전 1:6, 7). "티끌에서 일어나는 것이 아니라" 하나님의 선하신 섭리로부터 온다(욥 5:6; 마 10:30). 또한 고난의 목적을 밝혀야 한다. 믿음의 단련과 구주의 영광을 위한 것이다(벧전 1:7). 또한 고난당할 때의 우리의 의무를 밝혀야 한다. 자기 검열(욥 10:2), 깨어 살핌(합 2:1), 믿음(욥 13:15), 순종(레 10:3; 삼상 3:18; 왕하 20:19; 시 39:9), 그리고 감사(욥 1:21). 또한 고난의 열매를 밝혀야 한다. 죄를 없이함(사 27:9), 영혼을 겸손하게 함(대하 33:12), 마음을 세상으로부터 해방시킴(전 1장), 간구의 마음을 더함(시 50:15), 기독교적 확신을 굳게 함(슥 13:9), 천국의 유업을 기쁨으로 기대하게 함(시 55:6~8; 고후 4:17, 18, 5:1, 5).[51] 이렇게 하면 이 사랑의 심방에서 "영혼에 젖을 공급하고" 고난 받는 영혼에게 힘을 주고 충만한 복을 받을 것이다.

아홉째, 병자를 위한 우리의 모든 가르침을 그리스도를 중심으로 하는 것이 극히 중요하다. 실로 이것이 우리가 받은 임무의 목적이다. 이 고통스러운 섭리의 '해석자'로서 죄를 형벌하고 사하시는 '하나님의 올곧음'을 드러내고 '대속물을 발견하여' 이스라엘 진중에서 놋 뱀을 만

---

51) 다음을 참고하라. Stearne의 논문 de Visit. Infirm에 실린 Archbishop Laud's Manual of Prayers; Clergyman's Instructor, p. 392. Cradock's Knowledge and Practice (ch. xxix)는 이 주제에 대한 풍부하고 덕을 세우는 견해를 제공한다.

들어 높이 들고서 "보고 생명을 얻으라"라고 말하는 것과 같이 해야 한다(욥 33:23, 24). 이것이 병자를 위한 유일한 복음이다. 무능력한 사람에게 스스로 노력하여 천국에 이르라고 말하는 것은 상처 입은 이스라엘 사람의 비참함을 조롱하는 것과 같다. 어쩌면 그는 지금 처음으로 자기의 무능력을 느꼈을지 모른다. 그러므로 일하려 하면 절망밖에 없다. 그러므로 그의 눈을 놋 뱀의 장대로 향하게 하라. 그것이 '죽음에서 살게 하는' 것이다. 바로 이 점에서 우리의 일의 단순성이 큰 도움이 된다. 의사와 달리 우리는 다양하게 적용되는 단 하나의 치료약이 있다. 그것은 죄의 깨달음, 생명, 위로, 거룩함을 모든 사람에게 제공한다. 우리는 율법을 사용한다. 하지만 율법을 섬기는 자로서가 아니라 "그리스도에게 인도하는 초등교사"로 사용한다(갈 3:24). 동시에, 율법의 기능을 완전히 마칠 때까지 복음을 보류하는 것이 아니다. 죄인에게 그의 절망적인 질병을 보여주고 그의 욕구를 일깨우며 치료를 위한 즉각적인 처방을 취하도록 그의 마음을 녹이기 위하여 신성한 의사를 소개하는 것이다. 이렇게 해서 우리는 가장 우울한 상황 하에서 문이 열렸음을 선포한다(행 8:22; 사 53:24, 25; 호 13:9). 이는 모든 사람을 초대하며 어떤 사람도 좌절시키지 않으며 하나님의 백성에게는 든든함을 제공한다(요 6:35~37). 이렇게 값없이 충분하게 복음을 제시하지 않는 모든 교훈은 본질적인 결함을 가지고 있다. 오직 이 복음만이 우리를 하나님께 이끌어 그의 형상을 본받게 함으로써 거룩함을 이룰 수 있는 유효한 방법이다.

열째, 오직 주님의 도구가 되어 병자를 심방하는 일의 위로에 대해서 말하지 않을 수 없다. 이것은 이 분명한 목적을 위하여 우리가 하나님의 보내심을 받았다는 보증이다. 이 위안은 자주 우리 마음의 자유로움과 활기를 방해하는 과도한 걱정으로부터 얼마나 우리를 자유롭게 하는가. 하나님 자신이 세우신 규정 안에서 능력을 위해서 기도할 때 얼마나 든든한 보장이 되는가. 이 규정에는 다른 모든 신성한 제도와 마찬가지로 약속이 붙어 있으며 이 약속을 근거로 간구하고 거기서 오는 유익을 얻지 못하는 것은 오직 우리 자신의 불신 때문이다.

일반적인 원칙으로 우리는 병자 심방을 엄숙한 기도로 마칠 것을 권한다. 이 기도는 병자의 환경과 영적인 상태에 가장 적합하도록 구성되어야 한다. 병자의 상태 때문에 기도를 할 수 없는 경우도 있을 수 있다. 하지만 대화 도중에 때로 기도하는 마음으로 성경을 설명하거나 절규하는 마음으로 간구하는 내용을 섞는 것은 성경의 규칙을 따라 성령으로 하는 가용한 간구의 수단이 될 수 있다. 거기에 현세적이 아닌 영적 유익의 약속을 첨가할 수 있다(약 5:14~16).

열한 번째, 병자에게 성찬을 행할 때에는 일상적일 때에 지켜야 하는 특별한 주의 사항을 지킬 필요가 거의 없다. 기독교 순례자에게 있어서 성찬은 여행의 마지막 단계를 위한 진정한 성찬예식이 될 수 있지만, 형식주의자들과 부주의한 자들은 '그것을 자기들이 원하는 것을 단번에 이룰 수 있는 천국 여권으로 간주하고 원한다.'[52] 우리가 너무도 잘 아는 요한복음 6장의 설명이 최선의 준비가 될 것이다. 병자를 위한 성찬은 기념하라는 명령을 의무로 강요하는 것이 아니라 (그렇게 하라는 직접적인 언급은 없다), 성찬 참여자가 "주의 몸을 분별"하는 유일한 조건인 믿음의 성격과 기능을 예증하는 것이 되어야 한다.

열두 번째, 교훈 주기를 잊지 말아야 한다.[53] 이 교훈은 실로 병자에

---

52) Stonehouse's Sick Man's Friend - 기독교 교리에 있어서는 결함이 있지만 실제적인 세부 사항에는 귀중한 내용들이 있다. 주로 Doddridge, Mason 등의 인물들로부터 수집한 자료들이다.

게 간접적으로 말할 수 있는 중요한 수단이기도 하다. 죄의 열매, 세상의 허망함, 영원의 근접함과 말할 수 없는 중요성, 그리고 그것을 위한 즉각적인 준비라는 생생한 내용을 인상적으로 말할 기회인 것이다. 우리는 그들에게 엄청난 책임이 있음을 반복해서 주지시켜야 한다. 곧 병자의 육신뿐만 아니라 영혼까지 돌보아야 하며 직접적인 관련이 없는 주제로 빠지는 것을 피해야 하고 읽기와 가르치기를 위한 적절한 기회를 잡아야 하며 특별한 기도 속에서 병자와 그들 자신의 영원한 복을 추구해야 한다는 것이다.

열세 번째, 또한 우리는 회복의 가능성을 염두에 두어야 함을 잊지 말아야 한다. 버넷 주교는 회복되면 새 삶을 살겠다는 엄숙한 약속을 병자로부터 받아내야 한다고 조언한다.[52] 그들을 위한 우리의 미래 목회가 병상 사역을 지속적으로 기억하게 하는 것이어야 하지만 가장 깊은 의미에서 그들이 절대적 무능력 속에서 그리스도의 능력을 전적으로 의지하게 하는 것이 되어야 한다. 각 사람들을 향해서 우리는 이렇게 말할 수 있을 것이다. "보라 네가 나았으니 더 심한 것이 생기지 않게 다시는 죄를 범하지 말라"(요 5:14). 모든 사람에게 우리는 이 학교에서 배운 교훈을 매일 적용하도록 권면해야 한다(시 112:12, 119:67, 71, 75). 고난의 때에 성령께서 가르치신 교훈이 항상 생생하도록 매일 기도하며(사 63:15~19, 64:1), 그들이 당한 그 연단을 매일 회상하며(애 3:19~21), 병상에서

---

53) 목사가 병자에게 무엇을 말하든지 항상 세 가지 사항을 명심하고 있어야 한다. 그 말이 병자에게 끼칠 영향, 만약 그가 회복한다면 그 말이 그에게 끼칠 영향, 그 말이 병자를 둘러싸고 있는 건강한 사람들에게 끼칠 영향.
54) Past Care, ch. viii. 위의 Stearne의 논문을 참고하라. 이 논문은 가장 훌륭한 체계적 규칙을 담고 있지만 능력을 주는 복음의 생생한 견해가 거의 결여되어 있다 — Clergyman's Instructor, p. 408.

한 서약을 매일 새롭게 하며(시 103, 116장), "너희도 몸을 가졌은즉 학대 받는 자를 생각"하도록 해야 한다(히 13:3).

"우리의 소망이나 기쁨이나 자랑의 면류관이 무엇이냐
그가 강림하실 때 우리 주 예수 앞에 너희가 아니냐
너희는 우리의 영광이요 기쁨이니라"(살전 2:19, 20)

"오히려 너희가 그리스도의 고난에 참여하는 것으로
즐거워하라 이는 그의 영광을 나타내실 때에
너희로 즐거워하고 기뻐하게 하려 함이라"(벧전 4:13)

참된 목회
The Christian Ministry

초판 발행 · 2011년 10월 25일
초판 7쇄 · 2025년 5월 1일

지은이 찰스 브리지스
옮긴이 황영철
발 행 익투스

기획 오은총
편집책임 조미예 **마케팅책임** 김경환
경영지원 임정은 **마케팅지원** 박경헌 김혜인
유통 박찬영 김승온 **제작·홍보** 최보람 안승찬

주소 서울 강남구 영동대로 330
전화 (02)559-5655~7 **팩스** (02)6940-9384
인터넷 서점 www.holyonebook.com
출판등록 제2005-000296호

ISBN 978-89-958578-6-1 03230

ⓒ 2011 익투스
※잘못된 책은 바꾸어 드립니다.